国家哲学社会科学成果文库

NATIONAL ACHIEVEMENTS LIBRARY
OF PHILOSOPHY AND SOCIAL SCIENCES

中国高科技企业成长研究

冯宗宪 冯 涛 谈 毅 等著

中国社会科学出版社

作者简介

冯宗宪　1954年生，浙江宁波人，管理学博士。现任西安交通大学国际经济研究所所长、发展与投资研究中心主任。西安交通经济金融学院、管理学院、金禾经济研究中心教授、博士生导师。享受国务院特殊津贴专家。1995-1996年加拿大阿尔贝塔大学商学院博士后，1998年、2003年、2007年先后赴美国华盛顿大学（圣路易斯）、华盛顿大学（西雅图）、荷兰莱顿大学进行访问；2008年赴加拿大西蒙·弗雷泽大学、卡尔顿大学进行访问；2009年，应阿登纳基金会邀请，出席全球治理国际会议，并赴柏林洪堡大学及德国国际事务与经济研究机构进行学术交流。

中国世界经济学会理事、中国国际贸易学会理事、中国欧洲学会理事。陕西师范大学历史与环境经济研究中心(教育部人文社会科学研究基地)学术委员会副主任，西北大学西部经济研究中心(教育部人文社会科学研究基地)学术委员会委员，厦门大学、湖南大学、北京工业大学、宁波大学、江西财经大学等校兼职教授。

主要从事国际贸易、风险管理、产业经济与创新发展、环境治理等跨学科领域研究，撰写和出版专著多部，论文数百篇。主持或参与完成国家重大科技攻关、国家自然科学基金杰出青年（B类）研究项目、国家社科基金重点项目、世界银行、亚洲开发银行、欧盟和加拿大及中央部委及地方委托研究课题多项。

冯 涛 山东菏泽人，1966年11月生，工学学士、法学硕士、管理学博士，西安交通大学发展与投资研究中心研究员。长期在西安交通大学从事教学和科研工作，主要研究领域为科技政策管理和法学。发表相关论文100余篇，出版专著3部，作为主要研究人员参加国家和省、部级科研项目20余项，还担任陕西省创业投资协会副秘书长。

谈 毅 江苏仪征人，1974年8月生，管理学博士，现任上海交通大学经济学院副院长、副教授、硕士生导师。2002年在西安交通大学博士毕业，2005从清华大学经济管理学院工商管理博士后流动站出站。目前，还担任中国风险投资研究院（香港）副院长、《中国风险投资年鉴》副主编、《中国风险投资》杂志（国际刊号：ISSN 1609-9184）副主编。自1998年以来，一直从事风险投资理论和政策研究。迄今为止，在International Journal of Emerging Markets、Hong Kong Law Journal、《科学学研究》、《自然辩证法研究》、《科研管理》、《中国管理科学》等刊物上发表学术论文80余篇。研究成果先后获省部级奖3次。

《国家哲学社会科学成果文库》
出版说明

为充分发挥哲学社会科学研究优秀成果和优秀人才的示范带动作用，促进我国哲学社会科学繁荣发展，全国哲学社会科学规划领导小组决定自2010年开始，设立《国家哲学社会科学成果文库》，每年评审一次。入选成果经过了同行专家严格评审，代表当前相关领域学术研究的前沿水平，体现我国哲学社会科学界的学术创造力，按照"统一标识、统一封面、统一版式、统一标准"的总体要求组织出版。

全国哲学社会科学规划办公室

2011 年 3 月

目　　录

Contents

第 一 章

引 言

第一节 研究背景和现实问题的提出

20 世纪 80 年代以来，随着经济全球化趋势增强、科技革命迅速发展、产业结构调整步伐加快，国家与国家之间的竞争已经发展到企业与企业之间的竞争，而企业与企业之间的竞争已经从传统的以物质资源的消耗为主转移到基于高技术与基于知识的竞争，高科技企业的发展对国家创新能力的提升、宏观经济的运行、国际竞争力的加强都将起到极为重要的作用。我们需要寻求和探索高科技企业成长的内在规律、提升高科技企业自主创新能力和竞争优势的新方法和新思路。随着网络经济和知识经济的产生，使原有的社会经济活动几乎全部纳入了信息网络的轨道。传统的经济理论和管理理论要适应现代网络经济的运行要求，就必须进行根本的范式创新，才能对处于知识与网络经济时代的复杂的经济现象做出理性的解释。高技术企业在这种背景下该如何成长，就需要获得理论上的指导和帮助。因此，为适应网络经济时代的要求，我们必须寻求相应的适合我国高科技企业成长的新思路和新举措。

我国正处于社会主义初级阶段，经济社会发展水平不高，人均资源相对不足，进一步发展还面临着一些突出的问题和矛盾。从我国发展的战略全局看，建设创新型国家，走新型工业化道路，提高国家综合国力和竞争力，实现可持续发展，提高人民的生活水平和健康水平，都需要大力发展高科技企业。近十几年来，我国高科技企业不仅形成了新的经济增长点，而且极大地促进了产业结构的优化调整，并对国有企业的改革起到了积极的示范和推动作用，正在成为战略性新兴产业的重要基础。然而也必须看到，我国高科技企业的关键技术自给率低，自主创新能力不强，特别是企业核心竞争力不强，高新技术产业在整个经济中所占的比例还不高，产业技术的一些关键领域存在着较大的对外技术依赖，不少高技术含量和高附加值产品主要依赖进口，往往面临着产品市场面狭窄、市场销售能力不足、融资困难等诸多瓶颈。加之我国的市场经济尚处于初级阶段，各项市场政策、法律法规还需要一个逐步完善的过程。因此，我国高科技企业的成长壮大是一个亟待解决的问题。我们需要寻求和探索高科技企业成长的内在规律、提升高科技企业自主创新能力和竞争优势的新方法与新思路。这是摆在我们面前的一项刻不容缓的重大使命。

高科技企业有其内在的成长规律。高科技企业的成长在国别和区域分布上，由于所处地理环境、文化、制度等多方面的差异，有其内在的特殊路径；与此同时，虽然各国条件不同，但也存在一定的共同的规律性特征。然而到目前为止，国内外高科技企业成长的研究，都较少把高科技企业成长过程当做一个完整系统的过程来看待，而在这个过程中，特别是在经济全球化的今天，更需要有开放的和国际化的战略视角，从各国高科技企业成长因素的比较来分析高科技企业成长因素的共性和特性；把高科技企业成长与产业组织演进结合研究。因此，本书的研究是非常有理论意义和现实意义的。

第二节　高科技企业的定义和再认识

一、高科技企业的定义

高科技企业是由高新技术的概念延伸而来的。近十多年来，在西方发达国家，由于科学技术突飞猛进的发展，形成了以微电子技术与信息技术、空间科学与航空航天技术、光电子科学与光电一体化技术、生命科学与生物医药技术、材料科学与新材料技术、生态科学与环境保护技术以及其他在传统学科和传统技术基础上产生的新工艺新技术等一批知识密集、技术密集的高技术产业。高新技术与传统的技术和产业相比，有着许多显著的特点。主要体现在：它是智力密集型和知识密集型；需要高额投资且伴随高风险和高收益；高新技术发展快、产品更新周期短且产业一般呈高速增长态势；学科带动性较强、多为交叉学科综合而成；具有高度的战略重要性，是国际军事竞争和经济竞争的焦点。

（一）高新技术及其产品

目前，国际上对于高新技术及其产品的认同主要有以下几个标准：（1）产品的销售额中研究与开发（R&D）支出所占的比重；（2）科学技术人员和研究人员占全部职工人数的比重；（3）产品的主导技术必须是所确定的高技术领域；（4）产品主要技术必须包括领域中处于技术前沿的工艺或技术突破。

（二）高科技企业

对高科技企业的界定，各国有不同的标准，主要分类标准如下：

1. 按生产过程中的要素及其投入属性来分类。美国对高科技产业的界定主要采用两种指标：（1）研究与开发强度，即产品研究与开发费用在总产出中的比例；（2）科技人员（包括科学家、工程师和技术工人）占总劳动力的比重。研究与开发强度反映了产品和技术变化的速率及产业和企业中的技术含量；科技人员比重在不同行业和部门不尽相同。

加拿大则通过两种方法来界定：（1）部门方法：高科技产业通过具有相对较高科技水平的生产部门，相对较高的技术水平通过科研人员的开发能力、劳动者素质或用于研究与开发的经费来反映。（2）综合方法：高科技产业被定义为在生产前的设计和最终技术调整，由下面两个指标来反映：第一，制造业中劳动力的技术素质水平；第二，制造业内部工程师和技术人员的比例。

2. 按产业类别分类。经济合作与发展组织采用罗列方法确定了航空航天、计算机办公自动化、电子通信业、医药业、科学仪器业、电气机械业、化学工业、非电气机械业和军事装备业中的具体产品及其相关企业为高科技产业。需要说明的是，这些具体的产品作为高科技产业是有一定时限的，一旦该产品和技术普及后，就不能再认定其为高科技产品和产业。

3. 按产品性质来分类。主要根据产品的附加值大小、市场的全球化程度、顾客不确定性程度以及产品复杂化程度来判别。

（三）高技术产业

根据 2002 年 7 月国家统计局印发的《高技术产业统计分类目录的通知》，中国高技术产业的统计范围包括航空航天器制造业、电子及通信设备制造业、电子计算机及办公设备制造业、医药制造业和医疗设备及仪器仪表制造业五类行业。该目录参考了 OECD 高技术产业的界定范围。

本书中综合采用了《国家高新技术产业区高科技企业认定条件和办法》对高科技企业的定义，以及国家统计局印发的《高技术产业统计分类目录的通知》中确定的对高技术产业的统计范围。

二、中国高科技企业的认定及其标准

我国在高科技产业和企业的认定标准上，也经历了一定的演变过程。1991 年，国务院颁布了《关于批准高新技术产业开发区和有关政策规定的通知》。通知中批准了国家科委制定的《国家高新技术产业开发区高新技术企业认定条件和办法》，指出高新技术企业是指利用高新技术生产高新技术产品、提供高新技术劳务的企业。它是知识密集、技术密集的经济实体；高新技术企业必须是电子信息、生物技术等 11 个领域内的企业；必须是知识密集、技术密集型企业；企业用于研究与开发的投入必须占到企业的 20%—30%；真正进行技术开发和技术研究的人员必须占 10% 以上等。

此后，科技部在 2000 年 7 月下发的《国家高新技术产业区高科技企业认定条件和办法》》第四条中根据世界科学技术发展趋势和我国的科技、经济、社会发展战略，重新划定高新技术范围如下：（1）电子与信息技术；（2）生物工程和新医药技术；（3）新材料及应用技术；（4）先进制造技术；（5）航空航天技术；（6）现代农业技术；（7）新能源与高效节能技术；（8）环境保护新技术；（9）海洋工程技术；（10）核应用技术；（11）其他在传统产业改造中应用的新工艺、新技术。对高科技企业的认定标准基本没有改动。

2008 年，科技部财政部国家税务总局联合下达《关于印发〈高新技术企业认定管理办法〉的通知》（简称《通知》（国科发火〔2008〕172 号），

《通知》第六条指出科技部、财政部、国家税务总局组成全国高新技术企业认定管理工作领导小组（以下简称"领导小组"），第十条则规定了高新技术企业认定须同时满足六个条件。与以前的认定标准相比不同的是：

（1）认定的企业扩展到在中国境内（不含我国港、澳、台地区）注册的企业，近三年内通过自主研发、受让、受赠、并购等方式，或通过5年以上的独占许可方式，对其主要产品（服务）的核心技术拥有自主知识产权。

（2）产品（服务）属于《国家重点支持的高新技术领域》规定的范围；具体包括：电子信息技术、生物与新医药技术、航空航天技术、新材料技术、高技术服务业、新能源及节能技术、资源与环境技术和高新技术改造传统产业。

（3）具有大学专科以上学历的科技人员占企业当年职工总数的30%以上，其中研发人员占企业当年职工总数的10%以上。

（4）企业为获得科学技术（不包括人文、社会科学）新知识，创造性运用科学技术新知识，或实质性改进技术、产品（服务）而持续进行了研究开发活动，且近三个会计年度的研究开发费用总额占销售收入总额的比例符合一定要求。

（5）高科技产品（服务）收入占企业当年总收入的60%以上。

（6）企业研究与开发组织管理水平、科技成果转化能力、自主知识产权数量、销售与总资产成长性等指标符合《高新技术企业认定管理工作指引》（另行制定）的要求。

三、高科技企业的特点

第一，高科技企业大多是先有研究成果，而后再建立企业以实现技术的商品化。这是它不同于一般企业的特点。因此，很多高科技企业往往成为高科技产业发展的开拓者。

第二，很多高科技企业是中小型企业或处于起步阶段的新兴公司。它具有更大的灵活性，他们利用新技术、新发明可以很快开发出新产品。由于起步阶段规模小、投资少、风险有限，所以很多风险投资家愿意投资这种尚未成熟的公司。

第三，高科技企业更多地产生于科技发达的国家和地区。发达的科教体系和科技人员自由择业的制度是高科技企业发展的重要条件。

第四，高速成长性。企业只要能开发出满足市场需要的新产品，高科技产品凭借其新颖性和高技术特性能迅速占领市场，从而能获得巨大的经济效益，进而在短短的几年内由原来的小公司发展成为组织和管理日趋完善的大公司。

第五，高科技企业成功的关键是企业领导团队的素质。在高科技企业充满风险和艰辛的路途中，只有一流的高素质的领导团队的团结一致、不断创新才能保证企业的发展。风险投资家在定性评价高科技企业包括网络公司时，总是要重点考察企业的领导班子的能力与素质。

第六，高科技企业的高风险性。由于高科技企业所从事的是以科学技术上的新发明、新创造为基础的技术商品化活动，它不可避免地存在开发失败的风险。而20%—30%的高新技术企业的巨大成功是以70%—80%的企业失败作为代价的。

四、对高科技产业的再认识

随着科学技术不断进步和商业模式频繁创新，技术与产业的融合进一步加深，同时随着市场需求的不断扩大和个性化服务要求的提高，一部分服务环节逐步从高新技术产业价值链上分解出来形成新的产业形态，如研发、设计、咨询和技术转让等。以计算机服务业、专业技术服务业、网络通信服务业等为代表的高技术服务业也异军突起。

在国家战略的大力推动和市场需求的强劲拉动下，高新技术与传统服务业的结合日趋紧密并形成了新的产业形态，如电子商务、电子政务、远程教育、电子银行等。在提供服务过程中充分利用了高技术尤其是网络技术的优势，因此超越了地域空间和时间上的限制，成为一个以互联网为核心的提供商务旅行服务与消费服务的现代高科技企业。

高技术服务业崛起的本质含义是产业结构的进一步升级和优化，这是高技术企业在经济结构调整中要走的必然之路。高技术服务业体现了高端、高效、高辐射力。高技术服务业与高新技术制造业的本质区别在于其具有更高的增值性和带动性。据相关研究报道，微软公司每增加一个工作岗位，能够带动它所在的华盛顿州增加6.7个工作岗位。中关村海淀园的行业增值率也印证了这一点。2004 年中关村海淀园软件行业的利润率分别是电子及通信设备制造业的 3.2 倍，仪器仪表及文化办公机械制造业的 1.2 倍，电器机械及器材制造业的 1.2 倍。而专业技术服务的利润率更高，分别是电子及通信设备制造业的 4.9 倍，仪器仪表及文化办公机械制造业的 1.9 倍，电器机械及器材制造业的 1.8 倍。

目前高新技术产业从制造向服务转型已经成为一种国际产业发展的潮流和趋势。大型企业纷纷挺进服务业，加剧了高新技术以及制造服务化的趋势。素有"硬件制造商"形象的 IBM 公司在经历了传统硬件产品衰退的阵痛之后，开始从制造商到服务商转变的战略转型，并取得了巨大的成功，而今的 IBM 无疑仍是全球最有活力的电子产品系统集成商。

第三节　研究思路和研究方法

一、研究思路

本书基于问题导向，将中国高科技企业的成长，不仅仅是看做单一的个体企业的成长，更是视为一个有明确成长目标，有时间界限，处于不同成长阶段及其过渡、受到不同机制影响，一系列因素共同作用结果的产业化和国际化过程。具体的研究思路可以分为三个层次，多重视角展开：

第一，将高科技企业的成长视为一个系统的生态进化过程层次，从生态位、空间场角度说明高科技企业成长的规律和特征；从高科技产业化视角，分析总结高科技企业的成长模式；结合高科技企业的复杂性特征，从高科技企业成长生命周期的角度，根据不同成长阶段企业内外部资源及外部环境的状况，提出高科技企业在产业化过程的动态成长路线图；从高科技产业国际化比较视角，构建了高科技企业的成长与产业国际竞争力形成模型，并运用交叉回归方法，分别对影响企业成长和风险资本的国别差异因素进行研究。

第二，从影响机制和因素层次，一是从知识创造、保护角度，分析对高科技企业成长中的知识创造、转化和竞争机制，阐述专利制度和专利政策影响高科技企业创新成长的机理；二是从人力资本角度出发，分析对高科技企业经营者的人力资本定价、激励机制和约束框架。三是从风险投资制度与融资支持角度，比较中美两国高科技企业融资制度差异，分析风险投资机制建立所需的契约结构，以及风险投资发展与知识产权制度的关系。四是从公司治理机制角度，分析高科技企业治理结构创新、高科技企业治理与风险投资。

第三，从高科技企业国际化战略与策略层次，分析中国高科技产业发展的国际化现状与比较、中国高科技企业成长的国际化模式、中国高科技企业国际化战略的路径选择、高科技企业国际化程度评价以及高科技企业国际化经营绩效评价。

第四，在综合上述分析的基础上，提出促进我国高科技企业成长的政策和建议。

二、研究方法

第一，将经济学、管理学与法经济学、社会学理论等多学科相结合的分析方法，探讨全球化、多环节条件下高科技企业的成长机理。

第二，定量研究与定性研究、规范研究与实证研究、科学理论和经验知识有机结合起来，从建立系统理论框架构造入手，通过包括访谈、实地研究以及案例在内的实证研究和模拟实验验证和完善使理论与实际紧密结合研究成果更具可操作性和针对性。

第三，对比分析的研究方法。本书的研究广泛地采用了纵横对比分析方法。在研究中国企业成长区位创新环境时，本书采用了跨省域的对比和各地国家级高新区的对比；在对风险投资制度环境以及高科技企业国际化程度评价时，本书采用了多国比较分析；在分析风险投资与科技产业发展关系时，本书专门进行了国别分析，对美国50个州数据进行了对比分析；在分析风险投资制度动态演进时，则对不同时期的中美国风险投资数据进行了比较分析。在高科技企业国际化绩效评价时，则分别采取了国内地区对比和行业对比的方法。

第四，法律、政策、制度研究相结合，深入探讨高科技企业发展的环境建设与相关保障体系。

第五，综合分析与个案分析、微观与宏观相结合的方法；在把握总体特征和运行规律的条件下，深入研究具体的模式、高科技企业网络组织的各有关环节，分析具体特征及运行模式。

第四节 研究框架和主要内容

一、本书的结构框架

本书的结构框架安排如图 1 - 1 所示。

二、本书的主要内容

本书的主要内容和各章安排如下：

第一章引言。介绍研究的背景，问题的切入，阐明研究思路和研究方法，提出全书的结构框架和内容安排。

第二章国内外相关研究文献综述。对国内外有关高科技企业成长的相关研究，如企业成长理论、知识创造和知识转移、专利、人力资本定价和经理层激励、风险投资以及企业国际化等方面的研究进行了归纳和总结，并从中引申出本书研究的意义和主线。

第三章高科技企业成长的生态系统环境。主要分析高科技企业成长的生态特性、高科技企业发展的生态系统及其组合机制特征成长动力机制和运行机理，并从省域层面对高科技企业成长的创新生态环境进行评价。

第四章高科技企业成长模式、机制和路线图。介绍高科技企业成长模式的理论基础和借鉴经验，对国外高技术企业成长模式进行对比分析，对高科技企业成长机制进行分析，提出我国高科技企业成长路线图。

第五章高科技企业成长影响因素评价及其国际比较。主要从多国比较角度，分析高科技企业成长的因素，分析高技术产业成长的国际竞争力影响因素，以及对高新科技园区和高技术企业成长的评价进行比较。

第六章高科技企业成长中的知识创造、转化和竞争机制。主要分析高科技企业知识的演进和企业的吸收能力、产学研之间的网络集群知识创造和知识流动。

```
                    ┌─────────────────────────┐
                    │      问题的提出和研究背景      │
                    └─────────────────────────┘
        ┌────────────────────┼────────────────────┐
 ┌──────────────┐   ┌──────────────────┐   ┌──────────────────┐
 │  高科技企业      │   │  高科技企业成长模式、 │   │  高科技企业成长      │
 │ 成长的生态系统环境 │──▶│   机制和路线图     │   │ 影响因素评价及其国际比较 │
 └──────────────┘   └──────────────────┘   └──────────────────┘
```

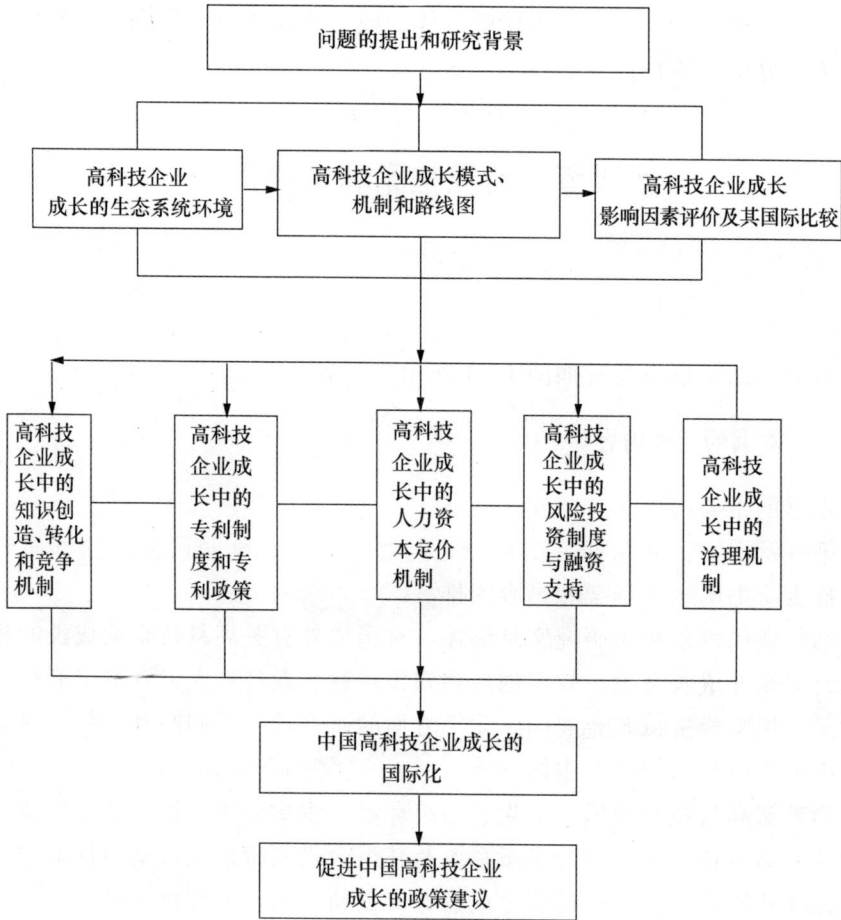

图 1-1 结构框架

第七章高科技企业成长中的专利制度和专利政策。主要研究中国研究与开发投入和专利申请及其国际比较，构建了专利制度对影响高科技企业创新活动和高科技企业成长的影响机理模型，分析了专利池的作用，对专利政策与高科技企业成长的关系进行了理论和实证分析；同时，还对高科技企业如何制定基于专利路线图的专利战略进行了案例研究。

第八章高科技企业成长中的人力资本定价机制。主要对企业人力资本定价的方法综述，股票期权发展及其实践，高科技企业经营者人力资本定价方法，股票期权的激励作用与效率评价以及股票期权定价方案的道德风险防范监控体系构建等。

第九章高科技企业成长中的风险投资制度与融资支持。主要分析高科技企业成长中的融资制度与融资支持，中美两国高科技企业成长中的风险投资环境比较，我国现行高科技企业融资制度分析，风险投资与创新发展，建立风险投资机制所需的契约结构等。

第十章高科技企业成长中的治理机制。主要分析高科技企业治理结构创新、高科技企业治理与风险投资。

第十一章中国高科技企业成长的国际化。就中国高科技企业国际化的动机和路径选择、中国高科技产业发展的国际化现状与比较、中国高科技企业成长的国际化模式、中国高科技企业国际化战略的路径选择、中国高科技企业双向国际化过程中的非对称进化博弈策略、高科技企业国际化程度评价以及高科技企业国际化经营绩效评价等问题进行分析和讨论。

第十二章促进中国高科技企业成长的政策建议。就有关高科技企业成长的知识创造与知识转化机制，我国高科技企业的融资制度与融资支持，建立适宜于高科技企业成长的全方位人力资本激励机制，以及促进高科技企业成长的国际化等多方面提出政策建议。

第十三章，结束语。给出了本书的主要结论，以及尚需深入研究的问题。

最后是附录，包括4个附件，分别为附录1对企业网络中知识流动的经验检验、附录2股票期权激励效率衡量的实证研究、附录3风险投资制度环境的国际比较研究和附录4中国风险投资制度的创新与实证分析。

第 二 章

国内外相关研究文献综述

第一节 国内外有关企业成长理论的研究综述

一、古典经济理论中的企业成长

古典经济理论用分工的规模经济利益来解释企业成长问题。斯密（1776）通过制针工厂的例子说明了分工提高劳动生产率的巨大效应及其原因，即企业作为一种分工组织，其存在的理由就是为了获取规模经济的利益，分工使更高的产量以更低的成本获得，因此，单个企业的成长与分工的程度正相关。同时，随着分工的自我繁殖，新企业会不断形成，因此一国经济中产业和企业的数量也与分工的程度正相关。尽管斯密没有区别社会分工（一般分工）和企业分工（特殊分工），但从他的分工理论中仍然可以同时解释国民经济中企业数量增加和单个企业规模扩大这两个范围的企业成长。

施蒂格勒（George J. Stigler, 1975）以企业的功能划分为基础，根据产业寿命周期分析了企业成长的一般规律，重新解释了基于规模经济利益的企业成长与稳定的竞争均衡条件相容的原因。在一个产业的形成初期，市场规模较小，这个阶段的企业成长主要通过企业内部的分工来实现，企业大多是"全能"企业。随着产业和市场的扩大，原有企业通过专业化程度的提高实现规模的扩大，产业的社会分工扩大则导致企业数量的增加。因此，这个阶段两个范围的企业成长同时出现。

二、新古典经济理论中的企业成长

新古典经济理论的企业成长论就是企业规模调整理论，企业成长的动力和原因就在于对规模经济（以及范围经济）的追求。该理论中不存在独立的企业成长理论，企业成长就是企业调整产量达到最优规模水平的过程，或者说是从非最优规模走向最优规模的过程。而且这个过程是在利润最大化目标既定，所有约束条件已知的情况下，根据最优化规则进行的被动选择，没有企业任何主动性的余地（纳尔逊和温特，1982）。

新古典理论中企业成长的基本因素均是外生的，如果企业面临的成本或需求曲线变动了，企业就会扩大规模。成本变化的原因通常来自技术变革或要素价格变化；需求变化则是由于收入变化或偏好变化所致。在长期均衡条件下，企业成长与利润之间没有预期的关系，只是在短期会出现资源向利润率高的企业或产业移动，这时形成企业成长与利润之间的正向关系。如果在新古典企业成长理论中引入时间因素，建立一种动态均衡模型，这时企业解决的是跨时约束最大化问题，企业目标相应的是实现未来利润流现值的最大化，这种情况下，即使目前企业处于最优规模，如果未来预期的"最优"规模大于目前的最优规模，企业也会扩大产量，出现企业成长。

三、制度经济学理论的企业成长

用新制度经济学理论来解释企业成长的有：

科斯（Ronuld H. Coase，1937）在其著名论文《企业的性质》中，提出并分析了企业存在的理由及其扩展规模的边界问题。科斯用交易费用理论阐释了"企业在一个专业化的交换经济中出现的根本原因"。科斯把企业看成是一种长期并固定的契约关系，市场是一种短期的契约关系，企业就是替代市场来组织生产的方式。与市场通过契约完成交易不同，企业是依靠权威在其内部完成交易。企业存在的原因，是通过把交易转移到企业内部，以减少市场的交易成本。企业成长通常既表现为经营规模的扩大，也表现为企业功能的扩展，即企业把一些以前通过市场进行的交易活动纳入企业内部进行，这意味着企业边界的扩大。当企业内部的交易成本等于该交易在市场上交易的成本时，企业的成长将会停止。

一般而言，市场交易费用是与市场的发达程度成反向关系的，即市场发达程度越高，交易费用越低；反之亦然。按科斯的理论预测，市场发达程度越高，则企业成长的动力越低。这与现实明显不符，因为现实中通常是市场发达程度与企业成长呈正相关的关系。为此，杨小凯和黄有光（1993）认为，应该考虑经济主体的交易效率因素，即市场发达程度提高，扩大市场交易范围，一方面增加了交易费用，另一方面也提高了交易效率，并且后一方面更为重要，只要交易效率提高的利益大于交易费用，市场的发达与企业的成长就可以齐头并进。

张五常进一步发展了科斯的企业理论，认为企业的本质是用要素市场来取代产品市场，企业交易的对象是生产要素，对其定价通常小于对产出物的直接定价。

威廉姆森（Williamson，1975，1985）从资产专用型、不确定性和交易效率三个维度定义了交易费用。企业是一种连续生产过程的纵向一体化实体，这个连续生产过程需要签订一系列的合约，通过市场交易；使不同阶段之间相联系。由于信息的不完全和不对称，签订的合约不可能是完全合约，这样就会导致专用性资产事前投资不足的问题。为此，企业会通过前向或后向的一体化，把原来属于市场交易的某些阶段纳入企业内部，这种情况下的企业成长就表现为企业纵向边界的扩展。

格罗斯曼和哈特（Grossman and Hart，1986）通过强调资产所有权的重要性，进一步明确了企业纵向一体化的含义，认为纵向一体化的水平取决于一方或另一方当事人控制专用型资产的程度，并且提出了物质资产专用性和人力资产专用性对于纵向一体化具有不同的意义。

用制度变迁理论来解释企业成长的有：

以 D. 诺思和 T. W. 舒尔茨为代表的制度变迁理论，是制度经济学的最新发展。制度变迁理论认为，"外在性"在制度变迁的过程中是不可否认的事实，而产生"外在性"的根源则在于制度结构的不合理，因此，在考察市场行为者的利润最大化行为时，必须把制度因素列入考察范围。他们强调，制度是内生变量，它对经济增长有着重大影响。

钱德勒（Alfred D. Chandler，Jr.，1977，1992）从历史和宏观角度对企业成长制度变迁理论进行了探讨，威廉姆森（1985）从理论思维的角度系统地阐述了企业成长过程中组织结构的演变，以及不同组织形态的效率。钱德勒认为，从组织制度上可以把企业分为古典企业和现代企业，企业成长中由古典企业向现代企业的这种制度变迁不仅对企业本身意义重大，而且对社会经济体制的转变也具有决定性的作用。

企业制度变迁是随企业经营规模扩张而出现的，而它又是维持和促进规模扩张的必要条件。钱德勒认为，真正的企业成长是现代工商企业出现之后的事情，而现代工商企业的出现是与两项重大的企业制度变迁相联系的：一是所有权与管理权的分离；二是企业内部层级制管理结构的形成和发展。企业规模的扩张及与之伴随的技术和管理过程复杂化，导致了所有权与管理权的分离，分离的具体形式依企业扩张的筹资方式不同而不同。在那些依靠内部资金发展起来的纵向一体化企业中，企业主本人或其家族在企业的高层管理中居于支配地位，所发展起来的是中层管理。在那些依靠外部资金发展起来的企业中，则是支薪经理在高层管理中居于支配地位。钱德勒把以上过程称为经理式资本主义的兴起和家族式资本主义的衰落。

由于企业成长意味着一部分原先的市场交易内部化于企业之中，这就需要企业内部的行政协调机制的相应发达，因此，企业成长的重要方面就是企业内部组织结构的变革。传统企业中没有中间管理层，随着企业规模的扩大，内部管理工作增加并日益复杂化，相应的内部组织分工向两个方向发展：一是水平方向的不同职能部门的产生；二是垂直方向管理层级的产生。钱德勒认为这种垂直层级组织结构的产生是现代企业区别于传统企业的一个显著特征。

对于契约理论来说，企业是一系列合约组成的契约链条。奈特的企业家重视权力的分配，熊彼特推崇企业家的创新能力，卡森擅长于对稀缺资源的协调利用作出决断的人，而沙科心目中的企业家在作出抉择时，具有非凡创造性的想象力。

张维迎（1995）发展了一个企业的企业家——契约理论。他建立了一个"隐藏行为模型"，证明了将企业的委托权安排给经营人员更优；他建立了一个"隐藏信息模型"，证明了将企业家的优先权或选择经营者的权力赋予资本所有者是最佳的。他还建立了一个一般均衡模型，将经营才能、个人财富、个人风险态度识别作为市场经济中，人们之间均衡职业划分的三个基本因素：有才能又有财产的人成为"企业家"；有才能无财产的人成为"职业经营者"；有财产无才能的人成为"单纯资本所有者"；既无才能又无财产的人成为"工人"。

四、后凯恩斯主义的企业成长

后凯恩斯主义是当代宏观经济学的一个流派，它在企业成长方面的贡献是，在企业增长率最大化的目标假设下，构建了一个把企业产量决策、投融资决策和定价决策融为一体的企业成长模型。

后凯恩斯主义学派的经济学家认为，正统理论中的利润最大化假设由于企业面临的市场环境和企业组织结构方面的特征而不具有现实性。由于现实生活充满了不确定性，使利润最大化假设失去了基本前提（Shackle，1955；Robinson，1979）。另外，现代经济中企业的典型形式是所有权与控制权分离的公司制形式，由于经理集团在现代公司中居于支配地位，因此，企业增长率最大化而不是股东的利润最大化目标成为企业的目标。后凯恩斯主义的企业成长论就是以大公司作为企业的典型组织形式。

企业成长是通过投资规模的扩大实现的，因此，投资决策和投资资金的来源是最关键的方面。通常企业根据对未来市场需求增长和变化的预期形成投资计划，企业根据计划的投资支出水平决定加价规模，该加价规模将给企业带来计划投资支出所需要的保留利润，因此，企业的定价决策服从于企业成长的投资计划，如何确定加价规模成为企业的关键问题，为此必须结合融资成本的权衡综合考虑。为获得企业成长所需的投资资金。有两条途径：一是来自企业内部留利的内源融资；二是通过资本市场的外源融资。以大公司作为企业的典型组织形式，由此假设：（1）企业可以随周期波动调整产量，企业对市场需求变化的反应不是变动成本从而改变价格，而是调整产量规模；（2）企业的定价规则是成本加成；（3）企业竞争所利用的手段不是价格而是投资，并采用销售政策力图扩大本企业的市场份额；（4）资本市场是不完全的，因而企业利用资本市场进行融资具有较高的交易费用。

根据上述假设，以增长最大化为目标的企业其成本曲线是反 L 形的，而不是正统理论中所表现的 U 形曲线。企业依据成本加成定价产生的现金流量来满足企业所希望从事的投资支出需要，因此企业的定价决策与投融资决策联系在一起，价格运动取决于企业内源融资的需要和正常生产成本的运动。

五、企业进化论的企业成长

企业进化论强调企业资源的差异性，同时亦注重企业资源与环境变化的统一。该理论相当重视组织、创新、路径依赖等的进化对企业成长的影响。

熊彼特（Schumpeter，1942）第一个提出了企业在经济理论中的主动地位。熊彼特认为，经济体系是变动的，对经济体系的研究是在研究一个演进过程。在市场竞争过程中，起中心作用的不是价格竞争，而是创新竞争。熊彼特对创新主体的认识从最初的企业家转变到了拥有研发活动的现代企业，他认为以企业为主体的创新活动是经济进化的发动机，所以企业具有超越外部经济条件的自主能力，而且能够塑造市场条件。

企业成长理论的创始人是英国人彭罗斯（Edith T. Penrose），他于1959年发表的《企业成长理论》一书认为企业成长理念的内核可以非常简单地加以表述，即企业是建立在一管理性框架内的各类资源的集合体，企业的成长则"主要取决于能否更为有效地利用现有资源"。

彭罗斯（1995，1959）继承了熊彼特的观点，通过研究企业内部动态活动来分析企业行为。彭罗斯把企业定义为"被一个行政管理框架并限定边界的资源集合"，企业内部经济活动就是在一个行政组织内依照形成的计划使用生产性资源。彭罗斯认为，企业增长的源泉是企业的内部资源，其理论的关键逻辑是：对生产性资源的使用会产生生产性服务，生产性服务发挥作用的过程则推动知识的增加，而知识的增加又会导致管理力量的增长，从而推动企业的增长。彭罗斯在企业内部区分了生产性资源和生产性服务。生产性服务产生于对生产性资源的使用过程，它是资源被使用方式的函数。彭罗斯定义的"服务"的概念主要是指企业管理活动的服务，在某种程度上"服务"是目前被广泛使用的"能力"的概念的早期表述。

企业成长理论的关键的问题在于什么因素决定着企业"主观的"生产性机会，也就是企业家关于企业能做什么和不能做什么的想法。这种想法，也可以说是一个企业的"预期"（expectation），是企业家个人素质和企业内部运营及资源的函数。这与后来"战略"的概念有相似之处。有效的管理服务来自团队合作的经验，而知识的经验性则决定生产机会的独特性。这是后来的所谓"独特或难以模仿"的企业能力概念的最初理论表述。因此，企业从管理经验中获得的知识将提高企业的内部管理力量。彭罗斯认为，真正限制企业扩张的因素是企业的内部管理力量，因此管理力量的增长必然会推动企业的增长。彭罗斯为企业建立了一个经验积累—知识增加—服务增长—企业成长的动态框架，这个企业是一个学习企业，也因此而产生了动态企业的概念。潘罗斯认为企业所拥有的资源是异质的，最典型的例子就是企业家服务。企业的内部资源对企业的战略具有重要的影响，企业扩张的方向必然受企业"继承的"（inherited）资源的制约。因此企业通常在某些专门制造领域高度的"胜任"（competence）和以技术知识为基础进行多样化和扩张。

纳尔森和温特（Nelson and Winter, 1982）建立了现代演化经济学的基础。他们认为，动态演进的企业和起到自然选择作用的市场机制是影响经济变迁的两个关键机制。演化经济学的一个基本前提是，经济世界是如此复杂以至于企业并不知道什么是最优的选择。企业是一个由"组织惯例"（organizational routines）所组成的层级结构。在这个企业模型中，组织惯例执行组织的记忆功能，储存组织中产生的特定运行知识，并决定企业的行为。惯例所储存的知识大都是经验中积累的"缄默知识"（tacit knowledge），因而是难以表达和模仿的。因此惯例使企业的能力具有独特性，并造成不同企业之间的绩效差异（Nelson, 1991）。

六、基于生命周期理论的企业成长

自 20 世纪 50 年代以来，许多学者对企业生命周期理论开始关注，并从不同视角对其进行了考察和研究，作为对企业的一种仿生研究，企业生命周期理论是企业成长研究的热点之一。至今为止已有 20 多种企业生命周期模型。众多模型依据不同的标准对企业生命周期进行了不同的阶段划分。

马森·海尔瑞（Mason Haire, 1959）首先提出了可以用生物学中的"生命周期"观点来看待企业，认为企业的发展也符合生物学中的成长曲线。在此基础上，他进一步提出企业发展过程中会出现停滞、消亡等现象，并指出导致这些现象出现的原因是企业在管理上的不足，即一个企业在管理上的局限性可能成为其发展的障碍。

从 20 世纪 60 年代开始，学者们对于企业生命周期理论的研究比前一阶段更为深入，对企业生命周期的特性进行了系统研究。哥德纳（J. W. Gardner, 1965）指出，企业和人及其他生物一样，也有一个生命周期。但与生物学中的生命周期相比，丘业的生命周期有其特殊性，主要表现在：第一，企业的发展具有不可预期性。一个企业由年轻迈向年老可能会经历 20—30 年时间，也可能会经历好几个世纪的时间。第二，企业的发展过程中可能会出现一个既不明显上升也不明显下降的停滞阶段，这是生物生命周期所没有的。第三，企业的消亡也并非是不可避免的，企业完全可以通过变革实现再生，从而开始一个新的生命周期。斯坦梅茨（L. L. Steinmetz, 1969）系统地研究了企业成长过程，发现企业成长过程呈 S 形曲线，一般可划分为直接控制、指挥管理、间接控制及部门化组织等四个阶段。

在 20 世纪七八十年代，学者们在对企业生命周期理论研究的基础上，纷纷提出了一些企业成长模型，开始注重用模型来研究企业的生命周期，丘吉尔和刘易斯（N. C. Churchill and V. L. Lewis, 1983）从企业规模和管理因素两个维度描述了企业各个发展阶段的特征，提出了一个五阶段成长模型，即企业生命周期包括创立阶段、生存阶段、发展阶段、起飞阶段和成熟阶段。根据这个模型，企业整体发展一般会呈现"暂时或永久维持现状"、"持续增长"、"战略性转变"和"出售或破产歇业"等典型特征。

葛雷纳（L. E. Greiner, 1985）认为企业通过演变和变革而不断交替向前发展，企业的历史比外界力量更能决定企业的未来。他以销售收入和雇员人数为指标，根据它们在组织规模和年龄两方面的不同表现组合成一个五阶段成长模型：创立阶段、指导阶段、分权阶段、协调阶段和合作阶段。该模型突出了创立者或经营者在企业成长过程中的决策方式和管理机制构建的变化过程，认为企业的每个成长阶段都由前期的演进和后期的变革或危机组成，而这些变革能否顺利进行直接关系到企业的持续成长问题。

伊查克·爱迪思（Adizes, 1989）在《企业生命周期》一书中，把企业成长过程分为孕育期、婴儿期、学步期、青春期、盛年期、贵族期、官僚初期、官僚期以及死亡期共十个阶段。他认为企业成长的每个阶段都可以通过灵活性和可控性两个指标来体现：当企业初建或年轻时，充满灵活性，做出变革相对容易，但可控性较差，行为难以预测；当企业进入老化期，企业对行为的控制力较强，但缺乏灵活性，直到最终走向死亡。

由于划分依据的不统一，学者对企业生命周期的阶段被分为三到十个阶段不等。在西方学者对企业生命周期研究的基础上，我国学者对此又进行了修正和改进，陈佳贵（1995）对企业生命周期进行了重新划分，他将企业生命周期分为：孕育期、求生存期、高速发展期、成熟期、衰退期和蜕变期。这不同于以往以衰退期为结束企业生命周期研究，而是在企业衰退期后加入了蜕变期，这个关键阶段对企业可持续发展具有重要意义。李业（2000）在此基础上又提出了企业生命周期的修正模型，他将企业规模大小作为企业生命周期模型的变量，而将销售额作为变量，以销售额作为纵坐标，其原因在于销售额的增加必须以企业生产经营规模的扩大和竞争力的增强为支持，它基本上能反映企业成长的状况。孙建强等（2003）、许秀梅、高洁（《企业生命周期的界定及其阶段分析》，《商业研究》2003年第18期）认为收入增长率、市场占有增长率、科技成果转化增长率、成本降低率与规模扩张率是对企业发展影响较大的因素，并可以根据这些因素对企业的影响力分别赋予权重，据此确定企业所处的生命周期阶段。李永峰，张明慧（2004）提出从总资产（Z）、无形资产（W）、销售收入（S）、现金净流量（X）、生产成本（C）、利润（L）、R&D投入、运营能力（Y）这几个影响企业生命周期的因素来确定企业所处的生命周期阶段，凤进、韦小柯（2003）指出生命周期模型研究企业成长经历的阶段，以及各阶段特征，对管理实践有很强的指导意义。通过理论研究贡献、不足以及今后趋势等三个方面对现有研究进行比较。今后的研究趋势是进一步突出案例研究和经验研究。各个领域的生命周期理论会出现整合。研究各种生命周期之间的耦合关系及其对企业发展的影响将是未来企业成长与生命周期理论研究的热点。赵继新、刘敦辉、赵瑞华等（2009）认为成长模式选择是影响高新技术企业发展的重要非技术因素，它应该适应企业不同的生命周期阶段。基于生命周期的我国高新技术企业阶段成长模式选择研究。

七、企业管理者理论的企业成长

管理者理论是在伯利和米恩斯提出现代企业所有权和控制权分离这一命

题之后，经济学家对经理式企业（钱德勒，1977）目标行为进行探讨的过程中形成的。其主要观点是，随着现代企业所有者和经营管理者身份的分离，以及相应的所有权与控制权的分离，企业的经营管理者掌握了企业的实际控制权，因此，这些企业的目标已经不是追求企业所有者的利润最大化，而是追求管理者阶层自身的效用最大化。由于管理者的利益并不是与利润直接相关，而是与企业的规模或增长密切相关，这就导致企业行为方面的新特点，即企业成长成为企业的目标，因为这符合管理者的效用函数。管理者理论的企业成长论的共同之处在于，把追求企业成长作为企业的目标，在此前提下探讨决定企业成长的因素以及实现稳定增长率的条件。

鲍莫尔（Baumol，1962）的销售收益最大化模型指出，经理式企业的管理者在一个所有者或股东可接受的利润水平约束下，追求销售收益最大化，这会使企业的产量规模大于利润最大化目标下的规模。因为所有者可接受的利润率表示的是可能利润水平的最下限，同时利润最大化（边际收益等于边际成本）时的产量或销售量不是最大水平，最大化的销售量是在边际收益等于零时达到的，因此管理者就可以在所有者可接受利润率水平的约束下，在边际收益等于边际成本的销售水平与边际收益等于零的销售水平之间选择一个产量或销售量水平，这个水平肯定大于利润最大化时的销售规模。

威廉姆森（1964）构造了一个管理者效用函数模型，即管理者的效用水平取决于雇员数量（以雇员开支额表示）、管理者的货币收入（以工资和津贴表示）和可支配的投资（以税后利润减去可接受的最低利润表示）三个因素，这些因素并不与企业利润水平直接相关，而是更大程度上与企业规模相关，因此，管理者也追求企业扩大规模和企业成长。

马里斯（Marris，1964）的企业成长论也是一种内在成长论，把企业的需求增长和供给增长结合起来，构建了一个企业稳定增长的模型，现在已成为研究经理式企业的标准模型。它的分析是在"稳定状态"的框架中进行的，即在计划期内，所有变量以不变的速度增长，并且把经理追求的目标作为企业目标，经理的目标是使企业的增长率最大化，只有当企业需求增长率和供给增长率相等时的最大企业增长率才是稳定的。

八、企业战略论的企业成长

战略管理理论的发展从研究企业如何在竞争中获胜的问题开始，在后来逐步转入探求企业竞争优势的源泉。安德鲁（Andrew，1971）发表的《公司战略的概念》标志着战略管理成为一个独立的研究领域。安德鲁建立了一个战略管理的基本框架，他认为，"公司战略定义了公司参与竞争的业务领域，并集中公司资源，使各种不同的能力转变为竞争优势。"战略管理的核心问题是把企业自身力量（企业内部资源）和外部机会（外部环境因素）相匹配，同时保护企业的弱点使之不受到环境的威胁。安德鲁对企业的内部因素使用了"独特的胜任"概念，指企业能在某些领域做得特别好的力量。

波特（Michael E. Porter，1980）的《竞争战略》代表了20世纪70年代战略理论的环境学派，该学派关注的重点是企业的外部竞争环境。波特认为，企业战略的中心问题是应对竞争，而这需要对企业所处的产业进行结构分析。波特把企业的市场力量归纳为五种，即买方的力量、卖方、新进入者、竞争者和替代品的力量。为了确定企业的竞争优势，波特提出了差异化战略（differentiation）、低成本战略（low cost）和集聚战略（focus），并且回答了采取以上三种战略的原因——即价值链分析。给定外部竞争环境，企业战略的任务就是分析产业吸引力和市场机会，在分析的基础上寻找企业定位，制定企业战略。

为了解释在相同的外部竞争环境下企业战略和绩效仍然存在差异的问题，20世纪80年代产生的资源依赖学派，该学派注重根据企业的内部特征来分析企业为什么追求具有不同产出的各种战略。沃纳费尔德（Wernerfelt，1984）提出了"基于资源的企业观"，其中心论点是，企业竞争优势来自于企业所控制的战略性资源。巴尼（Barney，1991）将资源定义为企业所拥有并能用来改进效率的所有有形和无形的资产，即包括资产、雇员、品牌、知识、信息、能力、组织过程等。战略性资源具有价值、稀缺性和难以模仿性。Dierickx and Cool（1989）进一步认为，能带来企业竞争优势的战略性资源具有不可交易、不可模仿和不可替代的特点，只能由企业自己"建设"出来。

钱德勒（Chandler，1962）在《战略和结构》一书中对美国大企业的组织结构从直线职能结构向多部门结构转变的过程进行了研究。他提出一个战略与结构互动的分析框架来研究战略决策导致组织结构变化的过程。研究发现，企业执行一个新的战略需要一个新的或者调整过的结构，即结构跟随战略而变化，而结构的变化是为了在新的战略下更有效地利用资源。

九、企业能力论的企业成长

第一个提出企业能力概念的是经济学家理查森（Richardson，1972）。在《工业组织》一文中，理查森将"能力"（capabilities）定义为企业的知识、经验和技能。他还提出，工业活动中互补活动的协调需要企业之间的合作来承担。因而企业合作成为企业内部协调和市场协调两种协调机制之外的第三种协调机制。

理查德·纳尔逊和西德尼·温特（Richard Nelson and Sidney Winter，1982）在其出版的《经济变革成长论》中强调企业经营能力观的重要意义，书中不再根据规模对企业分类，而是根据赋予拥有不同智力资本的企业不同分类。

随着伯格·沃纳费尔德（Birger Wernerfelt，1984）在美国的《战略管理杂志》上发表了《基于资源的企业观》一文，企业内在成长论开始分化为资源学派和能力学派两个相对独立又互为补充的流派。企业资源论主要强调从企业自身的资源出发而不是从市场角度来研究企业的成长与竞争能力。认为企业的成长取决于其自身拥有的资源，企业拥有的资源状况决定了它不同于其他企业的成长途径。而企业能力理论对企业资源论作了进一步引申，认为企业的竞争优势来自于企业配置、开发与保护资源的能力。

普拉哈拉德和哈默尔（Prahalad and Hamel，1990）在《公司的核心胜任》一文中进一步提出"核心胜任"（core competence）的概念，他们认为，使企业保持长期竞争优势的不是终端产品组合，而是企业的核心胜任。企业是一系列可应用于不同产品和市场的重要胜任的集合，因此企业应该围绕核心胜任建立业务组合，并建立可以增强核心胜任的结构和过程。核心胜任的关键特性是：核心胜任提供进入许多产品市场的可能性；核心胜任为顾客提供明显的使用价值；核心胜任是竞争者难以模仿的。

在《规模经济和范围经济》（Chandler，1990）一书中，钱德勒对美、英、德三国现代大企业的发展过程进行了比较研究。在这本书中钱德勒提出，技术创新提供了由规模经济和范围经济带来的提高生产率的潜力，而企业家对生产设施、销售系统和管理组织进行的三重投资是利用这种潜力的关键。三重投资所带来的"组织能力"决定了企业的成长，同时这种组织能力可以使企业长期保持先行者优势。因此，如果先行者不犯错误，如果没有政府干预以及技术和市场的根本变化，跟进者很难战胜组织能力创造上的先行者。钱德勒的中心论点是：特定的组织能力是特定企业的竞争优势来源，是企业间长期绩效差异的关键解释变量。而把新技术提供的机会转化为可持续优势的组织能力取决于管理团队的战略行动。

蒂思、皮萨诺和舒恩（Teece，Pisano and Shuen，1997）将演化经济学的企业模型和"基于资源的企业观"相结合，明确提出了"动态能力企业观"的框架。该理论认为企业的竞争优势在于组织能力，组织能力的要素是企业在经营过程中积累起来的知识和技能。组织能力是内生的，其载体是组织惯例，因而难以模仿。"核心能力"是使一个企业在战略上相对其他企业具有竞争优势的组织能力的集合。核心能力对于企业的战略、资源重组、胜任和能力的更新具有关键作用。核心能力同样是长期积累起来的，它既反映了企业过去的发展路径，又影响着企业未来的发展方向。新出现的技术和市场机会从需求方面为企业提供了学习和提高能力的机会，而管理者的内部投资从供给方面为企业提供了学习和提高能力的机会。因此，管理者在维护和发展企业核心能力方面起着关键作用。动态能力是比核心胜任更高层次的组织过程。

十、企业知识论的企业成长

企业知识论，是对企业能力理论的进一步引申。研究表明，隐藏在能力背后、决定企业能力的是企业的知识以及与知识密切相关的认知学习。正是由于知识所固有的性质导致了企业的核心刚性。企业知识理论认为，企业知识是高度情境化的，具有意会性和离散分布性的特征。知识的意会性是指知识的不可完全表达性，它意味着企业知识是通过特定实践获得的，并且它的使用对企业内部环境具有高度的依赖性。知识的离散分布性是指企业知识不可能以集中的形式存在于某一单个头脑中，而只能由那些处于特定情境中的个人或团队分散化地掌握。企业知识的意会性和离散分布性，既决定了它的难以转移性和不可模仿性，也决定了企业的异制裁性，因而构成竞争优势的源泉。

知识是企业竞争优势的根源，不仅是因为企业内的知识，尤其是一些潜移默化的知识（tacit knowledge）难以被竞争对手所模仿，而且还在于当前的知识存在所形成的知识结构决定了企业发现未来机会、配置资源的方法，企业内各种资源效能发挥的差别都是由企业现有的知识所决定的。同时，与企业知识密切相关的认知能力决定了企业的知识积累，从而决定了企业的竞争优势。各企业所面对的外部环境从客观上说都是完全相同的，但由于企业的知识结构和认知能力不尽一致，所以它们所能发现的市场机会也不相同。因此，企业理论的核心概念应是知识。

基于对企业知识性和竞争优势之源的重新认识，企业知识理论强调组织学习和知识联盟是建立并不断强化企业核心能力的主要途径。关于组织学习，企业知识理论认为，决定核心能力的是企业掌握的知识，而知识是通过不断的组织学习而得到的，组织学习是使企业的个体能力向组织能力转化、最终形成核心能力的必要手段。知识的共享、经验技能和失败教训的共享，是企业组织学习的主要内容，通过知识共享可以使个人的能力、知识转化为企业集体的组织能力和知识。

企业知识的来源，既可以来自企业内部，也可以来自企业外部。知识联盟即是从外部获取知识的一种有效方式。知识联盟强调的是通过结盟从其他机构获取专业化能力和潜藏性知识，或者和其他机构合作创造专业化能力和潜藏性知识。知识联盟有助于一个公司学习另一个公司的专业能力；有助于两个公司的专业能力优势互补，创造新的交叉知识。由于核心能力实质是知识和能力的组合，而知识和能力的载体是组织中的人，因此对知识联盟的管理重点在于对联盟的人力资源管理和组织学习的管理。

十一、企业基因组合成长理论

高哈特（Raneis J. Gouihart）和凯利（James N. Kelly）的《企业蜕变》（1988 年）一书则把企业看作是有机体，把企业的各种影响因素看作基因、染色体，视角比较独特。该书提出"生物法人"的概念，认为"生物法人"

这一生命体永生不死的秘诀在于是否有能力带动全体系统同步蜕变，并勾画出这些系统——"12 大生物法人系统"。根据基因学，个人不同是因为个体"基因印记"。同理，可认为，企业这一生物法人在其"12 大生物法人系统"中每一个系统也都由为数众多的"基因印记"组成，这"12 大生物法人系统"被称为"12 对染色体"。企业蜕变理论提出领导人担当的角色为生物法人的基因工程师。企业蜕变生物模型包含 4 大方法——蜕变四要：重新规划打开企业体头脑，注入新的眼光；重建组织结构变革；重振活力增强环境适应力；重启新生加强人的使命感。在 12 对染色体中，每 3 对染色体合成"蜕变四要"之一，即重新规划下属的 3 对染色体：促进动员心智能量汇集、勾画远景形成使命感、建立评量制度产生责任感；重建组织下属的 3 对染色体：建立经济模型，（了解经济状况，财务指标分析）、协调实体构架（类似于形成骨架）、重新规划工作结构（类似于肌肉，互相牵连）；重振活力下属的 3 对染色体：掌握市场焦点（类似于人体的感觉器官，将各因素联系起来）、创立了新事业（相当于生殖系统，需要人才的交流）、利用资讯科技改变规则（相当于神经系统，传输各种信号）；重启新生下属的 3 对染色体：设立报酬制度（增强员工满足感）、促进个人学习（个人蜕变新生，进而企业蜕变新生）、发展组织（给员工以类属感、群体感）。企业体应随着环境的变化而演化，准确判断环境变化给予的是机会还是威胁。就像个体一样，由于 DNA 复制的微小差错，某个基因发生突变，这一突变可能是好的也可能是坏的，也或许这一次的突变产生的坏状正好遏制了上次突变产生的坏状，最终使个体向好的方向发展。因此，环境变化无所谓好坏，关键是对于该"生物法人"来说，该变化是意味着机会还是威胁。因此，"生物法人"要发生蜕变最好是各系统协调蜕变。

十二、企业成长上限理论

彼得·圣吉（Peter M. Sege，1990）将系统动力学简化为比较简单易懂的整体性系统方法，提出了企业组织的"成长上限理论"。这个理论的基点是系统思考理论，其核心思想是：任何个人，组织乃至人类社会本身是一个不断反馈着的环路系统，并与其外在的更大系统构成一个整体，一个系统所面临的许多问题，往往是系统内外多种因素相互作用的结果。

（一）系统思考理论的三个基本要件

系统思考理论包括三个基本要件：一是不断增强的反馈（veinforcing feedback），即所谓的"滚雪球"效应，只要事件是处于一直成长的状况下，便可以确定是增强的反馈在运作，如良好的口碑可以促使销售量不断增加。当然不断增强的反馈会造成组织迅速衰败的形态，如一次质量事故，造成一时的口碑不佳而导致销售量下降、满意顾客减少等。二是反复调节的反馈（balancing feedback）。这是一个反复调节的寻求稳定的系统，如零售库存余额的调节就是一个反复调节的反馈。如果目标是寻求系统的稳定，这种反馈则是组织所偏好的，但如果目标是追求成长，而所有的努力还是使系统回到原状，则组织一定会产生挫折感。三是反馈回路中经常会存在"时间滞延"（delays）。即指行动与结果的差异，如房地产商总是希望有一定的房产存量在手中，以期稳定房产价格或不错过市场机会，当存量减少即与房产存量差距拉大时，房产商开始加快房屋建设速度。由于建设周期长，房产存量并没有迅速增加，可能造成房产存量差距进一步拉大，而促使房产商进一步加大新建力度。但当所建房屋终于交付的时候，可能许多房产商都提供了大批新建房产，使房产市场降温，迫使房产商降低所希望的房产存量，而新建的房产却在不断地交付，最终导致房产过剩而陷入经营危机之中。实际上，所有反馈流程都有某种形式的时间滞延，然而这种时滞未被察觉或没有充分了解，而使得改善的行动矫枉过正，超过了预期。

（二）企业成长的上限

企业孕育、诞生、高速成长到成熟的过程，是一个不断增强的反馈环路，这个环路本身高，市场销路扩大，技术水平提高，利润增加，聚集越来越多的人才，以及企业各项管理能力增强等。然而，成长总会碰到各种限制与瓶颈，甚至大部分成长都会停止。这并不是说企业成长已达到了极限，而是因为不断增强的环路在促进企业快速成长的同时，不知不觉中触动了一个抑制成长的调节环路开始运行。这些抑制成长的要素包括：市场竞争对手增多、企业经营人员自负情绪增加、管理结构复杂、创新精神减弱，以及对市场的反应迟缓等。这种抑制成长的调节环路完成，有可能使企业成长减缓，甚至下滑。在企业成长过程中，增强环路和抑制环路的同时存在，是企业成长上限的根本原因。

（三）企业成长上限的突破

在企业成长过程中，由增强环路和调节环路相互影响所构成的系统是动态的，而这种系统内部存在的相互矛盾不是短期内能够被人们明确认识的，一个根本性的原因在于，由成长所推动的调节环路上往往存在一个时间滞延。这使那些限制成长要素的暴露和所致的恶化结果，并不像那些促进成长的要素那样立竿见影，从而导致人们在遇到企业成长减速时，首先想到的和采取的措施就是如何促进成长要素，企图以此来推动企业的成长，而没有想到这些看似卓有成效的想法和措施，虽然在短期内确实能取得一些成效，却使限制成长的要素更快地催熟，从而导致成长的障碍越来越大，问题越难解决。以企业成长过程中的人力资源为例，企业成长带来员工士气高昂、工作经验递增、薪资提高等成长要素的发展为进一步成长打下了基础，但是，企业成长也可能导致原来企业员工知识老化，各类人员关系复杂，物质刺激作用递减等问题的产生。而往往这些抑制因素的产生和表现是渐进的、隐含的和间断性的，所以大多数情况下企业主管更多地倾向于提高薪资，不断引进新人等似乎是见效快的方法来解决问题。殊不知，资深人员的知识结构得不到更新，思想观念和知识体系进一步老化，新老员工之间矛盾加剧，而物质刺激可能使内部分配难以合理，企业不堪负重，使这类问题越积越深，难以突破，最终为企业成长设置了严重障碍。

人们的思维方式和行为存在着一种所谓"舍本逐末"的系统结构模型。一个问题解往往存在两个调节环路：一个是"症状解"的调节环路，另一个是根本解的调节环路。如采用可能对长远有利的措施，包括通过企业新目标的树立来增强员工的成就感，在招募新生力量的同时给老员工提供培训机会，以保持知识结构的现代化，加快新产品开发和市场投入，不断地开拓新市场等。但这些措施无论在实施难度上，还是在解决问题所起效果的反映上都有，存在时间滞延使得受短期利益驱动和影响的各级管理人员倾向于采用"症状解"解决的调节环路。可悲的是，这两个调节环路之间，往往还存在由问题"症状解"所引发的对问题"根本解"起反向增强作用的增强环路，它会对问题"根本解"的启动和作用起抑制作用，甚至导致问题最终无法彻底解决。

十三、国外对高技术企业成长问题的研究与评述

（一）企业成长理论研究的沿革

企业成长理论源于劳动分工论，斯密（Adam Smith，1776）、马歇尔
（A. Marshall，1890）和蒂格勒（Degoule，1975）等分别用规模经济解释企
业的成长。此后，科斯（R. H. Coase，1937）、彭罗斯（Edith Penrose，
1959）、巴顿（D. B. Bardon）以及杨小凯等人分别从交易费用、企业资源能
力、核心竞争力和市场交易效率来研究企业成长的问题。

法国经济学家吉布莱特（Gibrat，1931）在其代表作《非均衡经济学》
中对企业规模与成长和产业结构之间的关系问题进行了开创性的研究，其研
究成果被人们称作吉布莱特定律。吉布莱特认为，企业成长是一个随机过
程，影响企业成长的因素过于复杂，无法对其准确预测和把握，不同规模的
企业成长率并不会因为规模不同而有所差异。

由于影响企业成长的因素十分复杂，此后的研究就不断拓展视角，形成
了多样性的研究结论。

企业成长理论与大规模生产的关系十分密切。英国管理学教授佩罗兹
（Edith T. Perose）女士1959年发表的《企业成长的理论》一书奠定了这一
理论的基础。其后，企业成长理论一直受经济学界、管理学界的重视，相继
出现了不少研究成果。尤其是在信息时代，小企业所面临的环境复杂性程度
提高，环境变化快速而非渐变，其特征是收益增加、规模经济性弱化、脑力
和智力成为企业关键资产。这在某种程度上也要求企业成长理论能够较以往
有所突破，特别是企业成长理论如何在不同国度的具体应用问题的研究则更
具紧迫性。

企业成长的概念来源于生物学，它一般是指生物有机体由小到大发展的
机制与过程。最早明确地将企业比作生物有机体的是马歇尔。马歇尔在
《经济学原理》中用森林中的树木生长规律来阐述企业成长的原理，指出：
"一个企业成长、壮大，但以后也许停滞、衰退。在其转折点，存在着生命
力与衰退力之间的平衡或均衡。"

（二）国外对高技术企业研究的特点

国外对高技术企业的研究，有以下几个特点：

（1）主要把高技术作为企业可利用的一种外部资源，研究技术渗透对企业成长的影响。如麦格拉思（2001）在对高技术产品特点进行分析的基础上，提出高技术企业应通过合理的产品战略来获得竞争优势，促进企业高速成长。钱匹研究信息技术的创造性应用给企业带来的无穷潜力及对企业管理提出的挑战，探讨在信息时代下企业未来运营趋势和持续发展。卡尔和巴蒂斯（Karl and Battese，1999）通过对不同产业中企业技术改进与企业年龄、成长关系的研究认为，企业的技术效率与企业的规模之间呈高度正相关关系。迈克尔（Michael）等人（2000）的研究认为高科技企业技术学习能力在高技术企业取得竞争胜利方面起着关键作用。

（2）针对高技术研究与发展的管理，重点是科技成果的创新和转化的过程，而不是针对进行创新和转化的主体——高科技企业。布兰斯科姆、奥斯瓦尔德（2003）研究了在知识经济下，高技术企业如何改变其创新体系，对适应高技术的快速发展。盖纳（2003）研究了如何通过优化企业技术活动的安排，缩短技术开发与大规模生产之间的间隔，使企业形成快速的市场反应能力，建立竞争优势促进企业成长。

（3）针对一些已有很大发展的、较为成熟的高技术企业，以传记的方式进行研究，探讨其创业历程、经营管理以及成败原因等。如里思斯等（2001）对英特尔、康柏、葛兰素威、通用电气等知名企业进行研究，总结它们通过技术创新并在市场上保持领先的十大战略步骤。

（4）经验性研究，对不同因素进行横向比较或国际比较。例如，索尔斯坦（Thorsten，2002）等人用 54 个国家企业层面的调查数据分析了融资、法律和腐败是否对企业成长率产生实质性影响。实证分析表明：这些因素对企业成长构成的影响在很大程度上取决于企业的规模大小，小企业最易受到其影响；企业成长在发展中国家比在发达国家要更多地受融资、法律制度和高腐败率的影响。他们同时指出，法律制度对企业成长的影响有一种特殊的运行机制，只有在与企业生存和发展密切相关的法律要素不断得到完善和强化的情况下，企业才能真正得到快速成长；银行官员的腐败也会影响企业的成长。所以，各国特别是发展中国家就有必要改进融资环境、完善法律制度和减少腐败现象以促进企业成长，尤其要通过制度变迁来加快发展中小企业，当然也应该考虑制度失灵问题。科宁斯（Konings，1997）用企业层面的数据研究了罗马尼亚、保加利亚和匈牙利三个国家的国有企业、私有企业和新建企业的绩效情况。通过对企业生命周期阶段、企业规模和市场竞争情况的调整控制（将不同国家的分析层面相统一），发现新建企业的业绩要好于国有企业和私有企业，这就对私有化的必要性和重要性提出了疑问。他认为，私有化企业的业绩与国有企业并无多大差别的原因很多，如不合理的管理体制、不合理的管理激励或政治约束等因素仍然存在。他为未来的相关研究至少指出了两个方向：一是必须高度关注转型时期新建企业所扮演的角色；二是需要合理解释私有化企业的运行绩效并没有比国有企业有任何改善的原因。此外，发展中国家的企业成长问题也引起了学者的关注。

K. Goyal 等人（2002）以 1980—1995 年间将美国 61 家国防企业和 61 家制造企业为对比样本，考察了这段时间内企业成长机会变化对企业债务水平、债务结构变动的影响情况。与其他类型的企业相比较，国防企业在里根时期成长机会非常多，但随着冷战的结束以及 20 世纪 80 年代晚期和 90 年代早期，国防经费预算的削减，成长机会不断减少。武器制造企业随着成长机会的下降，其债务水平显著上升，上升幅度大于其他类型的企业。成长机会的减少使得企业都会不同程度地减少中长期债务比例和私人与公众债务的比率。企业的资本结构合理程度与企业的投资行为相关。

十四、国内对高技术企业成长问题的研究与评述

国内对高技术企业的成长，是分别从宏观、中观和微观三个层面展开研究。

（一）宏观层面

主要是从如何搞好高技术产业的角度研究高技术企业。蔡兵等（2002）研究了高技术产业发展研究与开发的基本机理与市场机制的关系，以及高技术产业化对促进产业结构升级的影响与作用。范柏乃（2001）研究了我国高技术企业研究与开发投入强度现状、不同科技活动部门获得非自筹资金（政府科技投入、银行科技开发贷款及风险资金）现状和高技术产业化三个环节（研究与开发、研究与开发成果工程化和工程化的研究与开发成果产业化）的资金投入比重现状，以及它们与现行的投资法规和政策的关系，并为完善我国投资法规政策、促进我国高技术产业发展提供建议。史清琪（1999）

在总结国外高技术产业发展的经验及高技术产业化过程的特点及其问题的基础上，结合我国实际情况，探讨了我国高技术产业发展的战略与对策。宏观层面的研究可以归结为三个方面内容：一是政府如何引导高技术产业的发展，促进高技术向传统产业渗透，目的是为了制定一套宏观政策，使高技术的扩散有一个良好的政策环境；二是科技成果如何转化为生产力，重点是研究科技成果的转化机制；三是高技术产业化的条件、模式及其战略研究。

（二）中观层面

主要是研究如何发挥高新技术产业开发区的孵化作用和风险投资的催化作用来促进高技术企业的发展。卢伟航（2004）以美国硅谷的高技术企业为案例，分析了什么资源是高技术企业成长中最为重要的资源？并得出结论：硅谷高技术企业之所以成功，是因为硅谷具有如下资源：（1）密集的、有实力的大学和研究机构；（2）充裕的风险资本；（3）高质量、高度流动的人才库；（4）独特的企业家与创业精神；（5）高效而高度专业化的市场服务体系；（6）恰当、有效的政府政策和法律体系；（7）开放、稠密的关系网络；（8）及时跟进的创业板市场。这八大资源相互影响、相互联系，形成了硅谷的生态系统，促进了硅谷高技术企业的成长。盛世豪、王立军（2004）从网络结构、知识溢出和创新资源的可获得性、植根性和创新文化三个方面，探讨了产业集群促进高技术企业成长的机制，即通过建设高技术产业园区、形成产业集群来促进高技术企业的成长。梁文（2003）通过研究，指出传统的区位因素对高技术企业的影响正逐渐减弱，而像智力资源密集区、风险资金密集区、集聚和优惠政策等因素已成为高技术企业的重要区位因素，并对照这些区位因素，分析了我国高新区在园区环境创造方面存在创造方面的问题。肖汉平（1998）、修军等（1998）、张陆洋（1999）、刘明（1999）等学者则通过对美国、日本、中国台湾等国家和地区的风险资本的实践及启示，探讨了如何通过发展我国的风险资本事业以促进高技术产业及企业的发展。

（三）微观层面

以高技术企业为研究对象，重点是研究如何通过创新来促进企业自身的发展，研究技术渗透对企业的影响。周星闾、周晖（2001）从企业的创新力与力的角度建立了企业成长的分析框架，认为企业成长的核心在于企业的新力，而持续成长的企业在于其创造力与控制力的有机统一。创新为企业带来差异优势，而控制则带来成本优势。陈士俊、柳洲（2004）在复杂系统及复杂性科学考察的基础上，分析了高技术企业的复杂性，指出应用复杂性科学研究高技术企业成长机制的必要性与可行性，并从高技术企业系统的构成与特点、高技术企业的成长动力、高技术企业的成长过程与方式三个方面给出了复杂性科学视角下的高技术企业成长机制的研究路线和内容。杨德林、陈春宝（1997）考察了技术轨道与产业技术的发展关系，指出高技术企业只有沿技术轨道进行技术创新才能促进企业发展。王云峰、贾建（1999）将影响高技术企业成长的因素分为成长资源要素和成长过程要素，探讨了不同成长阶段上各要素的表现，并以天津市的高技术企业进行了实证分析。孙玉明（2001）分析高技术企业成长所必需的成长动力及其支持结构。叶明（2002）对高技术企业战略联盟的协同机理进行了分析，并指出战略联盟是高技术企业成长的一个途径。王西麟（2002）以高技术企业的管理规律为对象，对高技术企业面临的管理危机，对企业的成长过程的特点和矛盾运动，以及解决矛盾促进成长的途径，从理论和实际相结合上进行了研究探索，并提出高技术企业的三种成长方式：技术创新成长、多样化成长和规模经济成长。

从上面的分析中可以看出，尽管越来越多国内外学者关注高技术企业的成长，但大都是强调企业的技术创新对企业管理和竞争优势的影响，没有把高技术企业成长过程当做一个完整的生态系统来看待，忽视对其成长模式和机制的研究，缺乏把高技术企业成长与企业组织演进结合研究。

第二节　国内外关于知识创造和知识转移
问题的研究综述

一、对企业网络研究的文献综述

（一）关于网络的几种主流观点

企业网络是20世纪80年代中后期逐渐生成并迅速发展起来的一个新领

域，它正以全新的范式改变着企业理论的研究视野，以一种全新的范式分析和研究处于社会关系和信息网络中企业和企业家的战略决策行为，将市场主体作为网络中的节点，并以所建立和扩展的企业关系网络作为研究的出发点，实现了企业理论研究在方法论上的创新。企业网络比计划、市场或科层组织具有独特的优势。组织间网络没有统一的理论。和其他组织建立关系通常建立在多种情境上。与开放系统观一致的资源依赖或资源交换模型是组织间网络的主导模型。这个模型显示组织依赖于任务环境来获取其成功运作所需的投入。因为组织内部不能生产所需要的所有资源，所以它们必须和其他组织进行交换以获取这些资源。因为这些资源通常稀缺且组织之间通常为获取这些资源而彼此竞争，资源依赖模型认为组织间关系是为了获得权力并获得对这些必要资源的控制权，同时最小化对组织独立的（自主性）的威胁。

面对环境的不确定性，组织常常不能确信选择什么战略方向。企业利用网络来克服不确定性并减少不可靠的交易的概率，企业的决策者看其他企业在不确定条件下如何处理和应对与其相似的问题并从中得到启发并采取行动。根据社会学的观点，企业采用网络是作为在不确定条件下模仿成功企业战略的一种机制。所以，组织决策是网络内企业之间传染的结果。网络中组织通过模仿其他企业而避免不确定性并获得社会合法性。

从经济学的观点看，企业间网络是连接和转移企业之间互补性的、相互依存的能力的一种机制。蒂斯强调了网络在传播和扩散企业之间互补性的技术能力和组织能力方面的重要性。交易成本理论将网络看做是一种处于市场和科层之间的中间治理形式，也就是说，基于互惠交易的一种双边治理的特殊形式。网络中的长期互惠是科层的一个属性，但网络也保留了通过规模经济与范围经济而带来的市场效率方面的好处。同时，网络可以实现看得见的手与看不见的手的握手。企业网络是处于市场和企业之间的一种准市场性组织，它提高了市场的组织化程度，更好地克服了纯粹市场形式较高的外部交易成本和纯粹企业科层制内部较高的组织成本，企业之间的竞争转化为企业网络之间的竞争，企业在这种网络中共同优胜，避免共同劣汰。

社会问题解决观认为，在一个组织相互嵌入的比较大的社会域，组织间关系变得复杂且具有动态性，组织无法独立解决它们所遇到的问题和面临的不确定性。大体上，开放系统模型预测当两个或两个以上的组织从互动中可以获得共同利益，如取得必要的资源（或合法性）或一个更为稳定的竞争秩序。从制度的观点看，组织面对的压力使得组织遵循和选择有效率的和有效的共同的结构和行为。基于资源的观点也将合法性视为获取和交换物质资源的一种资源。但是，制度观将组织获得合法性看作是组织适应环境的一种手段，例如，通过接受共同遵循的结构和程序。网络通过扩大组织环境扫描的范围和与其他组织互补性的资产的连接而扩大企业获得信息和资源。

组织网络可以通过协同和扩展的市场力量而生产利益。网络可以为组织成员提供更大的获取人力资源和金融资源、知识和管理经验的渠道。在合作性关系中，成员组织可以被认为是价值链上的一个独特的组织部分。通过专业化于其核心能力的领域，同时将整个生产环节上的其他领域外包给具有专业化核心能力的其他合作伙伴，每一个企业通过价值链的重构可以享受范围经济的优势。通过连接在一起，网络组织比独立行动的竞争者可以获得更大的产品范围和市场份额，行使更大的市场权力。信息技术的发展使人类克服了自身传递信息方式的限制，企业组织形式和市场组织形式都出现了突破层次结构的羁绊，有向网络通信方式和网络结构回归的趋向，提高企业组织和市场组织的效率从根本上说要充分利用分工的网络效应。

（二）网络对企业的作用

近年来，网络和关系的建立已成为组织生存与成本的重要变量。许多研究者研究了组织之间的关系，这种新的经济组织形式从 20 世纪 80 年代早期就吸引了研究者们的注意和兴趣。这种新的经济组织模式以独立组织之间的合作性、相互依存性和长期关系为特征，并与市场和层级组织形成了对比。组织间网络通过提供共同学习、转移技术知识、提供合法性和资源交换的机会而提高企业的能力和企业存活的概率。组织之间相互联系是为了获取新的技术知识、管理知识并扩展他们的市场范围。

已有文献表明，企业的网络结构的作用在于：与战略、交易成本和学习相关，网络结构可以使企业获取对其来说至关重要的知识和其他资源的不可替代的途径，可以帮助企业管理竞争的不确定性和资源的相互依存性，而且是获取信息和其他资源的通道；网络关系是企业自己的资源；企业的战略行为不仅受某一时刻与其他企业关系的性质的影响，而且受到关系网络结构的影响，结构良好的网络是企业在各种复杂环境中获取信息和知识的基础，从而形成一种有价值的社会资本。企业网络是一种重要的战略资源，可以使企业获取规模经济和范围经济的优势，但不牺牲各个企业的独立性，在市场中获取竞争优势，和伙伴一起共担风险和不确定性，学习和知识分享型企业网络还可以使企业获取重要信息和能力、知识，帮助企业获取并发展技术；改进生产过程；企业网络是企业减少交易和生产成本的方式；抵制环境冲击、提高企业的存活率和财务绩效。企业的网络结构也使企业面临着很大的风险如失去其核心专有能力，尤其是在网络成员有机会主义行为时。

通过网络企业可以获取能为其创造价值的互补性资产，这些资产需要时间去积累而且在现货市场上难以买到。通过与那些已经获取这些资源的企业合作，并且共享这些资产，企业可以解决要花很长时间才能积累资产的问题。而且，通常这些资产很难与创造它的企业分开，企业解决了这类资产的可贸易性问题。所以，如果企业缺少这些竞争性资源，它可以利用合作去解决。在某一个领域中，生产新知识或发展新的技术能力是困难的、耗费时间的和昂贵的，这意味着研究与开发通常是高成本的、收益不确定的活动。技术和市场的不确定性又使得有关技术发展的决策变得更困难。对许多技术来说，在技术发展的后期参与研究与开发活动要受前期是否参加研究与开发所积累的知识限制。由于受这些因素的限制，只有个别公司有能力发展出这些特异技术，那些未能在技术发展方面进行大规模投资的企业很难在技术发展方面生产出有价值的技术知识基础。同时，他们发现在后期通过内部发展很难跟进这些技术的进展。但是，商业和竞争方面的压力使得企业不得不在短时间内获取这些技术能力。这些企业于是向那些在这方面进行了投资并取得成功的企业求助。同时，将技术知识转变成产品和服务需要企业发展出制造能力和市场能力，以及其他资产如制造设备和分销网络等，发展出这些支持性或互补性资产需要大量的前期投资和固定成本。同时，与这些资产的发展通常相关的是有一个显著的时滞，缩短时滞的努力通常会导致时间不经济。在面对资源限制、时间限制和市场不确定时，企业会向发展出这些资产的其他企业求助。所以，企业加入企业网络的目的主要是为了获取所需的资产、学习新技能，增加和其他企业的相互依存性，和竞争者保持平衡。这些反映了企业形成网络结构的动机或引力。企业的网络结构也是知识扩散、学习和技术发展的关键因素。

这方面研究的缺陷在于：企业网络中各成员企业的学习过程是如何进行的，企业间的学习是否存在某种路径依赖，什么样的结构安排有助于企业获取这些优势？这些研究的一个共同点是概念性框架较多，系统性的理论研究和经验研究少，至少在经验研究上还是一个尚未被很好地探索的领域。而对那些尚未被探索的领域，无疑具有理论上和实践上的重要性。

二、对企业网络中知识流动研究的文献综述

目前，对于企业内部知识流动的研究不是很多。而对于企业之间知识的流动、共享的研究更少。

文献中有关知识流动的概念并不太相同。一些学者将知识流动看成是组织或组织间技能和技术的转移，另一些学者将注意力集中于业务实践的转移，还有一些学者将知识流动理解为知识创造、知识转化和知识整合的这样一个多阶段的过程，或者是知识的搜寻和转移。本书采用了一个更为宽泛的知识流动概念，将知识流动定义为单位时间内组织内部或组织间所转移的技术性知识、管理性知识和制度性知识的数量。通过这个定义，我们试图概括组织内或组织间通过各种途径和方式（包括正式途径和非正式途径）所转移的知识量。

对知识流动的研究可以追溯到早期对信息处理和组织设计的研究。根据信息处理理论，信息流动是组织对任务不确定性的组织反应。任务不确定性被定义为组织实施某项任务所需要的信息和组织已经拥有的实施某项任务的信息的差距。基本的模型是组织面临不确定性，解决不确定性需要进行信息处理，而组织可以通过战略设计来解决这些信息处理需求。虽然信息处理研究对组织设计决策非常有用，但对组织内或组织间信息或知识流动只能提供有限的帮助。在这个领域，许多关于组织层面的信息流动的研究仅仅将信息处理作为一种解释能够直接度量的概念的一个抽象概念，主要的焦点集中于对组织设计而不是对信息或知识流动提供启示。在一定限度上，它为信息处理提供了启示——即信息处理需要一个信息拉力模型，组织内产生了对某种信息的需要，而处于组织金字塔顶端的另一个部门能够来满足这种需要。这个观点实际上不是将组织内部各部门和个体看做是信息和知识的生产者，而是看做信息和知识的稀缺者。

　　与信息处理理论相比，组织学习理论在有关组织知识生产和知识变化方面的观点丰富。组织学习理论描述了随着组织经验的积累组织知识或组织行为是如何变化的。组织被看成是一个通过一系列学习过程生产知识或修正现有知识的机构。在组织内部学习涉及知识在组织各个部门间的转移。这个知识转移活动是在一个组织各个部门相互联系的共享的社会情境中进行的。组织各个部门通过知识转移和资源共享活动而嵌入于一个网络中。这个内部网络连接关系使得组织获得关键能力而对组织竞争力作出贡献。组织内部连接和网络关系可以使得组织各部门通过发现新机会或获得新知识，是组织一个重要的学习过程。

　　不管是否受到管制，组织内部和组织间自然的和非结构性的知识转移和知识流动常常发生和进行，企业是一个知识流动的交易网络。组织常常寻求对于其战略目标具有重要意义的外部知识源泉。组织搜寻和发现、创造新知识的能力依赖于其在现有知识基础上有效地管理、整合和吸收新知识的能力。由于竞争变得越来越激烈，组织或组织间的知识转移和知识流动也变得越来越激烈。新知识提供了组织发展和组织竞争的基础。理解企业网络中的知识管理和知识流动过程需要发展知识获取、知识转移和知识整合的新观点。

　　知识的转移者和知识的接收者发展合适的治理机制有助于网络中各个互动的合作者间的流动。而且，这需要知识的接收者具有合适的吸收能力来使用这些知识。一些学者对知识的获取和利用进行了深入的研究并提供了新颖的有价值的观点。我们对知识的重要性和企业内知识的流动和知识转移有了比较多的了解，但是我们对企业网络中知识流动的机制和原理了解不多。

　　一些学者认为，企业与合作者之间的知识流动和学习过程对实践和理论研究提出了新的挑战。对于企业知识转移过程中知识难以进行的原因，特别是企业之间和企业与其他行动者之间知识难以转移的因素，已有学者做过一些探讨。它们从各自的角度发现一些影响知识转移的因素，如战略意图、组织能力、伙伴选择、信任。蒂斯是研究企业间知识流动和转移的少数学者之一，他通过案例分析和数据分析研究了 26 个科技型企业知识转移后认为知识国际转移成本不小，知识转移成本占整个项目成本为 2.35%—59%，平均成本为 19.16%，一些学者系统地研究了知识模糊性以及导致知识模糊性的因素（缄默性、资产专用性、以前的经验、复杂性、合作伙伴的保护性、文化距离、组织距离）等对技术性知识转移的影响（见图2－1）。还有一些学者探讨了合资公司如何从母公司获得知识，合资企业的知识累积如何影响合资企业的结果等。

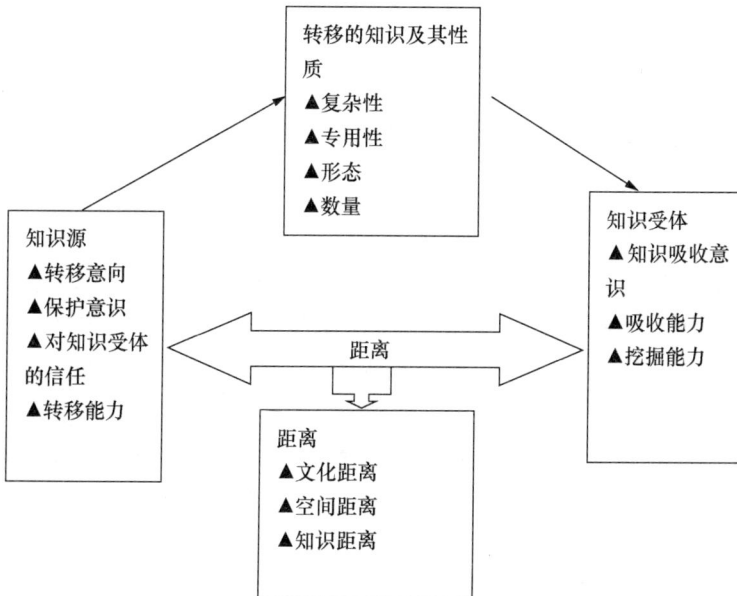

图2－1　影响企业与合作伙伴间知识流动的因素

王毅、吴贵生等研究了产学研合作中隐性知识的成因与转移机制，认为通过有意识的组织安排、利益机制、发展机制等方面采取措施，就能促进隐性知识的转移。刘翌、徐金发（2002）等研究了母子公司之间的知识流动，认为决定母子之间知识流动的主要因素有：源单位知识存量的价值、源单元的激励水平、传输渠道的存在性与丰富程度、目标单元的激励水平和目标单元的吸收能力五个方面。

从大的方面来说，这些研究的很大一部分受困于对经验事实的分析和提出假设，但系统性的理论研究不多。大多数研究试图探讨企业理论的静态方面和对有关组织结构问题如网络的形成、网络中企业与合作者合作的决定因素、合作的形式等方面的探讨，并强调网络中合作成员之间交流沟通的重要性，但对网络中知识如何流动和企业间互动学习的渠道深入探讨不多，这些研究的一个最主要的问题是未能揭示企业间知识流动和知识传播，特别是隐性知识流动的机制，同时这些研究的可操作性不强，而且这些研究大都不是针对中国经验的研究，这显然不利于我们对中国背景下企业知识特别是企业网络内的知识流动、企业核心竞争力和企业竞争优势的理解和深入把握。

三、对企业网络中知识流动与企业核心竞争力关系的研究综述

目前来看，对企业核心竞争力的研究很多，但对于企业网络中的知识流动与核心竞争力的关系方面的研究文献很少。

美国管理学者 C. K. 普拉哈拉德和哈默尔（1990）为企业核心竞争力给出了一个描述性的概念，但没有给出明确的定义。现在有许多学者认为，如果要明确地定义核心竞争力不是不可能的话，至少是相当困难的。有一些学者认为，核心竞争力是核心能力、组织能力或战略能力，核心竞争力与资源共同构成企业的竞争优势；而另一些学者认为核心竞争力是资源的函数，企业从外部获取知识并将这些知识纳入自己的知识传统对企业核心竞争力的形成起着重要作用，核心竞争力与能力的整合，有可能形成企业战略的通用模式；但还有一些学者认为核心竞争力是能够提供最大战略价值且有别于竞争对手的组织资源的组合，竞争力与能力都是战略相关资源，二者共同构成企业可持续竞争优势。

但是关于什么是核心竞争力，到目前为止还没有一个各方可以接受的定义。张炜对核心竞争力进行了辨析和国内外有关核心竞争力的观点进行整合后认为：企业竞争力是企业资源和能力的综合反映，而核心竞争力是企业关键性资源和核心能力中那些最为关键的、最能使企业获取和保持竞争优势的因素组合，是能够提供最大战略价值且有别于竞争对手的组织资源的组合。但该定义并未给出究竟是什么因素构成了企业的核心竞争力，换句话说，核心竞争力最本质东西是什么。但从这些定义和看法中我们可以断定的是核心竞争力是为了提升企业的竞争力，使企业获得可持续竞争优势，而企业可持续竞争优势是企业核心竞争力、企业能力和企业资源等共同推动的结果。

由于环境的快速变化给企业带来很大的不确定性，企业和合作伙伴间的相互依存性增强，企业在某种程度上需要寻求外部资源以建立竞争力。企业外部成员特有的竞争力已成为纵向整合决策的重要驱动因素，使得企业对不同成员的整合能力与创新能力具有非常的重要性，如所有技术型企业都必须在创新网络中才能生存，多种形式的企业间联盟使得各合作伙伴可以共担风险、快速进入新市场、获取技术、加快新产品开发速度和技能互补，增强了企业的核心竞争力。跨国公司能够存在是因为它能够有效率和有效益地通过外部市场机制转移知识的能力，但知识的内部转移并不意味着知识可以自动转移和流动，即对无形资产的内部化使跨国公司具有了竞争优势。但这些研究没有告诉我们企业的核心竞争力究竟是如何构建的及企业如何通过摄取知识来增强自身的核心竞争力，或者说企业构建何种能力有助于企业核心竞争力的培育、发展和提升。

第三节　国内外关于专利问题的研究综述

一、专利制度的作用

专利制度诞生已经有 500 多年的历史了。在专利制度确立之初，各种人，包括政治家、法学家和经济学家，就对其合理性、必要性以及社会的成本和收益进行了激烈的争论和交锋。对专利制度，拥护者有之；反对者亦有之，各种理论不一而足，可谓仁者见仁，智者见智，对其认识远未达到统一。总结起来，对专利制度的作用大致有以下四种不同的观点：

第一种观点认为，专利是激励发明所绝对必需的。这种观点由边沁提出，萨伊、穆勒和克拉克也持同样观点。他们认为，专利能激励发明创造，而有发明总要比没有发明好，所以专利对社会只有好处没有害处。其理由在于，创新以及对其利用乃是技术进步和产业升级所必需的，但在自由竞争的环境下，创新成果很容易被其他厂商所模仿，从而使创新者在竞争中处于不利地位；而潜在创新者预期到这种情况时，将不再有进行创新的激励。其最终结果是社会无法获得创新或者无法获得适量的创新。为此，社会必须采取某种事前的或者事后的措施，对创新行为进行补偿，使创新者所获利润和其对社会的贡献相对称。对社会而言，最简单、最便宜、最有效的补偿或激励方式就是为创新授予临时的排他性垄断权。

专利的补偿理论的最根本的基石是将创新知识看做是一种"公共产品"。在这方面最早从事开创性研究的是阿罗（K. Arrow, 1983）。他探讨了知识的可占有性问题，认为创新实则一种信息产品的生产过程，而信息产品只要生产出来，将变成也应该变成一种公共物品，是其他人或者厂商可以免费或者低成本获得的。尽管这样可以达到信息的有效利用，但却无法为创新提供任何激励，从而不会有创新发生。创新行为得以发生，乃是因为利用发明可以"创造"产权。于是，在一个自由经济中，首要的问题是发明的盈利性必然要求对资源的非最优配置，所以专利制度可以只需要花费极小的成本就能够激励发明创造，给社会带来以前没有的发明，从而推动社会向前发展。

剑桥大学的泰勒和西尔伯斯顿（Taylor and Silberston）在 1973 年发表的研究结果表明，专利制度对于研究与开发活动的影响因行业而异。在医药工业中会影响到 64% 的研究与开发支出，在其他成品和特殊品领域可以影响25% 的研究开发支出，在机械工程领域可以影响 5% 的产出。总起来看，如果没有专利制度的保护，大约 85% 的研究与开发支出将会受到影响。谢勒（Scherer, 1999）也指出，尽管促进发明是专利制度最主要的目标，但是它也促进了发明的开发和商业化应用，并促进了信息扩散。曼斯菲尔德（E. Mansfield, 1981）的研究表明，如果没有专利保护，大约有半数以上已经获得了专利的技术创新可能不会付诸实施。这说明，专利保护对于企业的技术进步是至关重要的，它至少是比较有效的技术创新政策工具之一。

第二种观点认为，专利制度基本上是多余的。它是由陶西格提出的，庇古也持同样观点。该观点的理由在于发明活动源于专家们的灵感，与物质上的激励并无多大关系，即使有些发明是受到物质诱惑而产生的，但通过率先占领市场而谋取的超额利润已经足够补偿发明活动所耗费的成本。美国技术创新经济学家纳尔逊和温特所进行的研究表明，仅有较少的企业才把专利评为最有效的手段，这类企业主要是生产化工产品的企业和生产比较简易的机械或电动设备的企业。赫比格也认为，专利远不是一个发明者独占其发明利益的有效手段，很少有一个专利能够强大到有效地防止其他人的模仿。根据曼斯菲尔德的观点，围绕一项专利进行发明只需比初始专利少得多的成本和时间。尽管专利提供了强大的保护，但当企业重复其他企业的发明项目时，或者当竞争者努力扩大研究与开发以包围一项初始专利时，它们也刺激了在研究与开发上的过度投资，出现研究与开发方面的过度竞争。还有学者（F. Machlup, 1950）认为既然一个发明可由无数的人共用，专利权人若收取使用费，就会在边际上减小发明的使用，这对社会是无益的。

　　第三种观点认为专利制度对研究是有害的。它是由普兰特提出的并有一些现代追随者。这种观点在第二种观点的基础上进一步指出，无论有没有专利制度，自由市场上的价格刺激会像在其他有形产品的生产单样，导致经济上最有效率的生产发明。专利制度的净结果是通过造成垄断而减少了社会的经济福利。这种观点认为，一个发明的特许专利权只是一个奖品，先达者得，但往往会有很多人作同类的研究，又因为专利权只得一个奖品，只得一人胜出，所以研究者都争先恐后。其结果不仅是输了的人白白浪费了代价，而"争先"也增加了社会为此付出的成本。

　　第四种观点认为专利对于技术进步的影响是不确定的。很多学者从累计创新的角度说明了加强专利保护对于技术进步的影响是不确定的。考虑到任何创新都是对过去的创新发展，同时又是未来创新的基础，所以加强对基础研究的专利保护就有可能会打击对基础研究的开发活动。夏皮罗（C. Shapiro, 2001）指出，尽管加强专利保护的初衷是加速技术进步，但由此导致的专利丛林却可能会阻碍技术进步。他以生物医药为例，现在的美国专利制度允许对于基因片段申请专利保护，由此也的确导致了许多这样的专利；但是，这也意味着一个生物制药厂商要开发一种新的药品，它就必须同许多基因片段的专利拥有者进行协商以获得开发许可，这常常会导致医药开发商放弃一些对社会有益的医药品种。与此相类似，赫勒和埃森伯格（M. Heller and R. Eisenberg 1998）通过对生物医药行业的分析，说明对基础创新的专利化（或私有化）可能会导致反公共品悲剧。专利保护制度能增加消费者剩余、激励企业技术创新，同时专利机制可能导致专利权人对专利技术的垄断而增加社会成本。专利保护减少了由于竞争对手进入带来的损失，但创新者也可能因此会选择等待更长时间来进行商业化。一旦这种情况发生，专利实际上是减缓了技术进步。贝森和马斯金（Bessen and Maskin）证明，在一个动态环境下，加强专利保护可能会减少总体创新和社会总福利，甚至还有人认为从社会的观点来看专利保护与福利负相关。

二、专利竞赛

达斯古帕塔和斯蒂格利茨（Dasgupta and Stiglitz，1980a、b）、劳里（Loury，1979）、李和怀尔德（Lee and Wilde，1981）等将公共品效应引入研究与开发竞赛，证明在一个赢者通吃的博弈结构下，专利竞赛将导致太多的重复投资。这就是研究与开发中的"公共品效应"。这些早期的专利竞赛模型主要集中在对研发和竞争本质的研究，假设研究与开发投入没有累积性，在创新之后才取得专利权。只有福登伯格（D. Fudenberg，1987）等人把研发和学习经验积累效应考虑到模型中，但是他们认为一旦竞争者取得领先地位，其他竞争者就剧减研究与开发投资，领先者极易取得成功。专利竞争的阶段问题是一个非常重要的问题，却被上述模型的假设条件忽略掉了。然而肯尼斯、贾德和施梅德斯（2002）克服了以上种种不足，使模型设计更新接近专利竞争的现实情况。

三、最优专利

专利保护制度能增加消费者剩余、激励企业技术创新，同时专利机制可能导致专利权人对专利技术的垄断而增加社会成本。由于无法兼得对创新的最优激励和信息的免费传播，在专利制度下，社会最优解是不存在的，从而只能寻求一种次优解，即如何在这两者之间达到最优的权衡。这正是最优专利制度设计的思路。研究者们以此为出发点进行专利保护制度的广泛研究。诺德豪斯（W. Nordhaus，1969、1972）就致力于最优专利设计问题的研究，他还首先提出了研究专利宽度的影响的分析框架，这个框架孕育了专利设计方面的大量文献。人们将其分析拓展到各种情况下的专利设计，考察如果存在竞争者模仿、技术许可，以及当技术是累积情况下最优设计应该怎样改变；吉尔伯特和夏皮罗（R. Gilbert and C. Shapiro，1990）最先研究了专利宽度问题，并正式将专利宽度引入诺德豪斯权衡，通过假设创新者的收益是专利宽度的凹函数，说明最佳的专利政策应该选择窄的和无限长的专利；沃

特森 (M. Waterson) 描述了产品专利的宽度对市场行为的影响；克莱姆普勒 (P. Klemperer, 1990) 在水平产品差异化模型中阐明了专利宽度的定义，即专利的宽度定义了（对专利持有人的）权益保护的程度和在使用专利信息方面的可容许程度；克莱姆普勒还利用区位模型分析了差异化产品情况下专利保护宽度和期限之间的最优权衡。加里妮 (N. Gallini, 1992) 所得到的一个非常有价值的结果是，创新利润和专利生命之间是一个倒 U 形关系。丹尼科勒 (V. Denicolo, 1999) 说明，到底是宽而短的专利还是窄而长的专利是最优的，这依赖于社会福利和创新后利润之间的关系是凹的还是凸的。在 G—S 模型中，这种关系是凹的，故长而窄的专利是最优的。而在加里妮的模型中，这种关系是凸的，从而短而宽的专利则是最优的。赖特 (D. J. Wright, 1999) 认为最优专利不应是固定不变的，即不总是极为狭窄或宽广的，而应取决于市场结构的具体状况、专利产品需求的特征和总模仿成本函数特性，因而指出不同行业、不同市场结构下的不同专利产品应设计不同的专利长度与宽度来加以保护。贾夫 (A. B. Jaffe, 2000) 指出：虽然世界各国的专利法均有拓宽专利保护的趋势，但有关专利宽度的研究文献较少，这主要是因为专利宽度的测度很难；勒纳 (J. Lerner, 1994) 的研究表明增加专利宽度可以增加对创新的激励；吉尔伯特和夏皮罗以及克莱姆普勒应用更加精练的数学模型对专利制度和专利宽度关系进行了深入细致的研究。从目前的研究结果来看，除了极少数学者认为专利保护宽度应该比较窄外，绝大多数的学者都支持宽的专利保护政策。谢勒 (F. M. Scherer, 1972) 把最优专利长度作为专利政策的参数之一；玛图特斯等 (C. Matutes et al., 1996) 把最优专利长度作为专利政策的参数之一，并详细描述了未来专利保护的最佳长度和范围问题。虽然目前不少国家的专利保护期限仍大致为 20 年，但近年来出现的一些评价专利的私人价值的研究表明，创新会很快变得陈旧（大约 10 年）。丹尼科勒考察了最佳专利寿命问题，研究表明：当专利寿命被最佳设置时，在研发上的投资不足；在调节研发活动的过程中，专利政策需要通过其他手段来补充。一旦专利寿命被最佳设置，仍有余地使用研发津贴来弥合社会最佳专利寿命与研发投资均衡水平间的差距。吉尔伯特……

四、专利转让

国外学者对该问题的研究主要体现在以下两个方面：一是着重于专利转让对技术创新的影响的研究，主要贡献者如加利尼和温特（Gallini and T. Winter，1990）、卡茨和夏皮罗（M. Katz and C. Shapiro，1985）以及格罗斯曼等。这些研究大多只以一种专利转让方式为分析对象。如加利尼和温特只考虑单位转让费的问题，而卡茨和夏皮罗（1985）则只探讨了固定转让费问题。二是进行多种专利转让方式的经济效率和社会福利效果的比较的研究，以及最优转让策略的研究。在对此问题比较早期的研究模型中，大多假定创新者（即转让者）自身并不直接参与产品市场的生产经营，只将其专利转让给产品市场中的厂商。其主要研究结论认为，通过固定转让费方式转让专利无论从专利权人本身利益最大化还是从提高消费者的福利水平方面都比单位转让费方式要优越。而王（X. H. Wang，1998）则认为当创新为重大创新时，技术优势的厂商将不会转让给技术劣势的厂商；当创新为非重大创新时，它愿意采用单位转让费方式转让其专利。Poyago - Theotoky T.（1995）探讨了同质寡头厂商间进行合作研发时外溢效应与研发投入的关系问题。罗斯多克（Rostoker，1984）的研究发现，现实中并不存在一成不变的转让方式，究竟采用何种转让方式要根据创新技术的性质以及专利权人所处的内部和外部环境来决定。

五、专利池的形成问题

尽管有许多关于专利池的文献提到了它的形成，但将专利池形成问题当作研究主题的文献并不多见。

梅吉斯（R. P. Merges，1999）指出，目前有许多专利池是在形成行业标准的驱动下成立的。这是因为，即使不存在一个单独的专利或一组专利是必需的，企业也常常发现，由于形成行业标准需要经常进行协商，成立拥有正式规则，甚至是统一指导的管理机构将有助于减少交易成本。罗伯特（P. M. Robert，1999）认为，传统的专利制度没有考虑到产品的多专利持有问题。他指出，当前需要研究的是专利技术发明人获得专利后如何对待他的专利。他认为专利池是一个前后专利权人之间达成的契约，通过它可以降低专利许可的交易成本。随着现代高科技技术的发展，产品技术的创新越来越多地呈现出了熊彼特所说的创新综合（neue komblinationen）特征，即企业的创新许多是来自于其他项目或者以往项目的知识。在这种情况下，突破性创新通常是基于（或综合）已有的科学发现；渐进式创新则往往是由那些使用新设计的厂商，而非是由最初的创新厂商完成的。在快速技术变革的产业中，重大技术创新往往会创造出一个上游和下游的"创新链"，即一项创新是在以往的创新和其他人的创新的基础上完成。这样的技术被视为是"累积式技术"，累积式技术对现有专利制度带来了挑战。

卡尔（S. Carl, 2001）指出当前专利制度在下面几种情况下提高了交易成本：一是生产的专利许可问题。对于新技术或者商业方法过多、过细的保护，使得一个产品可能包含很多的专利技术。同时，专利申请的一定"隐蔽性"，和专利申请的时间延迟（相对于技术开发速度而言），很可能会出现在产品生产中无意之中就侵犯了某种专利技术的情况。因此，产品生产需要得到多个专利权人的专利许可，这在一定程度上增加了生产的协调成本。二是敲竹杠问题。专利权人彼此之间依赖程度的提高以及合作契约的不完备性，很容易诱使个别专利权人凭借手中的专利进行"敲竹杠"行为。他提出，上述情况的改变需要专利制度的改革，但企业也可以通过组建专利池来降低上述交易成本。迈克尔（A. H. Michael, 1999）、迈克尔和丽贝卡（A. H. Michael and S. Rebecca, 1998）用反公共品理论对上述问题进行了研究。"反公共品"是米克尔曼（Michelman）首先提出的。他认为既然存在一个任何人都有使用权，但是却不能拒绝其他人使用的"公共品"，那么从逻辑上讲也一定会存在一个任何人都可以拒绝其他人使用，但是自己不能单独使用的"反公共品"。迈克尔从产权制度安排角度解释了"反公共品"问题，并进一步提出了反公共品悲剧的概念。他认为如果一个资源的整体产权被分割为过多、过细的零碎产权，那么很容易形成"棘轮效应"：过高的交易成本将会使得人们容易拆分产权，而不容易去整合产权。其结果往往是带来了巨大的交易成本，并可能因资源使用不当而形成资源浪费。迈克尔还指出可以通过明确产权边界的方法来解决这一问题。他们的文献虽然没有直接提到专利池，但是却为了解专利池的形成机理提供了一个很好的分析思路。

史蒂芬·布伦纳（Setffen Brenner, 1984）建立了专利池的非合作形成过程静态模型，分析了专利池形成的两种机制：排他机制和非排他机制。其研究发现，如果形成机制是非排他的，增加社会福利的专利池会出现稳定问题，而对于减少社会福利的专利池来说，不论形成机制是排他的还是非排他的，专利池都是稳定的。

上述文献表明，专利池是在企业之间市场交易关系契约不完备性状态下的一种新的制度安排，是企业市场交易行为的一种补充。通过专利池可以建立较为稳固的合作伙伴关系，减少签约费用并降低履约风险，并最终顺应了企业节约市场交易费用的需要。

六、专利池的垄断性研究

专利权具有法律认可的垄断性。但是在某些场合下，专利权拥有人可能会滥用其依法获得的独占权来非法限制市场竞争，从而构成了所谓的专利权滥用。专利权滥用的实质是权利人不适当地扩张了其所享有的专利权。也正是由于涉及专利权滥用问题，专利池一直是各国反垄断机构审查的重点对象，而专利池的垄断性问题也是学者对专利池研究的热点。

从专利池出现以来，美国的专利池反垄断规范政策经历了不断的演化。在专利池垄断性问题研究的最初阶段，许多法学学者研究了美国反垄断机构对于专利池态度的演变。随后又有一些学者研究了当前美国反垄断机构对专利池进行反垄断规范的基本理论和适用原则。这些研究对实践中专利池的组建与管理有一定的指导意义，但这种对法院态度的回顾与分析，没有对反垄断机构采取这些态度的内在原因进行很好的解释和提出很好的建议。

近年来，法院对专利池态度的变化也吸引了许多经济学者对专利池垄断性问题的关注。卡尔·夏皮罗（2001）提出现代高科技的发展带来了专利丛林问题。即在知识经济条件下一些产品的生产需要得到许多的专利许可。他利用库诺特（Cournot）关于"互补问题"的经典结论，认为当专利池内的专利完全是互补型专利，那么专利池将有利于竞争，增加社会福利；如果专利池内的专利是竞争型专利，那么专利池将不利于竞争，降低社会福利。而司法部门对于专利池的敌视态度和过多干涉，会在无意之中阻碍专利丛问题的解决和有效竞争的形成。理查德·吉尔伯特（Richard Gilbert，2002）结合美国历史上的专利池判例，研究了法院认定专利池为垄断的影响因素，并且把它们和《指南》作了比较。他的研究表明，法院在作出判断时，注重看专利池是否对下游企业有严格的专利许可使用条件。他经过经济分析得出以下结论：专利池内专利之间的关系是判断其是否具有垄断性的重要影响因素。他指出，检验专利池内的低质专利所带来的社会效益要大大高于私人效益，因此，他建议反垄断机构应在这一领域采取积极的态度。

勒纳和泰诺尔（J. Lerner and J. Tirole，2002）对专利池的垄断性问题做了较为系统的经济模型分析，其模型有以下两个特点：一是不仅对专利池内专利是完全替代关系及专利池内专利是完全互补关系两种极端情况进行了分析，也对专利池内专利的关系处于这两种情况之间的情形进行研究。二是适用于以下各种情况：专利池内专利重要性不同；专利池内专利存在非对称关系；专利许可人同时也是被许可人。乔希和琼（L. Josh and T. Jean，2002）对专利池的垄断性问题作了较为系统的经济模型分析。他们认为专利池内的专利是竞争专利还是互补专利很大程度上取决于专利许可费的高低：当许可费较低时，专利池内的专利是互补专利关系；当许可费较高时，专利池内的专利是"竞争专利"关系。模型分析表明，专利的互补性越强，越有利于专利池的社会福利。他们指出，专利池不利于专利池成员的技术创新；但是，具有极强专利竞争关系的专利池在某些条件下利于专利池成员的技术创新。理查德（E. Richard，2003）认为在技术累积创新的环境下，专利池有利于激励技术创新。他指出，除了《指南》所说的专利池可能限制竞争的情况以外，还存在着其他两种限制竞争的可能性：一是清除障碍专利的负面效应。专利池有可能利用障碍专利认定比较复杂的特点，将不具有障碍关系的专利纳入其中。这样，专利池就有可能形成某种垄断。二是专利池可能成为无效专利的"庇护所"。如果无效专利技术被包括在专利池内，其他专利池成员往往不愿意去证明其是否有效；专利池以外的专利被许可者，往往也会因为昂贵的专利诉讼费用或者其与专利池的长期关系不愿意去证明其是否有效。

以上学者从经济学角度对专利池垄断性问题进行了研究，分析了专利池反垄断规范的内在经济原因。从研究方法来看，上述文献对"专利池是否应受到反垄断制裁"这一问题的经济理论分析多采用以保护消费者利益为目标的反垄断原则，考虑专利池成立的单边效应：如果专利池的成立导致了市场价格的上升（或产量下降），减少了社会福利，则它就是限制竞争的，应受到反垄断审查；否则，它就是促进竞争的，不应该受到反垄断制裁。

第四节　国内外对人力资本定价和经理层激励问题的研究综述

经理层的激励问题是行为科学和人力资源研究领域的一个重要方向，也是企业理论关注的重点课题之一。早在 1776 年，经济学的鼻祖亚当·斯密在《国富论》中写道："要想让股份公司董事们监视钱财用途，像私人合伙公司伙员那样用心，那是很难做到的。"① 随着现代企业的发展，企业所有权与经营权分离成为一个非常普遍的现象，股东把企业交给了外部经理市场上聘请的职业经理人来经营。由于经理层的目标是个人效用的最大满足，股东追求投资利润最大化，经理层与股东的利益和目标不完全一致，经理层不能总是按照股东利益最大化的原则进行决策，所做的决策可能偏离企业投资者的利益，因而产生委托人与代理人的问题。在股权分散的企业里，股东对董事会的影响以及董事会对经理层的约束是比较软弱的，经理层取得企业的大部分控制权，并且占有比较多的信息，而股东得不到足够的信息，很容易形成内部人控制现象。这种局面一旦形成，将加剧经理层与所有者的目标偏离，更为严重的是出现经理层监守自盗等道德风险行为，侵蚀股东利益，如大量的在职消费、决策的短期行为等。如何激励和约束经理层努力工作，一直是理论界长期研究的重要课题，而在企业界，更是不断探索对人才进行长期激励的方法。18 世纪末，弗雷德里克·泰罗（Frederick Taylor）首次在 Midvale 钢铁公司采取报酬激励手段，奖励超过劳动定额的员工，之后，这种与金钱挂钩的激励措施便被广泛采用。但对于经理层来说，其劳动定额难以制定，加之信息不对称问题，采取一般的报酬激励制度没有很好的调动经理层的积极性，人们希望通过设计一套把经理层与股东利益捆绑在一起的报

---

① 亚当·斯密国:《国民财富的性质和原因的研究》下卷，陕西人民出版社 1988 年版，第 809—810 页。

酬制度，而找到一个双方利益的平衡点，降低代理成本。股票期权计划 20 世纪 50 年代实施后，经过八九十年代的丰富实践，受到理论界的广泛关注，国内、外学者对股票期权进行了多方面的研究。

一、企业人力资本定价的方法综述

（一）人力资本理论的发展

人力资本理论形成于 20 世纪 50 年代末 60 年代初。1960 年，美国著名经济学家、诺贝尔经济学奖获得者西奥多·舒尔茨在美国经济年会上发表了题为《论人力资本投资》的演讲，最早地提出了人力资本体系。其基本内容是：人力资本主要指凝集在劳动者本身的知识、技能及其所表现出来的劳动能力。人力是社会进步的决定性因素，但人力的取得不是无代价的，需要耗费稀缺资源。人力，包括知识和技能的形成，是投资的结果。阿罗于 1962 年发表的《边干边学的经济含义》一文提出了"边干边学"的著名理论，则是上述理论的补充。1964 年，贝克尔发表了《人力资本》，提出了较为系统的人力资本理论框架，进一步发展了人力资本理论，使之成为系统而完整的理论体系。20 世纪 80 年代以后，随着"知识经济"为背景的"新经济增长理论"在西方国家的兴起，卢卡斯、罗默尔、斯宾塞等"新增长理论"的代表采用数学的方法，建立了以人力资本为核心的经济增长模型，即知识积累模型，在不同程度上进一步发展了人力资本理论。

德鲁克在《21 世纪的管理挑战》一书中指出：知识是一种高品位资源，知识工作者是宝贵的财富，知识工作者必须被视为资产而不是成本，管理的重要任务就是保存这种资产并发挥其作用；应重点指导知识工作者多作贡献而不只是多付出努力，这是提高知识工作者生产效率的关键，所以必须激励知识工作者把不断创新当成是自己工作责任和任务的一个重要部分；必须激励知识工作者持续不断地学习，以适应不断变化的环境的要求；知识工作者的工作要有自主性，必须一方面激励他们的责任心，从而对自己的工作负责；另一方面给予他们在工作上的充分自主性。

知识管理专家玛汉·坦姆仆具体研究了知识工作者的具体激励因素和机制。他总结了知识工作的主要特点，并研究了知识工作者的主要激励因素，最后在此基础上建立了知识工作者激励模型。玛汉·坦姆仆认为，知识工作具有以下主要特点：（1）工作过程难以观察；（2）工作成果不易衡量；（3）工作的顺利程度有赖于知识员工发挥自主性；（4）知识员工往往是某领域的专家，而管理者在这些领域往往是外行；（5）知识工作者对组织的依赖性低，组织与知识员工之间是一种相互需要的关系。由于知识工作的特点，在知识社会如何激励员工就显得特别重要。玛汉·坦姆仆在实证调研的基础上，提出了专门针对知识工作者的四个主要激励因素，它们是：个体成长、工作自主、业务成就、金钱财富。在此基础上，他归纳出知识工作者的激励模型，此激励模型主要提出以下激励机制：培养员工的工作成就感，培养员工的工作能力和创造性，创造有利的工作环境，建立员工明确的目标观念，提供知识与信息的充分交换。

人力资本概念的演变最早源于 1969 年，在约翰·肯尼思·加尔布雷思（John Kenneth Galbraith）写给迈克尔·卡利基（Michael Kaleeki）的信中提到"知识资本"（intellectual capital）一词，他利用知识资本的概念去解释市场价值与账面价值的差距（Masoulas，1998）。布鲁金斯（Brookings，1996）进一步将知识资本的内涵分成四大类，其中一类为人力中心资产（human - centered assets）。利夫和马隆（Leif and Malone，1997）根据知识资本和人力中心资产的概念，将智力资本区分为人力资本（human capital）和结构资本（structural capital）。巴西和范布伦（Bassi and Van Buren，1999）根据卡普兰和诺顿（Kaplan and Norton，1996）的平衡计分卡架构，将知识资本分为五大类，他们认为人力资本是公司员工与管理者的知识、技能与经验；约翰逊（Johnson，1999）则将人力资本分成创意资本（ideas capital）和领导资本（leadership capital）。

（二）人力资本的内涵

人力资本的内涵是什么？这是一个众说纷纭的问题，可谓仁者见仁，智者见智。国外学者分别从动机、员工适应能力、专业技术职能以及教育、知识等不同方面来予以解释或说明。

勒布朗和马尔维（Le Blanc and Mulvey，2000）、埃德温森（Edvinsson）和马隆（1997）认为，人力资本是动机。布雷斯和艾拉（Brace and Ira，2001）、安德鲁（2002）认为人力资本是招募到好员工；鲁斯（Roos）、埃德温森和德拉贡内特（Dragonetti，1998）、埃德温森和埃德温森（1997）认为人力资本是员工工作态度。Dzinkowski（2000）、鲁斯、埃德温森和德拉贡内特（1998）；埃德温森和马隆（1997）认为人力资本是员工适应能力。布雷斯和艾拉（2001）、Dzinkowski（2000）、斯图亚特和斯图亚特（Stewart and Stewart，1998）；鲁斯、埃德温森和德拉贡内特（1998）；埃德温森和马隆（1997）认为人力资本是员工专业技能。

Dzinkowski（2000）、斯图亚特和斯图亚特（1998）认为，人力资本来自教育。Gustavo（2003）认为，组织中成员具备良好的语言能力是人力资本的内涵。布雷斯和艾拉（2001）、勒布朗和马尔维（2000）、利夫和马隆（1997）认为人力资本是来自知识。Chun 和 Bontis（2002）、斯图亚特和斯图亚特（1998）更进一步说明人力资本是嵌入员工心目中的隐性知识。Dzinkowski（2000）；勒布朗和马尔维（2000）；勒布朗、埃德温森和德拉贡内特（1998）；斯图亚特和斯图亚特（1998）；利夫和勒布朗（1997）则认为人力资本是企业隐性知识互动后产生的创新。

布雷斯和艾拉（2001）、勒布朗和马尔维（2000）、斯图亚特和斯图亚特（1998）认为人力资本是来自高附加价值员工。查德（Chad，2003）、斯科特（Scott，2003）、Dzinkowski（2000）、勒布朗和马尔维（2000）、斯图亚特和斯图亚特（1998）认为人力资本是来自领导力，查德又认为充分利用人力资本能够提升员工组织承诺与获利率。

此外，其他学者曾提到人力资本的相关内涵时，包括 Deborah、Melissa 和 Kate（2003）提到薪资就是人力资本的内涵；布雷斯和艾拉（2001）提到时间；勒布朗和马尔维（2000）提到管理品质；斯图亚特和斯图亚特（1998）提到员工人数；利夫和马隆（1997）提到模仿。乔（Joe，2003）、沃森（Watson，2003）强调使用多功能软件系统，能够增加企业的人力资本。对于如何管理人力资本，鲁斯等人（1998）特别强调人力资本蓄积的概念。

（三）人力资本的定价

根据以上对人力资本的来源、作用和功能的不同的表述和研究，对人力资本定价的研究也从以下不同角度展开。

1. 从投入角度展开的人力资本定价研究。20 世纪 60 年代，对经营者人力资本的定价多从投入角度进行，如 G. 贝克（G. Beker）等人将人力资本和非人力资本（财务资本）放在同一资本概念范畴内来理解，其基本思路可概括为：把人力资本所有者为获取人力资本所消费的支出，作为对人力资本的投资，按照一定的贴现率进行贴现，作为人力资本进行定价的依据，这一思路是从静态的角度对人力资本进行计量，然而人力资本的使用过程是一个动态的和主观能动性发挥的过程，与非人力资本有着本质的不同。用一个静态的标准来衡量动态的过程，就类似于计划经济的按"历史"进行分配，而不是按照人力资本所有者的"表现"进行分配，必然会增加"代理成本"。因此，从投入角度对人力资本进行定价分析，仍然存在较大的局限性。人力资本的重要性体现在劳动者的智力产出上，这就是所谓知识资本（intellectual capital）。知识资本是一种动态的资本而非固定的资本，是劳动者的创新思维方式以及解决企业未来问题的能力，它们通常以潜藏的形式存在。知识是未来智力产出的基础，但这并不意味着知识资本可以保证为企业带来较为确定的未来经济利益，因为劳动者头脑中各种知识的联系、组合、嫁接乃至于知识产品的形成，都具有极大的随机性。

2. 从产出角度展开的对人力资本的定价。主要依据人力资本的边际产量来分析。T. 舒尔茨（T. Schultz）认为，对人力资本价值进行计量，有一种可供选择的方法，就是用它的产量来进行计算。他认为任何资本的价值都是由其预期的最终价值决定的。J. 希克斯（J. Hicks）指出，资本品的价值是派生的价值，是最终产品的资本化价值。从这个角度出发，考察资本的价值，主要依据应该是其将来的获取报酬能力。因此，将经营者人力资本作为一项资产，从经营者取得财富收入的角度对经营者人力资本进行定价是可行的，经营者人力资本价值，就是经营者在未来期间累计获得的收益现值。

3. 人力资本定价的二重性问题。由于人力资本参与分配兼具劳动和资本两种特性。因此定价中也需考虑二重性问题。第一，人力资本的载体是技术劳动和管理劳动，即所谓复杂劳动或熟练劳动。因此，人力资本参与分配具有按劳分配的性质。第二，人力资本具有资本的性质，是因为它具有增值性、稀缺性。一方面，人力资本有获得投资回报的问题；另一方面，人力资本的产权主体有参与剩余分配的权利，因此人力资本参与分配也具有按资（要素）分配的性质。人力资本参与分配要体现这两种分配的结合。考虑到人力资本价格形成的特殊性，在评价人力资本贡献时往往可以用剩余法，先对那些可以独立计算的因素定价，然后对那些无法剥离的因素定价。

4. 按照财富收入的确定性程度，经营者的收入可以分为无风险收入（工资和奖金）和风险收入（股票和股票期权）。采用单一对无风险收入进行定价的方法，将不能很好地反映经营者人力资本的价值。因此，要相对合理地对经营者人力资本进行定价，必须把经营者的收入结构进行区别定价。经营者人力资本定价，就是对经营者财富收入进行计量，而经营者的无风险收入能够比较容易地进行计量，定价的核心就是对经营者风险财富收入进行合理的计量，也即对经营者风险收入股票和股票期权进行计量。本书的研究也是按照这个思路来研究高科技企业人力资本定价问题的。

二、关于股票期权解决委托—代理问题研究综述

股票期权机制设计的最重要的理论基础是委托—代理理论，根据该理论，股票期权可以有效解决代理问题。这是由于股票期权计划使经理层获得了部分剩余索取权，如果企业绩效上升，经理层可以从剩余中获得部分收益，经理层与企业股东之间自然形成利益共同体，那么，经理层一定会提高工作努力程度，提高对企业的责任心以及慎重对待长期投资。这样可以提升企业的绩效水平，推动股票价格上升，从而使自己和企业所有者的财富最大化。如果经理层选择偷懒则不能获得预期的收益，因此，股票期权将有效约束经理层的偷懒行为，使经理层目标与企业所有者目标结合起来。但是股票期权实施后的效果是否符合委托—代理理论的假设，西方学者巴伯、J. 科尔、M. 詹森、墨菲、盖弗、赫达特（Barber，J. Core，M. Jensen，Murphy，Gaver，Huddart）等人做了大量的研究工作，着重从实证的角度研究股票期权与代理问题的关系，约翰·科尔、H. 梅伦、梅尔顿（John Core，H. Mehran，Melton）等人分析影响股票期权效果的公司治理结构因素。他们认为，股票期权能够有效约束经理层的偷懒行为，促使经理层努力提高企业业绩，从而可以解决企业经营中出现的一些代理问题。这些研究正面肯定了股票期权的作用，一些研究指出，股票期权等激励性报酬的设计必须考虑委托—代理问题，如果不考虑这些问题，激励性报酬的效果将受到影响。换言之，企业实施股票期权激励计划之前要对企业中存在的代理问题进行剖析，研究股票期权对解决这些问题是否有帮助，如果盲目实施股票期权，难以达

到良好的效果。Yermack（1994）根据1984—1991年间452个工业企业的研究，建立了 TOBIT 关系模型，描述了 CEO 报酬与公司特点、行业特征之间的关系，研究发现，董事会在确定经理层报酬结构时，必须遵循代理理论和金融契约理论，否则不能获得成功。

在委托—代理理论框架下进行的股票期权研究，可以归纳为三个问题：一是研究股票期权对经理层风险偏好的影响；二是研究股票期权对经理层责任心的影响；三是研究股票期权对经理层道德风险的影响。

（一）关于股票期权对经理层风险偏好的影响

一般认为，股票期权的实施将改变经理层的风险偏好，使经理层成为风险偏好型，对风险的偏好有助于推进企业进行变革。在企业理论和人力资源理论中，经理层一般被假设为风险厌恶型的，或风险中性的，这是因为经理层只有工资收入，如果采取高风险性的决策行为，产生的收益归企业所有者，经理层得不到增加的剩余，而失败的后果将影响经理层在人才市场的价值。但是，经理层采取墨守成规的态度对企业的发展极为不利，企业需要经理层不断采取创新的经营理念，提升企业的核心竞争力以及赢利能力。股票期权的实施是否能够改变经理层的风险偏好是学者们关注的一个重要问题。戴维·布鲁克菲尔德（David Brookfield，2000）认为经理层在对待风险问题上处于自我矛盾的境地，一方面经理是风险厌恶者，因为如果企业业绩很差，经理的报酬必将减少，转换工作的潜在收入也会降低，如果企业失败，在该企业积累的特殊人力资本将失去，激励经理排斥风险；另一方面，根据布莱克—斯科尔斯模型，股票期权的价值与波动性成正比，这激励经理提高风险。经理必须在两者之间取得一个平衡，股票期权激励计划可以促使经理把精力放在影响股票价格波动性的投资和财务决策上。

威廉姆斯·梅利莎（Williams Melissa，1999）和韦恩·R. 瓜伊（Wayne R. Guay，1999）认为，股票期权确实改变了经理层的风险偏好，影响企业的投资行为和财务政策。他们发现，管理层持有股票期权有利于促成企业合并、拆分等战略决策，这是因为重组行为往往能够使股票价格上升，有利于增加他们的股票期权收益；另外，无论是否采取风险性的投资行为，管理层都有扩大企业杠杆利率的欲望，因为增加杠杆利率可以提高企业风险，从而增加股票期权的收益。但是不同的行业中，股票期权对经理层风险偏好的影响也不同，在纽约股票交易所（NYSE）上市企业主要是传统行业的企业，管理层虽然持有股票期权，但他们一般没有采取冒险的决策；而在那斯达克（NASDAQ）上市的新经济企业则不同，股票期权刺激了管理层冒险的投资行为。威廉姆斯·梅利莎对企业变革（firm variance）和股票期权之间的关系进行了研究，他认为，二者之间具有良好的正相关性，无论是NYSE还是NASDAQ的企业，管理层持有股票期权推动了企业的变革速度。最后，威廉姆斯·梅利莎认为，股票期权有助于股东和管理层达成利益目标一致，使得战略决策目标趋同，因此能够减少二者之间的代理问题。

风险偏好体现在多方面的决策中，股票期权对经理层决策的影响也是多方面的。清算是企业经常面临的事件，哈米德·墨菲、乔治·E. 诺格勒和肯尼思·B. 施尼茨（Hamid Mehran, George E. Nogler and Kenneth B. Schwartz）研究了股票期权对企业清算政策的影响，他们认为管理决策将受到经理层激励方案的影响，决策的结果将提高股东的财富。外部董事为主的企业有可能被清算，被清算后的 CEO 则很少再从事地位相当的管理工作，至少41% 的 CEO 在清算后离职，但这种清算有利于提高股东的财富。

戴维·帕多（David Pardo，1986）在《股票期权、绩效计划和利润回报可变性》中指出，管理激励动力与投资风险的变化是一致的，换言之，采取长期激励措施必然改变经理层人员的投资风险偏好，促使他们采取更大胆更富有创新的投资策略。经过论证的适度风险投资可能促使企业超常规发展，提升股东财富和个人经济利益，但为炒作股票价格而采取的冒险行为，无疑会为企业发展埋下祸根。从这个角度来看，股票期权一方面可以起到激励经营人员的作用，另一方面也为经营人员新的败德行为创造了诱因。

但是，股票期权对经理层管理决策的影响不是一成不变的，在不同的时期，经理层对管理决策的风险性会有所调整。当股票价格超过执行价格时，经理层执行股票期权可以获利，如果因等待期约束而暂时不能执行，经理层的本能将是维持这种实值状态，获取既得利益，不会轻易采取风险的经营管理行为，以免引起股票价格下跌。但当股票价格低于执行价格时，情况将彻底改变，经理层将会通过经营行为促使股票价格上升，即使失败了个人也没有机会成本。戴维·布鲁克菲尔德和菲利普·奥姆罗德（David Brookfield and Phillip Ormrod，2000）实证结果认为，当股票价格低于执行价格成为虚值期权时，经理层没有任何实施风险行为的个人机会成本，此时经理层具有最强的实施风险行为的动机，以刺激股票价格波动上升。许多学者还研究了股票期权效率与企业风险性之间的关系，加伦（Garen，1994）、阿加沃尔和萨姆威克（Aggarwal and Samwick，1999）、克拉夫特和尼德普鲁姆（Kraft and Niederprum，1999）、D. 卢卡斯（D. Lucas，1994）实证研究发现，企业的风险性不同，股票期权对经理层的激励效果也不同，原因是高风险企业的股票价格变化无常，很难反映出企业业绩的变化，经理层所得回报不能反映企业股票的市场业绩。Lijin（2002）进一步建立了经理层激励水平与企业风险特性的关系，指出当经理层不能买卖市场投资股份时，激励水平将随市场风险的增加而降低，但与企业自身经营风险呈不确定的关系；当经理层可以买卖市场投资股份时，激励水平虽然仍随市场风险的增加而降低，但不再受企业自身经营风险的影响。

总之，关于股票期权对经理层风险偏好变化的影响研究，学者们达成了基本一致的认识，即股票期权的实施能够使经理层转变为风险偏好型，这个结论对进一步研究具有重要意义，对企业推行股票期权计划具有很重要的指导作用。但是，学者们忽视了一个问题，即经理层的风险偏好的度量及其对企业所有者利益的影响。我们知道，适度的风险偏好有利于企业在竞争中抓住稍纵即逝的商业机会，获得超常规发展，从这个角度上讲，经理层的风险偏好有利于所有者财富增加；但是，过度的风险就会成为不负责任的冒险，将严重威胁企业的生存与发展，如果风险偏好是为了追逐个人利益，而损害企业所有者利益，就成为新的道德风险行为。因此，研究经理层风险偏好需要与过度风险的道德风险研究结合起来，考察过度风险对企业发展造成的不利影响，但是国外学者忽视了对这个方面的研究。

（二）关于股票期权对经理层责任心的影响

一种观点认为，实施股票期权将提高持有人的责任心。加利福尼亚大学的洛兰·B. 霍尔辛格（Loraine B. Holsinger，2000）进一步发展了威廉姆斯的研究结果，他把研究的对象定位在普通员工，研究了员工持有股票期权与对企业的责任心之间的关系。通过对 39 家首次公开上市前（pre - IPO）的企业、37 家首次公开上市后（post - IPO）的企业和 36 家未上市企业（private company）的实证研究，得出三点结论：一是在实施股票期权的企业，职工对公司有更好的认同感，责任心更强，而在同样规模的未上市企业，由于没有实施股票期权计划，职工对企业的责任心相对较弱。二是在实施股票期权的企业里，又分为两种情况，pre – IPO 企业的职工比同类型的 post – IPO 企业的职工对企业的责任心更高。三是实施股票期权计划的企业里，职工对计划的满意度越高，则表现出对组织的积极性越高。

另一种观点相反。哈姆纳（Hamner，1975）认为激励性报酬过于强调外在激励因素的作用，把人们误导向拜金主义方向，事实上，富有挑战的工作本身就是对经理层的一种激励，而且这种激励可以激发经理层内在的积极性和责任心。实施与业绩相联系的报酬方案后，经理层会感到他们工作仅仅是为了金钱，而不是为了享受工作的乐趣，至少会强化为钱工作的意识，淡化他们对工作本身的关心程度，因此，经理层责任心可能反而会下降。

虽然洛兰·B. 霍尔辛格的实证研究告诉我们，股票期权提高了员工的责任心和积极性，表明股票期权对员工积极性的激励是有效的，但是，他把研究对象锁定在普通职工，而没有把经理层作为对象进行研究，这为我们进一步研究留下空间。

（三）关于管理层在股票期权背景下的道德风险行为研究

目标一致性和道德风险问题是委托—代理理论中的重要内容，该领域的研究文献可谓汗牛充栋。但从股票期权的角度开展的研究要薄弱得多，这是因为，股票期权是符合委托—代理理论的制度设计，理论上被认为是解决目标一致性问题的完美手段，至于是否真正解决了目标一致性问题没有受到太多质疑。另外，研究股票期权解决目标一致性问题的效率离不开实证研究，需要经过一段实践后才能进行，从方法论角度来看，该研究也要相对滞后。

1999 年美国得州大学威廉姆斯·梅利莎发表《股票期权能够解决经理和股东之间的代理问题吗?》，以美国企业为样本，对目标一致性和道德风险问题进行了实证研究，指出股票期权并没有发挥理论上的完美作用，指出在解决代理问题时仍然存在不足之处。之后，目标一致性问题开始受到理论界的重视。David Yermak 对股票期权实施过程道德风险进行了研究，他指出经理层采取的败德行为主要有三种：缩短执行期，有意降低股票期权的价值，以及采用 B—S 修正模型评估股票期权价值。

基思·W. 科文和凯瑟林·申诺伊（Keith W. Chauvin and Catherine Shenoy）发现股票期权授予前股票价格出现异常降低的现象，实证研究表明，经理层通过操纵信息披露环节左右了股票价格。企业一般采取等值期权，降低股票价格就是降低股票期权的执行价格，对经理层是有利的。戴维·阿布迪（David Aboody，2000）提出 CEO 将可能操纵股票期权授予前后的信息的发布行为。他们假设 CEO 将在授予日前推出坏消息而压制好消息的披露，以此操纵投资者的期望，影响股票价格。这个假设得到了 572 家企业 2039 个 CEO 股票期权授予数据的支持。因此，戴维认为，CEO 在信息发布决策方面存在机会主义。基思·W. 科文（2001）和凯瑟林·申诺伊（2001）的研究也发现，经理层往往利用手中的权力操纵内部信息的披露，以引起股票价格的波动，在授予股票期权之前临时性的压低股票价格，以降低执行价格，而在授予结束后操纵信息来抬升股票价格，经理层从中获得利益。并且，这个假设得到了 783 个样本的验证。A. 钱伯斯（A. Chambers，1984）、Yermack（1997）提出，CEO 还通过控制报酬委员会召开会议的时间来控制股票期权授予的时间。

乔治·W. 芬恩和尼尔利·朗（George W. Fenn and Nellie Liang，2001）从企业的支出政策角度提出了道德风险问题，认为实施股票期权计划的企业支出政策中潜藏着问题。股票期权与公司不同支出项目具有不同的关系，如股票期权导致分红支出下降，股票期权与分红支出之间呈现较强的负相关性。这是因为减少分红有利于维护股价，对股票期权持有人有利，持有人将利用职权减少分红，该成果与 R. A. 兰博特、W. N. 拉伦和 D. F. 拉克（R. A. Lambert，W. N. Lanen and D. F. Larcker，1989）的研究结论不谋而合。股票期权实施后，企业在市场回购股票方面的支出却大大增加，W. 乔治（W. George，2001）认为，回购股票支出与股票期权之间存在正的相关性。

股票期权实施过程中涉及的环节较多，影响股票期权价值变化的因素很多，客观上为经理层利用职权谋取私利提供了机会，国外学者重点研究了信息披露和企业支出政策方面道德风险问题，但没有研究经理层在获取股票期权数量时的道德风险和过度风险偏好问题，更没有提出系统的道德风险防范措施。我国一些学者也提出了类似问题，但他们的假设缺乏实证数据。

（四）国内相关研究

国内学者对股票期权的研究更多地与国有企业改革结合在一起，特别是对于国有控股上市公司经理层的激励问题困扰了理论界和企业界。我国国有控股企业相比国外企业多了一种代理成本，即所有者缺位而导致的监督不力和企业目标多元化带来的剩余损失；同时公司控制权市场尚不能很好地发挥其约束作用，因此，完善激励机制对我国上市公司更为迫切。20世纪80年代的承包制和90年代的年薪制没有解决长期激励问题，反而加剧了经理层的短期行为。在进行理论研究后，国内多数学者认为，股票期权能够使委托人和代理人的目标达到最大限度的一致，是解决代理问题的良好手段，股票期权为激励企业经理层开辟了一条新的途径。

国内研究大多停留在理论层面，引进和提出了一些观点，但很少给予实证。少数学者（陈清泰、吴敬琏，2001）对股票期权进行了实证研究，但是，其数据全部来自国外案例，由于国内外环境的差异，其结论并不能照搬到我国。关于激励效果，国内学者取得两个共识，一是激励效果持股数量正相关，一些学者从经理持股的角度提出，解决代理问题的效果可能与持股比例有关系，有效发挥股票期权的作用需要提高经理层的股票期权持有比例。原因是当经理层持有股票期权数量较多时就会具有"资产质押"功能，有利于制约损害出资者的机会主义行为，并促使他们在一定期限内努力工作，以获取更多的报酬和效用，弥补货币分配的不足。但遗憾的是，这种假设关系并没有得到实证。二是股票期权有利于形成经理人才市场，防止"59岁现象"，在以前的激励机制下，经理层无论把企业做到多大，身价都一样，任期届满或退休，企业就与本人没有任何联系，不利于调动经理层积极性，也难以把经理人带入市场。

一些学者在股票期权概念上还存在模糊认识。杨家亲认为，股票期权可能引发的消极作用之一是阻止经理人的产生，他的论据是实行股票期权的企业一般要求经理人先拿出至少10万元才能购买规定数量的股票，而且股票期权的兑现期往往在5年以后，使得有能力而无经济实力的年轻经理人不敢参加股票期权计划，如果强行实施股票期权计划，他们只有下岗，企业失去优秀的人才。这种担忧显然是没有根据的，股票期权计划仅仅赋予经理层一种权力，并不需要经理层拿现金购买股票，杨家亲举的例子是经理层持有公司股票的激励措施，佐证不了股票期权的观点。即使企业要求经理层支付期权的价格，需要10万元，这与经理人的流失之间也缺乏必然的联系。对同一个问题的前后矛盾至少犯了一个逻辑错误。

而李增泉（2000）很清晰地阐述了经理人员持股的不足，得出了一个应该对经理层实行股票期权激励而不采取持有股票的结论。他认为，持股数量太少不能产生激励效果，而要提高经理层的持股比例只有两种方法：送股或强制经理层购买，大量送股必定遭到股东反对，强制经理人员购买在操作上也很难实现，购买股票动辄几十万上百万的资金，经理人员的收入水平难以支付。因此，李增泉主张向经理层赠送股票期权的激励方式，而不采取经理层持股的办法。

从前面的综述来看，国内外学者虽然取得了很多研究成果，但关于经理层工作积极性变化和重新定价问题，国外学者存在较多分歧，国内学者没有开展深入研究，是我国经理层股票期权研究的薄弱的环节，需要引起理论界的关注。

三、股票期权激励效率研究综述

西方学者认为，基于剩余收入的报酬政策比传统的基于会计利润的激励方式更有效率，经理层的管理行为与剩余收入报酬制度紧密相连；而在基于会计利润的报酬制度下，经理层的管理行为并不与报酬制度相联系，也就是说，后者对经理层的激励作用很弱或者是激励的方向性不易把握。而在基于剩余收入的报酬制度中，经理层受到激励的方向是比较容易判断和把握的，但是激励的效率仍需要进行研究之后才能作出结论。西方学者关于激励效率研究的内容可以分为三个方面：

（一）关于股票期权激励与企业绩效关系研究

股票期权激励计划是否完美没有公认的标准，盖瑞·德斯勒（Gary Dessler，2000）认为，考察一个长期激励计划是否有效的标准有三个：（1）对企业业绩进行评估，重在股东财富的增值（即产权的回报和增长）而不是每股收益的增长；（2）能够建立有效的目标水平，并且对长期激励计划的参与者予以明确；（3）必须提供一个特定环境下的目标修正标准，如果市场条件发生变化，那么业绩标准可以得到相应的修正。如果能够满足三个条件，那么就可以作出激励计划是有效的结论。关于股票期权激励是否有效，不少学者进行了研究，他们的研究重点在于对企业业绩的评估，但得出的结论却不尽相同。

一种观点认为，股票期权能够增加企业股东的财富，股票期权的价值与股东财富的增加成正向关系。其代表人物为詹森和墨菲（Jensen and Murphy，1990），他们定量研究了总经理的工作绩效与报酬之间的关系。他们分析了 1969—1983 年《财富》杂志 500 家制造企业构成的容量为 73 的样本，利用连续给付红利的布莱克—斯科尔斯估价方程计算出总经理们持有的股票期权的价值，然后对股票期权价值和股东财富进行最小平方回归，回归的结果表明股东财富每有 1000 美元的增加，总经理股票期权的价值平均增加14.5 美分。这个影响要大于现金报酬所引起的激励效果，股东财富每增加1000 美元，对总经理现金报酬只增加 3.3 美分。报酬—业绩的敏感系数是很低的，迈克尔·詹森对此做了解释，他首先归因于管理者是风险的规避者。同时指出，高度敏感的报酬—绩效契约即使是在风险中性的条件下也是行不通的，因为持有有限资源的管理者没有资信承当支付大额的负效益，股东也无法信服地将大额收益付给管理者作为出卖公司的巨额奖金。另外，公司价值变化对总经理行为选择来讲是不能进行完全衡量的，报酬—绩效敏感度低也和非货币报酬提供的激励有关，还和外部的竞争力量提供的激励紧密联系。该结论与詹森和梅克林（Jensen and Meckling，1976）的股票权益将股东和经理人利益紧密联系的观点一脉相承。

约翰·E. 科尔支持了詹森的观点，他在"目标所有权计划"研究中发现，实施管理股计划两年后，企业业绩提高很快，会计利润和股票回报均大幅增加，在样本企业中，管理股水平高的业绩也增加得快。

詹森和墨菲的研究并非完美无缺，主要问题在于没有考虑到股票期权激励的延时性，只能告诉我们当年度股东财富与经理财富的关系，而不能告诉我们其他年度之间的关系。事实上，由于客观存在的延时性，股东财富与经理财富的关系也值得怀疑。

马克·C. 安德森（Mark C. Anderson，2000）对 IT 领域企业的股票期权进行了研究，利用 1992—1996 年标准普尔 1724 家企业最高位经理层报酬数据和 316 家 IT 企业数据，研究结果表明，奖金和股票期权报酬随业绩一起上升，且报酬水平、激励性报酬的幅度可以正面地影响企业业绩。马克·C. 安德森研究了 IT 企业为何广泛使用股票期权的经济因素，发现这些因素在 IT 企业与其他企业之间确实存在显著差别。他坚持认为，IT 企业经理层虽然得到了大量的股票期权，但经理层的报酬水平比其他企业并不高；他还发现奖金报酬与股票期权是可以互相替代的。马克·C. 安德森后两个结论与我们的些直观认识存在较大分歧：我国报酬最高的行业在金融、IT、保险等行业，实施股票期权的 IT 企业出现大量百万富翁、千万富翁是不争的事实，这是传统行业经理层不可想象的。关于奖金报酬与股票期权是可以互相替代的说法更是与委托—代理理论相悖逆的，如果两者可以互相代替，那么，实施股票期权的理论基础将全部倒塌。但是，从另一个角度来讲，两者可以代替的原因在于股票期权没有起到激励作用，实际上是股票期权效率没有发挥，应该在影响效率发挥的制约因素上寻找突破口，防止在我国实施股票期权过程中出现这种失效的结果。

另一种观点认为，股票期权没有达到增加企业业绩的目标。这种观点的代表人物是蒂莫西·B. 贝尔（Timothy B. Bell），他对计算机软件企业的实证研究发现，这些企业投资者对股票期权的投入与未来超额收益呈负的关系。

（二）关于股票期权激励效果的延时性问题研究

股票期权是一种长期激励手段，激励效果并非即刻见效，而是需要一段时间之后才能表现出来，我们把这种激励作用的滞后现象称为激励作用的延时性。David Yermack、Larry（1994）、Shane A. Johnson、Yisong S. Tian（2000）、Lijin（2002）分别进行了研究，主要集中在股票期权对企业绩效的影响，他们发现，对 CEO 实施股票期权产生的效果需要三五年后才能在股市上表现出来，实施股票期权更是一种理性投资政策的结果。同时，Yermack 发现，实施股票期权后 CEO 对投资策略进行实质性调整的积极性更高一些，更富有革新意识，这种寻求变革的动力取决于 CEO 对调整投资策略后个人预期收益大小的评估，如果他认为自己在变革后股票期权回报很高，他们会积极地调整投资策略，这样造成的客观结果是把个人目标和股东的目标联系在一起。

我们认为，仅仅从企业业绩的角度来分析股票期权的效率是片面的，这是由于股票期权激励的长期性、激励效果的延时性，企业业绩显然是已经发生的业绩，它与经理层以前的努力水平有关，而不能完全估计股票期权对未来收益的影响。由于股票期权是通过激励经理层积极性、减少代理问题等影响企业的业绩，所以，研究未来股票期权对企业的影响必须结合对非经济指标的研究。

（三）关于重新定价对股票期权激励作用的影响研究

股票期权的价值是研究股票期权激励效果的重要参数，但其价值评估的难度很大，这是因为经理层股票期权不能进行套期保值交易，不能像自由买卖者那样随意抛出，经理层是否执行股票期权依赖其偏好和天资。价值评估不仅对企业与经理层之间激励性契约的实践很重要，而且对任何一个想评估企业的人都很重要，如市场分析师、购并问题专家或潜在的股东。马库斯、库拉蒂拉卡（A. Marcus and N. Kulatilaka，1994）和珍妮弗·N. 卡彭特（Jennifer N. Carpenter，1998）提出一个价值评估模型，但投资者和经济学家还没有形成一个成熟的方法来评估企业在股票期权方面发生的成本。这是因为，股票期权的市场价值依赖于其内在价值，而持有股票期权的经理层可以通过控制执行时间来控制内在价值。一般来说，经理层并非在股票期权进入实值时就抛掉，而是持有一段时间，当进入足够的实值状态后才执行股票期权以获取更多的利益，但人们很难预计持有期到底有多长。

价值评估困难还与股票期权的非转让性、非套期保值性有关，如何使股票期权的期望效用最大化是理论关注的焦点之一，A. 马库斯、库拉蒂拉卡（1994）和赫达特（S. Huddart，1994）提出了执行策略的二项式模型，采用这种模型，在期权持有者不能出售或采取套期保值手段时，能够使他们的期望效用最大化。

价值评估还与经理层的离职因素有关。企业一般规定经理层如果离职将丧失股票期权，那么经理层可能在离职前将到期股票期权突击执行，这种丧失或执行的选择对持有人股票期权的价值产生影响，C. 库尼和 P. 乔里昂（C. Cuny and P. Jorion，1995）以及 M. 鲁宾斯坦（M. Rubinstein，1995）从企业所有者的角度研究了离职因素对价值影响的问题。

重新定价是当股票期权的执行价格大大低于股票市场价格时对执行价格进行的调整行为。从美国重新定价的实践来看，1995 年、1996 年和 1997 年三年内，1/3 的公司调整过股票期权执行价格，然而，没有一家大公司（人数万人，销售收入超过 10 亿美元）调整过执行价格。从上市时间角度来看，上市 9—18 年之间的公司调整执行价格的比例最高，可能因为这些公司比较年轻，奖励经理层很依赖于股票期权。而上市超过 9 年的公司没有一家调整过执行价格。有些公司采取灵活的做法达到调整价格的目的，比如延长股票期权的执行期，待股票价格走出低谷后再行权。但如果另外一家企业处于股票价格上升的状态，不重新调价就很难留住经理层。1988 年 12 月美国财务标准委员会发布一项新规定，要求调整执行价格的公司必须在财务报表中反映出相应的补偿费用，该费用等于调整后的执行价格与股票的公允市场价格的差额，而这些公司必须连续不断地这样做，直到相应的股票期权得到执行或者到期。该规定出台后，使股票期权价格重新调整的操作过程变得极为复杂，之后调价的企业明显减少。

但是，这项举措并没有得到理论界的普遍认可，经济学家对重新定价的看法未达成一致意见。一种意见对再定价持肯定态度。Viral V. Acharya、Kose John 和 Rangarajan K. Sundaram（2000）认为，尽管重新定价将削弱最初的激励作用，但仍不失为一种报酬契约价值改进的方法，一些企业重新定价后获得了优秀的表现，但当经理层试图操控重新定价行为时，再定价的优点将消失。在 Viral V. Acharya 之后，查尔斯·J. 科拉多和布拉德福德·D. 乔丹（Charles J. Corrado and Bradford D. Jordan，2001）建立了再定价后股票期权价值的评估模型，进行了更为深入的研究。

一种是反对意见。再定价使经理层持有的股票价格得到重新定价，但外部投资者从市场购买的股票并没有进行再定价，外部投资者的利益将受到损失，是不公平的，因而再定价必须经过董事会以及股东大会表决后才能实施，以免企业股东利益受损。但是，由于再定价有利于经理层，经理层必将利用职权谋取个人利益，当企业面临再定价问题时将产生新的代理问题。特别是在小型企业以及内部董事为主的企业里，经理层的权力缺乏足够的监督，经理层对董事会的影响较大，这些企业更容易通过再定价决策。

吉尔森（Gilson，1993）曾经调查过一组 77 家样本公司，这些公司在1981—1987 年间曾经进行过债务重组或有过破产记录，其中 25 家进行了重新定价，新价格平均只有原执行价格的一半，这说明，通常情况下业绩不佳的企业重新定价能将价格降低 50%。并且这一数字会进一步降低，Menachem Brenner、Rangarajan K. Sundaram 和 David Yermack（2000）发现，重新确定的价格仅为原执行价格的 40%。显然，这种做法是不符合股东利益的，经理层与股东之间并没有实现风险共担、利益分享的初衷，企业经营失败的损失完全由股东承担，经理层逃脱了本应自己承担的经营不善的责任。因此，重新定价行为与企业绩效呈现很强的负相关性。

反对派中的布恩（2000）研究发现，类似硅谷的小企业常采取重新定价的办法，而大企业很少采取这种办法，1998年只有不到2%的大企业对高级管理者重新定价，股票价格下降25%甚至更坏一些的企业重新定价的不到5%，股票价格下降50%的企业重新定价的比例只有8%。而《华尔街日报》1997年6月11日公布了一份对250家高科技公司的调查结果，其中只有21家公司对员工和主管人员的股票期权进行了重新定价，另有13家企业对非主管人员股票期权进行了重新定价，合计34家，占总样本的13.6%。1998年4月5日公布了新结果，只有3%的企业取消了原来的股票期权计划，同时以更低的执行价格推出了新的股票期权。但企业必须冒重新定价后股票价格会进一步大幅度降低的风险。

一些学者还比较了经理层持股和股票期权在熊市时期价值的变化。布恩比较了股票期权和经理层持股的不同，认为在股票价格下跌时期股票期权持有人将一无所获，价值为0。而经理层持股则不同，只要股票价格不为零，所持的股票就存在一定的价值，因此，在熊市时期，经理层的股票期权收益风险性更大，阿伦·伯恩斯坦（Aaron Bernstein, 2002）对美国联合航空公司（UAL Corp）失败的ESOP提出批评。布恩已经认识到熊市对股票期权的不利影响，提出了这个亟待解决的问题，可惜的是，他并没有沿着这条思路深入研究下去，自然也没有提出建设性的解决方案。同时，布恩忽视了另一个问题，即经理层持股并不是无偿受赠股票，而是以一定价格来购买股票，股票价格下跌，经理层持股面临的是更为严峻的困境。

学者们对重新定价问题所持观点针锋相对。坚持重新定价的学者没有解决重新定价损害股东利益的问题，给反对派授之以柄；但反对派也没有提出建设性的解决方案，在熊市时期，股票期权如何才能既不损害股东利益，又能发挥激励经理层的作用，值得我们深入研究。

（四）股票期权激励作用的反对观点

股票期权计划遭到一些学者的反对，主要原因有两点：一是认为股票期权与企业业绩之间没有明显的正相关性，或者两者的关系不清晰。

布鲁斯·R. 伊利格（Bruce R. Ellig, 1982）低调评价了长期激励报酬包括股票期权的激励作用，他认为长期激励的主要作用在于留住人才，发挥金手铐的作用；其吸引人才和激励作用中等，不如短期激励手段。近年来，极为活跃的股票期权问题专家布赖恩·J. 霍尔（Brian J. Hall, 2000）认为，虽然股票期权提高了经理人员、企业家、软件工程师和投资者的财富，但是股票期权对企业的长期影响仍然不清楚。Nikos Vafeas（2000）从董事会成员股票期权的角度研究了激励作用，通过对 112 家实施股票期权企业的实证研究，他发现实施股票期权前后资产回报率、资产周转率和销售利润等主要指标没有明显变化，因此得出对董事会成员采取股票期权激励计划和企业运作绩效提高之间没有明显的联系。

二是一些学者认为，股票期权忽视背离了股东利益。沃伦·E. 巴菲特（Warren E. Buffet）认为，尽管股票期权可能是一个恰当的甚至是理想的报酬方式，但它在奖励分配上通常是多变的和不可靠的，作为一种激励方式缺乏效率，对股东来说代价过于高昂。另外，有些学者认为，人们更多的是把目光放在了获得股票期权的经理层身上，却忽视了企业所有者投入股票期权的巨大成本问题。

作为一种激励手段，股票期权以及其他绩效性报酬（即把报酬与业绩挂钩的报酬方法，股票期权属于其中之一）并不能解决所有问题，实施股票期权的一些企业业绩没有达到期望水平，客观上存在一些股票期权失灵的案例，但是，这不能完全归咎在股票期权制度本身，因为影响业绩的因素很多，股票期权无法起到灵丹妙药的作用。另外，股票期权的效率需要一定的环境，如果配套制度欠缺而使股票期权的激励作用无法发挥，显然，不能由此否定这项激励制度。

人力资源专家盖里（Gary）对股票期权计划失灵的原因进行了系统研究，提出以下几个解释，部分地回答反对派提出的问题：（1）绩效性报酬不能替代管理。绩效性报酬假设可以激励经理层，但没有绩效性报酬也未必是一场灾难，如果企业缺乏清晰的目标、员工招聘和培训不当，工具无效以及管理环境混乱，这些都将副作用于企业绩效。（2）绩效性报酬导致经理层和员工把目光盯在能够得到回报的工作上，人们只为了金钱工作，失去了工作的乐趣，而对其他不能有金钱回报的问题视而不见。破坏经理层责任心，也使经理层失去对企业的忠诚，从而破坏取得最佳业绩的内在激励力。（3）绩效性报酬的惩罚约束。绩效性报酬是一把双刃剑，当绩效不佳时，经理层无法从股票期权中获得收益，会强化他们的放弃努力的偷懒行为。（4）绩效性报酬割裂人际关系，特别是在强调个人业绩的报酬方案中，团队合作精神受到压制。（5）绩效性报酬可能约束绩效的增长，经理层为了增加产量和提高绩效水平可能把精力放在数量上，操纵完成任务的计划，甚至采取非道德和非法的手段。

国内学者在企业绩效与经理层持股比例方面做了一些实证研究。李增泉（2000）通过实证研究认为，上市公司经理层的年度报酬并不依赖于企业绩效，而是与公司规模和所在区域相关；目前，经理层持股数量占总股本的比例非常低，不足以产生激励效果。魏刚（2000）的研究表明，高级管理人员的年度报酬与上市公司的经营业绩并不存在显著的正相关关系，高级管理人员持股数量与业绩之间也没有显著相关性，这两个结论与李增泉完全一致。魏刚还发现高管人员的报酬水平与企业规模存在显著的正相关关系，与所持股份呈负相关性。但是，李增泉和魏刚研究的并不是股票期权与企业绩效之间的关系，经理层持股与股票期权之间虽然有一些联系，但毕竟是截然不同的，其研究结论不能说明股票期权的激励效果不足。

学术界在股票期权的激励效果问题上存在不同的认识。他们研究的样本对象不同、采用的指标不同、研究的时间不同、企业的地域分布也不同，研究结果出现差异是可以理解的，这也表明股票期权的激励作用在不同条件下的实践中将会出现偏差。正是这些学者不同的研究结论提示我们，股票期权激励作用在受到干扰因素时将发生效率损失，这使得研究我国股票期权激励效率课题更加迫切。

四、影响股票期权激励效率的股市效率研究综述

股票期权的实施需要股票市场的支持，股市的效率影响股票价格的波动性，股市的监管制度建设影响上市公司经理层操作股价的行为，这都将影响股票期权激励作用的发挥。研究股票期权必须涉及我国股市效率问题。

（一）关于股市效率的分类

股票市场效率指有关股票价格的信息被市场快速吸收的程度。股票市场有效是指股票价格对市场信息反应的有效化，如果所有股票价格都充分反映了所有相关信息，股市即达到了有效状态。在市场有效的条件下，随着市场信息的出现，股票价格会迅速、准确地调整，并且其变化程度完全反映并包含了所有的市场信息，因此，没有容易获取的利润，观察过时的新闻或价格过去的变动情况或商业周期都无助于预测未来的价格变动。有效的市场意味着股票的现实价格充分地表现了股票的预期收益，也反映了影响股票价格的基本因素和风险因素。

法玛（Fama，1970）把市场信息按照公开程度分为三层：一是历史信息。通常指股票的过去价格、成交量、公司特征等。二是有关证券行情的公开信息。既包括证券价格变动的历史性资料，也包括公众从其他渠道，如报纸、杂志和其他传媒所获得的信息，如股利公告等。三是内部的非公开信息。

按照信息集的层次将市场划分为三种效率水平：（1）弱势效率。它是指现行证券价格已含证券价格过去变动的所有信息，或者说，过去的有关信息对证券价格的变动没有任何影响，在该类市场，任何投资者都不能够利用过去信息的分析来制定投资策略，进行证券买卖而获得超常收益。（2）半强效率。在该市场中，证券价格不仅反映了过去所有的信息，而且反映了所有目前公之于众的信息，如公司收益、红利分配、拆股、汇率等指标以及政治社会信息等。即全部已经公开的信息对证券的价格变动没有任何影响。在该类市场里，任何人不可能利用对公开信息的分析来指导其投资或者买卖股票以获得超额利润。（3）强势效率。现行证券价格可以反映所有公开或未公开的信息，所有公开或未公开的信息对证券价格的变动都没有任何影响，不管是公开发表的还是内幕消息，都不能用来谋取超额利润。在这种市场里，任何人都无法拥有对信息的垄断权，像瓦尔拉斯描述的均衡市场，市场的参与者谁也不能够支配价格的形成，只能根据给定的价格作出自己的选择行为。

显然，强有效率市场是一个极端的假设，是市场效率的终极发展目标。通常，一个富有效率的市场具有以下特征：（1）市场基础设施完备，技术上先进，交易快捷、清算安全、高效。（2）市场制度设计完善，市场运作设计能保证各种类型的投资者都能迅速参与交易，证券能在不同的投资者中迅速地交换。（3）信息渠道畅通，市场透明度高。（4）市场外部监督机制完善，无人能够操纵市场价格。

韦斯特和蒂尼克（West and Tinic，1976）提出市场效率的二分法，将效率分为内在效率和外在效率。内在效率指证券市场的运行效率，即证券市场能否在最短的时间内以最低的交易成本为交易者完成一笔交易，反映了证券市场的组织功能和服务功能。外在效率是指证券市场的资金分配效率，即市场上证券价格能否根据有关的信息作出及时、快速的反应，因而也可以成为市场效率或信息效率。外在效率与前面定义的市场有效性是一致的。

在上述理论的指导下，学者们对西方证券市场的效率曾经进行了大量的实证研究，结果表明，大部分为弱势效率，美国、英国股市也没有达到强势效率，只有半强效率，因此，在股票投机选择上，股票专家的选择并不优于"镖板理论"。

（二）关于我国股市弱势效率性质的研究综述

股票市场是否有效率以及效率的高低，涉及证券市场合理配置资本的效率，即市场能否把资本导向收益最好的企业，股票价格能否客观地反映企业的绩效，直接关系到股票期权计划的有效性。因此，人们做了大量的工作来检验股市的有效性。检验弱势效率的方法有收益率的序列相关性检验、游程检验、过滤法则检验、日历效应测试、公司特性与收益率的相关性测试。半强效率的检验方法中最著名的是法玛等人提出的"事件研究"，该方法测试股票价格的宣告效应，用事件效应来确定什么信息反映在股票价格中，它的效应是否清楚，这个宣告是好消息还是坏消息。

改革开放后，我国的股市发展历史只有很短的十几年时间，在股市的定位、监管、投资者的心理、企业的运作等方面还有很多先天不足或后天发育不良的问题。在股市的功能定位上，我国股市是为国有企业开辟的一个融资市场。股市从一开始运作就打上了计划经济的烙印，市场化的进程缓慢。上市的企业普遍存在重融资轻改制的倾向，上市目的达到后，现代企业制度并没有有效运行，生产管理水平得不到明显提高，盈利能力很低，整体上处于低水平运作的层次。1999 年中期，900 家上市公司平均每股税后利润为0.09 元，而同期中国香港股市为 0.6 元。甚至大量上市公司陷入"一年盈利，二年持平，三年亏损"的怪圈。从投资者角度来看，大部分投资者选择短线投资，换手率大大高于欧美发达国家，股票市场充满投机行为。投资者普遍具有投机的心态，加剧了市场的炒作，股票价格很难反映企业的实际业绩。从市场监管角度来看，目前的证券监管措施还不健全，突出表现在上市公司法人炒作股票现象比较突出，基金黑幕屡屡被曝光，中介机构违规参与交易等方面，被炒作的股票其价格波动性极大。因此，关于中国股市是否有效率，存在很多争议，学术界存在观点针锋相对的两大阵营：

一种观点认为，我国股市还不具备弱效率，主要以早期的研究为主。俞乔（1994）采用游程检验、非参量性检验等方法对上海、深圳股市1990年12月至1994年4月的综合指数进行了实证分析，结果表明，上海股市和深圳股市不具备弱效率。吴世农（1996）以上海股市1992年6月至1993年12月交易的12种股票及其市场的股票价格综合指数为样本，以收盘价序列进行自相关分析，结果表明，上海股市不具备弱势效率。解保华（2002）采取上海股市1990年12月21日至2001年3月2日综合指数样本，1995年2月日至2001年3月2日深圳成分指数样本，检验结果表明中国股市弱有效性假设并不成立。

另一种观点认为我国股市经过多年的发展，已经进入弱有效状态。宋颂兴（1995）检验了上海股市1992年12月至1994年10月间，周平均股票价格变化规律和随机游走特征，认为，上海股市已经达到弱有效性市场的假设要求。许小年（1996）认为上海股票价格的信息含量平均在40%左右，60%的股票价格变动因素是非信息的因素如投机、市场操纵等造成的，而纽约交易所价格的信息含量已高达80%。高鸿桢（1996）认为，1990年12月至1994年2月，上海股市从无效率逐步向弱势效率过度。胡朝霞（1998）认为，中国股市已经达到了弱有效状态。

学者们对股票市场的效率性研究不断深入。戴洁、武康平（2002）采用技术分析的方法对更大范围的样本进行了研究，数据取自上海和深圳交易所1991年1月2日至2000年4月13日的21种市场指数每日收盘数据和826只A股、109只B股的交易数据。如果技术分析不能带来现实收益，就说明股市具有有效性。通过实证检验，发现技术分析对股票价格有某种程度的预测力，显示中国股市的低效性。但戴洁同时指出，由于研究数据限制，加之没有考虑风险和成交量等因素，还不能肯定地得出弱有效性的结论。陈立新对上海股市 1997 年 1 月 2 日至 2000 年 12 月 31 日共 963 个交易日的数据进行了检验，认为上海股市已经具备弱势效率特征。

综合分析前人的研究成果可以看出，沪、深股市运行初期由于监管措施、人们对股市的认识等因素，股市是无效的。随着股市的不断发展，股市的效率在不断得到提高。尽管有效的市场假设还不成立，但是经过一个从无效率向弱效率转化的过程后，股市已经基本具有弱势效率的特征。

我国香港股市具有悠久的历史，香港 1866 年出现证券交易，1891 年成立香港经纪人协会，1914 年更名为香港证券交易所，1981 年证券市场与期货交易市场等合并，更名为联合交易所，成为世界著名交易所之一。香港股市的监管与运行效率高于沪、深股市，但依然受外部环境影响而波动，尼科拉斯、博伦和罗伯特·E. 惠利（P. B. Nicolas，A. Bollen and Robert E. Whaley，1999）曾经对波动的原因进行过探讨，认为这种波动应归因于指数衍生物的终止（index derivative expiration）。不过，他们没有找到指数衍生物终止与股市波动的直接联系。

五、约束股票期权激励效率的制度环境研究综述

股票期权是一个市场化的激励手段，需要与之配套的外部环境，而我国处于从计划经济向市场经济转轨进程中，市场经济要求的制度体系、法律体系还不健全，因而，股票期权的实施受到很多制度、法律等方面的约束，不少学者对实行该计划的可行性和制约因素以及由此引起的股票期权效率问题进行了论述。从研究方法论来看，目前的文献总体上集中在规范研究方面，实证研究较少。

（一）关于外部法律制度环境

一种观点认为，我国目前不具备股票期权充分发挥激励功能的环境，在制度建设滞后和公司治理结构等问题未有效解决之前，股票期权难以解决经理层复杂的问题。股票期权的激励作用是间接的，需要通过一系列的市场环节彼此传导才能发挥出来，在这个过程中，在经营环境既定的条件下，经理层通过努力提升公司价值，使公司股票价格上涨，股票期权的激励作用才能发挥出来。而现实中，公司环境具有不确定性，同时，公司的治理结构的差异，以及产权市场的完善程度都会对股票期权发挥作用产生重要影响。我国的市场经济体制很不完善，任何一个传导环节发生阻滞都会弱化股票期权的激励作用。并且中国企业经营短期化的问题很复杂，仅仅靠激励手段来解决是难以解决根本问题的，而需要全方位的改革。

一些学者针对现有的环境约束，总结了股票期权实施过程中可能出现的问题。一是高度有效的市场在中国还没有形成，不完全根据股票价格的走势，而是根据公司的业绩如净资产收益率、总利润等指标设计激励机制，可能效果更好。二是股票市场充满噪声，股票价格不能反映公司的真实业绩，经理人对股票期权的行权收益难以作出明确的预期，那么股票期权计划将不可能起到应有的激励作用，因此要加强证券市场的监管，规范市场运作。黄维德、梁晓东（2000）指出，首先，股票市场噪声对行权价格的设置和对经理层业绩的评估难度增大。其次，股市不能正确反映公司的绩效，使得对经理层业绩的考核复杂化。最后，企业要承担经理层操纵股票价格谋取私利的风险。

关于法律障碍，学者们认为，必须对现有阻碍股票期权的法律进行修改，建立配套的法律体系。实施股票期权必须解决股票来源问题以及税收保障问题，制约因素是现行《公司法》条款的约束，以及《税法》的不完善。很多学者建议针对遇到的焦点问题，重点做好股票期权与现行《公司法》、税法、金融法、证券法等的衔接工作，如允许上市公司从市场上回购股票，用于员工激励。为实现这些目标，必须对涉及的专项法律制度进行修改，否则法律障碍无法逾越。

（二）关于企业内部制度约束

对经理层的激励机制与监督机制是不可分割的统一体，有效监督机制是股票期权发挥激励效果的保证。作为企业内部监督约束机制，公司治理结构得到许多学者的阐述。钱颖一认为，"公司治理结构包括：如何配置和行使控制权，如何监督和评价董事会、经理人员和职工，如何设计和实施激励机制"。吴敬琏（1994）认为，"公司治理结构是指由所有者、董事会和高级执行人员即高级经理人员组成的一种组织结构。在这种结构中上述三者之间形成一定的制衡关系。"张维迎认为，"公司治理结构狭义上讲是指有关公司董事会的功能、结构、股东的权力等方面的制度安排。"吴冬梅（2001）从各权力机关的运行效率和相互制衡的角度提出："其实质是公司各权力机关相互之间的权力制衡关系，这种权力制衡关系在实践中表现为某种组织结构和制度安排。"

公司治理结构中，董事会是公司决策机构，它以公司代理人和公司财产委托人的身份代表公司对公司事务进行管理，制定公司的经营发展战略、选聘高级经理等，监督管理层的工作。董事会是监督经理层的关键制度安排，董事会在公司治理结构中具有核心地位，董事会的存在可以减少公司的代理成本，完善的董事会结构有利于发挥对经理层的监督与制衡作用，约束经理层在股票期权中的道德风险行为，使经理层与企业所有者的目标最大程度的保持一致性，进而提高股票期权激励的效率。董事会的效率取决于其决策的独立性和公正性，非执行董事和独立董事对改善董事会的监督效率起着积极的作用，中国证监会 2001 年 8 月 16 日发布《关于在上市公司建立独立董事制度的指导意见》，并对独立董事的资格做出若干规定。但是，独立董事制度也受到一些学者的质疑，因为独立董事也是经济人，存在有限理性和机会主义的弱点，独立董事制度与监事会制度存在冲突，独立董事会责任心与精力都值得怀疑，不会发挥人们期待的作用。

关于公司治理结构与股票期权的关系，黄维德指出，实施股票期权首先要采取有力措施加强经理层的监督制约，如改善监事会成员结构，从资本市场和董事会构成入手，解决企业的治理机制，使约束与激励相平衡。宋林认为，在我国现有公司治理结构中，如何衡量经理层在企业成长中所作的贡献是一个很重要的难题，且经理层的任命制削弱了股票期权的激励作用。姜芝认为，应在董事会中建立高效的薪酬委员会，加强董事会对股票期权计划的监督，防止实施过程中出现偏差。于东升（2001）、张保成（2000）、仵育强（2001）、段常晴（2001）都认为公司治理结构是股票期权必需的制度环境。从现有成果看，虽然学者们提出了治理结构与股票期权激励机制的问题，但没有进行深入的研究，尤其是缺乏实证数据，因而尚不能清晰地勾画出公司治理结构与股票期权激励效率的关系。

总体来看，国内外学者已经对股票期权的研究取得了大量成果，为股票期权的进一步发展提供了有益的指导。但对我国经理层股票期权激励效率研究，主要存在如下不足：

（1）相关的研究各行其是，缺乏条理。尚未进行系统化的激励效率研究，进而尚不能对我国发展股票期权的实践提供有价值的指导。

（2）国内学者的研究以引进和介绍为主，没有深入研究我国实施股票期权企业取得的实际效果，对股票期权的激励效率认识不足，更没有提出效率控制的对策。

（3）以定性分析为主，缺乏定量分析；以规范性研究为主，缺乏实证性研究。大量的研究文献停留在理论描述层面，根据理论和直觉来推断股票期权对经理层和企业的影响"应当"如何，但没有实证研究来支撑论点。

（4）以宏观研究为主，缺乏微观方面的研究。关于实施股票期权的可行性问题，学者们集中在国家宏观政策、法律体系的研究，但没有深入剖析实施股票期权的企业治理结构问题，股票期权计划方案设计问题，以及股票期权实施的过程监控问题，企业内部应当采取哪些有效的措施和对策来解决这些问题？都有待于深入研究并提供相应的对策。

（5）研究激励效率的指标单一，没有建立起研究激励效率的综合指标体系和研究框架。仅仅从业绩变化的角度对股票期权激励效率进行了研究，而股票期权对于非经济指标的影响没有足够的重视。我们认为，企业的业绩是经理层综合工作的结果，但是业绩表现存在一定的时间滞后性，特别是长期投资决策无法反映在近期盈利指标上，甚至会表现在近期亏损，但是这种长期决策对企业的长远发展是有利的。而业绩评价是一种事后评价手段，财务数据是对过往事件的体现，显然过往数据不能全面反映包含未来因素的股票期权激励效率。研究股票期权效率必须结合经理层责任心、积极性、投资行为特点及与企业所有者目标的一致性变化等非积极因素，以弥补业绩研究的不足之处。

（6）研究对象以美国企业和美国股市环境为主，没有区分国内股市环境和企业特点不同造成的激励效率偏差。美国股市的发展历史很长、股市已达到半强势效率特征，其经理人市场发育程度、经理人信誉机制优于我国，这些外部机制的完善对股票期权激励效率起着重要影响。而我国资本市场相关制度不完善，市场监管水平有待提高，股市处于弱势有效性水平，经理层的任命很大程度上受上级主管部门控制，经理人市场的作用没有充分发挥，因此，国内企业实施股票期权计划会出现一些独特的现象，激励的效率也将与国外不同。

国内学者尚没有研究在弱有效性股市条件下股票期权激励效率以及效率的控制问题，诸如股票期权激励效率的内容、激励效率的指标体系、效率的衡量、效率的影响因素以及效率的控制等，一些学者在文献中蜻蜓点水，提到一些相关的概念，但浅尝辄止，没有深入研究下去，因此很多问题尚处于空白或半空白状态。为该领域的研究提供了广阔的研究空间和挑战，需要对我国股票期权激励效率进行系统的研究。

第五节　国内外关于风险投资制度的研究综述

理论上对风险投资制度融资效率的研究，国外始于 20 世纪 80 年代，90 年代后才较为发展，研究主要围绕风险投资的运作机制而展开，内容主要集中于风险投资家的作用、风险投资组织形式、风险投资的契约机制、退出路径等方面。研究基点在于论证风险投资制度在促进中小科技企业成长方面所起的作用。然而，近年来，风险投资在投资阶段和融资功能上发生了明显的变化。这表明，我们对风险投资这样一种新型的融资制度缺乏的特点和运作机理还缺乏系统和深入的分析，没有揭示出其与其他企业融资制度之间的本质差异，从而无法明晰风险投资制度真正的效率所在。

一、信息不对称与风险投资家的作用

早期关于风险投资作用的研究主要集中于风险投资家筛选项目的能力。Chan（1983）认为，风险投资家是投资者和企业家之间的信息中介。在他的模型中，风险投资家的出现，消除了逆向选择问题，创造了创业企业融资的市场。这是因为，风险投资家具有行业和技术的经验，并审查过许多项目，在其与企业家之间的信息不对称性变得不那么严重。所以，风险投资家能够判别高质量项目和低质量项目。

马尔（Mull，1990）提出了风险投资家的理论模型，即风险投资家作为具有特质的金融中介，介入其所投资的项目，发挥减少信息不对称、降低风险、降低自身与企业家之间代理成本的作用。汤姆森和理查德·查尔斯（Thomson and Richard Charles，1993）认为，风险资本家不仅将股本资金注入企业家的公司，而且将自己的专家技术也注入其中。这样，有助于保护自己的投资，并确保使公司朝着风险资本家的目标发展，即获得高于平均水平的投资回报。菲特、詹姆斯、欧文（Fiet, James and Owen, 1991）认为，天使基金和风险投资之所以在风险投资市场上同时存在并将其他竞争者逐出市场，是因为这两者都具有在风险管理上的比较优势。虽然 Chan 等人的结论有一定的指导意义，但这与我们对风险投资家的直觉没有什么不同。

阿米特、格洛斯滕和穆勒（Amit, Glosten and Muller, 1990）认为，对于一个技术型企业来说，产出是企业家能力、企业家努力程度和资本投入量的函数，其中企业家能力起着至关重要的作用。阿米特等人证明，在重复博弈过程中，始终只有那些能力低于投资者期望水平的企业家才会出售企业。在极端情况下，逆向选择问题严重到使市场不复存在。而风险资本市场之所以还存在是由于至少有一部分企业家是风险厌恶型的，他们可能会选择出售企业。但投资者仍然会发现其投资净现值平均为零，而且所投资企业并不十分出众。

对此，许多学者提出了质疑，认为阿米特等人忽视了风险资本家作为专业投资中介所具备的信息优势。风险投资家所具有的专业技能和经验，使其能比较准确的辨别项目的好坏。如加梅斯（Garmaise）认为，在中小企业融资中，风险投资家比企业家更能准确地评价项目的价值。

拉斐尔·阿尔特、詹姆斯·布兰德和克里斯托夫·佐特（Raphael Amit, James Brander and Christoph Zott, 1998）构建了一个理论模型，认为风险投资家为了减少道德危险，会采取一定的措施对企业家进行监控，以引导企业家努力工作。但前提是风险投资家具有丰富专业知识，这样对一个项目的审查评估而产生的费用较低，因此有可能通过一定的努力而获得对项目质量有较全面的了解，从而决定投资行为。

这类研究的共同点是，认为风险投资家的作用依赖于其自身特定能力，即善于在信息不对称很严重的环境中选择好的项目并善于监控和提供服务支持，这主要体现在以下几点：

（1）风险投资家在选择和监控投资项目及提供增值服务这些方面的相对效率使得他们较其他投资者具有优势，从而他们比其他投资者偏好选择信息不对称较严重的行业，如生物技术、计算机软件等对信息了解要求较高的行业。

（2）在风险投资家具有优势的项目中，风险投资家将偏好于那些选择、监控和提供服务费用相对低的项目，即信息不对称相对小的项目。

（3）若信息不对称很严重，则风险资本的"退出"会受到影响，因而风险投资家通过建立自身良好的信誉以使公众投资者相信其推荐上市的企业的质量。

二、风险投资制度的契约安排

（一）投资者—风险投资家契约关系研究

投资者在与风险投资家签订的契约中往往要求风险投资家具有甄选高质量可投资项目的能力和为项目增值的能力。这些能力也构成了风险投资家的业务水平值。在不同的信息条件约束下，投资者和风险投资家对该水平信息占有状况会出现不同。因而，相应的风险投资契约关系也呈现不同的特点。

吉布认为，风险投资家的业务水平既不为投资者所知，也不为风险投资家所知，两者所知道的都仅为该业务水平的一般分布（均值和方差），在这样的情况下，风险投资家的第一期业绩将会成为其自身和外部投资者借以衡量其业务水平的依据。在此基础上，吉布将风险投资家的效用函数定义为：

$$u(w_1, w_2, l_1, l_2) = -\exp\left(r\left\{\sum_{t=1}^{2} \delta^{t-1}\left[w_t - c(l_1)\right]\right\}\right)$$

式中，r 为风险投资家的风险规避系数；δ 为一个恒定的贴现率值；$c(l_t)$ 为风险投资家效用的损失函数。假设投资者与风险投资家的契约谈判结果服从纳什均衡，两者均分当期总效用。

戈姆珀斯（Gompers，1997）指出，在这种信息约束条件下，风险投资家在风险投资初期，往往基于建立声誉的目的，愿意忍受较低的报酬，尤其对于市场上的年轻风险投资家更是如此，他们愿意在 $c'(l_1) \geq v_1$ 的条件下工作，以期建立良好声誉，为未来投资期间内报酬的提高和筹资机会的便利暂时牺牲起初的一些效用。

而海因克尔（Heinkel）则认为在另一种信息约束条件下，即在订立风险投资契约以前，风险投资家对于自身业务水平的了解优于外部投资者，则可以预期为了获得较高的报酬水平，风险投资家（高水平）会试图通过报酬条款的订立将该信息传递给投资者，他们可以签订可变收入比例很高的契约，以使自身水平的信息得到更好的认知。而低水平的风险投资家则不愿意承担项目失败风险，因而会偏重于契约中的固定收入，对于风险较大的高利润—高收入的契约模式无明显偏好。由于在这种信息约束条件下，风险投资家的业务水平信息往往通过契约的具体订立明确反映，因而，投资者的事前分析对契约的订立有重要的作用。

（二）风险投资家—风险企业契约关系安排

与其他投资者和代理人一样，风险投资家与企业家之间也存在着代理问题和信息不对称问题。也就是说，他们的利益需求不同，他们获得的信息也有差别。风险投资契约作为协调风险投资家和企业家之间关系的主要工具，必然会反映出风险投资家对这些问题的考虑。对此，国外研究主要集中于三个方面：风险投资的利益分配方式、风险资本的投入方式和风险投资家对风险企业的监控。

1. 收益分配机制。收益分配机制包括企业家报酬机制与融资工具的选择。企业家报酬安排包括基薪和股权，而投资工具则决定了契约双方利润分配的方式。

（1）企业家报酬和融资工具的实证研究。国外学者主要对美国风险投资的契约进行了研究。贝克和戈姆珀斯（Baker and Gompers，1999）研究了企业 CEO 的报酬水平和决定因素。他们发现，获得风险资本的企业 CEO 基薪显著低于非风险投资企业 CEO 的薪金水平。而且，相比于职业经理人的收入结构，创业企业的企业家也通常接受较低的基薪（Sahlman，1990）。

至于企业家的股权，贝克和戈姆珀斯（1999）发现风险投资企业的 CEO 持有的股权比例低于非风险投资企业 CEO。但是，风险投资企业 CEO 个人财富与股东权益的弹性，即 CEO 财富变动的比率与股东权益变动比率的比值则非常高。卡普兰和斯特龙伯格（Kaplan and Stromberg，2000）发现风险投资企业的企业家持有的股权比例是状态依存的：企业绩效增长，企业家股权比例也相应增加。

风险资本投资工具的选择大体可分为三类：普通股、债券和优先股。由于投资工具的选择直接影响到风险企业的内部财务结构，因此，风险投资家力求取得一种风险较小而又有利于其控制的投资工具。诺顿和伯纳尔德（Norton and H. Bernald，1996）在 1992 年的一次对 300 名美国风险投资协会会员的调查后发现，风险投资家一般会根据其对风险企业相关因素的预期调整其投资工具的选择。在卡普兰和斯特龙伯格（2000）的实证研究样本中，超过94%的风险投资案例使用可转换优先股。而且，风险投资契约中通常规定在某些具体情况下的自动转换条款。在戈姆珀斯（1997）的样本企业全部使用可转换优先股，92%的契约规定在首次公开发行时优先股自动转换为普通股。这是因为，风险资本家、企业家和外部投资者认为IPO是企业成功的最好标志。此外，由于企业在其发展初期的风险最高（Ruhnka and Young，1987，1991），处于成长早期的企业，较之成长后期的企业更多地使用可转换证券。

收益分配机制对企业家提供了强有力的激励，而且可转换证券的使用使风险资本对低质量企业没有吸引力。风险资本家同样也有动力提高努力水平，因为他们投资的企业业绩如果没有达到契约规定的里程碑，优先股就不能转化为普通股，他们只能获得低于投资期望的固定回报。

（2）企业家报酬安排和融资方式的经济学解释。在契约双方信息不对称的情况下，由于存在道德风险和逆向选择问题，报酬安排就变得十分重要。在委托—代理框架中，许多研究分析了代理人激励问题。传统的委托—代理理论认为，企业家报酬机制可以解决所有激励问题，在契约签订后，不存在激励问题，因此就没有必要使用优先股或可转换证券。

关于融资方式的理论研究的共同之处在于比较不同合约下的企业支付结构，如股权、债权和可转换证券合约。但涉及资本投入阶段、现金流的不确定性、契约方行为的可观察性和可证实性的假设，研究结果有很大差异。而不同的假设是基于每个模型的研究目的，例如，如果模型是分析合约签订后的协商机制，就有必要假设特定信息状态，如行为是可观察的，但却不可证实。

可转换证券的广泛使用可以归因于这种融资工具在合约签订后内生的分配现金流的特性。这种特性是因为可转换证券结合了信贷合约与股权合约的特点。在状态坏的情况下，风险资本家偏好债权合约，因为可以对企业整个资产有索取权；在状态好的情况下，风险资本家偏好股权合约，可以参与企业利润分配。在使用可转换证券的情况下，在没有转换成普通股时，风险资本家对企业资产有索取权，而转换后，风险资本家可以获得股权收益。

在施密特（Schmidt，1999）的模型中，可转换证券解决了契约双方双边道德风险问题。在风险投资过程中，风险投资家努力水平同样影响企业利润实现。但不论是企业家的努力水平还是风险投资家的努力水平都不能契约化。任何股权和债权结合的方式在项目所有状况下都不能确保契约双方的最优努力水平，但如果适当选择转换比率，可转换证券可以做到这一点。

Cornelli 和 Yosha（1997）模型认为，可转换证券可以防止企业家操纵企业短期业绩的行为。在阶段投入的情况下，风险资本家利用对企业短期业绩的评价，决定是否为企业提供下一期资金。如果企业短期业绩不好，风险资本家会对企业进行清算；如果企业短期业绩较好，风险资本家会进一步注入资金。基于此，企业家会采取特定行动，粉饰企业短期业绩。在使用可转换证券的情况下，尽管企业家操纵短期业绩以减少风险资本家清算企业概率的动机不变，但由于操纵行为导致短期业绩增加，使风险资本家将优先股转换为普通股的概率上升，从而减少了企业家的预期收益，企业家粉饰短期业绩的积极性减少。

伯格洛夫（Berglof，1994）分析了企业清算时企业家与风险资本家之间的收益与控制权分配。他认为最优契约是一种债权合约，并且给予风险资本家一种期权，可以将债权转换为没有投票权的股权。

上述模型揭示了在风险投资过程中使用可转换证券的优点。另外一种讨论融资工具的模型是马克斯（Marx，1998）模型。他研究了哪种方式下，风险资本家可以有效干预。只有在债权与股权相结合的情况下，风险资本家在项目所有状态下都可以有效干预，即干预的收益减去干预成本大于企业家私有收益和没有干预时企业家价值之和。

在施密特的模型中，转股后企业家股权权益与企业业绩正相关的结论与实证研究结果是一致的。而在 Cornelli 和 Yosha 模型中，风险资本家在观测到企业短期业绩可以决定是否将优先股转成普通股。由于风险投资契约通常规定在企业首次公开上市时自动转股，这种关于转股时业绩的不确定性似乎与事实不符。伯格洛夫试图解释企业家与风险资本家之间的收益与控制权分配。根据相关理论和实证研究结果，在企业业绩差的情况下，风险资本家将接管所有控制权。而在伯格洛夫模型中，最优契约是债权和一个可以转换成没有投票权股份的期权，这无法接管企业的控制。

2. 风险资本的投入方式。

（1）资本投入方式的实证研究。风险投资公司要求风险资本的投入必须具备一定的效率和灵活性，阶段注入资本被认为是激励企业家努力实现业绩的最重要措施，因为每一阶段后，如果企业未达到特定目标，风险投资家都可以选择是否放弃项目。基利和 H. 罗伯特（Keely and H. Robert，1994）认为，为风险资本分阶段投入的方式可视为赋予风险投资者一个特殊期权。这一期权的存在一方面对企业家的逆向选择行为给予了有效制约，因为如果企业家损害了风险投资家的利益，风险投资家就可以放弃该期权，停止投资；另一方面该期权也使风险投资家的风险降低，增加了投资的价值，这也就是该期权的价值所在。风险投资家很少把一个企业完成经营计划所需要的外部资本一次性全部投入。相反，他们按照企业发展的明显阶段分期投入以适应企业产品开发、规模生产和市场开拓的需要。这样做的结果是使每个企业在一开始就认识到它能得到的资本只能够支持它达到实现这个阶段的目标。

戈姆珀斯（1995）对 795 家获得风险资本的企业所做实证研究发现，风险投资公司对企业的投资平均分为 2.689 个阶段投入，是否进行下一阶段投资主要取决于企业目标能否顺利实现。他认为阶段投入可以使风险投资家获知项目发展的重要信息。因为取得学习和监控项目需要成本，风险投资家只能定期控制项目进展。戈姆珀斯发现资本注入的次数与企业成功显著相关：上市的企业融资的总量和次数都大于不太成功的企业。并且，有形资产比重的增加，降低了代理成本，使得融资阶段之间间隔加长，每轮融资额增加和融资次数减少。

（2）理论解释。Chan 认为，契约双方均有能力控制企业，但其中一方（企业家）的能力在缔约时双方并不明确，即一开始就存在不对称信息。随着项目的进展和中间信息的来临，企业家能力被逐渐揭示，由此决定了第二阶段谁控制企业。两者之间学习过程的存在使得契约具有明确的条款保证风险投资家具有控制权的让渡能力。

Neher（1999）将阶段投入归因于担保品的缺乏。企业家由于自身独特的人力资本而使其项目增值。当企业家从外部融资时，这就给企业家带来单向承诺问题。即他不能许诺在将来不通过从项目中撤走其人力资本来中断与投资者的关系。假定对风险企业的投资是全过程的，而创业只提供唯一的一次回报，则由于存在事后分离的可能，企业家事前所能承诺给风险投资家的资本回报就非常有限，结果使许多有利可图的项目无法融资。从制度上克服单向承诺问题的办法是根据创业的进程进行分段。随着时间的推移，企业家的人力资本逐渐转移和沉淀到项目之中，作为企业的一种资产。但风险投资家不能观察企业家的努力水平，所以风险投资家在每一阶段投入的物质资本与企业家投入的人力资本在阶段末被用作担保品，因而随着企业的发展，更多的外部投资可以吸引进来。基于此模型，可以得到资本投入最佳次数和每轮最佳投资量。

伯格曼和赫吉（Bergemann and Hege，1998）认为，阶段投入是因为投资水平是未知的，阶段投入具有一个期权价值。他们构建了一个动态代理模型，项目价值在开始是未知的，契约双方开始对此都有相同的期望，但由于企业家控制资本分配，他能较早地获得企业发展的信息。

因此，投资时风险投资家采用阶段投入方法，较好地解决了不对称信息问题和控制投资风险。在风险企业正常发展情况下，分期投入可以避免风险企业家的股权一开始稀释过大，从而保障企业家的利益。企业家之所以愿意接受资本分期注入的过程，是因为他们常常对自己完成目标能力有极大的信心。他们认识到，如果他们实现那些目标，那时他们的道德企业所有权份额将远大于一开始就筹集到全部资本所能取得的股权份额。另外，企业发展不顺利时，风险投资家将给予企业家严厉的惩罚。惩罚方式有以下两种方式：第一，再次增加的投资将要求以更高的比率和较低的价格稀释管理者的权益份额。第二，分阶段投资过程使风险投资家有权清算企业，企业家随时面临不得不放弃在经济上仍然可行项目的威胁。通过拒绝提供资本，风险投资家还向其他资本提供者发出该企业出现不利情况的信号。

3. 风险投资家对企业的内部监控。

（1）直接控制权的实证研究。风险资本与其他金融中介的主要区别在于其投入资本的方式与管理支持。由于风险资本家对企业管理团队的支持与控制、为企业招揽关键人才，与客户和供应商建立商业联系（Barry，1994；Gorman and Sahlman，1989），风险资本支持的企业业绩好于那些没有得到风险资本的企业（Brav and Gormpers，1997）。

科尼利厄斯（Cornelius，1997）研究了在不同阶段风险投资契约包含的条款（例如企业家薪水限制、收益分配限制、董事会席位等）。在 77 个风险投资案例中，62% 在种子阶段用投票限制的条款。风险投资家在企业业绩不好时通常会接管企业。一些实证也分析了风险投资家作为董事的作用及对董事会的影响。利用生物科技企业样本，勒纳（Lerner，1995）发现在监控最重要的时刻，如企业 CEO 被替换等，风险投资家在董事会的席位会显著增加。在两轮融资之间，如果撤换了 CEO，风险投资家在董事会的席位会增加 1.75 个。而如果没有更换 CEO，风险投资家平均只会在董事会增加 0.24 个席位。

贝克和戈姆珀斯（1999）研究了董事会席位在不同利益群体间的分配，如内部人、准外部人（融资者）和外部人。根据他们的研究，风险投资家的加入导致内部人在董事会的席位减少。另外，投资风险也影响风险投资家在董事会席位的数量。一般地说，研究与开发强度大，企业风险就大，风险投资家拥有的董事会席位就多。

汉南（Hannan，1996）研究了风险投资家的介入对创业者被替换的影响，他发现企业成立后的前 20 个月，10% 创业者被替代；在前 70 个月，70% 创业者被替代。贝克和戈姆珀斯认为风险投资本身与创业者被替代概率正相关，风险投资家的声誉与之负相关。

（2）理论解释。风险投资家与风险企业之间的信息不对称会产生潜在的"道德风险"，即后者以前者利益受损为代价谋求自己的利益。因此，风险投资家有必要通过契约机制对它实施直接监控，以减少代理风险。在契约签订后，风险投资家利用控制权实施经营战略、监控企业家行为，因为风险投资家投的是人而不是有形资产。除了物质资本外，风险投资家向企业提供增值服务，以增加预期收益。为了给风险投资家适当的激励，需要给予其控制权，包括干预权。

赫尔曼（Hellmann，1998）解释了为什么企业家同意向风险投资家让渡控制权，甚至知道这可能导致其被替代。在他的模型中，企业家经营企业的能力开始是未知的。企业家不仅得到货币报酬，而且从控制企业中获得私有收益。风险投资家可以花费成本寻找新的管理者以替代原有的企业家，这样做可以增加企业的总体收入。如果企业家的私有利益大，他会选择货币收入低的合约以降低被替换的概率。在 Chan 的模型中，风险投资家可以亲自控制企业，而在这个模型中，风险投资家只是一个将控制权转移给另一个管理团队的中介。

Repullo 和 Suarez（1999）分析了风险投资的一些特点，包括风险投资家股份的反稀释条款。他们研究了阶段投入与双边道德风险的关系。在第二次资本注入前，项目的状态可观察但不可证实。由于第一次投入的资本完全沉没，最初投资者必须保护其权益不被稀释。回购最初投资者的股份，或由单一投资者提供两个阶段资本可以提高激励水平。而第一阶段的最佳合约可以看做是认股权证，第二阶段最优投资工具是普通股。虽然他们的结论与实证并不相符，但它提出了一个重要问题：在提供不同阶段资本的投资者之间存在激励问题。

三、风险资本退出行为的经济学分析

如果说风险投资投入是为了取得收益，那么退出则是为了实现收益。通常在投资前，风险投资就规划退出方式，退出有两个重要的功能：（1）可以使风险投资家将其非金融贡献从成功企业转移至其他创业企业；（2）可以使投资者观测和评估投资质量，必要情况下在风险投资和其他投资方式之间、成功的风险投资家和失败的风险投资家之间重新配置资金。退出决策最重要的是时间与方式。布莱克和吉尔森（Black and Gilson，1998）认为，风险投资家与资金提供者之间存在一个学习过程。成功的首次公开发行成为反映风险投资家能力的一个信号。美国风险投资成功的一个重要的原因是其具有一个发达的股票市场用于公司控制权的交易。他们认为，风险投资合同中蕴涵了一个企业家通过首次公开发行重新从风险投资家手中获得公司控制权的期权，从而对风险企业家形成激励，这是德国全能银行体系和日本主银行体系都不能提供的。

伯格洛夫（Berglof，1994）认为，退出战略的选择是风险投资家和企业家减少冲突的办法。绝大多数学者均认为首次公开上市（IPO，Initial Public Offering）是最佳的退出方式。而风险企业最佳上市时机的选择（timing）却是一个颇有争议的学术论题。卡明和麦金托什（Cumming and MacIntosh，2000）认为，当风险投资家在任何可度量时段上为项目提供努力的边际价值低于边际成本时，风险投资家就应该从项目中退出。他们假定，随着企业

的成长，风险投资家提供附加值高的服务的能力逐步降低，直到等于或小于提供成本。因此，风险投资家随时间推移，退出的动机越来越强。

然而，卡明和麦金托什仅考虑了市场约束，没有分析对风险投资家行为的约束。不少学者认为，由于利益的不同，对风险资本退出时机的控制权不可避免地使风险投资家有机会主义倾向。戈姆珀斯也发现风险投资者，尤其是一些年轻的风险投资家，往往会在条件并不成熟的条件下推动企业上市；吉福德（Gifford）所做的实证研究也证明了这一点。

近年来，研究人员对风险资本退出方式的选择有了新的认识。Armin Schwinenbacher（2001）通过研究产品市场特点对风险资本最优退出策略的影响，为 IPO 和出售之间的选择提出了一种解释。在他的模型中，技术创新被简化为产品质量的改进。对于创新程度低的企业来说，市场竞争十分激烈，现有企业愿意出比 IPO 更优惠的价格购买初创企业。而如果初创企业的创新程度高，其实市场与现有企业就有了差别，竞争效应减弱，企业通过 IPO 才可以获得更高的价值承认。因此，风险投资家退出方式是由产品市场特性和企业创新深度内生决定的。

四、对风险投资研究现状的分析与评价

总体来看，国外对风险投资的研究围绕风险投资的运作过程，偏重于研究风险投资的"技术"方面，如风险投资的契约机制、投资工具的数理分析、风险投资评估程序以及风险投资中的信息不对称等。研究基点是将风险投资过程看做两种委托—代理关系，包括：（1）投资者和风险投资家之间的关系；（2）风险投资家和风险企业管理者之间的关系。并且，大部分都是在对美国风险投资的实证研究的基础上运用某种理论进行分析，分析结果虽然有重要的指导意义，但我们认为，大多数研究在方法论和研究基础方面存在以下偏差：

第一，在研究中存在过于"人性化"的倾向。很多学者在分析风险投资家在消除或减轻投资过程中信息不对称问题所起到的作用时，往往将风险投资的效率归因于风险投资家个人的能力和经验，并通过归纳风险投资家在筛选项目时的评价准则，得出风险投资的一般运作规律。但这种结论是不可靠的，原因是：（1）我们不能从制度上辨别风险投资家与其他金融中介，如银行信贷人员的本质区别；（2）越来越多的实证研究也表明，风险投资家在筛选项目时并不依赖于其对外宣讲的评价准则，也没有表现出超出一般的鉴别能力。

第二，在研究中较少考虑风险投资的制度背景。由于美国是风险投资业最发达的国家，绝大多数研究是围绕美国风险投资运作机制展开的，没有考虑不同的制度背景对风险投资运作效率的影响。

第三，在研究方法上，许多研究首先假定风险投资是有效的，然后从实证中归纳出风险投资的特点，如阶段投入、投资工具选择、退出方式等。在此基础上，研究人员运用现代经济理论，如契约理论、委托—代理理论等对此进行了论证，从而得出风险投资具有较高的投融资效率的结论。这一方面无法解释为什么这样的机制不能有效地移植到其他制度环境中，也无法说明为什么同在美国，不同区域的风险投资效率有很大的差别；另一方面，这使研究往往陷入了循环往复的怪圈。

第四，在许多研究中，风险投资家的"面目"是模糊的。这是因为没有系统、全面的分析风险投资整个过程，而是人为地将注意力集中于局部和特定的阶段，这使人无法辨别风险投资与其他金融制度的本质区别。例如，在研究投资者与风险投资家之间的契约安排时，我们无法解释为什么具有类似机制的其他类型基金仍然面临严重的"道德风险"问题；在研究风险资本投入方式时，我们无法解释同样采用阶段投入的银行信贷制度效率较低。

目前的许多研究无法解释风险投资运作中"短视"现象，无法解释创新模式的变化对风险投资行为的影响，以及风险投资家与原是投资者的契约怎样影响风险投资家与企业家之间的契约，更无法解释各国风险投资业发展水平差异。究其原因，我们认为这缘于对风险投资这样一种新型的融资制度缺乏的特点和运作机理还缺乏系统和深入地分析，没有揭示出其与其他企业融资制度之间的本质差异，从而无法明晰风险投资制度真正的效率所在。这也是本书试图解决的问题。

近年来，国内一些学者也开始运用现代经济管理理论，对风险投资运作机理、契约关系和制度环境进行了研究。其中比较有代表性的有：王信（1999）概述了创业基金进行关系型投资的做法及其对企业绩效的影响，并分析了这种投资模式之所以产生的动因。石勇进、颜光华对于风险投资公司组织分析、组织设计和组织管理进行了研究，认为风险投资过程是资本与知识结合的过程，风险投资公司的主导资源是知识而不是资本。张帏、陈耀刚研究了风险投资过程中所有权与控制权的分配问题。他们认为，风险投资过程中采取的是特殊的相机治理机制，即根据企业的实际发展和运营状况以及企业家的能力是否适应企业的发展要求而配置控制权。张树中则从新制度经济学的角度考察了创业资本市场的形成和发展。他在其博士论文中提出了以下观点：创业资本是一种新的金融契约安排，它解决风险和信息不对称所造成的高新技术企业的融资困难。作为创业资本的主体——风险投资公司，主要通过积累专业化技能、组合投资和联合投资、过程管理和权益安排等方式来解决资金需求和资金供给过程中的风险和信息不对称两个障碍。俞自由等人则将风险投资与契约关系、金融市场等理论联系起来，进行了系统的研究。

综合起来，国内风险投资的研究具有下述特点：

第一，因为国内风险投资发展尚处于起步阶段，风险投资机构运作不规范，也缺乏成功的经验，所以大部分文献要么是对国外有关文献的介绍与分析，在其基础上提出对于中国有关问题的见解，要么是从国内风险投资的运作个案出发或作者对有关问题的认识，提出对有关问题的看法，目前基本缺乏通过实证统计分析提出其研究结论的文献。这是与国外研究的一个较大差异，也是由国内实际情况制约形成的。

第二，国内研究多偏重于宏观问题，如风险投资发展的宏观条件、宏观运行机制等，缺乏对于风险投资公司时机运作过程中微观决策问题的深入研究，这也是由于国内风险投资缺乏相应的宏观运行环境的现状造成的。

第三，大部分研究从高新技术产业化角度展开，这无疑是正确的，但也容易导致忽视微观主体经济利益，使风险投资公司运作偏离理性决策轨道，在目前风险投资机构大部分由国家注资的情况下更易出现经营理念的失误。

第四，当前有些研究应用一些复杂的数理模型对风险投资过程进行了研究，但在国内缺乏实证数据支持的情况下，这些研究只得假设按照类似于美国的情景，因此无法取得突破性的进展。

事实上，国内风险投资的研究忽略了一些最基本，也是最重要的问题，比如，以商业利益最大化为目标的投资者为什么愿意投资于风险投资？怎样确保其收益的实现？在当前中国资本市场条件下，不同背景、不同规模的风险投资公司的投资模式和价值取向有什么区别？在中国，有限合伙制是不是最佳的组织形式？中国的风险投资是否真正促进了高新技术的产业化进程？政府在发展风险投资中应该做哪些事情？等等。

第六节 国内外有关企业国际化问题研究综述

一、有关国际化动因的理论

（一）经典理论

1. 垄断优势理论。美国学者海默于1960年首先提出。主要回答为什么要产生跨国经营，哪些企业有可能进行跨国经营。海默认为在世界各国存在各种各样的不完全竞争市场（商品市场、要素市场等）和政府干预，存在同类商品的差异、厂商对价格的控制、信息传递的障碍、贸易的限制等，所以会产生对外投资和跨国经营。只有当企业具有一种或几种东道国厂商所不具备的垄断优势（包括技术优势、管理优势、资本优势和规模优势），并且这种垄断优势完全可以抵御跨国经营可能发生的风险，扫除可能碰到的阻力，并最终获得满意的利润时，才应该而且可能从事跨国经营。垄断优势理论的最大意义在于提出了不完全竞争市场是企业跨国经营的基础条件，以技术优势为核心的关键的垄断优势在跨国经营中发挥着最重要的作用。但它无法解释一些不具备技术垄断优势的发展中国家也纷纷向发达国家进行跨国经营。

2. 内部化理论。由美国学者科斯于1937年提出。科斯认为，只要企业能内部组织交易并且费用低于公开市场交易的成本，企业就应该将交易内部化。20世纪70年代中期，英国学者巴克利和卡森把科斯的市场交易内部化设想扩大到企业对外直接投资，丰富了内部化理论。这种理论主要是回答跨国经营的起因和条件。他们认为，世界上不仅存在不完全竞争的最终产品市场，而且更为重要的是存在中间产品的不完全竞争市场，这主要是由政府的关税、贸易壁垒、外汇管制与汇率政策等引起的。如果能使中间产品在企业内部自由流动，企业就可以实现利润最大化。其缺陷在于缺乏从国际环境方面进行分析说明为什么内部交易非要跨国界。

3. 产品生命周期理论。美国哈佛大学教授弗农于20世纪60年代中期提出。他认为产品发展要经历新产品阶段、成熟产品阶段和标准化产品阶段。当产品进入标准化阶段时，一方面，一个国家的厂商就可能增加产品数量，并借助生产成本的降低，把产品打入世界市场；另一方面，新产品首创国的企业所具有的优势开始减弱，而在市场竞争中只有产品的价格占有一定优势。这样，企业在跨国经营中就可以凭借价格低的优势向资源丰盛、工资水平低的国家进军，并使发展中国家进口标准化产品成为可能。这时，市场上该产品的生产企业竞争进入白热化状态，具有技术优势的企业就开始投资研制更新产品，新一轮产品生命周期开始循环。产品生命周期理论的突出特点在于把技术与产品结合起来，运用动态分析，从垄断和区位优势来阐明跨国经营的动因，说明外部环境条件也是企业跨国经营的重要因素。这个理论的不足之处在于对已经多次和广泛在全球进行跨国经营的企业不适用。

4. 国际生产折中理论。英国经营学家邓宁提出，跨国经营的形成是所有权优势、内部化优势和区位优势三者综合作用的结果。如果一个企业同时具备了这三种优势，那么该企业就具备了对外直接投资进行跨国经营的充分条件。国际生产折中理论的最大特色在于把企业跨国经营的主观因素和客观因素综合起来研究，所得出的跨国经营成因的结论较为符合实际。不足之处在于对不具备三种优势的发展中国家的企业为何到发达国家跨国经营缺乏说服力。

5. 切合比较优势理论。日本学者小岛清于20世纪70年代提出，相对于美国企业而言，日本的企业跨国经营实际上是作为一种补充日本比较优势的手段。切合比较优势理论对美国和日本的企业跨国经营进行比较研究，具有一定的说服力，它的最大特点在于给予人们以启示：并非拥有垄断优势的企业均可以进行跨国经营。这对于发达国家的中小企业和广大发展中国家的企业是一种激励。当发展中国家国内市场较大，存在特殊的市场需求的情况下（如消费者的不同口味和购买力），发展中国家的跨国公司有可能填补这些市场，从而使产品具有一定的竞争力。

6. 技术创新产业升级理论。英国学者坎特威尔和托兰蒂洛强调，技术创新是一国产业、企业发展的根本动力。与发达国家跨国公司的技术创新活动有所不同，发展中国家跨国公司的技术创新活动具有明显的"学习"特征，换句话说，这种技术创新活动主要利用特有的"学习经验"和组织能力，掌握技术和激励发展。

（二）发展中国家海外直接投资理论

1. 小规模技术理论。由美国学者威尔斯提出，认为发展中国家跨国公司的技术优势具有十分特殊的性质，是投资国市场环境的反映。具体来说，有以下三点：（1）小规模技术优势。发展中国家的企业迫于市场压力，将引进的技术加以改造，使其生产技术更具灵活性，提供品种繁多的产品，以适应小规模、多样化的市场需求，从而具有小规模技术的特征。这些经过改造的小规模技术成为发展中国家跨国公司开展对外直接投资的特殊优势。（2）当地采购和特殊产品优势。发展中国家的对外直接投资往往还带有鲜明的民族特色，能够提供具有民族文化特色的特殊产品，在某些时候它甚至可以成为压倒性的经营优势。（3）物美价廉优势。与发达国家相比，发展中国家的劳动力成本普遍较低，广告支出也较少。

2. 技术地方化理论。拉奥提出所谓技术地方化，是指发展中国家跨国公司可以对外国技术进行消化、改进和创新，从而使产品更适合自身的经济条件和需求。这种创新过程是企业技术引进的再生过程，而非简单的被动模仿和复制现有的生产技术。

3. 投资发展周期理论。英国学者邓宁将一国的吸引外资能力和对外投资能力与其经济发展水平结合起来，提出了投资发展周期理论。该理论是其国际生产折中理论在发展中国家的运用和延伸。他指出一国的海外投资地位与其人均国民生产总值成正比关系，随着人均国民生产总值的提高，一国的对外直接投资先落后于外商对该国的直接投资，而后赶上并超过。

（三）近期有关国际化动因的理论

1. 推动企业国际化的内部因素。

（1）布拉德古德（Bloodgood，1996）等人、麦克道尔和奥维亚特（McDougall and Oviatt，1991）、麦克道尔和奥维亚特（1994）、奥维亚特等人（1991，1993）、Roberts 和 Senturia（1996）、Msdsen 和 Servais（1997）都从管理者的性格来研究国际化的动因，认为管理者的教育经历、接受能力，是否具有全球视角和国际经历都是能否推动企业国际化的原因。

（2）Jolly、Alahuhta 和 Jeannet（1992），Coviello 和 Munro（1995），Coviello 和 McAuley（1999）从运营经济学的角度，认为企业达到的经济规模、范围；达到更低的成本和价格；在更低价格时达到更高的质量；避免国内市场不经济时，企业会进行国际化。

（3）麦克道尔和奥维亚特（1991）、麦克道尔和奥维亚特（1994）、Coviello 和 Munro（1995）、布拉德古德等人（1996）、格兰特（Grant，1991）、马修（Mathew，2003）、费伊（Fahy，2002）从竞争和战略的角度，认为能够对世界范围的竞争者的行为作出快速反应；能够对世界范围的消费者的需求作出快速反应；能够在世界范围内抢先竞争和设立标准；避免在国内某一行业内激烈竞争；避免国内市场惰性这些因素会成为企业国际化的动机。

（4）Dosi、Pavitt 和 Soete（1990），Lindqvist（1990，1997），Litvak（1990），Coviello 和 McAuley（1999）从研究与开发、创新和技术进步的角度，认为企业国际化的原因有：更高的研发费用需要更大的国际市场来弥补；前期的研发费用投入要求收益更快；技术更新加快迫使企业同时进入国际市场；不断的技术创新与更大的国际市场的相互需要。

（5）Etemad（2003），Dosi（1990）等人，Litvak（1990），Jolly（1992）等人，Knight 等人（2000），Podolny、Stuart 和 Hannan（1996）从高科技产品和市场的角度，认为高科技产品的固定成本越高，国际市场的销售量越大；高科技产品的技术进步越快，就越要求从国际市场更快获得更大的收益；产品生命周期越短需要产品的国际市场越大。

（6）Etemad（1999，2002，2003）、马修（2003）、Hakansson 和 Snehota（1989，1992，1995，2000）、格兰特（1991）、费伊（2002）等人从国际化经营的战略角度出发，认为国内有限的资源会促使中小型企业向外寻求资源，而且国外的合作伙伴也会向企业提供其他的资源。

2. 企业国际化的影响。

（1）Acs、Morck、Shaver 和 Yeung（1997），Aggarwal（1999），Coviello 和 McAuley（1999），Ohmae（1990，1995），麦克道尔和奥维亚特（1991），伦尼（1993），奥维亚特和麦克道尔（1994）从国际市场的自由度考虑，认为企业国际化可以方便出口和进行国际活动；促进员工的分工和专业化；使企业更容易获得规模经济；避免直接和激烈的市场竞争；为企业提供了更大的机会；企业边界的扩大和相互联系的增多需要国际化经营。

（2）Aggarwal（1999）、Fraser 和 Oppenheim（1997）、Miesenbock（1988）、Knight 和 Cavusgil（1996）、Litvak（1990）、Madsen 和 Senturia（1996）等人从信息交流技术看，国际化可以促进企业在国际市场上的运作；减少资源因素对企业的限制；跨越时间和距离对中小企业的影响；能够减少成本。

（3）Etemad（2002，2003，2004）、格兰特（1991）、Gulati（1995）、Hakansson 和 Snehota（1989，1992，1995，2000）、马修（2003）、费伊（2002）等人认为国际化中利用合作方的资源，可以使企业减少规模大小上的限制；缩短国际化的进程；加速企业的国际化；增强企业的生存能力。

二、有关国际化进程的理论

乔纳森和瓦尔恩为代表的北欧学派（1975，1977，1990）使用企业行为理论研究方法，提出了企业国际化阶段论，开创了企业国际化理论研究的先河。乔纳森和瓦尔恩对瑞典四家企业的海外经营过程进行比较研究时发现，它们在海外经营战略步骤上有惊人的相似之处：即最初的外国市场联系是从偶然的、零星的产品出口开始；随着出口活动的增加，母公司掌握了更多的海外市场信息和联系渠道，出口市场开始通过外国代理商而稳定下来；再随着市场需求的增加和海外业务的扩大，母公司决定有必要在海外建立自己的产品销售子公司；最后，当市场条件成熟后，母公司开始进行海外直接投资，建立海外生产、制造基地，即乌普萨拉（Uppsala）国际化过程模型。此模型是基于对一批瑞典制造业企业的研究，以企业行为理论研究方法为基础，在"企业的目标是在增加收益的同时减少相应的风险"这一基本假设之下提出的。该模型将企业的国际化视为一个发展过程，强调企业的知识和学习能力对其国际化过程的影响。乔纳森等人认为上述四阶段是一个"连续"、"渐进"的过程，它们分别表示一个企业的海外市场的卷入程度或由浅入深的国际化程度。企业国际化的渐进性主要体现在两个方面：一是企业市场范围扩大的地理顺序，通常是本地市场→地区市场→全国市场→海外相邻市场→全球市场；二是企业跨国经营方式的演变，最常见的类型是纯国内经营→通过中间商间接出口→直接出口→设立海外销售分部→海外生产。但是由于该理论只是停留在宽泛的层面上而对管理者来说缺乏指导性。

美国密歇根大学的 Cavusgil 教授（1980，1982）把企业经营国际化的过程分成五个阶段：（1）国内营销阶段，主要从事国内生产和销售；（2）前出口阶段，开始对国际市场感兴趣，有意识地收集信息，对国际市场进行调查，出现不规则的出口活动；（3）试验性地卷入阶段，主要从事间接出口，开始小规模的国际营销活动；（4）积极投入阶段，以直接出口方式向其他国家出口产品；（5）国际战略阶段，以全球市场为坐标制定企业战略规划。

鲁特（Root，1987）假设企业已经决定进入某一国外市场，他把国际化分为：（1）评估产品与国外市场；（2）设定目标；（3）确定进入模式；（4）设立营销计划；（5）目标市场的进入运作几个步骤，并且还提供了更具体的步骤供企业遵循。

米勒斯（Millers，1993）把国际化过程分为十个阶段：（1）评估企业是否准备好进入国外市场；（2）企业分析；（3）对国内业务计划再评估；（4）评估国际市场和竞争；（5）制定国外市场进入计划；（6）识别和选择国外合作伙伴；（7）依从国外规则；（8）选择双方市场的服务支持提供者；（9）企业产品进入市场；（10）在国外市场设立机构。

Karagozoglu 和 Lindell（1998）研究了美国 34 个小型科技企业，发现 44% 的企业缺乏管理经验和开拓国际市场的机会，44% 的企业存在收集国际市场信息的困难，32% 的企业与国际竞争者相比存在资源获取方面的困难，从而讨论了资源和能力的限制是小型企业进行国际竞争面临的主要困难。

George S. Yip（2000）运用结构方程对美国 68 个近期开展国际化的企业进行了研究，发现这些新兴的国际化的企业并没有平均地遵循某一系统化的步骤。而企业国际化的步骤越系统，国际化的表现也就越好。他们把国际化步骤分为：（1）动机和战略规划；（2）市场调研；（3）市场选择；（4）进入模式选择；（5）对意外和困难的规划；（6）补充的战略。

瑞典学者 Forsgren（2002）归纳总结了近年来企业国际化的文献，提出了四个命题对企业国际化阶段论进行挑战。第一，"企业在外国市场的投资是以递增的速度进行的"。因为企业获得经验和知识不一定必须具备亲历性，可以从别人的经验获得，也可以采取跟随战略。特别是在市场环境迅速变化的条件下，企业的外国市场战略会采取多种形式。第二，"企业有时在没有自己经验知识的情况下也进行海外投资"。如近年来发展的电子商务公司往往同时在几个海外市场投资。其原因可以用先行者优势解释，旨在抢占市场。第三，"如果企业看到海外投资的风险比不投资的风险低时，企业即使在不具备经验知识的情况下也进行投资"。第四，"市场知识的逐渐积累并不妨碍企业海外投资的激进战略"。对于巨型跨国公司而言，很难预测其国际发展的速度和结构。换句话说，国际化阶段论对大跨国公司的解释力有限。

三、有关国际化的其他研究方法

（一）企业国际化的网络方法

企业国际化的网络模型应用网络理论分析产业内企业的跨国经营行为。乔纳森和马特森（Johanson and Mattsson，1988）把"商业网络"（business-network）定义为：企业与它的商业伙伴如客户、经销商、供应商、竞争对手、政府之间的关系。网络模型认为，产业系统是由众多从事生产、销售、服务等活动的企业组成。这个产业系统也可称为"企业间的关系网络"。网络模型认为企业的国际化是企业在国际市场网络中建立、发展网络关系的过程。企业国际化程度决定了其在国际生产（市场）网络中的地位。一个高度国际化的生产网络，意味着拥有众多在国际分工下的企业间的紧密联系。乔纳森和马特森把国际化的企业划分为四种类型：（1）早行动企业（early starter）；（2）孤独的国际化企业（lonely sinternational）；（3）晚行动企业（late starter）；（4）全球企业（international amongothers）。

Coviello 和 Munro（1997）通过研究中小软件开发公司的国际化发展过程，分析了企业的商业网络在国际化的不同发展阶段的作用。在国际化的初始阶段，企业经营以国内市场为主，但有意识地寻求向外发展的机会，与行业内有实力的企业进行合作。在海外市场的积极卷入阶段，企业借助于合作伙伴的渠道，海外业务占公司企业的比重上升，利用已有的商业网络，建立起稳定的海外经营渠道，并投入资源扩大公司的海外经营网络。在国际化成熟阶段，企业的商业网络向深度和广度扩展，企业在全球范围内建立研究与开发、制造和销售网络，并开展多种形式的直接投资。

（二）企业国际化的学习主义

Mathews 和 Dong – Sung（1999）认为，企业从事跨国经营面临的最大困难是缺乏国外市场的知识和经验。对于国际化初期发展的中小企业而言，能否具有学习能力，实现模仿创新的后发优势，是成长为跨国公司的关键因素。与发达国家跨国公司相比，发展中国家跨国公司属于"后来者"，它具有三个明显特征：第一，它们是快速的跟随者，并具有明确的追赶目标；第二，它们是技术的模仿者，并充分利用各种资源实现新的组合优势；第三，它们有较强的学习吸收消化能力，并结合当地的市场条件，实现资源的有效配置。

Cantwell 和 Tolentino（1990）认为，从历史上看，技术积累对一国经济发展的促进作用，在发达国家和在发展中国家没有什么本质上的差别。技术创新仍然是一国、产业、企业发展的根本动力。与发达国家相比，发展中国家企业在技术创新方面表现出不同的特性。发达国家企业的技术创新表现为大量的研究与开发投入，处于尖端的高科技领域，引导技术发展的潮流。而发展中国家企业在技术创新方面并没有很强的研究与开发能力，主要是利用特有的"学习经验"和组织能力，掌握和开发现有的生产技术。

Forsgren（2002）在乔纳森等人的"阶段论"的基础上，进一步强调，企业的国际化成长依赖于利用各种手段和学习机会，包括模仿性学习、与其他企业的合作、引入专业人才等。

Barkema 和 Ver – meulen（1998）从学习能力的角度分析导致跨国兼并与收购失败的原因。

Haleblian 和 Finkelstein（1999）用行为学习理论分析收购者的收购经验与收购后企业经营业绩的关系，认为两者之间呈现"U"形关系。认为收购者的收购经验越丰富，特别是同行业收购，被收购企业的经营业绩越有可能改善。

Very 和 Schweiger（2001）进一步把兼并与收购过程中的学习分为"收购目标的学习"和"收购经验积累学习"。由于在跨国兼并收购的不同阶段，收购者面临着不同的问题，加大了跨国兼并与收购的风险。对企业的学习能力提出了更高的要求。信息经济的重要特征之一是企业经营环境的复杂化和迅速变化，企业的学习能力已经成为企业生存的必要前提。

Raymond 和 Blili（2001）认为，在信息技术普遍应用的 21 世纪，中小企业的发展在很大程度上取决于其"组织学习能力"（organizational learning），即企业或生产单位掌握知识从而提高了解决问题的能力。组织学习的质量成为企业竞争优势的重要来源。

四、国内学者有关中小企业跨国经营的理论

（一）跨国公司经营优势变迁理论

该理论由刘海云（2001）提出，主要论点是：（1）企业的对外直接投资是一个连续的过程，大致可以划分为两个阶段，即利用直接投资学习、积累经验的阶段和充分利用经营优势，获取最大利润的阶段。（2）企业的对外直接投资也是一个动态的过程，中小企业的对外直接投资的最终目的，仍然是跨越第一阶段，而演进到第二阶段。（3）在第一阶段，对外直接投资存在很高的学习成本，企业想要开展对外直接投资就必须能够承受这些成本。随着国际经营环境的变迁，海外投资环境的改善，利用直接投资学习的成本大大降低了，由此中小企业才具有了开展对外直接投资必不可少的能力和条件。

（二）中小企业集群（簇群）跨国经营理论

汪少华、周景春（2000）从企业与市场"对接"角度研究了浙江小企业的生存基础、竞争环境，提出了小企业通过集群形式实现与国际市场的接轨（对接）。郑风田、唐忠（2002）进一步提出了中国中小企业簇群成长三维度原则。即宏观制度、中观配套以及微观互补，特别强调了在微观维度上要注意提高企业间的互补效应与联合行动，还要注意培育群内的信任和制定不良行为的制裁制度，保持企业间适当的竞争程度，提高公司间的学习能力，降低新企业成长的门槛，宽容企业失败等。

（三）中小企业网络跨国经营理论

张其仔（2001）将网络理论应用到中国中小企业对外直接投资领域，提出中小企业可以通过和外商建立合资合作企业、实施出口和进行海外直接投资方式，逐步建立网络，积累一定的经验与资源，从而走向国际市场。吴三清（2005）基于中小企业实施国际化经营过程中的目标市场选择、组织外环境分析、人力资源的资本化、国际化经营能力、资源承诺、风险扩散与

国际化经营方式选择的关系，提出了我国中小企业国际化经营的进程安排、政策准备、方式选择的具体办法。徐立清等（2005）介绍了中小企业国际化经营的战略规划、"走出去"的战略定位、目标国家的选择和进入方式等。

第 三 章

高科技企业成长的生态系统环境

本章拟从高科技企业的生态特性出发，结合生态学和进化论，分析高科技企业在成长中面临的特定生态系统环境，以及相关机制等。并从生态位、生态场角度进一步说明高科技企业成长的规律和特征。同时，还将从区域创新环境与效率方面进行评价。

第一节 生态学与进化论

一、生态学与进化论

生态学（Ecology）意为"对（生物）栖息场所的研究"。美国生态学家奥德姆（Odum，1963）在 *Fundamentals of Ecology* 一书中提出生态学是研究自然结构及其功能的科学，并认为人类属于自然结构的一部分，生态学适合于研究所有生命形式。如果将企业作为一个微观经济主体或经济单元，置于整个社会经济宏观系统中进行观察，企业会呈现出不同的系统特性。这种系统特性的外部表现可以定义为企业的生态特性。这种假定的主要依据在于，企业具有与生物高度相似的成长性、竞争性、环境适应性、周期性等特征。所以，将"企业作为人格化的自然界或生态单元"，从生态学的角度对此加以比较研究，为进一步研究企业问题提供了一种新的视角。

经济学（Economics）与生态学（Ecology）是同源词。企业是经济社会中一个重要的基本生命单元，因此经济学又是研究企业与其市场环境相互关系的科学，这就是"企业生态学"（Enterprise Ecology）。企业生态与自然生态有着许多相同的特点，也存在着许多的不同。企业作为企业生态中的一个生命有机体，与生物个体存在着诸多的相同点，它们同样具有生存与发展的欲望，经历成长、发育、繁殖、衰老和死亡的生命周期过程，新陈代谢、遗传与变异、生存与发展过程中的种内和种间斗争受着环境的选择。但企业与生物有机体又有着本质的区别，生物有机体是自然生命体，而企业是人类的社会组织，没有自然有机生命，只是仿生体。因此，企业生态学具有独立的学科性，而不是一般生态学在企业中的简单应用。

　　自然界的许多生物在漫长的进化过程中，形成了极其精确的系统，具有适应内外环境变化的非凡能力，具有经济而精巧的结构、可靠而协调的功能，能高效率地使用物质和能量。

　　生态学理论与进化论有着深刻的渊源和继承发展的关系。首先，达尔文进化论的核心是自然选择，以及与自然选择相关的生存竞争和渐变论。他的观点是渐进的理论，即生物个体在长时间的演化中，经过自然选择，其微小的变异积累为显著的变异，于是形成新的物种或新的亚种。但是，自然界的发展证明，30多亿年的生命演化史上爆发性发展的现象屡见不鲜，自然界和生物界的飞跃也是一个接一个。鉴于类似澄江动物群代表的"寒武大爆发"那样的跃进性进化现象，以及"埃迪亚卡拉大爆发"、"三迭大爆发"、"早第三纪大爆发"等大量事实，美国科学家埃尔德蕾奇和古尔德于1972年提出了一个全新的生物进化理论——"间断平衡论"。该理论指出，生物的进化不像达尔文所强调的那种连续渐进的进化过程、线性进化模式和缓慢变异积累的新种形成过程，而是渐进与跃进交替的进化过程、间断平衡的进化模式，以及基因突变或地理隔离的成种作用。该理论最重要的一点是，指出了生物界的进化不但有渐进，而且有跃进。其次，关于"物竞天择，适者生存"的观点是达尔文进化论自然选择学说的前提和基础。达尔文认为，动、植物界存在着十分剧烈的生存竞争。在这种竞争下，适者生存，不适者被淘汰；物种有利的变异将被保存下来，不利的变异则被淘汰，逐渐积累的有利变异结果形成了新种。但是，生态学研究的深入，尤其是20世纪60年代以来生态系统的研究成果告诉人们：在自然界，任何物种或个体、任何一个种群和群落都处于一定的生态系统之中，既不存在脱离于生态系统的孤立物种和个体、种群和群落，也不存在脱离于生物物种和个体、种群和群落的生态系统。生态系统内的生物个体、物种、种群、群落的内部，以及它们之间，它们与环境的关系，不但有竞争，又有协同发展。达尔文只看到了生物的竞争，没有认识到它们之间的相互依赖，协同进化。

二、种群生长与企业成长

科学研究发现，在没有人为干扰的稳定的自然环境中，各种群在物理因素和生物因素的制约下，出生率和死亡率一般来说是平衡的，因此种群的体积（个体数）是稳定的。在有充分的食物供应，并且没有其他生物与之竞争的适宜环境中，种群的增长是直线上升的。然而在自然界中，种群却不能无限制地增长。因为，随着种群数量的增长，制约因素的作用也在增大。种群密度增高会引起传染病流行而使死亡率增加，捕食者也会因捕食对象增多而更多捕食，而更重要的是食物的供应将越来越不足，所以在自然界，种群总是在增长到一定限度后，增量和减量的差异逐渐消失而达到平衡。

（一）种群的指数增长

种群的指数增长可用下式表示：

$$\frac{dN}{dt} = rN$$

其中，dN/dt 为种群的生长速度，即在一定时间中个体数的变化；N 为种群原有的个体数；t 为时间；r 为增长率，在这里即出生率减去死亡率。也可写成下式：

$$n_t = n_0 e^{t \cdot t}$$

其中，n_t 为 t 时间后的数量；n_0 为开始时的数量；r 为增长率；t 为时间；e 为自然对数的底。这一公式可用来预测在某一时间种群增长的数量。

（二）逻辑斯蒂曲线

种群生长全过程的 S 形曲线称为逻辑斯蒂曲线（logistic curve）。它的数学公式是：

$$\frac{dN}{dt} = rN\left(\frac{K - N}{K}\right)$$

其中，r 为增长率；N 为某一时间原有的个体数；K 为负荷能力或满载量，即环境所能接受的种群量。$K-N$ 为种群在某一时间的数量与满载量之差，表示这一种群还能继续增加多少数量。当 $(K-N)/K \sim 1$ 时，即在种群开始生长，N 值很小时，种群生长快。当 N 值达到 $K/2$ 时，种群减速增长。当种群密度很高时，即 N 值很大时，接近于 K 时，$(K-N)/K \sim 0$，种群即不再增长，此时种群即达到了满载量的平衡状态。

在自然环境中所有生物的种群增长曲线不是直线而是一个 S 形曲线（见图 3-1），即开始时经过一个适应环境的延滞期后，即进入指数增长期（即个体呈指数增长），然后增长速度变慢，最后增量和减量相等，种群不再增长而达到最高密度的稳定期。这时种群的密度是环境所能负担的最高密度，即环境的满载量，或负载能力（carrying capacity）。

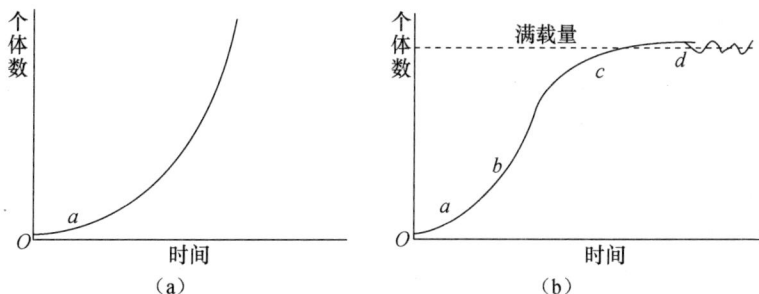

图 3-1　种群生长曲线

图 3-1（a）为种群生长曲线，延滞期滞后，个体繁殖速度不变，种群生长速度随个体数目的增多而加快，图 3-1（b）为逻辑斯蒂曲线。图中数字 a 为延滞期；b 为指数生长期；c 为减速增长期；d 为稳定期。

企业与生物种群具有类似的生存特征。对给定的环境及环境的不确定变化，企业为了生存首先应具备较强的适应性，以利用有利的资源和机会，避免有害的影响因素；为了使企业得到发展，企业应当通过创新活动增强其对环境及其变化的适应性，提高对资源的利用效率和开辟新环境。因此，我们可以借助生态学的眼光去看待企业的生命历程，研究它与所栖息的生态系统的互动关系，从而探索企业生存和成长的机理。

第二节　高科技企业成长的生态特性

企业的成长如同自然界的生物体一样，历经由盛而衰、由小变大的生物演变过程。如将由企业组成的社会经济系统看成一个自然生态系统，一些企业的兴起和衰败是一个十分正常的社会现象。新型企业不断出现，而老的企业却不断地被新企业所代替也印证了企业发展的历史轨迹。随着社会的技术进步和社会分工的深化，新型产业不断从原生产业中分离出来，一些传统的产业逐步被新兴产业所替代，从而导致企业环境时空的变化，企业依存的空间缩小。同时新的发展空间不断扩大，伴随这种变化，企业生态体征不断呈现出来，如表3－1所示。

表3－1　　　　　　　　一般生态系统与企业生态系统体征比较

一般生态系统	企业生态系统
构成单元：物种与种群	构成单元：企业与企业群
种群之间竞争：强者生存法则	企业群之间竞争：强者生存法则
生物链：相互依存法则	企业链：相互依存法则
与环境的关系：适者生存法则	与经营环境的关系：适者生存法则
种群与生物群关系：种群构成生物群	企业群与产业群关系：企业群构成产业群

一、高科技企业成长的开放系统特性

根据系统论的研究结果，只要一个整体中的个体之间存在着有规律的相互联系和作用，并且这个整体具备与外部环境相互联系和作用的秩序和能力，这个整体就可以被称为系统。系统有封闭和开放之分。封闭的系统因其不能与环境进行能量和物质的交换，势必由于内部能源的消耗殆尽而导致系统的死亡；而开放系统则因具备与环境的能量和物质交换能力，能够从环境中获得新的有效能源，因而得以长久生存（只是生存的成本将越来越高）。

高科技企业作为一个经济生命体，存在的前提是科学技术的创新，没有科学技术的发明创造，高科技企业就失去存在的基础。这些新技术的发明与创造的传播与应用只有在一个开放的系统中才能实现，并随环境的变化而变化，因此，高科技企业同样是一个开放的系统。

二、高科技企业成长寿命周期特性

生态系统中的任何一个生命体，都有一定的寿命周期。高科技企业作为社会经济生态系统中的一个生命体，无疑也经历从出生到死亡的寿命周期。这种特性说明任何企业必须经过由小变大、由弱变强和由大变小、由强变弱的过程。全球每年数以千万计新企业的诞生和原有企业的破产与停业，以及企业形式的发展无不反映企业存在寿命周期。

企业的寿命周期特性与一般生物体的寿命周期特性有很大的区别。企业这个系统的寿命周期性对外表现为它提供的产品和服务上，即产出的连续性上。但是，企业生命是否结束却并非取决于其所生产的特定产品寿命周期的结束。对企业来说，一种产品退出生产，甚至一种业务活动种类的停止只表现企业产出种类的变化。实际上，许多企业在其寿命周期中都经历了产品和业务的改变。从理论上讲，只要企业所有者不停止企业的全部活动，企业就可以通过不断改变其产出种类而永久生存下去。

信息通信技术的快速发展和知识生产、加工和传播成本的下降，使得高科技企业的发展新陈代谢速度加快，因此，高科技企业的寿命周期与一般的企业相比有下降的趋势。

三、高科技企业成长的生存特性

企业生态环境处在不断地变化中，并通过自然选择作用对企业群落内各企业个体实现优胜劣汰，自然选择实际上是一个竞争过程。"优胜劣汰，适者生存"是生态学研究最为重要的结论，认为造成生物物种演变的原因是生物内部机体特征必须适应外部环境的变化。企业的生物性决定了企业也将因环境的作用而发生变化和发展。但是，生物所处的环境与企业面临的环境具有本质上的差别。从生物进化的历史看，自然环境的变化是非常缓慢的。除了极少数的几次全球环境突变外，自然环境的变化有时甚至需要经过几代人的观察才会发现。而企业则不但处于自然环境之中，更处于由人或人构成的群体构造的环境之中。随着科学技术的发展，自然环境因素对企业经营成效的影响逐渐减弱，造成企业经营重大差别的是人造环境。这一人造环境既包括企业经营的外部经济与社会环境，也包括了企业内部生长要素环境。

"优胜劣汰，适者生存"，对企业生态而言有两方面含义：

一是企业的竞争特性。市场经济实际上就是竞争经济。企业从诞生的第一天起就处在竞争的环境中。这种竞争不仅表现为企业之间为扩大市场份额和生存的竞争，同时表现为原材料供应商的竞争、顾客竞争、技术竞争等，提高企业竞争力是保持企业持续发展的决定因素。全面树立企业竞争意识，并用竞争机制指导企业的一切经营过程，是企业经营者的必然选择。通过竞争来优化企业的资源配置效率和提高产出效率，从而增强企业整体竞争能力。

二是企业对环境的适应特性。这种环境包括政策环境、产业环境、金融环境、市场环境、技术环境、消费环境等。任何影响企业环境要素的变化都将会导致企业偏离原来的预定目标，要求企业在经营策略上进行不断调整。企业要建立柔性组织形式和快速反应机制，来提高应对环境变化的能力和识别有利于企业成长的环境机会，并通过及时调整企业战略路径来改变企业发展的方向。企业要建立环境变化对企业影响程度的评估体系，通过完善的信息管理系统来掌控威胁企业发展的潜在要素，消化企业经营危机，通过创新活动来推动企业产品升级、质量升级、技术升级和企业升级，以适应环境的变化。

一方面，由于高科技企业所从事的是以科学技术上的新发明、新创造为基础的技术商品化活动，随着知识经济的发展，科学与技术传播速率加快，产品与技术更新速度提高，高科技企业面临的竞争更加激烈，生存环境也更为艰难。另一方面，高科技企业相比于传统企业，能够通过产品与技术的创新，凭借其新颖性和高技术特性能迅速占领市场，避免或减弱与其他企业的竞争，扩大生存空间。

四、高科技企业成长的新陈代谢与进化特性

企业与生物一样都处于不断进化的过程中，然而它们却有着明显的差异。生物的进化是随机变异和被动地接受自然环境的选择，在进化过程中，环境只能保留生物的变异特性，而不能引发生物的变异，因而不能形成强烈

的正反馈的过程。所以，生物的自然进化过程是缓慢的。只有在自然环境产生激变时，生物才能产生突变的进化，如两亿年前地球有一半海洋生物灭绝，在 7000 万年前又有 25% 的物种灭绝，并使哺乳类动物进入舞台。

　　企业进化则不同，企业的进化并不是完全随机的，是由于企业竞争环境的压力、市场选择与市场需求的诱导和反诱导而产生主动行为的结果，形成强烈的正反馈循环。因此，一个成功企业的发展轨迹实际上是新产品替代老产品、新用户替代老客户、新技术替代落后技术、新产业替代原生产业的动态演变与进化过程。著名移动通讯公司摩托罗拉公司前身是汽车音响设备、诺基亚公司的前身是木材和橡胶、3M 公司的前身是矿山设备。一个企业通过不断否定自己，不断寻找新的机会替代失去优势的产业，通过企业转型和变革获取未来优势。

第三节　高科技企业成长的生态系统及其组合机制

　　高科技企业的成长过程包括高技术的产生、高科技企业和高科技企业群的形成。进一步的扩展包括高科技技术和企业的产业化和国际化。现代科学技术是高科技企业成长过程的开端，通过技术孵化使高技术在高科技企业载体中孕育，并日益成熟，使高技术转化为高技术产品。催化机制通过产权市场化和孵化器体系共同作用，提高企业成长过程中资源配置效率和企业成功率。供给机制主要从人才资本、技术资本、金融资本和社会资本为高科技企业成长提供成长所需养分。而处于不同价值链上的高科技企业间需要和谐共生，因此生态化的高科技企业成长包含企业间的既竞争又共存的企业间相互关系。竞争机制促使企业提高自身生态位，而通过组织间的资源共享实现企业间可持续成长。高科技企业成长的生态系统各个要素之间的关系如图 3-2 所示。

一、高科技企业成长生态系统的催化机制

　　催化剂对一般生物体而言，指的是能够促使活体反应的某些外部事件和外部激励因素。对高科技企业发展的生态系统而言，指的则是产权市场化和孵化器体系（见图 3-3）。

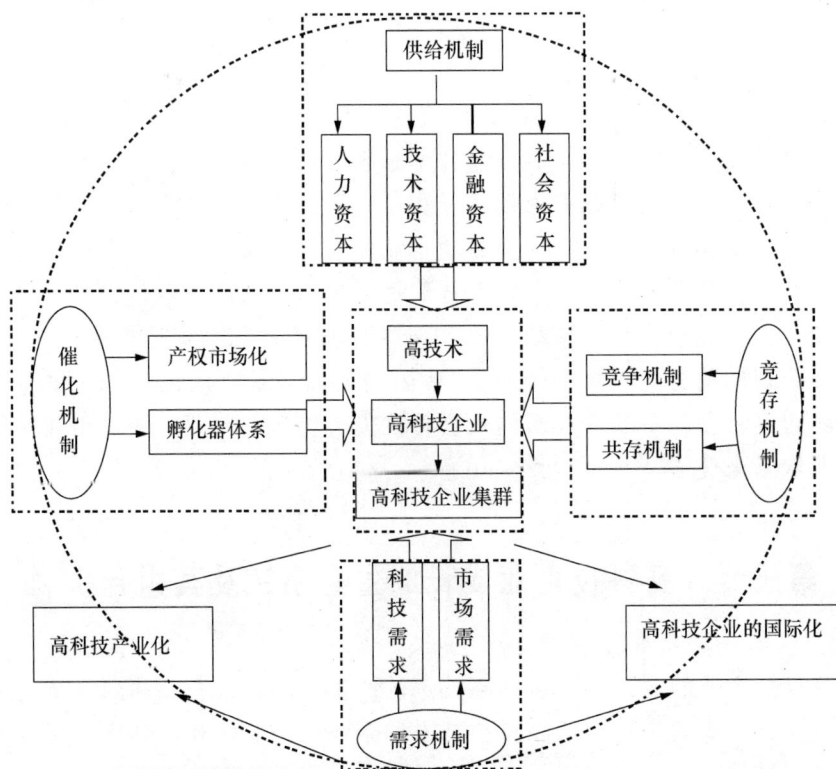

图 3 - 2　高科技企业成长生态系统

（一）产权市场化

在市场经济体制下，不同经济主体之间的产品与要素的交换关系，实质上是以物质为载体的不同产权之间的交换关系。只有通过有序、规范的产权市场上的产权交换，才能使交易和管理成本低度化，从而实现资源的合理配置。产权市场化在高科技企业快速成长中必须以产权的独立化、多元化和分散化为重要前提，保证企业产权的独立化不仅需要企业产权明晰，还需人格化。企业产权的多元化涵盖了产权"权利束"的多元化、产权形态的多元化和产权属性的多元化三个层面，前者是指所有者产权、经营者产权及其派生裂变出的收益权、处置权等并存；产权形态的多元化是指实物形态的产权、价值形态的产权、无具体形态的知识产权等并存；后者是指不同的公有产权、私有产权，还有混合属性的共有产权等并存。

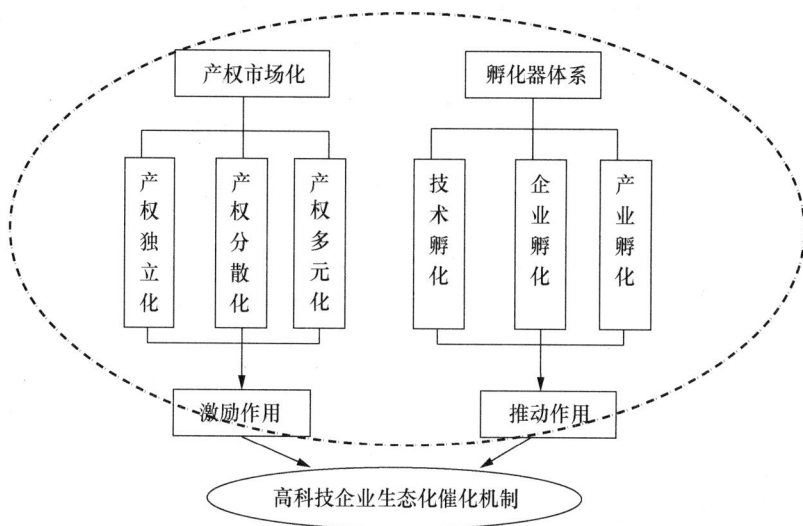

图 3 - 3 　高科技企业成长催化机制系统

（二）孵化器

高科技企业孵化器体系实质是以企业创业中心，通过各种网络，它是一种为高科技新产品和科技型小企业诞生与成长提供帮助的组织形式，从而提高科技企业的发展速度和成功率。

高科技企业成长过程中孵化器体系的作用主要体现在技术孵化、企业孵化和产业孵化三个层次上。

首先，进入孵化器的企业和科研机构通过技术开发和硬件设备支持帮助科技企业家成功地完成研究与开发项目，有利于高科技企业更准确地获得最新的技术和新产品，从而缩短了技术创新的周期，有效降低高科技企业在创新过程中的成本。

其次，科研开发完成后孵化器通过各种形式将其商品化和市场化，将一些处于创业阶段的企业安排到一定区域进行培养，通过提供管理、资金和关键专业资源的支持来培育这些初创企业，有效地减少技术创新的风险，提高技术创新的成功率和企业自身造血能力。

最后，产业孵化主要是通过科技园区、开发区等形式促进高科技企业之间、企业同科研机构的直接沟通，减少两者之间的界面障碍，促进企业间的协作共存，促进高科技企业群向资源集约式方向发展。

二、高科技企业成长生态系统的供给机制

生命体需要源源不断的养料和营养供给机制，以提供生命持续成长的动力。高科技企业的成长同样需要供给机制。高科技企业发展的生态系统供给机制包括物质资本、人力资本、金融资本和社会资本四个方面，即实现人才、资金和技术和社会网络关系等资源的供给。

（一）人力资本

人力资本是最活跃、最具有创造力的生产要素，知识经济的产生和发展使高科技企业成为社会经济的核心。传统企业需要大量的资金、设备和原材料等有形资产，但高科技企业由于产品中知识含量高度密集，技术更新周期缩短，使高科技企业依赖的生产资料不再是资金、设备和原材料，而是以人的知识为主的战略资源。高科技企业能否获得成功关键在于它拥有的知识水平和技术创新能力，而这两者的载体就是人力资本。人作为技术和知识的天然载体，成为影响企业生产经营的决定性因素。高科技企业由于其科技含量高，知识水平要求高，所以人力资源中可以分离出专业技术人员这一部分。在国际上许多著名的高科技企业里，高科技人才占全部劳动力的 20% 以上，这种人力资本在企业中所占比例虽然较小，但是他们在企业中占有较高地位，对高科技企业的成长起着举足轻重的作用，如图 3-4 所示。

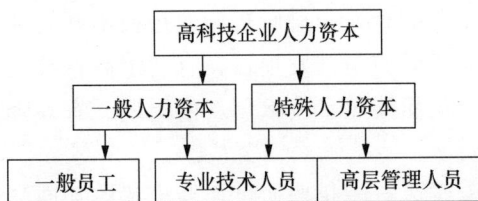

图 3-4 高科技企业人力资本构成

创新是高科技企业成长的关键条件，而创新的承担者只能是人力资本。人力资本在高科技企业中发挥作用主要是从加快技术和管理创新两个方面来体现的。

在技术创新方面，一方面技术进步会改进生产工具，提高原材料的质量，扩大劳动对象的范围，使人们不断使用更高质量、更高效率的新设备替代原有的旧设备；另一方面，技术进步能提高劳动者的技能，改善技术操作、工艺水平，提高经营管理水平。这两方面的作用会使生产过程中的有效劳动力增加，物资资本利用率提高，特别是当技术进步积累到一定程度而引起技术的重大创新时，往往会带来生产方法的重大变革和生产能力的成倍增强。因此，人力资本既是技术创新的发动者，又是新技术的传播者和载体。人力资本的作用可以推动企业不断进行技术创新，发展企业生产力。

在管理创新方面，高科技企业的成长不仅取决于科学技术方面的各项要素，还取决于市场要素，归根结底取决于高科技企业的管理者对市场管理和营销的创新能力。管理者是企业创新的倡导者、组织者和推动者，只有他们具有了积极开拓的创新意识和精神，企业才能具有创新的活力。他们通过对人力资本结构及配置的优化，对人力资本、货币资本与物质资本的整合，对企业组织和管理的创新推动企业成长的。

（二）金融资本

金融资本是与企业实业资本相对应的资本形态，是指企业在发展过程中，在满足简单再生产和内生性扩大再生产投资之后仍然拥有的货币资本。金融资本经营为企业的投、融资活动提供了一种新的方法和途径，主要以有价证券为表现方式，如股票、债券等；也可以是指企业所持有的可以用于交易的一些商品或其他种类的合约，如期货合约等。在这里，我们所说的金融资本主要是指货币资本，简称为资金。

资金是高科技企业研究与开发、中试、批量生产、开拓市场的保证，随着企业的不断成长，所需资金也越多。因此，在高科技企业成长过程中主要解决的是企业成长资金来源问题。高科技企业成长阶段的不同特点，决定了高科技企业资金来源的多样性和灵活性。高科技企业成长主要阶段资金来源的主要方式如图3-5所示。

由图3-5中可以看出，风险资本通过不同方式促进企业的成长壮大。风险资本对高科技企业成长中的作用表现为以下几点：第一，对要素资源的整合作用；第二，对创业企业的抚育作用；第三，对高技术产业发展的先导

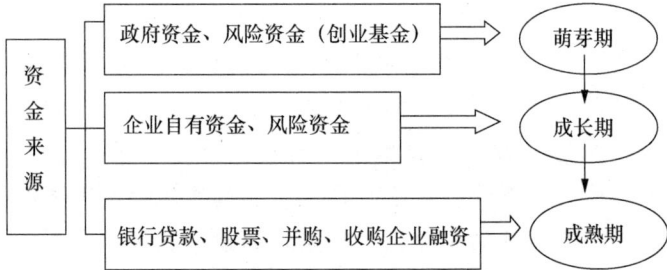

图 3 - 5　高科技企业成长主要阶段资金来源的方式

作用；第四，对资本市场的杠杆作用；第五，对经济发展方向的诱导作用。

此外，风险投资是金融市场及金融制度和企业制度发展演化的产物。它有自己的特征，表现为：（1）风险投资卖方的金融特征；（2）风险投资来源的多样性，包含私人投资者、风险投资基金、风险投资公司、小企业投资公司、投资银行、大企业（财团）附属公司和风险投资公司以及政府资金；（3）风险投资组织形式的公司主导性；（4）风险投资所投资企业的幼稚性和成长阶段的初始性；（5）风险投资所投入领域的前沿性；（6）风险投资的高风险性。

（三）技术资本

技术资本包括"硬件"资本和"软件"资本两部分，前者是指科技成果的实力水平，后者是指技术创新的能力和水平。对于高科技企业，技术资本的价值主要体现在科技创新的技术能力上。技术能力构成了企业的知识基础，可以从生产、投资和创新三种能力来体现。生产能力是指用于运行和维护生产设备的能力；投资能力是指扩张能力和建立新生产设施的能力；创新能力包括创造和将新技术可能性用于经济实践的能力。这些能力涵盖了从发明能力、创新能力到在原有设计参数之外改进现存技术能力的一系列活动。

由于技术创新是将新思想以及新设计引入生产体系的过程，因此技术创新本质上也是一个动态的学习过程。企业技术资本体现出的科技创新能力通过技术学习、提升技术能力，进而促进产业成长，在高科技企业成长的过程中，技术创新始终是核心内容。高科技企业技术创新过程如图 3-6 所示。

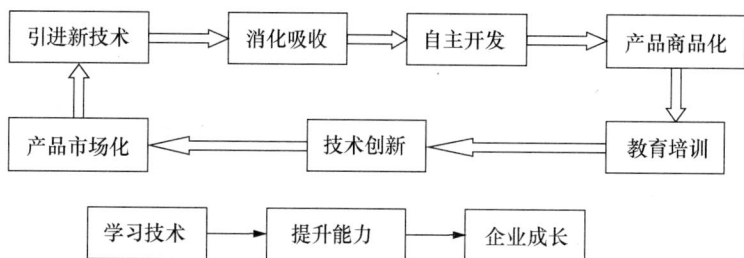

图 3 - 6　高科技企业技术创新过程

（四）社会资本

社会资本已经成为技术合作和科技创新能否成功的一个关键因素，是资源配置的一种重要形式。它存在于两个以上的企业网络之中，通过彼此的相互联系而相互作用。伴随着经济全球化和知识全球化的不断发展，单一的企业或公司拥有的有限资源已无法满足要求，因此企业必须与大学、科研机构、竞争对手、产品的供应商、经销商和客户之间进行技术合作和交流。

社会资本分为企业内部社会资本和外部社会资本。内部社会资本主要是为了企业、政府和科研机构之间的相互信任和合作。由于知识的创造受到个人接受和消化知识的能力、组织能否有效促进知识的转移这两个方面的制约，因此企业内部应建立一种鼓励合作和创新的企业文化，通过构建基于信任之上的社会资本，从而对知识进行有效管理和创造。外部社会资本包括企业间的商业网络、信息网络、研究网络、关系网络和参与网络。企业社会外部资本的最大特征是共享性、不可让渡性、独特性、无形性、长期累积性、可塑性和路径依赖性。企业社会资本的构成及具体内容如表 3 - 2 所示。

三、高科技企业成长生态系统的需求机制

企业成长是任何企业普遍追求的目标。高科技企业的成长既遵循着一般企业的规律性，同时又作为一种特殊的企业类型，具有自身的特殊性。可以说，高科技企业的成长规律是一种基于企业成长一般规律的特殊规律的反映。

表 3－2　　　　　　　　　　　　企业社会资本的构成

企业社会资本	内容
企业内部社会资本	各部门之间的信任和合作程度；知识员工的轮岗制
	知识型员工间的信任和知识共享度；企业文化内部培训；团队学习
企业外部社会资本	商业网络：客户、供应商、竞争对手、咨询机构的关系网络
	信息网络：各种展览会、专业期刊、互联网、数据库、政府发布的信息和专利文献等
	研究网络：与公共研究机构、技术转移组织、大学之间的网络
	关系网络：企业高层经理人员和知识型员工与外部的客户、供应商、竞争对手、大学和科研机构等之间的个人关系网络
	参与网络：包括参与各种地区级、国家级和国际级的关系网络

　　高科技企业的成长是一个高技术到高技术产品再到高技术市场的纵向发展过程。一般来说，企业成长的路径可以简化为从需求产生到满足需求这样一个依次递进的不同节点、不同环节所组成的过程。这一路径表面上看起来很简单，实际上包含了极其复杂的关系和过程。而高科技企业由于加入了高技术这一特殊因素，使高科技企业成长路径表现为高层次需求的产生到需求满足的过程，高科技企业的成长则是一个更为复杂的过程。一般企业和高科技企业成长的路径如表 3－3 所示。

表 3－3　　　　　　　　　一般企业与高科技企业成长路径比较

一般企业	市场需求→利用成熟技术→制造产品→市场化→新需求
高科技企业	市场需求→高技术开发→高技术产品→高技术市场化→新需求

　　因此，不论是一般企业还是高科技企业的成长都是以满足市场需求为核心，以科技需求为实现路径的模式，然而对市场需求的准确定位和高新技术的开发和把握将是决定高科技企业成长的基础。

　　（一）市场需求

　　商品供求关系存在是市场存在的基本条件，商品供求关系的影响也是市场发展的直接体现，市场也总是随着市场中商品供求关系的变化而变化。同样，需求的存在是企业得以生存和成长的基本条件，由于高度风险性和低成活率，市场开拓对于高科技企业更加关键，可以说，高科技企业的成长过程伴随着高技术产品市场开拓的过程，如图3－7所示。

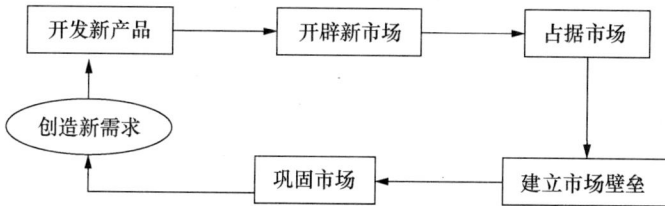

```
开发新产品  ──→  开辟新市场  ──→  占据市场
    ↑                                  │
创造新需求                              ↓
    ↑                               建立市场壁垒
    └──── 巩固市场  ←───────────────────┘
```

图 3 - 7 市场开拓过程

由图 3 - 7 中可以看出，高科技企业市场开拓过程是一个永不终止的循环过程。从一个新的需求开始，为满足需求而开发新产品，使产品进入市场后，以最快的速度占领市场，获取最大的市场占有率，在企业有一定的市场基础的条件下，尽可能地维护本产品的市场地位，提高产品市场进入壁垒，进一步巩固已有市场，在此基础上，又会有新的或者更高层次的市场需求出现，企业会沿袭以上市场开拓路线，从而促使企业不断成长。

但是，在市场长期发育成长的过程中，市场自身的发展演化也呈现出一定的规律和趋势：第一，随着商品生产能力的提高和市场需求的多样性，市场规模呈现出扩大化趋势。第二，随着市场商品种类的不断丰富和要素资源的不断扩展，市场种类呈现出扩大化趋势。第三，随着市场规模的扩大和市场种类的扩展，市场结构呈现出复杂化趋势。第四，随着市场发展的不断成熟，市场运行呈现制度化趋势。

（二）科技需求

高科技企业市场的开拓归根结底是要依靠高新技术来实现。技术创新与高技术的逻辑渊源、技术创新与高科技企业成长的逻辑渊源，说明了技术创新是高技术的诞生或出现及高科技企业成长的先导。

高科技企业技术创新的基本方式不外乎两种：一是企业自主的技术研究与开发；二是企业通过市场购买或引进技术。市场是伴随商品经济的产生而产生，伴随商品经济的发展而发展的，企业则是商品经济发展到一定时期和一定程度的产物，而且企业一开始就是作为市场的主体和重要组成部分的角色存在并随着市场的发育而发育成长的。从这种意义上而言，企业本身就是市场发展到一定时期和一定程度的产物。这是市场成为企业最直接的和最基本的生存背景和生长环境的基本缘由。

基于科技开发的高科技企业的成长，一般可分为单个技术核心和多个技术核心[①]。单个技术核心的高科技企业成长基本上代表了高科技企业成长的初始形式。但这并不意味着这种高科技企业就必然产生唯一的一种产品；相反，单个技术核心所形成的高技术或技术体系往往可以衍生出多样性的同种类产品，从而形成一个高技术产品系列。单个技术核心的高科技企业成长如图3-8所示。

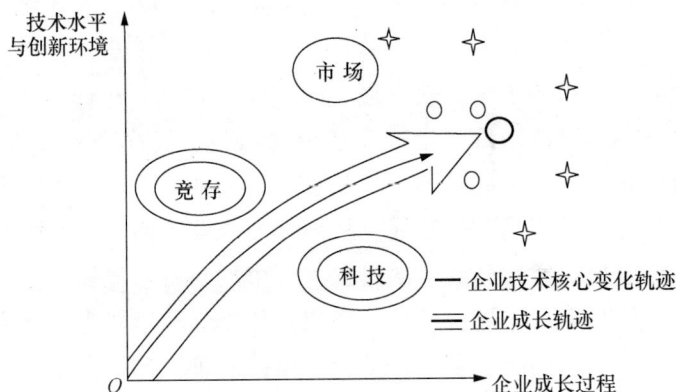

图3-8 单个技术核心的高技术企业成长

图3-8说明了单个技术核心的高科技企业成长的轨迹、环境以及衍生的产品。

单个技术核心的高科技企业成长的特点主要体现在：第一，单个技术核心的高科技企业容易形成技术专长和核心能力，便于集中企业资源并形成企

---

① 本书在此参考了孟宪昌《风险投资与高科技企业成长》一书中关于单个技术核心企业和多个技术核心企业的观点，并作了改进。该书2002年由西南财经大学出版社出版。

业技术优势和竞争优势。第二，单个技术核心的高科技企业成长，因其所处的市场领域相对集中，有利于企业在所处的市场领域中树立企业形象，提高企业知名度和创立产品品牌；有利于企业专注于目标市场并引起市场对企业的关注。第三，单个技术核心的高科技企业成长技术体系和生产流程相对简单，目标市场和市场客户相对明确，组织与管理的横向跨度较小，组织与管理的复杂程度也因此而相对降低，有利于企业节约组织与管理成本，提高组织与管理效率。第四，单个技术核心的高科技企业成长，因其所处市场领域的相对单一，相关市场容量总是有限度的，因此，其成长规模也总是存在着一定的限度。另外，单个技术核心的高科技企业如果不能持续保持技术优势和竞争优势，则很可能被其他竞争对手击败或取代，其所处市场一旦发生大的波动，也会使得单个技术核心的高科技企业成长遭到阻力、挫折甚至失败，因此，单个技术核心的高科技企业成长总是面临着很大的竞争压力和市场风险。

多个技术核心的高科技企业的成长对单个核心技术有一定的依赖作用，多个技术核心的高科技企业成长过程如图3-9所示。

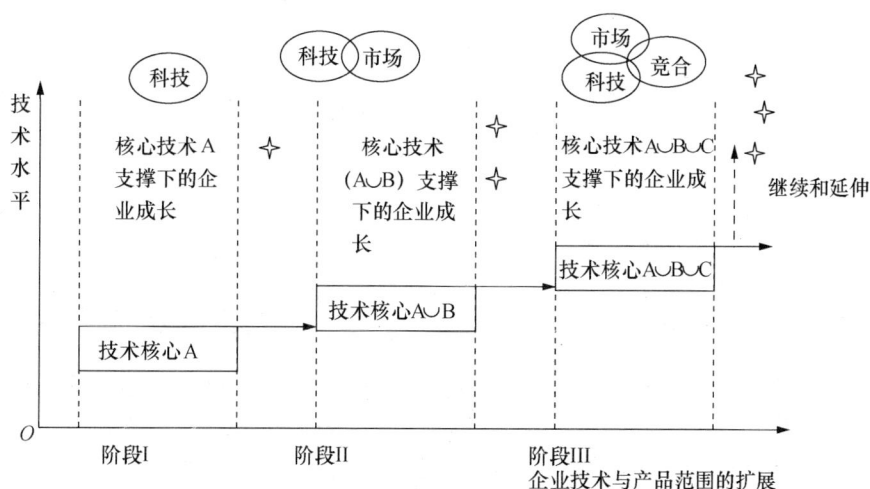

图3-9　多个技术核心的高科技企业成长

图 3 - 9 中说明了从单个技术核心的高科技企业到多个技术核心的高科技企业演化、成长的轨迹、环境以及衍生的产品。在多个技术核心的高科技企业成长过程中，新的技术核心并不是局限于单一的形式，它也可以是以企业自身对新的关键技术的研究与开发并建立的相应的技术核心的形式来进行，如通用电气公司和波音公司。

多个技术核心的高科技企业成长的特点主要是：第一，技术及其产品的覆盖面较宽，企业具有较大的市场空间和发展余地。第二，多个技术核心的高科技企业成长不同技术核心既可以各自形成独立的企业成长支撑点，又可以彼此协同和互补，也便于企业根据市场情况及时调节企业内部资源结构和流向，保持企业的稳态成长。第三，多个技术核心的高科技企业成长由于其技术领域较宽，其产品的衍生和扩展能力相对较强，有利于企业适时推出系列产品和新产品。第四，多个技术核心的高科技企业成长，由于其涉及的市场领域较宽，不同的技术核心指向不同的市场，其中一个方面的市场出现波动，或一个方面的经营出现困难甚至很大亏损也不至于使整个企业垮台，因此，多个技术核心的高科技企业具有相对较强的抗市场风险能力。第五，多个技术核心的高科技企业成长，其组织特征决定其横向管理和组织跨度较大，管理和组织的复杂程度较高，企业成长对管理和组织的要求也相对较高等。

四、高科技企业成长生态系统的竞存机制

生态系统的一个基本法则就是"物竞天择，适者生存"，为了生存和发展，生物种群之间存在着竞争、捕食、寄生、互惠、共生、偏利和偏害等相互影响、相互制约的关系。企业也不例外。

高科技企业发展生态系统的竞存机制是指处于完全相同或部分相同的生态位的高科技企业，为了各自的发展，一方面通过技术与服务的创新，在生产要素市场对稀缺资源展开竞争，或在产品市场空间对产品市场占有率展开竞争，争夺与占有最大的生存资源，占据高生态位，在市场竞争中处于有利地位；另一方面，则通过采用"互惠共生"原则，选择合适的合作伙伴，减少直接、激烈的正面市场竞争，与合作伙伴形成双赢的依存关系。

下面我们运用生态学中的生态位理论来分析高科技企业成长生态系统的

竞存机制。

（一）生态位理论

生态位是生态学中一个极重要的概念，是指在生态系统和群落中，一个物种与其他物种相关联的特定时间位置、空间位置和功能地位。每个生物物种在长期的竞争生存中都拥有一个最适于生存的时空位置及其与其他物种之间的功能联系。由于生态位理论已在种间关系、生物多样性、群落结构及演替和种群进化等研究方面广泛应用，生态位理论成为近 20 年来生态学研究的热点之一。

（二）企业生态位

生态位理论的两个基本概念是生态位的维度，生态位的重叠和分离。在资源不足的情况下，一个生态只能有一个物种，偶尔出现于同一生态位中的两个物种必定发生激烈的种间竞争，最终导致其中一个物种被逐出；但当资源丰富的时候，在生态位重叠的部分并不一定发生激烈的竞争。

在企业生态学中，将企业理论上的最大生存域称为企业的基础生态位，将由企业之间的相互作用而导致的企业能够占据的实际生态位称为企业的实际生态位。显然，实际生态位是包含于基础生态位的。对于一个企业而言，其生态位也就是该企业所占有的各种资源的总和。因此，企业生态位的确定过程是企业对生存资源的占有过程，也即是一种企业的生存竞争。

企业生态学将在共同的生存环境下多个系统为各自的生存与发展对其生存条件展开的竞争称为系统的生存竞争。处于不同生态位的企业具有不同的生存水平，其达到最优生存和发展的策略也是不同的。

高科技企业要成长，首先要学会生存，可以说，生存是成长的首要条件。找准实际生态位，对高科技企业的生存和成长至关重要。在市场经济条件下，任何企业都存在争取更高生态位的强烈欲望，都希望占有更多的生存资源，在这种争夺中就必然会有死伤。因此，高科技企业在其生存与成长过程中，通过对生存资源的捕获，确立了了高科技企业的生态位。

（三）高科技企业生态位的特征与影响因素

将企业生态位与生态学中的生态位相比，有着以下的明显差别：

第一，研究主体不同。在研究主体上，理论上是物种，实践中是种群；企业生态位的研究主体是企业个体，也可以是具有很大相似性的某一类企业；企业研究主体是能动的，可根据市场环境作出主动选择。

第二，选择动力不同。生物生态位的形成过程中，自然选择起主导作用。企业生态位的形成主要由市场竞争和企业能动性选择两种力量决定。

第三，位态时效特征不同。生物生态位相对稳定，时效性长，层次较为复杂，定量可测性较为容易；企业生态位相对不稳定，时效性缩减，层次性更为复杂，难以定量测定。

第四，位态空间特征不同。生物生态位区域一般比较固定，企业生态位区域扩大，且生态环境间明显相互嵌套，上下级生态环境间的紧密性增强。

第五，位态遗传特征不同。生物生态位由上一代通过基因遗传至下一代；企业生态位基因可以由企业向下遗传，也可以由潜在子代学习、复制；除非生态系统发生颠覆性变化，否则生态位最大容量基本不变技术发展与产品创新可以扩大生态位容量。

高科技企业生态位是由环境状况、企业自身生理状况、环境对企业的影响以及企业对环境的作用共同决定的。其中，环境状况和环境对企业的影响是企业主体所在的生态系统（或生态环境）。

对于企业的外部作用因子，称为企业外生态因子（或称企业外环境因子）；而企业自身成长生理状况和企业对环境的作用是企业主体自身能动性的反映，称为企业自身因子（或称企业内环境因子）。因此，企业生态位是由企业生态因子和企业自身因子共同决定的。

根据万伦来（2004）对虚拟企业生态位结构及评价指标体系的分析，从企业的竞争力、发展力和生存力三个层面出发，企业自身因子可以分为组织学习创新能力、组织界面管理能力、组织战略管理能力、组织营销能力、核心技术能力和生产制造管理能力六个部分，每个部分又分若干子因子。梁嘉晔等（2004）分析了企业生态因子的详细构成，分为经济生态因子、社会生态因子和自然生态因子三个部分，每一部分又分若干子因子。

（四）不同生态位的高科技企业之间的竞存关系

按照生态学中的格乌斯原理，一个物种只有一个生态位，但并不排斥其他物种的侵占，竞争是大自然的生存法则。为了生存和发展，生物种群之间存在着竞争、捕食、寄生、互惠、共生、偏利和偏害等相互影响、相互制约的关系。

在市场经济条件下，任何企业都存在争取更高生态位的强烈欲望，都希望占有更高的市场份额，在这种争夺中就必然会有死伤。企业生态学将在共同的生存环境下多个系统为各自的生存与发展对其生存条件展开的竞争称为系统的生存竞争。处于不同生态位的企业具有不同的生存水平，其达到最优生存和发展的策略也是不同的。

高科技企业要成长，首先要学会生存，可以说，生存是成长的首要条件，找准实际原始生态位，对高科技企业的生存和成长至关重要。企业原始生态位指的是，企业的产品在刚开始进入某个特定市场时，往往没有竞争对手，形成原始生态位或竞争前生态位或虚生态位。高科技企业原始生态位的确立决定了高科技企业在其后的发展中资源捕获过程的稳定性的高低。因此，高科技企业在创立之初就应当对竞争环境、资源状况以及产品市场进行深入分析，对企业及产品进行精确定位，形成与其他企业生态位的错位，从而占有较多的生存资源，较多的生存资源意味着较高的生态位，从而使得企业资源捕获过程的振荡最小化，企业的发展具有最大的稳定性。

处于完全相同或部分相同的生态位的企业，为了各自的发展在生产要素市场对稀缺资源展开竞争，或在产品市场空间对产品市场占有率必然展开竞争。在开放的市场中，很快就会有其他竞争者大举进入该市场，形成生态位的部分重叠，并且随着市场份额的相对缩小，竞争会日趋激烈。高科技企业要保住自己的生态位并发展，一方面，需要发挥技术优势，不断进行产品和市场的创新，垄断或部分垄断生存资源，从而占有高生态位；另一方面，则需要相机选择合适的合作伙伴，"互惠共生"，在牢牢占据自己生态位的同时，通过这种"互惠共生"的生存方式，使得自己壮大。

我国的产业集中度普遍偏低，尤其是各个产业内的高科技企业，重复投资、重复建设的现象相当普遍，这就不可避免地造成企业之间的恶性竞争，最终落得两败俱伤或几败俱伤。这也是我国很多高科技企业在初创期后就迅速死亡的原因之一。因此，从我国目前的产业状况和高科技企业的现状来看，高科技企业要占据自己的生态位并成长壮大，采用"互惠共生"生存方式应该是最佳选择。"共生现象"是指在自然环境中两种生物相互依赖、互惠互利、共生共荣。企业的互惠共生是指企业可以独立生存，但当两个企业或若干企业相互联合进行生产和营销时，其总体收益增加，且分配于每个企业的收益也增加。在企业生态系统中，互惠共生一方面可获得双方各自优势资源互补，产生"共生放大效应"；另一方面，可以避开在整体上的竞争关系，在共生系统内形成联合垄断利润。

五、区域企业生态位与场

(一) 企业成长空间场

从系统论角度看，区域的企业成长和经济增长都有一个空间和动力问题。从场的角度而言，空间可以是实在的，也可以是虚拟的。在其他条件不变的情况下，企业获得的动力越大，企业的成长速度就越快。在企业增长引领下，区域经济的增长速度就越快；反之亦然。由此可以推论，一个区域的企业或者产业要实现持续快速的经济增长，就必须着手解决区域经济系统的动力问题，使之不断有新的动力产生，并不断对区域增长形成新的推动。联系到本书研究的问题，我们可以将这里的场称为成长空间场。

不同的企业成长区域，其初始的经济发展水平、科技教育水平是不同的，这种不同来源于区域的地理区位、资源禀赋、基础设施、人口规模与素质、科技水平、经济制度、文化习俗等不同方面要素（维度）的作用。由于这些不同维度要素的作用，在企业成长区域内和区域间都产生了不同的位势分布。不仅如此，从时间的角度来看，这些不同要素的作用，还会使得这些不同的位势分布产生梯度提升或下降，或者产生空间位的挤出和迁移。

成长空间场具有以下经济物理特性：首先，成长空间场是一矢量场。某类企业发展环境对区域企业、产业经济发展的影响和作用力即场力（F）是一种广义的力，是一个矢量。其次，所有经济发展环境对成长空间场内经济系统的影响叠加是场强，由于无方向性并可以叠加，我们将成长空间场的场强视为标量函数。企业发展环境的存在，促进了场所覆盖区域的经济要素重组、经济结构调整和经济增长。

(二) 企业成长空间场中的生态位

生态位测度包括生态位宽度、生态位重叠、生态位体积及生态位维数等，其中生态位宽度和生态位重叠是描述一个物种的生态位以及物种生态位间关系的重要指标。

1. 生态位密度。是指单位空间面积上某个物种的个体数，在此表示为单位空间面积上某类企业的个体数。相对密度是指某物种的个体数占全部物种总个体数的百分比，在成长空间场中，可表示为某类企业的个体数占全部企业总个体数的百分比。

$$END_i = Q_j/D$$

式中，END_i 表示节点企业 i 的生态位密度；Q_j 为该类企业总数；D 为空间面积。

$$REND_i = Q_j/\sum Q_j$$

式中，$REND_i$ 表示节点企业；i 的生态位相对密度；Q_j 为该类企业总数；$\sum Q_j$ 为该地区企业总数[①]。成长空间场不是一个均匀场，而是一个非均匀场。因此，各生态位密度，密疏不均，是自然的。产业组织理论中用市场集中度来衡量某一产业买方或卖方的数量及其相对规模的分布结构。

2. 生态位宽度。在生态学中，生物的生态位宽度（niche breadth）表示生物利用资源多样化程度。如果利用的资源只占整个资源的一小部分，则该生物的生态位较窄；如果生物在一个连续的资源系列上可利用多种多样的资源，则它具有较宽的生态位。同样，我们可以将一定的企业成长空间中企业 i 生态位宽度定义为企业所利用其生态系统中环境资源的总和或对资源利用的多样化程度，即企业 i 对其资源生存因子的适应和利用范围，用 ENB_i 表示。

$$ENB_i = Y_1^2/\left(R \sum_{j=1}^{R} p_{ij}^2/q_j \right)$$

式中，ENB_i 表示节点企业 i 的生态位宽度；R 为所利用资源总和；q_j 是可利用资源状态 j；$P_{ij} = N_{ij}/Y_i$ 表示第 i 个节点企业利用资源状态 j 的个体占该类企业总数比例。

该公式考虑到企业对稀缺资源选择的敏感，因而给出了一个权重，同时表明了企业对资源利用能力和对生态因子的适应能力。如果节点企业生态位宽度较大，说明其利用资源范围较广，企业特殊化程度就越小。相反，如果节点企业生态位宽度越小，说明其利用资源范围越小，企业特殊化程度就越大。

---

① 汉南和卡罗尔（Hannan and Carroll，1992）在其专著中用种群的生态密度来描述产业集中度的变化规律，并对企业应在何时进入或退出一个产业给予决策支持。罗珉（2001）运用种群生态学的观点解释了随着企业数目的增加，企业的组织形式趋于多样化。

3. 生态位重叠。考虑到 Pianka 公式能客观地反映出种群之间对资源利用或生态适应的相似性。所以本书借鉴生物生态位重叠测度 Pianka 公式，给出企业生态位重叠的计算公式：

$$EQ_{ij} = \sum_{a=1}^{n} P_{ir}P_{jr} \Big/ \sqrt{\Big(\sum_{a=1}^{n} P_{ir}^2\Big)\Big(\sum_{a=1}^{n} P_{jr}^2\Big)}$$

式中，EQ_{ij} 为生态位 i 重叠值；P_{ir} 表示第 i 个节点企业对资源状态；r 的利用比例 P_{jr} 表示第 j 个节点企业对资源状态 r 的利用比例。

$EQ_{ij} = EQ_{ji}$，$0 \leqq EQ_{ij} \leqq 1$，$EQ_{ij} = 0$ 时，表示两个生态位完全分离；当 $EO_{ij} = 1$ 时，表示两节点的生态位完全重叠。

（三）企业成长空间场的场力

$$\vec{F}_i = f(EV_i) \tag{3.1}$$

式中，$\vec{F}_i$ 表示企业发展环境 i（比如基础设施环境）的场力；EV_i 表示生态位发展环境 i 的水平。

由于场力是矢量，在多维矢量空间场，场力的叠加使得各种矢量场力转换到合力 F_i。

如图 3 - 10 所示，企业成长区域综合生态位 i（比如创新环境）对企业成长的场力 F'_i，假设其作用方向与合力方向夹角为 α_i，则其转换为对成长发展的作用力 F'_i 为：

$$F'_i = F_i \cos\alpha_i \tag{3.2}$$

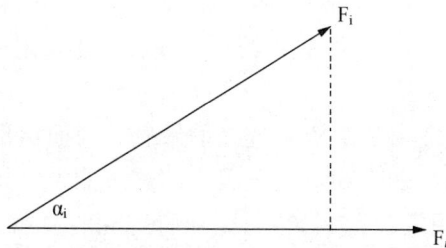

图 3 - 10　企业成长区域生态位 i 场力转换图

显然，$\dfrac{\partial F_i}{\partial \alpha_i} < 0$

当 $0^0 < \alpha_i < 90^0$，$F_i' > 0$，表明生态位 i 对企业成长和经济发展有推动力；当 $90^0 < \alpha_i < 180^0$，$F_i' < 0$，表明生态位 i 对企业成长经济发展有阻力；当 $\alpha_i = 90^0$，$F_i' = 0$，表明生态位 i 对企业成长和经济发展不产生影响。

在区域企业成长过程中，各种企业经济发展环境的场力是相互联系、相互影响的。这些力在时间上有时是同时发挥作用，有时是重点突出某一个分力的作用，犹如一个物体当其开始启动时，作用于物体的各种力都会表现出不同的作用，而当其运动到一定阶段时，其中某一阻力的作用将会凸显。区域企业成长也是如此，当区域企业在发展初期时，各种影响区域企业发展的作用力量都起着不同作用，如当区域企业发展到成长期和成熟期时，各种力就会表现不同的作用，也就是夹角 α_i 的大小会发生变化。

（四）企业成长空间场的场强

在一定的经济—环境空间中非均匀地分布着若干个经济增长点，如企业、产业群等，这些增长点——生产企业经过对投入要素的加工，结果形成产出，投入与产出的流动、交换和消费，形成物流（资源、产品、废弃物）。受市场力量的影响，使物流在点源之间形成一定的相互关联和相互作用，对这种空间相互作用的强弱的描述就形成了场强。

这样，科技创新发展环境对区域企业和产业经济发展影响可以用图 3 - 11 表示。

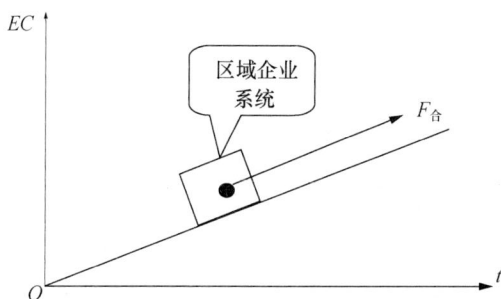

图 3 - 11 区域企业创新发展环境的场强示意

图 3 - 11 中，横轴表示时间，纵轴表示区域经济发展水平，滑块表示区

域企业经济体，$F_合$ 表示各种企业发展环境的作用力迭加，即场强。

场强可以从地理空间的经济层面或科技层面来分别说明，即经济投入/产出强度（或产出密度）；也可以从地理空间的环境层面来分别说明科技投入产出强度（或投入/产出密度）；也可以将二者结合在一起加以说明，即单位产品（产值）中的科技投入量（值）。

（五）企业成长空间场的位势

令 $\varphi(\vec{x}, t)$ 为空间某时点上的位函数，$\vec{E}(\vec{x}, t)$ 为空间某时点的场强，则它们之间的函数关系如下：

$$\varphi(\vec{x}, t) = -\int \vec{E}(\vec{x}, t) \vec{dx} \qquad (3.4)$$

它表明空间某一点在某时刻 t 的位函数等于场强的线积分。空间位势的大小与场强的大小成正向关系。

位，是一个相对概念，它是针对某种参照系而言的。那么，作为企业成长空间的位而言，也是相对于一定的企业经济和环境水平而言的。正如场理论中的位可以通过能量概念来定义一样，一个企业的经济位势也可以看做是"作功"消耗"社会能量"的结果。一个区域的经济科技系统聚积的"社会能量"越大，经济科技发展水平越高。如果说"社会能量"是从投入角度描述了经济科技位势，经济水平则是从产出角度定义经济位势。根据投入产出相等原理，这两种定义方式应该是等价的。

考虑经济发展的时空耦合性，则一个地区的企业或产业生态位经济水平（位势）可以用如下函数表示：

$$\varphi(EC, t) = \int_{t_0}^{t} f\left(\sum_{t=1}^{n} F_i\right) dt \qquad (3.5)$$

式中，EC 表示企业生态位经济发展（水平）位势；t 表示时间，t_0 表示初始时刻，t_1 表示结束时刻；F_i 表示区域企业生态位发展环境 i 的作用力；f 表示创新环境对区域企业生态位经济社会发展水平的作用函数。

在随时间变化中，企业成长空间场的位势也是会发生变动的，一些老企业、老工业基地、资源开发城市或因产业的衰落，或因资源的耗竭而陷入颓势的例子已是屡见不鲜。与此形成鲜明对照的是，一些新企业横空出世、新兴产业和新兴城市拔地而起，后来居上，成绩傲人。

第四节　高科技企业成长的区域创新
生态环境及其效率评价

一、区域创新生态环境

区域科技创新生态环境是企业成长的重要基础和源泉。区域科技创新生态环境对本地企业成长和产业经济发展的影响主要表现在科学技术以及科技创新对区域生产要素生产效率的提高，以及对新生产要素的开发上，进而对区域企业成长、经济增长、区域经济效益和区域经济结构等方面的贡献作用。具体的路径影响可以通过产业规模经济外部性和技术外溢效果体现出来。

（一）科技环境对生产要素投入的作用

首先，从生产要素的组合角度看，技术创新决定了生产要素的组合方式及比例。资本、劳动和自然资源等传统性要素在经济活动中总要按一定比例，以某种具体形式结合在一起才能形成现实的生产。而各种生产要素结合的比例，从根本上由技术创新决定。由于技术创新节约了其他要素，并使劳动时间和强度降低，同时，由于区域要素禀赋的差别，技术创新对各种要素投入结构的变化也不同，形成了不同区域技术创新差异，而这些差异直接影响着区域经济和企业经济的特色指向。比如，对于劳动稀缺的区域，采用"节约劳动型技术"，资本稀缺的区域采用"节约资本型技术"，自然资源稀缺区域采用"节约资源型技术"等，都反映了技术创新就是用创新本身的差异来发展各具特色的区域经济。

（二）区域科技创新环境对生产要素使用效率的作用

实现企业成长和经济增长，关键在于提高对现有资源的利用率和生产效率，这两条归根到底都需要依赖创新来解决。

首先，科学技术及其创新活动能够在一定的投入条件下，创造较高的生产效率，能够使现有的投资和劳动力更充分地发挥作用，因此，可以创造超常的企业成长速度和经济增长幅度。科学技术能够在更广泛的活动领域和时间中产生波及乘数效应或指数效应，这种乘数效应要比其初始变化的直接影响大得多。它的作用在于放大生产要素的作用与功能，从而提高生产力的整体水平。技术进步越快，这种乘数增量的效果就越显著。

其次，良好的生态位环境可以促进新能源、新生产要素的开发和利用，从而增加生产要素的投入。

设生态位发展水平是某一点生产要素的函数,而生产要素又是生态位经济发展环境的函数,进而,生态位经济发展水平也是生态经济发展环境的函数。

令

$$EC = f(g, h) \tag{3.6}$$

式中，g 表示生态位生产要素资源的投入数量；h 表示生态位生产要素资源的使用效率；EC 表示经济发展水平。

令 $g = g(EV_1, EV_2, \cdots, EV_n)$，$h = h(EV_1, EV_2, \cdots, EV_n)$；$EV_i$ 表示第 i 种生态位发展环境状态，$i = 1, \cdots, n$，则其中的创新环境对企业经济发展的作用可以表示为：

$$\frac{\partial EC}{\partial EV_{KJ}} = \frac{\partial EC}{\partial g} \cdot \frac{\partial g}{\partial EV_{KJ}} + \frac{\partial EC}{\partial h} \cdot \frac{\partial h}{\partial EV_{KJ}} \tag{3.7}$$

$$\frac{\partial EC}{\partial g} > 0, \quad \frac{\partial EC}{\partial h} > 0$$

而 $\dfrac{\partial g}{\partial EV_{KJ}} > 0$，$\dfrac{\partial h}{\partial EV_{KJ}} > 0$

因此，$\dfrac{\partial EC}{\partial EV_{KJ}} = \dfrac{\partial EC}{\partial g} \cdot \dfrac{\partial g}{\partial EV_{KJ}} + \dfrac{\partial EC}{\partial h} \cdot \dfrac{\partial h}{\partial EV_{KJ}} > 0$

则创新环境对区域高科技企业生态位经济发展水平 EC 的影响如图 3 - 13 所示。

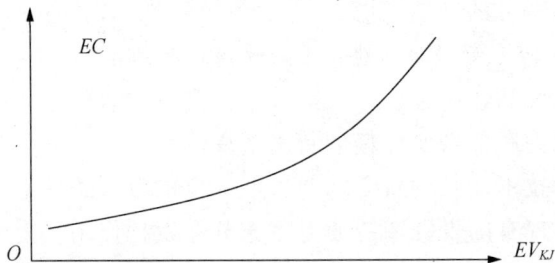

图 3 - 13　区域科技创新生态环境对企业成长的作用趋势

二、区域创新生态环境指标的选择

中国高科技产业总产值的省级层面的区域分布见图 3 - 14。

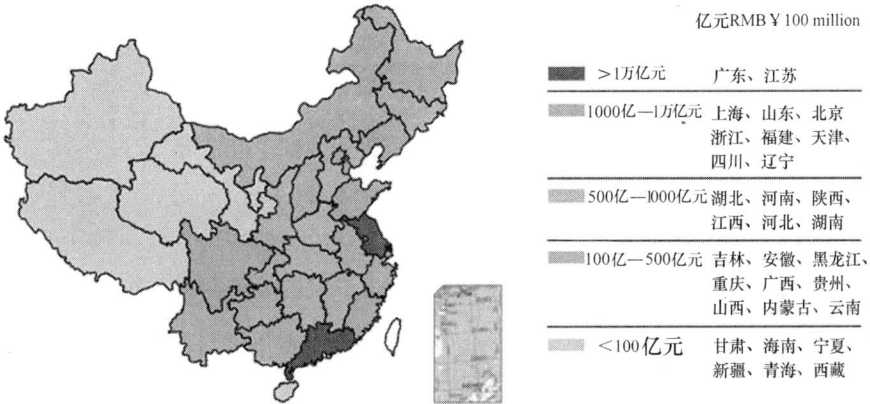

图 3 - 14 中国高科技产业总产值的区域分布 (2008)

由图 3 - 14 可知，我国各地区高科技产业总产值可分为 5 个层级，即 1 万亿元以上；1000 亿—1 万亿元；500 亿—1000 亿元；100 亿—500 亿元；100 亿元以下。区域产出差异之大，达到 100 倍。差异来自何处，当然有各种原因，如各地的技术水平、经济发展水平、开放条件等。但鉴于数据的可得性，本书在此主要从省级层面对全国各省市在多种创新资源的运用效率方面进行评价，旨在对区域层面上对高科技企业成长的创新生态环境及其效率进行对比、排序，寻找差异来源，明确各地区在不同资源运用方面的优势和不足；探索我国在各种创新资源运用上的总体的效率，资源投入结构和效率结构，从而对高科技企业成长的创新生态环境作出评价和改善的建议。

（一）创新活动的投入指标

科技创新活动的投入指标主要分为智力劳动者的投入和资金的投入两类。人力的投入有宽泛和具体之分，宽泛的人力投入是指所有科技活动的参与人员，包括直接从事科技活动的人员、从事科技活动管理和为科技活动提供直接服务的各类人员，或者累计从事科技活动相关工作占全年工作时间

10%以上的人员。直接从事科技活动的人员包括独立的科学研究和技术开发机构的研究人员、高校和企业及其他事业单位内部研究部门或者实验室的研究人员、工程师、技术工人及其他人员；虽不在上述机构但编入科技活动项目组的人员；科技信息与文献机构中的专业技术人员；从事科技论文设计的研究生等。从事科技活动管理和为科技活动提供直接服务的人员包括科研院所、科技信息与文献机构、高校、各类企业及其他事业单位主管科技工作的负责人，专门从事科技活动的计划、行政、人事、财务、物资供应、设备维护、图书资料管理等工作人员，但不包括各类间接服务人员，如清洁工、保安、司机等。

科技创新的资金投入是从科技活动经费的筹集和内部支出两方面来衡量的。科技活动经费筹集主要是政府的科技财政拨款、企业的技术研究与开发投入预算、风险投资等；科技活动经费内部支出由劳务费和固定资产购建两部分组成。劳务费是指各种形式的工资、津贴、奖金、福利、离退休人员费用等；固定资产购建是指报告年内使用非基建投资购建的固定资产和用于科研基建投资的实际支出额。固定资产是指长期使用而不改变原有实物形态的物资设备、图书资料、实验材料和标本以及其他设备和家具、房屋等。

为了有效地反映各地区在科技创新投入产出上的效率，提出更具操作性的改进方案，并考虑到科技创新产出与科技创新投入之间存在的时间滞后性，本书选取了2003—2007年全国30个省、市、自治区的如下九项比例指标的连续三年平均数作为科技投入指标，即：每万人口中的科技活动人员数、每万人口中的科学家工程师、研究与开发人员、科技经费支出额占GDP的比重、研究与开发经费占GDP的比重、财政科技拨款占地方财政支出的比重、高技术产业规模以上企业产值占全国比例、规模以上企业增加值中高技术产业份额和高技术产品进口额占全国份额。

（二）创新活动的产出指标

科技创新能力表现在知识创造、知识流动、企业创新能力、技术创新环境、创新经济效益等方面，所以本书选取以下五项作为各地区科技创新的产出指标：专利申请授权量、发明专利申请授权量、国内中文期刊科技论文数、技术市场成交合同数、技术市场成交合同金额和高技术产品出口额。

本书通过对所有投入产出指标进行分类，在相关性、系统性上综合考察各指标之间的内在联系，结合 DEA 方法对于输入指标个数的要求，对所有投入产出指标做如下分类，从不同的着眼点考察了各省、市、自治区在同一模型下的效率表现（见表 3 - 4）。

表 3 - 4　　　　　　　　　评价创新生态环境和效率的指标体系分组

指标体系组别	投入指标	产出指标
总体知识创造	每万人口中的科技活动人员 科技经费支出占 GDP 的比重	专利申请授权量 国内中文期刊科技论文数 技术市场成交合同数
高端知识创造	每万人口中的科学家工程师 财政科技拨款占地方财政支出的比重	专利申请授权量 国内中文期刊科技论文数 技术市场成交合同数
创新科技活动	研究与开发人员 研究与开发经费占 GDP 的比重	发明专利申请授权量 国内中文期刊科技论文数 技术市场成交合同数
高技术产业化	高技术产业规模以上企业产值占全国比例 规模以上工业企业增加值中高技术产业份额 高技术产品进口额占全国份额	高技术产品出口额占全国份额 技术市场成交合同额

三、数据来源及其处理

由于 DEA 方法对所处理数据的规范性没有作具体的要求，不论是采用实际数据还是采用比例数据甚至不同指标使用不同的计量单位，都不会对 DEA 方法的可用性构成影响。因此，本书选取的 15 项投入产出指标既有相对指标又有绝对指标，但以相对指标为主。

（一）数据处理及结果分析

表 3—5 汇总了 30 个决策单元在 4 个指标体系之下效率评价得分，并对各决策单元 4 个指标体系下的平均效率进行了核算和排队。

表 3 – 5 CCR 模型下 2008 年各指标体系的综合效率及平均效率和平均效率排名

DMU	指标体系①	指标体系②	指标体系③	指标体系④	平均效率	平均效率排名
广东	1	1	1	1	1	1
湖南	1	0.9744	1	1	0.9936	2
辽宁	1	1	0.976	0.9254	0.97535	3
江苏	0.8556	1	0.9184	1	0.9435	4
浙江	0.8893	0.8705	1	1	0.93995	5
北京	0.7575	1	0.8486	1	0.901525	6
上海	0.8636	0.7351	1	1	0.899675	7
河南	1	1	1	0.5979	0.899475	8
湖北	0.9484	1	0.8729	0.7628	0.896025	9
河北	0.9074	0.81	0.8411	1	0.889625	10
安徽	0.9087	1	0.7103	0.7971	0.854025	11
山东	0.893	0.9304	0.8008	0.7443	0.842125	12
新疆	0.4555	0.4777	1	0.9644	0.7244	13
四川	0.8956	1	0.6049	0.3763	0.7192	14
陕西	0.6623	1	0.6789	0.4468	0.697	15
黑龙江	0.5701	0.4717	0.5478	0.9459	0.633875	16
福建	0.4671	0.4944	0.5546	1	0.629025	17
重庆	0.4579	0.5096	0.6996	0.8218	0.622225	18
天津	0.2874	0.3773	0.7856	0.9133	0.5909	19
甘肃	0.3502	0.4158	0.5276	1	0.5734	20
广西	0.5476	0.5044	0.7326	0.4704	0.56375	21
江西	0.4139	0.4834	0.4153	0.6696	0.49555	22
云南	0.4913	0.4522	0.6486	0.3646	0.489175	23
贵州	0.4286	0.4291	0.5904	0.4324	0.470125	24
青海	0.0669	0.0877	0.5705	0.9487	0.41845	25
海南	0.1712	0.1964	1	0.3032	0.4177	26
吉林	0.3352	0.45	0.5613	0.2328	0.394825	27
山西	0.1867	0.2783	0.3709	0.5504	0.346575	28

续表

DMU	指标体系①	指标体系②	指标体系③	指标体系④	平均效率	平均效率排名
内蒙古	0.2252	0.1986	0.3849	0.3518	0.290125	29
宁夏	0.0608	0.0632	0.3373	0.0822	0.135875	30
总体平均效率	0.603233	0.64034	0.73263	0.723403	0.674902	
无效均值	0.542192	0.46179	0.651256	0.604862	0.565025	
东部均值	0.692107692	0.7181385	0.8334	0.851146154	0.773698	
中部均值	0.74295	0.78935	0.7282333	0.729633333	0.747542	
西部均值	0.421990909	0.4671182	0.6159364	0.569036364	0.51852	

从表3-5中看到，只有广东省在所有4个指标体系下都达到了CCR有效，这表明广东省在科技创新资源利用和创新产出方面都处在有效的生产前沿；且从广东省被其他决策单元参考的次数上（Benchmarks）来看，其在4个指标体系下总共有41次被参考，说明广东省在各指标体系下的有效性是非常可靠的，不存在"孤芳自赏"（没有被参考过）问题。综合考虑广东省其他经济社会因素，包括经济发展基础、GDP总量、地理位置、科技发展战略政策等，其科技创新的领先地位值得肯定，优势值得借鉴。

CCR效率比较高的地区依次还有湖南、辽宁、江苏、浙江、北京、上海、河南、湖北、河北。

（二）区域创新效率的梯队排列

由于我国区域经济发展中存在明显的东、中、西的差异，这种经济发展上的差异也在一定意义上与科技创新效率的差异有关。为了考察东部、中部和西部地区在创新效率上是否存在差异，本书对东、中、西部地区做如下划分：

东部地区：北京、天津、河北、辽宁、黑龙江、吉林、上海、江苏、浙江、福建、山东、广东、海南。

中部地区：山西、河南、湖北、湖南、江西、安徽。

西部地区：重庆、四川、贵州、云南、广西、内蒙古、陕西、甘肃、宁夏、青海、新疆。

　　总体平均效率排名前 12 位的省市依次有广东、湖南、辽宁、江苏、浙江、北京、上海、河南、湖北、河北、安徽、山东，这些省市的效率都在 0.84 以上，其余省市则低于 0.8。

　　新疆、四川、陕西、黑龙江、福建、重庆均高于 0.6，依次处在第二梯队。

　　其余省份处于第三梯队，效率值明显偏低。

　　以上分析可以看出全国各地区的科技创新投入产出效率存在明显的阶梯分布。

　　处于第一梯队的，除了湖南、河南、湖北、安徽外，都是东部沿海省份，并且没有一个西部省份；处于第二梯队的有四个西部省市和两个东部省份；处在第三梯队的东部省市有天津和海南，这两个地区的平均效率值只有 0.5909 和 0.4177。天津在总体的科技活动人员资金利用上存在严重的效率低下现象，只有 0.2874 的效率得分；但天津在指标体系④下，也就是高技术规模以上企业相关指标下的效率达到了 0.9133，相对较高，说明天津在发展高技术企业上独具优势。海南在指标体系③下效率值为 1，说明其研究与开发的产出相对其投入在所有地区中相对来说效率是比较理想的。而其他科技资源的利用效率则非常低。

　　东、中、西部的总体评价效率分别达到了 0.773698、0.747542 和 0.51852，全国的总体平均效率为 0.674902。东中部的科技创新效率差距不大，但是西部地区的创新效率远低于平均水平，与东中部差距巨大。在各指标体系下，中部和东部的平均效率交替领先，东部的效率优势主要来自指标体系③和指数体系④，也就是在研究与开发资源利用和高技术企业相关指标上，东部地区占据明显优势，效率均值达到 0.8334 和 0.851146154。中部地区在总体的科技创新投入和财政科技支出的利用上平均效率要高于东部地区。而西部地区则全面落后，在各指标体系下的平均效率表现都比较低。

　　各指标体系全部省市的总体平均效率都在 0.6—0.74 之间，说明我国整体的科技创新效率并不高，无效率地区的总体平均效率在 0.46—0.65 之间，需要改进的空间非常大。

（三）对单个省、市、区进行的分析

所有四个指标体系下效率值均为 1 的只有广东省。

三个指标体系下效率值为 1 的省市有湖南、河南两省，湖南省另外一项指标体系的效率得分也非常高，总平均效率排名第二，说明湖南省总体的科技资源利用水平处在较高的行列，而河南省在指标体系④下的效率得分非常低，只有 0.5979，严重影响了其总平均效率，说明河南省应该大力加强高技术企业的引进、培养和政策扶持，以提高本省高技术企业和高技术产品的总量和产量。

两个指标体系达到有效的地区有辽宁、江苏、浙江、北京、上海，这五个省市总效率均值排名在前七，上海最低，也达到了 0.899675，说明这几个省份各个指标体系下的效率都比较高，虽然各有两项指标体系的效率需要改进，但是与有效前沿的差距并不大，具有较好的整体表现，而且这五省市都处在我国东部地区，其经济规模也在我国占有相当大的比重，说明这五个地区是国家科技、经济发展的主要生力军，也是其他落后省市应该学习和追赶的地区。

一项指标体系效率得分为 1 的省市有湖北、河北、安徽、新疆、四川、陕西、福建、甘肃、海南。这些省市总平均效率表现参差不齐，但是都有一项效率值为 1，说明这些地区在科技创新投入产出上各有鲜明的特点和优势领域，可以考虑有针对性地巩固优势领域，总结优势领域的发展经验，并充分发挥优势，在规模和效益上做大做强，从而形成有特色的科技创新发展模式。针对各自的效率明显低下的弱项，也要考虑进一步改进，避免过多的人力、物力、财力浪费。

总平均效率表现最差的省份中效率值最高的是江西，总平均效率只有 0.49555，总排名第 22 位，与第 21 位的广西 0.56375 的平均效率得分相差 0.06 以上，也是第三梯队的各省市与第二梯队在总平均效率上的最小差距。排名第 23—30 位的省份依次是云南、贵州、青海、海南、吉林、山西、内蒙古、宁夏。这些地区的科技创新投入产出效率与有效前沿差距巨大，说明其科技创新活动还处在非常原始落后的水平。纵观这几个省份，它们在经济规模上也比较靠后，所以可以看出，经济发展对于一个地区的科技创新活动的影响非常大。这些地区的发展应该主要着眼于经济总量的提高。

四、超效率分析

班克和吉福德（Banker and Gifford，1988）、班克（1989）首次提出在测算这些有效率的 DMU 时，将它们分离出参考效率前沿面，而在 CCR 模型基础上构建超效率 DEA 模型来测算所谓的超效率。超效率是区分达到 CCR 有效的地区之间的效率差异的指标。超效率得分越高越好，对应的被引用作为参照的次数就越多。其基本思想是在进行第 k 个决策单元效率评价时，使第 k 个决策单元的投入和产出被其他所有决策单元投入和产出的线性组合代替，而将第 k 个决策单元排除在外，而前面的模型是将这一单元包括在内的。一个有效的决策单元可以使其投入按比率增加，而其效率可保持不变，其投入增加比率即其超效率评价值。在超效率模型中，对于无效率的地区，其效率值与 CCR 模型一致；而对于有效率的地区，例如，效率值为 176.87%，则表示广东省即使等比例增加 76.87% 的投入，它在全部决策单元组成的集合中仍能保持相对有效（即效率值仍能维持在 1 以上）。

从表 3-6 中可以看到，广东省在三个指标体系下的超效率得分最高，并且在四个指标体系下都达到了 CCR 有效，说明广东省的科技创新在各个方面的投入产出效率都非常高。在充分利用科技创新的人员、资金、财政科技拨款的同时，引进高技术产品、发展高新技术产业，使各项创新产出也都取得了丰硕的成果。北京市在两项指标体系下超效率得分都位列第二，也有其独具优势的地方，主要表现在财政科技拨款使用、万人口科学家工程师的效率上较高，高技术企业、高技术产品进出口额上也有突出表现。

指标体系①、②下 CCR 有效的省市的超效率得分都在 200% 以内，总体不高；而指标体系③、④中分别有两个省市超效率得分在 200% 以上，说明这两个指标体系下有效地区的有效性更加显著。

五、东、中、西部时间趋势变动分析

为了体现我国东、中、西三大地区科技创新效率在连续时间内的变化规律，发掘科技创新效率变化背后的深层次原因，判断未来的变化趋势，本部分将 2006 年、2007 年和 2008 年各指标体系下的和全国及三大地区平均效率值以及四个指标体系联合的平均效率值放在一起进行比较（见表 3-7）。

表 3 - 6 各指标体系下 CCR 有效地区超效率得分

指标体系①		指标体系②		指标体系③		指标体系④	
DMU	得分	DMU	得分	DMU	得分	DMU	得分
广东	176.87	广东	154.39	广东	269.00	甘肃	238.85
河南	106.39	北京	151.84	海南	257.01	北京	232.04
辽宁	103.37	辽宁	127.41	上海	137.06	广东	125.18
湖南	102.74	江苏	126.40	湖南	122.47	上海	122.47
		陕西	116.18	新疆	120.34	江苏	118.34
		河南	114.19	河南	111.40	河北	113.40
		安徽	104.49	浙江	101.15	浙江	110.48
		四川	104.40			福建	108.51
		湖北	104.02			湖南	104.71

（一）全国及三大地区平均效率值

表 3 - 7 2006—2008 年 CCR 模型下各指标体系的总体平均效率

年份	指标体系①	指标体系②	指标体系③	指标体系④	平均效率
2006	0.5645	0.640703333	0.740873333	0.69375	0.659956667
2007	0.567216667	0.63984	0.723213333	0.702596667	0.658216667
2008	0.603233	0.64034	0.73263	0.723403	0.674902

从表 3 - 7 中可以看出，全国各省市科技创新四个指标体系组别的总体平均效率在 2006—2007 年有所下降，到 2008 年总体上有所上升，但是上升幅度很小，说明我国在这三年内实际科技投入和核算科技创新效率上都是小幅增长。而各指标体系下的效率却有升有降，没有明显的规律可循。

（二）东部地区平均效率值

表 3 - 8 显示，东部地区 2008 年增幅大于全国平均水平，2007 年较 2006 年有所下降；而各指标体系下效率增长情况总体符合平均效率的增长规律。2007 年三个指标体系的效率都有明显下降，只有指标体系④的效率有所增长。

表 3－8　　　　　　2006—2008 年 CCR 模型下各指标体系的东部平均效率

年份	指标体系①	指标体系②	指标体系③	指标体系④	平均效率
2006	0.654607692	0.745007692	0.811384615	0.804953846	0.753988462
2007	0.630315385	0.715576923	0.806538462	0.837784615	0.747553846
2008	0.692107692	0.7181385	0.8334	0.851146154	0.773698

（三）中部地区平均效率值

表 3－9 显示，中部地区这三年总体平均效率呈现连续增长的情况，而各指标体系下的效率虽然增减不一，但是变化幅度都不大，相对来说中部地区在这三年的科技创新情况表现稳定且有所增长。

表 3－9　　　　　　2006—2008 年 CCR 模型下各指标体系的中部平均效率

年份	指标体系①	指标体系②	指标体系③	指标体系④	平均效率
2006	0.718466667	0.79845	0.780166667	0.667183333	0.741066667
2007	0.726366667	0.79625	0.734066667	0.717816667	0.743625
2008	0.74295	0.78935	0.7282333	0.729633333	0.747542

（四）西部地区平均效率值

表 3－10 显示，西部地区也呈现三年连续增长的情况，但是涨幅比较有限，且总体效率水平很低，甚至低于无效率地区的平均水平。总体及各指标体系下的效率变化情况与中部地区类似，即增减不一，总体小幅增长。

表 3－10　　　　　　2006—2008 年 CCR 模型下各指标体系的西部平均效率

年份	指标体系①	指标体系②	指标体系③	指标体系④	平均效率
2006	0.374027273	0.431390909	0.636109091	0.576818182	0.504586364
2007	0.405836364	0.465018182	0.618818182	0.534527273	0.50605
2008	0.421990909	0.4671182	0.6159364	0.569036364	0.51852

（五）无效地区平均效率

表 3－11　　2006—2008 年 CCR 模型下各指标体系的无效地区平均效率

年份	指标体系①	指标体系②	指标体系③	指标体系④	平均效率
2006	0.4975	0.461055	0.676091667	0.516447368	0.537774
2007	0.51912963	0.508872727	0.654016667	0.553895	0.558979
2008	0.542192	0.46179	0.651256	0.604862	0.565025

　　表 3－11 显示，无效率地区的总体平均效率也呈现连续增长的情况，但各指标体系下的效率值的变化方向却没有很强的规律性，说明这些地区的科技创新活动在缓慢改进，但是没有系统性和持续性，即科技创新并没有得到足够的关注和重视。

　　纵观上述全国各省市（区）2006—2008 年在以上五个方面的科技创新效率变化情况，包括 30 个省市的总体平均效率还是东、中、西部地区各自的平均效率，以及无效率地区的平均效率以及上述几种分类下的各指标体系下的具体效率，存在如下的特点：

　　（1）2006—2007 年表现为平均效率的小幅萎缩，个别指标体系下效率微弱提高，多数指标体系下的效率值有所下降。

　　（2）2007—2008 年增长势头明显，并且最终的平均效率都显著超过了 2006 年的水平。

　　（3）若将投入的组合作为产出年份前连续三年的平均投入，可以看出，科技创新效率的提高呈现出一个由一般水平到有所降低，再迅速上扬的过程，2007 年的科技投入结构和运用效率对于整个科技产出效率在 2008 年迅速提升是决定性力量，显示出国家对于科技创新的政策引导，各省市的积极配合效果明显。科技创新能力和效率不足开始得到国家和地方政府的重视，通过政策扶持，存在的一些问题正在逐步改善。

　　2006—2008 年这三年科技创新效率的分析，显示出我国科技创新生态环境以及科技创新资源的实际运用能力的乐观变化。预示着在未来的几年里我国科技创新效率和能力将处在一个良性发展的周期里。

第五节　区域集群创新生态与企业成长

一、企业的成长组合类型

根据 Laukkanen（2000）的观点，公司的成长可以包括数量上的成长和质量上的成长。Virtanen（1999）提及了这两个方向上的成长，但同时还指出了第三个方向的成长，即公司市场价值的成长。由这三个方向，可以形成以下企业成长的三维组合（见图 3-2）。

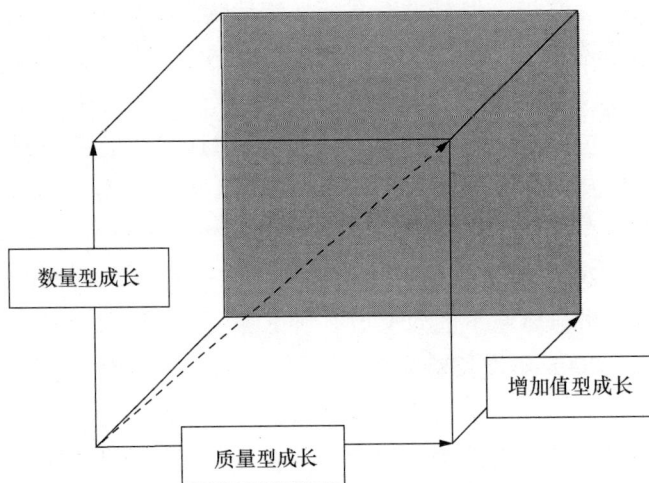

図

数量型成长

增加值型成长

质量型成长

图 3-15　高科技企业成长的三维组合类型

数量型成长，从成长空间区域看，主要体现了企业的数量和产出规模的增长；质量型成长，从成长的特性上看，主要体现企业的效率和创新增长、技术进步等；增加值型成长，主要体现企业的效益水平、规模收益及其增长。由于高科技企业的魅力在于它的无形资产——专利、专有技术、技术秘诀、商标权、品牌，以及人力资源、管理能力和投资机会等。无形资产的数量与质量关系着高新技术企业的生存和发展，无形资产的价值大小决定着高新技术企业的价值大小。事实上，这三类组合应当是相互联系的，不可能存在单独的数量型增长，而无质量和价值型增长的企业和产业，否则这类企业也无法获得可持续发展。

伯雷和韦斯希德（Birley and Westhead，1990）指出企业成长的要素可分为内部要素和外部要素，奎斯玛等（Kuisma et al.，1993）进一步指出内部要素可分为与创业者、企业家相关的因素以及与公司自身相关的因素；而外部因素又可再分为商务环境和制度成长因素（Laureen，1996）。高科技企业与传统企业相比，有许多显著的特点，这些特点主要体现在：一是企业的生产要素中包括了更多的智力资本或者人力资本，这些智力资本在企业生产经营活动和企业价值的形成过程中起着重要的作用；二是知识的不可贮存性和创新效益溢出效应，使高科技企业更着重资本与技术型无形资产和知识型人才的结合；三是高新技术发展快、产品更新周期短且产业一般呈高速增长势态；高科技企业需要高额的投资，并伴随着高风险和高收益。

图 3-16 说明，高科技企业成长路径依赖和影响因素。其中 1 表示更多受制于内部因素的成长路径；2 表示中性的成长路径；3 表示更多受制于外部因素的成长路径。

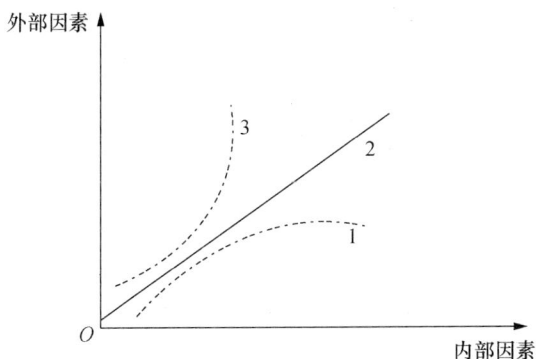

图 3-16　高科技企业成长路径依赖和影响因素

二、国家级高新技术产业开发区的企业数量、规模及其效益变动

1988—2008 年，经国务院批准在全国先后建立了 54 个国家级高新技术产业开发区，经省级政府批准的地方高新技术产业开发区已达到 129 个，形成了 2000 多个产业集群，5 万多个高科技企业。表 3－12 给出了从 2002—2008 年期间全国国家高新技术产业开发区的企业及其效益发展。

表 3－12　　　国家高新技术产业开发区的企业及其效益（2002—2008）

	2002 年	2003 年	2004 年	2005 年	2006 年	2007 年	2008 年	2009 年
企业数（个）	28338	32857	38565	41990	45828	48472	52632	53692
年末从业人员数（万人）	349	395	448	521	574	650	717	815
工业总产值（亿元）	12937	17257	22639	28958	35899	44377	52668	61151
工业增加值（亿元）	3286	4361	5542	6821	8521	10715	12507	15417
营业总收入（亿元）	15326	20939	27446	34416	43320	54925	65986	78707
实现利润（亿元）	801	1129	1423	1603	2129	3159	3304	4465
上缴税额（亿元）	766	990	1240	1616	1977	2614	3199	3995
出口创汇额（亿美元）	329	510	824	1117	1361	1728	2015	2007

2009 年与 2002 年的各类数据相比，国家高新区企业数量增长了 89.47%，工业总产值增长了 372.68%，工业增加值增长了 369.17%，营业总收入增长了 413.55%，实现利润增长了 457.42%，实缴税金增长了 421.54%，出口创汇增长了 510.03%。可以说，从产业整体上，高科技企业在数量、质量和价值方面都取得了一定的增长。

对国家高新技术产业开发区企业的人力投入与产出平均规模变动的分析如表 3－13 所示。

表 3－13　　　国家高新技术产业开发区企业的人力投入与产出平均规模

	2002 年	2003 年	2004 年	2005 年	2006 年	2007 年	2008 年	2009 年
区内企业平均人数（人）	123	120	116	124	125	134	136	152

续表

	2002 年	2003 年	2004 年	2005 年	2006 年	2007 年	2008 年	2009 年
区内企业平均产出（总产值，万元）	4565.34	5252.15	5870.34	6896.40	7833.42	9155.18	10010.07	11389.22
区内企业平均产出（净产值，万元）	1159.57	1327.27	1437.05	1624.43	1829.34	2210.55	2376.31	2871.38

从表 3-10 中可知，2002—2009 年期间，国家高新技术产业开发区企业的人力投入平均规模与产出平均规模总体呈上升趋势。

三、各地国家高新技术产业开发区的企业数量、平均规模及其效益变动

表 3-14 　　　　2008 年全国各地国家高新技术产业开发区主要经济指标

地区	企业数（家）	工业总产值（亿元）	营业总收入（亿元）	工业增加值（亿元）	出口创汇（亿美元）	净利润（亿元）	上缴税额（亿元）
北京	18437	3805.1	10222.4	719.3	207.4	604.7	504.0
天津	3071	1321.9	1736.8	239.8	41.8	151.0	98.3
石家庄	510	648.7	822.2	175.1	4.8	35.5	33.5
保定	158	390.4	406.4	80.7	18.2	34.2	23.6
太原	846	876.2	949.1	223.8	3.7	35.0	58.4
包头	559	784.2	762.3	238.1	5.3	15.3	27.1
沈阳	825	1064.3	1300.3	241.5	9.9	78.2	69.4
大连	1811	1146.1	1407.9	315.4	50.5	67.1	54.4
鞍山	443	556.4	644.1	130.8	1.9	30.0	31.0
长春	871	1609.0	1660.9	327.4	1.2	94.4	142.3
吉林	712	791.1	830.4	221.2	2.5	28.2	41.3
哈尔滨	478	1051.3	1123.1	202.2	5.2	58.3	56.0
大庆	390	630.8	659.0	171.0	1.1	32.8	33.7
上海	868	2790.8	3950.7	635.1	209.0	197.4	168.3
南京	232	2354.8	2480.4	276.6	72.6	30.7	77.8

续表

地区	企业数（家）	工业总产值（亿元）	营业总收入（亿元）	工业增加值（亿元）	出口创汇（亿美元）	净利润（亿元）	上缴税额（亿元）
常州	975	1007.2	1005.6	227.3	31.0	55.4	38.9
无锡	716	2327.8	2351.4	470.8	173.5	107.6	64.7
苏州	780	1845.3	1941.1	481.0	236.2	87.8	63.6
杭州	1325	1020.1	1444.3	208.3	44.6	85.0	80.3
宁波	327	626.6	848.3	152.6	38.2	40.6	30.4
合肥	370	837.5	874.2	290.4	10.3	58.3	126.6
福州	195	375.8	368.4	81.7	14.4	18.0	11.4
厦门	250	918.6	914.7	182.7	76.7	40.2	51.6
南昌	282	559.5	598.3	181.1	4.8	35.3	64.5
济南	445	781.5	1116.7	212.4	18.8	70.7	76.1
青岛	127	719.2	794.8	165.4	18.1	30.1	37.2
淄博	390	953.9	1020.2	217.2	12.6	13.6	34.1
潍坊	310	853.0	946.8	249.6	14.5	58.7	35.3
威海	215	687.8	707.5	201.4	37.4	36.2	35.4
郑州	591	694.8	797.1	214.7	4.4	54.8	48.8
洛阳	380	550.8	651.1	150.0	8.8	37.2	36.9
武汉	1739	1574.3	1760.0	531.0	11.0	104.1	89.2
襄樊	255	520.5	552.4	140.2	3.9	23.4	28.3
长沙	756	1112.1	1250.0	262.1	11.9	53.4	47.5
株洲	181	435.3	417.4	132.5	3.2	14.1	23.8
广州	1819	1421.1	1985.2	314.9	107.5	83.3	61.8
深圳	381	2249.3	2194.6	490.2	112.3	115.4	119.7
珠海	621	1055.7	1050.0	160.7	104.3	44.3	18.8
惠州	153	624.0	646.9	117.0	55.9	11.6	11.1
中山	376	805.4	817.5	193.2	47.0	35.7	24.2
佛山	411	1196.8	1157.0	283.8	59.3	39.6	28.3
南宁	608	373.6	497.7	121.7	2.6	26.5	30.5

续表

地区	企业数 （家）	工业总产值 （亿元）	营业总收入 （亿元）	工业增加值 （亿元）	出口创汇 （亿美元）	净利润 （亿元）	上缴税额 （亿元）
桂林	261	340.0	315.4	99.4	5.3	17.7	20.8
海南	119	159.3	167.2	32.1	1.7	5.3	10.4
成都	1306	1646.8	1983.0	520.3	45.9	133.2	100.3
重庆	507	656.9	898.2	204.9	11.9	32.4	45.6
绵阳	112	469.7	426.4	86.2	8.5	8.4	12.7
贵阳	112	264.0	283.7	70.2	2.4	2.3	17.4
昆明	148	479.6	596.7	84.9	5.3	23.8	24.3
西安	3822	1566.0	2414.5	486.4	21.9	123.1	157.6
宝鸡	338	605.9	609.1	170.8	4.4	40.4	42.2
杨凌	103	44.5	65.4	20.0	1.9	2.1	1.2
兰州	407	373.5	400.6	72.9	0.8	27.1	20.8
乌鲁木齐	208	129.8	160.3	26.4	7.3	14.7	7.2
合计	52632	52684.7	65985.7	12507.0	2015.2	3304.2	3198.7
平均	975	975.6	1221.9	231.6	37.3	61.2	59.2

　　根据对表 3-14 的分析可知，2008 年各地省会与直辖市国家高新技术产业开发区企业数量最高者（北京市）与最低者（贵阳市）相比，相差 165 倍，即使与全国平均水平相比，也差了 8.7 倍。同理，如工业总产值、工业净产值、营业总收入等也存在较大的差异。

　　根据对表 3-14 的相关数据计算，可得到 2008 年各地国家高新技术产业开发区企业产出平均规模变动见表 3-15。

表 3-15　　2008 年全国各地国家高新技术产业开发区企业产出平均规模

地区	企业数 （家）	工业总产值/企业数 （亿元/个）	营业总收入/企业数 （亿元/个）	工业增加值/企业数 （亿元/个）	出口创汇/企业数 （亿美元/个）
北京	18437	0.206384	0.55445029	0.0390139	0.0112491
天津	3071	0.430446	0.565548681	0.0780853	0.0136112

续表

地区	企业数 （家）	工业总产值/企业数 （亿元/个）	营业总收入/企业数 （亿元/个）	工业增加值/企业数 （亿元/个）	出口创汇/企业数 （亿美元/个）
石家庄	510	1.271961	1.612156863	0.3433333	0.0094118
保定	158	2.470886	2.572151899	0.5107595	0.1151899
太原	846	1.035697	1.121867612	0.264539	0.0043735
包头	559	1.402862	1.363685152	0.4259392	0.0094812
沈阳	825	1.290061	1.576121212	0.2927273	0.012
大连	1811	0.632855	0.777415792	0.1741579	0.0278851
鞍山	443	1.255982	1.453950339	0.2952596	0.0042889
长春	871	1.847302	1.906888634	0.3758898	0.0013777
吉林	712	1.111096	1.166292135	0.3106742	0.0035112
哈尔滨	478	2.199372	2.34958159	0.4230126	0.0108787
大庆	390	1.617436	1.68974359	0.4384615	0.0028205
上海	868	3.215207	4.551497696	0.731682	0.2407834
南京	232	10.15	10.69137931	1.1931034	0.312931
常州	975	1.033026	1.031384615	0.2331282	0.0317949
无锡	716	3.251117	3.284078212	0.6575419	0.2423184
苏州	780	2.365769	2.488589744	0.6166667	0.3028205
杭州	1325	0.769887	1.090037736	0.1572075	0.0336604
宁波	327	1.916208	2.594189602	0.4666667	0.1168196
合肥	370	2.263514	2.362702703	0.7848649	0.0278378
福州	195	1.927179	1.889230769	0.4189744	0.0738462
厦门	250	3.6744	3.6588	0.7308	0.3068
南昌	282	1.984043	2.121631206	0.6421986	0.0170213
济南	445	1.75618	2.509438202	0.4773034	0.0422472
青岛	127	5.662992	6.258267717	1.3023622	0.1425197
淄博	390	2.445897	2.615897436	0.5569231	0.0323077
潍坊	310	2.751613	3.054193548	0.8051613	0.0467742
威海	215	3.19907	3.290697674	0.9367442	0.1739535

续表

地区	企业数（家）	工业总产值/企业数（亿元/个）	营业总收入/企业数（亿元/个）	工业增加值/企业数（亿元/个）	出口创汇/企业数（亿美元/个）
郑州	591	1.175635	1.348730964	0.3632826	0.007445
洛阳	380	1.449474	1.713421053	0.3947368	0.0231579
武汉	1739	0.90529	1.012075906	0.3053479	0.0063255
襄樊	255	2.041176	2.16627451	0.5498039	0.0152941
长沙	756	1.471032	1.653439153	0.3466931	0.0157407
株洲	181	2.404972	2.306077348	0.7320442	0.0176796
广州	1819	0.781253	1.091368884	0.1731171	0.0590984
深圳	381	5.903675	5.760104987	1.2866142	0.2947507
珠海	621	1.7	1.690821256	0:2587762	0.1679549
惠州	153	4.078431	4.228104575	0.7647059	0.3653595
中山	376	2.142021	2.174202128	0.5138298	0.125
佛山	411	2.911922	2.815085158	0.6905109	0.1442822
南宁	608	0.614474	0.818585526	0.2001645	0.0042763
桂林	261	1.302682	1.208429119	0.3808429	0.0203065
海南	119	1.338655	1.405042017	0.2697479	0.0142857
成都	1306	1.260949	1.518376723	0.398392	0.0351455
重庆	507	1.295661	1.771597633	0.404142	0.0234714
绵阳	112	4.19375	3.807142857	0.7696429	0.0758929
贵阳	112	2.357143	2.533035714	0.6267857	0.0214286
昆明	148	3.240541	4.031756757	0.5736486	0.0358108
西安	3822	0.409733	0.63173731	0.1272632	0.00573
宝鸡	338	1.792604	1.802071006	0.5053254	0.0130178
杨凌	103	0.432039	0.634951456	0.1941748	0.0184466
兰州	407	0.91769	0.984275184	0.1791155	0.0019656
乌鲁木齐	208	0.624038	0.770673077	0.1269231	0.0350962
合计	52632	1.001001	1.25371827	0.2376311	0.0382885
方差		2.677472	2.847205806	0.0809481	0.0093256

续表

地区	企业数（家）	工业总产值/企业数（亿元/个）	营业总收入/企业数（亿元/个）	工业增加值/企业数（亿元/个）	出口创汇/企业数（亿美元/个）
标准差		1.6362983	1.68736653	0.2845139	0.096569
规模收益平均		2.0336589	2.224753559	0.4695354	0.0713218

根据表 3-15 显示，2008 年各地国家高新技术产业开发区按工业总产值、工业净产值、营业总收入和出口创汇等不同指标计算的企业产出平均规模变动差别相当大，从标准差来看，总体的企业营业总收入平均规模最大，其次是企业总产出平均规模，再次是企业净产出平均规模，最小的是出口创汇平均规模。

另据 2007 年的科技部统计数据，我国已有高新技术企业 6 万家，其研发投入占全社会研究与开发投入比例接近 45%，形成产值占全国高新技术产业产值半数以上。1988—2007 年，国家高新区培育上市企业 605 家；年营业收入超亿元的高新技术企业达到 5100 多家，其中超过 50 亿元的有 90 多家，超过 100 亿元的有 83 家。

在国家高新区各类规模企业中，值得认真关注的是营业总收入超亿元的企业。2006 年营业总收入超亿元企业在国家高新区有 4129 家，占高新区企业总量的 9.0%，而创造的工业增加值占到国家高新区总量的 90.2%。这类规模的企业专利申请达到 23288 项，占国家高新区企业专利申请总数的 61.5%。平均每家企业的专利申请数达到 5.6 项。发明专利申请达到 22117 项，占国家高新区发明专利总数的 67.8%；而营业总收入大于 1000 万元小于 1 亿元的企业，拥有发明专利 6368 项，占国家高新区发明专利总数的 19.5%；营业总收入小于 500 万元的企业拥有发明专利 2982 项，占国家高新区发明专利总数的 9.2%。此外这类规模的企业也是当年注册商标最多的企业，达到 4109 项，其中欧美日注册商标数为 327 项；营业总收入大于 1000 万元小于 1 亿元的企业，当年注册商标数为 1675 项，其中欧美日注册商标数为 29 项；营业总收入小于 500 万元的企业当年注册商标数为 1158 项，其中欧美日注册商标数为 20 项。

第六节　本章小结

（1）高科技企业的生态系统是一个开放的系统，维系高科技企业生态系统生存发展的是组成这个系统的各部分之间由利益的一致形成的价值网络。高科技企业是企业生态系统内的物种之一，它居于一定的空间生态位，应该致力于建立一个能够促进共同进化的企业生态系统，从而在系统内形成发展进步的良性循环，有力地促进整个企业生态系统的竞争力不断提升。

（2）从企业生态的视角来看，与生物的进化需要一定的条件一样，高科技企业成长，也有一些必不可少的条件，这些条件有：知识创造、转化和竞争机制，融资制度与融资支持机制，人力资本供给，公司治理机制，以及正确的政策制度等。

（3）从空间角度考察，高科技企业在一定的成长空间场位中运动，按照生命周期形成、发展、成熟直至衰退、消亡，有些甚至半路夭折。在竞争与合作环境中，其所居于一定的空间生态位，不是静止的，而是变动的。在周期的阶段过渡中，也不会是仅有简单的渐进的变迁，有时也会有充满风险的跳跃。

（4）从我国省域层面来看，区域间产出差异之大，达到100倍。国家高新技术产业开发区企业数量、企业产出平均规模，差距也很大。本章主要分析了区域的创新环境和创新效率差别，分析结果表现出各地在企业规模、数量和效益、效率等方面都存在较强的地域差别特征。

第 四 章

高科技企业成长模式、机制和路线图

本章将依次对高科技企业成长模式的理论基础和借鉴经验、国外高科技企业成长模式、高科技企业成长机制、我国高科技企业成长模式的选择、中国高技术产业成长的路线图等进行比较、评价和研究。

第一节　高科技企业成长模式的理论基础和经验借鉴

高科技企业成长，是指企业内部系统功能从不成熟走向成熟，企业素质不断提高，企业产品规模和组织规模从小到大不断发展和变化的过程，它是在企业规模扩大和企业素质提高的相互依赖、互为条件和相互作用中实现的。高科技企业成长模式，是指企业在从无到有、从小到大、从弱到强的成长过程中所采用的成长战略和遵循的成长路径。高科技企业成长并没有一个统一的模式，由于企业所处外部环境和内部条件的差异，不同的企业及其不同发展阶段会选择不同的成长路径。

西方学者通过对企业成长理论的研究，形成了基于经营结构发展的成长模式、基于组织结构发展的成长模式和基于空间结构发展的成长模式三种理论上的典型或理想的企业成长模式。纵观西方发达国家的高科技企业发展实践，可以归纳为：依靠自有核心技术创业模式、由传统产业向高科技产业转化模式、政府主导创建模式和技术引进与提升的成长模式四种模式。而发展中国家通常采用技术自主开发成长模式、技术引进成长模式、技术引进吸收的混合型成长模式和全球型技术成长模式四种模式。

美国管理大师德鲁克把企业家精神拓展到整个企业的创新和企业家管理，以及产业发展过程中。他把创新与产业成长联系起来，并形象化地说明了创新对于产业的影响过程：一种创新在开始时需要很长时间，因为它需要很多知识的聚合。它本身就具有不可能预测的风险。过了这一阶段，它会形成一种狂热的现象，这时产业窗口打开，跟进者会很多，但经过淘汰只会少数几个创新存活下来。产业窗口变窄到渐渐关闭，这时大淘汰就开始了，大多数公司在这时被淘汰出局。当产业对整个经济发生重大影响时，就会出现大萧条。

我国学术界对民营科技企业的创业发展历程和科技型企业的特性进行了研究分析，总结出民营科技企业成长的一些模式。李先国[①]、黄铁军（2002）将我国民营科技企业成长模式归纳为科技领先型、营销导向型、战略联盟型三种类型。郭国庆[②]（2003）将民营科技企业成长模式归纳为专业化成长模式、网络化成长模式、全球化成长模式、联结化成长模式和产业化成长模式五种模式。葛亮等（2004）将民营科技企业的成长总结为依靠自身的发展快速成长，壮大自己的规模和通过收购、兼并别的企业使自己快速成长，实现企业规模的跨越式提升两种主要途径。邹全胜将民营科技企业成长模式归纳为专业化成长模式、区域化成长模式、国际化成长模式和产业化成长四种模式[③]。

第二节　国外高科技企业成长模式对比分析

高科技企业的成长模式是多种生存手段和发展要素的组合。由于国家间的历史背景、政治经济环境、经济发展水平和自然资源的差异，每个国家的高科技企业都有不同的成长特点。综合看来，国外典型的高科技企业成长模式主要有三种，如表4-1所示。

在这三种模式中，企业成长的构成要素存在着很大差别。

---

① 李先国、黄铁军：《论民营科技企业发展模式与机制的灵活性》，《工会论坛》2002年第6期。
② 郭国庆：《民营高科技企业的成长模式与环境优化》，《经济理论与经济管理》2003年第5期。
③ 邹全胜：《民营企业成长模式初探》，《企业管理》2003年第1期。

表4-1 三种成长模式的基本界定

	代表地区	代表企业	基本要点
自成长模式	美国硅谷	英特尔、惠普、苹果	利用风险资本起步,依靠自主开发或从外部引进专利技术形成的自有核心技术,通过市场机制的调节并随着市场的发展而壮大的成长模式
政府主导型模式	日本	三菱公司	政府作为主要力量参与组建或直接组建高科技企业,并促使高科技企业扩张的成长模式
混合模式	印度	软件公司塔塔、Infosys	兼有自成长和政府主导型成长模式的特征,企业既依靠政府全方位政策支持和宏观指导,又需要企业在自由市场经济下寻求生存机会的成长模式

一、高科技企业成长过程中的参与主体

高科技企业成长过程中,不同的参与主体表明了国家的宏观经济政策和指导思想的差别。这三种成长模式的参与主体如表4-2所示。

表4-2 三种成长模式的参与主体

	自成长模式	政府主导型模式	混合模式
参与主体	企业、大学、政府	政府、企业	企业、政府

自成长模式中,企业、大学和政府组成了一个有机的系统。政府承担宏观引导调控作用,制定法律和支持政策,向大学提供科研基金进行专项研究与开发,还向企业提供基金扶持创业。大学不仅是知识和人才的发源地,还要承担重要科研开发任务。企业的核心任务是技术创新和资本运作,即解决企业的技术和资金问题。

政府主导型模式中,产业政策和技术创新均由国家统一制定实施,国家政策与企业尖端技术和产品开发项目相结合进行技术再创新。

混合模式中,企业和政府共同作为企业成长的主体,政府对企业的资金支持有限,利用外资很少。

二、资金来源

高科技企业的研究与开发需要大量的资金投入,这是高科技企业知识和

人才密集型特点以及高技术产业的市场风险所决定的。不同的成长模式其资金来源也存在较大的差别，如表4-3所示。

表4-3   三种成长模式的资金来源

	自成长模式	政府主导型模式	混合模式
资金来源	创业资本、风险投资、政府支持	政府支持、银行储蓄	政府支持、资本市场

自成长模式中，资金主要来源于对资本的运作，包括创业资本与风险投资，创业资本由政府机构及其支持政策组织提供，风险资本从金融市场上获得。

政府主导型模式中，资金来源于政府的高度干预和支持。政府通过产业政策和外贸、外汇、外资政策等方面对企业进行全面宏观管理，如日本政府为给高科技企业提供低成本的巨额发展资金，统一实施金融政策，日本企业发展资金约有60%以上依靠国有商业银行的储蓄提供，只有10%—12%来自股票和债券的发行。

混合模式中，资金主要来自政府支持和国内资本市场。在产生期，资金依靠政府制定的支持政策获得；在发展期，资金主要由国内运作规范、秩序良好的资本市场上获得，依靠国外投资比较少。企业发展资金对外界依赖程度较低。即使在企业成立初期，由政府提供的资金也是有限的，大部分资金都是由国内资本市场获得。

三、创新与高科技企业成长

技术进步与升级是高科技企业成长的直接支撑和直接标志，因此高科技企业的成长与技术的演化具有极强的正相关性，技术创新的方向决定着高科技企业成长的方向。三种成长模式中技术创新的形式如图4-1所示。

自成长模式将技术创新视为企业生命，而且技术来源形式多样。除了自创技术，通常委托大学、研究机构或其他企业进行合作研究，还通过合资、合作、独资经营等自由开放的形式引进国外技术或购买国外技术专利。为了生存需要，自成长模式十分注重科技成果的转化和科技产品的市场化。

政府主导型模式中，企业技术活动以"引进—消化—改进—赶超"为主要形式。采用低廉的费用购得先进的技术和设备，在短时间内形成生产能力，通过对引进技术的消化吸收，进行二次技术创新取得"后发效益"。如日本仅向美国无线电公司一家，就反复引进电视技术 36 次之多。

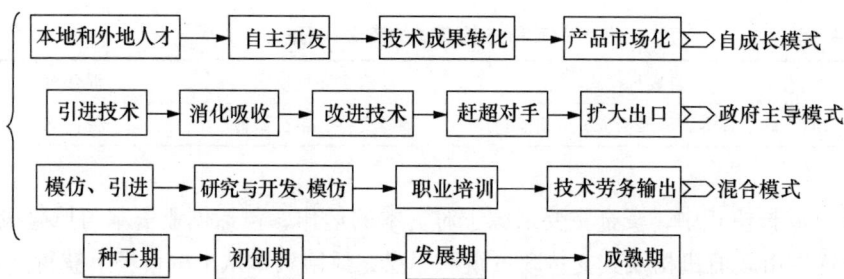

图 4-1　三种成长模式的技术创新形式

混合模式中，以技术引进和模仿为主。依靠技术引进和模仿，待企业技术基础形成后，以技术劳务输出的方式拓宽研究与开发领域，占据国外市场。

四、不同成长模式的高科技企业文化

优秀的企业往往很注重企业文化对企业员工行为和心理的导向、凝聚、激励、约束和协调的功能。在企业成长期的生产经营管理实践中，不同成长模式的高科技企业所形成并为企业全体员工所认同的价值体系也呈现不同特点，如表 4-4 所示。

表 4-4　　　　　三种成长模式的企业文化的核心思想及形成过程

	企业文化核心思想→形成过程→				
自成长模式	创业为乐、容忍失败	知识和技能	核心能力	创新系统	创业精神
政府主导型模式	团队精神	外部竞争	共同目标	合作精神	集体观念
混合模式	素质培育、开拓精神	认识自身优势	素质提升	业务扩张	务实、开拓精神

自成长模式下企业文化的价值核心是创业精神。创业精神推崇以创业为乐，同时又容许失败。在硅谷，人们崇尚自己创业，大量的专家从研究所或公司跳

槽出来，借助风险投资，将创业精神作为推动企业不断前进的不竭动力，创立自己的公司，发行原始股，将一些新的设计思想转化成产品投入市场，逐步发展为高科技大公司，使硅谷成为企业家的诞生地。据统计，平均约九成的创业者或创新者是不成功的，因此人们对创业中的失败通常很宽容。

政府主导型模式推崇团队精神。团队精神来源于激烈的外部竞争，企业内部建立共同目标应对外部竞争，员工间的合作精神最终形成以"忠诚"为核心价值的高度敬业的团队精神。团队精神认为，员工和公司的关系是合作性质，主张融洽劳资关系。在日本，团队精神与市场竞争相结合，使日本的"企业系列制度"、"终身制"等将企业内部的摩擦内耗降低到最小，充分发挥了企业的团队作用。

混合模式注重培育人才和开拓市场。例如，印度对人才的培养既注重对复合型人才、语言能力、沟通能力的培养，又大力发展规范化的职业教育，使高技术人才既熟悉专业知识，又懂管理知识。另外，他们还采用技术外包的形式进行大规模的海外市场开拓。2006 年全球软件外包市场达到 1000 亿美元，全球软件外包生产中心的印度软件出口占到了全球市场的 20%。著名软件公司塔塔和 Infosys 就是依赖这种外包形式实现企业规模和效益快速成长。

通过对上述四方面的对比分析，自成长模式、政府主导型模式和混合模式的优点及其局限性如表 4-5 所示。

表 4-5　　　　　　　　　三种成长模式的优点及局限性

	优点	局限性
自成长模式	人力资本和风险基金有机结合，符合高科技企业的发展规律。管理形式自由、开放，企业生命力和抗风险能力强，成长性很强	对国家经济体制、科研能力、基础设施和人力资源等整体性要求较高
政府主导型模式	政府高度干预，重视人力资源，主张融洽劳资关系，直接享受国家的资源，企业对市场的依赖程度不高	缺乏灵活性和抵抗风险能力，企业的资金运作效率低，成长性普遍不强
混合模式	企业发展资金对外界依赖程度较低，资金大多都是由国内资本市场获得。企业成长通常由产业发展带动。注重对人的智力资源的开发和培育，市场开拓形式灵活多样	不重视技术创新，没有形成拥有自主知识产权的高质量产品，因此缺乏核心竞争力

第三节　高科技企业成长机制分析

一、高科技企业的特征分析

（一）高科技企业的层次性

科技企业与一般企业相比，在技术、人力、资金、管理等要素方面呈现出更高的复杂性。同时，高科技企业的成长要经历从创业到成熟、从稳定到衰退的各个阶段。企业要素在企业成长的不同阶段发挥着不同的功能，使企业成长表现出非线性化的特点。

（二）高科技企业的开放性

科技企业在知识经济的影响下，其成长更需要不断与技术环境、市场环境、产业环境和社会环境等外部环境进行物资、能量和信息的交换，并对外部环境产生影响。

（三）高科技企业的主动性和适应性

为了适应知识经济的需要，高科技企业已经发展成典型的学习型组织。在发展中，学习型组织通过知识管理的方式，主动调整自身的状态、参数以适应外界环境，在适应中求发展。

（四）高科技企业的耗散性

科技企业内部各要素之间存在非线性关系，非线性相互作用会通过涨落产生关联放大，即"蝴蝶效应"。在那些被放大的随机涨落中，有益的涨落放大并促进了企业的成长与发展。

二、高科技企业成长的要素层次结构模型

高科技企业的系统要素：通过对企业成长理论的梳理和高科技企业特性的分析，我们把高科技企业系统主要要素概括为技术创新、战略管理、人才、资金、公司治理、知识管理和企业文化七个要素子系统。

高科技企业的系统层次：企业的发展过程要经历不同的发展阶段，各发展阶段具有不同的特性和要素组合，具有明显的层次性，并呈现出连续的发

展趋势。我们结合企业周期理论的研究结果，将高科技企业系统根据其发展周期分为种子期、初创期、成长期、成熟期和衰退期五个阶段。

通过对高科技企业系统要素和系统层次的分析，我们构建了高科技企业成长的要素层次模型（见图4-2）。要素层次结构模型揭示了在高科技企业的整个成长过程中，企业系统内各要素相互以协同，合作或竞争的方式共同对企业发生作用，并且每一个要素根据其所处的各个企业成长阶段层次，调整自身的状态和角色，在不同的阶段发挥着不同的作用。

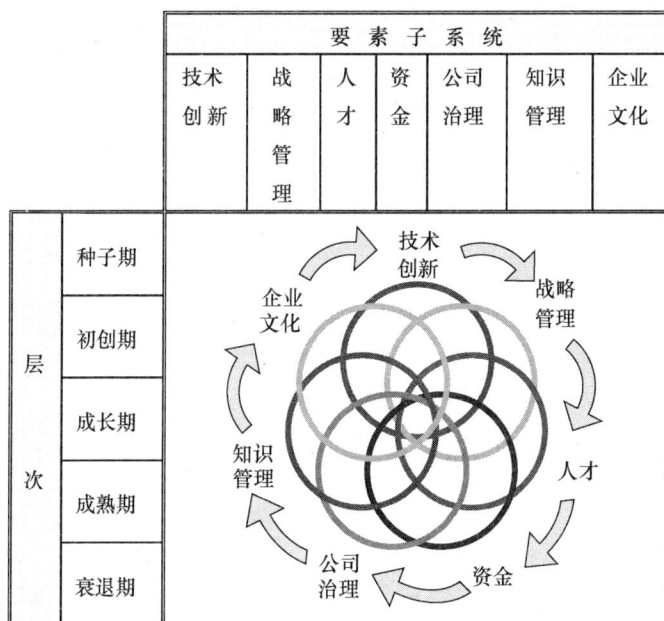

图4-2 复杂性系统的成长要素层次模型

三、高科技企业成长动力机制

企业的成长需要内生原动力的启动和外生动力的推动，是在环境影响对企业系统的作用下，企业系统内部各要素矛盾运动的过程。企业成长动力主要来自两个方面：一是系统外生环境动力；二是系统内生要素子系统间矛盾运动动力。

（1）环境动力：主要包括超额利润的吸引、技术进步的推动、市场环境的作用、产业发展的带动和行政组织的导向五个主要方面的动力。

（2）系统内部各要素子系统矛盾运动动力：高科技企业系统成长的内部矛盾运动主要表现为两种形式：一是系统目标与系统现实水平差异性产生的矛盾运动；二是由于各要素子系统水平不平衡而产生的矛盾运动。

四、高科技企业成长的运行机理分析

作为复杂系统的高科技企业，其成长就是系统自适应的过程，是内生动力——各要素子系统间矛盾运动和外生动力——环境影响共同作用的结果。内生动力是企业成长的根本动力，外生动力是企业成长的必要条件，外生环境通过促进内生各要素子系统的变化和矛盾运动而推动企业渐进式发展，同时企业系统的成长也对外部环境产生作用，促进外部环境的优化。高科技企业成长的自适应模型如图4-3所示。

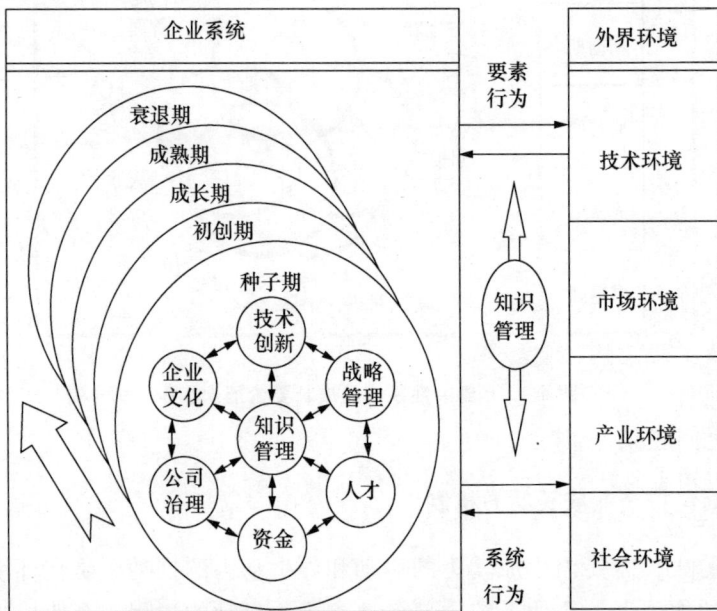

图4-3 企业系统成长的自适应模型

作为高科技企业成长的根本动力，内生动力在企业系统成长每一个阶段层次发挥作用。高科技企业在系统内部各要素子系统矛盾运动的动力推动下，不断地由种子期向初创期、成长期、成熟期成长，实现持续的发展。一方面，高科技企业各要素素质和功能的提高在于系统自身内部的矛盾运动；另一方面，在外界环境的影响下，企业系统中各要素子系统通过自身调整，集聚其功能势差，并对环境产生影响。知识管理是企业自适应成长过程中的重要因素，它即加强了系统内部各要素之间信息、知识的交流，又加强了系统与外部环境信息、知识的交流，提高了企业系统自适应的效率，保证了企业的持续发展。

第四节　高科技企业成长路线图分析

一、技术路线图

技术路线图（Technology Road Mapping，TRM）方法是一种技术前景分析方法，是技术预测、技术预见的继承和发展，英文可译作"技术蓝图设计"。简称TRM。它是一种技术规划方法，可在企业（或研究与开发组织）、产业两个不同层次上进行。其主要功能是从未来产品（或服务）的需求出发，由技术、市场等各方面的专家合作，选择适用技术并研究相应技术路线，描绘出未来技术发展蓝图。

（一）产业技术路线图

产业技术路线图包括了空间和时间维度，空间维度反映了在给定时点上科学技术项目、产品项目和市场开发之间的联系，时间维度表示各类别发展阶段及其之间联系的演变，这样就可以使技术项目在执行的过程中有据可依，也可以根据技术路线图来监督技术执行主体的管理情况。

（二）产业技术路线图的数学描述

为简单起见，我们可以将图4-4的主干路线视为一种特殊的分段函数。在不同的项目分布区间，根据各事件任务目标层的时间起始要求，形成了不同阶段的价值增值。在形式上可表达如下：

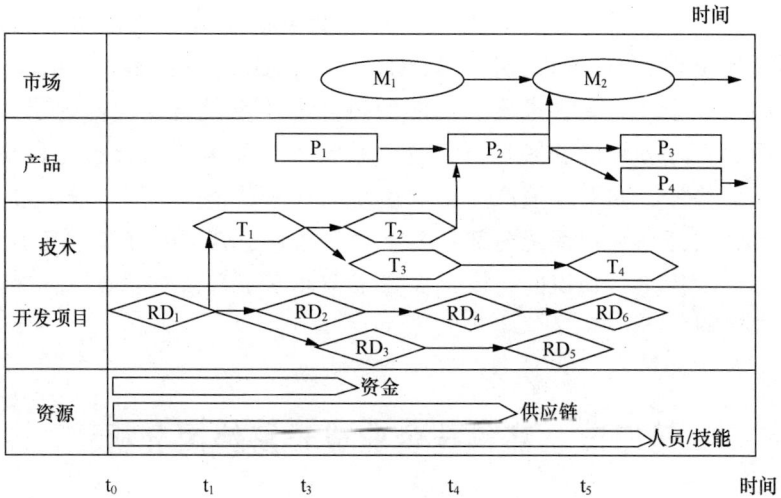

图 4 - 4 产业技术路线图

$$f(x) = \begin{cases} f_1(x)t, t \in [t_0, t_1] \\ f_2(x)t, t \in [t_1, t_2] \\ f_3(x)t, t \in [t_2, t_3] \\ f_4(x)t, t \in [t_4, t_5] \end{cases}$$

其图像表现为若干段不连续的折线。各时间阶段的自变量和函数意义及其表现亦有区别，如 x 表示各阶段要素投入的组合，且在某一阶段的要素投入与其他阶段的要素投入组合有所不同。此外由于各要素组合都与时间 t 强相关，因此为简化起见，可将上式改写为以 t 为自变量的分段函数形式：

$$f(x) = g(t) = \begin{cases} g_1(t), t \in [t_0, t_1] \\ g_2(t), t \in [t_1, t_2] \\ g_3(t), t \in [t_2, t_3] \\ g_4(t), t \in [t_4, t_5] \end{cases}$$

分段展开如下：

$$f\ (x)\ =g\ (t)\ = \begin{cases} g_1(t)\ =\ V_0,t\ =\ t_0 \\ g_1(t)\ =\ V_1,t\ =\ t_1 \\ g_2(t)\ =\ V_1,t\ =\ t_1 \\ g_2(t)\ =\ V_2,t\ =\ t_2 \\ g_3(t)\ =\ V_2,t\ =\ t_2 \\ g_3(t)\ =\ V_3,t\ =\ t_3 \\ g_4(t)\ =\ V_3,t\ =\ t_3 \\ g_4(t)\ =\ V_4,t\ =\ t_4 \end{cases}$$

在此技术路线基础上实现的价值增值等于各阶段价值增值之和：

$$V = \sum_{i=1}^{4} Vi$$

（三）产业技术路线网络图与系统环节可靠性

在实际中，为了总体战略目标的实现，需要充分利用内部资源和外部资源。因此，在研究与开发阶段会遇到自主开发或联合开发的选择；在专利形成阶段会遇到自主研究与开发申请专利或引进外部专利的选择。同时为了保证总体战略目标的实现，必须对各阶段的目标节点进行约束和控制，需要引进时间维度，从而构成产业技术路线网络图，具体可见图4－5。

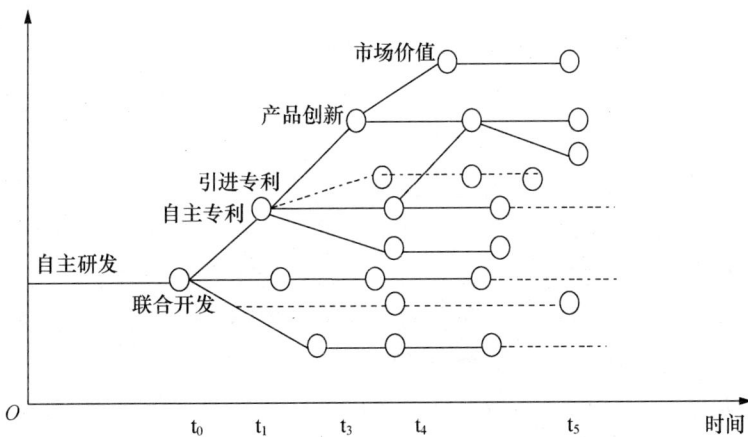

图4－5　产业技术路线网络

不仅如此，在一般条件下，各个发展阶段（亦可视为环节）的过渡也受到一定的条件概率约束，从系统整体考虑，也是一个可靠性问题。即有

$$R_s(t) = \prod_{i=1}^{n} R_i(t) = \prod_{i=1}^{n} e^{-\lambda_i t} = e^{-\sum_{i=1}^{n} \lambda_i t}$$

其中，$R_s(t)$ 表示系统可靠性；$R_i(t)$ 表示系统组成部分的可靠度（概率）。

制定产业技术路线图是一个系统的技术规划过程，在此过程中，需要在资源、研究与开发、技术、产品、市场（需求）和时间等多个维度，分析产业中关键技术和共性技术的实现时间、路径和市场前景，找准产业发展的技术机遇和存在问题，明确各创新主体在技术创新中的分工和合作，以期提升产业的创新能力和竞争力。

制定技术路线图，对高科技企业的成长，有着十分重要的意义：

第一，有利于提高科技企业投入效率，降低投资风险，提供政策决策、投资决策、合作决策和战略决策等。从市场方面看，一是通过各个阶段全方位分析，可以共同认清产业乃至各相关企业所处的经济社会环境及其地位变化，识别由此产生的市场驱动因素和达到市场需求所必需的主要技术；二是通过对技术发展愿景的预测，发现并描述技术应用及其获得市场的机会。从投资和资源分配看，一是可以通过技术路线图描述的技术愿景，来有效地引导技术资源的整合，进而提高产业新技术的研究与开发能力；二是可以通过技术路线图明确的技术发展路径和各相关主体应担当的角色，使整合起来的技术资源，在不同的时期和领域进行合理的投入，为加快产业技术进步提供有力的保证。

第二，有利于提高科技成果转化效率。技术路线图方法，首先是强调市场拉动与技术推动的有机结合，通过市场需求分析、产业目标分析来发现技术壁垒及其研究与开发需求的针对性，再通过凝练研究与开发需求并与市场需求、产业目标进行衔接，从而保证了研究与开发需求及其成果的应用前景。其次是制定过程中的每一个环节，运用一整套科学方法让所有参与者反复思考和充分发表意见，逐步建立并形成良好的沟通与合作机制。

第三，有利于提升行业的科技管理水平。通过技术路线图的制定，尤其是学习与实践技术路线图方法，使政府、行业协会、企业、高校和科技机构

等有关领导与专家在科技发展的管理理念上更加注重市场和发展环境，在管理方法上掌握科学的战略管理工具。因此技术路线图方法的引入，有利于推动各个层面的科技管理水平产生质的飞跃。

第四，有利于带动相关产业的技术进步。技术路线图描述的高新产业技术发展愿景，同时对与其密切相关的企业和其他相关的产业传递了未来技术需求信息，进而带动和促进产业链各个企业环节及其相关产业之间的相互配合、协同攻关，并在实现产业技术进步和整体提升的过程中亦可达到相关企业和相关产业的相互促进、共同发展。

二、成长路线图及其作用

成长路线图是在技术路线图的基础上，试图从企业成长规律和企业个性化的不同角度对企业成长目标、过程、阶段、影响因素、相关环节等作出的战略规划、备选路径、实施步骤和战略描述。成长路线图是应用简洁的图形、表格、文字等形式描述企业成长阶段变化的步骤或相关环节之间的逻辑关系。它能够帮助使用者明确该领域的发展方向和实现目标所需的关键技术，理清企业发展目标、产品和技术之间的关系。它包括最终的结果和实施的过程。成长路线图具有高度概括、高度综合和前瞻性的基本特征。

一般成长路线图包括了空间维度和时间维度。空间维度反映了在给定阶段时点上的科技项目，产品项目和市场需求以及关键因素、机制之间的联系，而时间维度表示各阶段类别及其受制的关键因素、机制之间联系的演变。成长路线图上的点和线在多数情况下有质和量的属性。

在单个高科技企业和行业层面，成长路线图的主要潜在用处有：第一，能帮助确定对一系列需要和满足这些需要的条件的一致看法。第二，提供帮助在目标区域企业成长的专家预测的可能愿景。第三，提供帮助规划和协调公司乃至整个行业成长的框架。第四，成长路线图还能通过识别关键要素或识别满足企业成长绩效目标需要填补的差距，以及识别研究与开发投资的路径，通过调整单个公司或联盟成员的研究活动，从而帮助更好地进行投资决策。第五，能作为市场需求、技术需求和资本需求的工具，成长路线图能够表明一个高科技企业如何真正理解和满足外部需求，以及体现自身对技术和资本的内在需求。

从表层上看，成长路线图对企业的未来发展作出预测，指明了高科技企业成长的方向和发展目标，并说明了达到发展目标需要经过的路径和一系列关键节点；建立起产品、市场与技术之间的联系，使它们的发展不再是分离的状态。从深层次上看，成长路线图的制定过程本身就是对各个环节及其发展方向进行深入分析和研究的过程；同时也是一个在各方之间取得一致意见的过程。更为重要的是，成长路线图为各方提供了一个交流的平台，指出了一个相关利益各方努力的统一方向和目标。

成长路线图对于高科技企业和高科技产业，乃至于国家来说，都是一种十分有用的工具。为了能够在全球化竞争中取得成功，企业必须能够选择适当的成长模式。成长路线图是一种能够有效预测企业成长方向的工具，能够帮助高科技企业制定出它所需要的总体和阶段战略。通过有效的沟通和有用信息的收集，成长路线图促进高科技企业与政府的合作，并帮助它们制定相应的政策、发展计划等。

目前，所有的高科技都面临激烈的市场变化。所有的产品、服务和业务都需要依赖于迅速变化的技术。产品变得更加复杂，而消费者的需求也变得更加苛刻。产品的生命周期变得越来越短，从产品到市场的时间也越来越短。全世界都在变成一个市场。即使是最强大的高科技企业，对于预测、分析、计划也没有什么秘诀。为了能够在未来竞争中获胜，确保企业的长期发展，高科技企业必须集中力量在它们未来的市场建立正确的成长策略。成长路线图能够描述一个企业在未来竞争中取得成功需要走的道路；引导企业决策；增加协作、知识共享和新的合作伙伴；降低技术创新的风险；帮助产业抓住未来市场发展的机会。

从国内来看，经过改革开放30多年的快速发展，我国的高科技企业正处于一个转型的关键时期。未来20年，我国的高科技企业将逐步改变过去的发展模式，转向以自主创新为第一发展动力。而成长路线图正好是能够协助实现这一转变的重要工具之一。

三、高科技企业成长路线图的理论框架

（一）影响高科技企业成长的关键因素

对于成长过程的高科技企业而言，有着不同的成长阶段；对于不同阶段

的高科技企业而言，它可以选择不同的成长模式。对于处于不同成长阶段的企业，阶段性的演化和跳跃是非常重要的。这是一种创造性毁灭的进程。失败可能意味着淘汰、萎缩甚至死亡。

根据第三章的分析，假定其中任意一种成长模式都需要确定一定的知识创造转化机制（用"K"来表示）、人力资本机制（用"H"来表示）、融资机制（用"C"来表示）、公司治理机制（用"G"来表示）和国际化战略（用"I"来表示）等，这些因素中的每一个因素都有很多种选择，例如，公司治理就有不设董事会而只设立独立董事的治理模式、建立董事会的治理模式、建立 CEO 的治理模式、公司在国内证券市场上市的公司治理模式和海外上市的治理模式等多种治理模式；融资机制就有公司内部融资模式、吸引风险投资的融资模式、从银行贷款的融资模式和公司上市的融资模式等。高科技企业必须对某一种成长模式的所有各种因素进行排列组合，通过分析，来选择最佳的成长模式。例如，对于管理创新成长模式而言，它对知识创造转化机制、人力资本机制、融资机制、公司治理机制和国际化战略等因素共有 n 种组合，即 F_1，F_2，F_3，…，F_n。其中，

$$F_n = \left\{ \zeta_v \left(\rho_1 p_1^k + \rho_m p_m^H + \rho_s p_s^C + \rho_1 p_t^l \right) - \sum_{i=1, m, s, t} Z_i \right\}$$

式中，v、l、m、s、t 分别为从 1 到 n 的自然数，p 为采用某种因素时公司可以得到的收益，Z 为高科技企业采用某种因素时必须承担的成本，如贷款时的借款利息、上市时的上市成本等，ρ 为这种因素可以实现的概率，如可以从银行贷到款的概率、公司可以吸引到风险投资的概率等。ξ 为在该种组合下高科技企业可以成长到成熟期的概率。

（二）不同阶段影响高科技企业成长的关键因素层次分析结构

利用层次分析法研究问题时，首先要把与问题有关的各种因素层次化，然后构造出一个树状结构的层次结构模型，称为层次结构图。本书根据分析系统中各因素之间的关系，建立系统的递阶层次结构。在此，分阶段的高科技企业成长影响因素层次结构分为四层，第一层为目标层，第二层为准则层，第三层为指标层，第四层为方案层。

层次结构图的目标层是问题的预定目标，这里是指高科技产业成长表现。准则层是实行目标所需要考虑的准则、不同阶段评价准则是根据对企业成长的影响、以对企业成长的影响的关键因素三方面的标准来确定的，具体

由若干指标加以反映。方案层是为实现阶段目标可供选择的各种方案。

　　建立以下由目标层 A、准则层 B（B_1、B_2、B_3）、指标层 C 和方案层 D 四层构成的递阶层次的企业成长方案的评价指标体系。

　　如图 4-6 所示。层次结构图最高层为目标层（O）：问题决策的目标或理想结果，只有一个元素。中间层为准则层（B）：包括为实现目标所涉及的中间环节各因素，每一因素为一准则，当准则多于 9 个时可分为若干个子层。在此，为简化起见，提出对高科技企业成长的三个关键影响因素。第三层为评价或指标层（C），可视做第二层内容的子层。最底层为方案层（D），它是为实现目标而供选择的各种措施，即为决策方案。一般来说，各层次之间的各因素，有的相关联，有的不一定相关联；各层次的因素个数也未必一定相同。实践中，主要根据问题的性质和各相关因素的类别来确定。

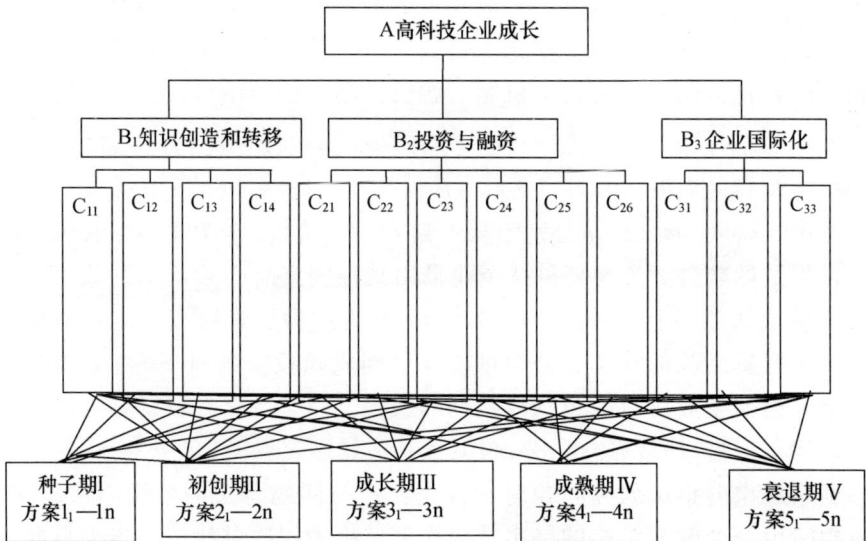

图 4-6　基于不同阶段的企业成长方案选择的层次分析结构

四、高科技企业成长阶段的要素模式

　　随着全球经济一体化和面向高速成长性企业的创业板股票市场的陆续设立，各国正在探索高科技企业成长的新模式——五要素模式，即以科技成果为核心、以创业孵化为依托、以虚拟制造为形式、以风险投资为动力、以资本市场为源泉的成长模式。技术、资金、人才和企业孵化的重要性已经毋庸置疑。但由于我国信息集成化、生产自动化和信息网络化水平较差，这种利用仿真与虚拟现实技术，需要在高性能计算机及高速网络的支持下，采用群组协同的虚拟制造更适合我国今后一段时期高科技企业的成长要求。另外，高科技企业在市场经济下生存，必须以良好的经济体制为保障。

因此，我国高科技企业成长模式可从技术创新、资本运作、创业孵化、人才开发和体制建设五个方面展开。具体的路线图如图 4-7 所示。其中，横轴表示时间维，纵轴表示要素维。

技术创新是高科技企业成长的首要任务。在企业产生期，引进国外先进技术和设备，缩短研究与开发周期，同时要重视消化吸收；在发展期，在消化吸收的基础上进行自主创新，这是提高自主知识产权的必经之路；进入成熟期，应该在一些实用技术、工艺技术等方面进行新的开发，从而超过竞争对手，取得技术优势。在技术创新过程中，应该学习日本高科技企业的创新思想，既积极引进尖端技术，又大力进行二次技术创新，大量开发节能、高效、实用的新技术、新产品，使企业得到快速成长。

资本市场的有效运作能为高科技企业提供充足的资金支持。由于高科技企业的高投入和高风险，在企业产生期，所需的创业资金以国家扶持和企业承担为主。在发展期，企业的资金来源于风险资本和企业资本，美国硅谷风险投资的平均年回报率早已超过 50%，所以既要提升企业自我造血能力，又要积极发展风险投资，将社会资本有机整合、有效利用，用活用好企业发展资金。进入成熟期，风险资本逐步退出市场，通过二板市场能为更多的中小型科技企业提供资金支持。

企业孵化器是新创企业聚集的含有中小企业生存与成长所需共享服务的系统空间，它可以大幅度提升高科技企业的成活率。企业孵化器帮助创业者把发明和成果尽快形成商品进入市场，使新兴的小企业成熟长大并形成规模，为社会培养成功的企业和企业家。目前全世界的企业孵化器近 5000 家，美国孵化器研究专家研究表明，未经过孵化器孵化的企业，五年的存活率只有 20%，而经过孵化器孵化的企业五年的存活率是 80%。在产生期，孵化器的主要目的是对科技项目的孵化，促使富有发展前景的科技、发明或专利转化为科技产品。在发展期，孵化器的主要目的是对企业的孵化，完成企业体系整体功能的完善，帮助企业抵御来自市场、技术和不可预测的风险，使小企业逐步成长壮大，直到企业有自我保护、自我发展壮大的能力。在成熟期，孵化的主要目的是实现高科技企业的集群化、规模化和产业化，即实现企业在宏观层面上的成长。

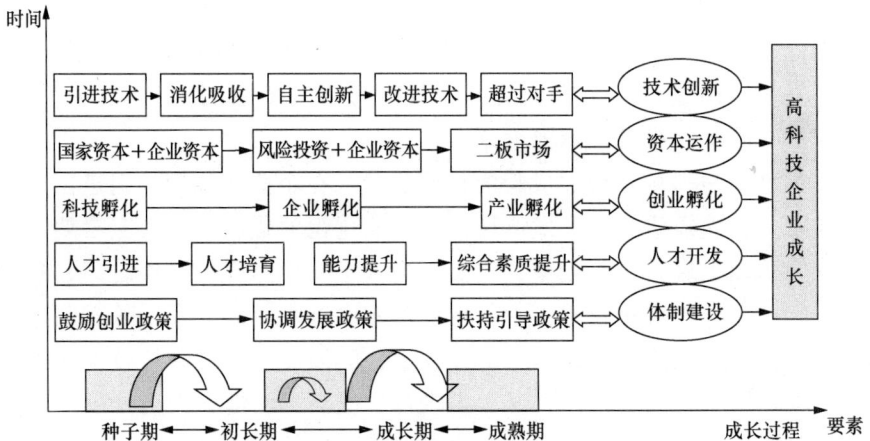

图 4 - 7　基于要素合力模式的高科技企业成长路线图

人才开发和培育为高科技企业提供宝贵的智慧资源。企业产生期需要大量优秀高技术人才，这时主要采取吸引外地人才包括国外高科技人才，将他们作为高科技企业的第一智力资源，有效利用并创造价值；在发展期，重点是对企业员工广泛意义上的能力培养和素质的提升，包括专业技能和综合技能的培育；到成熟期，企业最需要复合式人才，所以综合素质的提升显得尤为必要。

制度具有整合功能，技术、资金、人才和企业孵化等要素必须制度化后才能实现各要素的互动和集成。制度化最终结果需要政府制定的各种支持和发展政策，如产业、融资、税收、人才、贸易等政策。产生期需要鼓励创业政策，目的是建立和培育创新企业的成长机制。政府不仅要降低创新式企业的进入壁垒，还要鼓励各种创新想法的产生并大胆尝试，对高科技企业的萌芽阶段实施保护、鼓励和扶持政策。发展期需要协调发展政策，目的是健全科技成果转化机制和完善风险资本市场。企业应组织科研人员开发新产品、新工艺和新市场,培育自己的经济实体,建立多种形式发展产、学、研一体化组织;鼓励和促进风险基金形成和壮大,保证金融部门良好的运行制度和严格的监管水平,防范财政风险和金融风险,设计好风险基金的退出机制。成熟期需要引导政策,保持制度的灵活性、连续性和配套性。

结合我国的经济发展水平和发展现状,基于对国外高科技企业的成长模式的对比分析,具备上述五个要素,企业成长就可以形成科研开发→企业孵化→风险投资→企业上市→科研开发的发展链,构成高科技企业成长的良性循环。在高科技企业成长过程中,注重对技术创新、资本市场、企业孵化、人才开发和制度建设等方面各环节因素之间的相互协调、相互渗透和相互影响,为我国的高科技企业成长探索一条属于自己的道路。

第五节　高科技企业的分阶段成长模式选择和路线图

一、不同阶段中国高科技企业成长的可能模式选择

高科技企业成长是企业内部要素矛盾运动和外部环境影响共同作用,其成长的模式因企业生命周期所处不同的发展阶段,及不同发展阶段内外部影响因素发挥作用的不同而有所侧重。我们结合高科技企业的复杂性特征,根据不同成长阶段企业内外部资源及外部环境的状况,从高科技企业成长生命周期的角度,对处于不同时期的中国高科技企业的可能模式选择进行分析,并提出相应的成长模式建议。不同阶段我国高科技企业成长的可能模式选择见表4-6。

表4-6　　　　　　　　不同阶段我国高科技企业成长的模式选择

时期	种子期	初创期	成长期	成熟期	衰退期
成长关键	利用政府提供的各种资源	强化自身的技术创新优势和成果转化功能	吸纳和稳定高素质的人才,并设置合理的公司治理机制	保持创新精神和创新能力	技术以外的要素丰富

续表

时期	种子期	初创期	成长期	成熟期	衰退期
模式1	孵化器型成长模式	技术创新成长模式	管理创新成长模式	企业集团化模式	分叉变异模式
适用对象	规模较小的企业	技术创新较强的企业	非技术的其他创新能力也较强的企业	资本运作能力较强	有条件实现经营重点的转换
具体做法	进入当地的企业孵化器	通过各种手段进行技术创新		获得外部规模经济性、外部范围经济性和网络经济性	向技术关联、产品关联和市场关联的领域寻找新的突破口
模式2	政策扶持型成长模式	联盟成长模式	制度创新成长模式	企业集群化模式	再生性模式
适用对象	技术成果先进	规模和实力非常薄弱的企业		企业的影响力和号召力较强	已有的有效资源可用于其他方面
具体做法	争取将科技成果列入政府的各种产、学、研计划，以享受资金和税收优惠	与外界进行知识能量与物质资源的交流与合作	通过对企业制度的设计和安排，实现各利益集团利益的协调和一致。	组建以其为中心、众多小企业为外围的企业集群	二次创业
模式3		专业化成长模式			
适用对象		能大规模降低企业成本			
具体做法		市场补缺			
模式4		加盟产业集群型成长模式			
适用对象		已形成产业集群			
具体做法		主动加入当地业已形成的产业集群中去			

二、对不同阶段中国高科技企业成长的可能模式选择的若干说明

（一）在高科技企业的种子期

对于种子期阶段来说，企业的创立得益于勇于承担风险的创业者和创业精神，可企业的正常运转则需要资金的支撑。在企业的种子期，应侧重考虑选择以下成长模式：

（1）孵化器型成长模式。对于刚刚创立处于种子期阶段的企业，在自身内部要素资源较为匮乏的情况，进入当地的企业孵化器进行孵化，可以降低企业的创业成本，推动企业组织的建立和保证企业初始正常运作，为下一步的发展和成长积蓄力量。

（2）政策扶持型成长模式。种子期的高科技企业应积极争取将科技成果列入国家和省的产、学、研计划、"火炬"计划、科技成果重点推广计划等，并积极申请中小企业创新基金。科技成果被列入这些重大科技计划，有利于企业进一步争取信贷、税收减免等政策优惠，有利于企业渡过难关，争取难得的发展机会。该成长模式同样适用于创业期的企业。

（二）在高科技企业的初创期阶段

在该阶段，企业应该强化自身的技术创新优势和成果转化功能，规范公司管理，树立企业和产品形象，而资金仍然是保证企业健康发展的关键。

（1）技术创新成长模式。对于不同的初创期企业，其内外部的资源配置各不相同，因此需要根据自身条件，通过自主创新方式、模仿学习方式、合作开发方式、外购或购并方式开展技术创新活动。技术创新不仅仅是初创期企业的选择，它贯穿于高科技企业成长过程的每个阶段，只是其侧重点和实施方式随着不同的成长阶段而进行调整。

（2）联盟成长模式。在规模和实力非常薄弱的初创期，高科技企业的成长必须借助一定的外力，与外界进行知识能量与物质资源的交流与合作。初创期的高科技企业通过联盟，借助外力的帮助能够有效地避免创新风险，更加迅速地完成创新项目以赢得竞争优势，并逐步强化企业的核心能力，最终实现资本联合达到企业扩张的目的。

（3）专业化成长模式。初创期的高科技企业应立足技术创新的基础上，依靠深入细致的市场调查、市场分析和市场预测，获取充分的需求信息，运

用市场补缺的发展战略，选择竞争者认为技术复杂、利润不高而不愿做或不值得做的产品，推行"专而不广"的专业化成长模式，实现了企业的快速增长。

（4）加盟产业集群型成长模式。产业集群是在特定的区域内由许多相同或相关产业的企业以及与之配套服务的专业化的供应商和服务机构构成的集合体。初创期的高科技企业应该根据自己所处的行业特点以及人文网络环境，以专业市场为依托，以专业分工为基础，有选择地主动加入当地业已形成的产业集群中去，以弥补自身资源的劣势，迈出持续发展的第一步。

（三）在高科技企业的成长期阶段

随着高科技企业的高速成长，企业对管理素质的要求不断提高，需要补充、稳定高素质的人才，设置合理的公司治理机制，充分体现人力资本对企业的价值。

（1）管理创新成长模式。管理创新成长模式，第一是管理理念创新。第二是组织结构创新。第三是企业文化创新。第四是人力资源管理创新。第五是知识管理。第六是监督知识利用。

（2）制度创新成长模式。公司治理在成长期的高科技企业发展的重要问题，必须进行制度创新，既要注重治理结构即公司组织方式的安排，又要注重治理机制问题即人力资本的激励和约束机制的设计，通过企业制度的设计和安排，实现投资人、企业各利益集团和企业利益的协调一致，促进企业的成长。

（四）在高科技企业的成熟阶段

在此阶段，企业要清醒地认识企业发展的特点和发展现状，保持创新精神和创新能力，千方百计地挖掘企业潜力，整合企业内部和外部资源，提高企业经济效益，延缓衰退期的到来。处于成长期的高科技企业可以充分利用网络组织的形式，整合内外部资源，争取更大的发展。

（1）企业集团化模式。处于成熟期的高科技企业可以通过联营、兼并、收购等资本重组方式，组建一般意义上的企业集团，实现规模的迅速扩张和竞争优势迅速集聚，铸造大型"航空母舰"，积极参与国内外市场竞争。同时还可以利用其积累的社会资本优势，组建关系企业集团，通过这种以人际关系或社会关系纽带组建的网络组织，获得外部规模经济性、外部范围经济性和网络经济性，进一步增强企业的实力。

（2）企业集群化模式。企业集群化模式是指以具有较强实力的高科技企业，利用其在行业、市场或地区的影响力和号召力，组建以其为中心、众多小企业为外围的企业集群的成长模式。成熟期的高科技企业可以组建以产品为中心、以销售为中心、以原材料供给为中心等多种形式的企业集群。

（五）高科技企业的衰退期阶段

企业进入衰退期后，存在两种道路：一是企业衰亡；二是企业蜕变。该阶段的高科技企业通过业务重组、组织重组甚至公司重组的方式，或对企业进行技术改造，或进行经营重点的转换，甚至事业的转换，实现企业的再次腾飞。

（1）分叉变异模式。分叉变异模式是指企业在原有事业基础上，向技术关联、产品关联和市场关联的领域寻找新的突破口，实行经营重点的转换，谋求再次发展的机会。该模式是一种继承变异的发展模式，在原事业的枝干上分叉发展，焕发出新的生机。

（2）再生性模式。再生性模式是指企业放弃原有的事业，整合和利用原有的有效资源，重新选择新的事业的发展模式。企业放弃原来的经营方向，转向新的产品或者事业，通过产品或事业的蜕变，寻求企业新的生存和发展机会。在形式上，企业可以通过分立、合并、重组等多种形式实现企业的组织形态的蜕变，通过组织形态的蜕变，支持、保证企业产品或事业的转变，实现企业的二次创业。

三、基于生命周期的中国高科技企业成长路线图

根据生命周期理论和高科技企业成长阶段特点，高科技企业的顺利成长，一般要经历一个由种子期到初创期，再到成长期，然后再发育到成熟期，并最后进入衰退期这样一个过程。在此过程中的阶段成长中，企业面临着不同的模式选择。

如图4-8所示，在种子期阶段，高科技企业为了成长到初创期，可以在孵化器型成长模式（简称"孵化型"）和政策扶持型成长模式（简称"政策型"）两种成长模式中选择一种成长模式。同样，对于处于初创期的高科技企业而言，为了成长到成长期，它也可以在技术创新成长模式（简

称"技术型")、联盟成长模式(简称"联盟型")、专业化成长模式(简称"专业型")和加盟产业集群型成长模式(简称"加盟型")四种成长模式中选择一种成长模式。对于处于成长期的高科技企业而言,为了成长到成熟期,它也可以在管理创新成长模式(简称"管理型")和制度创新成长模式(简称"制度型")这两种成长模式中选择一种成长模式。对于处于成熟期的高科技企业而言,为了保持其生命力,它也可以在企业集团化模式(简称"集团型")和企业集群化模式(简称"集群型")这两种成长模式中选择一种成长模式。对于由于产品生命周期等原因而处于衰退期的高科技企业而言,为了尽可能延长其生命,乃至实现企业成长的复兴,它可以在分叉变异模式(简称"变异型")和再生性模式(简称"再生型")这两种成长模式中选择一种成长模式。

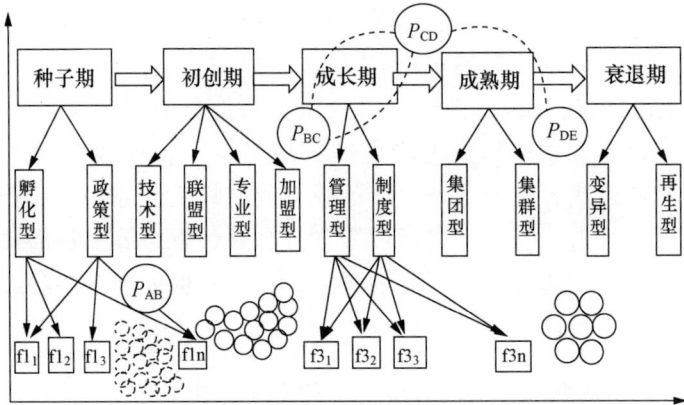

图 4-8   高科技企业成长阶段与生态位变动路线图

高科技企业成长活动是一个充满了不确定性的过程。按照弗兰克·H. 奈特(Frank H. Knight)的说法,"风险是确定的不确定性",而不确定性是"不确定的、不可量度的风险"。可以说,风险是一种可以知道其概率分布的不确定性,人们可以根据过去推测未来的可能性,而不确定性意味着人们很难预知的没有发生过的未来事件,它可能是全新的、唯一的,过去从来没有发生过的。高科技企业成长,尤其是其技术商品化、商业化、产业化等一系列创新活动，就是一个不确定性的过程。

处于任何一个阶段的高科技企业，其成长都要受到诸如知识创造转化机制、人力资本机制、融资机制、公司治理机制和国际化战略等因素的影响和制约。选择任何一种成长模式，都必然伴随着不同的成长概率和成长成本。设种子期、初创期、成长期、成熟期和衰退期分别为 A、B、C、D、E；跨越这些阶段到达新生态位的概率分别为 P_{AB}、P_{BC}、P_{CD}、P_{DE}。图中的分阶段分布的圆圈分别表示在不同阶段企业的特征、规模和数量。

（一）连续渐进条件下的高科技企业成长路线与生命周期阶段

假定其中任意一种成长模式都需要确定一定的知识创造转化机制（用"K"来表示）、人力资本机制（用"H"来表示）、融资机制（用"C"来表示）、公司治理机制（用"G"来表示）、国际化战略（用"I"来表示）以及其他机制因素（用"X"来表示）等。

如果把成长路线与生命周期结合起来，可将其视为一个渐进的过程。由于存在着强正相关，都可以构成以时间为自变量的函数式。而企业持续成长虽然不完全是时间的函数，但可直接表现为时间区间。因此，可以时间作为变量构建企业持续成长系数函数：

$$St(t) = f(L) = f(K,H,C,G,I,X,t) \tag{4.1}$$

且企业持续成长是一连续的时间段，否则则意味着企业的终结。假定企业持续成长期系数函数是连续的。通过对这一函数图像的进一步分析，可划分企业的成长阶段。按照连续函数的特性，可以将函数 $S_t(t)$ 对 t 求偏导：

$$\frac{\partial St(t)}{\partial t} = \frac{\partial f(L)}{\partial t} = \frac{\partial f(K,H,C,G,I,X,t)}{\partial t} \tag{4.2}$$

再把（4.2）式对 t 求二阶偏导：

$$\frac{\partial^2 St(t)}{\partial t^2} = \frac{\partial^2 f(L)}{\partial t^2} = \frac{\partial^2 f(K,H,C,G,I,X,t)}{\partial t^2} \tag{4.3}$$

分别令　　　　$\frac{\partial St(t)}{\partial t} = 0$，$\frac{\partial^2 St(t)}{\partial t^2} = 0$ \hfill (4.4)

在（4.4）式中求解对应的 t 值。对应于 $\frac{\partial St(t)}{\partial t} = 0$ 和 $\frac{\partial^2 St(t)}{\partial t^2} = 0$ 的 t

点反映的是企业持续成长系数的极值时刻，这表示企业在演进成长中取得最大进展的时刻，或者是成长的最低谷时刻。但不论是哪一种情况，都是企业演进成长的临界点。

对应于 $\dfrac{\partial^2 S_t(t)}{\partial t^2} = 0$ 的 t 值，则是划分企业寿命周期各阶段的时刻点。因为在企业生命周期系数函数图像中，所确定的 t 值正是图像的拐点。从企业生命周期来看，该 t 时刻可能是企业从一个阶段转入另一个阶段的开始。但是由于企业生命周期的复杂性，企业在同一个阶段内也可能会发生波动，甚至会从后面的阶段返回前面的阶段。因此，需要根据所确定的 t 值，结合企业在 t 时刻前后的表现来确定企业所处的生命周期阶段。

企业生命周期系数函数 $S_t(t)$ 可以确定对 t 二阶导数为 0 的 4 个 t 值：t_1、t_2、t_3 和 t_4，再加上企业创立时的 0 点，将企业生命周期分为如图 $4-9$ 的 5 个阶段。

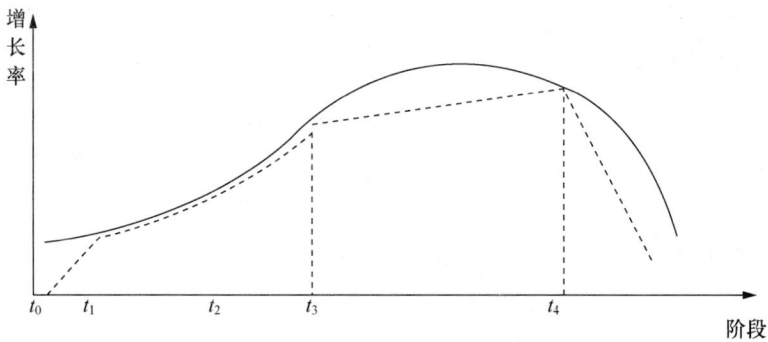

图 4 – 9　连续渐进条件下的高科技企业成长路线与生命周期阶段

（二）突变条件下的高科技企业成长路线与生命周期阶段

但是从长远视角来看，企业成长并不完全是一个自然成长演变的确定性过程。它也遵循一定的生态经济规律。它也可能存在一定阶段过渡的不确定性和突变。确定性指系统在一定条件下，如初始条件和边界条件，行为的必然性和可预测性；不确定性则是指系统行为的偶然性和不可预测性。突变、渐变的本质区别是系统函数在临界点的附近有无"不连续",并通过分析分叉集的性质来实现对突变现象的界定与控制。突变理论（catastrophetheory）是由法国数学家勒内·托姆创立的，用于研究动态系统在连续发展过程中出现的突然变化的现象，解释突然变化与连续变化因素之间的关系。它以拓扑学、奇点理论和结构稳定性理论为主要工具，建立突变模型，可以成功描述现实世界某些事物形态、结构突然变化的规律。突变理论把系统势函数的变量分为两类：一类是系统的行为变量或状态变量；另一类是控制变量，系统的势函数表示了系统任一状态的值，而系统的任一状态则是状态变量与控制变量的统一。突变势函数可表示为

$$V = f(x, c)$$

式中，x 为系统状态变量（系统输出变量）；c 为系统控制变量（系统外部输入变量）。

当势函数的一阶导数为零，则其 Hessen 矩阵不等于零时的点称为孤立临界点（morse 点），系统的状态呈连续光滑的变化；当势函数一阶导数及 Hessen 矩阵均为零时的点称为非孤立临界点（非 morse 点），系统的状态可能发生突变。因此突变理论的关键便是寻求非孤立临界点构成的集合（分叉集），并对其进行分析以揭示系统突变的形式及发生的机理。

托姆证明，任何动态系统，如果控制参数中的元素不超过四个，则系统势函数最多只有七种突变形式。

若一个指标仅分解为两个子指标，该系统可视为尖点突变系统，其模型如下：

$$f(x) = x^4 + ax^2 + bx$$

若一个指标可分解为三个子指标，该系统可视为燕尾突变系统，其模型如下：

$$f(x) = 1/5x^5 + 1/3ax^3 + 1/2bx^2 + cx$$

若一个指标能分解为四个子指标，该系统可视为蝴蝶突变系统，其模型如下：

$$f(x) = 1/6x^6 + 1/4ax^4 + 1/3bx^3 + 1/2cx^2 + dx$$

以上 $f(x)$ 表示一个系统的状态变量 x 的势函数，状态变量 x 的系数表示该状态变量的控制变量。

在实际应用中，可由突变系统的分叉方程导出归一公式。根据突变理论，尖点突变系统归一公式为：

$$x_a = a^{1/2}, x_b = b^{1/3}$$

式中：x_a 表示对应 a 的 x 值；x_b 表示对应 b 的 x 值。

燕尾突变系统的归一公式为：

$$x_a = a^{1/2}, x_b = b^{1/3}, x_c = c^{1/4}$$

蝴蝶突变系统的归一公式为：

$$x_a = a^{1/2}, x_b = b^{1/3}, x_c = c^{1/4}, x_d = d^{1/5}$$

在这里，归一公式实质上是一种多维模糊隶属函数。

利用归一公式进行综合评价。根据多目标模糊决策理论，对同一方案，在多种目标情况下，如设 A_1，A_2，…，A_m 为模糊目标，则理想的策略为：$C = A_1 I, A_2 I, \cdots, A_m I$，其隶属函数为：$\mu(x) = \mu A_1(x) \wedge \mu A_2(x) \wedge \cdots \cdots \mu A_m(x)$，式中 $\mu A_i(x)$ $\mu A_i(x)$ 为 A_i 的隶属函数，定义为此方案的隶属函数，即为各目标隶属函数的最小值。

对于不同的方案，如设 G_1，G_2，…，G_n，记 G_i 的隶属函数为 $u(G_i)$，则表示方案 G_i 优于方案 G_j。因而利用归一公式对同一对象各个控制变量（即指标）计算出的对应的 X 值应采用"大中取小"原则，但对存在互补性的指标，通常用其平均数代替，在对象的最后比较时要用"小中取大"原则，即对评价对象按总评价指标的得分大小排序。由此可以看出，对各级指标指数的确定，实际上是对其下一级指标指数（或数值）进行综合排序的结果。

第六节　本章小结

（1）高科技企业的成长模式是多种生存手段和发展要素的组合。由于国家间的历史背景、政治经济环境、经济发展水平和自然资源的差异，每个国家的高科技企业都有不同的成长特点。综合看来，国外典型的高科技企业成长模式主要有自成长模式、政府主导型模式和混合模式，并分析了这三种模式各自的特点及局限性。

（2）运用高科技企业成长的要素层次结构模型，对高科技企业成长机制进行了分析，指出作为高科技企业成长的根本动力，内生动力在企业系统成长每一个阶段层次发挥作用，高科技企业在系统内部各要素子系统矛盾运动的动力推动下，不断地由种子期向初创期、成长期、成熟期成长，实现持续的发展。

（3）结合技术路线图的原理，结合高科技企业的复杂性特征，根据不同成长阶段企业内外部资源及外部环境的状况，从高科技企业成长生命周期的角度，提出了高科技企业成长路线图。用高科技企业的成长路线图的形式，对我国高科技企业的模式选择进行模拟分析，并提出相应的成长模式建议。

第 五 章
高科技企业成长影响因素评价及其国际比较

　　由高技术的研究开发、生产、推广、应用等形成的高科技企业的集合构成了高技术产业。高技术产业系统是一个复杂系统，系统中的高科技企业以及存在于系统内部和外部与该系统相关的运动机制决定了高技术产业的发展水平。由于经济全球化的推进和高科技竞争的国际化，在世界市场上，各国高技术产业的发展水平可以用各自产业的国际竞争力来反映。各国高技术产业系统内外部要素以及系统运行机制的不同，导致了各国高技术产业竞争力的差异，从而影响国家整体竞争力。本章将依次介绍和分析高科技企业成长的因素与分析模型，高科技企业成长的国际竞争力的比较、高技术产业成长的国际竞争力影响因素分析模型和高科技园区评价、硅谷指数和高成长企业的评价等内容。

第一节　高科技企业成长的因素与分析模型

　　这里，我们在借鉴了全球企业家精神监控系统（GEM）的企业家精神与经济增长关系的概念模型的基础上，提出高科技企业和经济增长模型如图5－1所示。

　　由此，我们提出将可能影响高科技企业成长的因素是由社会、文化和政治等环境因素构成的环境系统，具体包括以下几个主要部分：

　　1. 国家宏观经济环境。这一类指标主要包括 GDP 年增长率、失业率、劳动力生产率、研究与开发投资增长率以及国家社会文化指数等。

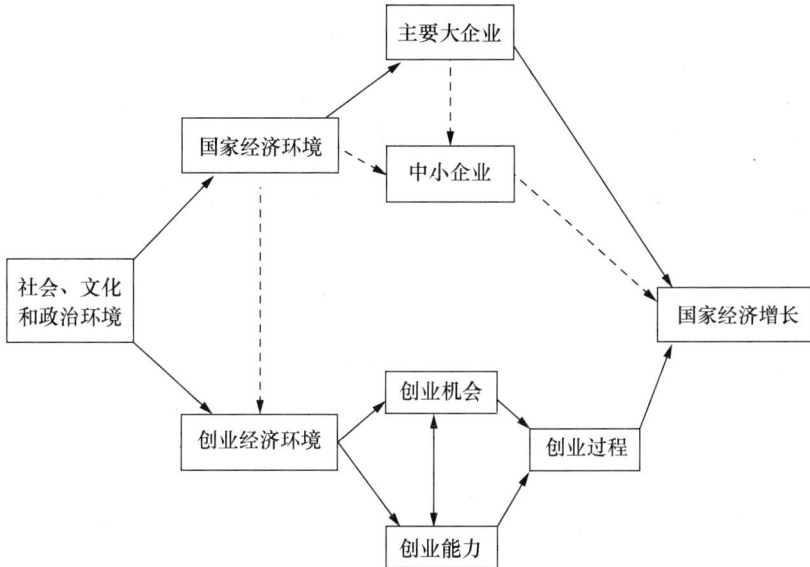

图 5 - 1　高科技企业成长环境与经济增长关系模型

2. 金融体系。这一类指标主要包括资本化比率、股票市场重要性、股票市场相对于银行的重要性、IPO、非正式投资者活跃指数、投资者保护程度等。

3. 创业环境。这一类指标主要包括初创企业率、新企业率、创业活跃指数（代表一国成年人参与创业的比例）、雇员保护指数（国家法律法规对企业雇员利益的保护程度）、教育培训指数等。

4. 市场管制。这类指标主要代表国家对企业发展与市场竞争行为的管制，指标分解如图 5 - 2 所示。

5. 新技术产业发展。这里，我们选取了 IT 产业和生物技术产业的发展指标，如科技成果、产出等，来研究对各国高科技企业发展的影响。

根据前面的研究结果，我们认为，高科技企业成长的供给受以下因素影响：风险投资收益率、国家宏观经济因素、金融市场因素、创业环境因素、市场管制因素以及新技术产业发展指标。

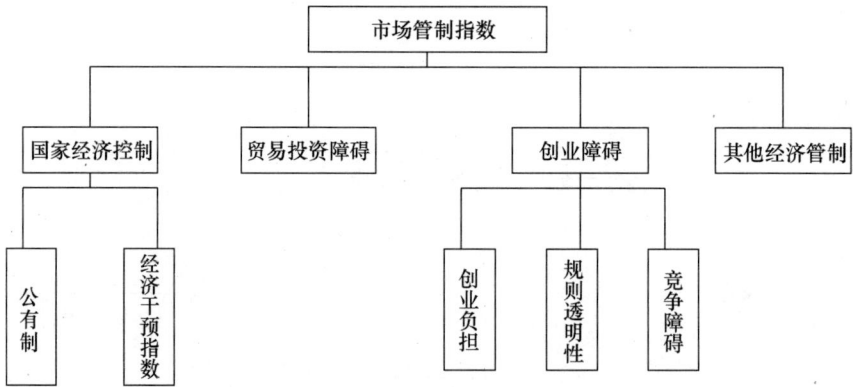

图 5 - 2　市场管制指标分解

第二节　高科技企业成长的国际竞争力比较

一、高技术产业国际竞争力的指标及其评价

为比较不同国家高科技企业的国际竞争力，本书主要采用了高技术产品出口额占制造业出口总额的比重、高技术产品对制造业贸易差额的贡献、高技术产业增加值占制造业增加值的比重以及贸易特化系数等指标从不同角度描述高技术产业的国际竞争力。

在此，统计口径根据科技部和商务部（原外经贸部）确定的中国高技术产品统计目录，包括计算机与通信技术、生命科学技术、电子技术、计算机集成制造技术、航空航天技术、光电技术、生物技术、材料技术和其他共9 个领域。该目录参照了美国的先进技术产品（ATP – Advanced Technology Product）出口目录和进口目录。高技术产品进出口的数据均取自海关总署各年度的进出口统计数据。

（一）高技术产品出口额占制造业出口总额的比重

高技术产品出口额占制造业出口总额的比重直接反映了一个国家在制成品出口贸易中的高技术竞争力。首先，高技术产品的出口表明了一国货物出口的技术竞争力，高技术产品的生产与出售非常重要。它反映了一国研发能力以及发展新技术的能力，以及将研究与开发成果转化为商品和服务在世界市场销售的能力。这些活动极大地提高了效率，进而提升综合生产能力，促进知识、生产力和竞争力之间的良性循环。

（二）高技术产品对制造业贸易差额的贡献

高技术产品对制造业贸易差额的贡献体现了一国高技术产品对本国贸易差额（顺差或者逆差）形成中所起的作用。评价一个国家在高技术产业的竞争力，不仅要考虑出口，也要考虑进口的作用。我们将高技术产业看做制造业中的一个组成部分，"高技术产业对制造业贸易差额的贡献"可以被理解为产业的"显性比较优势"，它描述了高科技产业贸易相对于整个制造业贸易的优劣，并且在同时考虑进出口的情况下不受制造业贸易差额是顺差还是逆差的影响。假设对于某国的产业 i，如果该产业不存在比较优势或比较劣势，那么该国贸易差额（无论是顺差还是逆差）可以按照该产业贸易总额在全部贸易额中的比重分配于该产业。"对制造业贸易差额的贡献"就是描述产业实际贸易差额与上述理论贸易差额之间的差异程度。其基本公式如下：

$$(X_i - M_i) \; - \; (X - M) \, \frac{(X_i + M_i)}{X + M}$$

式中，$(X_i - M_i)$ 表示产业 i 的实际贸易差额；$(X - M) \dfrac{(X_i + M_i)}{(X + M)}$ 表示产业 i 的理论贸易差额。

为了便于比较，通常将该值差额转化为其占 GDP 或贸易总额的百分比来表示。本书中各国高技术产业对制造业贸易差额的贡献就是采用相应国家的高技术产业实际贸易差额与理论贸易差额之间的差值占该国 GDP 的百分比来表示的。

（三）高技术产业增加值占制造业增加值的比重

高技术产业增加值占制造业增加值的比重，反映了制造业增加值结构的变化水平。就是说高技术产业增加值占制造业增加值高，说明该国的制造业先进性高，并具有相当的规模。

（四）贸易特化系数

贸易特化系数 $(TSC) = (X - M) / (X + M)$，其值在 -1—1 之间，

其中 X 代表某产业的出口值，M 代表某产业的进口值。

$$TSC_{ij} = (X_{ij} - M_{ij}) / (X_{ij} + M_{ij}) \qquad -1 \leqslant TSC_{ij} \leqslant 1$$

其中，i 代表中国不同的产业；j 代表国际市场；X_{ij} 代表中国 i 产业到国际市场出口值；M_{ij} 代表中国 i 产业自 j 市场的进口值。

当 TSC_{ij} 指标值越接近 -1 或 1，则代表两国间该产业的垂直分工程度较高，表示我国在国际市场的贸易专业化程度较高，亦即上下游的合作关系程度较高；反之，若数值越趋近于 0，则代表该产业的水平分工程度较高，属产业内贸易型态，亦即两国贸易之产品同构性高，因此其衡量两国产业分工形态之标准可表示如下：当 TSC_{ij} 指标值越接近 -1 或 1，则代表两国间该产业的垂直分工程度较高，表示中国在该市场的贸易专业化程度较高，亦即上下游的合作关系程度较高；反之，若数值越趋近于 0，则代表该产业的水平分工程度较高，属产业内贸易型态，亦即两国贸易之产品同构性高，因此其衡量两国产业分工型态之标准可表示如下：

$0.75 \leqslant | TSC_{ij} | \leqslant 1.0$：高度垂直分工；$0.5 \leqslant | TSC_{ij} | < 0.75$：垂直分工；$0.25 \leqslant | TSC_{ij} | < 0.5$：水平分工；$0 \leqslant | TSC_{ij} | < 0.25$：高度水平分工

从竞争力角度而言，简单地讲，TSC_{ij} 越接近 -1，则该国在该产业上处于比较劣势；若 TSC_{ij} 越接近 1，则处于比较优势。高技术产业增加值占全部增加值的比重反映了一国经济结构中高技术产业对整个国家经济效益的贡献与重要程度，从另一个角度反映了一个国家高技术产业的发展程度。

本书所用数据主要来自 1999—2003 年的 "OECD Science, Technology and Industry Outlook"、"OECD annual report"、"OECD Science, Technology and Industry Scoreboard"、"European Report on Science and Technology Indicators"，美国 "Science and engineering indicators" 以及如下网站：http：// epp. eurostat. cec. eu. int，http：//www. gemconsortium. org，http：//www. unctad. org。

二、高科技企业的成长与高技术产业的国际竞争力形成

下面将高科技企业的成长与高技术产业的国际竞争力形成简单描述为如图 5 - 5 所示的模型。

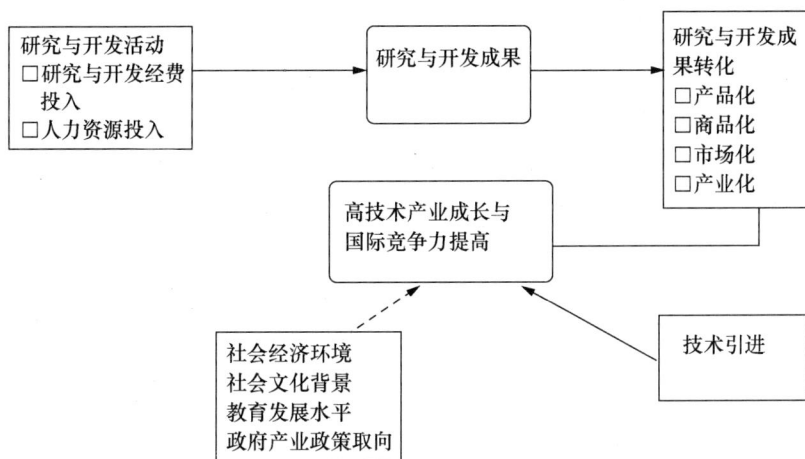

图 5 – 5　高科技企业的成长与高技术产业国际竞争力的形成

　　高科技企业的成长与竞争力形成大致包括两个阶段：一是高技术的研究与开发成果阶段；二是高技术研究与开发成果的转化阶段。对于一个高科技企业来讲，企业自身创新的能力对其成长至关重要，这涉及企业研究与开发资金的投入、研究与开发人员数量与水平、对引进技术的消化吸收能力、抵御创新风险的能力与创新意识等；在拥有了高技术成果，如专利、商业机密等之后，最重要的工作就是要将其进行转化，以期获利。只有在高技术成果在企业内被转化为高技术产品，并成功地推向市场之后，高技术才最终为企业带来了效益。

　　在高科技企业成长的过程中，任何技术创新与转化工作都需要一定的条件支持，例如资金条件的支持。无论是在高技术产品研究与开发、中试、投产还是市场开拓阶段，都需要大量的资金支持。而高科技企业成长所面临的高技术风险和高市场风险，是令一般投资者望而却步的。因此，传统融资手段是不可能满足其资金需求的，而风险投资正是通过自身的"资金放大器"功能，为科技成果转化和高技术产业化提供了一定规模的急需资金。不仅如此，风险投资与一般的金融性投资明显不同，它的作用不只是一种融资渠道，更是一种使科技成果迅速转化的、高技术与金融相结合的新型投资机制。风险投资对象一般是从事高新技术开发与创新的中小企业，在选定投资对象以后，风险投资不仅给新创企业提供资金来源，而且往往还要运用自己的经验、知识、信息和人际关系网络帮助高新技术企业提高管理水平和开拓市场，提供增值服务，以规避风险。正因如此，由风险资本支持的高新技术企业的成长性远远高于其他同类公司。受益于风险投资的高科技企业不计其数，苹果公司、微软公司、英特尔公司在从名不见经传的小企业成长为举世瞩目的跨国公司的过程中，均受到了风险投资的大力支持。

同时，任何高科技企业的发展都是在一定的社会经济、文化、教育等背景下进行的。高科技企业赖以成长的经济、文化、教育等背景，既可以给高科技企业提供有利条件，也可能在某些方面限制高科技企业的发展。例如，社会财富总量、基础设施状况、金融系统的完善与健康与否、人们的创业精神、政府的政策取向都会对高科技企业的发展产生影响。

总之，研究与开发经费投入、高素质人力资源储备、产业竞争力体系中各利益相关方的运作机制、国家产业政策取向、经济环境以及文化特征等都会影响一个国家的高技术产业发展水平。

基于以上分析，本章将高技术产业国际竞争力的影响因素归结为以下五大类：

（1）研究与开发经费情况。包括研究与开发经费总量、来源结构与使用等情况。研究与开发经费总量反映了国家进行知识创新的努力程度，也间接地反映了国家创新能力。企业、政府在国家研究与开发经费来源以及使用中的地位，研究与开发经费在基础研究、应用研究和开发研究三者之间的分配等会对创新成效产生影响。高技术产业是研究与开发活动密集的产业，上述各因素无疑会对高技术产业的发展产生影响。

（2）科技人力资源状况。在高技术产业竞争力创造的过程中，科技人力资源在知识创造与扩散过程中起着至关重要的作用，高技术的发展更需要高水平人力资源储备的支持。本书选用平均每千就业人员中研究与开发人员的数目来表示一国的科技人力资源投入水平。

（3）企业融资环境。资本是企业生存的血液，高科技企业的高投入、高风险特征增加了高科技企业融资难度，传统的融资体系往往很难满足高科技企业发展的融资需求，高技术产业的发展必然使国家的金融体系能培育出适应高技术产业发展的新的融资方式。风险投资是适应高技术产业高投入、高风险、高收益特征的一种融资方式，本书选择各国风险投资发展状况来表征企业融资环境的发展程度。

（4）创新的机制与研究与开发活动产出状况。高技术产业竞争力的培育过程涉及高技术成果在科研院所、企业和市场之间的转化过程，这三个行为主体的行为关系以及政府所起的作用影响高技术研发成果产出效率和成果转化的效率。本书选用企业之间的科研合作程度、企业与科研院所的合作程度两个定性指标来分析高技术产业的创新机制对高技术产业竞争力的影响，同时用平均每百万人口占有的科技出版物表示研究与开发活动的产出绩效，进而来分析研究与开发效率对高技术产业发展的影响。

（5）社会的经济、文化、教育背景。社会财富状况、基础设施建设、金融系统发育程度、人们的创业精神、教育水平等。本书用国家高技术产业发展取向指数、社会经济条件指数、社会的技术基础设施指数来分析环境对高科技企业以及高技术产业发展的影响。国家高技术发展取向是指通过直接或间接方式表现出来的整个国家正在采取行动发展高技术产业。社会的技术基础设施是指利于新技术开发、生产和市场化的社会经济机制，如知识产权保护、科研与应用的联系程度，高素质科学家和工程师的培养状况等。社会经济条件是指社会现有的那些有助于高技术产业发展的人力、物力和其他经济资源，如充满活力的资本市场、外国投资的增长、国家对教育的投入等。

第三节　高技术产业成长的国际竞争力影响因素分析模型

一、各国高科技企业成长的国际竞争力影响因素模型分析比较

基于以上分析，国家高技术产业竞争力是影响高技术产业发展的各种因素的函数，具体如下：

$$高技术产业竞争力 = f\left\{\begin{array}{l}研究与开发经费情况，科技人力资源，企业融资环\\境，创新机制与效率，社会经济、文化和教育环境\end{array}\right\}$$

本书采用线性回归方法，具体模型如下：

$$y = \beta_0 + \beta_i x_i + \varepsilon$$

其中，y 表示高技术产业竞争力；x_i 表示高技术产业竞争力的影响因素；β_i 为回归系数；β_0 为常数项；ε 为随机误差项。

模型分析中所用变量列于表 5 - 1，且回归分析中考虑了各因素对高技术产业竞争力影响的时间滞后问题。

表 5 - 1 模型指标

		指标	用字母表示
被解释变量		高技术产品出口额占制造业出口总额比重	EXSHR
		高技术产业贸易差额对整个制造业贸易差额的贡献	BLNCNTR
		高技术产业增加值占制造业增加值的比重	VLADSHR
		技术贸易差额占 GDP 的比重	TBL
解释变量	研究经费	研究与开发经费占一国 GDP 的比重	RD
		基础研究经费占 GDP 比重	BR
		应用研究与开发研究占 GDP 比重	A&DR
		企业的研究与开发经费所占比重	BZRDF
		政府的研究与开发经费所占比重	GOVRDF
		企业执行的研究与开发任务占 GDP 比重	BZRDP
		其他部门执行的研究与开发任务占 GDP 比重	OTHRRDP
	科技人力资源	平均每千就业人员中研究人员的比重	STHR
	企业融资环境	风险投资占 GDP 比重	VC
		初期风险投资占全部风险投资的比重	ELYVC
	创新机制与效率	不同企业间技术合作的程度	BB
		科研院所和企业之间科研联系程度	UNVB
		平均每百万人口占有的科学出版物数量	PUBS
	环境条件	国家高技术发展取向指数	ORIENT
		社会经济条件指数	ECOINFRA
		社会的技术基础设施指数	TCHINFRA

二、各国高科技企业成长的国际竞争力影响因素分析比较

回归结果见表 5 - 2、表 5 - 3 和表 5 - 4。从回归结果中可以发现：

表 5 - 2

被解释变量为 EXSHR

	RD	BR	A&DR	BZRDF	GOVRDF	BZRDP	OTHRRDP	STHR	VC	ELYVC	PUBS	ORIENT	ECOINFRA	TCHINFRA
							解释变量							
系数	5.62	54.15	14.47	0.41	0.11	8.09	3.16	.0.23	30.70	31.94	0.01	0.77	0.42	0.12
	(0.03)	(0.00)	(0.00)	(0.00)	(0.01)	(0.01)	(0.81)	(0.76)	(0.02)	(0.10)	(0.20)	(0.01)	(0.00)	(0.57)
常数	11.563	—	4.50	—	-7.55	12.53	19.19	18.61	13.82	11.87	15.66	-24.10	—	20.89
	(0.025)		(0.31)		(0.00)	(0.00)	(0.04)	(0.00)	(0.00)	(0.06)	(0.00)	(0.16)		(0.05)
R²	0.16	0.38	0.58	0.23	0.22	0.23	0.01	0.004	0.27	0.14	0.06	0.38	0.24	0.02

注：表 5 - 2、表 5 - 3 和表 5 - 4 中，括号中数字为 t 统计量的值。

表 5 - 3

被解释变量为 BLNCNTR

	RD	BR	A&DR	BZRDF	GOVRDF	BZRDP.	OTHRRDP	STHR	VC	ELYVC	PUBS	ORIENT	ECOINFRA	TCHINFRA
							解释变量							
系数	1.59	13.14	3.28	0.11	-0.15	2.16	-2.62	0.32	2.30	5.22	0.00	0.17	0.09	0.07
	(0.03)	(0.02)	(0.02)	(0.01)	(0.00)	(0.02)	(0.01)	(0.18)	(0.35)	(0.28)	(0.17)	(0.23)	(0.45)	(0.25)
常数	-4.26	-6.54	-5.79	-7.55	4.03	-4.12	—	-3.64	-2.34	-3.11	-3.29	-12.19	-6.76	-3.8
	(0.00)	(0.01)	(0.01)	(0.00)	(0.04)	(0.00)		(0.00)	(0.02)	(0.05)	(0.02)	(0.23)	(0.45)	(0.27)
R²	0.17	0.35	0.42	0.22	0.28	0.20	0.01	0.03	0.04	0.06	0.06	0.20	0.08	0.18

表 5 - 4 **被解释变量为 VLADSHR**

解释变量

	RD	BR	A&DR	BZRDF	GOVRDF	BZRDP	OTHRRDP	STHR	VC	ELYVC	PUBS	ORIENT	ECOINFRA	TCHINFRA
系数	0.54	8.64	1.24	0.07	-0.04	1.00	-0.5	0.19	8.45	6.69	0.0005	0.08	0.07	-0.03
	(0.34)	(0.00)	(0.32)	(0.00)	(0.39)	(0.24)	(0.75)	(0.00)	(0.19)	(0.08)	(0.79)	(0.56)	(0.52)	(0.54)
常数	2.75	—	1.87	—	5.43	2.69	5.33	—	1.69	0.97	3.60	-0.29	0.09	7.21
	(0.29)		(0.37)		(0.00)	(0.03)	(0.03)		(0.15)	(0.44)	(0.00)	(0.97)	(0.99)	(0.06)
R^2	0.04	0.18	0.11	0.06	0.03	0.08	0.01	0.13	0.10	0.17	0.002	0.05	0.06	0.05

（1）高技术产业竞争力与该国或地区的研究与开发规模具有显著的正相关关系，尤其是高技术产品出口额在全部制造业产品的比重以及高技术产品贸易的贸易贡献两个被解释变量，它们与反映一国或地区研究与开发经费投入强度的指标呈显著的正相关关系，两个模型中回归系数均在5%的显著性水平上显著。我们可以做个比较，那些制造业贸易中高技术产品贸易份额较大的几个国家如美国、日本和瑞士（在2001年比重分别达到了37.9%、37.1%和30.8%），它们的研究与开发强度分别达到了GDP的2.73%、2.63%和3.00%。而制造业出口贸易额中高技术产品比重较小的几个国家，如土耳其、波兰以及希腊（高技术产品出口贸易占制造业贸易总体出口的比重分别为6.6%、6.8%和9.0%），它们的研究与开发强度分别为0.64、0.71和0.67。在众多国家中，比较特殊的就是爱尔兰，2001年研究与开发为GDP的1.15%，但是，其高技术产品贸易占制造业贸易的比重达到了58.2%。

（2）从回归结果中也可以看出研究与开发结构因素对高技术产业的国际竞争力带来的影响。科学研究工作可分为基础研究、应用研究与开发研究。从回归结果中看，基础研究和另外两种研究形式投入对高技术产业竞争力都有显著的正影响（见表5-4和表5-5），但是两类研究形式对高技

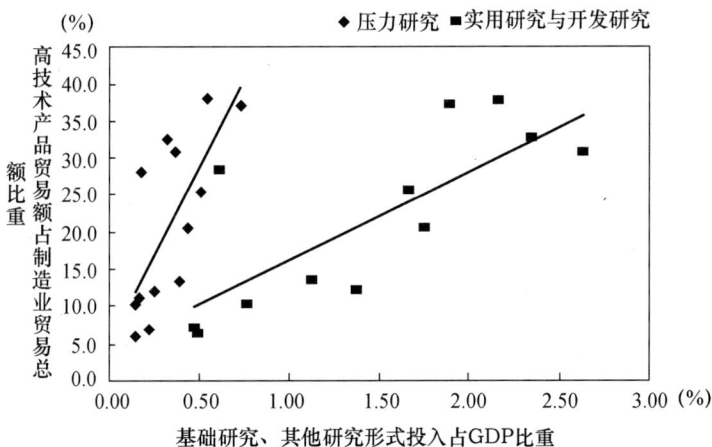

图5-6　基础研究等投入对高技术产业竞争力的边际贡献

术产业竞争力的边际贡献不同，其中总体看，基础研究的边际贡献能力显然大于其他研究形式的边际贡献能力（见图5－6和图5－7）。这主要是因为基础研究是高技术的先导和源泉，科技发展的后劲和底蕴来自基础研究，因此，注重基础研究的投入对于提高高技术产业国际竞争力非常重要。

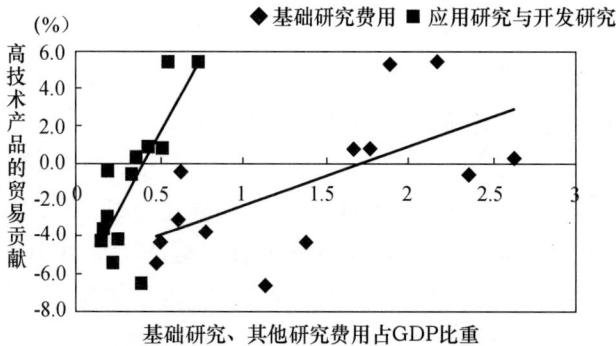

图5－7　基础研究和其他投入对高技术产业竞争力的边际贡献

企业和政府以及其他相关部门在执行研究与开发活动中的行动效果也存在差异。总体上看，对于选用的样本国家或地区总体，企业和其他部门的边际贡献都为正，但企业的边际贡献要大于其他单位（包括政府、科研机构等）边际贡献，如图5－8所示。

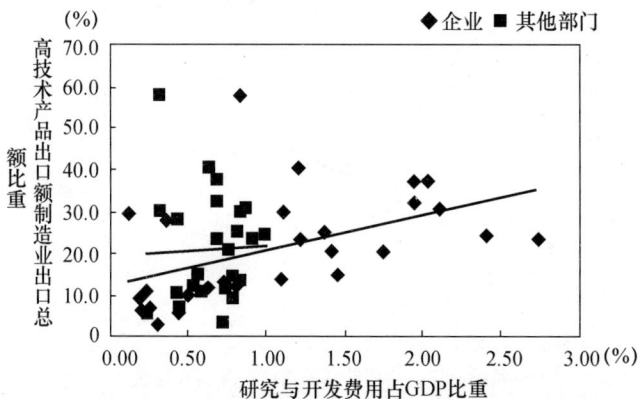

图5－8　研究与开发费用占比对高科技产业出口的边际贡献

研究过程中发现，所选样本国家或地区企业执行研究与开发活动的边际贡献能力呈现为区别明显的两个不同集群：竞争力较高的国家或地区企业执行研究与开发活动的边际贡献能力相对较低，而竞争力较低国家或地区的企业执行研究与开发活动的边际贡献能力较高。这里将样本国家或地区根据它们高技术竞争力的高低和企业执行研究与开发活动的边际贡献能力的不同分为两类国家或地区：较优国家或地区和次优国家或地区，较优国家或地区是指竞争力较强而企业执行研究与开发活动的边际贡献能力较高的国家或地区，次优国家或地区是指竞争力较弱而研究与开发活动的边际贡献能力较高的国家或地区，如图5-9所示。

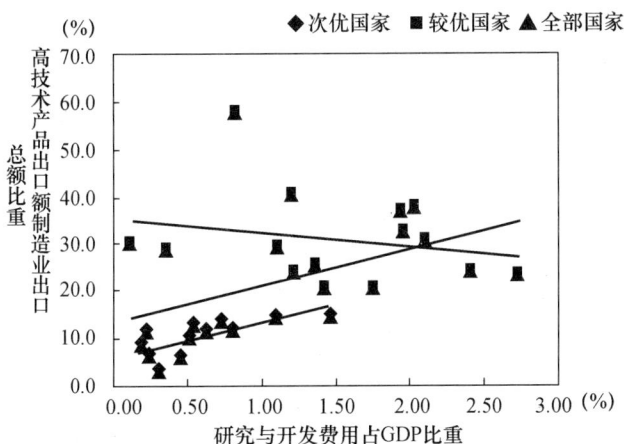

图5-9 样本国家企业的研究与开发占比对高科技产业竞争力的边际贡献

竞争力较高的国家或地区企业执行研究与开发活动的边际贡献能力相对较低，而竞争力较低国家或地区的企业执行研究与开发活动的边际贡献能力较高说明，企业执行研究与开发活动的规模在达到某个界限值之前，其对国家或地区高技术竞争力的边际贡献能力是逐渐增加的，这也说明对于高技术产业竞争力较弱的国家或地区增加企业执行研究与开发活动规模的重要性，以及在此过程中同时注重通过机制优化提升研究与开发活动效率的重要性。

另外，研究与开发经费来源结构的不同，也存在类似研究与开发活动的边际贡献能力不同的情况。比如，来自政府部门和来源于企业的研究与开发经费边际效率就不同。从表5-3、表5-4和表5-5的回归结果可以看出，对于三个解释变量"高技术产品出口额占制造业出口总额比重（EXSHR）"、"高技术产业贸易差额对整个制造业贸易差额的贡献（BLNCNTR）"、"高技术产业增加值占制造业增加值的比重（VLADSHR）"，解释变量来自"企业的研究与开发经费比重（BZRDF）"的回归系数均大于解释变量来自"政府的研究与开发经费比重（GOVRDF）"的回归系数。这说明从整体看，来源于企业研究与开发经费的比重较大的国家，其高技术产业的竞争力越强，这说明充分体现企业在研究与开发活动中主体性的重要性。

（3）人力资源的影响。三个模型中，每千名就业人员中研究人员的数量对被解释变量的回归系数均为正，说明科技人力资源投入的重要性。但需要说明的是，在增加科技人力资源数量的同时，科技人力资源的产出效率，也应同时考虑。如瑞士，平均每千名就业人员的研究人员数量仅为1.0，但其高技术产品出口额占制造业出口总额的37.1%，而对于高技术产品出口额占制造业出口总额比重24.4%的芬兰，平均每千名就业人员中研究人员的数量为15.2。

这里需要提及的是爱尔兰。对于解释变量"高技术产品出口额占制造业出口总额的比重"，在所选国家样本中，爱尔兰的值是最高的，达到58.2%，但其平均每千名就业人员中研究人员的数量只有6.0，在所选国家样本中处于中等水平。究其原因，主要应归因于爱尔兰外资经济的影响，爱尔兰的外资企业高技术产品的出口在该国全部高技术产品出口中的比重较大，而同时这些企业的研究与开发机构很多有设在国外的母公司，所以才产生了这种情况。

（4）融资环境因素的分析。本书以风险投资的发展状况反映高科技企业融资环境的状况，选用了风险投资占GDP比重（VC）和初期风险投资占全部风险投资的比重（ELYVC）两个指标。结果显示，三个模型中回归系数均为正，而且这两个解释变量与被解释变量EXSHR之间的回归系数、ELYVC与VLADSHR之间的回归系数在10%的显著性水平下均通过t检验。这表明了风险投资对于高技术产业发展的重要性。

（5）创新机制及研究与开发活动产出成果的回归结果及其分析。在分析机制因素对高技术产业发展的影响时，本书引用 OECD2000 年的研究报告 *Knowledge – based Industry in Asia* 中的数据，选取企业间技术合作指数和高校与企业间的合作指数两个指标来表征一国或地区高技术产业发展机制状况，如表 5 – 5 所示。

表 5 – 5　　　　　　2000 年国家或地区创新机制与高技术产业竞争力

国家或地区	企业间技术合作指数	高校与企业之间的技术合作指数	竞争力排名（共 59 个国家或地区）	竞争力得分（ = 59 – 排名）
中国	3.93	3.58	28	31
韩国	3.94	4.11	22	37
马来西亚	4.26	3.59	31	28
新加坡	6.16	6.03	9	50
中国台湾	5.9	5.27	12	47
泰国	3.54	3.05	47	12

数据来源：OECD：*Knowledge – based Industry in Asia* 2000。

在表 5 – 5 的基础上，分析了这两个变量和国家或地区技术竞争力排名之间的相关性，如图 5 – 10 和图 5 – 11 所示。

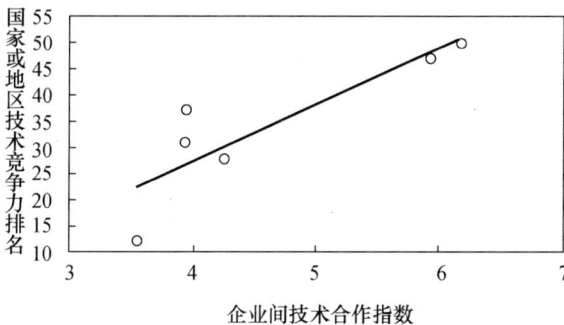

图 5 – 10　企业之间技术合作程度与国家或地区技术竞争力

无论是企业间的技术合作程度还是高校与企业间的技术合作程度，它们与国家或地区技术竞争力均呈现明显的正相关的关系。因此，发展高技术产业，提高高技术产业的国际竞争力，除了注重研发费用以及人力资源等方面的投入外，还要注重发展机制的建设。

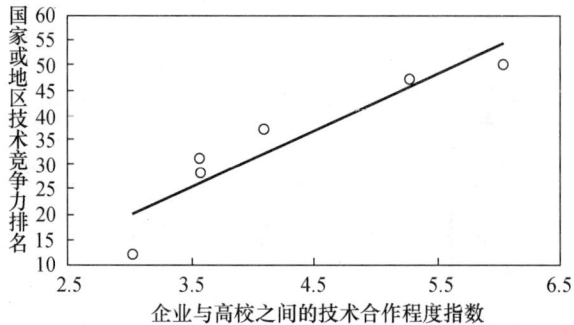

图 5-11 企业与高校之间技术合作程度与国家或地区技术竞争力

（6）其他背景因素的影响。从表 5-2、表 5-3 和表 5-4 的回归结果中可以看出，本章选取的国家或地区高技术发展取向指数、社会经济条件指数、社会的技术基础设施指数与三个表征国家或地区高技术产业国际竞争力的指标均成正相关关系。这说明，发展高技术产业的过程中，除了从高技术产业内部以及微观层面考虑，还要注重高技术产业发展环境的建设。

第四节 高科技园区的评价比较

一、对高科技园区评价的国际比较

从 1951 年世界上第一个高科技园区——斯坦福工业园（也就是后来的"硅谷"）建立以来，激发了世界范围内兴建科技园区的浪潮。至 20 世纪末，全球各类科技园区已超过 1000 个。这些科技园区不但成为技术创新和知识创新的中心，也逐渐成为经济活动的中心。世界各国有关科技园区的称谓并不统一，它们通常被称为科技园、科学园、科技工业园、工业开发区、科学城等。而在中国，一般被称为"高新技术产业开发区（高新区）"

（High & New Technology lndustry Development Zone，HTDZ）。它们出现于 20
世纪 90 年代初，那时候的中国，正进入新一轮经济高速增长期。时至今日，
中国经济已经在世界上取得了令人瞩目的成就。20 多年的实践证明，中国
的"高新技术产业开发区"或者说中国的科技园区，是提高科技成果转化
能力和区域技术创新能力的重要手段，在推动发展高新技术产业、推动经济
可持续增长、推动社会进步等方面都发挥了巨大的作用。

（一）对高科技园区的评价问题研究

科技园的生命和灵魂取决于高科技企业的成长。美国学者埃弗雷特·M.
罗杰斯和朱迪思·K. 拉森（1985）最早涉及科技园区评价这一研究领域。
他们运用定性分析的方法对美国"硅谷"的起步和成长过程进行了系统的
考察，揭示了硅谷形成"凝聚经济效应"的条件。

表 5－6　　　　　国内外对高科技园区的评价问题研究综述一览表

类型	指标	研究者
成功因素评价指标体系方面的研究	（1）成为研究与开发和高技术活动的基地 （2）有一个或几个从事科研的大学、工程学院和医学院支撑 （3）良好的环境 （4）良好的基础设施和商业服务 （5）有远见的政治、科学和企业的领导者 （6）经济发展、大学和技术的发展以及收益与分配等方面	美国学者鲁格和高德斯在《科学园区里的技术》一书中提出 陈益升：《国家高新区评价指标体系设计》，《科研管理》第 17 卷第 6 期，1996 年 11 月，第 4 页。
科技园区运行情况的指标体系框架	（1）科研人员的流动性 （2）科研与公司间转化中心的发展及其相互之间的组织 （3）风险资本的流动性 （4）在发展母子公司中"企业家"精神的发挥 （5）园区设施的服务和环境质量 （6）地方政府的支持程度 （7）用于研究的公共财政支持程度 （8）公司和园区对国际的开放程度	

类型	指标	研究者
区位条件评价指标方面的研究	科技园区应拥有良好的交通、通信条件，尤其应靠近大学、国家实验室、图书馆以及智力和信息密集地区，并应拥有优秀的幼儿和中小学教育系统	美国 dmjm 房地产开发公司
	（1）风险资本 （2）有经验的企业家 （3）技术熟练工人 （4）供应充足便捷 （5）接近市场 （6）政府优惠政策 （7）邻近大学 （8）土地和设施易得 （9）交通便捷 （10）思想解放 （11）服务业繁荣 （12）具有吸引力的生活环境	布鲁诺和狄波基（1982）
	（1）具有作为新技术活动苗床的研究开发机构 （2）具有高素质熟练的劳动力 （3）政府对新公司的研究与开发活动的支持程度 （4）具有空间差异的风险资本 （5）具有刺激和鼓励企业家的环境 （6）对新公司具有廉价的房地产市场 现代科技园区区位选择优先考虑以下因素：所依托的城市地区的智力密集程度和良好的相关产业、支持产业的网络、风险资本、接近国际水准的基础设施、支持创新的制度环境与政策，以及对工人和其家庭有吸引力的城市生活环境	美国学者马立基和尼卡波（1988）

美国对科技园区评价指标体系的研究主要集中在有关科技园区成功因素和区位条件评价这两个研究领域。高科技园区成功因素和区位条件这两个方面的评价指标体系框架具有内在有机的联系，反映了科技园区的本质特征，表现为：

（1）揭示了区位支撑能力的重要性。科技园区是置于整个社会大系统中的一个相对独立的科技产业社区系统，它离不开所依托的城市化地区，城市化地区的智力、市场、交通对科技园区的成功起着十分重要的作用。因而，均选择了智力资源、基础设施和自然环境等指标。

（2）揭示了制度环境的重要性。尽管成功因素和区位条件评价的目的、性质有所不同，但均选择了政府支持、优惠政策这方面的指标。

（3）选择了风险资本、研究与开发等指标，体现了科技园区高技术产业化创新活动的基本特征。

（二）对以硅谷为典范的科技园区的研究和评论

我们将国内外经济学家对以硅谷为典范的科技园区的研究和评论归结为以下观点：

（1）要素说。卡斯特尔斯和霍尔（Castells and Hall，1994）在总结硅谷成功的经验时，指出硅谷高技术活动的要素：与主要大学和研究机构的紧密联系；把政府的空间防卫计划和市场结合起来；一个非联盟的产业传统；当地风险资本的存在；一个完善的通信网络。他特别强调市场机制对硅谷发展成功的影响。拉森和罗杰斯（Larson and Rogers，1988）观察到，硅谷成功的主要因素是技术诀窍、风险资本、工作流动性、信息交换网络、学习性企业和基础设施等。在这些因素中，刺激企业家孵化风险企业的是风险资本和其他基础设施。

（2）原因说。马西等（Massey，1992）发现，许多国家科学园不很成功，在于其政策导向忽视了通过使共处一地可能激励有目的的相互作用和合作这个过程。为了使科学园有点学术的魅力，经济政策忽视了增加产业和学术界的联系，而是仅仅保留产业群体世界中的有关要素。盖文启、王缉慈（1999）认为，20世纪在世界上建立了数以千计的技术极（Technopoles），全球各地都有硅谷热，以为在大学或科研院所附近划地、建厂房，就可能使科研成果产业化。但是，耗费了大量资金，并没有达到预期的效果。问题在于把创新看作了线性过程。

（3）条件说。钱颖一（1999）认为，硅谷不是计划出来的。只有一种非常分散的决策过程才有可能出现硅谷这样的奇迹。如果要找到制度的原因，分散的决策、个人的积极性、创造力是经济发展的主导力量，政府只是一种辅助作用。吴敬琏（2001）提出应为硅谷式科学园的创业活动创造有利的条件。中国创业企业的栖息地应当具备四个基本要素：高素质专业（技术和商业）人才的集聚、广阔宽松的创业空间、良好的法治环境、充裕的资金供应。徐康宁（2000）认为，创建中国的硅谷需要从资金途径、人才途径、制度途径和环境途径几个方面入手，尤其需要加强制度要素和环境要素的投入。

（4）创建形成说。蒋春燕和赵曙明（2001）发现硅谷的成功源于企业和行业之间广泛的联系而不仅仅是企业集中所产生的集聚优势。一个国家的技术基础既体现在其管理人员、工程师和研究人员的数量和质量上，也体现在行业的整体领先性和企业之间密切的关系网络上。张剑文（1999）认为，硅谷效应不仅仅是元素问题，更重要的是有一种将这些元素结合并产生强大生产力的对接办法，这种办法就是美国的经济制度和企业文化。如果不在制度方面硅谷化，仅是简单地硅谷的组织结构和元素构成，笔者自然达不到应有的境界和技术高度。

以上四种观点从不同的角度说明了硅谷的成功和拷贝硅谷应重点发展的要素和资源。要素说表明硅谷成功的做法，但不涉及拷贝硅谷问题。原因说解释了许多国家科学园不成功的政策原因及注重硬件建设，在拷贝硅谷问题上，需要注意到企业关系的重要，但忽视了政府在发展科学园中的作用。条件说发现制度在科学园发展中的作用，其观点表明只有利用市场机制才能拷贝硅谷，政府只是起着辅助作用，未免有些绝对。条件说也认为应给硅谷式科学园的创业活动创造有利的条件。然而对于网络资本和风险资本网络建设则未能关注。创建形成说认为硅谷的成功源于企业和行业之间广泛的联系以及制度的硅谷化，发现关系网络的重要性。但没有对关系网络做进一步探讨。

二、硅谷指数和中关村指数

为进一步把握中美两国在高科技园区评价中的异同，我们分别对具有代表性的硅股指数和中关村指数进行介绍和比较。

（一）硅谷指数

设在美国硅谷的机构 Joint Venture，每年一月向全球发布"硅谷指数"（Index of Silicon Valley），反映自 1995 年以来硅谷发展的健康状况、区域经济实力状况和问题所在。该指数有助于帮助人们更清晰了解硅谷哪些方面在增长，哪些在下滑；哪些在前进，哪些在后退；哪些在变好，哪些在变坏。并指出挑战提供领导者进行决策的分析基础。这份一年一度的报告是反映硅谷状况的晴雨表。一套好的指标能够前瞻性地反映区域长期健康的基本状况，以及区域的利益和所关心的问题；同时它是建立在可进行统计分析的频率基础上的，而且更重要的是它能够度量投入的结果而不仅是投入。

硅谷指数从居民、经济、社会、地区和治理五大方面形成了40个指标来说明硅谷的发展情况，如表5-7所示。

表 5-7　　　　　　　　　　　　硅谷指数的分类和相关指标

类别	指标
居民	人口、外国移民、科学工程教育
经济	增加值、风险投资、人均专利数、蹬羚企业数、产业集群、由产业集群和其他产业提供给硅谷的工作岗位、硅谷就业状况、实际人均收入、收入分配、破产情况、由产业集群和其他产业支付给每个雇员的收入
社会	劳动力训练、中学毕业率、中等数学教育、三年级阅读能力、幼儿园准备、艺术和文化、儿童免疫、超重的青年、健康保险、成年和青年的暴力冲突
地区	保护的露天场所、交通工具水质量、居住密度、运输线附近的发展、运输线利用和可利用率、可负担的建筑、可负担的租金、可负担的家庭、商业空间
治理	投票参与、对可选基金的支持、税收收益、城市收益、县收益

美国硅谷作为企业发展良好的栖息地，具有以下重要特点：企业、政府与非营利机构间密切合作，为达成共同目标而努力；大学、研究机构与产业界的互动；知识密集；流动的高质量劳动力；以结果为导向的精英体制；良好的游戏规则；鼓励冒险、容忍失败的氛围；开放的商业环境；高质量的物质和文化生活；专业化的商业服务机构。蹬羚企业的数量是评价硅谷创业活力和经济景气程度的重要指标之一。

在每年发布的《硅谷指数》报告当中，有一个特殊的指标，即蹬羚企业的数量。蹬羚（Gazella）是一种小型的、行动敏捷的羚羊。蹬羚企业是指最近四年来年收入增长率都在20%的公开上市公司，收入基数不低于100万美元。这样的高成长性公司数量越多，反映了区域创新水平越高。硅谷的蹬羚企业标准，是指将最近四年来年收入增长率都在 20% 的公开上市公司，收入基数不低于 100 万美元的企业界定为高成长企业，并称之为"蹬羚"，用蹬羚个头不大，跑得快、跳得高的特点比喻发展速度快的中小企业。

2002 年，硅谷的蹬羚企业数量由 2001 年的 17 家下滑到 9 家，是自 1992 年以来，贯穿上一次衰退的最低水平。2002 年的 9 家蹬羚企业为：Affymetrix、eBay、Greater Bay Bancorp、Inhale Therapeutic Systems、Liberate、Net IQ、Sangstat Medical、Verisign、Virage Logic。2004 年硅谷蹬羚企业达到 13 家，是 2002 年以来的最高数字。包括：Align Technology Inc.、Artisan Components Inc.、At Road Inc.、Cepheid Inc.、Connetics Corp.、eBay Inc.、Equinix Inc.、Intuitive Surgical Inc.、RAE Systems Inc.、Socket Communications Inc.、Supportsoft Inc.、Symantec Corp.、Webex Communications Inc. Source：Standard & Poor's。

2005 年的硅谷指数，就业人口还在减少，失业率还在增加，但是生产力、风险投资可能恢复上升，其他的很多在下降。与 2000 年相比，生产总值基本上下滑了 80%，尽管总量下滑，但是其地位反而进一步加强了。风险投资的比例，1995 年占 14%，2004 年已经达到 35%，就是说超过 1/3 的风险投资还是投在硅谷。

硅谷的第一目标是创新和创业精神，目标是维持高科技创新的领导地位。第二个就是增长质量，从数据上反映，一是风险投资的数据；二是园区蹬羚企业的数量。另外一个数字就是上市公司的数量。近几年还有下滑，从原来的将近 500 家下降到将近 300 家。在硅谷，每年都有新的公司注册，每年也有老的公司死亡。

（二）中关村指数

目前，我国可与硅谷媲美的科技园区是北京的中关村科技园区。中关村现有 2 万多家企业，每年新创立 4000 多家企业，每年销售额过亿元的超过 100 家，每年至少有 10 家公司 IPO（首次公开发行股票），中关村的创业活跃程度是仅次于硅谷的全球第二大高新区。

2004 年，中关村高新技术企业 1.4 万家，其中蹬羚企业数量超过 1000 家，占中关村 1.4 万家高新技术企业总数的 10% 左右，其中销售收入过亿元的企业，2004 年新增了 100 多家。2008 年中关村高新技术企业超过两万家，产业总收入突破 1 万亿元，年增长速度超过了 40%，上缴税费突破 500 亿元。高新技术产业增加值达到 1786 亿元；目前，中关村已形成以软件、集成电路、网络通信、计算机、清洁能源、生物医药产业为主导的高新技术产业发展格局，初步建立了依靠科技创新推动全面发展的模式。

中关村指数属于狭义指数。它是从众多的统计指标中选择出具有内在联系的，有代表性、可比性、可操作性的指标群，依据一定的评价方法，计算出的一种综合指数。中关村指数计算范围包括中关村科技园区内全部高新技术企业，其企业数量占全市高新技术企业的 90% 以上。

（1）指数的构成：中关村指数由经济增长指数、经济效益指数、技术创新指数、人力资本指数和企业发展指数 5 个分类指数构成。各分类指数均由 3 个指标构成，共计 15 个指标。

（2）权数的确定：主观赋权法。中关村指数指标设置及结构具有不同的经济意义，各园区的规模实力、资产质量、发展能力、经营效果等要素之间也存在较大的差异性。在评价指标体系重要程度时，广泛征求各方面专家的意见，确定了各有关指标的权数。

通过中关村指数，有下列作用：

第一，可以综合反映北京市高新技术产业的发展状况及其变动趋势。通过中关村指数，既可以综合描述北京高新技术产业及中关村科技园区的发展现状，也可以反映北京高新技术产业及中关村科技园区的发展变动趋势。

第二，分析影响北京市高新技术产业发展的主要因素。社会经济现象的总变动，是由于它的各个组成部分的变动所形成的。通过分析 5 个分类指数的变动，可以找出影响北京高新技术产业及中关村科技园区发展的主要因素。

第三，监测不同领域的发展变化情况。中关村指数涉及 11 个领域，重点监测的 6 个领域分别为电子与信息、生物工程和新医药、新材料及应用技术、先进制造技术、新能源与高效节能技术、环境保护技术。中关村指数可以动态监测不同领域高新技术产业结构变动状况。

三、中国高新区的评估指标体系及其演变比较

自国家建立高新区以来，由科技部火炬中心先后于 1993 年、1999 年和 2004 年三次制订和修改国家高新区评价指标体系。国家高新区评价指标体

系对不同时期高新区的建设、发展起到了积极的推动作用。

科技部为了开展国家高新技术产业开发区的综合评价工作，于 1999 年出台了《高新技术产业开发区评价指标体系》（试行），包括技术创新、创业环境、发展、贡献、国际化 5 个方面 20 多个指标，比如反映发展规模的指标有高新区技工贸总收入等，反映贡献的指标有上缴税费总额、高新区工业增加值占所在城市工业增加值的比例等，反映国际化的指标有出口创汇等。具体内容见表 5 - 8。

表 5 - 8　　　　　中国高新区评估指标体系（试行）（1999 年版）

类别	指标
1. 技术创新	1.1　研究与开发经费占总收入的比例
	1.2　自主知识产权产品数
	1.3　从事研究与开发人员占年末从业人数比例
	1.4　人员结构：硕士以上人员占年末从业人数比例
	1.5　人员培训
	1.6　产学研合作项目落实数
2. 创业环境	2.1　高新区软环境建设（政策、法规、管理、体制、风险投资等）
	2.2　高新区信息网络状况
	2.3　交通状况
	2.4　新建区绿化覆盖率环保状况
	2.5　环境状况
	2.6　创业中心在孵企业数
	2.7　创业中心毕业企业总收入
3. 发展	3.1　规模：高新区技工贸总收入
	3.2　效益：人均总收入
	3.3　速度：高新技术产品销售收入及技术性收入的年均增长值
	3.4　单位面积技工贸总收入
4. 贡献	4.1　上缴税费总额
	4.2　高新区工业增加值占所在城市工业增加值的比例
	4.3　高新区企业年末从业人数
5. 国际化	5.1　出口创汇
	5.2　引进留学归国人员及海外专家数
	5.3　国际合作合资项目数
	5.4　实际到位外资额

我国的高新区评价指标体系（1999）是侧重宏观、总量的数据，硅谷指数是比较微观的数据，而且硅谷的数据是起伏不定的，有低谷也有高潮，真实地反映了高科技的发展周期。

2008 年，科技部在已有指标体系的基础上制订了新的《国家高新技术产业开发区评价指标体系》。与以往不同，本次制订国家高新区评价指标体系的原则是：国家高新区作为国家的政策工具，评价指标体系定位于"政策评价"，从"四位一体"和"五个转变"出发建立指标体系；从支撑性、投入性和产出性等不同角度选取指标，尽可能使同一层次各指标具有独立性；用效率等比值型指标，不用总量等规模型指标，消除总量或规模等政策覆盖面的差异性影响；尽可能用可统计的量化指标，适当选择定性指标；按少、简、易操作的原则选择指标。

新的评价指标体系由国家高新区评价指标体系和区域环境测度指标两大部分组成。国家高新区评价指标体系由知识创造和孕育创新能力、产业化和规模经济能力、国际化和参与全球竞争能力、高新区可持续发展能力 4 个一级指标构成，下设 44 个二级指标。区域环境测度指标由经济支撑、知识支撑、环境支撑 3 个一级指标构成，下设 13 个二级指标。

新的《评价指标体系》主要特点是：一是定位于"政策评价"。强调目的性，重点把握高新区对国家导向目标的实现程度。二是突出重点，引导方向。重点强调"自主创新、创业环境、内生增长、资源有效利用"等方面，引导高新区的发展方向。三是考虑差异，分类指导。由于各高新区在土地面积、发展基础、支撑环境等差异，引入了"区域测度指标"，使评价结果和排序科学、公平、合理。四是定量为主，定性为辅。在 44 个评价指标中，定量指标共 39 个，定性指标只有 5 个。五是动态监测，国际接轨。评价指标尽量能与国际通用指标对照，并借鉴《OECD 科学技术和工业记分牌》，建立高新区评价记分牌。

第五节　对高成长企业的评价

对中小型高科技企业成长性评价的研究，主要集中在评价的指标体系设计和评价模型的构造两个方面。Ardisshvili 和 Delmar 等人对可能的成长性评价指标进行了归类。认为分别有资产额、雇员人数、市场份额、产出量、利润额和营业收入等。营业收入成为反映企业成长性的最为广泛的指标,其缺点是容易受到通货膨胀和汇率变动的影响。有学者认为,雇员人数的增长是评价中小型高科技企业成长的更加直接的指标。资源约束论者也从资源束缚角度阐述了雇员资源积累对企业成长的重要作用。

近年来,国内也产生了大量的中小高科技企业成长性评价的研究文献。范柏乃等人参照国外相关研究成果,在调查问卷的基础上,得出了中国中小型高科技企业成长性的分层递阶评价指标体系。中国企业评价协会提出中国企业自主创新 TOP100 评价指标体系以及中小企业成长性评价体系,原国家经贸委等联合课题组推出了一套评估成长型中小企业的 GEP 评价方法。直接依据,建立起包括发展状况、获利水平、经济效率、偿债能力和行业成长性五大类指标的综合指标体系。陆正飞和施瑜(2002)从投资者的角度,探讨了目前国内 A 股市场高科技和高成长型上市公司与传统企业的财务评价指标体系的差异。此外德勤(Deloitte & Touche)会计师行及咨询公司对世界高科技和高成长企业也进行了评估。

一、中国企业评价协会提出的评价指标体系

(一)中国企业自主创新 TOP100 评价指标体系

由中国企业评价协会提出的中国企业自主创新 TOP100 评价指标体系,评价内容包括自主研发能力、生产制造能力、价值实现能力和组织管理能力等方面。评价内容充分体现了企业自主创新的特点以及企业自主创新的每个环节。

该评价体系以企业填报的涉及自主研发能力、生产制造能力、价值实现能力、组织管理能力的 40 项包含定性和定量指标的多指标、多属性数据作为评价依据,从而实现对企业自主创新能力的综合评价。实际评价主要从自主创新投入和自主创新产出两个角度来进行考核和测算。自主创新投入主要考察企业的研发经费投入强度、研发人员投入、研发设备投入等。自主创新产出主要考察企业的新产品产值率、专利授权数、拥有的商标等。评价的对象包括评价申报对象是在中国境内依法登记注册的具有独立法人资格的各类

企业，包括研究院所、实验室等科研机构。企业范围为：国家统计局公布的销售收入在十亿元以上的大型工业企业，全国工商联统计的上规模民营企业，国家级高新技术产业园区企业，深圳证券交易所中小企业板上市企业，国家认定企业技术中心的企业，各省、市科技园区管理委员会辖区内企业。

表 5 – 9   中国企业自主创新 TOP100 评价指标体系

评价指标类别	评价内容说明
1. 自主研发能力	企业拥有自主研发部门，自主创新投入强度大，专业人员素质高，信息采集能力强，拥有多项专利、商标等自主知识产权，近三年推出了较多新产品，自主创新产品产生了一定的社会效益和经济效益
2. 生产制造能力	企业生产设备水平先进，技术工人素质较高，通过了质量管理体系认证。在生产制造过程中，采用了先进的制造技术。在生产制造业方面，具有特色的生产方式、操作规程和管理体系等
3. 价值实现能力	企业有专门的市场研究经费投入和营销经费投入，营销网络完善，营销队伍素质较高，主要产品市场占有率大。在营销理念、营销模式、营销渠道方面有突出特点
4. 组织管理能力	企业领导重视自主创新，创新文化氛围好，创新激励机制健全，有利于创新活动开展。同时，企业研发部门与其他部门联系紧密，企业与其他企业/科研机构交流紧密，企业注重对员工的培训

（二）中小企业成长性评价指标体系

由中国企业评价协会提出的中小企业成长性评价方法包括综合考察企业的定量指标和定性指标两个测评子系统系统。中小企业成长性评价方法的综合指标体系和层次结构见表 5 – 10。

如表 5 – 10，表的左半边是 A 系统指标体系，体现为定量指标体系，表的右半边是 B 系统指标体系，主要体现为定性分析体系。

表 5 - 9　　　　　　　　　　　中小企业成长性评价指标体系

A1 发展状况	A11 销售收入增长率 A12 净利润增长率 A13 净资产增长率	B1 管理能力	B11 企业质量管理 B12 企业信息化水平 B13 企业战略实施
A2 盈利水平	A21 内在投资价值 A22 总资产报酬率	B2 人力资源状况	B21 企业员工素质水平 B22 员工绩效考核 B23 企业中高层管理人员的构成
A3 经济效率	A31 销售净利润率 A32 资本收益率	B3 创新能力	B31 研发机构的设立 B32 研发人员的构成 B33 产品研发周期
A4 偿债能力	A41 资产负债率	B4 融资能力	B41 企业的融资渠道 B42 企业的融资方式 B43 企业的信用等级
A5 行业成长性	A51 行业销售 收入增长率	B5 成长环境	B51 企业融资的信用担保机构 B52 企业生存和发展的外部环境 B53 企业享有国家相关的优惠政策 B54 企业关键技术模仿难易程度
		B6 市场营销能力	B61 企业产销网络和销售率 B62 企业对市场的熟知程度

二、德勤会计师行及咨询公司对高科技企业成长的评价

（一）德勤会计师行及咨询公司对亚太高科技 500 强等的评估

德勤（Deloitte & Touche）会计师行及咨询公司对高科技、高成长 500 强的评估项目起源于美国硅谷。1995 年在美国圣荷西举办了高科技、高成长 50 强项目，后来迅速扩展到众多城市和国家。2001 年开始在欧洲、中东和非洲地区举行高科技、高成长 500 强项目，以促进欧洲高科技、高成长企业的发展。现在德勤高科技、高成长项目已成为全球科技、传媒和电信行业最客观的评选活动之一。

2002 年以来，德勤会计师行及咨询公司每年对亚太地区高科技、高成

长 500 强进行评价和排序。它涵盖亚太地区上市及非上市公司，主要是以过去三年会计年度公司营业额的增长率为依据，以公司收入增长比率为评选标准，旨在发掘和表彰亚太地区成长最快、最活跃的高科技公司，对成长最快的 500 家高科技公司所作出的努力和贡献予以认可。德勤公布的 2004 年度亚太高科技、高成长 500 强企业排名，中国有 90 家企业入选，其中有 32 家来自中关村，如华友控股、合力金桥、港湾网络、华深慧正、中科红旗等。2006 年参与评选的国家和地区包括澳大利亚、日本、韩国、中国、印度、印度尼西亚、澳门、马来西亚、菲律宾、新西兰、新加坡等环亚洲太平洋地区，这些地区也是当今全球经济最活跃、科技成长最快的区域。

2006 年度亚太地区排名榜显示以下主要发展趋势：

（1）在过往三年，所有 500 强公司的平均收入增长高达 399%，但与去年相较有 119% 的跌幅。

（2）半导体、电子及元器件（127 家公司）及软件（123 家公司）业领导群雄，于 2005 年起计分别增长 2.8% 及 4.4%。通信/网络业下跌 4.4%，仍较去年的增幅为高，唯低于 2004 年的增长水平。排名前五位的公司之中，三家是来自通信/网络业。

（3）韩国与中国台湾公司的参与公司数目在排名榜称冠，各有 100 家。其次为澳大利亚，达 70 家，较 2005 年上升 5.6%。而中国大陆与日本的参与公司数目跌幅最大，分别下跌 4.2% 及 3.6%。中国大陆有两家公司荣登十大排名，分别是北京博奥生物有限公司（生物科技业）及北京四维图新导航信息技术有限公司（软件业）；六家公司跻身 20 大，平均收入增长达 521%。就此排名榜而言，中国指中国大陆、香港特别行政区及澳门特别行政区。

（4）半导体、电子及元器件公司一枝独秀，它们来自中国台湾地区（73）与韩国（42），与 2005 年情况相似。印度软件公司的数目再次排名第一（27），而中国（21）与韩国（20）分别排名第二与第三。日本以互联网公司（30）的数目最多，其次为澳洲（23）。通信/网络公司最多来自澳洲（15），其次为中国（14）。

在"高成长企业 500 强"项目评价中，德勤接触了来自不同行业的数千家企业，发现他们有一些共同的特征。下面五点应该是成功的关键要素：（1）在合适的时间将合适的产品推向市场；（2）有最佳的业务模式；（3）要有一个正确的业务策略,能够更好地设立企业愿景,制订业务计划;(4)一个企业不仅仅需要拥有一个能够创建愿景的 CEO,还需要有一个团队来实施;(5)拥有高素质的员工团队。

德勤报告指出,亚太地区过去三年的平均增长率达到 412%,甚至超过了 500%,而且有非常好的发展前景。但是亚太地区的企业应该学习欧美成熟企业的经验,侧重于研究与开发能力的提升。一个企业想维持高增长率的话,需要重新评估技术环境,看产品和服务是否还在市场上处于领先地位,检查一下业务模式是否正确,是否因市场变化作出了调整。另一方面,他们还可以通过合并和收购来达到高成长的势头,这样可以让技术公司吸收和消化别人的长处。

(二) 对中国高科技 50 强等的评估

2006 年以来,德勤会计师行及咨询公司每年对中国高科技高成长 50 强进行评价和排序。参加项目评选的企业需达到以下标准:首先参评企业应是一家高科技企业,企业拥有专有技术,并且该项技术为公司带来显著的营业收入(注:以独特方式应用企业将很大比例的营业收入投在技术研发领域,其他公司的技术不在此列);或企业从事高科技产品的制造;或在被分析的三个年度中的第一年营业收入不少于 5 万美元,营业至少三年。公司总部必须在中国内地或中国香港。只有分公司或分支机构在中国内地或中国香港区的公司不符合条件(除非企业在中国内地或中国香港上市并独立进行股票交易)。

德勤中国高科技、高成长 50 强项目主要针对科技、传媒和电信行业,根据 2002—2004 年三年间的收入增长率(对财务年度结束在 1—6 月之间的公司,德勤比较了 2003—2005 年的数字),评选出中国 50 家增长最快的高科技公司。评选标准仍沿用德勤亚太地区高科技、高成长 500 强项目的统一评选标准,参加此项目的评选,公司必须拥有自己的专有技术。参加公司可以是上市公司或者非上市公司,并处于以下几类行业:通信、计算机和外围设备、互联网、生命科学、半导体和软件。2005 年年底,德勤公布的当年中国高科技、高成长 50 强企业中,分别来自北京、上海、深圳、香港、广州、杭州、大连、无锡和威海。其中北京 20 家,上海 10 家,深圳 8 家,香港 5 家。而在高科技园区来看,16 家来自中关村,例如,空中网位居第一,3 年平均增长率达到 23848.68%;信威通信位居第五,3 年平均增长率达到

1275.81%；百度位居第九，3 年平均增长率达到 965.80%；弘成科技位居第十一，3 年平均增长率达到 920.61%；青牛位居第二十，3 年平均增长率达到 574.19%。

表 5-11　　　　　　　德勤中国高科技、高成长 50 强企业排名

排名	增长率	公司	总部	排名	增长率	公司	总部
1	23848.68%	空间网	北京	26	413.67%	晶门科技	香港
2	4123.06%	宇阳科技	深圳	27	408.32%	华友世纪通讯	北京
3	4059.32%	芯原微电子	上海	28	384.39%	流动电讯网络	香港
4	1837.11%	中芯国际	上海	29	383.60%	深信服电子	深圳
5	1275.81%	信威通信	北京	30	334.63%	腾讯集团	深圳
6	1032.47%	A8 音乐集团	深圳	31	330.99%	中华网科技	香港
7	1015.89%	掌上灵通	上海	32	330.28%	思华科技	上海
8	965.92%	美新半导体	无锡	33	309.74%	网易	北京
9	965.80%	百度在线	北京	34	309.41%	Tom 在线	北京
10	948.67%	滚石移动网络	广州	35	268.01%	北京志鸿英华	北京
11	920.61%	弘成科技	北京	36	250.44%	橡果国际	北京
12	829.81%	美国飞博创	深圳	37	244.26%	博康数码科技	上海
13	810.27%	泰华电讯	济南	38	224.89%	Cherrypicks Id	香港
14	781.14%	龙旗控股	上海	39	220.25%	拓邦电子	深圳
15	704.95%	晨讯科技	香港	40	218.51%	游龙网	北京
16	682.89%	全富汉得软件	上海	41	205.44%	奥瑞金科	北京
17	667.66%	阿里巴巴	杭州	42	204.04%	维深科技	北京
18	638.99%	海康威视数字	杭州	43	196.87%	新税互动	北京
19	598.76%	重庆天极	北京	44	189.91%	前锦网络	上海
20	574.19%	青牛（北京）	北京	45	179.45%	慧点科技	北京
21	570.92%	华亚微电子	上海	46	175.37%	UT 斯达康	北京
22	569.67%	无锡药明康德	上海	47	170.32%	亿中部	北京
23	447.91%	金融界	北京	48	162.95%	顺络电子	深圳
24	434.09%	华东数控	威海	49	162.00%	海辉软件	大连市
25	429.31%	港湾网络	北京	50	157.81%	中国无线科技	深圳

说明：表中被画圈者为电子元器件企业。

资料来源：德勤公司。

在金融危机后 2009 年入选的 50 家企业中，受经济环境的影响，企业更重视靠技术的优化来提高运营效率，同时缩减经营成本，所以软件和新媒体

行业都取得了突飞猛进的增长，其中软件行业由去年的 14% 增长到 30%，新媒体行业由去年的 4% 增长到 8%。市场的需要和资金的持续支持保持了清洁技术/新能源行业的高比例增长（20%）。另外，半导体、电子商务、生物技术/制药等行业的企业都占有一定比例，体现了多元化行业发展的趋势。荣登 2009 年德勤高科技、高成长中国 50 强的高科技公司分别来自北京、上海、深圳、香港、大连、福州、广州、江阴、常州、长沙、无锡和杭州 12 个城市和地区，其中超过半数以上的入选企业来自北京、深圳和上海，这从一个侧面说明了中国高科技产业发展的区域格局。

德勤 2010 年将高科技、高成长中国 50 强企业评选项目的首年营业收入标准从往年的 35 万人民币大幅提升至 200 万人民币，然而，2010 年 50 家入选公司的三年收入平均增长率仍然与 2009 年相仿，达到 967%；成长最快的五家公司今年取得 1813%—7744% 的成绩，平均收入增长为 3711%。与往年相比，连续五年入选德勤高科技、高成长中国 50 强的企业名单分别只有 2 家企业。这也说明，保持高速增长相当不易。

第六节　本章小结

（1）提出高技术企业和经济增长模型，以及将可能影响高科技企业成长的因素是由社会、文化和政治等环境因素构成的环境系统，并构建了高技术企业的成长与高技术产业的国际竞争力形成模型，在此基础上，采取交叉回归方法，对影响企业成长和风险资本国别差异的因素进行研究。

（2）研究结果表明，提升高技术产业的国际竞争力要保证研究与开发投入规模与合理处理研究与开发投入结构，加大科技人力资源的投入，需要适宜的金融体系尤其是风险投资的发展的支持；同时健康的产业发展机制，人们的创业精神，适宜的社会经济、文化背景等都是促进高技术产业健康发展的保证。

（3）在对以硅谷为标杆的高科技园区的评价观点，评价方法和指标设计上，中美两国的学者和评价机构都存在比较明显的差异，但随着时间的变化，在评价指标方面，有缩小的趋势。

第 六 章

高科技企业成长中的知识创造、转化和竞争机制

　　高科技企业成长中的典型竞争特点是由资源竞争转变为基于知识和知识获取、知识转化之间的竞争，知识成为了高科技企业投入最关键的资产。本章将依次分析高科技企业知识的演进和企业的吸收能力、高科技企业的知识创造与转化机制以及产、学、研之间的网络集群知识创造和知识流动等内容。

第一节　问题的提出

　　高科技企业是一个知识和能力的集合体。企业的知识基础包括企业的技术能力、企业的管理能力和企业的制度能力。企业的这些能力和经验不仅反映着企业个人和群体的经验和技能，同时也反映着企业内部独特的做事方式。由于这些能力是基于知识、复杂性和具有路径依赖性的，这些资产和能力通常难以被其他竞争者所复制、模仿，因而是稀缺的有价值的独特的资源和能力，这些资源和能力可以为企业提供竞争优势的基础。企业的本质在于企业创造、获取、综合、转换和利用知识资产的能力。为了创造价值，企业必须能够识别、创造与持续地管理知识。企业开发、维护和培育竞争优势的能力，在很大程度上取决于企业创造、获取和应用知识来解决问题的能力。知识交流和共享、企业内部成员和各部门之间、外部行动者之间的持续沟通和互动是赢得基于核心竞争力的企业竞争优势的关键。基于知识和能力的竞争是我国企业面临的新挑战。

　　进一步来认识，知识创造和转移并不只是单个企业内部或者部分企业之

间进行的，往往是在企业之间，跨行业、跨部门和跨地区，甚至跨国之间形成的。因此，对于知识相对稀缺的我国高科技企业，如何最大限度地吸收外部合作者和行动者的知识并用所获取的知识为企业创造价值，建立基于核心竞争力的企业竞争优势和国际竞争力是我国高科技企业迎接挑战的关键。因此，研究高科技企业及其关联企业之间乃至产、学、研部门构成的企业群和战略联盟网络之间的知识创造与知识转化机制就是一件非常重要的工作。

此外，当今知识的创造和流动并非处在真空状态下，可以完全自由流动。特别是在跨国公司对华直接投资和技术转移的同时，对知识产权保护程度也日益提高，而且中国高科技企业也不可避免地要走向国际市场，要登上世界经济舞台。在这样的背景下，我国企业，更不用说高科技企业成长中的知识创造和流动中的竞争——知识产权竞争也成为一个非常突出的战略问题。

目前国内对企业理论研究的主流主要集中于对交易成本的企业理论和委托—代理理论的研究。虽然对这些理论的研究对高科技企业的成长有所启示，但这些企业理论不足以指导高科技企业的发展和实践。国内外的研究没有或较少解释对高科技发展而言的企业学习机制、知识获取、知识创造和知识转化过程，如高科技企业的学习过程是如何进行的，高科技企业的学习、知识获取和知识创造是否存在某种路径依赖，什么样的结构或机制安排有助于企业获取这些优势，以及这一结构或机制的激励关系等。这些研究的一个共同点是概念性框架较多，系统性的理论研究和经验研究较少，至少在经验研究上还是一个尚未被很好地探索的领域。而对那些尚未被探索领域的探索，无疑具有理论上和实践上的重要性。

第二节　高科技企业知识的演进和企业的吸收能力

一、企业知识的演进

高科技企业知识是通过组织学习而获得和演进的。通过各种互动性学习和知识的转换，企业的能力得到提升。那些能发展出系统性地创造、储存和应用知识的企业和那些能发展出适应性路径以让企业在新知识的基础上调整原有路径的企业是有效率的企业。企业知识资产的积累是路径依赖和历史依赖的。学习路径是个体之间创造、综合和转移专门知识的固定方式。历史路径是企业以前的学习、创造和应用知识的方式。简言之，这些路径可以理解为企业学习、创造知识和转移知识的能力。组织知识资产的积累是一个路径依赖的渐进变化过程，因为知识的累积依赖于资产存量和个人或组织以前的学习能力，基于路径依赖的知识是企业特有的，这些知识在企业的内部比在企业的外部更具有价值，因为难以发展出为这类知识资产的边际生产力定价的市场，因此这类知识很难在市场上获取。知识要素市场的不完全性意味着企业的异质性，也即企业的异质性来源于企业在生产过程中不同的知识积累和知识水平。这是企业竞争优势的源泉，尽管竞争者可以模仿企业的成功故事，但由于知识资产的异质性和知识的不可传递性，使得企业的竞争优势可以持续存在下去。

组织学习是一个组织与环境互动的集体学习过程。在这个过程中，组织成员和组织获取、创造、转移知识并修正组织和个人的行为以适应新知识和新观点。我们认为，企业的知识来自于各种动态互动学习，这种动态学习过程既是企业个人知识积累的过程，也是企业共有知识积累的过程，在这种动态交互学习过程中，学习主体（认知）既学习隐性知识，也学习显性知识，通过互动学习，组织各种知识相互转化。

实际上，组织学习是通过一定的途径进行的，可将经济学文献中关于学习的途径概括为四类：（1）干中学（learning by doing），这种方式是通过行动来证实和改善知识的确信度的，有关生产过程的干中学能改变产品的生产和设计过程，这是企业中比较典型的一种学习方式。（2）学中学（learning to learn）。其目的在于知识结构的完整化和系统化。（3）学中干（doing by learning）。通过将实际问题引入学习主题，有助于对实际问题更全面、更深入的认识，从而找到更有效的解决办法，提高对所学理论知识的确信度。（4）用中学（learning by using）。这是指企业产品的用户经验为企业提供了产品性能等方面的信息，企业可根据用户的反馈改进产品设计。

二、企业吸收能力

企业吸收识别新思想的价值、吸收新思想并将新思想用来解决问题的能力依赖于企业以前的知识基础（包括隐性知识和显性知识）。这个能力构成企业的吸收能力。即使在相同的环境以及具有相同的获取知识的愿望的条件下个人与组织的吸收能力也具有差异，如认识新知识价值的能力、消化新知识的能力以及将新知识应用于产业用途的能力。组织间吸收能力的不同主要有两个方面的原因：（1）以前的相关知识的水平；（2）知识接受单元与知识发送单元之间的同一程度。以前的知识很重要，因为它决定了组织内在化与消化接收到的信号的能力。同一程度是指两个或多个相互交流的人在特定属性，如信仰、教育程度、社会地位、个人偏好等的相似程度。同一程度越高，越能有效地吸收和利用知识。企业以前累积的知识不但可以增强企业将知识纳入组织记忆的能力，而且可以增强将过去所累积的知识应用于解决实际问题的能力。知识促进者在组织内部和组织外部转移知识中具有重要作用。因为群体创造和转移知识的过程是很难自我管理的，知识促进者理解群体知识创造和转移的过程，所以，他们可以帮助群体理解其所面临的问题并帮助他们发现解决问题的办法，因此知识促进者对任何全体来说都是一项非常有价值的资产。知识促进者放大了个人创造新知识和将现在所面对的问题与企业以前的知识和经验连接起来的能力。企业的吸收能力越强，则企业在学习过程中所获取的知识并将知识和所获取的知识应用于解决实际问题的能力便越强。组织学习是一个过程，学习是编码的产品。编码的过程不仅仅描述已经存在的，而且生产被描述的东西。换句话说，企业学习过程也是一个知识创造和知识应用的过程。企业在学习过程中，通过自己的吸收能力，吸纳对自身有用的各类知识，从而不断地增强其自身竞争能力，进而获得竞争优势。

三、高科技企业知识的转换与企业核心竞争力

一般来说，高科技企业的知识创造有一个过程，即评估现有知识—评估知识的战略价值—扫描竞争者的知识—建立需要的知识—发展和生产新知识—共享知识—扩散知识—应用知识（企业知识创造价值链，如图 6-1 所示），这个过程是一个反复进行的、持续的动态过程。在一个动态的快变速变的环境中，企业获取竞争优势的能力依赖于企业不断审视组织内外部环境中各种因素的能力。

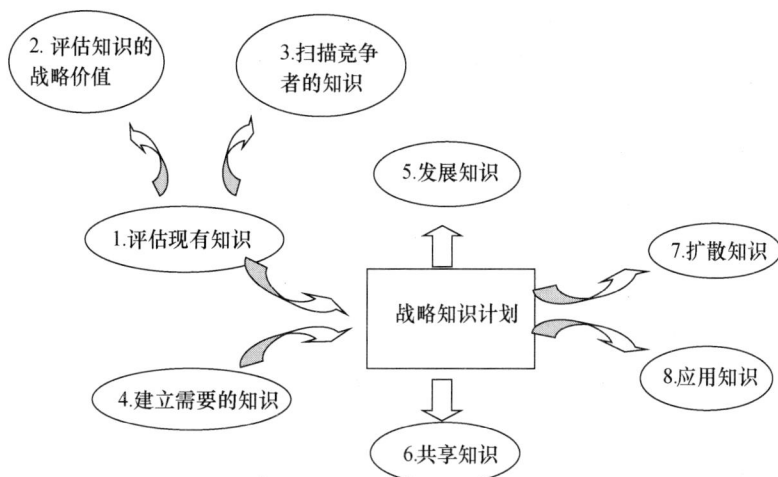

图 6-1 企业知识创造价值链

知识创造导致持续创新，持续创新导致竞争优势，企业知识的创造和转化成为企业生存和发展的必要条件。企业的持续竞争优势依赖于企业创造、应用、转移、共享和保护那些难以模仿的知识资产的能力。企业是一个生产和吸收知识、组合知识、转移知识、应用知识、保护知识的组织。企业组织绩效取决于决策权威和有关这种决策的重要的知识的匹配。企业能力来源于企业综合不同个人专门知识的能力。知识是企业最重要的生产性资源和企业行动的基础。

知识与基于知识的技能是企业可持续竞争力的根本源泉，是企业持续成长的动力和保证，企业现有的知识存量、创造和转换新知识的能力决定了企业发现市场机会和配置资源的能力，企业可以将知识创造和知识管理纳入企业战略（企业战略层、企业战术层和企业操作层，如图6-2和图6-3所示），以赢得持续竞争优势。

组织知识来源于各种互动性学习过程。企业需要建立知识创造、交流和转化机制，将员工的知识和技能充分整合，不断地将个人知识转变为团队知识，将隐性知识转化为显性知识，通过交流、学习和合作从其他企业和行动者那里吸纳知识并不断创造新知识，将获得的知识不断地转化为产品和服务，

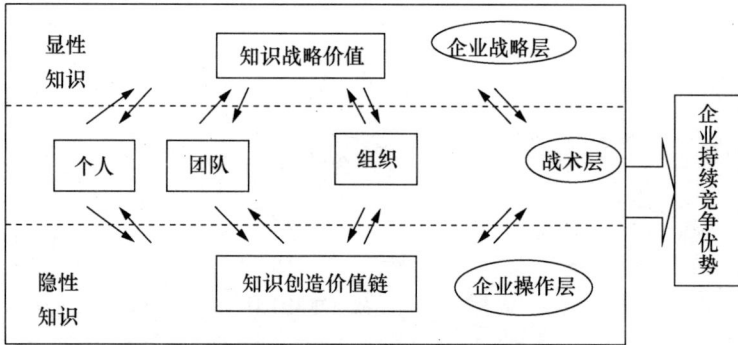

图6-2 企业知识创造价值链、企业战略与企业竞争持续优势网络

图6-3 企业知识转化

发挥企业资源的协同效应，实现企业能力的提升，为客户和社会创造最大价值。知识决定着一个组织与环境的联系方式。组织的知识创造能力受组织文化和组织结构的制约。

企业的持续成长要求企业建立知识更新机制，不断挑战和完善自己的知识状况。企业所创造和经过互动学习获得的知识、企业知识转换能力和知识的稀缺性决定着企业的竞争优势。从知识的角度看，企业的主要任务是综合个人所掌握的独特知识并将这些知识转换成产品和服务。但是，一家企业不可能创造自己所需要的所有知识，所以，企业之间、企业内部须进行持续不断的知识交流。经验证据表明，企业和企业之间倾向于形成知识网络。企业知识的交流和转换就是一个企业的知识创造和知识应用过程，而且是一个不断进行的过程，同时也是一个知识管理的过程。知识的每一次交流和转换都可以看做是对自我的超越，都可以被理解为一个知识的累积和创造过程。企业之间、企业内部知识的交流和转换需要一个模型。除非企业组织能够将自已拥有的知识进行有效转换，即将知识转换成产品和服务，否则大部分知识没有任何价值。除非企业的技术性知识嵌入于产品，否则这类知识不能产生很大价值。

Nonaka 和 Takeuchi 建立了一个知识转换矩阵如表 6-1 所示。

表 6-1   知识转换矩阵

知识转换	隐性知识	⟶	显性知识
隐性知识	社会化		外化
显性知识	内部化		组合

社会化是共享个人经验和创造隐性知识的过程。分享别人的经历和经验是理解别人思想和感情的最好途径。在一定意义上，隐性知识只有共享才可被交流。

外化需要将隐性知识说出来并以其他人能够理解的方式表达出来。交谈过程中，个人超越自我和外部边界，交谈、倾听能给所有的谈话参与者带来好处，因而是知识外化的一种极好的途径。实践中，知识外化一般通过暗喻和类比的方式进行。

组合涉及将显性知识转换成更复杂的显性知识。传播某一方面的知识、编辑和系统化这类知识，是这个转换模式的关键。这样在知识外化过程中生产出新知识。

内部化指将新创造的显性知识转换成个人的隐性知识。干中学、培训和练习是表达显性知识的重要途径。所以，一般通过在职培训、模拟或实验等途径内部化新创造的知识。

知识交流的模式可以建立在 Nonaka 及其同事的组织知识创造理论的基础上，这个理论解释了知识的持续创造和共享。该理论区分了个体知识（被个人所拥有）和组织知识（群体所创造并被组织成员所分享，包括程序、日常行为规则和策略等）。知识的生产和交流通过个人和组织、组织和组织、个人和个人之间的互动持续不断地进行。组织知识是通过隐性知识和显性知识交互创造。知识的交流和转移具有四种模式。

（1）从隐性知识到隐性知识：个人和群体之间创造和交流经验、讨论想法和见解的过程，如想法和技巧（如教某人如何使用机器）。例如，两个人合作设计一种新产品，这里知识的交流是通过图形、草稿和其他途径进行的。这个过程是企业内部和企业之间学习的一个重要机制。非正式网络是企业组织成员之间分享实际经验和技术诀窍的重要途径。

（2）从隐性知识到显性知识：将隐性知识理性化并变成显性知识的过程。这种知识交流和转换是为了使知识的转移独立于知识的创造者，或者是为了便于知识的储存和恢复。

（3）从显性知识到隐性知识：将显性知识转换成特定技术诀窍的过程（如将设备用于新需要）。尤其当资源有限时，这个过程限于特定活动或核心能力，但企业通常精于此道。竞争的全球化意味着企业必须扩展其获取各种显性知识（市场、科学发现、技术革新等）的能力，并将所获取的知识转化成适合自己的隐性知识以增强企业的创新能力和竞争能力。因此，这个过程涉及知识的再创造。

（4）从显性知识到显性知识：将一套正式的概念转换成另一套概念的过程（如获得新的程序、公式、原理等）。例如，供应商接到顾客的订单并根据顾客订单的要求为顾客加工产品。显性知识交流和转换的需要来自环境的压力（如市场等）。

第三节　高科技企业的知识创造与转化机制

一、企业的知识创新管理能力决定了企业的竞争力

高科技企业的知识可以分为技术性知识、管理性知识和制度性知识、显性知识和隐性知识、个人知识和共有知识。这些知识企业是互补性知识，它们一起创造的价值要大于每种知识独立使用创造的价值之和，或获得任何一种知识的成本随着另一种知识的积累而递减。

高科技企业的发展是一个不断聚集知识和进行知识转化的过程。但是，企业组织的技术性知识、管理性知识和制度性知识的缄默性、社会复杂性和专用性，使得其成为不可交易的东西，所以大部分知识创造活动和创新活动

必须在企业内部进行。

　　由于企业的许多活动是在不确定条件下进行的，企业的长期动态持续竞争优势和成长的实现依赖于企业在长期积累的互补性知识的基础上对未来的判断、预期和在已有互补性知识基础上所进行的战略选择，这些构成了企业创新性行为的基础；再加上企业积累的核心互补性知识是专用性的，而且具有整体性和模糊性的特征，难以为其他企业成功模仿，所以企业的这些互补性知识构成了企业的核心竞争力。

　　企业的隐性知识和显性知识之间、私人知识和共有知识可以相互转化。企业知识转换过程是一个螺旋推进的过程。通过各种互动性学习和知识的转换，企业不断将自己所获取的知识转化成各种产品或服务，使自身的能力得到提升。企业知识吸收、知识转化能力的强弱决定着企业核心竞争力能否持续和发展，进而赢得未来的竞争优势。

　　将 Nonaka 的知识转换矩阵和知识交流模式结合起来，可以得到知识交流、知识获取、知识转化和知识创造图（见图 6-4）。

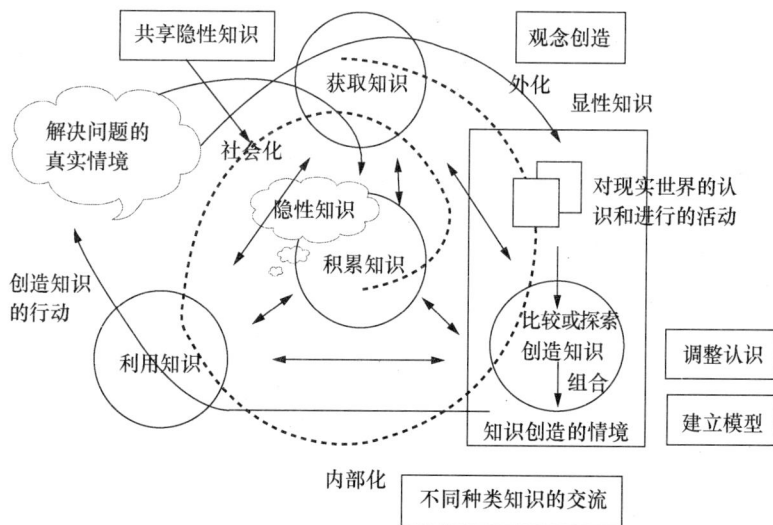

图 6-4　知识交流、获取、累积、转化与创造模式

图 6-4 表明，企业为创造知识，首先应发现问题，然后考虑所进行的活动，采取行动调整，在问题解决情境中采取行动对模型进行修正，实现各种知识交流、获取、创造和转化，不断创造新知识、转化新知识，在知识创造活动中解决所面临的问题，从而实现企业知识累积的螺旋推进和企业能力的累积。

知识和经验越容易被编码，知识转移（流动）的成本就越低，这是知识转移和流动的纯技术属性。而且，流动的知识和被转移的知识能否被知识的接受者所接收，取决于知识和信息的接受者的背景和知识接受者知识吸收能力的强弱。隐性知识或难以被编码的知识，一般来说，除非有比较好的流通渠道和手段，则这类知识的流动的速度较为缓慢而且流动的成本很高。同时，由于这类知识的模糊性很高，只有面对面交流才能消除或减少模糊性。而且，这类知识阐释的错误，也只有通过交流者之间的个人互动而纠正。组织知识的交流和转换是一个重复的反复循环的过程，通过个人之间的反复互动创造出新知识。个人所掌握的隐性知识是知识创造过程的核心，知识可以通过上述四种模式的持续动态互动而创造。企业的知识转化能力越强，企业的核心竞争力便越强。

二、企业知识的分散性和不确定性所引致的企业的协调问题

基于合同关系的企业理论其成立具有明确的假设条件，现实世界中的协调问题又远比基于合同关系的企业理论所描述和分析的问题复杂得多。企业是有目的地建立起来的营利性组织，企业通常在计划的框架下（如使命、正式的组织结构）运行，从这个角度看，企业是一个集权系统。但经济行为并不仅仅是一个最大化问题，它还包括对环境的理解、对未来信息的感知、生产出解决问题的程序等以帮助解决问题。对企业经济组织来说，这里有两个含义：一是组织中交流沟通成本的重要性；二是对无知的克服是经济活动的一个重要方面。由于经济和企业组织中的知识是分散的，经济行为主体拥有不同的认知模式，因此对同样的现实，他们可能作出不同的感知判断。面对分散的知识和企业所面临的环境的不确定性，企业如何制订计划？

在高度变化的环境中，市场边界模糊，成功的商业模型不清楚，市场参与者也是模糊和不断变化的，因为不可能说出未来的可能状态，因此不确定

性也不能进行概率意义上的模型化。也就是说，从知识的角度看，企业常常面临知识的分散性问题，企业知识问题是企业知识分散化所引起的问题。从这个角度看，企业更应该是一个分权系统。知识的分散性是一个无法避免的问题，对企业来说，需要协调的一个重要问题是组织中人们的认知差异和感知差异。换句话说，经济和企业组织中的知识是分散的，经济行为主体拥有不同的认知模式，因此对同样的现实，他们可能作出不同的感知判断，他们也许不知道他们那方面的知识是无知的（不知道他们不知道的知识）。因此，对于企业中分散的知识的协调就成为企业必须解决的一个问题。

　　企业的惯例、企业成员中共同的交流符号至少能部分地解决由企业知识分散性所引起的协调问题。此外，知识的分散性意味着哪些处在实际工作岗位、对某事的处理有着实际专门知识的人、哪些能将事物组合到一起的人进行着实际上的协调活动，是事实上的经理，这是以知识为中心的管理，以知识为中心的管理意味着协调。拥有实际解决问题所需要的知识的人将具有不同才能的人汇集到一起并进行协调活动，这同时也是对企业核心能力的管理和发展。每一个处在具体工作岗位的人事实上都在从事着协调和管理工作。从而管理无所不在，每个人都是管理者，这样也相对地解决了因为企业知识分散性所引起的管理协调问题。正是从这个意义上，企业可以定义为一个由组织惯例所组成的层级结构。组织惯例在解释企业行为方面起着中心的作用。企业管理是由企业知识的分散性和不确定性所引致的问题，而不是交易成本经济学所特指的激励问题。

　　在此基础上，引出了企业间知识互补性问题和资源互补性问题，企业的竞争能力不仅仅依赖自己的知识，也依赖于网络成员的知识，而且也依赖于网络成员合作和协调的规则，从而丰富和发展了基于知识的企业理论。

三、社会资本在企业间知识流动、企业资源获取方面的作用

　　网络中有经济资本、社会资本和知识资本三种重要资本。在这三种资本中，社会资本起着连接和获取经济资本与知识资本桥梁的中介作用。社会资本是企业在与合作者长期互动过程中所发展和累积起来的一种社会资本资源。基于社会资本的信任是企业与其他行动者之间的合作机制，同时也是网络中企业与合作者之间合作行为的一种重要的治理机制。在网络中，企业与合作者在互动过程中不断进行着信息和知识的交流。在企业与网络成员交流过程中,企业获取和吸收对自身发展来说重要的知识和信息。社会资本在企业获取其他资本方面起着媒介、桥梁和黏合剂的作用,社会资本有助于企业获取人力资本、金融资本、知识资本和其他有形物质资本资源。

网络内各个相互联系的行动者之间的知识交换和知识在网络中成员之间的流动需要一种社会化机制和传输渠道。而这种机制是可以使网络中的不同行动者能统一认识的机制。如果缺乏合适的高效率的知识传输渠道,知识流动就不可能发生。而且,除了传输渠道外,传输渠道的特性也会影响行动者之间的知识流动,这些特性包括行动者之间沟通联系方式的丰富程度,如沟通的非正式联系、开放性及密度等。网络内相互联系的行动者之间的关系越密切,相互交流就越开放。而行动者之间更为开放的沟通会提高知识交流、知识共享和知识流动渠道的丰富性程度。而知识交流和共享是网络中的企业赢得基于核心竞争力的竞争优势的基础和关键所在。基于社会资本的网络嵌入性就是促进网络中各种相互联系的行动者知识交流和知识流动的社会化机制。通过这种机制,企业不但可以获取对创新和发展而言宝贵的知识资产和信息及其他资本资源,而且还可以获取合作伙伴是否可靠、值得信任方面的信息。这种社会化机制同时也是一种社会约束机制。

网络中企业能否从合作者那里获取知识取决于企业吸收能力的强弱,而企业吸收能力的强弱受企业理解知识的能力、企业消化知识的能力和企业将所吸收的知识应用于商业上的能力的影响。如果企业这三个方面的能力比较强,则企业从与其互动的行动者那里获取知识的能力就比较强,进而企业吸收外部知识的能力也强,可以导致企业绩效的提高,获取基于核心竞争力的企业竞争优势(见图6-5)。

四、社会资本的源泉

创新是网络中企业竞争优势的最主要的源泉。而创新资源是企业通过其在长期发展过程中累积的社会资本而调动和利用网络中的互补性资源,如知识和其他资源的结果。企业通过社会资本利用多种方式调动对企业的创新和发展而言的互补性资产和其他关键资源。

企业竞争优势的创造不仅仅依赖于自己所拥有的资源,也依赖于企业和

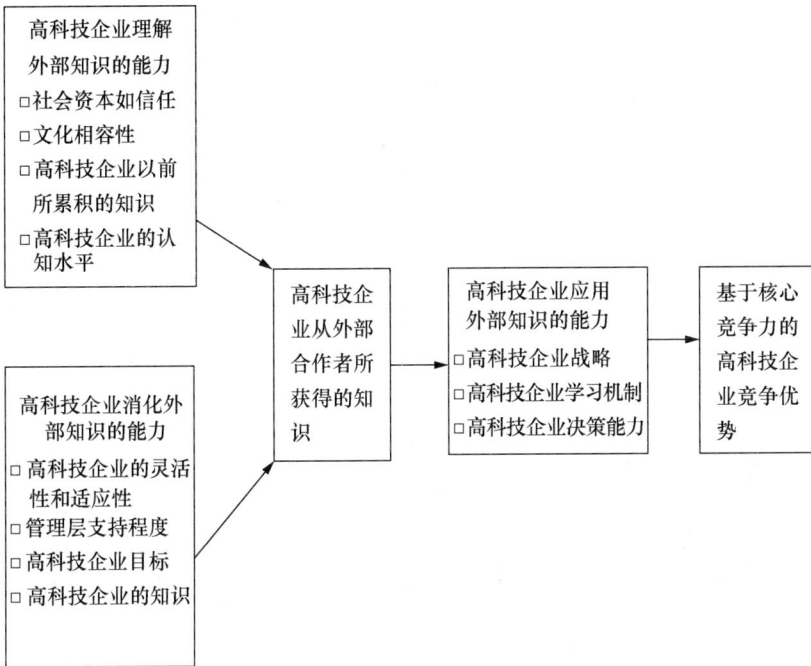

图 6-5　高科技企业的吸收能力与基于核心竞争力的企业竞争优势

其他合作者的关系通过社会资本而调动的互补性资源。知识获取和知识利用主要是一个社会过程。嵌入于网络中的社会资本增加了企业从合作者的关系中获取知识的能力，企业的竞争优势不仅仅来自企业所拥有的资源，而且来源于企业难以模仿的嵌入于企业网络关系中的能力。通过建立关系专用性资产，知识共享惯例和有效的关系机制，企业可以通过发挥关系资源的杠杆作用而获取知识和利用知识。企业从网络中获取和利用知识受嵌入于网络之中的社会资本丰裕程度的影响。社会资本中的关系可以使企业进入并获取合作者的知识资源。通过密切的社会交流，企业可以增进其知识相互交换的广度、深度和效率。一个企业的社会资本越多，企业从这些网络关系中获得的知识就越多，并可以使所获取的知识成为企业竞争优势的基础。网络放大了企业获取知识以及相应的能力的基础，从而网络中的企业可以获取和赢得基于核心竞争力的竞争优势。

网络中企业和合作者成员互动、知识获取、创新的过程和关系，企业的价值创造来自效率、互补、锁定和创新四个方面，因此，企业知识是路径依赖的，而网络中知识流动是路径创造的。

五、网络中企业知识外部性的作用和网络中企业知识投资的网络效应

一家企业可能拥有生产某一产品的某一特定的知识，但它不可能拥有生产某一特定产品生产过程的所有知识。企业之间的专业化分工创造了企业间的相互联系和相互依赖。虽然分工能使人更有效率地学习知识，但要利用这些知识创造更高的效率，就要求企业能利用其他企业的知识。每个行动者、企业和合作者要以这样或那样的方式，日益依靠其他方面的知识，来确保获得其他行动者或企业或合作者提供的知识。竞争和合作使得企业能够充分应用网络中的知识和能力，而这些知识和能力不可能被任何一家企业全部生产和拥有。有效合作通常要求合作者具有其合作者能力方面的有关知识，拥有共享的知识背景，要求合作双方建立共同的知识资产，这样才能对合作创造一种合适的共同环境，才有可能使得各个合作者去充分地进行交流，不断挑战和完善自身的知识状况。企业能从与其互动的其他行动者那里获益，在互动过程中企业努力使自己在适应环境中不断发生着变化。各个合作者的交互作用会产生系统性网络效应。

企业竞争优势的建立和维持所需要的一部分重要知识或资源通常是其他行动者所掌握和持有的。这些知识和资源的有效转移通常需要企业和其他行动者之间具有某种形式的网络关系。企业网络的建立，使网络中的每个企业能够将网络中获得的额外的福利内在化；使得企业的价值创造行为在企业之间的联系更为紧密，从而增加了企业进行价值创造的机会；使得企业内部和企业之间形成动态联盟式协作，出现了知识网络，这是联合多个企业的知识、经验、资源、技巧和能力共同创造某种产品或服务，是一个对资源进行组合或重组，把握和传递市场机会的过程。这种效应就是企业的网络能力。其中的一种系统效应是集体学习，即几个行动者之间的互动学习。企业创造知识的能力在很大程度上取决于与合作者之间的集体学习过程。

通过互动学习，企业不但可以获取显性知识，而且可以获取隐性知识，还可以创造新知识并构建基于这些知识的能力。企业网络作为网络中各企业

集体知识的储藏器，包含了比个体企业专门知识总和更多的知识，本身也需要各个行动者之间的互动的集体学习。通过各个行动者之间高度专业化的分工合作与整个网络的专业化分工活动高度协作化密切结合，可以产生强大的集体学习效应，能够大大促进知识的交流和创新。

通过企业网络，企业可以获取那些难以通过市场交易但能创造价值的要素，企业解决了许多必须通过长时间积累才能获得的某些核心要素。如果网络中有 n 个行动者，那么网络对每个行动者的价值与网络中其他行动者的数量成正比，这样网络对所有行动者的总价值与 $n \times (n-1) = n^2 - n$ 成正比。在网络效应的作用下，一个行动者在网络中的投资与另一个行动者的类似投资互补，大大扩展了互补资产的数量。夏皮罗和瓦利安认为，连接到一个网络的价值取决于已经连接到该网络的企业行动者的数量。其他条件不变，连接到一个较大的网络要优于连接到一个较小的网络。由于网络效应，只要企业联系的数量足够大，企业之间的相互联系可以提高企业的全要素生产率。数学模型可以证明，网络中企业对知识投资的增加可以放大网络效应，这提高了网络内企业的生产率，而网络内知识的外溢提高了网络内企业要素投入的边际产出率。网络中知识溢出效应和网络效应的净福利为正。

此外，网络中企业之间的信息和知识的流动还是互惠的、反复进行的一个过程。而且，网络中的知识流动是非线性的，知识流动的每一个阶段都在寻求、使用和创造新知识。图 6-6 给出了网络中企业及其合作者之间的知识和信息流动的模型。这个模型是循环式的。网络中的知识流动受各个企业的企业战略和企业目标的约束和影响，同时企业根据其战略和目标决定提供的产品和服务的类型。企业利用从知识源中所获取的知识丰富自己的知识库。知识在企业内部和网络中流动，既包括隐性知识，又包括显性知识，并根据企业战略和企业目标吸收和创造新知识，然后采取行动。

知识源主要包括企业内外部与企业联系的行动者，企业从其联系的行动者那里既吸收隐性知识，也吸收显性知识；既吸收个人知识、也吸收共有知识。共有知识包括与企业互动的行动者的知识，如互动者能力方面的知识和信息，等等。企业从知识源中所获取的知识经过企业的过滤和筛选并经过企业知识吸收机制和企业学习机制进行消化和吸收后，这些知识和企业的原有知识一起，变成为企业提供新产品和服务的基础。同时，企业与其相互联系的行动者之间互动和交流也会产生新知识，而新知识的创造对企业的创新来说非常重要。企业在获取内外部的知识和信息并进行整合之后便进入决策阶段。在决策阶段，企业的决策者选择最有潜力的思想和想法，这些新思想得到组织的强调。然后企业根据决策采取行动，在行动过程中，企业再根据情境对所吸收的新的知识，通过企业学习机制和学习过程进行过滤并进行再加工和创造，如此反复循环。也就是说，网络中的知识流动的过程为：各个行动者互动创造新知识和新思想，企业根据情境进行决策，采取行动，总结和分析结果，然后互动的各个行动者之间的互动和交流再产生新的知识，如此循环往复。

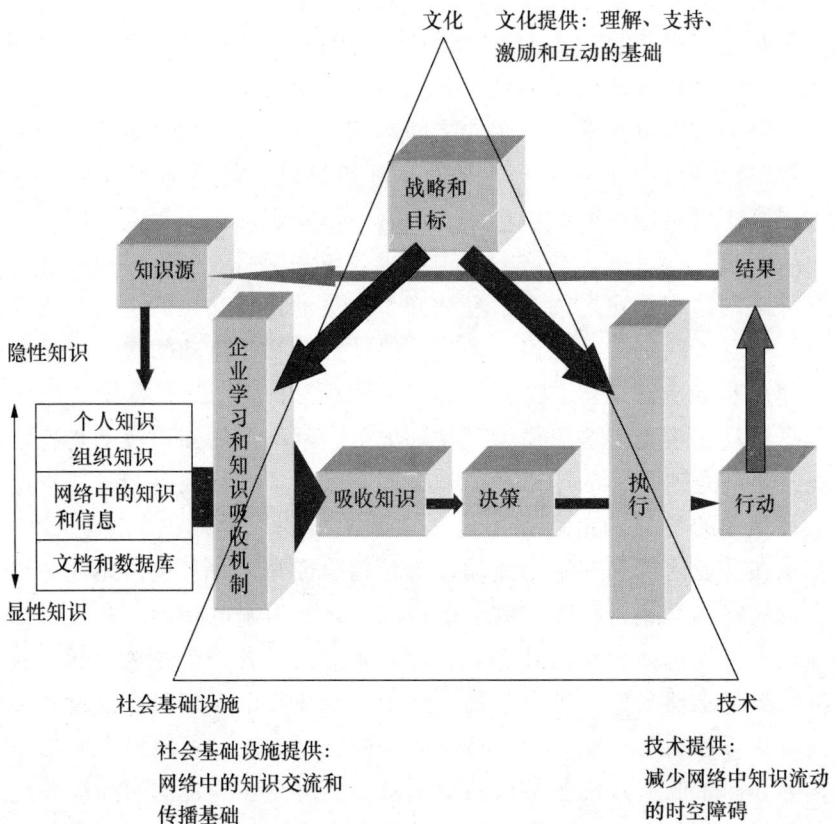

图 6 - 6　网络中的知识流动模型

这样，网络中企业从其他与其互动的行动者那里所获得的知识就可以得到不断转化，即显性知识和隐性知识之间的互动和转化、个人知识和共有知识之间的互动和转化，以及技术性知识的互补和匹配，并且企业在与其他行动者互动的过程中，实现知识向产品和服务的转化，从而获取基于知识的核心竞争力和基于核心竞争力的持续竞争优势，如图 6-7 所示，其中，i 表示个人；g 表示群体；o 表示组织。

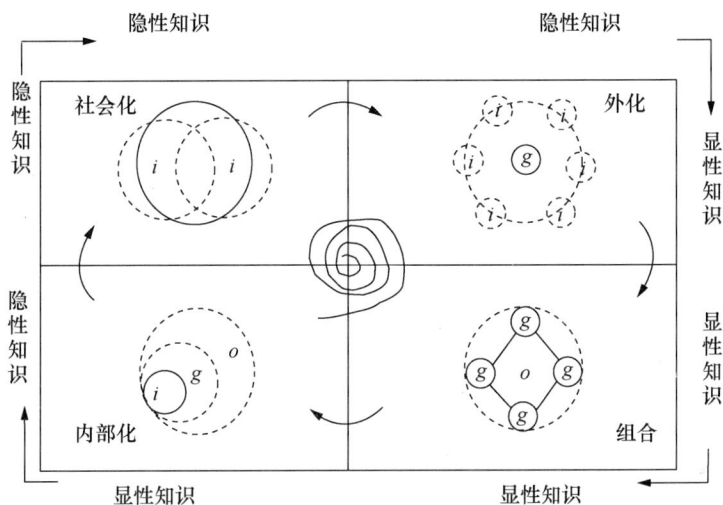

图 6-7 各种知识的相互转化

网络内各个相互联系的行动者之间的知识交换和知识在网络中成员之间的流动需要一种社会化机制和传输渠道。如果缺乏合适的高效率的知识传输渠道，知识流动就不可能发生。而专利制度就是这样一个高效率的知识传输渠道。

新技术的外部性的确会使研究与开发支出少于社会最优量。如果各个企业的技术创新是互补性的，那么研究与开发信息共享将增加企业的研究与开发支出。通过开发新技术的厂商 A 以更低的成本和更快的速度获取其他厂商（同时也是其新技术受益者）的新技术，这相当于使厂商因开发新技术而得到了有价值的回报，从而使外部性在一定程度上被内部化。所以，存在若干个生产同一产品和进行研究与开发投资以降低产品价格的利润最大化厂商，如果网络中各成员的竞争行为属于古诺竞争，且各厂商的新技术具有互补性，那么，网络成员数量的增加将使每一成员的研究与开发支出和最终产品产量提高，且总成本曲线下移。

如果技术网络各成员的新技术具有互补性，某一成员从其他成员得到的技术信息增加了其研究与开发投资的回报，即边际成本的减少量增加，那么网络中厂商数量的增加就会引起厂商研究与开发投资的增加。

由此可知，只要所有成员对技术信息预期收益相同，而且技术变化主要是互补的，那么，技术网络就能够为其成员带来相当大的竞争优势。只有当厂商的经营规模较大或其他特殊条件使其在研究与开发上的投资要远远超过其竞争对手，而且它所期望达到的成本降低的幅度要大于其竞争对手通过组成技术网络而实现的成本降低的幅度时，厂商才不会加入技术网络。因此，不加入技术网络的厂商将受到市场机制自动的经济性惩罚。这表现在两个方面：一是其期望利润要低于技术网络成员的期望利润；二是期望的机会成本将不断增加。也就是说，如果两个厂商面对同样的市场需求，成本和研究与开发的投资回报率都相同，不过一个只依靠自身开发的新技术，另一个则与其他厂商结成技术网络，那么，后者的利润将超过前者，而且非网络成员的相对利润劣势随着其被排除在网络之外的时间增加将不断加强。

六、企业的网络能力与企业租金及其与专利的关系

网络中知识流动和基于核心竞争力的企业竞争优势的源泉在于：企业网络结构的效率，即网络内企业基于劳动分工基础上的知识专业化分工所带来的报酬递增效应，网络中企业知识外部性的作用和网络中企业知识投资的网络效应。社会资本是企业间协调和合作的一种有效机制，企业的网络形式主要通过两条根本的途径获取规模效益从而提高企业的效率：通过降低人际协调成本导致社会分工在深度和广度上的扩展；通过降低信息传递的成本导致每个个体的创新机会的大范围扩展。同时，网络内形成了相当完备的专业化分工体系使生产效率得以提高和生产成本得以降低，网络中知识的溢出和知识的共享使企业产生了极高的产品模仿能力和产品创新能力。企业网络中的共同资产的累积是企业获得竞争优势的源泉。市场通过专业化分工可以有效

地生产和传递多样化的信息，市场传递的是信息而不是知识和能力的传递，市场没有记忆，不能有效率地保存知识和信息，企业由于专业化分工的限制，只能有效率地生产某一方面的专业知识而无法生产多样化的专业知识，但企业具有有效率地储存专业化知识和信息的能力，企业网络将市场生产多样化信息和传播信息的能力、企业生产和保持专业化知识的能力成功地结合起来，并且能成功地传递知识和能力，从而加速企业知识的积累和创新。而在这一逻辑的背后是建立在企业社会资本基础上的企业网络能力在起作用。

企业的网络能力可以为企业带来持续竞争优势。企业网络能力推动了企业组织变革，并影响企业组织边界的选择。这种能力反映了企业形成具有竞争优势的创新方式的组织能力。企业的网络能力可以使企业通过对外部网络关系的战略识别，从企业网络组织系统中，发现有利于自身发展的机遇、资源，通过参加网络系统的活动，或与网络成员通过建立正式或非正式的关系来获得企业发展所需要的资源和信息，尤其是获得深度知识和信息。知识在网络中传播和转移，企业通过组织学习来掌握知识，从而提高自己的竞争优势。企业网络组织不仅仅是契约的集合体，更是能力的集合体。企业网络能力的本质就在于企业通过寻求和运用网络资源来获得竞争优势。同时，企业的网络能力也可以帮助企业发现新的网络组织机会，消除企业锁定于某一网络组织可能带来的负面影响。网络中的企业可以获取威廉姆森租金、科尔曼租金、伯特租金、张伯伦租金、李嘉图租金和熊彼特租金。企业要建立持续竞争力，必须建立相应的网络能力。

从经济学角度来看，专利处理的正是内嵌在创新产品或生产过程中的新知识。在缺乏专利制度的情况下，发明人主要依赖商业秘密来保护他们的创新。这样，无法用商业秘密保护的发明就不会纳入发明人的视野，发明的范围自然很小。这时，更注意保护商业秘密的麻省法律就使得128公路的风险投资比硅谷更有优势。

美国专利制度改革后，由于专利宽度增加，许多以前不能被授予专利的发明可以被授予专利并被知识产权法所保护，这样，人们就愿意从事无法用商业秘密保护的发明活动，风险投资的领域一下子被大大拓宽了。特别是专利制度作为促进创新和技术进步的重要政策工具，一个重要机制就是专利权人必须通过专利申请书向公众详细地将发明描述出来，以使具备该领域基本技能的人在进行适当的实验后能够使用该项专利。显然，专利制度有利于科学和技术信息的扩散。而麻省由于有限制员工流动的法律规定，网络创新的能力就被大大地限制住了，所有其风险投资的发展很快就大大落后于硅谷，就一点也不奇怪了。

从战略管理的角度来看，垄断与创新——专利系统不得不面临的悖论难题——却赋予专利竞争优势更多的内涵，能产生不同性质的租金，而被竞争位势、资源基础和动态能力等不同战略管理主流学派作为企业竞争优势的重要来源。

专利系统赋予专利权人有限制的垄断权可创造张伯伦式的垄断租金，而被竞争位势学派作为竞争优势的重要来源。竞争位势学派认为，产业的吸引力和企业获得在市场中的位势就成了企业竞争优势的最重要的来源。为了保持这种优势，必须不断地进行战略性投入，如投入新产品开发（产品差异化战略）、扩大生产规模（低成本战略），以此提高行业壁垒和打击竞争者，维护垄断地位，从而获得垄断利润。同时，资源基础观（包括知识基础观）则认为专利的垄断权（专用权）可创造李嘉图（Ricardian）式比较租金。"隔离机制"（isolating mechanisms）作为唯一非契约企业专有资产，而被企业资源基础观作为企业竞争优势的核心来源。专利和其他形式的知识产权长期以来一直被作为建立隔离机制防止有价值的资源被竞争者模仿的战略性工具而使用。处于企业核心业务的技术必须尽可能地不被竞争对手模仿，且能够不断地创新；因此，在很多情况下，专利的技术排他性比特许专利获得的"技术性价值"（如特许费）更有价值。具体体现为：专利可以确保在产品开发过程、协同专业化互补资源形成过程，甚至后续创新过程中采取相关的不可取消的投资的有效性；如在市场上，企业一旦建立专用标准，专利可用来防止标准自身的模仿；如通过创建"专利丛"（Patent Thicker）而使其他企业的创造发明难以绕过企业，从而使企业在专利竞争中占据优势位置等。

动态能力理论则认为，专利系统的创新激励作用可创造熊彼特式的创新租金。动态能力理论从熊彼特"创造性毁灭"的命题出发，认为经济是不断进化的，实质性的市场竞争不是价格的竞争而是创新的竞争，创新特别是能力的创新（即动态能力）才是企业利润的真正源泉，动态能力可以使企业

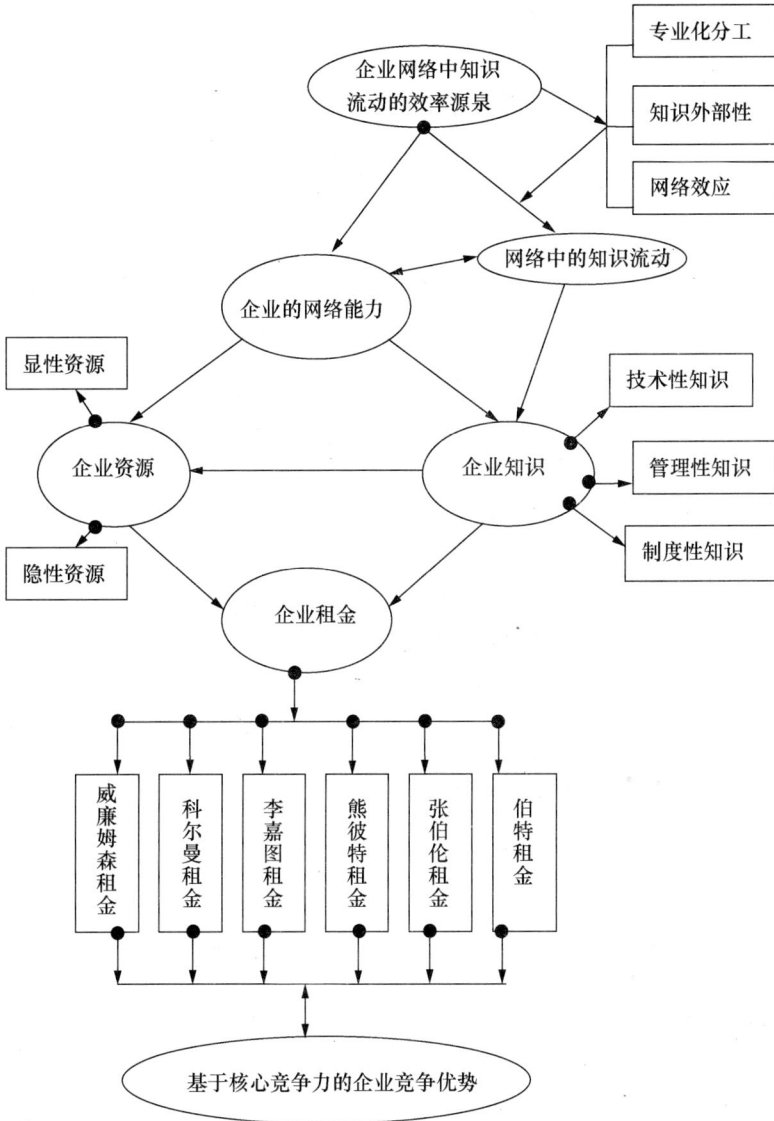

图 6 - 8　企业网络能力与企业租金

在给定的路径依赖和市场位势条件下，不断地获得新竞争优势。Scmaya（2002）认为，专利战略的研究领域包括一系列的决策，如专利权的获取、专利权的特许、专利权的增强，等等。这些决策呈现嵌套结构，即一些决策的有效性决定于前一次的特定决策。因此，从长期的角度看，有关专利的决策可以帮助企业构建"位势"，成为企业长期动态能力的重要来源。专利本身就是企业不断学习和创新的产物，更重要的是专利竞争优势的有限性，迫使企业必须通过不断的技术创新和升级专利才能获得持续的竞争优势。专利能鼓励创新和形成垄断的双重特征，使其竞争优势具有不同的租金性质。这恰恰证明了知识产权制度对于高科技企业的知识创造和知识转移的重要作用。

第四节　产、学、研之间的网络集群知识创造和知识流动

一、产、学、研结合是知识创造和转移的内在要求

自 20 世纪 80 年代中期弗里曼等学者发现"国家创新体系"以来，出现了研究区域创新体系、企业技术创新体系的热潮。人们把社会各类创新活动的成败优劣，提升到创新体系中各要素间的互动、互补、互利、互惠等网络式的整合去观察、求解。

当今社会经济发展的科技化、国际化和高度专业化趋势，使企业从事科技开发活动需要与外界进行大量的技术、人才、信息、资金和物质交换。与智力、知识、信息资源丰富的大学、科研院所的交流与合作成为企业提高技术创新能力的必然选择。产、学、研合作是科研、教育、生产不同社会分工在功能与资源优势上的协同与集成化，是技术创新上、中、下游的对接与耦合，其符合社会生产力发展和技术创新规律，具有很强的技术创新机制，是优化企业科技行为的有效实现形式和途径。

从创新体系的角度思考，科技界是处在创新链的上游，关心的是发明创造产生的过程，以自主创新为己任，以不断贡献自己创造的新成就服务于社会和企业而自勉，追求创新水平的先进性和原始性，其理念往往强调科技引领；经济界则是关心创新链下游的技术创新、组织创新、管理创新在产业和

企业层次的有效整合和体现价值的过程，以企业的市场竞争表现为判别标准，强调企业的核心竞争力而不单纯是核心技术，更重视技术的适用性，视具体情况确定技术在竞争中的地位，有些情况甚至不论技术的先进与否，其理念是满足市场需求。从创新链整体而论，前者是供给科技创新成就的源泉，后者是吸纳转换创新成就实现市场价值。这两种力量的互补、互动和协调综合，实现了创新到应用的全过程。其具体实施执行要通过产、学、研的紧密结合。这其中企业因肩负实现市场价值的重任而处于核心地位。

首先，近年来，中国由于民间主导的产业组织处于不成熟的状态，因此人们期待大学担负起推进技术创新的重担，并通过培养企业为高技术产业的形成作出贡献。因此，在"产学合作"方面，中国的大学占有主导地位，与美国大学和企业形成的互补关系有所不同。对于"产学合作"的定位可以放在使"产"作为部门得以确立的基础上。以大学的法人化为开端，大学的制度改革朝着灵活化、重点化方向不断前行，校办企业的数量也直线上升。过去"产学合作"都是靠"最大限度模糊产业和大学之间的界限"推进的。而近年来，情况有所变化，要求建立"维持教育、研究和企业经营平衡的管理体制"。同时，大学中出现的校办企业的经营责任、教育机能以及基础研究水平的滞后，还有研究资源的分配不均等问题越来越表面化。中国的"产学合作"是在实践中启动的，目前国家开始着手进行制度方面的设计。

其次，大学不仅积极开展技术转移，一旦有革新性技术出现，就会立刻被编入课程或者作为研究领域加以拓展，从而为新产业的开发作贡献。这就是罗森博格所说的美国研究大学对现实的"应答"行为。大学和产业之间形成了一种真正的"双赢"关系。

最后，科研成果只说明在技术上可行，创新的成效在于必须真正商品化，要真正变成商品必须得接受市场检验并不断修正。这也要求产、学、研之间的结合。

我国的大量实践中出现的产、学、研脱节，究其根本原因是没有把企业放在核心地位，从而引发了种种问题。"以企业为核心产、学、研结合的技术创新体系建设"作为国策，明确了企业在技术创新中的核心地位，是解放生产力的关键。据调查，在产、学、研合作的障碍问题上，34%的企业将企业缺乏转化技术人才及没有资金放在了第一位，22%的企业认为在合作中企业的主动权太少，21%的企业认为科研院所技术不成熟，15%的企业认为科研院所积极性不高。从企业方面来讲，驾驭产、学、研的合作、用开放的心态组织创新上、下游的合作还存在一定的问题，企业的研究与开发组织能力还不十分成熟，但也反映了院校方面也存在一定的问题。此外，产、学、研合作的层次还不够高，合作的国际化程度也不高。

科学、技术和产业之间客观上形成了科学知识、技术知识和制造、服务知识的流动网络。STI 网络的研究如图 6－9 所示。

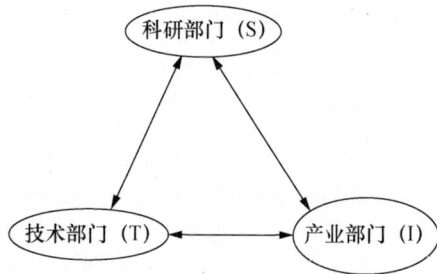

图 6－9 STI 网络的研究示意

其中，（a）S—T 结合：体现在学术论文与专利在各技术领域中的产生和聚集关系；（b）T—I 融合：反映技术与产品化的商务模式状态等；（c）S—I 融合：科研与生产制造和服务的直接联系。

从知识创造和流动的世界范围表征来看，科研和技术乃至产业部门的知识创造各有其自身的贡献和表现。一般而言，科研部门的创造能力可以用学术研究能量水平测量；技术部门的创造能力可以用专利水平测量，而产业部门的制造能力可以用产品水平来衡量。

二、科研、技术和产业部门的知识创造能力

（一）学术研究能量研究

学术能量一般包括研究能力和影响力两个方面。作为国际比较而言，科学文献客观地反映了一国的科学发展状况，文献本身不仅是科学家发表研究

成果和进行交流时最为理想的场所，经过同行评议而能在学术期刊上发表论文，是对作者研究工作的肯定，也是衡量科研工作质量的重要途径之一。在这方面，SCI 作为一种客观实用的定量指标体系和评价手段，在许多国家的宏观决策中发挥了重要的作用。

美国科学基金会的研究表明 SCI 更适合评价科研机构和科学家群体。由 SCI 指标体系获得的重要科学指标有：国别的论文发表数量和被引用情况、世界发表论文最多或论文被引用最多的研究团体（大学、研究机构、企业等）、高影响力论文、学术刊物的影响因子等。它主要反映基础研究可公开的研究结果，客观地反映了国别的科研能力与影响力，即基础科学的研究水平。合理使用 SCI 指标体系，如对某国家或地区、机构或某科研人员群体的整体科研水平，在一个较长的时间区间内进行考察时是比较有效的。

国内学者的研究表明，由 SCI 索引的中国发表论文数量已经排列世界第 5 位，基础研究的论文数量排到世界第 6 位，说明我国科技界已具有相当的研究能力。但论文的引用率，特别是单篇的引用率很低，而且一直未见明显的增加趋势，说明我国的科研论文的影响力很低。

这里特别需要说明的是，由于科学知识的产生与扩散是带有高度复杂性的人为活动，具体的知识产出方式多种多样，知识的扩散方式通常也与研究领域的发展特色有关。如与自然科学相比，人文与社会科学的研究一般更具区域或民族特色，研究成果的发表方式更是多元化，仅从文献获得的指标则无法全面、客观地反映其研究活动和产出的特性。因此，这里的研究只是对一个重要的社会现象冰山一角的揭示。

（二）专利水平和研发/专利投入产出比研究

专利水平是国际通用的衡量行业或企业技术创新能力、科研开发实力，发展潜力和竞争力的重要指标。目前在国际上使用比较多的专利分析指标如下：

（1）科学关联指标（Science Linkage，SL）：指所有专利的首页（front page）所引用学术文献的平均篇数。此一指标代表该专利技术与科学之间的关联程度。科学关联指标高的技术通常集中在新兴技术领域，而专利技术具有科学关联指标高的企业，也通常是该技术领域的技术领导者。

（2）现行冲击指数（Current Impact Index，CII）

此一指标所呈现的是过去数年中各国所获得专利的重要程度或影响力。就整体专利而言，CII 期望值等于 1.00，若某国某期间专利之 CII = 1.10，指该国某专利被引用的频率高于平均的 10%。

$$M_{t-a}^i = C_{t-a}^i / P_{t-a}^i \quad A_{t-a} = C_{t-a}/P_{t-a} \quad I_{t-a} = M_{t-a}^i / A_{t-a} \quad a = 1, \cdots, 5$$

$$\text{CII}\,_5^i = \sum_{a=1}^5 \left(P_{t-a}^i / \sum_{a=1}^5 P_{t-a}^i \right)$$

（3）最具影响力专利（The Most Impact Patents）：是指专利的被引证次数位于前 10% 之专利。

（4）技术强度指标（Technological Strength Index，TS index）：将专利核准件数乘以专利现行冲击指数可得到专利技术的强度指标。

TSI = 专利核准件数 × CII

（5）技术显示性比较优势（RCTA 或 RTA）亦称为技术的活动性指标（Activity Index，AI），主要用以衡量一国某领域专利技术之相对比较优势。一般而言，当 RCTA 大于 1 以上，表示某国某一技术领域相对其他技术领域具技术竞争力，因而比较容易在美国获得专利。其公式为：

$$\text{RCTA}^{ij} = \frac{P^{ij} / \sum_j P^{ij}}{\sum_i P^{ij} / \sum_{ij} P^{ij}}$$

其中，i 代表第 i 个国家，j 代表第 j 个技术领域。

（6）研发投入与专利产出比。我国科技经费投入巨大，但知识产权产出不多。以"863"计划为例，从 1986—2001 年，计划实施 15 年，共投入 110 亿元，参加"863"计划研究工作的科技人员先后达 4 万多人，约有 200 个科学研究机构、100 多所高校、几百个企业参与了"863"计划的研究了开发。在民口 6 个领域的 230 个专题，共资助项目 6900 余项，仅获国内专利 2000 多项，发表论文却高达 47000 多篇。

每千万元产出的专利数 1.51 件，论文 45.5 件，二者之比为 3.32:100。显示我国的研发投入与专利产出率低。长期以来，我国对科技成果的评价，重论文发表、轻专利申请等知识产权产出。很大程度上是因为知识产权意识淡薄；不重视专利信息检索，研发立项起点低，导致研究成果无法获得知识产权，这与知识产权信息服务薄弱有关。

以高等院校为例，在现行科技管理体系中，高校是全社会中科技资源相对集中的地方，是实施国家各类科技计划的重要基地之一。目前，尽管高校每年承担大量的国家项目，但根据 2000 年高校科技统计，高校承担的各类课题共计 10 万余项，申请专利却不足 3000 件，两者形成极大的反差。

2008 年国家知识产权局调查表明，我国专利转移比重偏低，转让和许可的比例均不到 10%（分别为 4.1% 和 5.8%）；实施收益低，收益水平超过 500 万元的总计为 9.8%，不到 10%。调查还显示，由于各方拥有的信息不对称，国内专利技术交易总体市场环境不佳，缺乏专业、诚信、便捷的常设性专利交易渠道，仅有平均 22.8% 的专利权人利用了中介机构促进专利实施。

瑞士洛桑国际管理研究院每年发表《全球竞争力报告》，即《洛桑报告》，长期使用专利指标评价各国的技术产出。从《洛桑报告》的分析看，我国的科技直接产出指标的情况进步较快，对整体排名的提升起到良好的作用。近年来，我国的专利指标发展较快，2002 年"授予本国常住者的专利"指标排名第 10 位，比 1998 年（第 13 位）提高了 3 位；"授予本国常住者的专利增长率"为 87.36%，列第 4 位；而"本国常住者获外国专利"基本稳定在第 28—30 位之间（2002 年为第 28 位）；"每 10 万人获得的有效专利数量"基本稳定在第 36—38 位之间（2002 年为第 37 位）。另外，2002 年新增的三项科技方面的指标中有两项属于产出指标，科技论文数量排名第 12 位，专利产出效率排名第 36 位，均比较有利于我国科技竞争力指标的总体排名。

三、科研、技术和产业部门之间的知识流动

如果从市场的空间联系角度来看，知识流动可以表现为源和汇之间的知识流动。所谓知识流，是指知识传递过程中从知识源到知识接受者之间发生的知识转移。它有知识创造源、知识接受汇和知识通道或路径三个组成要素。

高新技术产业集群中的企业借助产业网络和社会关系网络与其他企业或组织（大学或科研机构）保持紧密的联系，纵向层级指令转化为横向的协作关系，为企业带来了更大的灵活性，增强了集群内企业吸收创新成果的能力。在集群层次上，由于企业更多地从外部寻求资源，网络化的合作体系形成了更深入的纵向集成，合作的各个企业相互促进，增强了彼此的实力，使

网络总体的创新能力远远大于单个企业能力的简单叠加。

美国斯坦福大学的经济学家罗森堡（Nathan Rosenberg），通过长期潜心于技术史（或技术经济史）研究而提出了许多独到的技术变迁经济学的理论见解，如在关于技术变迁方向的理论中，他提出相互依赖的技术之间的不平衡发展即"技术不平衡"（technological imbalance）作为诱导技术朝某一方向变化的"诱导机制"（inducement mechanism）的理论，以及现在在技术变迁经济学中经常与"干中学"并用的"用中学"这一概念，都是他根据大量技术史的研究而提出来的。

第五节 跨国公司的研究与开发活动全球化和知识流动的内部化

一、跨国公司研究与开发活动全球化

作为生产知识和技术的研究与开发活动，既是组成地方创新环境的内容，也是直接从事创新活动的主体。研究与开发活动集中的地方，往往成为全球创新活动的节点和新技术的发源地。毫无疑问，跨国公司在当今世界技术开发中扮演了领导和先驱的角色，引领了世界技术创新浪潮。研究与开发活动的全球化在跨国公司的推动下，显示出迅速发展的态势，正在由过去的集中研究与开发实验室转向全球化的网络模式。

研究与开发活动的特殊性决定了其空间分布及空间效应的特殊性，在跨国公司研究与开发全球化的动机与区位研究的基础上，跨国公司研究与开发全球化的空间结构层面的全球研发网络，是跨国公司研究与开发活动全球化和分散化的空间表现和组织架构。跨国公司的研究与开发投资的区位选择直接造成了某一研究与开发地域成长和集聚的空间过程。

因此，全球研究与开发创新节点的形成使全球研发网络的轮廓和构架逐渐明朗化，这些节点依托跨国公司广阔的组织渠道促进了资金、技术、人才、信息等资源在全球的流动，有力地推动了知识欠发达地区的经济发展和技术进步。

（一）全球创新重心分析

为度量全球创新重心的变迁，我们选择了 44 个国家（地区）的 GDP、FDI、高技术产业和人口数据，这些国家在世界经济、对外直接投资和人口的比重大约占到世界的 90%，因此对上述国家和地区的经济、人口、高技术和对外直接投资重心进行分析，具有世界意义。在力学中，我们知道重心是力矩最小的点。总力矩为 $S = \sum_{i=1}^{n} Mi \times Ri$，要使总力矩最小，即 Smin 则应满足：$\partial s/\partial xi = 0$，$\partial s/\partial yi = 0$，由于此式无解析解，需用以下迭代公式求解：

$$X^{(k+1)} = \frac{\sum_{1}^{n} \dfrac{m_i \cdot x_i}{\sqrt{(x_i - x^k)^2 + (y_i - y^k)^2}}}{\sum_{i=1}^{n} \dfrac{m_i}{\sqrt{(x_i - x^k)^2 + (y_i - y^k)^2}}}, \quad Y^{(k+1)} = \frac{\sum_{1}^{n} \dfrac{m_i \cdot y_i}{\sqrt{(x_i - x^k)^2 + (y_i - y^k)^2}}}{\sum_{i=1}^{n} \dfrac{m_i}{\sqrt{(x_i - x^k)^2 + (y_i - y^k)^2}}}$$

若令 $R'_i = \sqrt{(x_i - x^k)^2 + (y_i - y^k)^2}$，则该式也可写为：

$$X(k+1) = \frac{\sum_{1}^{n} \dfrac{m_i \cdot x_i}{R'_i}}{\sum_{i=1}^{n} \dfrac{m_i}{R'_i}}, \quad Y^{(k+1)} = \frac{\sum_{1}^{n} \dfrac{m_i \cdot y_i}{R_i}}{\sum_{i=1}^{n} \dfrac{m_i}{R_i}}$$

假设世界由 n 个次级国家或区域（或称为质点）P 构成，第 i 个次区域的中心城市的坐标为 (x_i, y_i)，M_i 为 i 次区域的某种属性的量值（或称为质量），求其重心，设重心在 Q 处。对一个拥有若干个次级国家的世界来说，计算某种属性的"重心"通常是借助各次级国家或地区的某种属性和地理坐标来表达的。

当 $R_i \Rightarrow \infty$，说明第 i 个国家（地区）与世界经济重心（或创新重心）的空间距离越远，越处在与经济重心（或环境污染重心）偏离的地区，甚至为边缘地区。

当某种属性的重心随着时间变化出现移动时，移动方向就指示了空间现象的"高密度"部位，偏离的距离则指示了非均衡程度。对此可采用欧氏距离公式来计算。

设各次级国家中心城市 $P(x_i, y_i)$ 到重心 $Q(\bar{x}, \bar{y})$ 的距离为 R_i，根据

欧氏距离公式可得：$R_i = \sqrt{(x - x_i)^2 + (y - y_i)^2}$（$0 \leq R_i \leq \infty$）

当 $R_i \Rightarrow 0$，说明第 i 个地区与世界经济重心（或创新重心）的空间距离越近，越处在与经济重心（或创新重心）接近的地区。当 $R_i = 0$，说明第 i 个地区为世界重心。

这样我们不仅可以了解在一个时期内大尺度范围内世界创新重心的变化轨迹，也可以了解同期某一个具体的国家（地区）在变动中的偏离程度。从而可以更深入地了解和把握不同地区在这个时期中经济发展和创新活动的时空变化特征。

我们通过图 6 - 10，说明重心斜率 k_i 在空间各象限的方向变化及其特征。

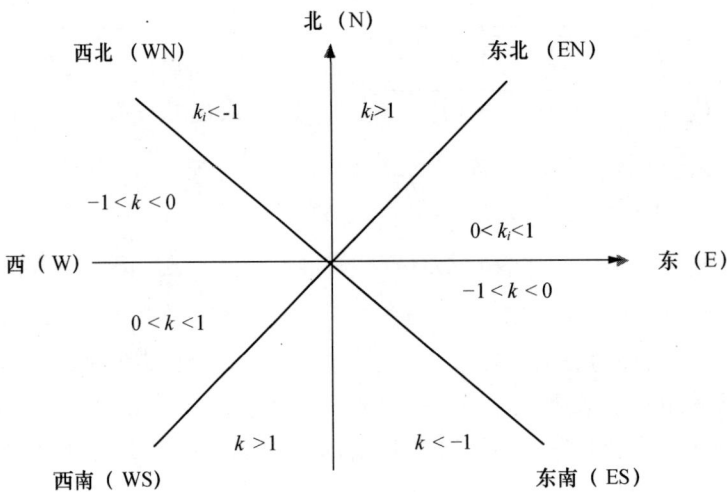

图 6 - 10　重心斜率 k_i 在空间各象限的方向变化及其特征

全球高技术产品出口重心在 1990—2003 年期间的空间演变轨迹如图 6 - 11 所示。

如图 6 - 11 所示，横轴表示经度，纵轴表示纬度。全球高技术重心的空间演变轨迹大致走势为低经、中纬方向→中经、中纬方向→高经、高纬方向。相对而言，在经度方向变化较大，在纬度方向变动相对较小。

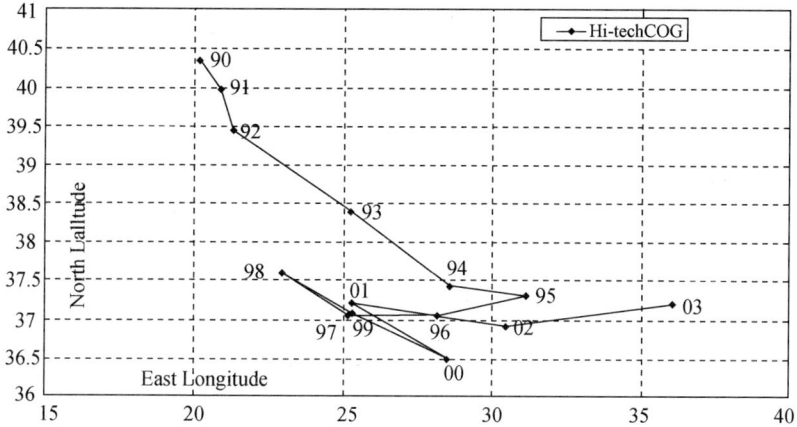

图 6 - 11   全球高技术重心的空间演变轨迹

1990—2003 年高技术重心斜率有 9 年为负值，表示此时该重心坐标呈逆向变化；4 年为正值，表示此时该重心坐标呈同向变化。总体变化表明了全球高技术产业的增长速度及规模在东南方向超过了西北方向。

全球在 1990—2003 年期间知识产权使用支出（对专利权费、特许权使用）的空间演变轨迹如图 6 - 12 所示。

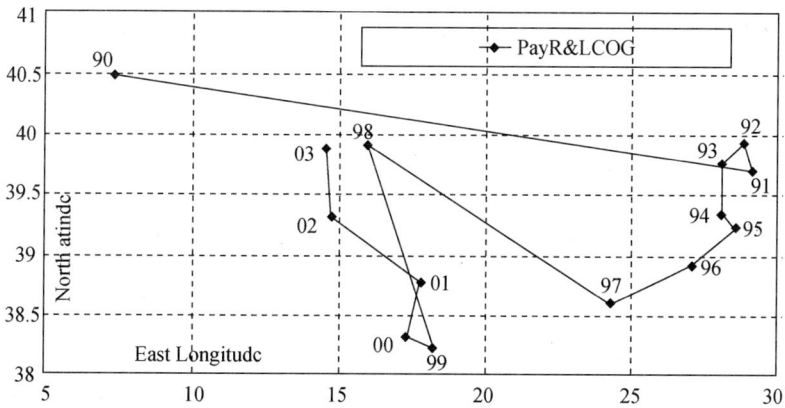

图 6 - 12   全球知识产权使用支出重心的空间演变轨迹

如图 6-12，全球知识产权使用支出重心的空间演变轨迹大致走势为低经、中纬方向→中经、中纬方向→中经、低纬→低经、中纬方向。相对而言，在经度方向变化较大，在纬度方向变动相对较小。

1990—2003 年研究与开发支出重心斜率的绝对值有 12 年小于 1。总体变化表明了全球研究与开发支出的增长速度及规模在东南方向超过了西北方向。

我们将各重心迁移的相关系数和平均速度列入表 6-2。

表 6-2　　　　　　　　　各重心迁移的相关系数和平均速度

	高技术产品出口重心	知识产权使用支出重心	GDP 重心	人口重心	外国直接投资重心
高技术产品出口重心	1.000				
知识产权使用支出重心	-0.486	1.000			
GDP 重心	-0.364 -0.100	0.157	-0.104	1.000	
人口重心	-0.270 (H.3)	-0.045 (H.3)	0.149 (H.3)	0.171	1.000
外国直接投资重心	0.316 (H.2)	0.289 (H.2)	0.125 (H.2)	0.047	-0.408	1.000
重心迁移速度（km/year）	338.121	383.618	305.217	258.433	9.489	612.436

资料来源：作者整理。

从表 6-2 中可看出，在考察期间，各重心的迁移速度中，外国直接投资重心移动速度最高，其余依次为知识产权使用支出重心，高技术产品出口重心，GDP 重心；最低的为人口重心。

各重心的相关系数表明高技术产品出口重心与外国直接投资重心直接正相关，和知识产权使用支出重心直接负相关。

（二）科技研发的全球化动机

随着国际化发展趋势，企业研发活动也采取了国际化的思维，并最终发展成为全球性的研发网络。虽然研发功能一般大都留存在母公司基地，但发达国家应对其制造业移转海外与全球市场开发的需求，研发活动也需要与全球生产、营销相互结合，这导致了在世界各地设置研发据点的必要性。例如，IBM 在全球六国拥有 8 个大型实验室；佳能（Cannon）公司在五国设置有 8 个研发中心；摩托罗拉（Motorola）在七国设置有 14 个研发中心。

Hewitt（1980）对研究与开发全球化的动机进行了总结性分类：适应性的、当地市场导向的和全球性的。

帕特尔（Paetl）也将其归纳为三点：调整产品、工艺、原材料适应国外市场，为海外生产机构提供技术支持；跟踪监视国外科技发展动态；在母国之外创新核心产品和关键技术。

BaS 和 Sierra（2002）将跨国公司海外研究与开发的动机归纳为技术跟踪型、母国基地开发型、母国基地扩张型、市场寻求型四种类型。Kueerle（1997）研究指出，跨国公司分散研究与开发主要有两种功能：（1）吸收先进知识，并移转至母公司研究与开发基地，以提升母公司研究与开发产出绩效；（2）移转母公司的研究与开发成果至海外制造据点，或提供海外市场技术服务，以更有效结合研究与开发、生产与销售。

帕特尔和帕维特（Patel and Pavitt，2000）[①] 曾针对 359 家在美国取得专利的跨国营运企业进行调查，结果发现大部分的企业仍将主要研究与开发创新活动保留在母国研究与开发基地，但外国研究与开发中心在创新成果产出所占比例确实也有不断升高的趋势。

表 6-13 显示，规模较小国家（如荷兰、比利时、瑞士等）的企业，相对较为依赖海外研发资源，因此其海外研究与开发据点之研发创新活动较母国研究基地更为旺盛。

表 6-3　　　　跨国企业在海外研究与开发创新活动的比例调查　　　　单位:%

跨国公司之母国	1992—1996 年期间在美国取得专利总量中，母国与外国研究与开发中心比例		比较 1980—1984 年与 1992—1996 年数据，外国研究与开发中心比例成长情形
	母国研究与开发基地比例	外国研究与开发中心比例	
美国	92	8	2.20
法国	65.40	34.60	12.90

①　Derived from Patel, P. and K. Pavitt (20E00), "National Systems of Innovation under Strain: The Internationalization of Corporate R&D" in Barrell, R., G. Mason and M. O'Mahoney (eds), Productivity, Innovation, and Economic Performance, Cambridge UK.

续表

跨国公司 之母国	1992—1996 年期间在美国取得专利总量中，母国与外国研究与开发中心比例		比较 1980—1984 年与 1992—1996 年数据，外国研究与开发中心比例成长情形
	母国研究与开发基地比例	外国研究与开发中心比例	
英国	47.60	52.40	7.60
德国	78.20	21.80	6.40
荷兰	40.10	59.90	6.60
比利时	33.20	66.80	4.90
瑞士	42.00	58.00	8.20

近年来，跨国公司在华研究与开发投入不断加大，而且外商投资研究与开发中心的基础型、创新型本地化研究所占比重有所上升，越来越多的跨国公司将在华设立的研究与开发中心作为其亚太区研究与开发总部，甚至升级为全球技术研究与开发中心。据不完全统计，目前跨国公司在华设立各类研究与开发中心超过 1200 家。截至 2009 年底，商务主管部门批准的独立法人形式外商投资研究与开发中心共 465 家，投资总额 128 亿美元，注册资本 74 亿美元，主要集中在上海、北京、广东、江苏和浙江。外商投资研究与开发中心主要集中在技术密集型行业，如电子通信、生物医药、交通化工、软件设计等行业。

二、跨国公司的国际技术转移方式

根据技术产品周期理论，技术转移是跨国公司从事国际化经营的重要方面，具体地讲就是制造最终产品或处置中间投入产品所需的知识及知识诀窍，包括产品设计、生产方法、相关的管理系统等有偿或无偿地从一国或地区流向他国或地区，从一个企业流向另一个企业或多个企业的活动。其具体方式有对外直接投资（FDI）、技术出售、许可交易、技术援助等。

跨国公司在国际技术转移过程中主要有两种方式：一是跨国公司在产权和控制权范围内对海外分支机构的内部化技术转移；二是向其他企业的外部化技术转移。内部化技术转移主要通过跨国公司对外直接投资加以实现。外部化技术转移有许多方式，如拥有少数股权的合资企业、特许经营、资本品销售、许可交易、技术援助、分包或原厂委托制造安排（OEM）等。内部化转移的技术数量很难直接测算和比较，如果以支付的特许权使用费和许可费来衡量，那么，其中大部分支付是在公司内部进行的。

　　然而由于技术是跨国公司垄断优势和核心竞争力的关键，事实上，跨国公司会把技术创新看做是自己竞争优势或者垄断优势的来源，这就决定了它们一般不会轻易将技术特别是核心技术转让给公司外部企业。第二次世界大战以后跨国公司技术转移具有强烈的内部化倾向。跨国公司转移到国外的技术主要是流向其拥有全部或多数股权的子公司。就跨国公司而言，内部化是实现研究与开发投资利润最大化的最佳方式。通过技术转移的内部化，跨国公司可以凭借其技术领先的优势建立或增强其在全球市场或区域市场的垄断地位，利用垄断差价政策实现世界范围内垄断利润的最大化。而且，由于不涉及外部市场的交易成本，还可以避免其他企业参与分享由技术创新带来的垄断利润。

　　跨国公司的技术转让的内部化倾向具体表现为以下三个方面：

　　（1）将先进技术和关键技术转移给独资或控股子公司，而将成熟技术和外围技术转让给非控股合资企业或外部企业。按跨国公司产品生命周期理论及技术转移梯度规律，跨国公司为了保持技术垄断优势，向东道国特别是发展中国家转让的技术一般都是已向具有高市场价值的其他发达国家转让过的处于成熟期的标准化技术。即使是因为战略的需要将其最先进的技术移入发展中国家，也会将其牢牢控制在它全资子公司内部。而且采取如母公司研制技术、子公司生产制造，控制技术人员流动，监控技术操作等手段防止先进技术在发展中国家的迅速扩散。

　　（2）针对技术所处的不同生命周期阶段采取不同的转移策略。在创新阶段，其转移严格控制在跨国公司内部，一般不会对外转让；在成长阶段，处于优势地位的跨国公司也不会对外转让，一般会通过扩大对外直接投资将技术优势内部化，充分实现市场控制和利润最大化的目标；对成熟阶段和衰退阶段的技术，跨国公司大多会进行对外转让，因为这一阶段的技术已经不能为其带来垄断优势和超额利润，对外转让还可以获得一定的收益。

　　（3）为了加强技术控制和实现技术内部化策略，跨国公司往往在东道国设立独资企业，或通过增资扩股加强对合资企业的控制。随着东道国外资政策的放宽，跨国公司进入市场越来越倾向于采取独资的方式。另外，在合资企业中，部分合资企业的外方通过增资控股等手段，力图取消对方原有的研究与开发机构，或把对方的相关机构置于附属地位，使对方技术发展受制于外方。

三、跨国公司知识流动的内部化

基于知识的角度，现有的研究一致认为，跨国公司存在的主要原因是能比市场更有效地创造和转移知识将跨国公司内部的知识流动划分为由母公司向子公司的流动、由子公司向母公司的流动以及子公司之间的流动，根据这一划分，可以将跨国公司的内部知识转移概括为母公司向子公司的转移、子公司向母公司的转移以及子公司之间的转移三种类型。

在子公司成立初期，由母公司向子公司的转移是跨国公司知识转移的主要形式。通过母公司向子公司的知识转移可以改善子公司知识基础薄弱的状况，提高子公司的竞争力以弥补跨国公司在陌生环境中的经营劣势，并通过知识在跨国公司内部的共享获得更多的回报。

在知识经济时代，由母公司向子公司的知识转移是跨国公司知识转移的重要内容。知识转移效果受到母公司转移意愿、子公司吸收能力、知识特性以及母、子公司文化差异等因素的影响。为了提高母公司向子公司的知识转移效果，需要提高母公司转移知识的能力、增强子公司吸收知识的能力、根据知识特性选择合适的转移方法并消除母、子公司之间的文化差异。

表6-4 跨国公司母、子公司知识转移方式

	纵向转移	横向转移
知识转移主体	母公司	
知识类型	理念性知识	协调性知识、操作性知识
知识转移路径	管理层配置、培训指导等	项目团队、研发团队交流等
知识转移效果	母公司意愿、子公司吸收能力	转移主体子公司意愿、被转移子公司吸收能力

跨国企业通常由总部和位于不同国家的子公司等分支机构组成，具有网络状的公司结构。跨国企业内部以及企业与外部环境之间的知识交换形成了不同层次、不同类型的知识流。

在一些关键技术领域，多数跨国公司在一国申请专利权之后，常常将专利移至所在国之外的国家或地区进行产业化，或者使"专利内部化"，在本公司内部使用。目前，跨国公司在一些发展中国家市场上占有绝大部分核心知识产权资源。在计算机、医药、生物、通信和半导体等发展中国家重点发展的高技术和前沿技术领域有 80% 甚至高达 90% 以上的专利被跨国公司"圈走"。而跨国公司知识产权的内部化趋势又造成这些国家知识产权的流失。跨国公司通常由母公司和位于不同国家的子公司等分支机构组成，知识在不同机构之间的流动和转移构成了跨国公司知识管理的重要内容。

四、跨国公司与本土创新主体之间的知识流动模式

跨国公司在东道国本土设立研究与开发机构，因其资金、设备、技术和管理的优势，会与本土企业产生市场和人才争夺，从而会对本土科研机构和企业形成一定的压力，但是，跨国公司研究与开发可以弥补东道国的研发资金缺口，带来先进的技术和管理经验，有利于东道国区域创新系统的进一步完善，提高区域创新能力。跨国公司研发对东道国区域创新的影响方式有两种：其一是通过技术转移等正式的渠道产生影响；其二是通过技术溢出等非正式的渠道产生影响。

图 6-13 给出了几种跨国公司研究与开发机构与本土创新主体之间的互动模式示意。

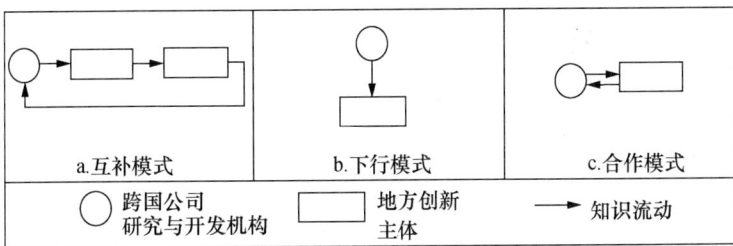

图 6-13　几种跨国公司研究与开发与本地创新之间的互动模式

a. 互补模式：这种模式中，形成了跨国公司和本土创新机构两大主体，且两大主体处于产品链的不同环节，知识在不同环节中平行流动；

b. 下行模式：在这种模式中，跨国公司研发机构明显处于知识创造和

转移的高端，产生了跨国公司向本土创新机构主体之间，自上而下的知识流动；

c. 合作模式：这种模式中，形成了知识在跨国公司和本土创新机构两大主体之间的双向流动。

第六节　本章小结

（1）积极进行技术交换和共享新技术的企业比只依靠于自身研究与开发力量的企业具有更大的竞争优势。一个企业如果不参与企业网络，只能通过自身研究力量改进产品和生产过程，其竞争劣势会与日俱增。

（2）企业网络的合伙制度能够激励成员增加研发投资。通过企业网络实现技术专利转让能够带来巨大的利润，促使从事技术许可或技术交易的企业进行更多的创新投入；参加共享技术信息网络的企业都必须创造新技术提供给其他成员，促使其他成员交换它们的新发明作为回报。这样能够有助于技术创新活动的外部性内在化，保证企业投资技术创新的私人收益接近于社会收益，激励企业在技术创新方面进行更多的投入。而这就需要相关的知识产权制度与之相适应。

（3）网络中的知识流动受企业战略、企业学习、知识吸收机制和企业决策能力的影响。网络中的知识流动是一个螺旋推进的反馈系统，这个螺旋推进的学习与知识反馈系统决定着企业所获得的各种知识的转化能力与转化效率。

（4）网络中知识流动的三大支撑体系为文化、社会基础设施和技术。网络成为企业获取有价值的稀缺资源的基础，企业通过网络所获得的知识资源和基于知识的能力成为企业进行知识创造和价值创造、创新的重要源泉和基础，节约了企业稀缺的认知资源和进行创新投资的其他稀缺资源。

（5）产、学、研之间的网络集群知识创造和知识流动。首先，产、学、研结合是知识创造和转移的内在要求，大学应担负起推进技术创新的重担，并通过培养企业为高技术产业的形成作出贡献；使大学和产业之间形成一种真正的"双赢"；科研成果只说明在技术上可行，创新的成效在于必须真正商品化，要真正变成商品必须得接受市场检验并不断修正。这也要求产、学、研之间的结合。

（6）本章利用重心法测度了全球科技重心的变迁，并讨论了其和经济重心等之间的变化特征；分析了跨国公司知识流动的内部化趋势。

第 七 章

高科技企业成长中的专利制度和专利政策

本章将集中深入地分析高科技产业成长中的专利制度、政策及战略问题。首先对中国研究与开发投入和专利进行国际比较，给出我国在创新投入和产出方面的全景。其次，分析高科技企业成长过程中的专利制度、专利政策，以及专利池制度和亲专利政策。最后，分析高科技企业的专利战略和专利路线图。

第一节 中国研究与开发投入和专利的国际比较

一、中国研究与开发投入及其国际比较

经济合作与发展组织（OECD）2009 年发布的一期《主要科学技术指标》数据库（*Main Science and Technology*，2009 - 1）公布了 OECD 国家 30 个成员国和中国、俄罗斯、阿根廷、南非、以色列、新加坡、罗马尼亚、斯洛文尼亚、中国台湾等 9 个非 OECD 国家（地区）的最新研究与开发数据。据测算，这 39 个国家（地区）的研究与开发经费占世界研究与开发经费总额的 95% 以上。世界经济合作与发展组织（OECD）2006 年出版的最新一期《主要科学技术指标》公布了 OECD 30 个成员国和中国、俄罗斯、阿根廷、南非、以色列、新加坡、罗马尼亚、斯洛文尼亚 8 个非 OECD 国家研究与开发投入的最新数据。由于这 38 个国家的研究与开发经费占世界研究与开发经费总额的 90% 以上，所以我们可以通过这些国家的数据大致看出我

国在世界研发体系中的位置和特征。

下面根据 OECD《主要科学技术指标》（2009 年 1 月）所提供的数据，就我国 2007 年研究与开发经费支出的规模、结构及其发展变化特征与其他国家进行比较分析。

（一）研究与开发经费支出总额和十年间年均增长率的国际比较

2005 年，我国的研究与开发经费支出总额达到 299 亿美元，比上年增加 61 亿美元，继续保持世界第 6 位。美国和日本分别以 3125 亿美元和 1459 亿美元的研究与开发经费支出额高居世界第 1 和第 2 位；德国、法国和英国分别以 684 亿美元、443 亿美元和 340 亿美元处于世界第 3—5 位；加拿大和韩国分别以 194.1 亿美元和 193.7 亿美元，居我国之后，处在世界第 7 和第 8 位。

2007 年，美国、日本和德国分别以 3437 亿美元、1485 亿美元和 738 亿美元的研究与开发经费支出额高居世界前 3 位；我国的研究与开发经费支出总额达到 487.9 亿美元，超过英国和法国而跃居世界第 4 位。法国和英国分别以 475 亿美元、427 亿美元排在我国之后，分列世界第 5 位和第 6 位；韩国和加拿大分别以 286 亿美元和 247 亿美元处在世界第 7 和第 8 位。其他国家研究与开发经费支出额都在 200 亿美元以下。

从增长速度来看，1995—2005 年的十年间，我国的研究与开发经费支出额以年均 22% 的速度增长。这使我国的研究与开发经费支出总额从 1995 年世界第 14 位上升到 2005 年的世界第 6 位。

（二）研究与开发经费占世界的比重和在世界研究与开发体系中的地位比较

2005 年，我国研究与开发经费支出额占 38 个国家研究与开发经费支出总额的 3.7%，比上年增加 0.7 个百分点。美国和日本分别占 38.9% 和 18.2% 的比重；德、法两国分别占 8.5% 和 5.5%。如果把 38 个国家按地缘特征进行简单归类，可以发现美国—加拿大、欧盟 15 国、日本—韩国构成世界研究与开发经费支出的三极，三方分别占研究与开发经费支出总额的 41%、28% 和 21%。非常明显，中国在除三极之外的国家中占据着最重要的地位。具体数据如图 7-1 所示。

表 7 - 1　　　　　　　　　中国和部分国家研究与开发经费及年均增长率

国家	年份	研究与开发经费（亿美元）	十年间年均增长率（％）
中国	2005	299	21.9
美国	2004	3125	6.3
日本	2004	1459	0.9
德国	2004	684	3.9
法国	2004	443	3.4
英国	2003	340	5.6
加拿大	2004	194	7.1
韩国	2004	194	7.0

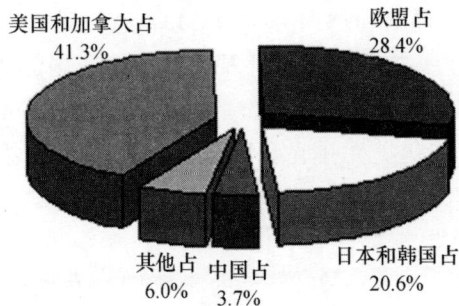

图 7 - 1　主要国家和地区研究与开发经费支出占 38 个国家总额的比重

（三）研究与开发经费投入强度与发达国家和发展中国家的比较

随着中国研究与开发经费的迅速提高，研究与开发经费投入强度（研究与开发经费与 GDP 之比）也在稳步增长，但是与发达国家相比还有很大差距。与此同时，中国的研究与开发人员人均研究与开发经费在迅速提高，但是与 OECD 国家甚至许多发展中国家还相差甚远。20 世纪 90 年代，我国 R&D/GDP 增长缓慢，1999 年以后这一比值开始稳步提高，2005 年，我国的研究与开发经费强度为 1.34％，2007 年达到 1.44％，稳居发展中国家首位。但是与美国、日本以及欧盟国家总体水平相比还有很大差距。绝大多数发达国家的研究与开发经费强度都在 2％ 以上，以色列甚至超过 4％。高水平的研究与开发投入强度是这些国家具有较高创新能力的重要保障。

　　与研究与开发经费总量迅速增长相对应，我国的研究与开发人员数量也在迅速提高，2007 年已经达到 173.6 万人年，仅次于美国而居世界第二位（据估算 2006 年美国研究与开发人员在 230 万人年左右）。

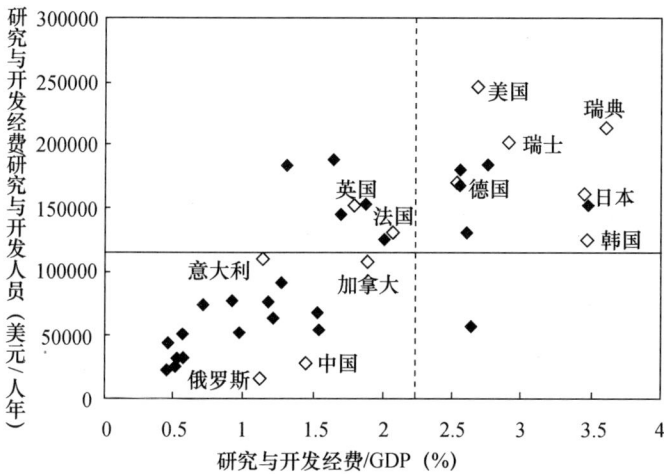

图 7 - 2　部分国家或地区研究与开发经费投入强度与研究与开发人员人均研究与开发经费分布

　　注：图中为有数据的 38 个国家或地区的分布情况，其中美国研究与开发人员用研究人员数据替代，实线为 38 个国家或地区研究与开发人员人均研究与开发经费（11.65 万美元），虚线为 38 个国家或地区平均研究与开发经费投入强度（2.21%）。

　　但是，从研究与开发人员人均拥有的研究与开发经费来看，我国的研究与开发经费投入强度还十分有限。绝大多数发达国家研究与开发人员和人均研究与开发经费都在 10 万—20 万美元之间，而发展中国家大多在人均 10 万美元以下。中国研究与开发人员人均研究与开发经费支出额于 2000 年突破 1 万美元，之后迅速增长，到 2007 年已增长到 2.81 万美元，即便如此，在可获得数据的 38 个国家或地区中，仍只列第 33 位，约为德国和日本的 1/6、英国的 1/5、法国和韩国的 1/4。

（四）企业在研究与开发经费投入中的地位的国际比较

以企业资金为主是发达国家研究与开发活动的普遍特征。大多数发达国家企业研究与开发经费占全部研究与开发经费的比重都在60%以上，最高的韩国和日本分别达到76.7%和75.2%；美国为70.1%；加拿大、意大利这一比重在50%左右；而阿根廷、波兰等发展中国家这一比重较低。然而在一些国家中，如英国、澳大利亚和加拿大，政府仍是研究与开发经费的重要来源。在澳大利亚，来自政府的资金占全国研究与开发经费支出总额的比重甚至达到了44.4%。说明这些国家的政府对本国研究与开发活动的支持力度很大。

企业是我国研究与开发活动的资金投入主体。2005年，我国的研究与开发经费支出总额中来自企业的资金占67.0%，来自政府的资金占26.3%，来自其他方面的资金占6.6%，2007年，我国的研究与开发经费支出总额中来自企业的资金占70.4%，来自政府的资金占24.6%，来自其他方面的资金占5.0%。企业不但是我国研究与开发经费的最大来源，同时也是研究与开发活动的主要执行部门，其在我国研究与开发活动中的主体地位已经确立。具体数据分布见图7-3。

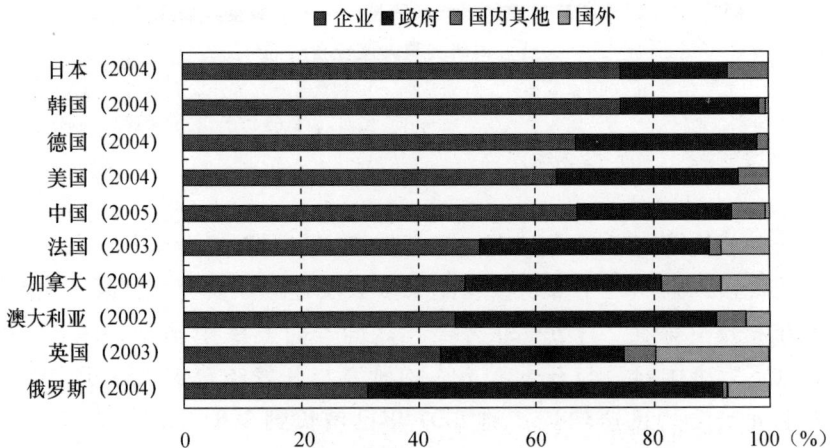

图7-3 中国及部分国家研究与开发经费支出按经费来源分布

然而必须指出与发达国家相比，我国的高技术企业在全部企业研究与开发活动中的地位并不突出。2007 年，在我国大中型工业企业研究与开发经费总额中，高技术产业研究与开发经费只占 25.8%，这一比例远低于主要发达国家及新兴工业化国家（地区）的水平，这些国家（地区）企业研究与开发经费总额中高技术制造业研究与开发经费所占比重都在 30% 以上，其中英国、美国和法国超过 40%，韩国高达 53.8%，而最高的中国台湾甚至达到了 72.3%。

据汤森路透知识产权解决方案事业部 2010 年 10 月 11 日发布的一项关于知识产权的分析报告显示，预计到 2011 年，中国将在专利申请活动中居世界领先地位。对中国的专利申请活动增长率的预计是基于在中国、欧洲、日本、韩国和美国的首次专利申请总量的分析进行的。2003—2009 年期间，中国的专利总量年增长率为 26.1%，而最为接近的美国的年增长率只有 5.5%。中国的专利申请总量将于 2011 年超过日本和美国，比该报告 2008 年发表第一版时所做的预测提前了一年。除了预计的专利数量增长之外，该研究还对中国的专利构成与世界其他国家进行了比较，包括国内与国外专利申请、专利技术领域、政府/政策影响以及专利质量与数量。

二、中国专利申请及其国际比较

中国专利的发展是由国内实体的创新推动的，但中国在海外也在努力加强对其知识产权的保护。2007—2008 年，中国在欧洲、日本和美国申请的专利数量增长率分别达到 33.5%、15.9% 和 14.1%。

（一）中国的 PCT 专利申请量及其国际比较

PCT 是指由世界知识产权组织（WIPO）管理的《专利合作条约》（Patent Cooperation Treaty），其宗旨是简化国际间专利申请手续和程序，加快科技信息的传播和利用。它的全球影响越来越大，目前成员国（地区）已达 182 个。

依据世界知识产权组织 PCT 专利数据库的数据，1995—2004 年，中国的 PCT 专利申请总数为 7299 件，此时间段内，全球 PCT 专利申请总数为 820031 件，中国占全球的比例为 0.9%。据 WIPO 统计，2005 年国际局共收到 13 万件国际申请，比去年增加了 7.69%。2005 年国际局公布的国际申请

12.5 万件。

中国的 PCT 专利申请量在 1995—1999 年间，申请量呈缓慢上升趋势，其间略有波动；1999—2001 年，申请量高速攀升，特别是 2001 年，申请量较上年增加 188.4%，涨幅非常大；2002 年虽然有所下降，但近两年的数据表明，增长趋势仍在持续（见表 7-2 和图 7-4）。

表 7-2 　　　　近十年中国 PCT 申请量及在全球 PCT 申请总量中所占比例

年份（件）	1995	1996	1997	1998	1999	2000	2001	2002	2003	2004	总数
全球（件）	38906	47291	54422	67007	74023	90948	103947	114048	110065	119374	820031
中国（件）	106	114	157	322	240	579	1670	1124	1205	1782	7299
比例（%）	0.3	0.2	0.3	0.5	0.3	0.6	1.6	1.0	1.1	1.5	0.9

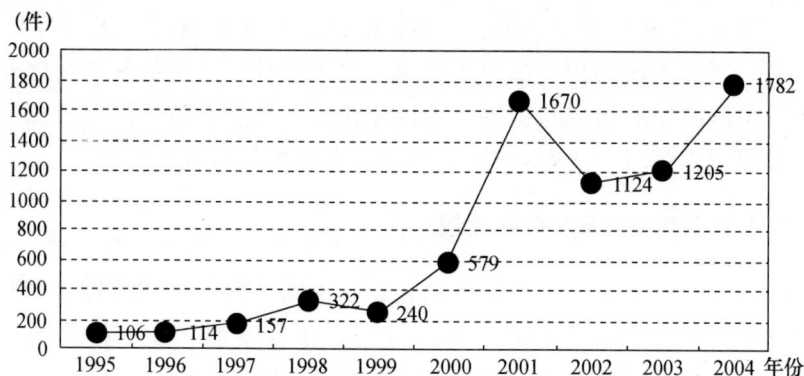

图 7-4　1995—2004 年中国 PCT 专利申请量

图 7-5 提供了 1995—2004 年部分发达国家和发展中国家的 PCT 专利申请量，以及在当年世界 PCT 专利申请总量中所占的比例。综合数据表明，排名前 5 位的美国、德国、日本、英国和法国，在这十年间平均每年的 PCT 专利申请量占全球 PCT 专利申请总量的 75.37%。

（二）三类专利申请量及其结构变化

自 1998 年以来，我国专利申请量已从 10 多万件，上升到 47.6 万件，比 2004 年增长 34.6%。其中，发明（Invention）专利申请 17.3 万件，较 2004

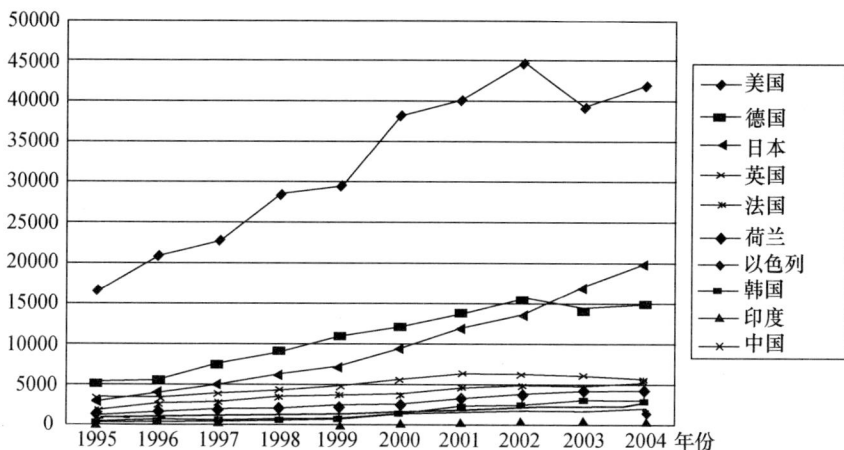

图 7 - 5　近十年中国及部分国家 PCT 申请量比较

年增长 33.2%；实用新型（Utility Mode）专利申请 14 万件，较 2004 年增长 23.7%；外观设计（Design）专利申请 16.3 万件，较 2004 年增长 47.4%。2006 年 6 月 27 日，国家知识产权局宣布，中国专利申请总量突破 300 万件。

　　发明专利的科技含量高，是新产品和新工艺的核心，能够在一定程度上反映一个国家、地区或企业的技术开发能力和内在竞争力，从而成为衡量科技产出和进行国际比较的重要指标。根据专利法，对发明专利要进行形式审查和实质审查，比较而言，我国自主知识产权优势企业数量明显偏少。从申请者来看，发明专利申请量排名前十的企业中只有 4 家国内企业入围；从授权看，发明专利授权量排名前十的企业中仅有两家国内企业入围。

　　相比之下，对实用新型和外观设计专利只需进行形式审查。实用新型与外观设计的审查不但门槛低，而且，是否"创新"，审查起来也相对复杂，人为的因素很强。实用新型专利的申请这种专利标准较为宽松，价格更为低廉，可提供 10 年保护（而发明专利的保护年限为 20 年）。2009 年中国的全部专利申请中约一半为实用新型，在中国，自 2001 年以来，实用新型专利的使用数量每年增长 18%。由于利用实用新型专利在亚洲，包括中国更具有被广泛采用的特点，其也是外国实体在中国申请专利时需要考虑的一项重要领域。

2005 年，国内三类专利的申请较上年均有较大幅度增长。其中，发明专利申请 9.3 万件，较上年增长了 42.1%；实用新型专利申请 13.8 万件，较上年增长了 23.8%；外观设计专利申请 15.2 万件，较上年增长了 49.2%。2005 年国外提出发明专利申请 8 万件，增长了 24.1%，两者均低于国内（见图 7-6 和表 7-3）。

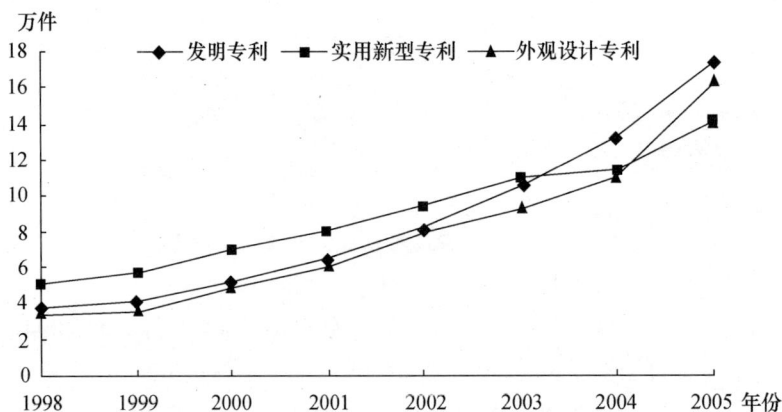

图 7-6　1998—2005 年我国三类专利申请量变化情况

表 7-3　　　　　　　　1985—2005 年国内外三种专利申请量比较　　　　　单位：件、%

年份	合计				国内				国外			
	合计	发明	实用新型	外观设计	小计	发明	实用新型	外观设计	小计	发明	实用新型	外观设计
1985—2005 年总累计	2761189	879025	1128501	753663	2257515	442829	1120561	694125	503674	436196	7940	59538
2001	203573	63204	79722	60647	165773	30038	79275	56460	37800	33166	447	4187
	19.3	22.1	15.8	21.0	18.1	18.5	15.8	21.3	24.6	25.6	26.3	16.7
2002	252631	80232	93139	79260	205544	39806	92166	73572	47087	40426	973	5688
	24.1	26.9	16.8	30.7	24.0	32.5	16.3	30.3	24.6	21.9	117.7	35.8

年份	合计				国内				国外			
	合计	发明	实用新型	外观设计	小计	发明	实用新型	外观设计	小计	发明	实用新型	外观设计
2003	308487	105318	109115	94054	251238	56769	107842	86627	57249	48549	1273	7427
	22.1	31.3	17.2	18.7	22.2	42.6	17.0	17.7	21.6	20.1	30.8	30.6
2004	353807	130133	112825	110849	278943	65786	111578	101579	74864	64347	1247	9270
	14.7	23.6	3.4	17.9	11.0	15.9	3.5	17.3	30.8	32.5	-2.0	24.8
2005	476264	173327	139566	163371	383157	93485	138085	151587	93107	79842	1481	11784
	34.6	33.2	23.7	47.4	37.4	42.1	23.8	49.2	24.4	24.1	18.8	27.1

资料来源：国家知识产权局。

专利质量仍有待提高：国内外专利水平存在一定差距。从确定发明创造保护范围的权利要求书看，国内发明专利申请的权利要求平均是 7 项，而国外平均是 18 项；从反映发明创造技术复杂程度的说明书看，国内发明专利申请文件的说明书平均是 9 页，而国外平均是 28 页。据汤森路透的分析，尽管实用新型专利的申请日益增多，但中国的专利质量也在缓慢提高。通过跟踪在中国全部发明专利中，专利申请与授予专利权的比例，该分析发现，专利质量有不断提高的趋势。

自 2003 年以来，国内发明专利的申请数量已连续三年超过国外，在 2008 年的三类专利申请中，发明专利申请 29.0 万件，较上年增长 18.2%，占专利申请总量的 35.0%；实用新型专利申请 22.6 万件，较上年增长 24.4%，占专利申请总量的 27.2%；外观设计专利申请 31.3 万件，较上年增长 16.9%，占专利申请总量的 37.8%。这表明我国实施的专利战略的影响不断增强，自主技术创新能力和技术发展水平已经有了稳定且快速的提高。具体数据如图 7-7 所示。

但是，在国内三类专利申请量中，发明专利申请所占比重仍然最低。2005 年，国内发明专利申请占国内专利申请总量的 24.4%，而国外发明专利申请则占其申请总量的 85.8%。因而与发达国家普遍重视发明专利的申请相比，我国还存在较大的差距。

万件

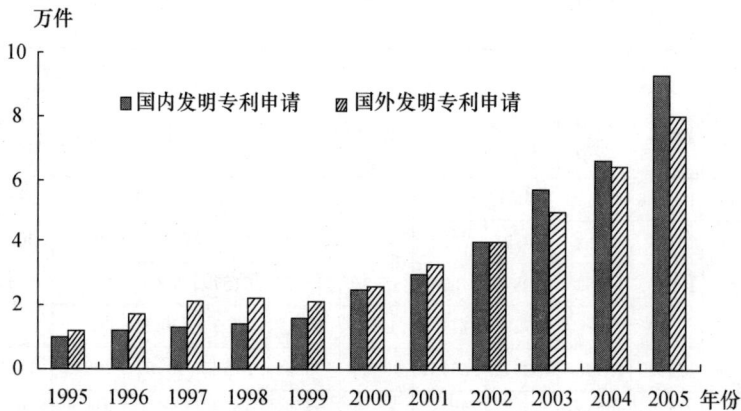

图 7 – 7　1995—2005 年我国发明专利的国内外申请量变化

（三）国内职务发明专利申请量增幅明显提高

2005 年国内职务专利申请达到 15.9 万件，较上年增长了 42.8％，其中职务发明专利申请达到 6.2 万件，较上年增长了 49.1％，发明专利占全部职务专利申请量的 39％。这表明近几年随着国家知识产权战略的实施和加入世界贸易组织后市场竞争程度日益加剧，我国企业的技术创新能力和知识产权保护意识有了明显增强。

2005 年国外职务发明专利申请为 7.8 万件，比上年增长了 21.9％，占全部国外专利申请的 97.2％。可见国外专利申请中的发明专利比重仍远远高于我国。今后，在进一步提高企业的技术创新能力过程中，应更加重视提高专利申请中发明专利的比重。

（四）国内发明专利申请量与国外相比在多数技术领域占优势，而授权量在各领域的优势不突出

从国内发明专利所属技术领域的分布看，在 8 个技术领域中，2005 年"人类生活需要"类的申请量仍然最多，共提出 1.89 万件申请，较上年增长了 50.4％；其次是"电学"类，申请量达到 1.67 万件，较上年增长 31.3％；再次是"化学、冶金"类，申请量为 1.58 万件，较上年增长 43.3％；"物理"类的申请量位居第四，达到 1.36 万件，比上年增长 22.1％。这四类专利申请量总和占全部国内发明专利申请量的 76.7％。反

观国外发明专利的技术领域分布，排名列前 4 位的分别是"电学"、"物理"、"化学、冶金"和"作业、运输"。这表明外国重视在技术含量高的领域，尤其是信息和通信技术领域的专利申请，而我国在这些领域的申请量也正逐年快速增长。

从国内和国外的发明专利申请量在各个技术领域所占比重看，除了"作业、运输"、"物理"和"电学"三个领域略低于国外，国内在其他领域均占优势。但在国外占优势的领域中高新技术的比重大，由此反映出在一些对于综合技术实力和竞争力影响较大的技术领域，我国的技术创新能力和创新水平还有待提高。

如果从发明专利授权量按技术领域的划分来看，国内和国外的差距更为明显。除了在"人类生活需要"、"化学、冶金"和"固定建筑物"三个领域，国内略占优势，在其他领域均低于国外。具体数据如图 7 - 8 和图 7 - 9 所示。

■国内　■国外

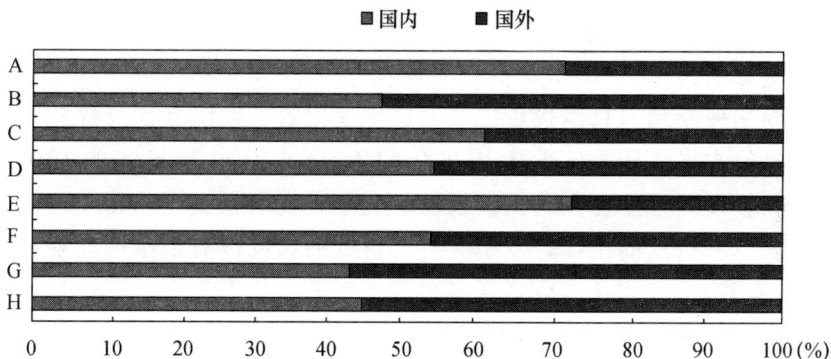

图 7 - 8　2005 年发明专利国内申请量和国外申请量按技术领域分布

注：A：人类生活需要；B：作业、运输；C：化学、冶金；D：纺织、造纸；E：固定建筑物；F：机械工程、照明、加热、武器、爆破；G：物理；H：电学。

（五）实用新型专利和外观设计专利仍是我国专利授权的主体

2005 年我国专利授权量达到 21.4 万件，比上年增长了 12.5%。其中，发明专利 5.3 万件，外观设计专利 8.1 万件，实用新型专利 7.9 万件，三种专利占授权总量的比重分别为 25%、38% 和 37%。专利授权中，国内专利授

■国内　■国外

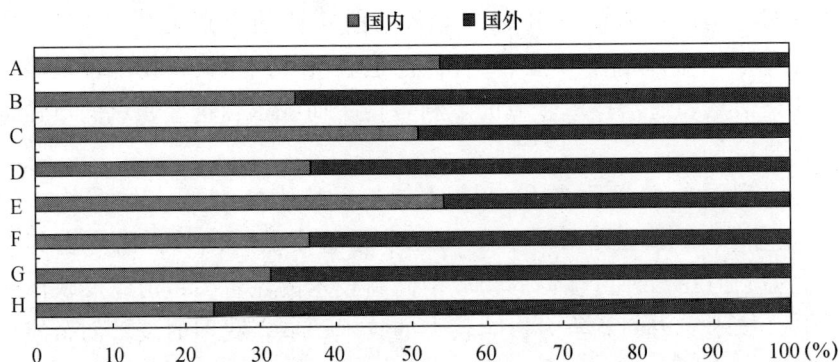

图 7 - 9　2005 年发明专利国内授权量和国外授权量按技术领域分布

注：A：人类生活需要；B：作业、运输；C：化学、冶金；D：纺织、造纸；E.固定建筑物；F：机械工程、照明、加热、武器、爆破；G：物理；H：电学。

权量为 17.2 万件，比上年增长 13.4%。国内发明专利授权量为 2 万件，比上年增长 13.5%，占国内专利授权量的 12%，实用新型专利和外观设计专利所占比重分别为 45.5% 和 42.5%。

从国内三种专利占总授权量比重的历年变化看，发明专利授权在数量上一直处于最低水平，所占比重从 1998 年的 2.7% 上升到 2005 年的 12%，增长速度比较缓慢。可见，在我国授权的专利中，实用新型专利和外观设计专利仍是我国专利授权的主体，发明专利比重低的状况没有根本性改观。

（六）发明专利申请量排名前十位的国内外申请人（权利人）统计和比较

2008 年，在国内发明专利申请量居前 10 位的国内企业中，有 6 个内资企业和 4 个"三资"企业。其中在内资企业继续稳居前两位的，分别是华为技术有限公司和中兴通讯股份有限公司，它们的申请量之和占前 10 家企业申请总量的 54.7%，华为作为中国通信领域自主研发的排头兵，在专利方面，截至 2006 年 3 月底，华为已申请中国专利 1.1 万件，PCT 国际专利和国外专利 1765 件，授权专利 1900 余件，列国内企业第一。最近几年的发明专利申请量也都是中国的第 1 位。同期，国外在华发明专利申请排名前 7 位的排名顺序与上年相同，其中有 6 家企业的申请量与上年相比均出现不同程度的下降。

表 7 - 4　　发明专利申请量居前 10 位的国内企业和国外企业（2008 年）

	排名	企业名称	企业性质	申请量（件）
国内	1	华为技术有限公司	内资企业	4228
	2	中兴通讯股份有限公司	内资企业	3954
	3	鸿富锦精密工业（深圳）有限公司	"三资"企业	2015
	4	英业达股份有限公司	"三资"企业	831
	5	深圳富泰宏精密工业有限公司	"三资"企业	718
	6	深圳华为通信技术有限公司	内资企业	698
	7	中国石油化工股份有限公司	内资企业	697
	8	比亚迪股份有限公司	内资企业	626
	9	大唐移动通信设备有限公司	内资企业	610
	10	友达光电股份有限公司	"三资"企业	588
	排名	企业名称	国别	申请量（件）
国外	1	三星电子株式会社	韩国	2404
	2	松下电器产业株式会社	日本	1937
	3	皇家飞利浦电子股份有限公司	荷兰	1569
	4	索尼株式会社	日本	1537
	5	国际商业机器公司	美国	1112
	6	株式会社东芝	日本	1041
	7	LG 电子株式会社	韩国	994
	8	丰田自动车株式会社	日本	978
	9	通用汽车环球科技运作公司	美国	959
	10	高通股份有限公司	美国	948

2008 年，国内企业专利申请占国内职务申请的比例继续保持在 80% 以上。从国内职务发明专利申请和授权的机构分布来看，企业的主体地位不断巩固和增强。2008 年，国内发明专利职务申请量的增长主要来自企业，企业的发明专利职务申请量为 9.6 万件，占发明专利职务申请总量的比重为 68.1%。依次分别是大专院校、科研单位和机关团体。2008 年，企业获得授权的职务发明专利为 2.2 万件，较上年增长 75.0%，占全部发明专利职务授权量的 60.9%。

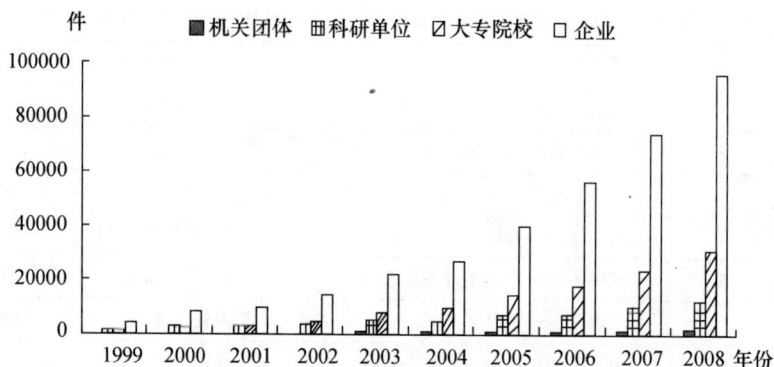

图 7 - 10　按机构类型分布的国内职务发明专利申请量（1999—2008 年）

第二节　高科技企业成长与专利制度

在现代社会化大生产的条件下，企业的技术基础始终处于革命性的发展变化过程之中。技术创新的突破与渐进式积累往往带来企业的观念创新、组织创新、管理创新、制度创新等一系列重要的变化。在现有的法律保护和激励手段中，专利权的取得、维持和保护是企业技术竞争力得到最为安全持久、可靠有效保护的基础性措施。专利权本质上是一种产权激励，它使得技术性资源得到法定权利的确认和界定，在专利权的现实实施运行实践中所逐渐形成的专利战略为这种产权激励提供了企业能力所及范围的最为充分的空间。在专利等知识产权保护日趋国际化的今天，仅研制出高新技术成果还不足以拥有市场竞争优势，只有将其取得的专利等知识产权进行保护才能最终形成自己独特的市场竞争优势。世界上的一些经济、科技大国和强国，同时又是专利大国和强国。例如，日本每年发明专利申请达 40 多万件，美国 20多万件，德国 15 多万件。从企业来看，IBM、杜邦、日立、索尼、飞利浦等大公司，目前均拥有有效专利数万件，每年的发明专利申请就上千件，有的高达 1 万多件，这些有效专利是它们雄霸国际市场最重要的资本。缺乏知识产权保护的市场是可怕的市场。

专利像资本一样，它可以被开发或获取、丢失或浪费、闲置或应用。专利战略的正确制定和成功运用，可以加强使用者在技术竞争和市场竞争中的优势，从而提高其经济竞争力。专利战略与其他战略一样有其全局性、纲领性、长远性、目的性和对抗性等。专利处置和专利战略运用是否得当，可以决定企业乃至产业的兴衰，对高科技企业的成长至关重要。

一、专利制度与高科技企业成长的关系

（一）专利制度与高科技企业

专利制度是人们为促进技术创新活动而设计的一种重要的制度，由于它可以为独立发明家或者从事研究与开发活动的企业提供一定的利益保障，进而刺激对研究与开发的资源投入，增加科学技术知识的供给，从而有助于减少技术创新过程中技术选择方面与所获收益方面的不确定性，在这个意义上说，专利制度无疑是有利于技术创新活动的。剑桥大学的泰勒和西尔伯斯顿在1973年发表的研究结果表明，专利制度对于研究与开发活动的影响因行业而异。在医药工业中会影响到64%的研究与开发支出，在其他成品和特殊品领域可以影响25%的研究与开发支出，在机械工程领域可以影响5%的产出。总的来看，如果没有专利制度的保护，大约85%的研究与开发支出将会受到影响。谢勒也指出，尽管促进发明是专利制度最主要的目标，但是它也促进了发明的开发和产业化应用，并促进了信息扩散。曼斯菲尔德的研究表明，如果没有专利保护，大约有半数以上已经获得了专利的技术创新可能不会付诸实施。这说明，专利保护对于企业的技术进步是至关重要的，它至少是比较有效的技术创新政策工具之一。

高科技企业的成长，实质上就是由于将自己或别人的创新技术成功地进行了产业化，而使自己得以成长。从这个意义上来讲，高科技企业成长与否依赖于其创新的成功以及其创新成果产业化的成功，而专利制度恰恰是人们设计出的一个最为有效的鼓励和保护创新的制度。从这个意义上来讲，如果没有专利保护，高科技企业的大规模成长是不可想象的。

然而，由于专利制度规定发明者具有在一定时期内独家使用该发明的排他性权力，这又会在很大程度上限制了可供交易的技术创新成果供应量，从而减少了技术创新成果从潜在生产力变为现实生产力的可能性，延长发明一

创新时滞，实际上是减缓了技术进步和高科技企业的成长。所以说，专利制度在技术创新过程以及其后的产业化过程中的作用是非常复杂的，它既有减少技术方面的不确定性，从而促进技术创新过程的一面，也有过分强调保护发明家或发明机构的发明收益，而不能为更大范围内技术创新所产生的技术创新收益提供充分保护，而延缓整个社会技术创新进程和高科技企业的成长的一面。这反过来又妨碍了技术创新和高科技企业的成长。所以，专利制度也可能妨碍高科技企业的成长。

（二）亲专利和反专利政策

正因为如此，对如何才能最大限度地发挥专利制度对技术创新和高科技企业的成长的促进作用、减少专利制度对创新和高科技企业的成长的阻碍作用，人们又有不同的观点。一种观点认为专利是技术进步的核心，应当对专利保护作广义解释，以对技术进步提供更大的激励，而另一种观点则主要把专利看做是抑制竞争的一种工具，认为应当对专利保护作狭义解释，以符合反托拉斯法的支持竞争的政策。前者被称为"亲专利"（pro - patent）的观点，后者被称为"反专利"（anti - patent）的观点。专利倾向（propensity to patent）为"亲专利"观点的专利政策就被称为"亲专利政策"（pro - patent policies），而专利倾向为"反专利"观点的专利政策，就被称为"反专利政策"（anti - patent policies）。由于第二次世界大战以后越来越多的技术密集型公司的专利成为其盈利的核心，甚至成为盈利的主要来源，这种趋势就导致了一系列的对整个专利制度的怀疑，人们常常从传统的反垄断视角来看待专利权，对专利权的实施行为作出了许多反垄断的限制，并把专利的独占性许可视为不正当竞争。于是，反专利政策就在世界范围内占了上风。

在20世纪80年代以前，美国也和世界上其他国家一样实行反专利政策。受这种司法理念的影响在专利纠纷诉讼案中，绝大部分已授权专利被判定为无效，只有大约35%的专利经受住挑战而继续存在。此外，由于不同地区法院对专利的司法解释不统一，专利诉讼方经常会选择对自己有利的地区法院，导致专利诉讼由权利的诉讼演变为法院的选择。专利权法律保护的这种混乱状况和不确定性严重地影响了企业进行创新的积极性。

1980年，美国高等法院一改长期固守的反垄断立场，宣布垄断权正是专利授权的目的所在，行使专利权获得垄断利益对社会无害。美国国会也通过了相应的法律，强化专利司法、行政机关的职能，提高专利制度的效率。其主要举措有：扩大可专利性的范围，增加专利保护宽度，加大侵权专利侵权的处罚力度等。这标志着美国转而开始实施亲专利政策。为了使亲专利政策能够在全国得以贯彻，美国还设立了联邦巡回上诉法院。该法院共有 12 名法官，由它受理全部涉及专利的上诉案件。联邦巡回上诉法院设立后，美国确定的亲专利政策的效果立即得以显现：1980 年以前，各地方法院关于专利有效的判决得到维持的数量，占全部上诉案件的 62%；1982—1990 年之间，这一比例上升到 90%；与此同时，上诉法院推翻地方法院所做的"专利无效"的判决的比例也从 12% 上升到 28%。这样，在所有专利纠纷诉讼案件中，最后被确定为有效专利的总可能性从原来极低的比例一下子上升到 54%。许多学者就认为，"不管有意无意，联邦巡回上诉法院的设立无疑会被将来研究专利制度的历史学家们视为一起分水岭事件"。联邦巡回上诉法院通过其公布的司法先例，将影响到专利申请数量和被授权的专利申请数量。在联邦巡回上诉法院成立的头 5 年中，专利有效性受到异议但得到法院支持的案件的比例，相比于联邦巡回上诉法院成立前有了极大的增长。考虑到联邦巡回上诉法院成立之前只有 35% 的专利被认定为有效，而在联邦巡回上诉法院成立后的头 10 年里，专利被认定为有效的加权平均值上升到 67%。而在美国设施了亲专利政策之后，大量的美国高科技企业以前所未有的速度和规模成长起来，这表明，亲专利政策是有利于高科技企业成长的专利制度。

二、专利制度影响高科技企业创新活动的机理分析

现有的对专利的研究，基本上都是从对研究与开发投资的补偿和激励的角度来说明专利制度对创新的作用机理的。其逻辑是：创新以及对其利用乃是技术进步和产业升级所必需的，但在自由竞争的环境下，创新成果很容易被其他厂商所模仿，从而使创新者在竞争中处于不利地位；而潜在创新者预期到这种情况时，将不再有进行主动创新的动机。其最终结果是，社会无法获得创新或者无法获得适量的创新。为此，社会必须采取某种事前的或者事后的措施，对创新行为进行补偿，使创新者所获利润和其对社会的贡献相对称。对社会而言，最简单、最便宜也最有效的补偿或激励方式就是为创新授

予临时的排他性垄断权。而本章认为，专利制度对创新的作用机理可能要更为复杂。以下从高科技企业的成长的角度来研究专利制度对创新的作用机理。

商业秘密和申请专利是发明人保护自己创新成果的两种方式。研发活动进行的是知识创新工作，而创新知识在本质上是隐含的。不同创新知识，其隐含程度可能不同。知识隐含程度可以被理解为创新知识被逆向工程（Reverse Engineering）破解或者被周围创新所替代的概率。知识的隐含性越高，则这种概率就越低。不管哪一种情况发生，如果没有专利保护，高科技企业利润将会降低，因为商业机密保护不排斥独立创新。不失一般性，假设一旦创新知识泄漏，则创新利润降为零。

（一）商业机密保护下的企业创新活动和投资

为简单起见，假设在商业机密保护下，高科技企业创新知识泄漏的概率满足一个参数为 δ 无记忆的指数分布。显然，δ 越大，表示创新的知识隐含性越差。这样，在商业机密保护下，企业选择 x 或者等价地选择 δ 极大化其利润：

$$\tilde{\Pi} = \int_0^\infty \pi(\delta) e^{-(\lambda+r)t} dt - C(x) = \frac{khx}{4r} - mx^2 - F \tag{7.1}$$

其中，$k = \dfrac{r}{\lambda+r} < 1$，表示企业对利润的可占有程度。显然，$k'(\lambda) < 0$。

对（7.1）式求一阶条件，可得企业在商业机密保护下的最优投资为：

$$\tilde{x} = \frac{kh}{8mr} \tag{7.2}$$

将（7.1）式代入（7.2）式，可得企业在商业机密保护下所得利润为：

$$\tilde{\Pi} = \frac{k^2 h^2}{64mr^2} - F$$

由于 $\partial \tilde{x}/\partial k > 0$，$\partial x/\partial h > 0$，$\partial \tilde{\Pi}/\partial k > 0$，$\partial \tilde{\Pi}/\partial h > 0$，所以，在商业机密保护下，企业的投资激励和利润随着知识的可占有程度和项目价值的提高而提高，并且只有 $hk > 8r\sqrt{mF}$ 的项目才会被投资。

如图 7-11 所示，我们可在 h 和 k 空间（θ 是自由的，无关）画出商业机密保护下的企业的等利润线。等利润线簇凸向原点，而且，距离原点越远的等利润线，其所代表的利润水平越高。因为企业利润必须大于零，故在图7-11中，只有那些位于粗实线右上方的项目，才是在商业机密保护下企业会选择的，换句话说，粗实线右上方的所有项目构成了商业机密保护下企业选择的可行集。

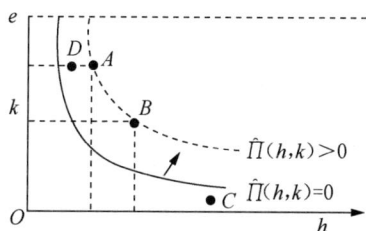

图 7-11　不可专利条件下厂商的创新选择

根据图 7-11，我们需要特别强调那些位于粗实线之下，但 h 非常大的投资项目，比如项目 C。从社会角度看，如果企业选择项目 C，则单位投资可以大幅度降低生产成本或者提高产品质量，从而对社会福利的贡献非常大。但是，由于项目 C 的可占有程度非常差，故企业投资后最终只能得到负利润。与之相比，企业宁愿选择社会价值比较小，但可占有程度很高的项目 D。在图 7-11 中，项目 D 位于等利润曲线 Π（h，k）=0 之上，从而企业由此可以获得正利润。

（二）专利保护下的企业创新投资

下面，先考虑有专利保护的情况。

我们假设，如果企业进行创新投资，则只能接受专利契约，从而企业的目标是选择 x 极大化其专利利润：

$$\tilde{\Pi} = \int_0^T \pi(\delta) e^{-rt} dt - C(x) = \frac{\tau hx}{4r} - mx^2 - F \qquad (7.3)$$

注意到 τ 是 T 的单调增函数，且 τ（0）=0，τ（∞）=1，故可将 τ 看做是专利期限。比较（7.3）式和（7.1）式，我们发现，只要将 τ 看做商业机密保护下，企业对利润的可占有程度 k，则两个利润表达式是完全对称的。我们也可以反过来理解，由于公式表示完全保护下的专利的寿命，则 k 代表了商业机密保护下创新的有效寿命。

对（7.3）式求一阶条件可以得到专利契约下企业的创新激励为：

$$\tilde{x} = \frac{\tau h}{8mr} \tag{7.4}$$

将（7.4）式代入（7.3）式，可以得到企业接受专利契约时所得利润为：

$$\hat{\Pi} = \frac{\tau^2 h^2}{64 mr^2} - F$$

类似的，可以得到如下结果：

$$\frac{\partial \hat{x}}{\partial \tau} > 0, \quad \frac{\partial \hat{x}}{\partial h} > 0, \quad \frac{\partial \hat{\Pi}}{\partial \tau} > 0, \quad \frac{\partial \hat{\Pi}}{\partial h} > 0。$$

这表明，如果企业接受专利契约 PC：$\{\lambda > 0, T = \infty\} \rightarrow \{\mu = 0, T < \infty\}$，则企业的投资激励和利润随着专利寿命和项目价值的提高而提高。如果 τ 比较大，则看做是强专利体制的情况；如果 τ 比较小，则看做是弱专利体制的情况。由此，通过考察 τ 的变化，我们就可以分析增强或者减弱专利保护对整个市场结果的影响。

需要指出的是，τ 和 k 之间存在着一个本质的差别，即 τ 是由社会计划者制定的，是专利契约的一项内容，代表一个社会的专利保护水平的强弱；而 k 则是投资项目的本身属性。认识到这一点对于理解专利制度的效率是非常重要的。不失一般性，假设对于所有的项目，专利寿命 τ 都是一样的，是企业一个无法选择的制度变量。

如果企业接受专利契约，则给定项目 (h, k, θ)，企业由其可以得到的利润 $\hat{\Pi} = \frac{\tau^2 h^2}{64 mr^2} - F$ 就只和该项目的项目价值 h 有关，而和知识的可占有程度 k 无关。

这样，在 (h, k) 空间中，企业在接受专利契约下的等利润线就是一些垂线，如图 7.12 所示。根据假设，企业只会选择那些能够带来非负利润的项目，从而由 $\hat{\Pi} = 0$ 可得，在专利制度下，只有那些项目价值 $h \geq h_0 = 8r$

$\sqrt{\dfrac{mF}{\tau}}$ 的项目才会被采用。在图 7 – 12 中，粗的垂线代表等利润线 $\Pi = 0$。考

虑到 $\dfrac{\partial \Pi}{\partial h} > 0$，则箭头表示越往右边的等利润线所代表的利润水平越高，从而

等利润线 $\Pi = 0$ 右边的区域为可专利条件下企业进行技术选择可行集。

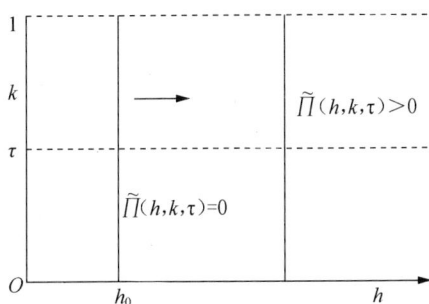

图 7 – 12　可专利条件下企业进行创新选择

（三）专利制度可减少创新投资双方的逆向选择倾向

在创新投资的阶段性融资中，如果创新思想还没有完全达到专利保护的法律要求而无法得到专利保护时，投资家可能会在下一个阶段要求有利于自己的控制权条款。如果创业企业家不接受，投资家可能会威胁由自己来实现这个创意，或者让另外一个创业企业家来实现。因此，创业企业家会被迫接受这个不利条款。但是他将在创业的下一个阶段减少专有投资的水平，这样将导致专业投资不足，导致创新能力下降乃至于使风险投资最终归于失败。这必将改变风险投资家对未来投资的期望，使下一阶段的创新投资减少。

因为创业企业家在创新投资的过程中投入自己的专业才能（即专有投资）。而投资成功的概率与专有投资的多寡正相关。但创新投资的其他参与方对于专有投资是不可预期的。而且投资家不能控制创业企业家的专有投资程度。

如果创业企业家在投资的第二阶段要转向另外一个新的投资家的话，原来的投资家将会威胁剥夺剩余租金。这个新的投资家 N 考虑到合作的剩余

将减少 $w(pX-I)$，因此，在第二阶段融资中要求创业企业家也能够努力工作，N 至少索取：

$$S_2^N = \frac{I}{p(e)X - \omega[p(e)X - I]}$$

很显然，仅当 S_2^N 没有超过临界值 s^* 时，创业企业家才愿意努力工作。也就是，必须满足以下条件：

$$\frac{I}{p_H X - \omega(p_H X - I)} \leq s^* = 1 - \frac{e_H}{\pi X}$$

化简可得

$$\omega \leq \omega^* = \frac{p_H X}{p_H X - I} - \frac{I\pi X}{(\pi X - e_H)(p_H X - I)}$$

因此，如果原来的投资家 O 能够从项目的净收益中剥夺走的比率大于 ω^*，创业企业家将不会选择高效的工作水平。也就是仅当 O 剥夺走的收益比率小于 ω^* 的时候，创业企业家和新的风险投资家 N 才有可能继续合作。

进一步分析。现在有两种情况：第一种是 N 索取的回报份额超过 s^*，也就是 $\omega > \omega^*$；第二种情况是没有超过。根据激励相容性原则，在第二种情况下创业企业家将会努力工作；而在第一种情况下将不会努力。

当第一种情况 N 索要的回报份额超过 s^* 的时候，s^* 取值为

$$S_2^N = \frac{I}{p_L X - \omega[p_L X - I]}$$

而创业企业家将倾向于继续和原来的风险投资家 O 合作，如果满足以下条件：

$$(1 - S_2^O)p_L X \geq (1 - S_2^N)[p_L X - \omega(p_L X - I)]$$

化简可得：$S_2^O \leq S_2^N + \dfrac{(1 - S_2^N)\omega(p_L X - I)}{p_L X}$

由于和新的投资家合作剩余将更低，因此，原来的投资家者 O 将会甚至要求比新的投资家 N 更高的分配额。而 O 将从创业企业家的努力工作中获得收益，所以他不会索要 S_2^O，而是介于一个区间之间 $s^* \leq S_2 \leq S_2^N$。

这时，原来的投资家 O 将会索取 S_2^O：

$$-I + S_2^O p_L X \geq -I + s^* p_H X$$

或者 $S_2^O \geq \dfrac{s^* p_H}{p_L}$

与此同时，偷窃创新者想法的机会也在两个方面加强了创新投资家的机会主义激励动机。

首先，偷窃创新思想的威胁直接增加原来创业企业家 O 的谈判能力；其次，有一种间接的效应：因为合作的剩余不断缩小，新风险投资家要求条件将对创业企业家不利。更有可能的是，那些新的风险投资家根本不愿意在第二阶段投资。这样的话那些旧的风险投资家将会剥夺第二阶段合作剩余的全部。

这些都会影响创业企业家专有投资的水平。如果旧的投资家在第二阶段索要更高的分配额，创业企业家更可能投资不足。分析第一种情况，新的投资家 N 索要的份额超过 s^*。这样的话，创业企业家专有投资的水平肯定不足，O 要求的份额更高了。

综上所述，我们可以得出以下结论：

首先，如果专利保护创新的范围越广并且时间越早，那么在创新投资中投资者想通过对合同的再谈判来剥夺创业企业家利益的动机就越弱。在另外一个方面，创业企业家选择有效专有性投资的意图就越大。这对于创新投资发展均有益处。

其次，有效的专利保护能起到缓解创业企业融资过程中创业企业家和投资者之间的冲突，从而促进创新的最终成功。

三、专利制度影响高科技企业成长的机理分析

专利制度影响高科技企业成长的机理，在于专利制度可以通过技术创新和高科技企业的成长各方之间的博弈活动，对高科技企业的成长活动发生作用。具体来讲，就是专利制度可以通过专利管理机关与高科技企业（或技术创新者）之间的博弈、高科技企业与既存专利权人之间的博弈，以及高科技企业与既存专利结成的专利池（及其形成的、相关专利许可费用等）之间的博弈，影响了以上各方在高科技企业的成长活动中的行为选择，进而影响了高科技企业的成长。专利制度影响高科技企业成长的机理如图 7－13 所示。

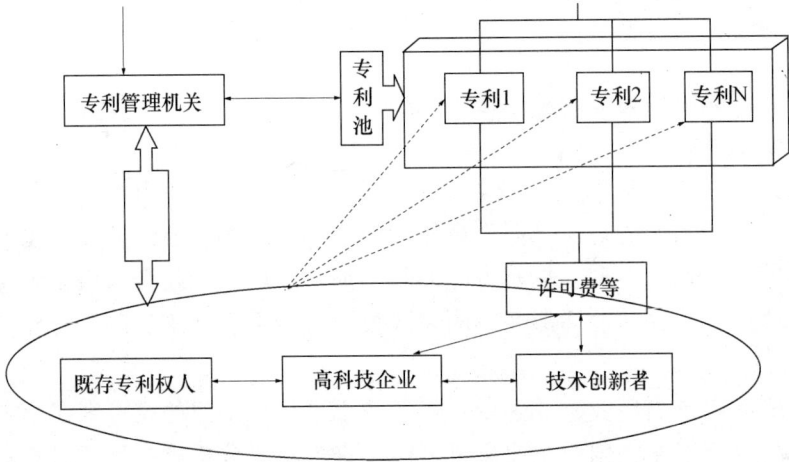

图 7 - 13　专利制度影响高科技企业成长的机理

（一）专利管理机关与高科技企业之间的博弈

首先，专利管理机关制定出专利制度并向社会公布。专利制度确定了，专利的法定保护期、专利保护宽度、对专利的新颖性要求、专利申请费用和专利执法水平等内容也就确定了。

其次，高科技企业在既有的专利制度约束下，根据观察到的创新投资项目特征来决定是否进行创新活动。如果高科技企业选择了进行创新活动，那么所有的创新成本将变成沉淀成本。不失一般性，假设只要进行创新活动，就可获得创新成果或者以一定概率获得创新成果。如果不进行创新活动，肯定没有创新成果，则博弈结束。

再次，高科技企业要决定是否对其创新成果申请专利。如果申请专利，则博弈进入下一个阶段。如果不申请专利，即对此创新结果是采取商业机密的保护形式，则博弈结束。

最后，高科技企业申请专利后，专利管理机关要依据可专利化条件对其进行审查。可专利化条件越苛刻，则被批准的概率越低。如果专利申请被拒绝，高科技企业就只能采取商业机密的保护方式。其具体的博弈过程见图7 - 14。

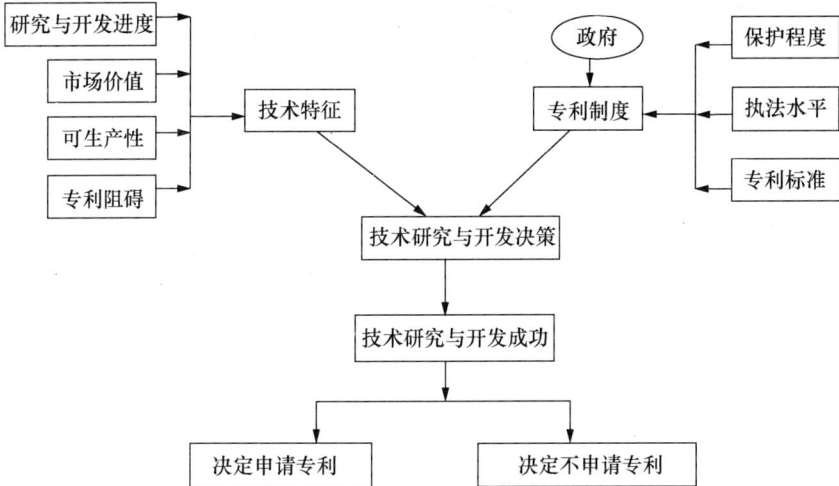

图 7 - 14　专利申请决策过程

由于专利和商业秘密对创新成果的保护程度是不一样的，所以，高科技企业在决策是否进行创新活动时，就会根据创新成果获得专利的可能性来决定其创新活动的情况。其创新成果获得专利的可能性越高、专利宽度越大，高科技企业进行创新活动的动力也就越大。所以本书认为，存在于专利管理机关和高科技企业之间的博弈活动，使得专利制度可以影响高科技企业的成长，亲专利政策由于提高了高科技企业对于获得专利的预期，扩大了创新活动的领域，从而提高了高科技企业的创新动力，促进了高科技企业的成长。

（二）高科技企业与既存专利权人之间的博弈

由于创新活动具有网络创新的特点，高科技企业的创新能力不但取决于其自身所拥有的创新知识，而且还取决于网络中其他企业的创新知识。专利作为完全、充分披露的创新知识，它的数量越多，高科技企业可以获得的知识就越多，创新活动的网络效应就越大，高科技企业的创新能力也就越大。从这个角度来看，由于亲专利政策有利于创新成果获得专利，因而也就促进了创新活动的发展和高科技企业的成长。

然而，由于创新活动的累积创新的特点，高科技企业在既存专利基础上的创新成果的产业化，又往往需要使用既存专利才能进行，这就需要获得既存专利权人的许可。由于高科技企业可以产生的利润一般是一定的，既存专利权人要求的专利使用费越高、高科技企业可以得到的创新收益就越少，而既存专利权人的目标就是获得尽可能多的收益，因此在高科技企业和既存专利权人之间也存在着利益冲突，于是在高科技企业与既存专利权人之间就又会就利益分配问题产生博弈。亲专利政策增加了专利的数量，就使得高科技企业必须与之进行博弈的对象也增加了。如果既存专利权人较多，博弈的结果就会使高科技企业因为要交的专利使用费太高而无利可图，从而放弃创新活动或创新成果的产业化活动。而亲专利政策确实增加了专利的数量，所以可能会阻碍高科技企业的成长。这是亲专利政策的第一个负面作用。

专利宽度是专利的一个重要内容。专利宽度通过给予专利权人一定范围的独占权并对他人侵入该范围的禁止性规定，来防止他人在专利保护范围内的模仿创新。专利宽度越大，专利的周边创新的可能性就越小，专利产品的替代品也就越少，先行创新者的收益也就越大。但从另一方面来看，专利宽度越大，则高科技企业的创新专利与既存专利产生重叠的可能性也就越大。专利重叠如图 7-15 所示。其中的 C 就是专利 A 与专利 B 的重叠部分。

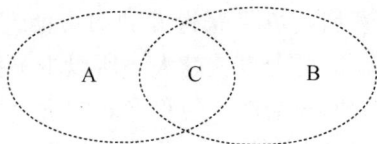

图 7-15　专利重叠示意

显然，由于亲专利政策下专利宽度较大，使专利产生重叠的可能性也就越大。在实践中，互相重叠的专利必然带来重叠部分属于哪个专利权人以及哪个人是侵权人的问题。这时高科技企业和既存专利权人就会为该部分专利属于谁而进行博弈。如果博弈导致专利诉讼的发生，那么胜诉的一方将获得重叠区专利的使用权和收益权，而败诉的一方只有获得胜诉一方的许可才能使用重叠区的专利。然而，由于专利诉讼的代价极大，甚至会使创新活动家血本无归，所以专利诉讼的频繁发生，将会大大削弱创新活动家的投资热情，阻碍创新活动的发展。这是亲专利政策对创新活动发展的第二个负面作用。

（三）创新者与高科技企业之间的博弈

高科技企业往往与创新者可能是同一个人，但也有可能不是同一个人。如果不是同一个人，则两者之间也存在博弈。这种博弈主要存在与专利转让和专利许可的过程中，它表现为转让费或许可费的确定上，也可能表现在专利许可的形式上（如是独占许可、排他许可，还是普通许可）。

（四）高科技企业与专利联盟或专利池之间的博弈

从理论上讲，亲专利政策也是既有促进创新活动发展和高科技企业的成长的作用、又有阻碍创新活动发展和高科技企业的成长的作用。但如果出现专利联盟或允许专利池的存在，则亲专利政策不但促进了创新活动的发展和高科技企业的成长，而且促进的程度相当大。这是因为专利池消除了亲专利政策对创新活动发展的负面作用。如图 7 - 13 所示，专利 1、专利 2……专利 N 结成专利池，可以将高科技企业与专利 1、专利 2……专利 N 之间众多的一对一的博弈，变成高科技企业与专利池之间的单一博弈。这就大大降低了高科技企业获得所有既存专利的使用许可的难度与费用，也用非诉讼的方式解决了专利重叠区的专利归属问题，避免了专利诉讼的严重后果的发生。因此，专利池的合法化和鼓励高科技企业之间结成专利池，是实施亲专利政策的必要条件。

第三节　专利政策引致效应的理论与实证分析

20 世纪 80 年代，美国面临竞争力下滑和其他国家经济快速发展的威胁。为了恢复国家竞争力，美国结合本国科技实力的优势，决定强化专利制度，对本国的高科技进行专利保护，法院和政府对专利的态度从反专利转变为亲专利，并推出了配套的政策。亲专利政策为美国的科技优势向竞争优势的转化提供了制度保障。

一、亲专利政策可能导致专利诉讼量剧增效应

在当今世界，专利制度更像是一个"路标体系"而不是以往人们所认

为的"围栏体系",也就是说,实际上不但专利宽度是不确切的,而且其有效性也是不一定的。第二次世界大战以后,美国成为世界经济的领导者,经济上的强者地位要求美国对技术创造提供更强有力的保护。此时美国对专利的态度发生了改变,从以前的敌视态度向亲专利的方向发展。

假如有一家高科技企业,比如企业 A,由于其专利宽度与高科技企业 B 既存的专利宽度重叠而请求法院判决高科技企业 B 的专利无效,两家高科技企业的专利的强度分别由参数 α 和 β 来表示,且 α、$\beta \in [0, 1]$,它分别用来表示法院判决专利 A 和专利 B 有效的概率,另外还假设信息对称,以及 α 和 β 是公共知识。对于高科技企业 B 来讲,通过反诉高科技企业 A 的专利无效来反击高科技企业 A 是最佳方法。这表明专利诉讼将冒使自己所拥有的专利被判无效的风险。

令 Π^M 表示当专利权人是唯一拥有专利的高科技企业时的收益,Π^D 表示当专利权人是两个持有互补性专利的高科技企业中的任一个时的收益。

也就是,$\Pi^M \cong \tilde{R}^* \cdot Q (\tilde{R}^*)$,$\Pi^D = r^* \cdot Q (R^*)$,且 $\Pi^M > 2\Pi^D$

没有诉讼时,每个高科技企业的收益为:

$$V_A^{NL} = V_B^{NL} = \Pi^D$$

假设有专利诉讼时,每家高科技企业的收益为:

$$V_A^L = \alpha \left[\beta\Pi^D + (1-\beta) \Pi^M \right] - \chi$$

$$V_B^L = \beta \left[\alpha\Pi^D + (1-\beta) \Pi^M \right] - \chi$$

假设

$$\Lambda_A = V_A^L - V_A^{NL} = \{ \alpha[\beta\Pi^D + (1-\beta)\Pi^M] - \chi \} - \Pi^D \geqslant 0 \qquad (7.5)$$

即当 $\alpha \geqslant \Psi_A (\beta) = \dfrac{\Pi^D + \chi}{\beta\Pi^D + (1-\beta) \Pi^M}$

则高科技企业 A 有提起诉讼的动机。它提起诉讼的动机是诉讼不但增强了自己的专利强度 α,而且减弱了高科技企业的互补性专利的强度 β。

同样,假设

$$\Lambda_B = V_B^L - V_B^{NL} = \{ \beta[\alpha\Pi^D + (1-\alpha)\Pi^M] - \chi \} - \Pi^D \geqslant 0 \qquad (7.6)$$

即当 $\beta \geqslant \Psi_B (\alpha) = \dfrac{\Pi^D + \chi}{\alpha\Pi^D + (1-\alpha) \Pi^M}$

高科技企业也有提起诉讼的动机。

令 L_A 和 L_B 分别表示（α, β）的组合，且其满足（7.5）式和（7.6）式的条件，也就是

$$L_A = \{ (\alpha, \beta) \in [0, 1]^2 | \alpha [\beta \Pi^D + (1-\beta) \Pi^M] - \chi > \Pi^D \}$$

$$L_B = \{ (\alpha, \beta) \in [0, 1]^2 | \beta [\alpha \Pi^D + (1-\alpha) \Pi^M] - \chi > \Pi^D \}$$

这时，如果（α, β）$\in L$，且 $L = L_A \cup L_B$，则每一家高科技企业都有提起诉讼的动机，这时专利诉讼就会发生。

如果（α, β）$\in NL$，且 $NL = L^C = [0, 1] - L$，则两家高科技企业都没有提起诉讼的动机时，这时就不会发生专利诉讼。

因此，一方面是在现有的专利制度下，专利的有效性必须依赖诉讼来加以确定；另一方面是诉讼双方又需要为专利诉讼承担极大的成本，诉讼的结果又具有极大的不确定性，而且一旦提起专利侵权诉讼，就必须要花费极大的精力和金钱，特别是专利诉讼的时间非常漫长。研究表明诉讼成本是非常高的。例如在美国，一项典型的专利诉讼案件的诉讼费用为 100 万—200 万美元，一般占到了用于创新研究与开发费用的 25%；案件的平均诉讼期为 31 个月，而在专利诉讼期间，诉讼双方还可以申请专利禁止令以阻止对方对外进行专利许可。所以专利的诉讼成本是非常高昂的，将大量的时间和费用投入诉讼的代价无疑是过于巨大的。

更加让高科技企业感到无法承受的，是专利诉讼中胜诉的可能性并不很大。在美国联邦巡回上诉法院成立前的 1966—1971 年间，在所有的联邦上诉法院受理的 294 个专利诉讼中，只有 89 个（大约 30%）被判有效。而在联邦巡回上诉法院成立后，专利纠纷中有 67% 被法院认定专利有效。而如果专利纠纷诉讼失败，不但巨额的专利赔偿对于高科技企业而言是一笔巨大的负担，而且创新努力也会付之东流，高科技企业可能还不得不从该行业中退出。比如宝星向导国际高科技企业（Gemstar – TV Guide International Inc.）拥有 190 多项与交互式电视有关的专利，高科技企业的价值几乎全部来源于专利。为了避免他的专利被侵权，这个高科技企业获得了好诉的名声。然而，在最近的对 EchoStar 高科技企业、科学亚特兰大高科技企业、先锋高科技企业和 SCI 系统高科技企业的知识产权诉讼中，宝星向导国际高科技企业在关键案件中败诉，导致宝星高科技企业的股东失去了超过 75% 的价值。宝星高科技企业的事例说明，专利持有者的诉讼对自己来说可能是一

项冒险的活动。累积创新专利的专利纠纷所带来的巨额成本由此可见一斑。这些都表明专利纠纷已成为高科技企业不能承受之重。

二、亲专利政策与专利申请量的关系研究

正如前文所述,美国联邦巡回上诉法院通过其公布的司法先例,影响以后的专利申请数量和被授权的专利申请数量。当该法院设立之际,许多专利上诉案件,当然还有更多的专利授权与专利申请案件都正在处理过程中,当事人就专利取得、侵权以及提起诉讼与抗辩等事项所采取的行动,本来应该不会受到由该联邦巡回上诉法院在专利法方向上所带来任何变化的重大影响。不过,这些反映在该法院判决中的判决,最终将影响到专利申请和专利授权,这样就使得将联邦巡回上诉法院成立后的专利申请量与联邦巡回上诉法院成立前的专利申请量进行直接对比变得有意义。例如,如果该法院持一种反专利政策,则申请专利的数量和获得专利就会变得更少。特别是把注意力集中于联邦巡回上诉法院设立后头 5 年的时间,那么就将有非常可靠的依据,把任何在结果上的变化归因于美国联邦巡回上诉法院的专利政策,而不是发明人和美国专利与商标局对这些政策的适应。基于这样一种考虑,本书试图就联邦巡回上诉法院对于专利申请数量能否起到表征美国亲专利政策进行实证研究。

在联邦巡回上诉法院设立之前,专利申请增长基本呈连年下降趋势,而在联邦巡回上诉法院成立的第三年则一改以往连年下降的趋势,变成连年上升的趋势,这一点图 7-16 表现得更为明晰。

如果从更长的时间来看,1960—1982 年,专利申请的年增长率仅为 1.5%,而 1982—2001 年的年增长率则为 5.7%。如果考虑到联邦巡回上诉法院是在其成立之后两年才开始对专利申请产生影响的,那么,1984—2001 年的每年专利申请量的年增长率就高达 6.3%。专利授权数量的情形也与之相似。考虑到联邦巡回上诉法院的设立对该组数字的影响有一个 4 年的滞后期(因为从提出专利申请到对该专利申请的授权,其平均间隔为 2 年),1960—1986 年,专利授予量的年增长率为 1.6%,而 1986—2001 年,专利授予量的年增长率则为 5.7%。这些统计数据表明,联邦巡回上诉法院无论

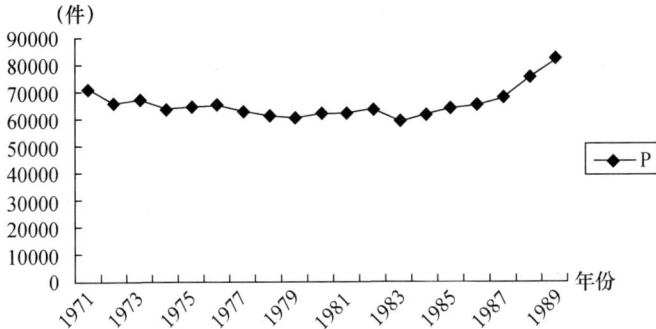

图 7-16　美国（1971—1989 年）年专利申请量

资料来源：美国专利与商标局网站。

在专利申请数量还是在专利授权数量方面都产生了很重要的积极影响。

由于专利申请量与专利授予量具有线性关系，本书为了简化，只考虑专利申请量。联邦巡回法院的成立对专利申请量的影响可以用回归分析来确定。

本书采用截断式回归法来确定联邦巡回上诉法院的成立对专利申请数量的影响。令

$$LApp_t = b_0 + b_1 Y_1 + b_2 Y_2 + b_3 LGDP_{t-1} + b_4 LRD_{t-1} + u_t$$

其中，$LApp_t$ 表示在 t 年提出的专利申请与被授权专利数量的对数。Y_1 表示在联邦巡回上诉法院最早能够影响专利申请与授权数量的日期以前的年份，其在此后则保持为一个不变值。Y_2 表示在此日期之后的年份，因此，如果 1984 年被假定为联邦巡回上诉法院最早能够对专利申请数量发生影响的第一年，则在 1984 年就是 $Y_2 = 1$，在 1985 年是 2，以此类推。$LGDP$ 表示扣除 GDP 通货膨胀因素的实际国内生产总值的对数。LRD 表示以 2000 年美元计算的实际研究与开发支出的对数。联邦巡回上诉法院设立后的专利申请增长率检验结果见表 7-5。

在表 7-5 中，（1）式是指 1 年前的该数据，（2）式是 2 年前的，以反映出在研究支出、专利申请与专利授权之间的时间差。上式中；u_t 是剩余的条件。回归系数 b_1 与 b_2 分别表示在联邦巡回上诉法院的有效日期之前与

之后的 Y 中的专利申请和专利授权的增长率，而 b_3 与 b_4 则分别表示 Y 关于 GDP 与研究与开发支出方面的弹性。如果联邦巡回上诉法院在专利申请数量与专利授权数量上产生一个正的作用，则可以预期 $b_2 > b_1$。

表 7 – 5 　　　　　　　　　1960—2001 年专利申请的截断式回归分析

自变量	OLS（1）	OLS（2）
$Year_1$	– 0. 01 (1. 17)	– 0. 01 (1. 04)
$Year_2$	0. 04 (6. 62)	0. 04 (5. 59)
$Year_3$	—	0. 04 (5. 34)
$LGDP_{t-1}$	0. 53 (2. 42)	0. 51 (2. 15)
LRD_{t-1}	0. 04 (0. 38)	0. 05 (0. 50)
Constant	22. 9 (1. 88)	21. 7 (1. 69)
Durbin – Watson	1. 31	1. 31
R	0. 99	0. 99
观察数据的量	40	40

注：圆括号内是 t 统计数据。

在表 7 – 5 中，OLS 表示最小二乘估计。（1）式与（2）式假定联邦巡回上诉法院的有效开始日（$Year_2$ 变量）是 1984 年。$Year_2$ 在（2）式是从 1984—1991 年。在表 7 – 5 的（1）式中，预期 b_3 与 b_4 都是正的，因为专利活动与 GDP 以及研究与开发支出都是正相关的，只是前者要滞后一个时期，以反映在 GDP 与研究与开发支出影响到专利申请之前所经过的时间。（2）式包括了作为一个自变量的滞后两个时期的专利申请，但删除了 GDP，它一旦在控制了专利申请数量后，将不对专利授权数量产生任何独立的影响。

（2）式还滞后于研究与开发两个额外的时期，以解释使一项专利申请得到批准平均所需花费的时间。

该回归分析表明，1960—1983 年在专利申请上并没有任何显著增长，但从 1984 年开始，则以一种正的而且具有很高的统计上的显著性水平，即每年 4% 的增长。在没有增长与 4% 的增长率之间的差异也是非常显著的。将联邦巡回上诉法院成立后的时期分为两段，即 1984—1991 年与 1992—2001 年［在（2）式中分别指 $Year_2$ 与 $Year_3$］，就可以发现，专利申请量在这两段时间内都是以每年 4% 增长的；而且自 1992 年以来，该增长就没有发生任何值得注意的下降。造成这种趋势的重要原因可能就是那些支持专利的司法先例的积累，它们让发明人及其律师相信，专利申请在事实上比前联邦巡回上诉法院时代受到更加热烈的欢迎。关于回归方程（1）式和（2）式中的另两个变量，只有 GDP（滞后 1 个时期）对于专利申请产生了一种积极而具有统计上的显著性水平的作用，研究与开发则没有统计上的显著水平。这表明亲专利政策确实使得专利申请量产生了显著的增加，可以用专利申请量来衡量美国联邦巡回上诉法院所采取的亲专利政策的政策效果。

需要说明的是，美国实施亲专利政策后专利申请量的激增，与日本由于实施反专利政策所造成的巨大的专利申请量有着本质的区别：日本专利申请量巨大是由于其本国的窄专利宽度下创新者为保护自己的创新而采取的一种不得已的方法；而美国由于在 1982 年以后开始实施亲专利政策，专利宽度变得更大了，此时专利申请量的剧增，所反映的是创新领域的扩大，是亲专利政策的政策效果的显现。

三、亲专利政策与专利许可费和反公共品悲剧

（一）亲专利政策与专利许可费

发明的本质是知识的生产，而这种创新知识"不仅仅是发明活动的产物，同时也是发明的投入品；在某种意义上，这是除了发明者慧智以外的最重要的投入品"。创新者拥有的知识越多，其创新效率也将越高。从这个意义上讲，既存专利越多，应该越有利于创新。但从理论上来分析，专利数量的增加并不一定会促进高科技企业的创新活动，甚至恰恰相反，专利数量的增加可能会阻碍创新活动。这是因为，高科技企业创新成功并获得专利后，

在利用自己的专利生产一项产品时，如果发现其不可避免地要使用其他专利时，为了避免将来出现专利侵权诉讼的问题，它有两种可能的选择：一是通过自己的力量研究与开发可替换性的专利以生产必要的产品；二是支付可以接受的专利使用费以获得该专利使用权许可以生产此产品。然而，有两方面的原因可能阻碍该高科技企业无法获得专利许可：一是专利许可的范围不易确定。终端产品，尤其是终端技术产品涉及的专利很多，既存专利的权利人在进行专利许可时，如果许可合同过于详细，会使得该合同不能涵盖其所拥有的终端产品生产者所需要的所有必要的专利；而过于泛泛的许可则又有可能涉及不属于其所有但在许可范畴内的终端产品涉及的必要专利，这些专利的许可需要由其他既存专利权人的许可。二是需要获得的既存专利许可范围越广泛、专利许可的费用就越昂贵。

假设有一个高科技企业和 N 个既存专利权人，根据累积创新的概念，高科技企业的创新必须使用既存的专利，而他使用既存专利必须征得所有既存专利权人的同意，同时还假设进行创新活动的边际成本都为 x，并定义此时的间接利润函数和间接产量分别为：

$$\pi*(x) = \max_Q [P(Q) - x] Q$$
$$Q^*(x) = \arg\max_Q [P(Q) - x] Q$$

由此，根据最优化的定义和包络定理，间接利润函数随边际成本增加而降低：

$$\frac{\partial \pi*(x)}{\partial x} = -Q^*(x) < 0$$

同时，如果假设 $P' < 0$，$P'' < 0$，即需求函数为递减凹函数，则通过比较静态分析可知，间接产量随着边际成本的增加而降低：

$$\frac{\partial Q^*(x)}{\partial x} = -\frac{\partial^2 \pi* / \partial Q \partial x}{\partial^2 \pi* / \partial Q^2} = \frac{1}{P''Q + 2P'} < 0$$

如果高科技企业事先不知道他的创新必须用到既存的专利并进行了创新，然后既存专利权人 A 出现，这种专利就是所谓的"潜水艇专利"（submarine patent）。他宣布高科技企业专利侵权。此时高科技企业就必须和既存专利权人 A 进行协商才能获得进行创新成果商业化的许可。假设高科技企业向既存专利权人 A 支付 $T = \beta \pi*(x) \leq \pi*(x)$ 并获得专利使用许可，其中，$0 < \beta < 1$，由此，高科技企业的预期利润变为 $\pi * （x） - T$。这个协议是两者都可以接受的，因为高科技企业和既存专利权人 A 的威胁点利润为（0，0）。

现在考虑这样一种情况，即高科技企业所未预料到的既存专利权人 B 又出现了。既存专利权人 B 同样具有排斥高科技企业创新成果商业化的权利，或者说，高科技企业也必须和既存专利权人 B 进行协商才能取得创新成果商业化的权利。此时，高科技企业和既存专利权人 B 谈判的威胁点分别为 （ - T，0），因为高科技企业付给既存专利权人 A 的费用现在变成了沉淀成本。但是，和前面一样，高科技企业和既存专利权人 B 谈判分割依然是利润 $\pi * （x）$，而不是 $\pi * （x） - T$。

假设既存专利权人 B 也向高科技企业收取 $T = \beta \pi * （x）$ 的许可费。这样，高科技企业的预期利润变为 $[\pi * （x） - T] - T$，大于其威胁点的利润 $-T$，从而高科技企业应该接受此许可。依此类推，如果总共有 N 个高科技企业事前未预料到的既存专利权人依次出现，而且每个既存专利权人的许可费用都为 $T = \beta \pi * （x）$，则最终高科技企业所得到的净利润为 $（1 - N\beta） \pi * （x） - F$。显然，随着 N 的增大，高科技企业的净利润必然降低，甚至有可能出现负利润，即他陷入了反公共品陷阱。

（二）亲专利政策与反公共品陷阱

出现反公共品陷阱的关键是高科技企业在创新之前不知道到底有多少既存专利权人对他的创新成果的商业化具有排他性权利，而这些既存专利权人的出现又是序贯的。如果所有的既存专利权人同时出现，则高科技企业的处境会好很多，因为此时其最差的状况是选择不进行创新活动而得到零利润。即便进行创新需要事先支付 F 的固定成本，那高科技企业的最坏结果也不过是无法收回 F 而已。但是，如果既存专利权人是序贯出现的，则高科技企业支付给早先出现的既存专利权人的许可费也将依次变为沉淀成本，使得高科技企业的威胁点利润越来越低。对高科技企业而言，比 N 个既存专利权人一次性收取专利使用费更差的，是 N 个既存专利权人依次收取专利使用费。

考虑到高科技企业的预期效应，则反公共品陷阱的存在，将会导致反公共品悲剧的发生。为简单起见，假设每个既存专利权人的专利许可费的大小

固定为 T，且 $T < \pi_* (x)$。定义 $\bar{N} = \left[\dfrac{\pi \times (x)}{T}\right] - 1$ 为高科技企业可以承受的最大既存专利权人数量。如果高科技企业事先知道既存专利权人的实际数量 N，则当 $N \leqslant \bar{N}$ 时，高科技企业选择进入，而当 $N > \bar{N}$ 时，高科技企业选择不进入。但在很多情况下，高科技企业事先并不知道既存专利权人的具体数量 N，由此，他在决定进入与否时必须对其进行预期，假设为 N^e。然而如果 $N < \bar{N} < N^e$，此时，在完全信息下，高科技企业的最优选择是进行创新活动，但其实际决策则是不进行创新活动，原因是害怕自己掉进反公共品陷阱。所以，如果高科技企业事先不知道既存专利权人的实际数量，则在不完美预期下，反公共品陷阱的存在有可能导致反公共品悲剧的发生。

绝大多数高科技企业都是一种典型的累积创新过程，也就是说，如果没有先期创新，高科技企业所进行的后续创新将不可能发生。但高科技企业的创新成果也可能会遇到两方面的问题：一是由于该创新成果与既存专利在专利范围上发生了重叠，既存专利权人可能会对高科技企业提起专利无效诉讼，这样不但需要支付巨大的诉讼成本，还有可能因法院判决自己的专利无效而退出该市场的巨大风险。二是高科技企业在使自己的创新成果产业化过程中必须使用大量的既存专利，这时高科技企业必须获得所有这些既存专利权人的专利使用许可后方可进行生产。但这两种情况都给高科技企业埋下了巨大的隐患和风险，都是高科技企业所不愿意看到的。亲专利政策的实施增大了这些风险。这些问题如果不能从制度上得以解决，则专亲利政策的实施，不但不能促进高科技企业的发展，还会阻碍高科技企业的发展。本书认为，专利池就是一种从制度上解决上述问题的一种好的专利制度。

（三）专利与攻防战略

当企业进行全球市场布局，意识到专利权日益重要的同时，竞争对手则透过专利侵害诉讼攻防手段，阻扰对手市场版图扩张。于是，企业需要借由大量的专利技术的申请与取得，为自己形成防护网。根据 USPTO 美国专利局统计专利申请案件数，2007 年成长率比 1999 年呈现成长趋势，达 69%。但是，企业努力申请专利的策略，也会造成专利闲置同时增加企业支出成本。

表 7 - 6　　　　　美国核准专利被运用来侵权攻防分析（1989—2008 年）

时段	各时段专利核准数（A）	各时段用于专利诉讼的专利数（B）	比例（%）（B/A）
2004—2008 年	796922	3549	0.45
1999—2003 年	813368	7523	0.92
1994—1998 年	572241	8529	1.49
1989—1993 年	478199	7649	1.60
美国发明专利许可 20 年统计 1989—2008 年	2660730	27250	1.02

资料来源：USPTO，LitPat，台北科技政策研究与信息中心科技产业信息室整理，2009 年 5 月。

表 7 - 6 以美国联邦地方法院所进行的专利诉讼资料为基础，统计期间自 1989 年 1 月 1 日至 2008 年 12 月 31 日，以每 5 年为区间，统计该区间内美国核准专利（Utility Patent）用于专利诉讼的数量，占该区间内美国核准专利总数之比率。这里之所以要以 20 年为区间，是因为美国专利公开后至专利权可享执行及运用 20 年为限。从表 7 - 6 可获知，2004—2008 年间核准专利，被运用来侵权攻防的比率为 0.45%，以 1989—1993 年间核准专利，被运用来侵权攻防之比率平均为 1.60%，也就是说企业所申请专利当中，平均 100 件约有 1.6 件系用于侵权攻防，也可以说是大炮级专利。2004—2008 年间，被运用的比率为 0.45% 低的原因，则是因为 2004—2008 年专利刚核准，自然被运用较少。

若以美国发明专利期限 20 年来看，则在许可的 20 年专利权期间，统计 1989—2008 年间，核准专利被运用来侵权攻防之比率平均为 1.02%。

美国联邦地方法院专利诉讼案件，自 2000 年突破 2000 件后，现在每年诉讼案件约 3000 件，平均一天 8 件。美国国际贸易委员会（ITC）专利诉讼调查案，2007—2008 年每年约 40 件，平均 10 天 1 件。如图 7 - 17 所示，为 1998—2007 年美国国际贸易委员会（ITC）专利诉讼调查案统计图。

依件数统计，专利诉讼案件随着美国专利申请量增加而增加。对此高科技企业需更加留意，特别是关注专利流氓（Patent Troll）问题的严重性，营运成本也必定随之增加。

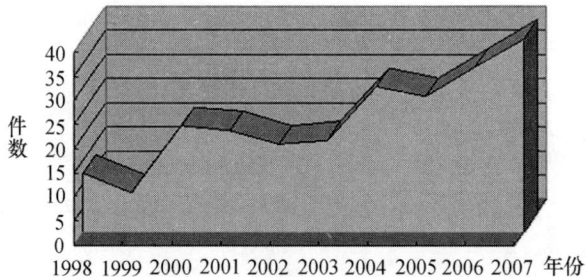

件
数

40
35
30
25
20
15
10
5
0

1998 1999 2000 2001 2002 2003 2004 2005 2006 2007 年份

图 7 - 17　美国国际贸易委员会（ITC）专利诉讼调查案

第四节　专利池制度与亲专利政策

"专利池"是指组成专利池的各成员为了合作许可专利而将各自的专利转移到一个共同的实体的一个契约协定，即众多的专利权人将个人享有的某一技术领域的专利交由一个专门的正式或者非正式的机构进行管理，此机构将所有专利池中的专利统一对外进行许可并提供个人专利的估价标准，而且这种对外许可是无歧视的，即任何人都可以或按统一的价格获得专利池使用许可。

专利的集合，最初是两个或两个以上的专利所有者达成的协议，通过该协议将一个或多个专利许可给一方或者第三方，后来发展成为"把作为交叉许可客体的多个知识产权——主要是专利权——放入一揽子许可中所形成的知识产权集合体"。专利池的初衷是加快专利授权，促进技术应用。

一、专利池及其特征和作用

美国最高法院在 Standard Oil Co. v. United States 案中指出的："专利池根据统一的许可费率对外提供专利许可，并依据专利权人在专利池中的专利贡献的多少进行许可费用的划分。"

（一）专利池的基本特征

具体来讲，专利池一般具有以下四个基本特征：一是具有互补性的专利掌握在不同的专利权人手中，或者存在一个某一产品或在某一领域进行产品生产的技术标准，此标准通常需要多个专利支持，而专利权掌握在不同的专利权人手中。二是存在一个独立的专家或者专家小组对各个准备加入专利池的专利权人的专利进行评估，衡量哪一项专利是标准不可缺少的专利，称为核心专利。三是核心专利权人通过协议同意将核心专利并入统一的专利池进行许可管理。对于封闭式的专利池，池内专利各核心专利许可人可以免费或者按一定比例支付专利许可费获得许可。对于大型的开放式专利池，一般成立一个非营利性组织进行专利池的统一管理，即与核心专利权人签订代理许可协议，代表专利权人通过打包许可的方式将标准涉及的专利授予被许可人，并收取相应的许可费。许可费在扣除相应的成本后按照各核心专利权人在池内专利的占有比例进行分成。四是构成专利池的各核心专利权人同意就其专利在合理的，非歧视性的基础上对池内的专利提供许可。

组成专利池的专利可分为竞争专利和非竞争专利。竞争专利是指在专利或专利产品市场上相互替代的专利，即使是围绕原有专利开发出的专利，只要不对原有专利构成侵权，两种专利也是竞争性关系。从经济学的角度来说，只要一个专利权的获得可以消除或减少对其他专利权的需求，那么这个专利和其他专利就是竞争专利。由于学者对竞争性专利池的看法完全一致，认为它是一种垄断，本书也同意这一观点，故本书不再对其进行研究。非竞争专利一般可分为两种：一是互补性专利，它是指覆盖了众多技术的专利，其中通过一项专利的使用可以使其他专利的使用变得更有价值。由于互补性专利在一项大的发明中分担完全不同的功能，所以在互补性专利中，一项专利的使用将增加对其他专利的需求。二是阻止性专利，它是指前后相继的两项专利，其单项专利的商业化实施离不开另一项专利的授权。阻止性专利不是竞争性的，虽然它们是为了实现同一产品功能，但它们并不是相互替代的。由于这两种专利并无本质上的差别，故本书也采用其他研究文献的方法，将这两种专利都称为互补性专利。

（二）专利纠纷各方都有通过庭外和解避免专利诉讼的动机

假设既存专利权人 A 认为高科技企业 B 的后续创新产品对其专利构成了侵权，他就可以选择是向法院提起以 B 为被告的专利侵权诉讼，还是和 B 庭外和解，即 A 不控告 B 侵权，但 B 必须向 A 按一定的许可比率支付许可费用。如果提起专利诉讼，那么就有两种结果：如果法院认为 B 没有构成专利侵权，则 B 独占高科技企业的创新成果，如果法院认为 B 构成专利侵权，则 B 就不能继续使用该创新成果；相反，如果因为创新成果落在 A 的专利保护范围之内，则 A 就可以独占该创新成果。或者换一个角度来进行描述：假设 A 专利的市场价值为 V，而高科技企业的创新成果几乎是该专利的质量稍高一些的替代品，这样，如果高科技企业的创新成果不构成侵权，则既存专利被完全替代，从而 A 的损失为 V，而 B 则得到创新的利润 V；如果创新成果构成侵权，则根据专利禁令，B 不能将该高科技企业的创新成果推向市场，从而 A 保住了他的现行利润 V。

下面通过一个简单的模型来分析专利保护宽度对专利诉讼与庭外和解的影响。如上文所述，专利授权的具体过程抽象为如下两步：第一步是权利请求书中的保护范围（由专利管理机关审查确定）和等同原则的使用范围（由法院确定）共同决定了专利诉讼案件发生时既存专利权人获胜的概率。第二步是给定此概率，A 和 B 决定进行庭外和解还是进行侵权诉讼。如果 A 和 B 为高科技企业成果 B 的利润分割进行专利诉讼，其诉讼成本分别为 T_A 和 T_B。如果 A 和 B 就高科技企业创新成果是否侵权进行诉讼，其诉讼成本分别为 T_A 和 T_B，而 A 和 B 赢得诉讼的概率的主观估计分别为 α 和 β。同时，他们也可在某个专利使用许可费率 k 下进行庭外和解，庭外和解节省了双方的诉讼费用以及败诉带来的巨大损失。显然，只有当庭外和解的收益高于诉讼收益时，双方才愿意进行和解。所以，B 可接受的专利使用许可费率 k_B 必须满足 $(1-\beta) V - T_B \leqslant (1-k_B) V$，即 $k_B \leqslant \beta + \dfrac{T_B}{V}$；而 A 可接受的专利使用许可费率 k_A 则必须满足 $\alpha V - T_A \leqslant k_A V$，即 $k_A \geqslant \alpha - \dfrac{T_A}{V}$。

令 $T \equiv T_A + T_B$ 表示专利诉讼的总成本，而 $\delta = \dfrac{T}{V}$ 表示总诉讼成本和高科技企业创新成果可以带来的利润之比，则侵权案件庭外和解的条件为 $k_B \geqslant k_A$，即 $V (\alpha - \beta) \leqslant T$ 或者 $\alpha - \beta \leqslant \delta$。

可见，专利纠纷庭外和解的条件都只和总诉讼成本 T 直接相关，而非诉讼双方各自的成本 T_i，而庭外和解条件的含义都是由于专利保护宽度的模糊性导致他们对与诉讼相关利益的分歧小于专利诉讼的总成本 T。故庭外和解的条件是相当宽松的。实际上，只要诉讼双方对于专利保护宽度的预期，即对于专利诉讼的结果的预期非常接近，比如 $\alpha = \beta$，则 $k_B \geq k_A$ 和 $l_B \geq l_A$ 就必然成立，A 和 B 的最终结果是他们必然选择庭外和解。所以，只要 A 和 B 对发生专利诉讼的结果具有相同的预期，即 $\alpha = \beta$，则 $k_B > k_A$，最终结果是不会发生诉讼的，从而专利保护宽度的确定和实施就是无成本的。但是如果 A 和 B 对专利诉讼结果具有不同的主观估计，就有可能导致专利诉讼。举个最极端的例子，如果双方都在主观上认为自己可以赢得专利诉讼，即

$\alpha = 1$，$\beta = 0$，同时 $T_B = 0$，而 $T_A > 0$，或 $\beta = 1$，$\alpha = 0$，同时 $T_A = 0$，而 $T_B > 0$，则专利诉讼就不可避免。

对于更一般的情况，Lanjouw 和 Shankerman 的经验研究表明，导致专利诉讼案件的主要原因有如下四个：一是各方对法院判决的结果所具主观预期的不同程度；二是双方诉讼成本的差异；三是诉讼标的之大小；四是庭外和解的收益。容易发现，这些都可以从上面的简单模型中得到很好的解释：发生诉讼的必要条件为 $\alpha > \beta$；在此基础上，$\dfrac{T_j}{V}$ 越小 （$j = 1$，2，$\cdots$，N），则 $k_B \geq k_A$ 越不容易满足。由于美国联邦最高巡回法院成立后的历史表明，α 确实几乎等于 β。所以通过庭外和解解决其纠纷，就成为首选。

（三）众多专利纠纷当事人的存在使庭外和解不可能发生

在以上的模型中，都是假设专利的庭外和解只发生在两个人之间。但实际上，由于高科技企业会涉及众多的潜在专利，事先的庭外和解也必然涉及众多的专利权人。高科技企业就必须要分别与所有这些专利权人而不是一个专利权人进行协商，或签订专利许可合同，或达成庭外和解协议，这无疑带来了众多的信息成本、谈判成本、拟订和实施契约的成本、界定和控制产权的成本、监督管理成本等各种交易协调过程成本。从博弈论的角度来看，他们之间协商和取得一致的过程是一个协调博弈的过程。这种博弈往往倾向收敛于努力水平较低的帕累托次优均衡结果，即协调失败、庭外和解协议无法达成，本书以一个 2×2 博弈矩阵对此作一简单分析。

假设 A、B 专利权人分别持有高科技企业商业化其创新成果所必需的 A′、B′ 专利，专利许可形式为独占许可，专利使用许可费根据产品的生产数

量来收取。如果专利权人同时许可高科技企业使用其专利来进行生产,则专利权人可以获得较高的专利使用许可收益——假定为 2 个效用单位;而如果专利权人都没有许可高科技企业使用其专利来进行生产,则专利权人自己生产他的原来的产品只能获得一个较低收益——假定为 1 个效用单位;如果其中只有 A（或 B）专利权人将专利许可给高科技企业使用其专利来进行生产的,则一方面高科技企业没有同时获得 A′、B′专利使用许可而无法进行生产,因而 A（或 B）专利权人无法从高科技企业的产品生产活动中获得专利使用许可收益,另一方面又由于该专利是独占许可,所以 A（或 B）专利权人也无法通过再使用这个专利进行原来产品的生产来获得较低的收益。在此情况下,A（或 B）专利权人的获益就为零个效用单位,而没有将专利许可给高科技企业的 B（或 A）专利权人则可以通过自己生产原来的而获得较低收益——假定为 1 个效用单位。图 7 – 18 是该博弈的收益矩阵。

		（专利人 B）	
		不进行专利许可	进行专利许可
（专利	不进行专利许可	1, 1	1, 0
人 A）	进行专利许可	0, 1	2, 2

图 7 – 18　专利权人协调博弈收益

从图 7 – 18 中可以看到,该博弈中有两个非合作纳什均衡:｛1, 1｝,｛2, 2｝。A、B 专利权人可能同时进行专利使用许可以获得较高利益,也可能同时不进行专利使用许可以获得较低收益。显然,纳什均衡 ｛2, 2｝ 更有帕累托优势。但纳什均衡 ｛2, 2｝ 具有一定风险性。即如果专利权人 A（B）对专利权人 B（A）是否会选择专利使用许可抱有很大疑问时,其最佳选择就是选择不进行专利使用许可。这种情况下,根据库珀（Cooper）等人的研究结论,可以认为两个专利权人可能选择风险占优的纳什均衡 ｛1, 1｝,而不是利益占优的纳什均衡 ｛2, 2｝。这样,专利权人之间的协调博弈就出现了协调失败。

如果协调博弈过程存在多个纳什均衡并且博弈表现为正溢出,所谓的

"正溢出"是指某一个行为主体的得益随着其他行为主体努力的增加而增加。与此同时，协调博弈过程存在策略互补性，所谓"策略互补性"，是指一方高水平的行动会提高另一方选择高水平行动的激励。策略互补性使协调博弈存在多重纳什均衡，而正溢出使得协调博弈的多重均衡满足帕累托序的关系。这个命题说明产品生产涉及 N 个专利，则产品生产者和产品专利拥有者之间的协调博弈可能停滞在帕累托次优的均衡状态，即在这种情况下协商活动可能会出现协调失败，产品生产者无力协调所有专利权人的行为以达到帕累托最优状态。

（四）专利池使庭外和解成为可能，可避免反公共品悲剧的发生

如果既存专利权人组成专利池，情况就会发生根本性的变化。

首先，这时的专利的庭外和解就确实只发生在两个人，即专利池和高科技企业之间。此时如果 $\alpha = \beta$，则 $k_B \geq k_A$ 且 $l_B \geq l_A$ 就必然成立，作为理性人，A 和 B 博弈的最终结果是他们必然选择庭外和解。由于在美国联邦巡回上诉法院成立后的亲专利政策的实施，使实际中 α 和 β 几乎完全相等，所以绝大多数的专利纠纷都是以庭外和解而非诉讼的方式解决的。

其次，作为一个理性人，专利池在与将要用到专利池内的专利的高科技企业进行专利使用许可谈判时，会在极大化专利池总的专利许可收益的情况下许可高科技企业使用专利池，然后再将专利使用许可费在专利池成员之间进行分配。显然，专利池不会选择使高科技企业 B 因为无利可图而退出市场过高的专利使用许可费，因为那样专利池自己的先期创新就无利可图，故而条件 $\lambda_B \bar{V}_B (1 - \sum k_i) > 1$ 必须满足。这表明在存在专利池的情况下，既存专利权人和高科技企业都有使专利许可协议达成的动机。

综上所述，由于专利制度的"路标体系"的特点，高科技企业活动产生专利侵权和专利诉讼等冲突现象是很自然的。这种冲突不仅很难预测，而且目前解决冲突的成本往往很高，故如何最大限度地减少由于专利纠纷所带来的不确定性，就成了决定是否进行高科技企业的关键问题之一，于是高科技企业为了最大限度地减少相关成本、提高对冲突的预见性以及提高解决冲突的能力，事先的庭外和解就是一个很好的解决办法。但让这些众多的专利权人通过一对一的谈判来达成庭外和解显然是不可能的。所以，由专利池组织来代表所有的既存专利权人来进行谈判，就成为可以让所有当事人共赢的

选择。因此，专利池的最大作用，就是降低了高科技企业创新过程中的专利诉讼成本和专利反公共品悲剧的风险。专利池通过消除专利纠纷诉讼，降低专利技术的实施成本，它使高科技企业在进行高科技企业时能保证自己可以获得创新成果产业化可能用到的所有专利的使用许可，根除了专利使用权的风险。所以说，如果没有专利池制度，则亲专利政策可能导致的专利诉讼和专利的反公共品悲剧就无法避免，那么亲专利政策对高科技企业的发展就有可能起负面的作用，20世纪80年代以后美国高科技企业的飞速发展就是不可想象的了。

二、专利池的垄断性分析

（一）对无专利诉讼情况下的专利池垄断性分析

在专利保护极其严格、没有专利有效性争议，也没有专利诉讼可能的情况下，假设某创新产品的生产需要同时用到两个专利 A 和 B，这两个专利是两个独立的高科技企业 A 和 B 通过创新活动分别取得的。任何一家生产企业一旦有权同时使用这两个专利，则生产该创新产品就是一件非常简单的事情，因此，高科技企业 A 和 B 将生产该创新产品的工作外包给其他企业要比自己生产成本更低。故高科技企业 A 和 B 都不自己生产该创新产品。这样许可其他企业使用其专利是高科技企业的唯一的收入来源。再假设 Q (P) 为该创新产品的需求函数，Q (P) 是一个减函数且可以两次求导微分，且有 Q' (P) $+ PQ''$ (P) < 0，在下游存在有许多可以以不变的单位产品许可费率 c（成本）获得专利许可的潜在的生产企业，而且这个专利许可是非排他性的。为了不失一般性，可以假设下游高科技企业的生产成本为 0。由于没有价格竞争，则如果给定专利许可费为 r_A 和 r_B，则产品的均衡价格为 $c = r_A + r_B$。

给定高科技企业 B 的专利使用费率为 r_B，则高科技企业 A 最大的专利使用费收入为：

$$\text{Max}_{r_A} r_A \cdot Q \ (r_A + r_B)$$

这时，高科技企业 A 的最佳专利使用费率可以由下式得出：

$$Q \ (r_A + r_B) \ + r_A Q' \ (r_A + r_B) \ = 0$$

再假设高科技企业 A 的反应函数为 $r_A = \Theta_A \ (r_B)$，高科技企业 B 的反

应函数为 $r_B = \Theta_B (r_A)$，则纳什均衡的专利使用费率 r_A^* 和 r_B^* 是这两个反应函数的交集。在专利使用费率上的纳什均衡的稳定性和唯一性可以由假设 $Q'(P) + PQ''(P) < 0$ 来确保，总的专利使用费率由 $R^* = r_A^* + r_B^*$ 给出。

作为对比，假设高科技企业 A 和高科技企业 B 结成一个专利池，对外统一进行专利使用许可，则最佳的专利使用费率可以由解下式得出：

$$\underset{R}{\mathrm{Max}} R \cdot Q (R)$$

令 $\tilde{R}^*$ 为专利池的最佳的专利使用费率，那么，$\tilde{R}^*$ 满足下式的条件：

$$Q(\tilde{R}^*) + \tilde{R}^* Q'(\tilde{R}^*) = 0 \tag{7.7}$$

由于纳什均衡的专利使用费率 r_A^* 和 r_B^* 满足

$$2Q (r_A^* + r_B^*) + (r_A^* + r_B^*) Q' (r_A^* + r_B^*) = 0,$$

由于 $R^* = r_A^* + r_B^*$，故根据 (7.7) 式，有

$$Q(r_A^* + r_B^*) + (r_A^* + r_B^*)Q'(r_A^* + r_B^*) = -Q(r_A^* + r_B^*) < 0$$

所以
$$R^* = r_A^* + r_B^* > \tilde{R}^*。$$

上式表明，相对于单独向每一个专利所有人申请专利使用许可，专利池的专利使用费比较低。因此，在互补型专利池的情况下，专利池是有利于高科技企业创新活动的。而且由于结成专利池时总的专利使用费下降了，它既增加了专利使用人的收益，又增加了消费者剩余，社会福利也因而增加了，即专利池不但激励了创新，而且提高了社会福利，因此，专利池不是一种应该由反垄断法来规制的垄断行为。

当高科技企业需要很多的专利许可时，这一点就表现得尤其突出。假设高科技企业的某一创新活动要用到 N 个专利，对创新产品的需求取决于其价格，而创新产品的价格则取决于生产创新产品所需的所有的专利使用费。假设专利使用费是以每单位为基础征收的（例如，所有专利的使用费之和可以是运用该专利产生的收入的一定的百分比）。令 R 为所有专利的使用费之和，r_i 为第 i 个专利的使用费。并假设含需求函数为线性方程。则有：

专利 $i = 1, 2, \cdots, N$, $R = \sum r_i$, $D(R) = a - bP$

专利池追求 RD（R）的最大值，则有 $R_m = \dfrac{a}{2b}$，而每个独立的专利权人追求 $r_i D$（R）的最大值，则有

$$r_i^* = \frac{(a - b\ (R - i))}{2b},\ R^* = NA/\ (N + 1)\ b,$$

其中，$R - i$ 是除了第 i 个专利外的 $N + 1$ 个专利的所有使用费之和。对 R^* 与 R_m 两者进行比较，有

$$R^* - R_m = \frac{(N - 1)\ a}{2\ (N + 1)\ b}$$

可见，当 $N > 1$ 时，独立进行许可的使用费之和要超过专利池的专利使用费。两者间的差值随着 N 的变化而变化，N 越大，差值也就越大。

这个问题也可以用博弈模型来作进一步证明。为了分析专利池的形成是如何进一步激励基于外部专利的高科技企业的创新活动的，可以考虑如下的两阶段博弈模型：最初，有两个持有互补型专利的高科技企业 A 和高科技企业 B。在第一阶段，这两个高科技企业决定成立专利池。在第二阶段，高科技企业 C 决定投资进行创新活动，其创新成本为 c。假设这个创新是基于专利 A 和 B 的创新，如果没有高科技企业 A 和高科技企业 B 的专利使用许可，该创新将无法应用。使用专利 A 和 B 将给专利池带来 Δ 的专利使用费收益，这个收益可以被看作是专利池的额外剩余。

与西格尔、温斯顿以及吉尔伯特、夏皮罗一样，本书假设高科技企业 C 的创新肯定可以成功并获得专利。专利池的作用是将高科技企业 A、高科技企业 B 和高科技企业 C 三方之间的事先的讨价还价的博弈，变为专利池和高科技企业 C 之间的两方的事先的讨价还价的博弈。作为一种事先讨价还价的解决方法，本书采用了萨普利的价值。这意味着高科技企业 C 一旦作出创新，剩余 Δ 将作为合作谈判的产出，被公平的在高科技企业 A、高科技企业 B 和高科技企业 C 之间分配，每一个高科技企业得到 $\Delta/3$ 的剩余。相反，假如存在专利池，剩余将在专利池和高科技企业 C 之间公平的分配。这样，专利池的成员高科技企业 A 和高科技企业 B 每一家将得到 $\Delta/4$ 的剩余，创新高科技企业 A 将得到 $\Delta/2$ 的剩余。

假设创新成本 c 是随机分布的，且符合积累分布函数 G（.）。这样，有

专利池时创新的概率是 G（$\Delta/2$）、没有专利池时创新的概率是 G（$\Delta/3$）。

正如哈特和穆尔（Hart and Moore）在论文中所述，与事后的讨价还价相比，唯一的效率损失来自于高科技企业的事先的投资决策。从社会的角度来看，对于高科技企业 C 而言，有效的投资决策是当且仅当 $\Delta > c$ 才投资进行创新。由于要被高科技企业 A 和高科技企业 B 榨取租金，高科技企业 C 的投资创新动机要比社会最佳动机要小。而专利池缩小了这两者之间的差值，提高了高科技企业 C 的投资创新动机。因此，专利池是一个能促进进一步创新的专利工具。

（二）存在专利诉讼可能时的专利池垄断性分析

上节是在假设专利保护极其严格、没有专利有效性争议，也没有专利诉讼的情况下来研究专利池对社会福利的影响的。也就是说，是在将专利系统看成是一个"围栏体系"的情况下来对专利池进行垄断性分析的。这是一种理想情况。

为此，本节试图在将专利系统看成是一个"路标体系"的条件下，构建一个基于存在专利诉讼可能时的分析模型，来研究专利池对社会福利的影响。

现在假如有一家高科技企业，比如 A，对高科技企业 B 提起了专利无效诉讼，由于反诉并不显著地增加保护自己专利的诉讼成本，所以高科技企业 B 对高科技企业 A 提起了专利无效的反诉是对抗高科技企业 A 的最佳方法。

本书在前面的分析证明，当 $(\alpha, \beta) \in L$，且 $L = L_A \cup L_B$，专利诉讼就会发生。这时，下游企业生产的创新产品的市场价格无疑将依赖于专利诉讼的结果。当专利诉讼的结果是两个专利都被判决无效时，则下游企业生产的创新产品的市场价格就为 0。相反，假如两个专利都被判为有效，就如同没有诉讼的情况一样，下游企业生产的创新产品的市场价格就是 $R^* = r_A^* + r_B^*$。如果只有一个专利被判为有效，则该专利的持有人的目标函数就是 $\underset{R}{\mathrm{Max}} R \cdot Q$（$R$），以及最大化专利使用费率 $\tilde{R}^*$。由于高科技企业 A 和 B 都不生产该创新产品，故其专利使用费就是其利润。

为了叙述的方便，本书将专利 A 和 B 中只有一个有效、两个都有效的情况称为独家垄断和寡头垄断。令 Π^M 和 Π^D 分别表示专利诉讼的结果分别是独家垄断和寡头垄断时，专利权人的专利使用费收益；W^M、W^D 和 W^C 分别表示专利诉讼的结果分别是独家垄断、寡头垄断，以及两个专利都被法院判决判为无效时的社会福利水平，则同理有

$$\Pi^M > \Pi^D$$

$$W^M = \Pi^M + CS\ (\tilde{R}^*)，\ W^D = \Pi^D + CS\ (R^*)，\ W^C = CS\ (0)$$

显然，$W^D < W^M \cdot W^C$。

在高科技企业 A 和高科技企业 B 不结成专利池的情况下，基于诉讼的社会福利的期望值为：

$$\begin{aligned}
SW^L &= \left[\alpha\beta W^D + (\alpha - 2\alpha\beta + \beta) W^M + (1-\alpha)(1-\beta) W^C\right] - 2\chi \\
&= \alpha\beta\left[2\Pi^D + CS(R^*)\right] + (\alpha - 2\alpha\beta + \beta)\left[\Pi^M + CS(R^*)\right] \\
&\quad + (1-\alpha)(1-\beta)\left[CS(0)\right] - 2\chi
\end{aligned}$$

其中 x 为提起诉讼的高科技企业与被诉讼高科技企业的诉讼成本，且它们每家高科技企业的诉讼成本一样大。

前面已经证明，没有专利诉讼、高科技企业 A 和 B 也没有结成专利池时的社会福利是：

$$SW^{NL} = W^D = \Pi^D + CS\ (R^*)$$

此时，如果专利管理机关采取禁止专利池的政策，则必然发生专利诉讼。如果专利管理机关采取允许专利池的政策，则专利诉讼的唯一作用就是在专利许可谈判中对对手进行威慑，以达成对自己有利的专利池条款，而对诉讼结果的预计决定了专利池成员分享专利许可费的比例。

此时，高科技企业 A 和高科技企业 B 结成专利池时的社会福利与禁止专利池而发生诉讼时的社会福利的期望值之差为：

$$\begin{aligned}
\tilde{S}\tilde{W} - SW^L &= W^M - \left[\alpha\beta W^D + (\alpha - 2\alpha\beta + \beta) W^M + (1-\alpha)(1-\beta) W^C\right] - 2\chi \\
&= (1-\alpha)(1-\beta)\left[W^C - W^M\right] - \alpha\beta\left[W^M - W^D\right] - 2\chi
\end{aligned}$$

从上式可以看出，高科技企业 A 和高科技企业 B 结成专利池时的社会福利与禁止专利池而在它们之间发生专利诉讼时的社会福利的期望值之差，这不但与专利强度有关，还与诉讼成本有关。此时，专利池对是否会增加社会福利是不确定的。从理论上来讲，在高科技企业 A 和高科技企业 B 结成专利池时对社会福利的增加值小于禁止专利池而在它们之间发生专利诉讼时

的社会福利的期望值与诉讼成本之和的情况下，禁止专利池的存在也不是完全没有道理的。

然而，由于专利的诉讼成本是非常高昂的，因此可以预计，禁止专利池比允许专利池有更大的社会福利的情况不会太多。在专利管理机关难于确定禁止某个专利池会比在专利持有者之间发生诉讼会有更大的社会福利的情况下，允许专利池的存在应该是一个更优的选择。

本书前面的分析还证明，当 $(\alpha, \beta) \in NL$，其中 $NL = L^C = [0, 1] - L$，则在两个专利权人之间一定不会发生专利诉讼。此时的社会福利可以由下式给出：

$$SW^{NL} = W^D = 2\Pi^D + CS\ (R^*)$$

因为 $\tilde{S}\tilde{W} - SW^{NL} = W^M - W^D > 0$，所以，此时允许专利池的存在的社会福利要大于没有专利池的社会福利。

虽然此时允许专利池的存在的社会福利要大于没有专利池的社会福利，但并不表明此时应该允许专利池的存在，其原因非常简单：相对于可专利化条件而言，这两个专利都是低质专利，如果允许这样的专利继续存在，就是允许那些对创新没有什么贡献的人去获得专利权带来的垄断租金。这显然与专利的本意相悖。

解决这一问题的方法就是允许第三人对该专利提起专利无效诉讼。然而，本书的模型也表明，对对方的专利提起无效诉讼的结果很有可能是使自己的专利也归于无效，因此他们缺乏对对方的专利提起无效诉讼的动机，而第三方提起专利无效诉讼的动机也不大，这是由于在这一产品的生产领域存在着大量的潜在的进入者，所以第三方提起专利无效诉讼的成本要由自己全部承担，但是法院判决专利无效的收益却是由所有潜在的进入者分享的。"搭便车"问题限制了第三方对低质专利提起专利无效诉讼的动力。

所以，在存在专利诉讼的情况下，并非所有的互补型专利池都会增加社会福利。这是本书与其他研究文献在有关互补型专利池与社会福利的关系方面的一个重要区别。但是，在一般情况下，由于诉讼成本非常大，故专利池的社会福利为正的情况比之专利池的社会福利为负的情况更为普遍，因此，国内学者所认为的应该禁止一切专利池的观点并不正确。同样，由于信息的原因，专利管理机关也无法确定每一个专利的专利强度的大小，以及每一个企业的专利诉讼成本的大小，所以由专利管理机关来确定是否应该允许某一专利池存在也是不可能的。可行的做法应该是允许专利池的存在，同时又制定政策鼓励第三人对由低质专利结成的专利池提起专利无效诉讼。

除了以上两种情况外，有关专利诉讼还存在第三种情况：由于与专利是否有效存在某种利害关系，某些潜在的销售商或大的消费者可能会有提起专利无效诉讼的动机。然而在现实中，专利池往往有一个对抗专利无效诉讼的共同防卫协议。共同防卫协议会对第三人提起专利无效诉讼有的动机产生巨大的影响。仍然假设专利池中有两个专利，对每一个专利的诉讼成本都是 χ，如果专利池中没有共同防御协议，而且第三人提起的每一个专利无效诉讼都被两个单独的高科技企业分别抗辩。为了不失一般性，假设 $\alpha > \beta$，也就是说，专利 A 比专利 B 更强。对于第三人而言，只有当他成功地使这两个专利都无效时，他的诉讼才有意义。令第三人从两个专利都无效的收益为 V。

由于同时提起诉讼的期望价值为 $(1-\alpha)(1-\beta)V - 2\chi$，如果第三人首先向 A 提起诉讼，并在使高科技企业 A 的专利无效后才会向高科技企业 B 提起诉讼，这样，预期收益为：$-\chi + (1-\alpha)[(1-\beta)V - \chi] = (1-\alpha)(1-\beta)V - (2-\alpha)\chi$。

同样，如果第三方首先向 B 提起诉讼，预期收益为：

$$(1-\alpha)(1-\beta)V - (2-\beta)\chi$$

对这三个预期收益的比较可以发现：

对第三人而言，对专利池中的专利提起无效诉讼的最佳诉讼战略是序贯诉讼，即先对专利强度较强的专利提起专利无效诉讼，待其胜诉后再对第二个专利提起无效诉讼。这种诉讼策略可以节约诉讼成本，以防第三人在对第一个专利提起的无效诉讼中胜诉却在对第二个专利提起的无效诉讼中败诉而导致的前功尽弃。在没有共同防卫协议的时候，第三方的这种最佳战略可以实现。

但是，如果专利池中有共同防卫协议，那么第三方就需要对专利池中的所有专利同时提起专利无效诉讼，即专利池的共同防卫协议剥夺了第三人序贯诉讼的选择。假设同时对专利池中的专利提起专利无效诉讼并没有成本上的优势，即诉讼成本是 2χ，此时专利诉讼的预期收益为：

$$(1-\alpha)(1-\beta)V - 2\chi$$

显然，当专利池中的专利的数量为 n 时，专利池没有共同防卫协议时第三人的序贯诉讼预期收益为：

$$\sum_{i=1}^{n} (1 - \alpha_i) V - (n - \alpha_j) \chi \qquad 其中 j \neq i$$

当专利池中的专利的数量为 n 时，专利池有共同防卫协议时第三人的非序贯诉讼预期收益为：

$$\sum_{i=1}^{n} (1 - \alpha_i) V - (n - \alpha_j) \chi \qquad 其中 j \neq i$$

由于 $\dfrac{\sum_{i=1}^{n} (1 - \alpha_i) V}{n} < \dfrac{\sum_{i=1}^{n} (1 - \alpha_i) V}{n - \alpha_j}$ 　其中 $j \neq i$

因此，第三人有对没有共同防卫协定的专利池中的专利提起专利无效诉讼的动机，要大于对有共同防卫协定的专利池中的专利提起专利无效诉讼的动机，而且专利池中的专利越多，其动机的差异就越显著。

第五节　高科技企业成长中的专利竞争战略

一、专利竞争战略对高科技企业成长的重要作用

所谓高科技企业的专利战略，是企业决策和产业政策制定者为了自身的长远利益和发展，运用专利制度提供的法律保护，在技术竞争和市场竞争中谋取最大经济利益，并保持自己技术优势的整体性战略观念与谋略战术的集成综合体。也可以说，专利战略的根本作用及其存在依据在于，它以技术的产权激励为基础，有效地将技术创新的产权激励、市场激励、政府激励与企业激励四种主要激励源组织集成为一体，形成动态立体的兼顾进攻与防御双重功能的管理模式。专利战略的原则，是针对已有的专利技术，通过深入分析并充分运用专利技术信息，科学地确定自主创新的方向和目标，尽可能地把科技创新成果用专利的形式表达出来，使之获得有效的保护，以有利于创新成果的产业化、市场化，进而实现控制和反控制现有市场和未来市场的目的。

（一）专利竞争战略是高科技企业成长的内在要求

伴随着网络技术和计算机信息技术的发展，一种新的经济形态——全新的网络社会，改变着人类生活的各个方面。网络技术正在使经济活动方式发生极大的变化，促使全球经济一体化，形成一种全新的"网络经济"。由于网络经济形态中的产业之间高的渗透性与融合、组织反应的快捷性、外部经济性、直接性（跳过中间环节）、边际报酬递增（高固定成本与低的边际成本、转移成本的存在与锁定、互补产品效应等）、消费规模的自我膨胀性等特征，给企业的知识产权管理带来了相应的挑战，基于专利的高科技企业成长战略成为一种必然，其必要性主要表现为网络经济所带来的不确定性。

第一，外部环境的不确定性。随着企业之间的激烈竞争，产品之间的模仿、同质化现象异常严重；变革性技术的出现对传统技术和产业的冲击；市场中消费需求的多样化与个性化加剧企业的研究与开发；政策的不确定性可能导致相关标准的改变；突发性事件与公共危机的出现给企业带来了相应的机遇与威胁。这些不可控的不确定因素都迫使高科技企业动态地与组织的外部环境相适应，这就需要将专利战略纳入本企业的发展战略范畴之中。

第二，内部环境的不确定性。经济全球化和组织无边界化使企业的内部环境发生了相应的变化，组织内、外部的虚拟协作；员工的多元化与多样化；跨文化管理与本土化运作；员工流动性的加剧；组织内部的竞争与合作等。这些都要求企业加强对专利的管理，将个人情结（研究与开发人员的成功、市场人员的客户资料、中高层管理人员的盈利模式等）转变为公司情结。

因此，高科技企业的成长需要大量的自主创新的成果——专利来作为技术支撑。一个没有专利产出或者引进外部专利许可而能够获得成长的高科技企业是不可想象的。国外的高科技企业每年都有大量的专利产生。如 IBM 公司 2000 年全年专利数量为 2886 件，NEC 公司 2000 年在 500 强排名中列第 55，专利数量为 1349 件，日立公司每年的专利申请在 2000 件左右，韩国三星公司每年的专利申请量在 6000 件左右，美国电报电话公司所属的贝尔实验室从 1925 年成立以来，平均每天申请一项专利。正是依靠各自专业领域的一件又一件专利的保护，这些高科技企业才能发展壮大为世界 500 强企业，在国际市场上占据显赫的地位。

（二）专利竞争战略是高科技企业在成长过程中应对跨国公司的专利"包抄"战略的重要方法

随着发达国家在一些传统制造领域的优势渐失，挑起专利争端已成为他们收复市场的一种主要的贸易摩擦手段。尤其是在中国加入世界贸易组织后，传统的关税壁垒和非关税壁垒逐步淡化，技术壁垒的力量日益凸显。跨国公司不只是把专利当作一个法律手段运用，而且是当作一种市场策略在使用。国外企业大量申请专利，既为保护自己的未来市场权益不受侵害，也为堵住别人技术超越的"空隙"。很多企业在一项技术发明之后，就要在该基本专利周围同时申请一些外围专利①，构筑一道道保护的专利网。据欧洲专利局调查，欧洲每年申请的发明专利中，最终只有 50% 能够获得专利权，获得专利权的专利中只有 10% 能最终付诸实施，其中很大一部分是出于战略考虑用来"圈地"的。其目的主要有三个：一是从市场日益扩大的中国高科技企业手中分取一部分利润；二是通过收缴专利费提高中国高科技企业的产品成本，削弱中国高科技企业的成本优势，保卫自己的原有市场；三是打压竞争对手，降低对手国产品的可信度。

即便在国内，十多年前进入中国的大量国外专利申请，正在迅速地发展成为一些产业的核心技术。但是由于很多中国企业还不掌握这些核心技术，正在国际竞争中面临着巨大的压力和挑战。专利日益成为跨国公司攫取市场优势的主要武器，跨国公司在华专利申请反映了其在华的市场战略和技术转移战略。除了 3 家中国公司外的全球 500 强公司中的 161 家申请了大量的专利，专利申请量大，增速快，质量高，占外国在华申请量的 1/5，年均增速高达 31.7% 超过中国企业申请量增长 25% 左右的水平。同时，跨国公司专利申请集中在电子、电器、汽车、化工等高新技术领域和我国拟重点发展的战略性技术领域。从跨国公司在华专利的申请量和增速可以看出，跨国公司高度重视中国市场，高度重视在中国的产品销售、投资和对华技术转移，其

---

① 一般而言，核心专利指的是制造某个技术领域的某种产品必须使用的技术所对应的专利，而不能通过一些规避设计手段绕开。另外，核心专利有时候亦指基础专利。外围专利简单意义上说就是相对于基础专利（核心专利）来说的，其研究改进是基于核心专利来进行的。

专利申请带有明显的占领市场、利用廉价劳动力、获取垄断利润和掌握技术优势的战略特点。跨国公司在华的专利战略有可能影响到我国本土企业的研究与开发活动和创新能力提高。跨国公司专利战略不仅使我国本土企业一部分研究与开发投资失去实际效果，也会影响其今后的研究与开发活动。由于跨国公司的专利布局，本土企业进行新的研究与开发要么投巨资另辟蹊径，要么高价购买跨国公司的专利，不但付出较大的代价，也有可能陷入路径依赖的怪圈之中。专利申请反映的是战略意图，它和本土企业的技术学习没有必然联系，只有通过技术转移。

跨国公司控制专利申请权和专利权有两个好处：一是通过控制专利申请权和专利权，能够避免其技术被东道国模仿学习的风险，从而处于有利的市场主导地位。二是通过积累大量的专利知识产权，可以获得较高的许可收益，进行全球竞争特别是在制造业向中国大量转移的情况下，一些跨国公司已经转变为靠知识产权许可盈利的企业。

（三）我国高科技企业的专利现状已成为其成长的一个消极因素

2002 年前，有关部门曾对我国企业作过"是否需要专利"的抽样调查，结果是显示不需要国内专利的企业占 63.2%，不需要国外专利的占 71.1%。这说明我国企业对专利的认识当时还非常不够。这种认识也导致了我国企业专利的匮乏：

第一，专利数量少。去年我国发明专利申请量是 13 万件，这个数字在世界范围内可排前几位。但是，这 13 万件专利，其中一半来自跨国公司，另外一半发明专利来自国内。在来自国内的这一半中，大约有 40% 是个人申请，其余 60% 即 4 万件左右是大专院校、科研院所、企业申请。而这 4 万件里又有一半左右来自"三资"企业。来自国有企业、民营企业的只有 2 万件左右。这个数量只相当于国外一个大的高科技公司一年的申请量。目前，从全国范围来看，拥有自主知识产权核心技术的企业约占万分之三，有99% 的企业没有申请专利。即便是国内最有名的高科技企业，其专利申请量也不尽如人意，如深圳华为集团、上海联合基因科技（集团）有限公司等，其专利申请量也不过在几千件左右。

第二，发明专利少。发明专利占本国专利申请量的比例可以看出一个国家专利申请的质量。发达国家发明专利的比例一般都在 50% 以上，有的国家接近80%。在我国2000年国内发明专利的申请量创下历史最高纪录，但也只占国内三类专利总申请量的18%，国内的申请还是以实用新型和外观设计为主，而国外来华申请的专利有87%是发明专利。虽然化工领域申请发明专利比例较高，但也低于国外来华申请的比例。

第三，在国外申请的专利数量太少。我国自1987年开始向国外申请专利以来，其申请量虽逐年增加，但数量很少，到1999年，我国全年向国外申请的专利仍不足300件。我国在欧洲申请的专利数仅占世界总数的0.1%，在美国申请量占0.2%。我国向国外申请的数量与国内申请的比例很低且逐年下降，1991—1996年向国外申请与国内申请的比例分别为0.4%、0.24%、0.28%、0.26%、0.32%和0.23%。由于在国外没有申请专利保护，在国际市场竞争中，尽管我国有些产品质量和性能优越，成本较低，但出口无门，只能挤在非专利覆盖区的狭窄市场内，从而使其产业经济效益大受影响。

第四，不熟悉国际专利制度，也使我国高新技术企业在国外屡遭打压。据商务部统计，2005年头两个月由于知识产权纠纷和贸易摩擦的影响，我国手机出口下降，DVD出口增速下跌。在对华发动的手机专利战上，外商确有一番精心的战略策划。趁着韩国Sewon Telcom有限公司参加世界电信展览会的机会，荷兰飞利浦公司依据其GSM手机专利在杜塞尔多夫法院提起诉讼，指控后者展出的GSM手机模型侵权。Sewon的手机当时尚未进入德国市场，飞利浦发动侵权诉讼的真实目的实际上是针对中国企业。在上述案件审理的过程中，飞利浦、摩托罗拉、诺基亚等西方手机巨头对中国大陆十余家本土手机巨头提出了专利付费要求。因为这些本土手机企业都有强大的政府公关能力和在中国市场上制定规则的能力，国外手机巨头迟迟不敢对这些中国企业发动专利战。

二、高科技企业专利竞争战略的类型和特征

专利战略是由专利权的获得、保护、排除，专利技术开发，专利技术实施，专利许可证贸易，专利信息应用，专利技术及其市场的控制与反控制，专利管理等子战略构成。因此，专利战略又可以认为是由专利技术开发战略和专利技术运用战略组成。专利战略分为以下几种基本类型，见表7-7。

表 7 - 7   专利战略类型和特征

类型	主要特征
基本专利战略	准确地预测未来技术发展方向，将技术核心基础研究作为基本专利来保护，从而控制该技术所在领域的发展
外围专利战略	在自己的基本专利周围设置许多原理相同的小专利组成专利网，防御他人对该基本专利的进攻；或在他人专利周围设置自己的专利网，增强对抗能力，以减少该基本专利的控制
专利收买战略	购买他人的专利权，加以开发利用，提高技术水平，增强技术实力
专利有偿转让战略	通过完全出让专利权或许可证贸易的方式为企业盈利
专利交叉许可战略	专利权人许可对方使用自己的专利，来换取使用对方的同类或不同类的专利技术的权利
专利引进战略	只通过购买或许可证贸易方式来获得专利技术

此外，还有文献公开战略、专利共同开发战略、专利共享战略，专利与产品结合战略、专利与商标结合战略等。

实施专利战略的起点，包括三个方面的基本认识：第一，没有发明创造就没有专利，专利战略也就无从谈起。第二，不是任何技术成果申请了专利后就能身价百倍而独占市场，关键在企业是否准确地选定了开发目标。第三，只有依据本国、本企业的实力和基础，选择适当的技术开发战略，才能加速通过技术将资源转化为产品或服务，光有专利而不加以创造性地运用，是不能取得经济效益的。

三、专利路线图

（一）专利路线图的概念

进入知识经济时代，企业间的激烈竞争主要是建立在企业技术实力，特别是技术创新能力基础之上的，因而他们对未来技术的关注程度空前提高。紧密跟踪技术的发展趋势，作出理想的投资决策，在最恰当的时间推出最恰当的产品（或服务），成为企业努力追求的目标。而对于未来远期的预见，不是一两个技术专家所能完成的，也不是靠复杂的数学模型所能解决的，集合大量专家的集体智慧而得出的结论往往更可信。20 世纪 70 年代以来，一种新型的创新前瞻技术——技术路线图在实务界得到了广泛的应用，也逐渐引起了学术界的关注。技术路线图十分关注市场，关注市场和技术的结合，尤其是因此，在企业层面也需要有一种有效利用专家信息基础上的技术规划方法。现在，在实践中提炼出来的技术路线图便是这样一种十分有效的方法，已经在很多国家和企业中广泛使用。在此，我们试图将技术路线图的思想运用于高科技企业的专利战略之中，并据此勾画出了高科技企业成长的专利战略路线图。

（二）专利路线图的作用

一般来说，"路线地图"是指在特定地理空间内现有（或可能存在）的路径或路线的标志。在日常生活中，路线地图是旅行者选择到达目的地各种路线的工具，它可以帮助旅行者更好地制订、了解和熟悉旅行计划。高科技企业在确定自己的专利战略时，则应充分利用现有的国内外专利文献制成专利路线图。如果专利路线图与企业战略计划和业务发展框架匹配，往往能识别企业的技术鸿沟并找到发展机会。企业层面的专利路线图一般都描绘随着时间技术、研究与开发活动、市场、产品之间的相互关系。

专利路线图对企业的作用有以下几个方面：

第一，能帮助确定对一系列需要和满足这些需要的专利的一致看法。

第二，提供帮助在目标区域技术发展的专家前瞻分析的机制。

第三，提供帮助规划和协调公司乃至整个行业全球技术发展的框架。

第四，通过识别关键技术专利或识别满足产品绩效目标需要填补的技术差距，以及识别研究与开发投资的路径，通过调整单个公司或联盟成员的研究活动，从而能够更好地进行技术研究与开发决策。

第五，表明一个公司如何理解顾客需要，并且发展或正在发展这些技术专利来满足顾客的需要。

（一）专利路线网络图

专利发展路线网络图的具体样式如图 7－19 所示。其中，某一个技术从研究与开发开始，形成专利，为扩大发展空间，再形成专利战略联盟，直至专利池，从而构成专利发展路线网络图。

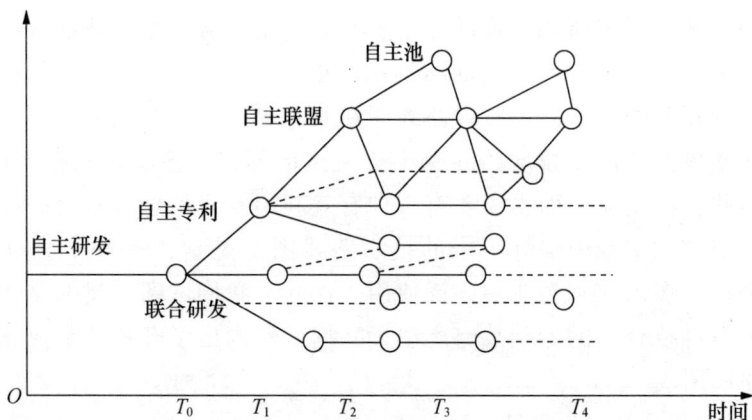

图 7-19 专利发展路线网络

(二) 专利路线图

在不同发展阶段的国家之间，专利发展路线也是有所不同的。对于一个创新先行国家的企业专利路线图，如图 7-20 所示。

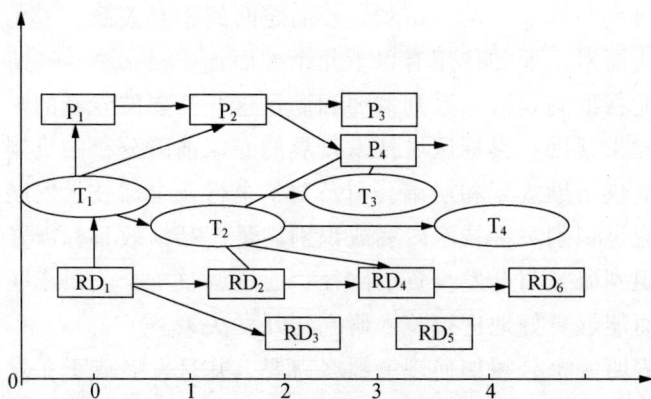

图 7-20 先行国家企业专利路线图的一般形式

在图 7-20 中，作为先行国家的创新企业，其专利发展路线主要从研发到技术形成、直至发明专利形成基本（核心）专利类型展开。

作为一个新兴国家产业的专利路线图，可以采取不同发展的路径，如图7-21所示。

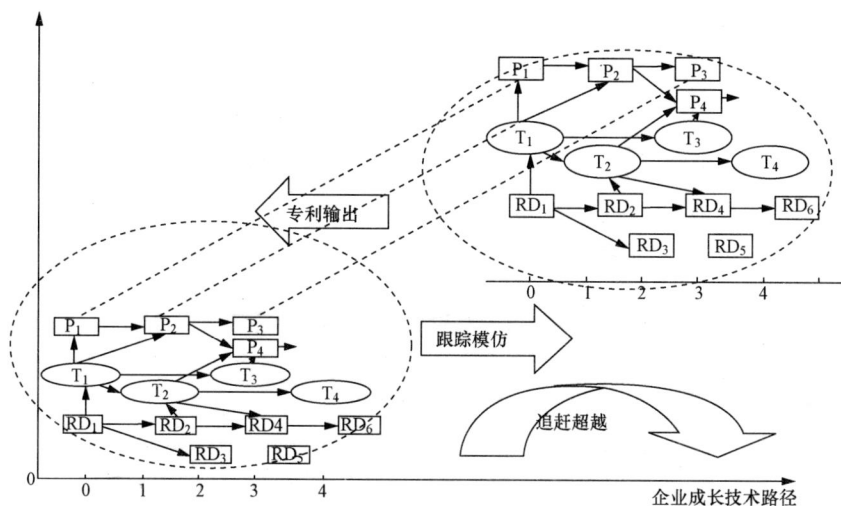

图 7-21 新兴国家追赶型企业的专利路线

在图 7-21 中，上方圆图为本行业全球领先企业的专利路线，下方圆图为本行业新企业的专利路线。作为新企业，其专利发展路线可以从模仿跟踪、引进专利乃至追赶超越等不同类型展开。

（三）专利路线图的基本内容

专利路线图可以大致分为专利研究与开发的起始阶段、专利申请阶段、专利利用阶段和专利失效四个阶段。

图 7-22 为专利起始阶段路线图，其中，M 为市场情况，T 为技术选择，S 为专利文献检索情况，D 为技术开发战略，P 为专利。

同样，高科技企业就要根据这个长期技术发展战略，去不断地修订、更新，实施其专利发展战略，同时也要在不同的阶段采取不同的专利保护和应用战略。

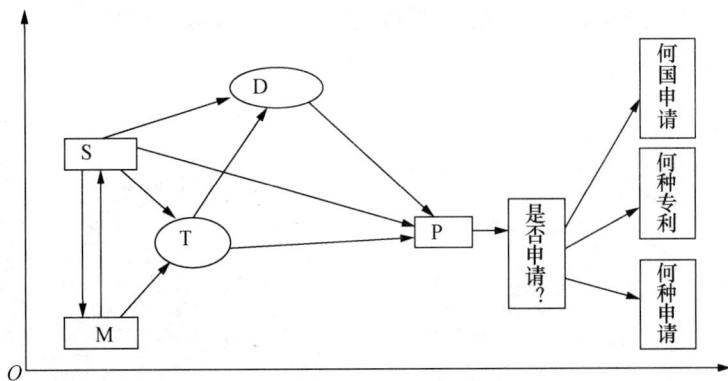

图 7 – 22   专利起始阶段和申请阶段路线

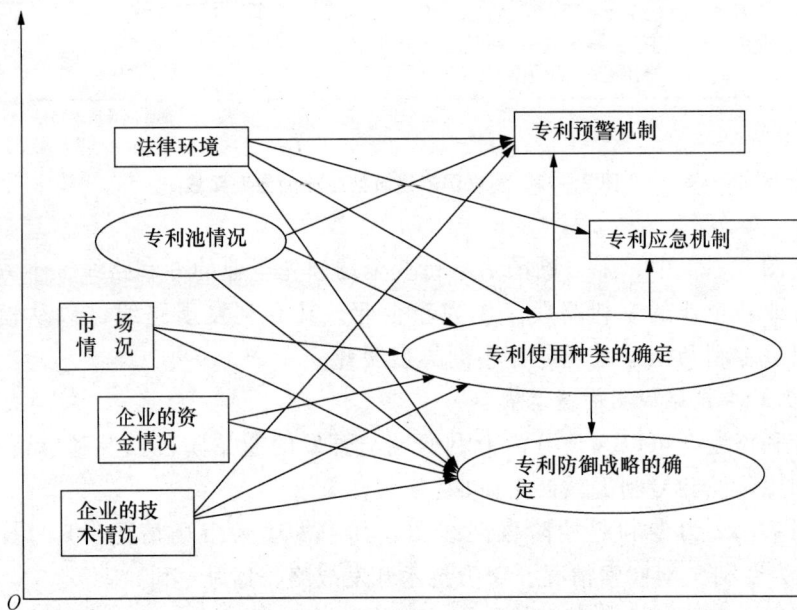

图 7 – 23   高科技企业成长的专利利用路线

进入知识经济时代之后，高科技企业之间的激烈竞争主要是建立在企业技术实力，尤其是技术创新能力基础之上的，因而他们对未来技术的关注程度空前提高。紧密跟踪技术的发展趋势，作出理想的投资决策，在最恰当的时间推出最恰当的产品（或服务），成为高科技企业努力追求的目标。但对于一个高科技企业来讲，在其初创期、成长期和成熟期内，不可能只进行一次创新，申请一个专利；恰恰相反，这些高科技企业需要不断地进行创新。而且，这些创新也不是随机的、无计划的，而是要结合国内外竞争环境的具体情况，及早制定出企业在相当长时期的技术发展路径。

因此，一个高科技企业的专利路线图，实际上是企业依据所确定的以专利为基础的技术发展路线，而且不断地前瞻、追寻、更新和修订的过程。这是一个与该高科技企业的存续期一样长的过程。

四、基于专利路线图的高科技企业专利战略

根据世界知识产权组织（WIPO）分析，全世界每年的发明成果90%—95%可以在专利文献中查到，而在其他技术文献中只有5%—10%可以查到。因此可以缩短研究时间60%，节省研究与开发经费40%。

（一）起始阶段

起始阶段包括激励发明战略、开发目标选定战略、技术开发战略。

1. 激励发明战略。激励发明创造，需要国家级战略和企业级战略的配合。企业级激励发明创造战略，可采取一系列措施，比如，建立合理的奖励制度、增加研究与开发投入、在企业建立鼓励合理化建议制度、建立专利战略时代的研究与开发工作规章、规程和加强国内外技术引进工作，尤其是加强从国内高校和研究所的技术引进工作，做好产、学、研合作开发的专利管理工作。

2. 目标选定战略。企业在目标选定战略阶段的专利战略主要表现在利用专利文献的情报价值上。通过专利分析，可以准确地了解到现有技术所处成长阶段、新技术的发展动态和可能的应用领域、本行业的技术发展动态、竞争最热的技术领域、竞争对手的研究与开发动态和新产品的可能寿命、潜在市场和经济价值。

在选择技术开发目标时，对于一些开创性的专利技术，其市场预测有独特的规律。对那些前所未有的技术和产品，消费者对它一无所知，不能对其进行市场调查和预测。因此，对于专利技术的开发目标来说，有些主要依赖于技术预测；有些只能在产品做出来以后，通过向潜在的买主宣传其真正的价值，开辟新的市场；并且因为预测工作本身含有一定的不确定性和偏差，可能带来风险，从而会影响企业的成败，因此，发明、设想或者建议可能从基层提出，也可能要经过有各个单位负责人和专家参加的会议讨论后提出，但最后决策的仍是企业的最高领导人。

3. 技术开发战略。技术开发战略大致有两种：一种是以美国为代表的开拓型技术开发战略，其成果多属于基本专利；另一种是以日本为代表的追随型技术开发战略，其成果多属于改进专利、应用专利等外围专利。前者具有原创性强、成本高、风险大等特点，后者则具有起点高、成本低、风险小等特点。我国的高科技企业应该按照自己的实际情况确定自己研究与开发的战略，并申请专利，用法律保护自己的技术成果。

（二）专利申请战略

对于高科技企业开发出的技术是申请专利还是作为技术秘密或其他方式取决于企业专利战略和经营战略的需要。通常企业应建立一种制度，由企业的管理、技术、法律、销售等方面人员组成的机构来评价企业作出的发明创造，并决定是否申请专利。一旦决定申请，应对在哪些国家申请专利进行分析。一般采用"市场导向"申请战略，即优先选择市场最大或人口最多的国家申请专利。但是，如果发明创造属于高技术范畴、只有极少数企业能够生产这种产品时，"市场导向"申请战略也许并不是最好的。此时则应考虑"生产导向"申请战略，即在竞争对手从事生产经营的国家申请专利，一旦发生侵权，专利权人可以采取法律手段在原产地扣押侵权产品而不论其将要行销的国家。对于有高度发达的工业又有广阔市场的国家，可以同时应用这两种战略。总之，高科技企业应当考虑在有潜在市场或潜在竞争对手的国家申请专利，以保护自己在这些国家的市场利益和竞争优势。专利申请战略，主要应确定以下问题：是否所有的发明创造都要申请专利？何时申请专利？申请什么样的专利？

1. 权利选择。有的技术成果不必申请专利、以技术秘密（Know - how）来保护更为有利，比如，美国的"可口可乐"饮料配方，作为企业的技术秘密，至今已经有100多年；有的发明可以一部分技术申请专利、另一部分作为技术秘密保密；或者在专利申请文件中掩盖一部分技术诀窍。

　　2. 申请时机的抉择。对于基本发明，一般要等其应用研究和周边研究大体成熟后，再提出专利申请。防止其他企业在基本发明的基础上，作继续改进性研究，或抢先申请应用发明专利，而造成对自己基本发明的封锁保护；竞争对手很多，或者市场需求量大，或者是容易被模仿的技术，应尽快申请专利；对本企业领先的不易被模仿的技术，可以在竞争对手快要追上的时候再申请专利，一方面延长了保护期，另一方面也避免了技术过早地公开而给对手可乘之机。

　　3. 申请类型的选择。申请类型包括基本专利、外围专利、防卫专利和迷惑专利。

　　申请基本专利（基本专利战略），基本专利是独创性非常高的发明，它具有广泛应用的可能性和获取重大经济效益的前景。基本专利有以下特征：（1）竞争对手无法绕过基本专利而模仿。（2）在实用化时，它还需要解决一系列的技术问题，从而可衍生出大量的相关专利。（3）开发周期长，费用大，需要社会技术力量的支持。（4）发展前景大，有的基本发明对产业活动会产生根本性的影响，甚至引发新的工业革命。申请基本发明专利，需在申请前、后高度重视外围专利保护，形成专利保护网；对产生基本专利的技术要进一步贮存技术，取得改进专利，以便在基本专利到期后，仍能够起到保护作用。

　　申请外围专利（外围专利战略），外围专利又称改进专利。外围专利战略是日本企业最擅长的战略。所谓外围专利战略，是指在只依靠基本型专利不能很好地保护自己的时候，采用具有相同原理并围绕基本专利的许多不同专利来加强自己，与基本专利权人进行对抗的战略。在核心专利周围部署改进专利、下游专利可以帮助本企业获得核心专利权人的交互授权。例如，中国台湾的鸿海，富士康、韩国三星跟踪国外企业的核心技术，大量部署外围专利，也创造了可靠的杀手锏。（1）在先申请制国家或条件下，当已经知道对手也在研究与开发同一技术项目，且已经接近成功时，则先以基本专利广泛地控制核心技术，然后在其周围不断地、逐步地申请应用、改进专利，最后构成以基本专利为中心的专利网。（2）尽可能将基本专利和外围专利同时申请，以避免先公开基本专利后引起其他企业申请外围专利的竞争。（3）当本企业的产品无法绕过他人的基本专利时，可对基本专利作改进产生应用发明，申请外围专利，在基本专利的周围形成一道墙（专利保护网），使基本专利权人在此领域丧失活动余地，使其动辄侵权，迫使基本专利权人放弃竞争，或者向本企业提出专利许可谈判。

申请防卫专利，有的发明虽然是本企业暂时不实施的，但作为一种技术储备或将来实施更新发明的基础，应当申请防卫专利，以免被其他企业抢先申请而形成对自己的限制。

申请迷惑专利，在同行之间竞争异常激烈时，为了不让对手清楚地掌握本企业的技术发展方向，故意将一些并非本企业所需的技术申请专利，让对手无法跟踪自己的发展。还可以在专利"授权人"一栏隐匿真实身份。这是国外公司惯用的竞争策略。很多西方大企业往往用100多个名称充当本企业拥有的专利的授权人，有些公司甚至用300多个名称给自己的技术申报专利。例如，Aventis拥有2.9万多项专利，其中仅仅约1%的专利在授权人中包含Aventis这个词。这些用其他名字秘密部署的专利，使竞争对手无法了解自身真正的实力，相当于埋藏了一些专利地雷。

（三）专利利用战略

专利利用战略包括对本企业申请获权专利的利用、对其他企业专利的利用及其他企业利用本企业专利三个方面。具体战略的选择、运用、组合应科学分析本企业与竞争对手或者合作方的企业规模、企业类型、企业业绩、企业信誉、企业技术实力、企业品牌实力、企业信息能力、企业发展策略等多方面因素，在实践中灵活地选择和实施。

专利独占战略：对任何国家的企业都不授予许可实施权，只追求专利权企业独家利益。但该企业要能承担开拓市场的风险和具有投资的条件。

许可实施战略：许可其他企业实施本企业专利，收取一定的费用，该战略在本企业无条件实施的情况下采用。

许可使用战略：在自身生产能力远远不能满足市场需求的情况下，可许可其他企业使用本企业专利，收取一定使用费用的战略。

专利与产品相结合的战略：持有基本专利的企业，允许其他企业使用自己的专利，但作为交换的条件，把本企业的产品强加给对方，以提高自己在市场竞争中的地位。

专利与商标相结合的战略：商品投放市场后，为了更大的利益，可以将专利权和相关商标权捆绑在一起出让或者许可。商标的作用很大，但为了商标在市场上站住脚跟，需要一定的时间和投资。为了减少商标的广告投资，可以采用强制使用商标作为使用专利权交换条件的战略。

专利投资战略：以专利技术入股，与当地资本联合逐步在各国设立合资公司或合营公司，在该公司利用本企业的专利技术，从而掌握其支配权。美国的杜邦公司擅长采用此战略。

交叉许可战略：随着技术的复杂化、复合化发展趋势的加强，即使是大企业，也不可能独占技术，于是出现将各自拥有的技术互相靠拢，签订以相互的专利权交叉实施许可合同的战略，从而形成联合技术优势。另外，在与同行业的其他企业的技术十分接近，甚至权力归属错综复杂的情况下，为了防止混乱，也可采用交叉许可战略。可以是同类技术交换，也可以是不同的技术相互交换来弥补自身的薄弱环节。

专利协作战略：各企业将相互拥有的专利权拿出来合作，是一种协同合作的战略。多以生产合作的形式出现，以防止出现专利纠纷。

引进专利战略：本企业自身不搞技术开发，专门引进其他企业优秀专利技术的战略。

专利收买战略：将竞争对手的专利全部买下，从而达到独占市场的战略，与引进专利战略不同，收买专利的目的不限于引进技术，最终是为了独占市场，专利收买战略要适可而止，否则就可能违反"反垄断法"。

专利出售战略：当本企业专利闲置，成为虚价值或者低价值资产存量时，可将专利权当作普通商品出售，达到盘活企业资本的目的。

专利回输战略：即企业在引进原输出国专利技术后，可对其进行研究、消化、吸收和创新，且将改进、创新技术再以专利的形式卖给原输出国的模式。这种模式既可以使引进技术方提高技术创新的起点，又能够使自己摆脱专利输出方的控制，对技术跟随国家、欠发达国家和地区的企业具有重要意义。国家和企业均可采取专利回输战略。

（四）专利防御战略

专利防御战略在其他企业进行专利改进，或者其他企业的专利妨碍了本企业，为保护本企业利益，使本企业不受损失或使本企业所受损失减少到最低，需要采用专利防御战略。

　　紧盯同行战略发展战略：在选定专利技术开发目标阶段，应充分利用各种手段，分析、了解其他企业的专利情况，将产品开发引导到不侵犯他人专利的方向上，然后，还要密切注意其他企业专利的动向和最新进展，将此工作作为日常工作。

　　文献公开战略：当没有必要取得独占权但若被其他企业抢占在先申请专利又不妥当时，可抢先将技术内容在杂志上公开，虽然自己未能取得专利，但也达到了防止其他企业取得专利的目的；

　　异议干扰战略：对其他企业申请专利权可以采取经常性的妨碍活动，比如，提异议，请求专利复审委员会宣告无效。在中外法院受理的专利侵权案件中，在美国国际贸易委员会受理的 337 个案件中，绝大多数被告都会反诉对方专利无效。这些案件中，相当多的专利会被无效掉。例如，国家专利局复审委员会每年受理的约 4000 件专利无效案中，大约 2000 多件会被宣告无效。也就是说，中国专利局签发的数百万件专利中，可能有一半会被漏检的外国专利、各国期刊论文，以及其他事实和规则予以推翻。通过商业检索、分析提高自有专利的质量，或者了解他人专利的杀伤力，这对于各类企业都非常必要。其实，根据创造性要求、实用性要求、书面描述要求、可实施性要求、实施例要求等"专利性要件"提出的专利无效请求也有很大的胜算。英、美国家的一些专利分析公司往往对专利文献，甚至非专利文献进行深加工，以帮助企业更顺利地打赢无效案件。

　　异议获取技术信息战略：以异议获取更多的技术信息，对他人申请获权的基本发明进一步研究，做出更具先进性的改进发明，或对基本发明作表面上的改动，申请大量外围专利，迫使对方交叉许可，或者形成对抗的局面。

　　外围专利战略：在竞争对手已经获得授权的基本专利的基础上开发质量更好的改进专利，或者申请大量的外围专利。

　　绕开权项战略：绕过对方专利权项，开发不相抵触的技术。

　　权项落空战略：当无法绕过对方专利权项时，应认真研究对方的权利要求书，看本企业的产品是否在其权利要求保护范围内，如若不在，提出证明。

　　先使用权战略：若本企业的产品在对方专利的权利保护范围之内时，可提出自己的先使用权。

　　引进、收买、取得实施许可专利战略：引进、收买对方的专利，或取得对方的专利实施许可。

期满使用战略：有些基本专利无法突破，该基本专利若很快到期，可等到期满后再使用。

如果本企业的专利技术被竞争对手侵权，应采取下述措施：向侵权人发出警告；要求对方签订专利实施许可合同或者专利转让合同；通过新闻媒体对侵权行为进行曝光；要求对方给予损害赔偿；请求专利管理机关处理；向法院提出诉讼。

在引进技术的基础上，同样也可以有自己的专利权。以前，我国很多企业引进国外的生产线，经过努力在控制、提高效率方面都有很大提高，但很多中国企业却不知道将这些后续改进的技术成果去申请专利，变为自己的知识产权，而且可以进行交叉许可。日本在第二次世界大战后工业技术几近空白，现在众多的日本企业产品在国际市场竞争中所向披靡，其重要原因就是其企业大量购买国外专利技术，并消化吸收、自主创新，再将自己的新技术在国内外申请专利，从而一改被制约者而成为制约者。开始时因为日本企业的高技术多数引自美国，美国公司尤其注意日本企业的动向，一旦发现侵权，立即提出起诉。美国公司在电子、电器技术方面已先后把雅马哈等20多家企业送上了法庭，迫使东芝、日立等公司与其实施许可合同，弄得日本企业胆战心惊。面对美国公司企业发起的一次又一次的专利诉讼战，日本企业不得不"俯首称臣"、"割地赔款"。一个典型的案例是美国霍尼威尔公司诉日本美能达公司侵犯其照相机"自动聚焦"专利。起初，美国人没有告美能达，等到美能达赚了大钱时，霍尼威尔在1986年把美能达推上了被告席。这场官司持续了6年，最终以美能达败诉、赔偿霍尼威尔6000多万美元而告终。而美能达为能够继续使用该专利，还支付了3000多万美元的许可费。

（五）专利检索战略

企业应时刻关注研究与开发技术领域的新发展，注意对该技术领域的新信息，尤其是专利信息的收集与分析，这在专利战略实施过程中是至关重要的。一是有助于研究者获取最新的专利技术信息，调整研究方向，避免重复研究。二是有利于启发研究者的创新思路，缩短研究开发时间。三是有利于掌握竞争对手的技术发展状况，及时采取相应的对策，避免侵犯他人专利权。通过跟踪调查技术发展动向，并根据出现的新情况，不断地调整其专利战略实施方案，使专利战略的实施更为有效，以实现专利战略的目标。专利文献是体现专利制度根本目的的媒介，它传播专利信息，促进科技进步，为经济、贸易活动提供参考信息，是对专利实施法律保护的依据和专利机构审批专利的基础。可以说专利文献是人类的知识宝库，是最新颖、最系统、最完整、最规范的技术信息源。

（六）专利保护应急和预警机制

企业专利保护应急和预警，是指企业对突然出现的专利争端及时作出反应，对可能发生的专利争端提前发布警告，以维护企业利益和最大限度地减少损失。企业建立专利保护应急和预警机制是企业实施专利战略的重要组成部分。企业专利应急和预警机制的建立需要完善的专利信息资源和有经验的专业技术人员和法律人员作基础，将专利信息资源、人才资源集中使用。

（1）对自主专利权的产生、专利技术的利用和保护的措施，特别是对自主专利权受到侵害时的反应。如作为原告对策方案的制订，包括警告的时间、选择行政还是司法途径、请求处理或起诉的时间、诉前证据保全、边境措施等。

（2）被诉侵犯专利权的应对。在企业被控侵犯专利权时，企业应认真应对，具体措施包括：由有经验的专业技术人员和法律人员制作是否侵权的技术判定报告、合理利用司法或者行政规则、利用无效请求进行反诉、利用交叉许可与原告商谈合作意向和启动快速反应程序、充分利用外部资源等。

第六节　高科技企业成长的专利地图分析：以 LED 产业为例

一、专利地图及其种类

对于高科技企业成长，专利的影响是十分重要的。作为专利信息的载体，专利文献不仅仅是一篇篇单独的专利技术和法律文献的集合，其中还蕴藏着很多企业的战略和策略思想，蕴藏着策略陷阱，隐蔽着技术歧路，蕴涵着技术布局，孕育着新的市场展望，这些深藏的内容通过逐篇阅读往往难以察觉，需要系统的分析才能揭示。对此，我们可以通过专利地图来进行说明。根据专利地图的功用，我们可以将专利地图分成以下三类：

（1）管理地图，就是专利管理应用的地图，主要是一些宏观的技术领域分析。主要解决如下问题：竞争对手是谁？他们的发展情况如何？研究与开发产品之专利发展趋势如何？该技术研究与开发力量分布在哪些国家？

（2）专利技术地图，是技术研究与开发人员使用的地图。主要解决的问题是：谁是真正的技术领先者？谁最具潜力？竞争形态又各为何？在研究与开发产品利益争夺之地在哪里？如何找出研究与开发之主要功效？

（3）专利权利地图，又称为专利范围地图，就是分析国家授予具体专利技术垄断范围的地图。这种地图主要应用在诉讼中，是针对单个专利的微观专利分析地图。

根据本章研究的重点，我们的分析集中于对专利管理地图的分析。

二、全球 LED 专利地图分析

LED 是由超高纯度化合物半导体材料，如 GaN（氮化镓）制成的。其核心技术是在 MOCVD（有机化学气相沉积炉，又称外延炉）中生长出一层厚度仅有几微米的化合物半导体外延片。作为光源，LED 优势体现在三个方面：节能、环保和长寿命。随着半导体发光二极管（LED）产业的迅猛发展，国际市场竞争不断加剧。知识产权成为打击竞争对手，占领市场优势的主要手段之一。2008 年，美国 337 调查首次对中国 9 家 LED 企业立案调查；2009 年，日本 LED 巨头日亚化学（Nichia）宣布已经在美国发起针对中国大陆、中国香港地区以及加拿大厂商的专利侵权诉讼；2010 年，美国 337 调查再次对涉及日本、中国、韩国及中国台湾等 9 个国家和地区的 34 家企业立案调查，其中中国大陆有 4 家企业被诉。我国 LED 产业面临着知识产权问题的严峻挑战。

（一）全球 LED 专利申请总量及年度发展趋势分析

1. 历年专利动向图。历年专利动向图常用折线图表示，横坐标表示申请年度（或授权年度），纵坐标表示专利件数。该图的专利的统计可以包含所有国家，也可具体针对某一特定国家进行统计。

半导体照明（LED）技术是 21 世纪的高新技术之一。但在 2000 年以前，LED 产业发展缓慢，总的专利申请量也较少，每年大概都在 50 件以下。但 2000 年以后，LED 产业进入了高速发展阶段，专利申请量也快速递增，到 2009 年年底，LED 产业的专利技术申请量已经达到 1709 件以上。具体数据见图 7－24。

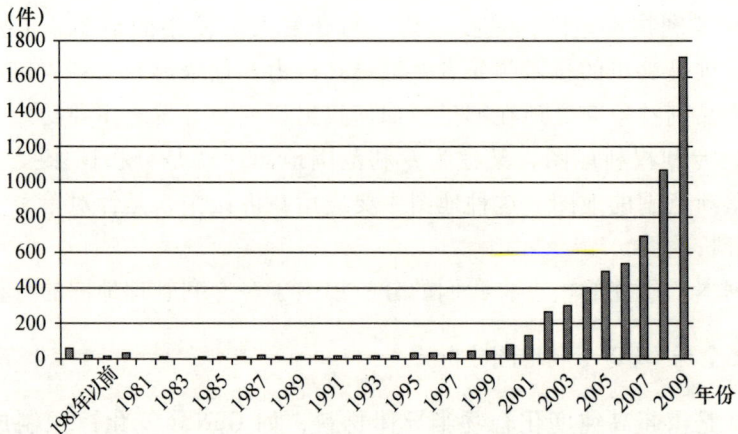

图 7－24　全球 LED 专利申请历年发展趋势

资料来源：Patent iNSIGHT Pro 软件查询。

2. 各国专利占有（或申请）比例图。在各国（地区）的产业竞争力指标中，利用从美国专利与商标局（United States Patent and Trademark Office，简称 USPTO）数据库中检索被授予专利数的多寡成为重要指标，从利用半导体照明常用关键词于权利要求书（Claim）中进行未分类初阶简索并对各国（地区）专利取得数进行分析，分析结果如图 7－25 所示。

3. 各国专利分布趋势图。目前，就 LED 核心专利技术而言，从专利申请人分布区域来看，主要在日本、美国和欧洲。从专利申请的时间跨度来看，从 20 世纪 90 年代初开始，至今没有停止；从专利披露的技术来看，实现白光 LED 的方法有荧光转换、多色组合、多光子型和有机发光二极管（OLED）。具体数据见图 7－26。

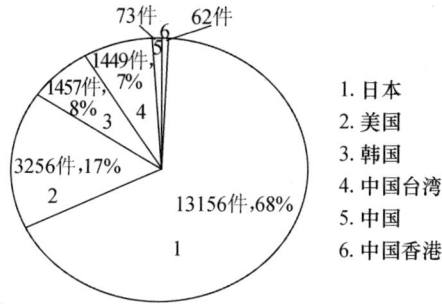

图 7－25　各国未分类初阶专利分析

数据系统：USPTO。

关键词：ACLM/〔Light AND Emitting AND（device OR diode）〕。

2009 年 7 月。

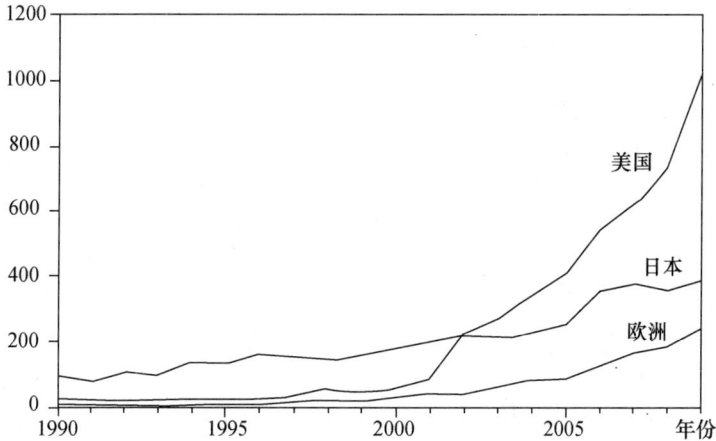

图 7－26　欧、日、美各国专利分布趋势

（二）各国主要 LED 专利内容

全球有近 200 家公司和 300 多所大学以及研究与开发机构从事氮化镓基 LED 的材料生长、器件制作工艺和相关装备制造的研究和开发工作，居于领先水平的公司主要有日本的 Nichia、Toyota Gosei、索尼、三洋、美国的 Cree，欧洲的 Osram、飞利浦。中国台湾的芯片厂家主要有国联、晶元、光

磊、广镓、灿元、连威等。由于核心技术为欧美等发达国家所掌握，国内厂商尚处在研究阶段，尚未形成规模生产，其中中电科技集团公司第四十五研究所、第四十八研究所、第二研究所等在该领域已取得一些成果。

从专利内容上看，各国也不尽相同。韩国、日本、美国以及中国台湾较为重视制造工艺的保护，有不少专利都涉及生产方法，如制造红外发射发光二极管的方法、驱动发光二极管的电路和方法，GaN 基 III – V 族氮化物发光二极管及其制造方法，发光二极管、照明装置以及制造这种发光二极管的方法，利用发光二极管或其他光谱光源的成像设备颜色校准的方法等。而中国大陆和中国台湾的专利权大多都涉及具体产品的保护，如 LED 信号灯、指示灯、灯泡、灯头、灯罩、显示屏等。

从检索到专利的初步分析可以发现，以 LED 为主的半导体照明技术相关上位专利主要掌握于日、美等国，中国大陆、中国香港、中国台湾的专利数及专利级别均不如日、美等国所掌握基础的上位专利。这种状况给国内发展 LED 产业带来了不小的困难。例如，因近期白光 LED 的应用日益广泛，国内厂商纷纷想进入此市场，但因白光专利大都掌握在外商的手中，如 Nichia、Toyoda Gosei、Lumileds、Osram 等，其中 Nichia 在白光荧光粉的应用上有着层层的专利保护，给国内企业带来了重重障碍。

（三）全球各主要公司专利分布情况

通过对某一段时间内专利各申请人拥有（或申请）某项技术的专利总数作统计，可发现该技术领域的主要竞争公司，通常拥有（或申请）专利数量大的申请人为主要竞争公司。

欧洲、日本和美国的五大国际厂商代表了当今 LED 的最高水平，对产业的发展具有重大的影响。它们对 LED 的影响不仅体现在产品和收入上，更重要的是对技术的垄断。据 CMP Consulting 统计，LED50% 以上的核心专利都掌握在这五大厂商手中。从有关统计得知，主要竞争公司为日本的索尼、三洋、东芝、先锋、JVC，韩国的三星、LG，美国的科锐、IBM 及欧洲的飞利浦。

CMP Consulting 曾经对 1992—2003 年 6 月间美国、欧洲和日本 GaN 基 LED 专利共计 14609 件进行研究，并对其中最重要的 1038 件专利加以分析，最后将有系列性的专利归合为一，共得到 235 件本领域的核心专利，如表 7 – 8 和表 7 – 9 所示。

表 7 - 8 全球主要 LED 公司在各环节上的专利分布情况

产业链	Cree	Lumileds	Nichia	Toyoda Gosei	其他	总数	主要厂商占比（%）
外延	12	10	10	31	64	127	49.6
工艺	5	2	15	17	7	46	84.8
封装	6	9	1	1	8	25	68.8
应用	4	4	4	1	13	26	50
荧光粉	0	2	2	0	7	11	36.4
总计	27	27	32	50	99	235	57.9

资料来源：CMP Consulting。

表 7 - 9 前十位 LED 照明专利申请公司

公司	专利数（件）
KONINKLIJKE PHILIPS ELECTRONICS N V	135
SAMSUNG ELECTRO MECHANICS CO.	128
PHILIPS SOLID - STATE LIGHTING SOLUTIONS INC.	80
KOITO MANUFACTURING CO. LTD.	55
FU ZHUN PRECISION INDUSTRY (SHEN ZHEN) CO. LTD.	47
DONGGUAN KINGSUN OPTOELECTRONICS CO.	37
TOYODA GOSEI CO. LTD.	36
SONY CORPORATION	34
MATSUSHITA ELECTRIC WORKS LTD.	30
SHARP KABUSHIKI KAISHA	28

资料来源：Patent iNSIGHT Pro 软件查询。

与其专利拥有量相对应的，日本是 LED 的主要产出国家，占全球 LED 产能一半，中国台湾约占 21%，欧美约占 14%。

（四）专利技术生命周期图

专利技术生命周期图是用申请人数和申请专利件数组成的折线图，从图 7 - 27 中可以看出某项技术的起步期、成长期、顶峰期、技术完成期，以提供研究与开发和市场投入的参考，可以指导用户的研究与开发投入方向。

如图 7-27 所示，第 I 阶段：技术萌芽阶段，企业的投入意愿低，因此专利的申请件数与专利权人数均较少。第 II 阶段：技术成长期，此阶段产业的技术可能有所突破或企业对于这个市场的价值有了认知，便会竞相投入发展，专利的申请量与申请人数会出现急剧上升的情形。第 III 阶段：技术的成熟期，此阶段企业投资于研究与开发的资源不再扩张，只剩少数的人继续发展此一类技术，且其他企业进入此一市场的意愿亦减低，因而申请件数与申请人数逐渐下降；第 IV 阶段：进入技术衰退期，申请件数与申请人数开始下降；第 V 阶段，进入淘汰期，申请件数与申请人数大幅度下降。

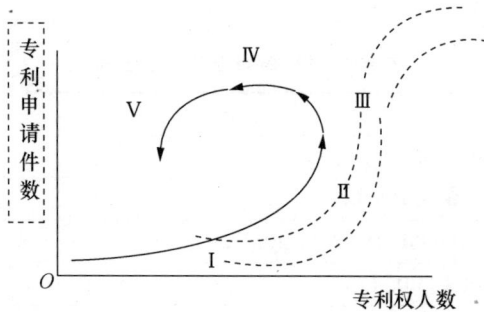

图 7-27　专利技术生命周期

三、我国 LED 专利申请、分布和竞争态势

（一）我国 LED 专利申请总量及年度趋势图

我国在 LED 行业起步较晚，从 20 世纪 80 年代初开始。而中国台湾在 20 世纪 70 年代末实现产业化，但科研开发能力相对较弱，与国际先进水平存在不小的差距。

近年来，LED 行业在国家"863"计划的资助和扶持下取得了重大的进展，"氮化镓基半导体材料和器件"首先在深圳方大集团股份有限公司产业化，并走集约化发展的道路，确立了白光 GaN-LED 研究项目，形成了从上游材料→中游芯片→下游器件的完整产业链。国内的一些高等院校和科研院所，如北京大学、中国科学院物理所和长春光机与物理所、北京有色金属研究院等单位也相继开展了白光 LED 的研究工作，并申请了专利。总体而言，专利的数量和质量明显不如日、美等发达国家。具体数据见图 7—28。

从国家专利局网站公布的数据看，截至 2010 年 3 月，我国已受理 LED 相关专利 14432 项，其中，发明专利 3411 项，实用新型专利 7284 项，外观专利 3737 项。发明专利是以科技创新为主的核心内容。近年来，中国半导体技术的发明专利申请量逐年提升，半导体专利申请量近年排在前 10 名，可以看出，半导体技术专利申请量一直保持较高增长态势，在整个电学领域中创新非常活跃，有望在今后一段时期内会有较大发展。

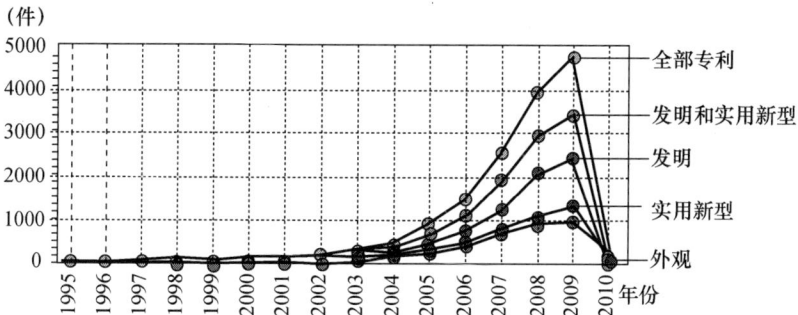

图 7—28　我国历年申请 LED 专利类型趋势

（二）外国企业在华申请 LED 专利类型分布

国外在华 LED 申请的发明专利与实用新型专利总数有 534 件，技术重点在于衬底制备、外延材料、器件设计、管芯工艺、芯片电极、封装；应用专利占国内总专利数量 55% 以上，其中衬底制备和器件设计分别占到了 12.33% 和 13.77%。具体数据见图 7—29。

根据图 7—29，在 LED 专利分布的类别上来看，外国在我国的专利申请都主要集中在 H01L（半导体器件）、H05B（电热）、F21V（照明装置或其系统的功能特征或零部件）、F21Y（涉及光源的构成）等领域，主要都是偏上游的技术专利。具体数据见图 7—30。

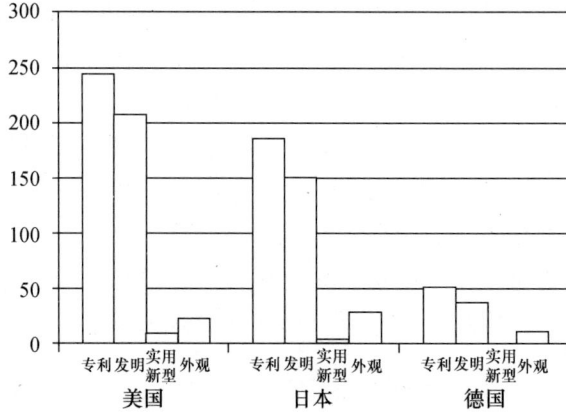

图 7 - 29 外国主要国家在我国 LED 专利申请

资料来源：用 SooPat 搜索。

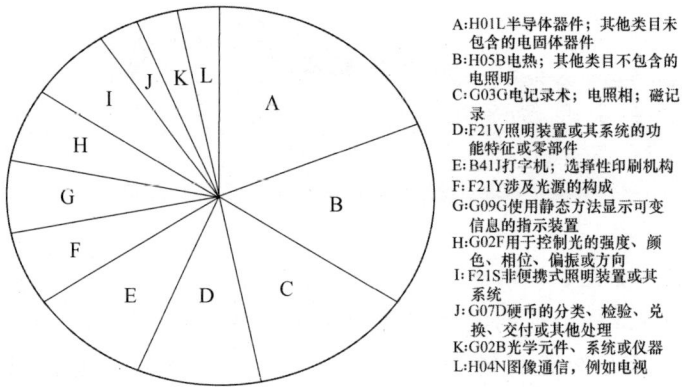

A:H01L半导体器件；其他类目未包含的电固体器件
B:H05B电热；其他类目不包含的电照明
C:G03G电记录术；电照相；磁记录
D:F21V照明装置或其系统的功能特征或零部件
E:B41J打字机；选择性印刷机构
F:F21Y涉及光源的构成
G:G09G使用静态方法显示可变信息的指示装置
H:G02F用于控制光的强度、颜色、相位、偏振或方向
I:F21S非便携式照明装置或其系统
J:G07D硬币的分类、检验、兑换、交付或其他处理
K:G02B光学元件、系统或仪器
L:H04N图像通信，例如电视

图 7 - 30 外国在我国 LED 专利申请类别分布

资料来源：用 SooPat 搜索。

（三）我国 LED 专利申请类别分布图

由于 LED 行业具有比较长的产业链，包括上游、中游、下游及应用产品，每一领域的技术特征和资本特征差异较大，因此在发展上也存在着一定的不均衡性。位于上游的发光材料、芯片约占行业 70% 的利润，位于中游

的封装低于 10%—20%，而位于下游的应用约占 10%—20%。据高工 LED
产业研究中心调查，截至 2008 年年底，中国的 LED 相关专利申请共 26071
件，其中处于产业中游和下游的封装和应用方面的专利接近 50%。而在产
业上游的外延和芯片方面，由于我国研究和生产起步较晚，专利所占比例较
少。高工 LED 调查同时显示，封装是我国的主要研究与开发和申请领域，
专利申请数占总体的 39%，其他依此为应用技术、外延技术、芯片技术、
白光技术及衬底技术，相关专利主要涉及 LED 的制备方法和设备。具体数
据见表 7—10。

表 7—10　　　　　　　　　　专利分布较多的分类号

	分类号小类	专利数	比例(%)
1	F21V 照明装置或其系统的功能特征或零部件	6817	23.98
2	F21Y 涉及光源的构成及小类 F21L、F21S 和 F21V	6649	23.39
3	F21S 非便携式照明装置或其系统	3951	13.90
4	H01L 半导体器件；其他类目未包含的电固体器件	2521	8.87
5	H05B 电热；其他类目不包含的电照明	1953	6.87
6	F21W 与照明装置或系统的用途或应用有关的小类	1780	6.26
7	G09F 显示；广告；标记；标签或铭牌；印鉴	1033	3.63
8	G09G 使用静态方法显示可变信息的指示装置	459	1.61
9	F21L 发光装置或其系统，便携式的或专门适合移动的	266	0.94
10	H05K 印刷电路；电设备的外壳或结构零部件；电气元件	231	0.81

　　由表 7—10 可以看出，我国企业 LED 的申请主要集中在 F21V（照明装
置或其系统的功能特征或零部件）、F21Y（涉及光源的构成）、F21S（非便
携式照明装置或其系统）、H01L（半导体器件）等领域或方向。
　　目前，国内申请多为外围专利，核心专利缺乏，特别是白光、大功率
LED 灯的热平衡问题、持久高效的荧光粉等专利，一直被欧、美、日等国
垄断，阻碍产业发展。中国要突破国外白光 LED 专利封锁，需要在实现的
技术路线或关键材料方面取得突破性进展。并且在追求专利数量的同时，中
国企业应更关注专利的质量，特别是重要领域的发明专利今后对于企业在市

场份额谈判中意义重大。

（四）我国 LED 专利申请人分布图

随着我国企业申请的 LED 专利数越来越多，申请专利的企业也越来越多，专利申请集中度逐步下降。我国专利申请量较多的企业主要有皇家飞利浦电子股份有限公司、北京巨数数字技术开发有限公司、北京中庆微数字设备开发有限公司、海洋王照明科技股份有限公司和谷谒白等企业。我国 LED 申请人的主要企业分布的具体情况见表 7 – 11。

表 7 – 11　　　　　　　国内 LED 专利前 10 位申请人专利分布

排名	申请人	专利数	发明	实用新型	外观
1	鹤山丽得电子实业有限公司	192	24	106	62
2	北京巨数数字技术开发有限公司	138	83	40	15
3	北京中庆微数字设备开发有限公司	127	77	50	—
4	宁波安迪光电科技有限公司	113	41	46	26
5	皇家飞利浦电子股份有限公司	107	94	—	13
6	史杰	105	24	43	38
7	康佳集团股份有限公司	105	19	86	—
8	东莞勤上光电股份有限公司	68	21	33	14
9	南京汉德森科技股份有限公司	63	18	28	17
10	广州南科集成电子有限公司	53	26	26	1

对上述表格申请人专利分布从地图上标识出来，就形成了专利申请人地图。

（五）全国各主要省市 LED 专利申请分布图

我国不同省市 LED 专利申请情况也有较大差异，申请最多的省份是广东省，达到 5208 项专利，而浙江、江苏、上海、北京也有较多的 LED 专利申请。具体数据见图 7 – 31。

（次）

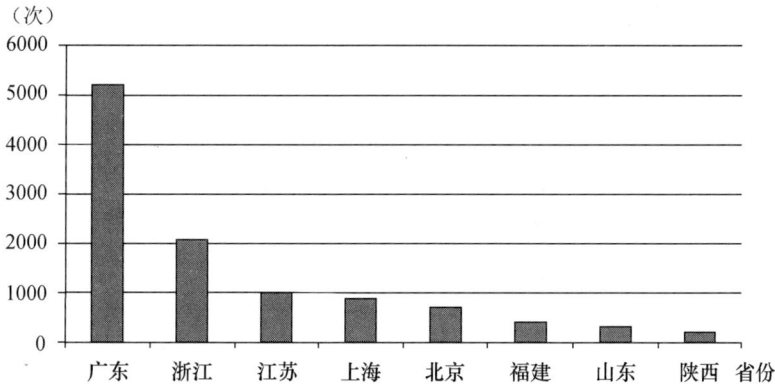

图 7－31 我国 LED 专利申请的主要省市排序

四、我国企业在全球 LED 专利竞争态势

以上分析表明，专利拥有量、申请领域分布、布局意图确实在促进高科技企业成长中，发挥着重要的促进作用。对此，我们可做进一步分析。

（一）中国企业与竞争对手的定位比较：核心专利少，外围专利多

由于中国 LED 持有人的 LED 专利技术构成不完善，基本上集中在利润较低、LED 封装以及 LED 应用等中、下游产业链。而外延生长和芯片制造专利数量较少，大部分被外国人所掌握。对于中国大陆、中国台湾、韩国等 LED 产业的后来者，虽然 LED 产业已经具有了一定规模，但由于在专利技术方面的被动，其发展却受到专利的很大牵制。

为了维持竞争优势、保持自身市场份额，五大厂商申请了多项专利，几乎覆盖了原材料、设备、封装、应用在内的整个产业链。据统计，LED50%以上的核心专利，特别是白光、大功率 LED 灯的热平衡问题、持久高效的荧光粉等关键专利，都掌握在五大厂商手中。

与日亚、欧司朗、飞利浦等并称全球四大 LED 芯片巨头的科锐，正是这"70%利润"的既得利益者之一。科锐公布的截至 2010 年 6 月 30 日的年报预估数据显示，其 2010 财年营收达到 8.5 亿美元，同比增长 53%；净利润增长 402%，1.523 亿美元。

（二）中国企业的专利进入壁垒与策略分析

技术授权行为，基本上是具有经济价值知识的流动。其核心就是由授权人及被授权人签订技术授权契约，以规范双方的权利义务。

2002 年前，日亚化学凭借 1991—2001 年间取得的 74 件基本专利，涵盖了 LED 结构、外延、芯片、封装的制造全过程技术及荧光粉等相关原材料，在 LED 领域占有绝对垄断地位。这个时期，日亚化学主要依靠构建专利壁垒及专利诉讼阻止其他厂商进入市场与其竞争，以获取高额的独占市场利益。但是，随着欧司朗、丰田合成、科锐、飞利浦等公司在 LED 领域拥有的专利数不断增加，2001 年起专利诉讼的方式已经开始损及自身。日亚化学不得不更改专利授权的态度，分别与上述公司达成了专利和解及授权协议，形成所谓专利联盟。

如图 7-32 所示，可以看到，随着拥有核心专利的公司的进一步增多，五大厂商一方面利用专利优势，挑起诉讼，打击对手；另一方面又更加积极地通过专利授权，扩大自身在 LED 市场的影响力，并通过中国台湾及韩国企业的授权代工来扩大产品的市场份额。LED 厂商间通过专利授权和交叉授权来进行研究与开发和生产，不仅可以阻碍新进入者的产生，某种程度上也增加了企业的生产成本。

（三）中国企业面临着 LED 照明技术的专利风险

据中国光学光电子行业协会统计，2009 年我国 LED 封装器件产能约占全球的 60%，LED 应用产品的产值增长率超过 30%。有机构预计，最快在 2015 年，LED 在中国照明市场的占有率将达到 20%，带动产业规模达 5000 亿元，中国将进入全球 LED 照明市场前 3 强。此前中国 LED 企业超过 60% 以上的产品均在欧、美等海外市场销售。由于 LED 的核心专利技术一直被欧、美、日厂商垄断，许多中国企业在海外遭遇专利诉讼，并多数以和解赔偿收场，但随着奥运、世博等重大工程项目的带动，我国的 LED 产业发展得到了前所未有的提升。

中国 LED 照明技术的专利风险状况表现在：核心专利主要集中在日亚化工（日本）、欧司朗（德国）、科锐（美国）、通用电气（美国）、丰田合成（日本）和三星（韩国）等大公司手中，国内申请多为外围专利，其保护范围落在国外专利保护范围之内，由于有超过一半的核心专利在我国获得

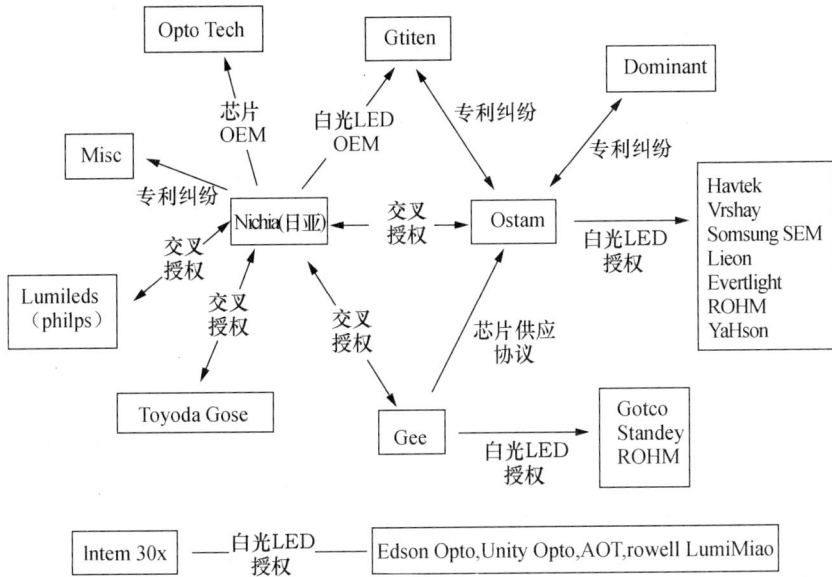

图 7-32　白光 LED 领域的主要知识产权关系（2005 年 9 月以来）

授权，因此，国内企业存在很大的专利风险。

国内仅个别企业在某一技术细节上绕开或突破国内核心专利的围堵，例如，北京有研稀土在荧光粉方面有个别专利通过技术特征的改变而绕开核心专利；晶能公司在缓冲层技术上拥有自主知识产权，但是在其他技术分支仍存在较大的风险。

需要关注的是，我国 LED 技术起步较晚，在 LED 专利方面处于比较被动的局面，发展情况不容乐观。随着企业规模的不断扩展，有可能受到国际大公司的关注而卷入专利纠纷中。一般预计，两年内不会有针对我国企业的大规模诉讼案发生，但长远来讲，国内企业存在很大忧患。随着国内 LED 出口规模的扩大、外国对中国台湾及韩国企业专利诉讼的减少，不排除 Nichia 等大公司将专利诉讼重点向中国大陆企业转移的可能。

（四）中国企业的专利进入策略与防范策略分析

对于以上中国企业面临的专利进入壁垒，国内生产企业、研究与开发部门和有关管理部门都应予以高度重视，需要进行相应的对手竞争定位、战略联盟合作定位，以及确定相应的竞争与合作策略（见表 7 - 12、表 7 - 13 和表 7 - 14）。

表 7 - 12 显示，根据国际市场存在的主要竞争对手，本国企业可以从专利领域、专利类型（核心或外围）、专利策略（冲突抑或合作）以及产权关系等不同层面对其进行定位分析。

表 7 - 12　　　　　　　　　国际竞争对手定位分析表

竞争对手	专利领域		专利类型		专利策略		产权关系	
	A B C		核心　　外围		冲突　　合作		授权　　交叉授权	
N_1								
N_2								
N_3								
N_4								
N_5								

表 7 - 13 显示，根据国内外市场竞争的需要，本国企业可以组成专利联盟，对于专业联盟成员的组成、类型，可以从专利领域、产业链位置和专利类型（核心或外围）等不同层面对其进行定位分析。

表 7 - 13　　　　　　　　专利联盟（专利池）成员定位分析表

	专利领域	产业链位置	专利类型	成员
	A B C…	上游　中游　下游	核心　　外围	
进攻型				
自主开发型				
防御型				
跟随型				
过渡型				

表 7 - 14 显示，根据国际市场竞争的策略需要，本国企业对于不同类型的竞争对手类型，可以从专利领域、股权领域、合作领域、投资领域及竞争领域等不同层面对其进行策略分析。

表 7 - 14　　　　　　　　　　　　国际竞争策略分析表

	专利领域	股权领域	合作领域	投资领域	竞争领域
进攻型					
自主开发型					
防御型					
跟随型					
过渡型					

LED 企业规避风险的防范策略主要有以下几种：

（1）要加快培育我国 LED 照明产业的自主创新体系。从国家层面引导 LED 产业，对有基础的产业和研究机构给予政府扶持，鼓励其在硅衬底氮化镓基 LED、单芯片白光、高效白光荧光粉等新材料、新工艺等领域进行研究与开发和创新。支持和明确企业在 LED 产业中的主体地位。有关部门要推动我国在 LED 领域的合理专利布局。

（2）加强企业与研究机构的产、学、研合作。在 LED 领域，国内有些研究机构，如科学院半导体所及物理所、浙江大学、清华大学等，有一定的研究与开发能力，有些企业具有较强的加工制造能力。企业要加强与科研院所之间的合作，促进科研机构的创新成果向企业转移，有效地避免知识产权风险，推动我国 LED 照明产业的升级。

（3）鼓励企业申请更多的外围专利，有效地保护和利用国内专利技术。我国企业要在消化吸收国外先进技术的基础上，加强模仿创新，走日韩企业的技术成长之路，通过对竞争对手的核心专利进行改进，提高其技术效果，申请改进型专利。这是规避专利的一条有效途径。

（4）要重视标准的研究和制度。进一步加快研究制定我国 LED 照明产品的性能、测试、能效等标准和相关规范，建立和完善产品检测平台。开展 LED 照明产品节能认证，适当提高国外产品进入国内市场的门槛，与标准规范互换国外核心专利技术，降低专利费用。

（5）要鼓励国内企业购买国外专利，鉴于当前 LED 领域的多数核心专利掌握在国外公司手中，政府部门应当鼓励企业抓住时机，加强与国外公司以及中国台湾企业之间的交流与合作，购买竞争对手的核心专利。当前，正是购买国外专利的有利时期，一方面，我国 LED 企业发展规模较小，尚未引起国外公司的关注；另一方面可利用金融危机，降低专利购买价格。

（6）建立我国 LED 照明行业知识产权预警应急机制，充分发挥行业协会的作用。研究分析该领域相关专利信息，发布预警信息，制订并实施应对预案。这将有助于政府、企业和研究机构随时掌握知识产权竞争态势，提前准备应对即将来临的竞争威胁，妥善应对已经发生的知识产权纠纷。

第七节　本章小结

（1）专利制度影响高科技企业的成长的机理，在于专利制度可以影响专利相关人之间的博弈活动，对高科技企业的成长活动发生作用。具体来讲，就是专利制度可以通过专利管理机关与高科技企业之间的博弈、高科技企业与既存专利权人之间的博弈，以及高科技企业与既存专利结成的专利池之间的博弈，影响了以上各方在高科技企业的成长活动中的行为选择，进而影响了高科技企业的成长。

（2）专利池在绝大多数情况下都能够增加社会福利。为了提高我国高科技企业的国际竞争力，我国不应该禁止专利池，但因为专利池也会产生一些负面问题，我国应鼓励第三人对低质专利提起专利无效诉讼，以消除不符合专利法立法初衷所要保护的专利。

（3）通过理论分析和实证，说明亲专利政策有增加专利诉讼的可能性，并导致"反公共品悲剧"发生的可能。而专利池既可以减少专利诉讼，又可以避免"反公共品悲剧"的发生，从而保证了亲专利政策对高科技企业成长的促进作用的发挥。

（4）自主创新成果是高科技企业成长的关键因素，国际知识产权制度要求高科技企业必须制定自己的专利战略，以应对市场竞争。

（5）高科技企业在确定自己的专利战略时，应充分地分析和利用专利文献，制成不同用途的专利图，可以有针对性地应对目前跨国公司频频使用的"专利联盟"和"专利池"的对策。

第 八 章

高科技企业成长中的人力资本定价机制

作为以科技知识为主要生产要素和核心竞争力的高科技企业的运行与成长要依靠知识的载体——人力资本来实现。而对高科技企业人力资本进行有效管理的前提是进行人力资本定价。高科技企业成长中的人力资本定价的重点是对高科技企业经营者人力资本的定价。本章将依次分析股票期权理论发展及其实践、高科技企业经营者人力资本定价方法、股票期权的激励作用与效率评价和股票期权定价方案的道德风险防范监控体系构建等问题。鉴于目前中国股市的弱有效性，本章特别结合中国香港 H 股市场的大陆上市企业的股票期权进行实证分析。以提供有用的借鉴。

第一节　问题的提出

知识经济时代，高科技企业将逐渐占据社会经济的主导地位。高科技企业是以科技知识为主要生产要素和核心竞争力的企业，企业的运行与成长都要依靠知识的载体——人力资本来实现。人力资本定价将直接为企业人力资源价值计量提供科学的理论依据和方法，为员工薪酬的界定和企业薪酬管理体系的建立，推行经营者股票期权和员工持股计划乃至公司治理的创新，提供科学的理论依据。

在高科技企业的各种人力资本中，经营者人力资本是企业最重要的资本，他们处于企业经营的核心地位，他们的表现对企业的生存和发展往往起到重要甚至是决定性的作用。研究高科技企业经营者人力资本定价，是对其进行有效激励的前提和基础，这关系到高科技企业的运行和发展。此外，因为经营者人力资本与包括技术创新型在内的其他种类的知识型人力资本相比，具有较多的共性，经营者人力资本定价方法和结果也可用来解决它类型人力资本的定价及激励问题，或具有重要的借鉴作用。

第二节　股票期权发展及其实践

股票期权是标的物为股票的期权，属于金融期权的一种形式。其持有人在规定的时间内有权力但不负义务按约定的价格买进或卖出一定数量的股票。在金融期权中，股票期权历史最长、交易最为普遍，股票期权交易的投机性也很高。股票期权建立在股票价格波动基础上，期权与股票之间有一种紧密的关系。对于升值趋势的股票来说，升值幅度越大，股票期权交易的收益越大；而对于价格下降趋势的股票来说，股票期权的潜在收益将消失。股票期权价值由其内在价值和时间价值决定，影响股票期权价值的因素有股票市场价格、约定价格、到期期限、股票价格的波动率、无风险利率和预计发放的红利等。

经理层股票期权是企业为了激励经理层的积极性，授予经理层的股票期权，是经理层报酬体系的重要组成部分。

一、美国经理层股票期权的沿革与发展

经理层股票期权最早随美国 1950 年版国内税法诞生，被称为"限制期权"（restricted option），当时个人所得税边际税率极高，公司高级经理层的薪金很大部分成为税金，为了逃避高额税收，美国辉瑞公司第一个推出面向所有雇员的股票期权计划。1964 年版国内税法出台后，更名为"限定期权"（qualified option），1976 年税法改革法案颁布后该名称不再使用，原来已经付诸实施的限定期权于 1981 年 5 月 21 日完全终止使用。取而代之的是"激励性股票期权"（incentive stock option）和"非限定股票期权"（nonqualified option）。20 世纪 80 年代起在股市复苏的刺激下股票期权激励机制开始快速发展。1980 年 8 月至 1988 年 8 月间，标准普尔 500 指数每年

上涨超过 12%，股东总收益率超过了 15%，这一时期经理层获得的股票期权数量得到大的提高，CEO 的股票期权价值已经达到货币报酬的 3.6 倍。在授予高级经理层股票期权的同时，低级别的雇员股票期权计划也开始兴起。此时期，美国通过了激励性股票期权的优惠税率法律，对股票期权的广泛采纳起到了促进作用。90 年代美国经济进入快车道，经济持续增长，股票期权持有人获得了丰厚的回报，股票期权收益占总报酬的比例不断增加。

世纪之交，美国股票期权计划呈现出许多新特点：一是实施股票期权计划的企业范围逐渐加大。最初只有部分大公司实施这一计划，现在几乎所有大公司也包括一些中小企业实施了股票期权计划。二是授予股票期权范围由原来的高级管理者向普通职工过度。股票期权的收益呈现前所未有的广泛性，据美国国家股权中心（NCEO）统计，全国有 800 万—1000 万名雇员参与了股票期权计划，1999 年，在 1300 多家企业里，19% 的雇员具有了获得股票期权的资格，比 1998 年增加了 7 个百分点。三是股票期权收入在经理层的报酬结构中增长快，所占总报酬的比例大。80 年代中期，美国 100 家大企业经理层的薪金仅有 2% 来自股票期权，1994 年是 26%，1998 年提高到 53.3%。2001 年 2 月 15 日，美国约 142 万多人持有股票期权，其总值达到 4685 亿美元。四是股票期权的数量在公司总股本中所占比重上升。70 年代，为避免股票期权稀释股东利益，大多数企业股票期权计划允许使用的股票占公司总股本的 3% 左右；90 年代，该比例被远远突破，特别是在高技术企业，据调查，350 家企业用于激励计划的股票平均占股本总数的 8%，在计算机行业高达 16%。

二、经理层股票期权在香港市场的发展

在中国香港，用于股票期权的股份数量可以达到总股本的 10%。20 世纪 90 年代后期，内地在香港上市的 H 股企业纷纷实施股票期权激励计划。但是，股票期权并没有被香港本土企业普遍运用，根据香港联合交易所公布的统计数字，截至 2002 年 9 月 1 日，在 804 家挂牌企业里，实施股票期权的企业仅 34 家，其中内地企业占 10 家，分别是中国移动、华润创业、中国联通、中国海洋石油、中远太平洋、联想集团、中国石油股份、上海实业控股、中国石油化工股份、神州数码 10 家企业。这些企业中除上海实业控股、中远太平洋总部在上海，其余企业的总部均在北京（见表 8 - 1）。

表 8 - 1　　　　　　中国实施股票期权的上市公司（H 股）一览表

序	期权代号	证券代号	公司名称	交易单位	行权时间
1	LEH	992	联想集团	2000	1994 年 1 月 18 日
2	CHT	941	中国移动	500	1997 年 10 月 8 日
3	CRE	291	华润创业	2000	1996 年 5 月 19 日
4	CHU	762	中国联通	2000	2000 年 6 月 1 日
5	PEC	857	中国石油	2000	2000 年 3 月 7 日
6	SIH	363	上海实业	1000	1996 年 5 月 17 日
7	CPC	386	中石油化工	2000	2000 年 2 月 25 日
8	CNC	883	中海石油	500	2001 年 2 月 4 日
9	COS	1199	中远太平洋	2000	1994 年 11 月 30 日
10	DIG	861	神州数码	2000	2001 年 5 月 14 日

资料来源：香港联合交易所网站，截至 2002 年 9 月 1 日。

三、中国大陆的经理层股权激励模式

在我国沪、深股市上市的企业，缺乏实施股票期权的法律环境，许多企业采用了与股票期权类似的其他股权激励手段。上海、武汉、北京、深圳、济南分别出台了《经理层股权激励实施办法》，形成了股权激励的"上海模式"、"武汉模式"和"北京模式"。

（一）上海模式

上海模式的实施范围是具有成长性或发展潜力的国有资产控股的公司，经理层拥有股份的主要途径是：（1）经理层将部分奖金转化为企业股份；（2）股本结构中设立岗位股即干股，经理层只享有分红权而不具有所有权；（3）经理层出资购买，可以采取一次性付款、分期付款或部分赊账的办法；（4）对经理层业绩特别显著的经理层，可在调整股本结构时直接奖励企业股份；（5）设立虚拟股，让业绩显著的经理层享受红利；（6）让一些对本

企业发展作出了突出贡献的、得到各方面认可的经理层，享受经理层无形资产折股权；（7）当经理层任期届满且达到经营目标时，可以按经理层任职初期与企业的约定，以期初企业每股净资产价格购买一定数量的企业股份。

对经理层股份红利的兑现与股份变现作出如下规定：经理层获得的股份红利首先应用于归还购买企业股份的赊账部分，剩余部分除少量兑现外，挂账留存企业，在企业增资扩股时，挂账部分转化为企业股份，经理层届满并达到契约规定的目标，按契约所规定其拥有的股份，可以按当时每股净资产值变现，也可以保留适当比例的股份在企业，并按年度分红，经理层任期未届满要求离岗的，其拥有的股份变现要按契约规定作适当的扣减。

（二）武汉模式

武汉模式的做法是：在国有控股企业经理层年薪制的基础上，将交易者年薪中的风险收入部分实行股权激励的办法。具体做法是：上市公司法定代表人的风险收入由企业在收到国有资产公司业绩评定书后的 3 个工作日内交付国资公司，国资公司将其中 30% 以现金兑现，其他 70% 由国资公司在二级市场，以年报公布后一个月的股票平均价格购买该企业的股票，该股票的表决权由国资公司代行，且不能上市流通，经理层享有分红权、增配股权的权力。该年度购入的股票在第二年国资公司下达业绩评定书后的一个月内，返还上年度风险收入的 30% 给企业法定经理层，第三年以同样方式返还 30%，剩余 10% 积累留存，以后年度的期股的累计返还依此类推，已经返还的股票，经理层拥有完全的使用权，如果经理层调离岗位，按离任审计结论返还股票的累计余额。

（三）北京模式

"北京模式"的实施范围是建立现代企业制度的，以国有企业或国有资产授权经营公司为主体投资设立的股份有限公司和有限责任公司，激励对象是董事长和经理，经过公司出资人同意，其他高级管理人员应以现金投入获得股权形成经理层群体持股，持股比例一般为总股本的 5%—20%，其中董事长和经理持股的比例应占经理层持股总额的 10% 以上。期股形成以及获取方式为：国有企业，在改制中由出资者通过协议转让给经理层持股权的方式形成期股；公司制企业，经理层可以通过增资扩股，国有股或其他股转让的方式形成期股。协议规定，经理层每年获得的红利全部用于补入所认购的期股，任期届满后，经考核其业绩指标达到双方协议规定的水平，可按协议规定。在任期届满两年后，期股按评估后的每股净资产值变现，也可以保留适当的股份在企业，按年度正常分红，经理层任期未满主动要求离开，或任期内未能达到契约规定的业绩指标，均属违约行为，取消经理层拥有的股权以及收益权，其个人现金出资部分也要做相应扣减。

四、股票期权与其他股权激励手段的区别

上海模式、武汉模式以及北京模式以及许多民营高科技企业采取的期股、持股、模拟股份分红等方式，虽然属于股权激励的范畴，但它们的作用机理不同，操作过程不同、获得股份的途径不同、对持有人产生的激励效果也不同。

（一）股票期权与经理层/员工持股的区别

经理层持股（employee - stock ownership plan，ESOP）包括广义和狭义两个层面的意思。广义上是指经理层以各种形式持有本企业股票或购买本企业股票的权力；狭义上是指经理层按照与资产所有者约定的价格出资购买一定数额的本企业股票，并享有股票的一切权力，股票收益可在当年足额兑现的一种激励方式。从期股实践来看，多数企业实施的是狭义经理层持股制度。狭义经理层持股具有以下几个特点：一是股票必须由经理层出资购买，购买后，股票成为经理层所有的财产。二是经理层享有持股的各种权益，如表决、分红、交易、转让、变现、继承等。

经理层持股制度由于需要经理层出资购买股票，个人利益与企业利益紧密结合在一起，有利于调动经理层的积极性。但是，出资购买也带来了"冯根生难题"，即经理层收入水平无力支付数额巨大的购股费用，企业必须采取贷款或其他方式帮助经理层解决资金问题，否则，经理层持股就成为经理层难以摘到的水中月、镜中花。经理层持股还有其他一些弊端：第一，由于经理层享有分红权，为了增加分红，经理层可能会过于注重短期效益，减少长期投资，尽快收回投资并获利，加剧经理层的短期行为。第二，经理层承担的风险巨大，一旦经营失败，股票价格下跌，经理层的持股投资将受到惨重损失，对于长期拿低工资的经理层来说，没有可以抵押的物质财产来承担这种损失，经理层必然会转变为风险厌恶型，不利于企业的创新。

经理层持股与股票期权是不同的概念。股票期权属于广义上的经理层持股的形式之一，狭义上的经理层持股与股票期权之间存在以下几点区别：一是出资购买的时机不同。经理层持股的股票必须由经理层在期初出资购买；股票期权在期初不需要支付现金购买。二是经理层享有的权益不同，经理层持股计划中，经理层享有所持股份的各种权益，如表决、分红、交易、转让、变现、继承；而股票期权计划中经理层享受的权益少得多，只享受股票价格的增值收益。

（二）股票期权与期股的区别

期股是指企业和经理层协商确定股票价格，在任期内由经理层以各种方式（个人出资、贷款、奖励部分转化等）获取适当比例的企业股份，兑现前，期股只有分红等部分权力，股票收益将在中长期兑现的一种激励方式。期股特点是经理层的股票来源多种多样，既可以个人出资购买，也可以通过贷款得到，通过年薪的风险收入部分延迟支付转化得到。武汉模式中，国资公司即把经理层年薪风险收入的70%转化为股票。期股的另一个特点是股票收益将在中长期兑现，可以是任期结束或届满后若干年内一次性兑现，也可以是每年按一定比例匀速或加速兑现。

第一，期股强调经理层不可以短期内兑现，使股票的增值与企业资产的增值和效益的提高紧密联系在一起，这就促使经理层更多的关注企业的长远发展和长期利益，一定程度上解决了经理层的短期行为问题。

第二，经理层的股票收益中长期化，使经理层的利益获得是渐进的、分散的，一定程度上克服了因经理层一次性风险收入与员工收入差距过大产生的心理冲突。

第三，经理层不必一次性支付太多的购股资金，有效地解决了经理层购买股票的资金问题，但同时也要看到，依靠经理层的风险收入来购买股票的数量是有限的，因为风险收入是有限的，股权激励的力度就受到约束。

期权和期股的区别是：第一，期股是在签约时或在任期初购买股票的行为，股票权益在未来兑现；股票期权是在将来的购买行为，购买之时也是权益兑现之时。第二，期股既可以由经理层出资购买，也可以通过奖励、赠予等方式获得。经理层股票期权在行权时可以现金行权、无现金行权和无现金行权并出售三种形式。第三，经理层被授予期股时，已经支付了资金，该股票在到期前是不能转让和变现的。而经理层取得股票期权时不需要支付资金，权力本身是企业无偿授予经理层的，只要经理层不行权，就不需要支付资金。第四，双方的风险不同，期股是经理层出资购入的，如果股票价格下跌，低于经理层的购买价格，经理层将遭受经济上的损失。而股票期权则没有经济损失的风险，如果股票市场价格低于行权价格，经理层可以选择不行权。一些文献中没有严格区分期股和股票期权的概念，把上海、深圳、济南、武汉、北京模式推出的股权激励手段全部为股票期权，实际上混淆了概念。

第三节　高科技企业经营者人力资本定价方法

在当前已发表文献中的人力资本定价方法中，股票期权定价法是近年来受到广泛关注的人力资本定价手段，它尤其适合于经营者人力资本的定价和激励，也经常应用于高新科技企业。事实上，股票期权的行权价格实际就是人力资本的价格。企业按照人力资本的价格发放股票期权，只有人力资本价格与股票期权的行权价格基本一致，才能取得较好的激励效果。我国国资委已确定从 2006 年起开始施行股票期权，表明用股票期权法来确定人力资本的方法已进入实际操作阶段。

但由于我国的股票市场是一个弱势有效的市场，股票价格受到人为操纵现象比较多，股价异常波动情况频繁，股票价格不能准确地反映企业绩效，因此，在我国大面积推广股票期权之前，研究在弱势有效的市场如何用股票期权定价法来确定人力资本的价格，就是一件极其富有意义的工作。

一、修正因子法

人力资本产权特征决定其产权报酬必须是一种"剩余索取权的激励报酬"。但由于人力资本本身的隐蔽性、创造利润的潜在性、无限性、动态性和跳跃性的特征，因而人力资本产权报酬计量具有复杂性、艰苦性的特点，无法对人力资本产权直接定价。实践证明，股票期权定价法是近年来受到广泛关注的人力资本定价手段，它尤其适合于高新科技企业。事实上，股票期权的行权价格实际就是人力资本的价格。企业按照人力资本的价格发放股票期权，只有人力资本价格与股票期权的行权价格基本一致，才能取得较好的激励效果。

计算股票期权价格的方法比较成熟的有考克斯（Cox）提出的二项式模型和布莱克—斯科尔斯模型。这两种方法都是在假设股价呈正态分布基础上建立的。1998 年美国辛辛那提州大学的 Yisong Sam tian 提出了基于不对称（skewness）和峰度（kurtosis）的三项式（trinomial）定价模型，但该模型没有得到广泛推广。

由于在强有效股市中，股价只与该公司的业绩相关；但在弱有效的股市中，股价不仅是企业绩效的函数，还是外部政治经济因素以及股市投机因素的函数。因此，在弱有效股市中，股票期权采用固定的执行价格在理论上是站不住脚的。针对这种情况，高科技企业和高增长率的公司往往采取重新定价的策略。执行价格是股票期权计划中的核心内容，执行价格的变化直接影响股票期权价值，企业可以通过执行价格生成机制，维护股票期权激励机制在牛市和熊市期间的有效性，提高股票期权对经营者的激励效率。重新定价、执行价格修正与指数化股票期权实际上都是价格再造的方式，其区别在于重新定价是一种静态的、孤立的定价行为，它不能把执行价格与市场因素有机地结合起来，随着股市反复无常变化，需要多次进行重新定价，操作成本很高，且往往割断经营者利益与股东利益的联系，损害股东利益。

重新定价的不足提示了我们必须在执行价格的设计上进行改进，关键是把 b_t、c_t 因素设计在执行价格 X 中，使 X 成为 b_t、c_t 的函数，则 t 时刻执行价格 X_t 为：

$$X_t = f(a, b_t, c_t) \tag{8.1}$$

那么，t 时刻经营者执行股票期权的每股收益（$S_t - X_t$）为：

$$S_t - X_t = f(a_t, b_t, c_t) - f(a, b_t, c_t) \tag{8.2}$$

（8.2）式将外部干扰因素融合到执行价格中，解决了重新定价不连续性问题，采取这种定价的方法，对于股票期权计划以及经营者来说包含两层含义：

当股市处于牛市期间，企业股票价格上升，但是，如果企业的经营业绩与同行业企业相比差，这种价格的上升没有经营者努力因素作出的贡献，纯粹是外部因素引起的，那么，经营者不应该得到股价增值的收益，执行价格调整后应该约束经营者的"搭便车"行为。

当股市处于熊市期间，企业股票价格下跌，但是，经营者做出了很好的业绩，股价下跌纯粹是外部因素造成的，股价下跌的幅度比同行业企业股价下跌的幅度小，那么，经营者应该受到奖励。

我们把经营者的业绩 r 划分为两部分：一是相当于同行业平均业绩的基本业绩 g；二是超过平均业绩的超额业绩 p。为保证股票期权的激励作用，股票期权仅对超额业绩 p 进行激励，只有超额业绩为正（$p>0$）时，经营者才能够获得股票期权的收益。如果某企业的业绩增长率为 r，同时期竞争对手和同行业的业绩增长率也为 r，那么，该企业经营者的超额业绩为 0，即 $p=0$，此时，经营者将不能获得股票期权收益；如果竞争对手和同行业的增长率高于 r，则该企业的超额业绩为负值，即 $p<0$，经营者应该受到市场的惩罚，即使企业处于牛市阶段，股价大幅度增值经营者也不能从股票期权获得好处。如果同行业的 r 低于本企业的 r，则企业或经营者的超额业绩 $p>0$，经营者应该获得股票期权的收益，不管是在牛市还是在熊市。

为此，引入修正因子 k，它代表执行日股价相对于授予日股价的外部因素引起的波动率。并且令：

$$X_t = kX \qquad (8.3)$$

在（8.3）式中，X 是授予股票期权时确定的价格，为常量，k 是一个大于 0 的变量。这样就可以把求解函数 $X_t = f(a, b_t, c_t)$ 的问题变为求解修正因子 k 的问题。

我们知道，最全面、及时地反映企业外部政治、经济以及股市投机因素的尺度是证券市场指数，外部因素的变化会迅捷地反映到证券市场指数上，即股市指数是 b、c 的函数。证券市场指数的涨跌是一个综合结果，并不等于每一只股票均保持同步变化，无论证券市场指数如何变化，股市中总存在绩优股和垃圾股，不可能出现牛市时全部股票都是绩优股而熊市时全是垃圾股的现象。一个优秀的企业在熊市时可能获利水平会受到影响，但它仍然是相对优秀的，一个业绩很差的企业在牛市时期仍然是相对落后的企业，企业的业绩优劣性质只有通过内因如经营者的努力才能改变，而不会由外部因素来决定。

基于这种假设，我们就可以借助证券市场指数来求解修正因子 k，令：

$$k = I_t / I_0 \qquad\qquad (8.4)$$

其中，I_t 表示 T 时刻执行股票期权时的股市指数；I_0 表示股票期权签约日股市指数的比值。

把（8.3）式的 k 代入（8.4）式即可计算出 X_t：

$$X_t = X(I_t / I_0) \qquad\qquad (8.5)$$

由于 k 综合反映了期权执行日和授予日上市公司整体业绩状况与外部政治经济因素以及投机因素，所以 X_t 包含了非企业绩效因素的股价变化内容，符合进行执行价格修正的理论假设。并且，股市指数是连续变化的随机数，k 也是连续的，从而 X_t 也是连续的，无论经营者何时执行股票期权，都可以很快计算出匹配的执行价格。

I_t 和 I_0 的选择有两种方案：一是采用企业上市交易所平均股价指数，如上海标准指数、深圳成分指数，它们能够准确地反映当期 b_t、c_t 对股市的影响，且数据采集简单，无须增加企业计算成本。二是选择同行业有代表性的若干上市企业，计算它们的股价指数变化幅度，这种方式得出的结果对业绩因素 a 的反映比较准确，同时，有利于根据它们的平均业绩确定本企业经营者的超额业绩 p。

基于这种假设，我们可以借助证券市场指数来求解修正因子。由于执行价格综合反映了期权执行日和授予日上市公司整体业绩状况与外部政治经济因素以及投机因素，所以它包含了非企业绩效因素的股价变化内容，符合进行执行价格修正的理论假设。并且，股市指数是连续变化的随机数，无论何时执行股票期权，都可以很快计算出匹配的执行价格。

修正因子的引入解决了重新定价的静态与孤立行为的弱点，使执行价格与市场因素结合起来，修正因子随股票市场变化而自动生成，经营者从股票期权中获得的收益也相应确定，一方面，避免了重新定价中股东与经营者之间的讨价还价成本；另一方面，把经营者和股东利益结合起来，使股票期权价值比较真实地反映经营者的特定业绩，能够提高激励效率。指数化股票期权具有与修正因子相同的工作原理，把企业的特定业绩和系统业绩进行了区分，使经营者的股票期权收益更加清晰。A. 沙恩（A. Shane）曾指出，指数化股票期权困难是如何选择大家一致认可的指数、如何确定授予数量等。

从实证研究来看，这些问题是客观存在的，另外，复杂的操作过程也是其不足之一。相比较而言，修正因子方法操作简单，原理清晰，是股票期权方案优化的良好选择。

二、指数化股票期权

指数化股票期权的基本思路是：将执行价格构造成一个随市场业绩变化而不断调整的变量，把市场业绩作为基准参照物——指数，这里的市场业绩既可以是整个股市的大盘走势，也可以是竞争对手或者同行业企业的业绩，这样，执行价格就成为一个包含股市弱有效性因素的变量。

按照因素的可控制性与否，把影响企业在股市表现的不确定因素划分为两类：一是系统因素。指超出经营者控制能力的企业外部政治、经济、技术和股市投机行为等因素，它们反映股市大盘的走势，与企业经营者的努力程度没有相关性。二是特定因素。指经营者控制能力范围内的经营管理因素，特定因素反映企业的内部财务指标是否良好，如果经营者的能力强、业绩良好，熊市时期企业的资产回报率、利润率等方面也会有较好的表现，如果经营者的能力弱、业绩差，即使在牛市时期企业的财务指标表现也会很差。这两种因素共同对股市价格产生影响，与系统因素和特定因素相对应，把企业的业绩也分为系统业绩和特定业绩两部分。指数化股票期权要求选择一个基准参照物即指数来代替系统业绩，然后考察企业的业绩和指数的关系，如果企业的业绩超过指数，那么特定业绩为正值；反之，特定业绩为负值。显然，指数化股票期权的价值是特定业绩的函数，因此，就过滤掉了系统因素对期权价值的干扰。如果把系统业绩用股市指数或者同行业竞争对手的价格指数来代替，那么，系统业绩就可以量化，建立数学模型。

（一）构造指数化执行价格

采用指数化股票期权的关键就是构造一个执行价格，执行价格必须是指数的函数，使之能够比较精确地反映超出经营者控制力的系统业绩部分，如果指数与系统业绩偏差过大，就难以过滤系统因素的干扰，导致指数化股票期权的效果下降。

对于给定的指数，假设企业的股票价格和指数满足下面的联合几何布朗运动方程：

$$dS/S = (\mu_S - q_S) d_t + \sigma_S dZ_S \tag{8.6}$$

$$dI/I = (\mu_I - q_I) d_t + \sigma_I dZ_I \tag{8.7}$$

其中，$dZ_S dZ_I = \rho dt$。

这里，Z_S、Z_I 为标准维纳随机过程；t 为时间；μ_S、μ_I 为股票、指数的期望收益；σ_S、σ_I 指股票、指数的波动率；q_S、q_I 为股票、指数连续分配的红利；ρ 为两个维纳过程的相关系数。

股票和指数的连续混合收益 X_t、Y_t 分别定义为：

$$X_t = \ln(S_t/S_0) \tag{8.8}$$

$$Y_t = \ln(I_t/I_0) \tag{8.9}$$

式中，S_0、S_t 分别是当前时刻与 t 时刻股票价格；I_0、I_t 分别是当前时刻与 t 时刻指数的价格。X_t 服从均值为 $(\mu_s - q_s - \frac{1}{2}\sigma_s^2)$，方差为 $\sigma_s^2 t$ 的正态分布，Y_t 服从均值为 $(\mu_i - q_i - \frac{1}{2}\sigma_i^2)$，方差为 $\sigma_i^2 t$ 的正态分布。

根据前面的介绍，μ_S 反映了系统业绩和特定业绩，而指数的期望收益 μ_I 仅反映系统业绩。在指数化股票期权的定义中我们已经界定，只针对经营者的努力、能力范围内产生的业绩进行激励，经营者不应该因外部因素影响股价上升而受到激励，换言之，经营者不能得到由系统因素造成的超额收益 α，因此，$\alpha = 0$。股票的超额收益 α 定义为：

$$\alpha = \mu_S - r - \beta(\mu_I - r) \tag{8.10}$$

其中，$\beta = \rho(\sigma_S/\sigma_I)$。

式中，r 为无风险利率。在未来时刻 t，如果指数价格为 I_t，满足超额收益 α 为 0 条件的股票价格期望值可以表达为 $E(S_t | I_t, \alpha = 0)$。可以证明，I_t 条件下的 S_t 服从对数正态分布，结合 Ito 定理，可以推导出下面公式：

$$E(S_t | I_t, \alpha = 0) = S_0(I_t/I_0)^\beta e^{\eta t} \tag{8.11}$$

其中，$\eta = (r - q_S) - \beta(r - q_I) + \frac{1}{2}\rho\sigma_S\sigma_I(1 - \beta)$。

根据（8.11）式，我们定义一个 t 时刻基准股票价格 H_t，通过 H_t 来评价经营者的业绩水平。

$$H_t = S_0(I_t/I_0)^\beta e^{\eta t} \tag{8.12}$$

H_t 是一个变量，其取值随当前股价、与指数相关性等多种因素而变化，能够准确地反映系统因素对股价的影响。如果把基准股票价格 H_t 作为股票期权的执行价格，那么，股票期权就成为指数化股票期权。显然，对于指数化股票期权，只有股票价格在大于 H_t 时，经营者持有的期权才是实值股票期权，执行股票期权才能够获得利益；如果股价低于 H_t，那么经营者的指数化股票期权就是虚值期权，内在价值为 0。

指数化股票期权的执行价格与传统股票期权的执行价格的区别是明显的，传统的执行价格是固定的数值，执行价格一旦确定在以后有效期内将固定不变。而 H_t 是随所选择的指数变动而变动的，并且受到企业收益相对于指数收益敏感性水平的调节。H_t 的这些特点与前面讨论的修正因子 k 是一致的。比较（8.5）式的 $X_t = X(I_t/I_0)$ 与（8.12）式的 $H_t = S_0(I_t/I_0)^\beta e^{\eta t}$ 可以发现，它们在形式上是相同的，只是后者比修正因子增加了部分限定条件。从这个意义上说，指数化股票期权的基准股票价格 H_t 是对修正因子的进一步深化与完善。

（二）指数化股票期权的定价模型

指数化股票期权同样具有内在价值和时间价值，指数化股票期权的价值就是内在价值和时间价值之和。其内在价值为 $\max(S_t - H_t, 0)$，在满足一系列基本假设之下，在 t 时刻，看涨欧式指数化股票期权的价值计算公式为：

$$C = e^{-q_s t}[S_t N(d_1) - H_t N(d_2)] \tag{8.13}$$

$$d_1 = \frac{\ln(S_t/H_t) + \sigma^2 \cdot \tau/2}{\sigma_\alpha \sqrt{\tau}} \tag{8.14}$$

$$d_2 = d_1 - \sigma_\alpha \sqrt{\tau} \tag{8.15}$$

$$\sigma_\alpha = \sigma_s \sqrt{1 - \rho^2} \tag{8.16}$$

$$\tau = T - t$$

式中，$N(d_1)$、$N(d_2)$ 是标准正态分布累计概率分布函数在 d_1、d_2 的值。

上面给出了指数化股票期权的执行价格和定价公式，在选择一个合适的指数后，比如，把整体股市的股价或者是同行业竞争对手的股价作为指数，根据上面的公式就可以计算出经营者持有的指数化股票期权的价值。

三、两种方法的比较

执行价格修正因子是过滤非企业影响因素的一个调节器。在熊市时期，可以降低执行价格，有利于经营者从股票期权获得收益，为维护经营者的利益起着积极的作用，有利于提高经营者对股票期权的信心。在股市暴涨时，将提高执行价格，使经营者股票期权收益降低，防止经营者搭便车获利，也有效地避免了对股东权益的稀释，起到了平衡股东和经营者利益分配的作用，保证了股票期权在弱效率股市环境下的相对有效性。但股市下跌严重时，这种修正后的执行价格仍有可能高于股价，经营者不能从股票期权中获得收益。为了在股市低迷时期树立经营者对股票期权的信心，可以设置最低报酬机制，当执行股票期权无法获利时，企业按照绩效和持有股票期权的数量给予经营者一定数量的补偿报酬，保证经营者的最低收益。前提是必须完成净资产收益率等指标。最低报酬机制可以视为稳定器，有了稳定器，经营者就能够将精力投入到经营管理上，避免为了追求自身利益而采取哄抬股价的短期行为，或者利用对企业的控制权获取其他消费收益等，危及股东的长期利益。

指数化股票期权是一种基于相对业绩评价的报酬方式，股票期权的价值仅仅与企业特定业绩有关，它有效地消除了系统不确定性对股票期权价值的扭曲，能够较准确地反映企业经营者的业绩。有效地过滤了非企业因素导致的股价下跌影响，执行价格得到修正，计算结果更趋于客观，因而也就会产生比较有效的激励效果。特别是在弱有效的股市环境下，对经营者实施股票期权的一大障碍就是股市不能准确地反映企业的业绩，采用指数化股票期权可以从很大程度上消除弱有效性的干扰，使股票期权的价值回归到真实的业绩水平上来。

但是，采用指数化股票期权模型后，并不能解决所有问题，这是因为以下几个原因：一是股市中客观存在着股价涨跌现象，股票期权的价值必然存在一定范围的波动，正是这种波动性使股票期权充满魅力，获利的不确定性促使经营者努力超越自我，实现自身价值。二是理想化的参照基数股票是不存在的，每一种股票都会受到股市波动的影响，我们只能假设某些实力雄厚业绩稳定的企业得到投资者的理性评价，其股票价格在股市中涨跌相对稳定，因此选择这类股票作为指数。由于认识的主观性，我们很难挑选出符合条件的股票。所以，虽然指数化股票期权模型与修正因子模型解决了弱有效性股市的部分问题，但它们解决不了所有问题，要从根本上解决股票期权激励机制的应用环境，保证股票期权激励效率，最终需要依赖股市的不断完善和配套政策措施的建立和健全。

总之，执行价格是股票期权计划中的核心内容，执行价格的变化直接影响股票期权价值，企业可以通过执行价格生成机制，维护股票期权激励机制在牛市和熊市期间的有效性，提高股票期权对经营者的激励效率。重新定价、执行价格修正与指数化股票期权实际上都是价格再造的方式，其区别在于重新定价是一种静态的、孤立的定价行为，它不能把执行价格与市场因素有机地结合起来。随着股市反复无常的变化，需要多次进行重新定价，操作成本很高，且往往割断经营者利益与股东利益的联系，损害了股东利益。修正因子的引入解决了重新定价的静态与孤立行为的弱点，使执行价格与市场因素结合起来，修正因子随股票市场变化而自动生成，经营者从股票期权中获得的收益也相应确定。

第四节　股票期权的激励作用与效率评价

一、股票期权激励作用机理

股票期权的激励作用通过资本市场上企业股票价格的变化来实现，如果资本市场能够客观敏捷地反映企业的业绩，股票价格随着企业业绩的变化而迅速调整，那么，经理层就可以通过资本市场获得经营成功的果实，或遭到失败的惩罚。但完全有效的资本市场是不存在的，企业面对的是弱有效的资本市场，资本市场无法正确地反映企业的业绩，股票价格与实际业绩的变化缺乏快捷的反映，企业的价值可能被虚假股票价格扭曲。在这种环境下实施股票期权，经理层无法预测股票期权的未来价值，有可能无法通过资本市场及时分享自己的经营成果。这样，股票期权的激励作用将会受到削弱，严重时甚至完全失去激励作用。

在效率脆弱的市场中，上市公司的弄虚作假行为缺乏有效监管，市场也不能有效地区分股票价格的异常波动是企业弄虚作假行为还是外部投机因素造成的。当然，也就难以对投机者作出恰当的惩罚。经理层发现市场不能及时识别自己的操纵股票价格的行为后，就会增加操纵股票价格的动机，因为操纵股票价格可以获得股票期权超额利益，这两个原因导致股票期权的激励效果可能向违背所有者意愿的方向发展，加剧经理层参与市场操纵行为。在股票市场弱势有效环境下实施股票期权，必须采取相应的监控措施。

这种特点使得图 8-1 中的作用机理反应链中，每一环节都要在外部因素的干扰下发生信息的衰减，特别是在第一环节，股市的弱有效性将使企业绩效与股票价格之间的反映失真。股票价格包含较多外部干扰因素，股票价格走势受股票市场大盘波动影响很大，难以客观地反映公司业绩变化，进一步导致后续环节的效率失真，导致股票期权在实施过程中出现以下的极端偏差。

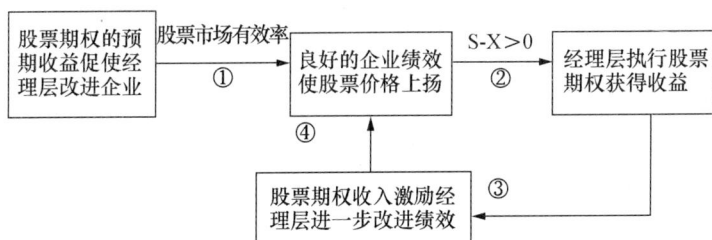

图 8-1　股票期权激励作用机理

（1）当股市处于牛市时，绩效差的经理层搭乘牛市"便车"。由于股市大盘整体攀升，带动本企业股票价格上升，股票期权持有人尽管经营业绩比较差，仍然能够在执行期权时获得收益。这就背离了实施股票期权激励手段的初衷，导致两种不同的效果：一是助长绩效较差企业经理层的懒惰性，因为不努力照样可以获得收益；二是打击绩效良好企业经理层的积极性，因为努力的结果和偷懒的结果是一样的。最后，股票期权将失去激励作用而成为一种福利。

（2）当股市处于熊市时，努力经营的经理层被惩罚。熊市期间，大部分企业的股票价格随股市大盘跌落而下降。显然，这些强大的干扰因素非企业所能控制，市场无法根据股票价格判断经理层的业绩是良好还是低劣。风险厌恶或风险中性的投资者为避免投资损失，最佳的判断应是企业业绩低劣，因为投资者掌握的企业信息有限，判断企业业绩的根据主要是股票价格的变化，尽管他们知道股票价格有可能是非企业因素造成的，但并不知道外部因素多大程度上干扰了股票价格。换句话说，投资者无法区分经理层的努力因素和市场因素中谁对股票价格下跌的贡献更大。那么，规避投资风险的最佳选择就是抛出该企业股票，或不购买该企业股票，因此，业绩良好的企业股票价格也将下跌。此时，经营业绩良好的经理层无法通过执行股票期权获利，经理层的付出得不到回报，所以熊市期间经理层不能被股票市场奖励反而被惩罚。股票期权在熊市时失去激励业绩优秀的经理层的作用。

（3）由于股市的波动性极大与股票期权收益的不确定性，导致经理层对股票期权收益的预期大为降低，尤其是对股市远期的表现难以预测，削弱了股票期权的长期激励作用，不能促使经理层采纳长期投资行为；相反，经理层会更加追求奖金、福利、职务消费等短期收益，加剧短期行为，以取得自身利益最大化。

根据激励理论关于激励力与效价和期望率的论述，股票期权能否对经理层起到足够的激励作用，关键在于经理层所获股票期权价值的大小。如果授予经理层的股票期权具有很高的潜在价值，经理层就会有很强的动机去实现这个目标，如果经理层意识到股票期权的潜在价值很小，经理层对该股票期权的效价就会降低，实现这种目标的信念也会降低，经理层很可能把股票期权搁置一旁，而把关注点放在职务消费等隐性收入上，在经营创新方面也会偷懒。在弱有效股市环境中，股价很难准确地反映企业业绩的变化，经理层无法判断努力程度与股价变化的关系，无法预测潜在收益变化趋势，那么，股票期权的激励作用将丧失。要解决这一问题，必须对股票期权的价值评估方案进行修订。企业能够控制的影响股票期权价值的最重要因素就是执行价格，在股市大起大落时期，对执行价格重新定价是调整经理层股票期权潜在收益的重要途径，使经理层得到预期的激励力。

二、股票期权激励的企业业绩效率

研究股票期权关于企业业绩的激励效率有两个重要原因：

第一，企业存在的价值在于创造利润增加股东财富，尽管企业还有其他一些非经济目标，但是，企业要获得生存和发展，取得经济效益是首要的，没有盈利能力和足够的利润保证，企业就无法生存，更不能获得发展。股票期权激励效率最终必须体现在经济指标的改善，企业业绩的激励效率是股票期权激励效率的核心。

第二，从"士气、目标一致性和企业业绩的关系"来看，经理层士气变化、工作努力程度以及道德风险程度的变化，将改变代理成本和企业产出，最终必将影响企业业绩变化。

研究股票期权关于企业业绩效率，需要回答以下几个问题：一是这种效率是否存在？实施股票期权后企业业绩是否发生变化？二是这种效率的性质是什么？股票期权有利于提高企业业绩还是降低企业业绩？三是回答效率的大小，企业业绩与股票期权之间存在多大程度的相关性。

我们试图通过实证研究的方法，揭示股票期权数量与企业利润指标变化之间的关系，判断股票期权关于企业业绩的激励效率。

三、股票期权激励的企业业绩效率评价

股票期权关于企业业绩的效率是股票期权激励效率的核心，关于企业业绩的效率决定了股票期权激励手段的成功与失败。

关于股票期权对企业业绩的影响问题，学者们的认识并不统一。詹森和墨菲从企业业绩与股票期权的敏感性入手，研究了总经理的工作绩效与报酬之间的关系，结果表明，股东财富每有 1000 美元的增加，总经理股票期权的价值平均增加 14.5 美分。约翰·E. 科尔在"目标所有权计划"研究中发现，实施管理股计划两年后，企业业绩提高很快，会计利润和股票回报均大幅增加。C. 马克和厄森（C. Mark and Erson，2000）发现 IT 领域企业的股票期权报酬随业绩一起上升。蒂莫西·B. 贝尔（Timothy B. Bell）认为，股票期权没有达到增加企业业绩的目标。他对计算机软件企业的实证研究发现，股票期权投入与未来超额收益呈负的关系。显然，这种观点与詹森和墨

菲的观点截然相反。

从目前公开的文献来看，国内还没有见到关于股票期权与企业业绩研究的结论，相对接近的研究有李增泉（2000）、魏刚（2000）关于经理层持股与企业业绩的研究结论。李增泉认为，经理层持股数量占总股本的比例非常低，不足以产生激励效果。魏刚认为，高管持股数量与业绩之间也没有显著相关性。从他们的研究结论来看，与詹森和墨菲的正相关性不同，与蒂莫西·B. 贝尔的负相关性结论也不同。严格地讲，李增泉和魏刚研究的是经理层持股制度，其结论能否推广到股票期权制度是值得思考的。

学者认识不同可能源于研究样本不同及其股票期权的配套措施不同。这给予我们一个启示，即股票期权的业绩激励效率是可变的，不同条件下实施的股票期权在激励效率上存在差异。我们试图从企业业绩与股票期权之间的相关性入手，通过对相关性的研究判断股票期权是否对企业业绩有显著的关系，如果双方存在正的相关性，说明股票期权对企业业绩是有效率的；如果不存在相关性，则说明股票期权对企业业绩形成没有效率；如果相关性为负，则说明股票期权阻碍了企业业绩的提高。

在这里，首先，提出企业业绩与经理层持有股票期权的数量之间关系的假设；其次，采用香港上市内地企业的数据对假设关系进行验证；最后，对检验结果和局限性进行讨论。

（一）研究假设

根据委托—代理理论和前面章节的相关研究，我们提出 5 个关于股票期权与业绩关系的假设，同时为了考察经理层报酬与业绩的关系，提出报酬与业绩关系的 3 个假设。

H1：企业业绩与经理层当年获得的股票期权数量存在显著正相关关系。

股票期权促使经理层致力于企业的长期发展目标，但并非排除放弃短期盈利项目，短期项目对企业的生存很重要，抓住稍纵即逝的商业机会往往能改变一个企业的命运，为企业长期发展奠定基础。经理层得到股票期权后，为了使企业快速提升竞争力，也证明自己的经营能力，有可能作出部分短平快项目决策，改善企业的财务状况，并获得企业所有者和同行的认同，达到显示自己经营才能的目的。因此，实施股票期权后，企业业绩将会提高，经理层获得的股票期权数量越多，企业业绩提高越快。即企业业绩与经理层当年获得的股票期权数量呈显著正相关关系。

H2：企业业绩增量与经理层当年获得的股票期权数量存在显著正相关关系。

根据企业边际获利增加法，企业授予经理层股票期权的数量取决于企业业绩的增量，企业一般在每年考核结束后授予经理层股票期权，那么，年度业绩增量将是企业作出授予数量决定的主要依据。在业绩增加的情况下，企业才能有实力拿出更多的股份授予经理层，承担股票期权的成本，如果业绩没有增加，企业将降低对股票期权激励作用的预期，减少甚至停止授予股票期权。因此，经理层为了获得更多的股票期权必然努力提高每年的业绩增量，即业绩增量与经理层得到的股份数量正相关。

H3：企业业绩增量与经理层上年获得的股票期权数量存在显著的正相关关系。

经理层采取的长期投资决策，需要一定的实施周期，经济效益在一定时期后才能体现在会计报表上，即长期投资行为转化为企业业绩需要一个传导过程。我们假设这个周期需要至少一年，那么，上年度授予经理层股票期权的效果应在下年度体现出来，授予的股票期权数量越多，经理层得到的激励越大，下年度企业的业绩增量也越大。因此，企业业绩增量与上年度授予经理层的股票期权数量呈显著相关关系。

H4：企业业绩与经理层累计获得的股票期权数量存在显著的正相关关系。

经理层接受股票期权是一个持续的过程，一般在每年业绩考核结束后被授予一定数量的股票期权，那么经理层将持续受到激励，其积极性应该是持续发挥的，且累计得到的股票期权数量越大，产生的激励力越大，企业的业绩也越高。因此，企业业绩与经理层累计获得的股票期权数量存在显著的正相关关系。

H5：经理层的年度报酬（不含股票期权）与企业业绩存在显著正相关关系。

根据代理理论，当公司与经理层之间存在信息不对称的时候，股东就要与经理层签订报酬—绩效契约，来减少经理层由于道德风险和逆向选择所导致的代理成本，从而使自己的财富最大化。在报酬—绩效契约下，经理层的报酬将根据公司的经营业绩来决定，因此，自利的经理层将寻求通过提高公司经营业绩来提高自己的报酬。另外，经理层的报酬是企业成本的一个组成部分，经理层的报酬必然在企业人工成本可以承受的限度内，占总人工成本的一定比例，一般人工成本的增加幅度低于或等于利润增加的幅度。在公司利润没有增加的情况下，经理层的报酬不可能无限提高。因此，经理层将积极提高企业业绩水平以获得较高的报酬，企业业绩与经理层年度报酬数量呈正相关关系。

H6：企业业绩与经理层上年度报酬（不含股票期权）存在显著正相关关系。

双因素激励理论认为，报酬是保健因素，但对于经理层来说，报酬的意义已经不是维持最低生活水平保证劳动力再生产。报酬是职业经理人的市场价值的重要体现形式，报酬水平反映了企业对经理层能力水平的评价。报酬高表明企业对经理层内在价值的认可，经理层通过与外部职业经理人市场价格比较后，将会感受到企业对自己的积极评价，经理层的积极性将会更好地发挥。反之，如果企业支付的报酬较低，经理层会感到自己的才能未被认可，积极性受到打击，将关闭部分人力资本，使企业的产出下降。而经理层的积极性上升或下降一般不能立即体现在业绩上，经理层作出决策、实施决策行为、结果传导到业绩是一个较长的过程，报酬对经理层的正激励或负激励都有一定的延时性。因此，企业业绩与上年度经理层报酬激励水平存在显著相关性。

H7：经理层股票期权数量与公司规模之间存在正相关关系。

经理层的股票期权数量不仅受业绩的影响，还受制于经理层掌握的资源大小及承担责任的大小，不同规模企业的经理层所获得的股票期权数量是不同的，大企业的经理层应该比小企业的经理层获得更多的股票期权。

H8：经理层报酬与公司规模存在显著的正相关关系。

经理层报酬受公司业绩影响外，还受制于经理层掌握的资源大小，大排档老板与大集团公司总裁努力程度也许一样，收益率也许一样，但他们的业绩以及所得报酬却大不一样。

（二）变量与模型

经营业绩变量采用两个指标：一是绝对指标：年度净利润 P；二是相对

指标：每股净利润（POS）和每股净利润增量 ΔPOS。经理层报酬变量采用高级管理人员总体年度报酬（AC），报酬包括基本薪金和津贴、公积金及花红三项，以当年度公司报酬最高 5 人报酬总量计。股票期权数量采用两个指标：一是经理层拥有的绝对数量 M；二是经理层持有的股票期权股份数占公司总股本的比例（MSR），MSR 为当年度公司授予经理层的股票期权数量占年度总股本的比例。企业规模用公司每年底实际总股本（$SIZE$）表示。在构造模型时，如果因变量使用绝对指标，则自变量也使用绝对指标；如果因变量使用相对指标，则自变量使用相对指标。

对于 H1，构造以下线性模型：$POS = \alpha + \beta MSR + \varepsilon$

对于 H2，构造以下线性模型：$\Delta POS = \alpha + \beta MSR + \varepsilon$

对于 H3，构造以下线性模型：$\Delta POS_i = \alpha + \beta MSR_{i-1} + \varepsilon$

对于 H4，构造以下线性模型：$POS_i = \alpha + \beta \sum\limits_{i=1}^{n} MSR_i + \varepsilon$

对于 H5，构造以下线性模型：$POS_i = \alpha + \beta AC_i + \varepsilon$

对于 H6，构造以下线性模型：$POS_i = \alpha + \beta AC_{i-1} + \varepsilon$

对于 H7，构造以下线性模型：$M = \alpha + \beta SIZE + \varepsilon$

对于 H8，构造以下线性模型：$AC = \alpha + \beta SIZE + \varepsilon$

式中，α 为截距项；β 为回归系数；ε 为随机项。

对以上模型的回归采用最小二乘法，软件采用 SPSS10.0 for Windows 软件包组合。

（三）数据

我们选择在香港上市的内地企业作为实证研究对象。原因有三：一是在沪市、深市交易的公司没有实施真正的股票期权，企业采取的各种股权激励手段不具备标准股票期权的构成要素，与本书探讨的股票期权概念稍有区别。香港股市有比较完备的股票期权管理法规，企业已经有实施股票期权激励手段的较长时间的历史，选择该股市交易的企业作为研究对象，可以使研究结果更能准确地反映股票期权激励的真实面目。二是样本企业的控股公司总部均在内地，主要业务在内地，经理层主要来自内地经理人才市场或上级指派，企业依然受中国政府法规的约束。企业选择在香港上市只表明该企业融通了香港的资金，融合香港的资本并不能从根本上决定经理层的决策行为与其他内地企业经理层的决策行为有什么不同，这些企业的经营管理行为与内地上市企业没有根本的区别。三是根据霍恩研究结果，香港的股市依然处于弱有效性阶段，与内地证券市场同处于弱势有效范围。深圳和上海股市的运行规则基本上是从香港克隆的。因此，选择在香港上市的内地企业作为研究对象，取得的研究结论可以推广到上海、深圳交易所的公司，对这些公司的股票期权计划有一定借鉴意义。

样本数据选择范围是：（1）年度利润与股票期权数量选择 1996 年 1 月 1 日至 2001 年 12 月 31 日区间的数据，按照企业年报公布的数字，统计各年度利润数值和授予股票期权的数量。1997 年以后成立的企业，以实际数据为准。中国石化虽然实施了股票期权计划，但没有公布授予经理层股票期权的具体数字，在研究股票期权激励作用时剔除了中国石化，但该样本在研究报酬激励作用时依然有效。

（四）实证研究结论

通过对 10 家企业的实施股票期权后的相关数据定量研究，可以得出以下结论：

（1）企业的业绩与经理层得到的股票期权数量存在不显著的正相关性，这种相关关系的稳定性还比较脆弱，在 20% 显著水平下才有效，即在 20% 显著水平下，企业每股净利润与经理层股票期权数量占总股本的比例之间存在正相关关系。

（2）企业业绩增量与经理层当年获得的股票期权数量存在相对显著的正相关关系，在 10% 的检验水平上这种关系是显著的。经理层股票期权数量占总股本的比例每增加 1 个单位。每股利润的增量就增加 14.778 个单位。

（3）企业业绩增量与经理层上年度获得的股票期权数量之间不存在显著的相关性，与前年度获得的股票期权数量之间也不存在显著的相关性。

（4）企业业绩与经理层累计获得的股票期权数量存在一定的正相关性，由于业绩增量与上年度、前年度股票期权数量之间无正相关性，因此，业绩与累计股票期权数量的相关性主要是当年股票期权数量的贡献，这种相关性很脆弱。在 20% 的检验水平上才可以拒绝回归系数为 0 的假设。

（5）企业净利润与经理层报酬之间存在一个显著的正相关关系，经理层报酬每增加 100 万元，企业每股净利润就增加 0.01927 元。

（6）企业净利润与经理层上年报酬呈显著正相关关系，上年度经理层报酬每增加 100 万元，则下年度每股净利润增加 0.02105 元。

（7）经理层获得股票期权的数量与公司规模呈显著正相关关系，企业规模每增加 1000 股，经理层的股票期权持有量将增加 0.512 股。

（8）研究样本中经理层报酬与公司规模呈显著负相关关系，企业规模的自然对数 ln（SIZE）每增加 1 个单位，经理层报酬的对数 ln（AC）将减少 0.733 个单位。其原因是样本企业的性质和行业不同，国有控股企业的经理层报酬受到政府制约，但经理层在报酬之外得到了行政待遇激励的补偿。

上述结论与国外学者的研究结论相比较，存在三点不同之处：一是研究采用的指标不同。詹森和墨菲的研究集中在企业股东财富与总经理财富的敏感性，我们的研究没有采用经理层财富指标，而采取了经理层股票期权数量指标，这是由于利用估价方程计算经理层财富的方法存在分歧，计算误差将影响结果进一步研究结论的可靠性。二是研究的角度不同。詹森和墨菲采用的数据为同一年度股东财富与总经理财富的数据，没有涉及激励的时滞性问题。鉴于这个不足，我们在研究中增加了关于激励作用的时滞性研究，不但研究了同期业绩与股票期权之间的关系，也研究了业绩与去年以及前年股票期权之间的关系，更全面地解释了股票期权与业绩的关系。

与国内相关研究比较，我们的研究更真实揭示了股票期权与企业业绩的关系，弥补了前人缺乏相关研究的空白。比较李增泉（2000）、魏刚（2000）关于经理层持股与企业业绩的研究结论，可以发现结论的不同之处：李增泉认为，经理层持股数量占总股本的比例非常低，不足以产生激励效果；魏刚认为，高层管理人员持股数量与业绩之间也没有显著相关性，我们的结论是企业的业绩与经理层得到的股票期权数量存在不显著的正相关性，与前两人的结论基本接近，但我们还得到了更进一步的结论，即企业业绩增量与经理层当年获得的股票期权数量存在相对显著的正相关关系，在 10% 的检验水平上这种关系是显著的。

关于报酬与企业业绩的关系，李增泉的实证研究认为，上市公司经理层年度报酬并不依赖于企业业绩，而是与公司规模和所在区域相关；魏刚（2000）认为，高级管理人员的年度报酬与上市公司的经营业绩并不存在显著的正相关关系。但是我们的研究结果刚好相反，企业净利润与经理层报酬之间存在显著的正相关关系，经理层报酬每增加 100 万元，企业每股净利润就增加 0.01927 元；并且企业净利润与经理层上年报酬呈显著正相关关系，上年度经理层报酬每增加 100 万元，则下年度每股净利润增加 0.02105 元。

魏刚还发现高级管理人员的报酬水平与企业规模存在显著的正相关关系，这个结论与我们的结论也刚好相反。我们发现，研究样本中经理层报酬与公司规模呈显著负相关关系，企业规模的自然对数 $\ln(SIZE)$ 每增加 1 个单位，经理层报酬的对数 $\ln(AC)$ 将减少 0.733 个单位。

当然，股票期权激励的企业业绩效率研究还存在一些局限性。我们认为，企业业绩是经理层过去努力程度的函数，利润水平只能反映经理层过去的业绩，而不一定能反映未来的收益水平。也就是说，业绩是事后数据，尽管业绩能够部分地体现企业盈利水平的走势，但不能代表企业未来的盈利水平，因此，企业业绩与股票期权的关系只能告诉我们企业的历史，而不能由此作出未来趋势肯定或否定的武断推测。此外，股票期权是长期激励手段，经理层采取的长期投资决策对企业的影响是长期的，以过去短期会计数字试图说明股票期权激励的全貌，在理论上是不可靠的。

总而言之，由于我们的样本选取的是香港上市的企业，而香港股市客观上与内地股市存在一些不同之处，结论能否完全推广到沪深股市上市企业还需要进一步研究。必须注意两地的制度、法律差别。

第五节　股票期权定价方案的道德风险
防范监控体系构建

股票期权定价方案要想取得较高的准确程度，还需要有一系列相应的配套措施，它对股票市场的效率、公司治理结构、股票期权计划的完整性、经营者业绩考核体系、外部经理人才市场等都有很高的要求，如果这些条件比较欠缺，股票期权定价方案就不能充分发挥作用。事实上，我国的股票市场存在着有效性不足的问题，经营者的努力很难被资本市场敏感体现；上市公司治理结构亟待完善，董事会的独立性难以保证，对经营者的监督约束机制不足；经营者人才市场发育尚不太成熟，上市公司的经营者大多通过上级行政任命，而非通过市场化选择配置，市场对经营者的监督约束作用不能有效发挥。所以，要想在我国大面积推广股票期权定价法案，就必须建立道德风险防范监控体系。

一、道德风险的专项防范措施

道德风险专项防范措施是指针对某一种可能发生的道德风险提出的防范办法，它一般只对该道德风险有效。这些防范措施所起的作用并不同，大致可以归结为三个方面：一是降低道德风险发生的概率；二是减少道德风险事故的后果；三是改变道德风险后果的性质。结合经营者道德风险的类型和特点，可以从采取风险预防、风险减轻、风险转移和风险回避等角度采取措施，分析框架见图8-2。

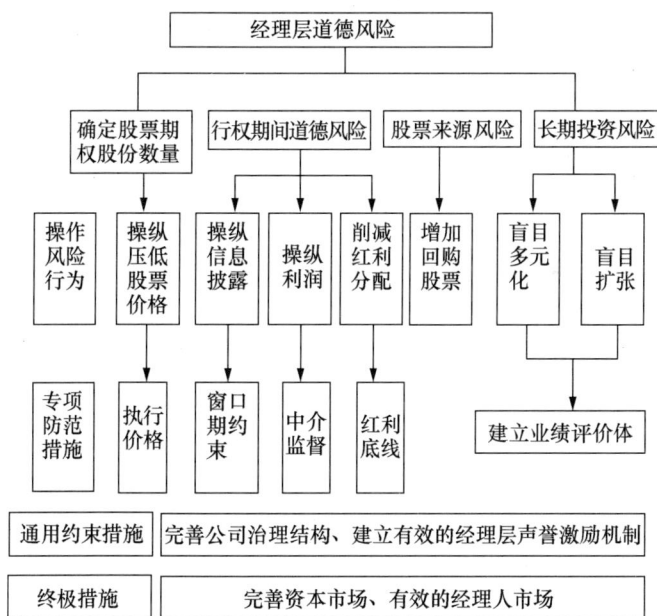

图8-2　经理层道德风险的防范分析框架

（一）风险预防

风险预防是指在事故发生前为了消除或减少可能引起损失的各项因素而

采取的具体措施，目的在于降低道德风险发生的概率。在确定股票期权股份数量环节，为了避免经营者操作股票价格而获得更多的股份，可以采取两种预防措施：一是用于计算股份数量的股票价格，采取更长期间的股票价格平均值代替授予日股票价格或授予日前 5 日价格的公允值，比如，授予日前一个月股票价格平均值，把时间跨度拉长，不利消息的影响将被股市消化，将使经营者操作股票价格的难度增大。二是采取固定股份数量的办法，切断股份数量与实际股票价格的联系，具体数量通过谈判解决，彻底杜绝操纵的动机。

关于红利分配，可以由董事会确定刚性分配方案，由股东大会通过后，在每年度决算后严格实施，如果调整分配方案必须经过董事会以及股东大会批准，防止经营班子为了提升股票价格而削减红利分配。

（二）风险减轻

对于不可避免的已知风险，为了减轻风险的损失而采取各种措施。行权期的道德风险无法完全排除，如果不采取约束手段，经营者道德风险的可能性会很高。实施窗口期制度，有效地压缩行权的时间范围，把窗口期设置在重大事件披露前后一定期限之外，则可以有效地避免经营者操纵信息发布，趁机获取超额利益的风险。另外，引入中介机构监督机制，由第三方对财务数据等重大信息进行严格监督，也可以有效地约束经营者操作利润的行为。

（三）风险转移

风险转移的目的不是降低风险发生的概率和不利后果，而是借助合同或协议，在风险事故一旦发生时将损失的一部分转移到公司外的第三方。比如，为降低风险投资中盲目扩张行为，可以要求经营者必须采取与其他投资机构合作进行的方式，或者限制控股资本的比例，如果投资失利，将把部分风险转移给其他机构。

（四）风险回避

当风险投资的潜在威胁发生的可能性较大，不利后果也很严重又无其他策略可用时，主动放弃风险行动，从而避免重大损失发生。比如，跨行业的投资企业往往无法利用原有的资源，缺乏相关经验与人才，失败的可能性很大，为了避免损失，企业可以通过制度约束经营者的跨行业投资行为，避免涉足风险性高的领域。

从根本上讲，防范经营者在股票期权计划中的道德风险，充分发挥股票期权的激励作用，需要在企业内部建立起完善的公司治理结构，有效制衡经营者的权力，同时建立起良好的业绩评价体系，对经营者的业绩能够公正评价；企业外部需要具有发达的资本市场和经理人才市场支持。

二、道德风险的通用防范措施——公司治理结构和声誉激励

专项措施是指可以防范道德风险行为的企业内部制度、契约等内部措施，但是，再完美的制度也有漏洞和可乘之机，特别是经营者占有信息优势，对经营者的有效监督是一个很困难的问题，如果企业所有者与经营者之间仅仅依靠内部制度和书面契约来联系，缺乏有效的监督机制，那么内部制度的约束将是软弱的。因而，在企业制定相应防范措施的同时需要改善公司治理结构，加强外部市场约束方法的配合，建立起有效的公司治理结构和声誉激励机制，使经营者既受到企业内部道德风险约束条款的制约，又受到保持良好职业道德的外部激励，那么，经营者在股票期权计划中将减少道德风险行为，真正使经营者与所有者按照股票期权契约规定分享剩余索取权。这样，股票期权的激励效率才更高。

声誉激励模型表明，经营者在股票期权中通过道德风险行为获得的收益，与职业生涯的远期收益是冲突的，在经理人才市场发达的情况下，经营者采用道德风险来获得部分收益得不偿失。这样，经营者的道德风险行为将受到自我约束，经营者与所有者的目标回归在同一轨道上。经营者要从股票期权中获得更多收益，只有选择改善经营管理水平的途径，提高企业绩效，促使股票价格上升，才能与股东同时获得更多的财富。

显然，声誉激励作用与外部经理人才市场的发育程度息息相关。经理人才市场在重新配置经营者时，如果缺乏对道德风险历史的敏感性，经营者的道德风险历史不能反映到人力资本定价与职位配置结果中，那么，声誉激励机制就难以对经营者形成有效的监督约束作用。因此，实施股票期权需要外部具有良好的经理人才市场。但是，经理人才市场效率需要外部政府、社会力量推动，超出了企业控制能力，企业的努力水平对经理人才市场效率的影响微弱，这是发挥声誉激励机制作用的局限性。

虽然我国经理人才市场整体发育程度不高，但在某个竞争性的行业，如计算机、通信、软件等行业，其上市公司数量有限，公司的经营策略、重大变革等处于相对透明的资本市场监督下，经营者的行为受到高级人才市场的关注，当他们终止聘用契约再次流动时，将受到人才中介公司的背景调查，调查结果成为新企业录用决定以及薪资谈判的依据。因此，在上市公司经营者人才市场中，人才市场对经营者道德风险历史具有较强的敏感性，具有识别与配置经营者的效率。因此，声誉激励对我国上市公司经营者有很强的监督约束作用，能够弥补公司治理结构监督的不足，强化对股票期权的约束力量，维持激励与约束的平衡，提高股票期权激励效率。

第六节　中国在股票期权实施中可能会遇到的问题

股票期权的长期激励作用特点决定了研究激励效率的复杂性，其影响因素是股票期权方案设计的不完备契约性导致激励效率损失、股票市场弱势效率影响股票期权激励效率、经理层经理人才市场发育程度影响股票期权的激励效率，以及法律制度环境影响股票期权激励效率。经理股票期权制度是20世纪90年代以来在西方发达国家普遍采用的长期激励的有效方法，是解决长期困扰人们的委托—代理矛盾的最优设计。美国100%的高科技公司和上市公司都实行了股票期权计划；崇尚薪酬平等的日本企业，自1995年经历了长达3年的盈利下降，1998年降幅高达20%，为了提高企业效益，包括索尼公司、日本电气公司等的160家上市公司开始向经理人提供股票期权。在经济环境一体化、国际化的今天，我们更需借鉴股票期权激励制度。

2006年10月，国务院国资委和财政部联合向地方国资委、财政厅（局）和各中央企业下达《关于印发〈国有控股上市公司（境内）实施股权激励试行办法〉的通知》（国资发分配〔2006〕175号）。通知指出，为规范实施股权激励制度，国资委和财政部对国有控股上市公司试行股权激励实施分类指导。对中央企业及其所出资企业控股的上市公司，其股权激励计划在报股东大会审议表决前，由集团公司按照《办法》规定的程序上报给履行国有资产出资人职责的机构或部门审核；对中央企业所出资三级以下企业控股的上市公司，其股权激励计划在上市公司股东大会审议前，上报履行国有资产出资人职责的机构或部门备案,相关机构或部门 20 个工作日内未提出异议的,国有控股股东可按申报意见参与股东大会审议股权激励计划。

通知规定,地方国有控股上市公司试行股权激励办法,应严格按《国有控股上市公司(境内)实施股权激励试行办法》规定的条件执行。在试点期间,上市公司股权激励计划由各省、自治区、直辖市、计划单列市及新疆生产建设兵团国资委或财政厅(局)统一审核批准后,报国务院国资委和财政部备案。

我国在股票期权实施中将会遇到的问题有以下几个方面:

一、在税收优惠方面的法律依据欠缺

美国税法的规定避免了将经理人员行使股票期权收入的很大一部分交税的可能。它规定,对于法定型股票期权计划,个人行权时无须纳税,只需要以售价与行权价的差额缴纳资本利得税;对于非法定股票期权计划,也有一定的税收优惠。而我国目前尚无股票期权税收方面的专门规定,对于个人来自股票期权的收入,按照我国税法等有关规定,在我国负有纳税义务的个人执行股票期权认购股票等有价证券并转让后的所得,以及因其受雇期间的表现或业绩从其雇主那里以不同形式取得折扣或补贴,属于该个人因受雇而取得的工资、薪金所得,以 5% —45% 的税率计算缴纳个人所得税。在累进税率制度下,如果一次实现收入较高时,适用的税率也较高,股票期权的激励功能将被大大削弱。

二、在会计处理及信息披露方面未有明确规定

我国现行会计制度未规定股票期权激励是从成本中列支,还是来自税后利润。此外,还涉及其他的会计处理问题,需要有相应的会计准则来规范。美国会计准则委员会意见第 25 号《股票期权的会计处理》(1992 年)对公司此类行为的会计处理作了比较详细的规定,而我国目前尚无这方面的会计准则和规定,公司难以对此类行为进行较为恰当的会计处理。

在信息披露方面,美国证券交易委员会对 ESO 制度制订了严格的信息披露制度,而我国缺乏相应的制度和监管。

三、我国的公司治理结构状况不符合要求

在中国，公司法人治理结构还很不完善，存在着严重的"内部人控制"现象，在上市公司中表现得更为明显，股东大会职能弱化、国有股的所有者缺位，同时在股权结构中又是"一股独大"。公司经营层既可以作为国家股的代表不理会中小股东的意见，又可以作为内部人不理会中小股东的意见。在这种情况下，不仅存在由经营者决定对自身进行激励的可能，而且经营者可以利用其特殊地位，通过内幕交易、联手操纵市场等方式轻松获利。此外，还可能出现公司业绩并未下降而公司的股价却大幅下降的情况，从而大大削弱股票期权的激励作用，甚至使股票期权蜕变为一次性福利。

公司法人治理结构的重要内容是建立股东大会、董事会、监事会"三会"相互制约的法人治理结构，而我国公司的实际情况还未达要求。由于公司法人股和国有股占控股地位，股东大会基本由大股东控制，董事会成员（包括经理）也基本上由国有股股东提出的候选人担任，普遍缺乏独立董事，监事会也往往形同虚设；由于部分监事也有大股东推荐，少量职工代表又必须服从公司经理的领导，结果是股东大会、董事会和监事会也不能相互制约。

四、思想认识有待转化

在我国企业中，平均主义、吃"大锅饭"的思想仍严重存在。一旦实施股票期权制，可能是经理人员与一般员工之间的个人收入差距达几倍乃至几十倍。一方面，一般员工认为，经营业绩的增长是他们努力工作的结果，这打击了他们的工作积极性；另一方面，经理人员也会担心摆不平各方面利益关系而引发与员工的矛盾。我们应将实施股票期权激励的实质问题进行广泛的宣传，转变观念，消除误解。在动员大股东转让股票时，也会遇到严重的思想阻力。因为，一般情况下，大股东都会认为，股权转让的结果会损害他们的利益。而实际上，由于股票期权授予实质是赋予管理人员一种选择权利，因此并不发生股权的转移，在公司业绩上升时管理人员才能通过行权持有部分股票，此时由于业绩上升，公司原所有者的利益不但没有受到损害，反而有所上升。

对于以上问题，需要找出对策，才能保证股票期权制度的顺利实施。

在股权激励试行办法中，国资委针对经营中存在的问题，从两个方面规范股权激励机制：从程序上来看，国资委规定了股权激励机制备案制度，防止地方国有资产监管机构自行其是；从实体上来说，国资委既规定了股权激励数额的上限，又规定了股权激励价格，还规定了行使权利的具体办法。不仅如此，国资委特别规定大股东占用上市公司资金，不得实施股权激励，外部董事占董事会成员不到半数的不得实施股权激励。

这些措施都有现实针对性，因而能够起到立竿见影的效果。但是，这种颁布统一规则的做法，可能会由于各行各业的具体情况不同而在实施中遇到困难。国资委下属的国有控股上市公司情况千差万别，有些企业的国际化程度比较高，有些企业的国际化程度度比较低；有些企业经营品种单一，有些企业属于典型的多元化经营；有些企业属于资源型企业，有些企业则属于高新技术企业。如果不针对不同的企业制定不同的股权激励机制，那么，这项制度在实施过程中很可能会削弱股票期权激励机制的作用。

在发挥股权激励机制作用的问题上，我们实际上陷入了两难的困境：如果绝对地排斥股权激励机制，那么，必将影响到某些行业经营者的积极性；如果实行股票激励机制，那么，在国有制条件下，经营者必然通过各种博弈方式，实现自身利益的最大化。国资委颁布股权激励试行办法，显然是在鼓励国有企业通过股权激励机制调动经营者积极性的同时，确保国有资产不受损失。

第七节　本章小结

（1）高新技术企业对人力资本的激励一般采用股票期权，股票期权的行权价格实际上就是人力资本的价格；但由于股票期权的作用过程受到多方面影响，在弱有效股市背景下，股票期权更容易被操纵，因而，股票期权的激励效率必须重新认识。

（2）研究发现，企业的业绩与经理层得到的股票期权数量存在不显著的正相关性，企业绩效增量只与经理层当年获得的股票期权数量存在相对显著的正相关关系。企业绩效与经理层累计获得的股票期权数量存在一定的正相关性。从研究结论来看，股票期权对企业业绩起到了比较显著的激励作用，特别是利润增量与股票期权之间存在显著正相关性，因而可以得出结论——股票期权激励关于企业业绩改善是有效的。

（3）我国实行股票期权制度可能遇到的问题：在税收优惠方面的法律依据欠缺、在会计处理及信息披露方面没有明确的规定、我国的公司治理结构状况不符合要求，以及思想认识有待转化等。

第 九 章

高科技企业成长中的风险投资制度与融资支持

理论和实证研究都表明，资金不足是制约我国高科技企业成长最主要的因素。因此，建立高科技企业成长中的融资制度与融资支持，就显得极其重要。本章将着重对中美两国高科技企业融资制度进行比较，对影响风险投资制度发展因素进行实证研究，分析风险投资机制建立所需的契约结构，以及风险投资发展与专利制度的关系。

第一节　问题的提出

美国作家泰德·菲什曼在其《中国公司》一书中指出，中国很快将拥有与美国可以比肩的两大经济平台：一是低工资但规模庞大的制造业；二是可与西方水平媲美的高科技行业。美国前贸易代表巴尔舍夫斯基则称，中国将从单纯的技术模仿转变为技术创新，这一趋势将会给世界带来改变。

我国科技部统计数据显示，科技型中小企业已成为推动国民经济发展和实现技术进步的重要力量。然而中小企业融资难的问题如不解决，将严重阻碍中国自主创新战略的进程。

从创新基金1999—2003年投资项目企业自筹资金的情况来看，5年来，创新基金投资项目企业自筹资金的比例高达56.84%，最高年度为73.87%，最低年度也超过50%。科技型中小企业科研开发严重依赖自有资金，阻碍了中小企业的技术进步，导致了大量的中小企业长期处于高新技术产业链的价值低端，沦落为"中国制造"而非"中国创造"的角色。

另一方面，由于科技型中小企业进入资本市场存在困难，大量创投机构的资金介入主要以处于相对成熟产业的中小企业为主，对科技型中小企业的支持力度不足，这严重地影响着创新产业的可持续发展。2002年以来，我国创业投资的发展开始减缓，2003年、2004年连续两年呈现投资总额绝对量下降趋势，真正有活跃纪录的本土创投仅包括鼎晖投资、上海联创、联想投资、山东高新投资数十家机构。据统计，2004年12.69亿美元的创投投资中，仅有不到25%的投资来自本土，而2005年上半年，外资在中国的创投金额已经达到了50亿美元。深圳创新投资总裁陈伟表示，海外上市便利、退出渠道清晰，是海外创新投资持续活跃的根源。

相对于传统企业而言，高科技企业与资金出借方之间的信息更加不对称。要解决高科技企业的融资问题，就必须从制度上解决融资双方的信息不对称问题。

风险投资机制的制度化过程经历了半个世纪的时间，作为一种新的投资制度，其创新意义表现在两个方面：一是促进了金融分工的细密化和原有生产过程的延伸；二是创造了一种特殊的创新机制，较好地解决了高科技企业成长中投融资双方的信息不对称问题，进而解决了高科技企业成长时的资金问题，加速了高科技企业成长。然而，同一种风险投资制度，与某种经济环境或具体的市场交易活动相匹配时是高效率的，与另一种交易活动和经济关系向组合时则可能是低效率的，诸如在美国证明是很成功的现代风险投资制度将之移植到日本则遭遇失败。

我国自1998年掀起了新一轮风险投资热潮以来，虽然我国政府在扩大风险资本规模、完善运行机制、培育资本市场环境以及建设风险投资家队伍等方面做出了很多努力并取得了一定成效，但是我国风险投资在促进高新技术产业化方面的实际作用也始终差强人意。为了解我国风险投资业发展的具体情况，我们以西安高新技术产业开发区为对象进行了调研。调查表明，西安风险投资机构多是在2001年以前对进行股份制改造的企业进行投资，投资机构具有强烈的利益驱动和一定的盲目性。这是因为在2001年以前，风险投资机构对国内创业板的开设抱有良好的憧憬，许多科技企业借此时机进行了股份制改造，2000年以来为上创业板进行股份制改造的陕西科技企业共有42家，西安的风险投资机构多在这个时候成立并大规模参与了企业的股改，创业板搁浅后，这股投资热潮迅速降温，投资机构和企业都不同程度地陷入了困境。可见风险投资机构对高科技企业强烈的偏好源于创业板市场对企业技术先进性和创新性的要求。而从投资公司的活跃程度来看，可以发现不同规模、不同背景的投资公司有很大的差异。我们发现规模大、具有政府背景投资公司的投资比较活跃，而具有行业背景的投资机构则较为谨慎。

第二节　高科技企业成长中的投资作用

一、一个简单的高新技术产业成长模型

进入 20 世纪 90 年代以来，美国纳斯达克（NASDAQ）市场的崛起与其说是风险资本迅猛发展的结果，不如说是其促进了风险投资业的发展，因为这给风险投资家显示业绩提供了一个舞台。这里，我们构建了一个"新技术产业"成长模型（见图 9 - 1）。

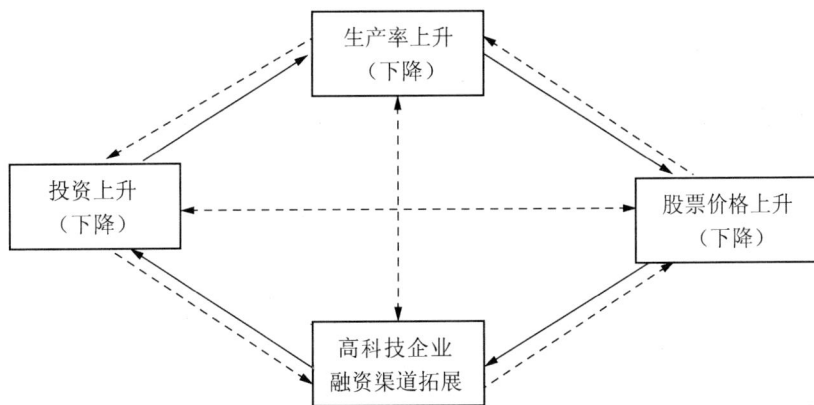

图 9 - 1　高新技术产业成长模型

从图 9 - 1 中，我们可以将新技术产业发展概括成这样一个成功链：资本市场认同产业发展→估价提高→资金易得→可获得新的技术和人力资源→

技术、制造上的革新→产品新用途/开拓新市场→预测产业发展。

但除了成功链之外，还有一条失败链：产业盈利模式导致股票市场投资者失望→培养起保守观点或企业上市融资困难→风险投资家筹资困难→竞争基础转向利润→影响企业取得资金的能力→减少了用于企业未来发展的资金→导致技术创新风险性更高。

在这条成长链中，资本市场能否认同企业发展模式和盈利前景成了决定产业发展或衰退的主要因素。关于这一点，我们可以从最近几年互联网浪潮和网络技术型企业的兴衰得到启示，同样的情况也正发生在生物技术行业。因此，我们认为，对于风险投资业而言，最关键的因素不在于是否有一个二板市场，而是所投资产业的创新特点和发展模式是否能满足风险投资家的回报要求。

在新技术产业，新技术进入市场时会有一个准入过程。一旦这种技术被认为是可行的，则原先怀疑、压制新技术的各种力量会转而支持新的技术标准，一大群创新型企业在一夜之间涌现出来。这些企业倾向专注于某一特定领域，在产品创新上相互竞争，以设计出适合于不断演进的行业产品体系的产品模块。而对每个产品模块都有很多企业在竞争。其中胜出的企业可能在市场上形成垄断地位，其他竞争企业只有选择退出这个主流市场或面临失败。但与此同时，一群新的创新型企业又诞生了，它们运用新技术，另辟蹊径，设计出新的产品模块。这样，新的产品体系在重新组合不同企业的产品模块的基础上又演化了出来。这种竞争与合作的混合体加强了整个工业结构，刺激了技术创新。虽然在此过程中，许多公司难逃破产的命运，但这会带动整个产业繁荣起来。

二、美国高科技企业成长中的风险投资作用

即风险投资契约结构决定的投资模式虽然加速了创新企业的淘汰过程，但这种体制形成了能适应外部环境不断变化的产品体系，这符合新技术产业的创新特点。从中我们不难引申出以下推论：风险投资发展的前提是活跃的创业活动和宽松的创业环境。对此，我们对美国 50 个州的风险资本活跃程度、SBIC 投入规模、STTR 支持项目数量、研究与开发投入、专利申请数量、科技企业成立和关闭数量、科技企业发展程度、各州理工专业毕业生数量等数据进行了统计分析。我们的数据来源是美国商业部报告 *The Dynamics of Technology – based Economic Development*（2001 年 10 月）。多变量、大样本无疑会为研究提供丰富信息，但是某些变量之间可能存在相关性，也给数据处理带来了困难。

　　因此，我们首先采用二元变量相关分析法来研究各变量之间的相关性。定义变量 FAST（各州成长最快的企业数量）、企业诞生（各州初创科技企业数量）、企业死亡（各州科技企业倒闭数量）、SBIC（美国 SBIC 在各州投入规模）、STTR（美国 STTR 计划支持项目数量）、孵化器（各州成立孵化器数量）、研究与开发（各州研究与开发投入）、专利（各州申请专利数量）、企业（各州年成立企业的数量）、雇员（各州高科技企业雇员人数）、理工学生（各州理工专业毕业生数量）。运行 SPSS 软件，在相关系数方框中选择皮尔逊（Pearson）项，计算皮尔逊相关系数，并从 Test of Significance 方框中选择 Two – tailed 项（双尾检验）。输出结果见表 9 – 1。

表 9 – 1　　　　　　　　　　　　　皮尔逊相关矩阵

		FAST	企业诞生	企业死亡	SBIC	STTR	孵化器	研究与开发	专利	企业	雇员	理工学生
相关性	FAST	1.000	0.860	0.854	0.505	0.358	0.378	0.305	0.420	0.545	0.430	0.379
	企业诞生	0.860	1.000	0.993	0.465	0.151	0.247	0.234	0.390	0.521	0.348	0.276
	企业死亡	0.854	0.993	1.000	0.461	0.139	0.231	0.256	0.378	0.492	0.333	0.265
	SBIC	0.505	0.465	0.461	1.000	0.304	0.112	0.308	0.377	0.535	0.427	0.622
	STTR	0.358	0.151	0.139	0.304	1.000	0.398	0.499	0.259	0.485	0.446	0.607
	孵化器	0.378	0.247	0.231	0.112	0.398	1.000	0.233	0.354	0.147	0.112	0.283
	研究与开发	0.305	0.234	0.256	0.308	0.499	0.233	1.000	0.648	0.520	0.604	0.533
	专利	0.420	0.390	0.378	0.377	0.259	0.354	0.648	1.000	0.580	0.633	0.457
	企业	0.545	0.521	0.492	0.535	0.485	0.147	0.520	0.580	1.000	0.580	0.537
	雇员	0.430	0.348	0.333	0.427	0.446	0.112	0.604	0.633	0.580	1.000	0.441
	理工学生	0.379	0.276	0.265	0.622	0.607	0.283	0.533	0.457	0.537	0.441	1.000
Sig. (1 – tailed)	FAST		0.000	0.000	0.000	0.005	0.016	0.001	0.000	0.000	0.001	0.003
	企业诞生	0.000		0.000	0.000	0.148	0.042	0.051	0.003	0.000	0.007	0.026
	企业死亡	0.000	0.000		0.000	0.168	0.054	0.036	0.003	0.000	0.009	0.031
	SBIC	0.000	0.000	0.000		0.016	0.218	0.015	0.003	0.000	0.001	0.000

续表

	FAST	企业诞生	企业死亡	SBIC	STTR	孵化器	研究与开发	专利	企业	雇员	理工学生
STTR	0.005	0.148	0.168	0.016		0.002	0.000	0.034	0.000	0.001	0.000
孵化器	0.003	0.042	0.054	0.218	0.002		0.051	0.006	0.153	0.219	0.023
研究与开发	0.016	0.051	0.036	0.015	0.000	0.051		0.000	0.000	0.000	0.000
专利	0.001	0.003	0.003	0.003	0.034	0.006	0.000		0.000	0.000	0.000
企业	0.000	0.000	0.000	0.000	0.000	0.153	0.000	0.000		0.000	0.000
雇员	0.001	0.007	0.009	0.001	0.001	0.219	0.000	0.000	0.000		0.001
理工学生	0.003	0.026	0.031	0.000	0.000	0.023	0.000	0.000	0.000	0.001	

注：＊＊Correlation is significant at the 0.01 level (2 - tailed)。

三、中美两国高科技企业成长中的风险投资环境比较

从表 9 - 2 中，我们可以看出，中国与美国风险投资环境的差距主要存在于三个方面：

表 9 - 2　　　　　　　中国与美国风险投资环境的比较

	美国	中国
风险资本来源	充足的民间富余资金；众多的风险投资基金；公开完善的风险投资资本市场；养老基金、保险基金	资金缺乏，民间资金没有有效地组织；现有的几家风险投资基金主要由政府提供资金；养老基金、保险基金进入资本市场尚有诸多限制
退出机制	NASDAQ 二板市场；发达的产权交易市场；资产证券化程度高	国内缺乏中小企业上市的途径；产权制度制约
配套政策	有一整套相关政策法规；在税收方面提供优惠	没有相应法律政策规定；虽然对高新技术企业有税收优惠，但对风险投资者没有优惠政策
道德风险	法规健全，信息充分，道德风险低	操作不透明，信息不对称，约束不严，道德风险高

第一，风险投资的资金来源不足，渠道单一，投资基金规模偏小。美国有风险投资基金公司近 1000 家，而我国至 1999 年 7 月，只有 80 家风险投资基金。从国内目前已经建立的风险投资机构的资金来源看，除外资投资基金外，绝大部分是由政府或金融机构出资的，私人、民间资本几乎没有。并且基金规模明显偏小，远达不到分散风险、建立投资组合的目的。

第二，缺乏具有较高专业素质的风险投资人才。由于风险投资涉及公司战略、经营管理、投资、财务金融、高科技等多方面综合专业知识，并要在投融资过程中解决一系列实际操作问题，因而需要风险投资人才既具备专业素养，又要有丰富的实践经验。但在国内，这类高素质的风险投资人才少之又少。

第三，缺少真正的风险企业和创业企业家。我国技术创新能力远远落后于发达国家，国内一些高新技术企业也名不副实，科研成果的市场化导向不强，同时也缺少具有战略眼光和创新精神的企业家。因此，能吸引风险投资的项目不多。一些国内风险投资基金成立后难以做成投资项目，除了其自身原因外，缺少有价值的项目和创业团队也是一个重要因素。

第四，风险投资的退出问题尚未解决。我国创业资本所投资的项目，不管项目开发的好坏，创业资本都无法退出。项目开发好者，企业价值初步形成或风险投资的价值形成了，但却找不到价值升值的渠道，既没有下家来接手，又没有更大的资金实力进行再次投资。项目开发坏了，清算不了，拖得风险投资公司耗时、耗力、耗资金，导致大量资金沉淀，从而大大影响了风险投资企业的良性成长。

创业资本运作的一个主要条件是，建立一套风险投资基金的运作机制，其中风险投资的有效退出机制的建立显得十分重要。在国外主要是通过建立二板市场帮助风险投资企业实现成功的退出的。如美国的 NASDAQ，欧洲的 ESDAQ 与 EURO. NM。因此，成熟的资本市场对于风险投资业的发展有着至关重要的作用。

然而，我国对股票上市在公司历史、净资产、利润率等方面有着严格的要求，处于成长期的创业企业一般难以达到。尽管我们可以借鉴国际上通行的做法，建立中国的 CASDAQ，即第二板股票市场，根据风险企业所涉及的技术领域及技术人员的组成结构与水平，降低高新技术企业上市的标准，为其上市创造条件。但是，在我国目前还没有建成完善的二板市场的情况下，发展风险投资事业确实可谓"万事不具备，只有东风"。可以说，我国风险投资业还处于萌芽阶段，只能称作准创业资本。面对这样的形势，从我国资本市场发展的实际出发，积极发展和利用准创业资本的主要退出路径意义十分重大。

第三节　美国高科技企业融资制度分析

一项融资制度安排，包括其所在国家的外部环境、融资体系以及与之相适应的金融中介。

一、融资制度的外部环境分析

外部环境是指融资制度所处的环境，它包括经济环境、法律环境和金融环境。外部环境既孕育了融资制度安排，又对制度安排的生成和演进产生约束作用。

（一）美国的中小企业文化

如果说小企业对美国经济发展一直是非常重要的话，它们作为美国文化的要素，或许就更重要。美国的文化是作为一种商业文化而发展的，商人普遍受到称赞并被崇尚为社会的精英。大多数美国人对商业的眷恋特别集中于中小企业。从托马斯·杰斐逊的时代到今天，许多美国人一直将小企业的所有者看做是浓缩了美国人生活方式中所有最好的部分。对许多人来说，小企业者象征着"自力更生的个人独立"，提供了一个获得"力争上游、充满活力的企业家身份"的机会。"小企业在其行为方式中体现了长期以来一直于美国人行事特征相一致的独立、自由和忍耐……客观地讲，甚至当小企业者在财务方面未取得成功的时候，他也设法成为一种成功的象征。即使这样的神话有时夸大了事实，那也只不过是因为他强化了在美国人生活中如此多地加以依赖的个人主义传统。"

在浓厚的小企业文化氛围下，自由创业蔚然成风。经济萧条对大企业的伤害比对小企业的伤害大，当人们失去了在大企业中的工作时，他们也常常转而创办小企业，这种现象在 20 世纪 30 年代初就十分流行。而第二次世界大战后技术创新带来的巨大的市场空间更加促进了风险高科技企业的创生。在经济危机造成传统资本市场上平均利润下降的背景下，活跃的创业行为为资本提供了另一种新的增值方式，这种机会很快就被富有市场经验的富有个人所捕获。

（二）成熟的传统资本市场

美国的资本市场从 18 世纪末开始产生，到 20 世纪 30 年代，美国已经有了一个比较成熟的传统资本市场。不仅正式的股票交易所交易活跃，而且常规的私人权益市场和场外交易市场也很活跃。如果将整个证券市场比作漂浮在海上的一座冰山的话，那么场内股票交易市场仅仅是冰山露出海面的一小部分，而藏在水下的大部分就是庞大的场外交易市场。正是这样一个庞大的灵活的场外交易市场的存在，使得股权的流动不仅仅依赖于有限的场内市场而具有了更为广阔的交易空间。发达的传统资本市场使得企业的股权交易容易实现。

此外，商品经济悠久的历史使得美国社会具有较高的信用水平，对美国人而言，他们拥有两个生命：一个是自然的生命，另一个是财务信用生命。市场主体具备良好的契约意识，再加上相对健全的法制，在美国，风险企业融资安排中的交易费用得到了有效的控制。

（三）完善的法律法规

政府通过制定一系列法律，为风险资本市场的发展奠定了制度环境基础。

1974 年的《雇员退休收入保障法案》，不赞成养老基金对高风险行业进行投资。尽管这一法案在某种意义上限制了风险资本的发展（1976—1978年间，风险资本合伙公司平均每年从《雇员退休收入保障法案》的养老金计划中仅筹集了不到 500 万美元），但从规范美国风险资本市场的制度环境来看，作用突出。

《1978 年收入法》为股权投资提供资本所得税激励。该法案将资本所得税从原来的 49.5% 降低到 28%，当年美国风险投资规模奇迹般地由 1975 年的 0.01 亿美元增至 5.7 亿美元，第二年又比上年增加了 5.56 亿美元，并使得在以后几年中风险资本的资金流入成十倍的增加。

1979 年的《雇员退休收入保障法》"谨慎人"条例，对养老金的投资限制做了划分，允许其从事高风险投资。只要不威胁整个投资组合的安全，原来在《雇员退休收入保障法》中被禁止的投资行为也是可以被允许的。该条例出台后，立刻就引起了小公司股票市场和新股发行市场的回应。1979年全美风险资本协会成员投资中的 80% 流向了新的风险企业。

1980 年出台了三个法律。《中小企业投资鼓励法》废除了有限合伙公司作为一个投资顾问公司需要登记的规定;《雇员退休收入保障法》的"安全庇护"规定,有限合伙公司的经理人不再认为是计划资产的受托人;《投资顾问法》规定,风险投资基金的管理人将不再被要求按照投资顾问法进行登记,因为法案已清楚地区分了投资顾问与风险投资基金管理人的不同行为。

1992 年,美国国会又通过了《小企业股权投资促进法》,并于 1994 年实施。这一法律除解决了小企业投资公司计划的一些结构性问题外,还提出了"参与证券计划"。小企业管理局以政府信用为基础替那些从事股权类投资的小企业投资公司公开发行长期债券提供担保,而且长期债券的定期利息也由小企业管理局代为支付,只有当小企业投资公司实现了足够的资本增值后才一次性偿付债券本金,并一次性支付给小企业管理局 10% 左右的收益分成。通过"参与证券计划",使小企业投资公司获得的资金具有了长期性质,小企业投资公司无须像以前那样只能短借短用资金,而得以向创业企业提供长期资金。

二、美国高科技企业融资体系分析

(一) 非正式的风险资本市场——"天使投资人"

20 世纪 30 年代,随着美国的中小企业的发展,在一个大企业占据支配地位的经济中,小企业发挥着有益的作用,小企业甚至可能与大规模的工业企业展开竞争。在这种背景下,美国率先出现了后来被称为"天使投资人"的群体,这一投资群体包括退休的首席执行官和具有敏锐的商业头脑和大量金钱的公司经理们,还包括商业银行和投资银行的富有客户。这些最贴近市场的人们敏锐地意识到他们自己丰富的行业经验和企业经营经验在鉴别有潜力的高科技风险企业和为这些企业提供增值服务方面具有成本优势,他们多年积累的经验在此类投资中能发挥出更大的价值。由于资金为自身所有,也无须支付他人参与所带来的组织成本。此外,多数西方国家对个人遗产课以重税,而风险资本在投资的最初几年收益计算通常非常保守,这种投资方式非常有利于富有家庭在代与代之间转移财产。在税收方面得到的好处可以视为对进行风险投资创新的机会成本的一种补偿。除此之外,风险企业成长带来的成就感可以满足这些曾经取得辉煌成就的人们对挑战的渴望,这实际上也可以视为一种心理上的满足的收益。这些"天使投资人"根据自己的资金实力，向处于种子期和创业初期的企业提供种子基金和启动资金，并且提供初创型企业急需的增值服务。而这些富有个人和家族企业的会计师、律师经常在其中牵线搭桥。富有家族和个人创造了一个高回报的长期投资市场，这就是我们所说的非正式的风险资本市场。这种融资制度安排，是与处于早期阶段的风险高科技企业的特点相适应的，通过建立这种关系型融资来解决信息不对称问题更有效率。只有建立关系型融资关系，才能从相当一段时期的密切协作中全面、准确地掌握企业的实际情况，并且实施监督。

（二）有组织的风险资本市场

由于专业中介的出现直接导致了有组织的风险资本市场的形成，这是风险资本市场中最具有代表性的一个子市场，也是狭义的风险资本市场。从投资规模看，天使投资家所形成的非正式的风险资本市场与有组织的风险资本市场形成了很好的互补，天使投资人的投资对象通常是专业风险投资机构出于经济性的考虑所不愿投资的。也就是说，天使投资人在一个项目上的典型投资规模低于绝大多数专业风险投资机构的最低投资规模。这样对高科技企业不同发展阶段提供了连续性的融资制度安排。

美国的有组织的风险资本市场具有以下特征：

（1）有正式的投资中介，资本供给者与投资管理人分离。风险投资机构是资本供给方和资本需求方之间的中介，他们从资本供给方手中获取资本，再投到具有高成长性的新兴高科技中小企业中。风险投资机构起到了传统资本市场和风险资本市场的桥梁作用，也就是说，风险投资机构是常规资本和风险资本的"转换器"，传统资本市场的常规资本通过风险投资机构的"转换"进入风险资本市场，经过增值退出又流回传统的资本市场。由于风险投资机构的存在，大量风险企业得以进入风险资本市场得到融资，这些风险企业包括了从种子期到上市前期的各个阶段。

（2）投资管理人的行为是自觉的。与非正式的私人风险资本市场中的天使投资者不同，在有组织的风险资本市场中，投资管理人进行的投资行为不是带有业余性和偶然性的自发行为。而是专业性的职业活动，是一种自觉的逐利行为。这种自觉性还体现在投资管理人享有资本使用权的同时负有为资本供给方创造利润的义务，他必须通过投资、增值服务和实现资本最大限度的增值，创造良好的业绩，从而使其在下一轮筹资中占优势。

（3）市场的规模不断扩大，交易额的大小出现多样化分布。由于存在正式的投资中介机构，有组织的风险资本市场在风险资本的配置上效率有所增进，市场规模增大。而且投资对象也不限于种子期的企业，还包括从种子期、初创期和扩张期乃至重整期的企业，在交易额上出现多级数量段分布。

（三）创业板市场

创业板市场是专门为成长型中小高科技企业设立的证券市场，是成长型中小企业公开募集资金，成为公众公司的资本市场，它为成长型中小企业的扩张提供了更为广阔的融资空间，是风险资本市场的重要组成部分。美国的纳斯达克便是公认的创业板的典范，成为许多国家模仿的对象。美国纳斯达克交易所，全名为美国证券交易商协会自动报价系统（National Association of Securities Dealers Automated Quotations，简称 NASDAQ），于 1971 年在华盛顿创建，是全球第一个电子股票市场，也是美国发展最快的证券市场，目前已成为纽约交易所之外全球第二大股票交易所。创业板市场的流程如图 9 - 2 和图 9 - 3 所示。

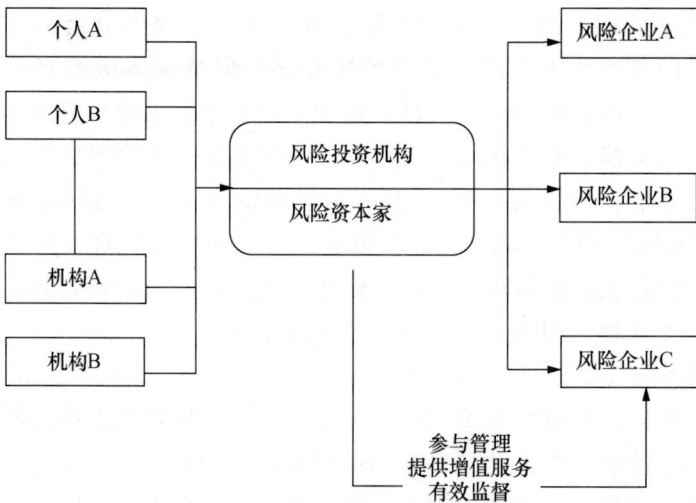

图 9 - 2　有组织的风险资本市场示意（1）

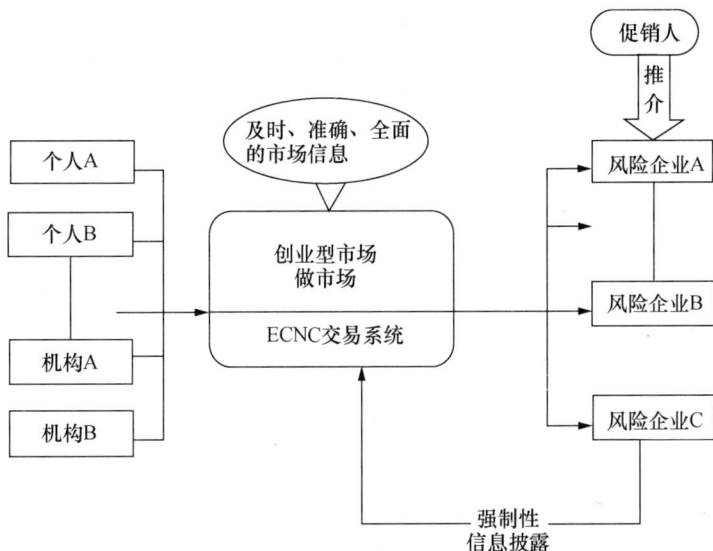

图 9 – 3　有组织的风险资本市场示意（2）

与纽约证券交易所等传统交易所相比，纳斯达克交易所具有许多鲜明的特点。首先，它利用现代信息技术建立电子交易系统，增加了交易的透明度，创造了更加公平的竞争环境，现已成为全球最大的无形交易市场。更由于利用电子交易，比传统的股票市场运作成本低，自 1971 年创建以来，促使美国的股票交易费用大幅降低。相对低廉的上市费用，也促使美国资本市场的流动性显著增强，全球金融霸主的地位更加稳固。其次，股票上市的标准低于纽约证交所和美国证券交易所等传统交易所，为高风险、高成长性的企业提供了资本市场。在对上市公司的资产要求方面，纳斯达克全国市场有限资产（总资产－债务－无形资产）最低要求为 600 万美元，小型市场原先为 200 万美元，现为 400 万美元，而纽约交易所为 1 亿美元；在盈利方面，在纳斯达克全国市场上市要求过去三年税前利润 100 万美元，未来销售和利润预测在 25% 以上，而小型市场几乎没有要求，而在纽约交易所上市则要求过去三年税前利润 1 亿美元，且要考虑未来利润。由此可以看出，纳斯达克市场具有良好的市场适应性，能适应不同种类、不同规模和处于不同发展阶段公司的上市要求。再有，就是外国公司在纳斯达克发行股票的数量增加快，目前已超过纽约交易所和美国证券交易所的总和。

目前，在纳斯达克市场上市的企业共有 5500 家左右，其中在 NASDAQ 全国市场有 3900 多家，在 NASDAQ 小型资本市场有 1400 多家。这些企业分布在金融类（占 19%）、科技类（18%）、制造业（15%）、零售业（11%）、通信类（7%）等。目前美国软件行业的 93.6%、半导体行业的 84.8%、计算机及外围设备的 84.5%、通信行业的 81.7% 的上市公司都在纳斯达克上市，像微软、英特尔、雅虎、苹果、戴尔、美国在线等著名的高科技企业均在纳斯达克上市。同时，外国著名企业丰田、爱立信、佳能、NEC、路透社、沃尔沃等也在此上市，1999 年中国的 China.com 也成功地登陆纳斯达克。最为典型的是 1986 年在纳斯达克市场上市的微软公司，当时的资产只有 200 万美元，刚刚达到 NASDAQ 小型市场的最低上市门槛——有限资产 200 万美元，上市时的股价为 15 美分。到 1999 年 7 月，微软股价已超过 100 美元，市值已经达到 5000 亿美元，超过通用，成为全球市值最大的企业。由此可以看出，纳斯达克市场已并非一般意义的二板市场，也并非清一色的高科技市场，可以把它理解为为高成长性的中小型和外国企业提供的最佳上市场所。

纳斯达克市场的神速发展还在于其特有的做市商制度，它不仅成为纳斯达克的核心，也是其与其他股票市场的主要区别所在。所谓做市商（Market Maker）也就是"庄家制度"，是一些独立的股票交易商为投资者承担某一种股票的买进或卖出，买卖双方不必等到同时出现，只要一方同做市商交易即可。之所以采取做市商制度，在于在纳斯达克市场上市的大小型公司，特别是在小型资本市场上的 110 多家上市公司中，平均市值只有 2500 万美元，平均股价只有 3.15 美元。如果只存在 1 个庄家，市场价格很容易被操纵。同时，许多上市公司初上市时缺乏名气，流通性差。为此，凡在纳斯达克上市的股票，必须有两个以上的"做市商"为其报价，规模较大的往往达到 40—45 家，平均有 12 家。

根据规定，"做市商"必须做到：（1）坚持达到记录保存和财务责任的标准；（2）不间断地主持买、卖两方面的市场，并在最佳价格的时候，按限额规定执行指令；（3）发布有效的买、卖两种报价；（4）在交易完成 90 秒内报告交易情况，以便向公众公布。为确保交投活跃，做市商除承担资金应付买卖之外，还要提供交易股票的研究报告、寻找投资者和提供建议等。目前，在纳斯达克从事做市商的包括美林、高盛、摩根·士坦利等著名证券公司。

做市商制度帮助在纳斯达克上市的公司提高了知名度，提高了市场的流通性，保证了市场不间断的交易活动，对于市值较低、交易次数少的股票尤为重要。同时，更使得交易有高的透明度。由于多个做市商参与，使得同一只股票的价格趋向一致，因而具有发现价格功能。而且，还造就了一大批机构投资者，增进了市场的稳定性。

纳斯达克指数分为纳斯达克综合指数和纳斯达克 100 指数。纳斯达克综合指数包括了在 NASDAQ 上市的所有上市公司，以市值衡量；纳斯达克 100 指数选择 100 家非金融类上市公司，反映出成长最快的非金融类公司的情况，要求至少 500 万美元的市值，平均每日交易量至少达到 10 万股。对纳斯达克市场进行分析，我们可以了解到，创业板市场具有如下特征：

第一，宽松的上市条件。创业板的主要上市对象是成长型的中小高科技企业，由于这些企业成立时间短、股本小、盈利欠佳、市场前景不明朗，无法满足上市的要求，创业板市场则为其设立了较低的门槛，以利于其利用公开权益资本市场筹集资金。此外，创业板市场的上市费用比主板市场要低。

第二，新兴企业的小股票通常会遇到流动性盘不足的问题，因而采用做市商制度以提高股票的流动性。同时，采用先进的电子交易系统提高交易效率，增加了市场的公开性和流动性。

第三，较高的信息公开程度和可获得性。创业板市场属于公开权益资本市场，并且由于其服务对象的特殊性，信息披露要求更高，针对创业板市场上市公司的特点，规定发行人在发行时和上市后应进行及时准确及完整的信息披露。例如，上市时提交活跃业务经营记录和未来几年目标陈述，上市后除披露季度报告外，要求公司加强对涉及技术、科技人员等非财务信息的披露，并且细化关联交易、资金投向等信息披露。相对于非正式的风险资本市场和有组织的风险资本市场，创业板的信息公开程度和可获得性显著提供。

第四，可支持大规模的融资。创业板市场为风险企业提供了向全社会公开募集资金的场所，风险企业还可以获得大规模的权益性资本，而且，业绩良好的风险企业还可以在创业板市场上进行后续融资。

此外，美国证券市场交易所（AMEX）也开辟出面向成长型中小企业的公众市场——小盘股市场（Little Board）。一直以来，AMEX 的上市标准低于纽约交易所，高于纳斯达克市场。后来，纳斯达克提高了上市标准，而纽约证券交易所又降低了标准，这样 AMEX 在股票市场的旧有的空隙不复存在，因此必须发掘新的市场空隙，这也就是小盘股市场存在的原因。1998年，美国全国证券交易商协会（NASD）副主席、AMEX 主席兼首席执行官萨尔瓦多·索达诺（Salvatore Sodano）提出了对小盘股进行改善的要求，AMEX 产生了巨大的变化。"通过认识和利用股票市场中的中小盘股的作用，使我们股票市场充满生机。"

这样，从非正式的个人风险投资、有组织的风险资本市场到创业板市场，便形成了一套与高科技创新企业发展各个阶段相适应的融资体系：非正式的风险资本市场为风险企业形成最初阶段提供融资；有组织的风险资本则是风险企业创业期最重要的资本来源；作为专门为中小高成长型企业设立的二板市场是接近成熟期的风险高科技企业走向市场、成为公众公司的第一步，它为风险企业的进一步发展提供了更广阔的融资渠道。三个子市场在为不同阶段的风险企业群落提供融资服务方面呈现很强的功能互补，从而构成了一个具有层次性的市场体现。美国风险资本市场的层次如图 9 - 4所示。

三、完善的中介机构

在对美国高科技企业融资制度安排中，我们还不能忽视中介机构的作用。在美国高科技企业融资制度安排中，其中介机构主要包括风险投资机构、业绩评价机构和信息服务机构。

（一）合伙制的风险投资机构

由于风险投资中的信息不对称问题和代理人问题特别突出，造成严重的代理问题。而在风险投资机构中代理问题很难利用公司控制的方法，如积极参加董事会、撤换管理人，公司控制权市场也难以发挥作用。而在解决代理问题上，有限合伙制比起公司制具有独特的优势，同时兼具合伙制的治理优势和有限责任制的大范围融资优势。

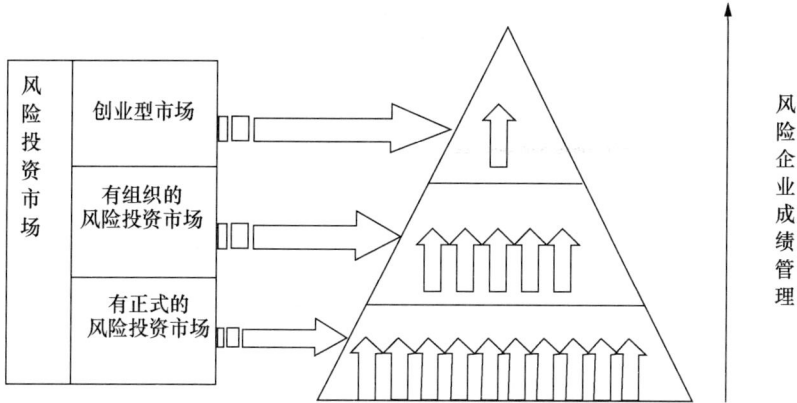

图 9 – 4　美国风险投资市场的层次

（二）业绩评价机构

业绩评价机构是对风险投资机构进行业绩评价的中介机构，它专门对各个风险投资机构管理的风险投资基金的业绩进行定期的评价并公布，这种中介机构的存在使得市场的信息非对称性下降，从而降低风险供给方寻找和监控风险投资机构的交易费用。并且还能形成市场的有序竞争，实现风险投资管理人的优胜劣汰。

（三）信息服务机构

在美国高科技市场融资体系中，非正式的风险资本市场和有组织的风险资本市场均属于私人权益资本市场，这两个风险资本市场具有私人权益资本市场最显著的特点，即信息的非充分性。尤其是非正式的风险资本市场，虽然为风险高科技企业提供了重要的权益性资本来源，但是，这个市场本身存在很高的交易费用，效率很低。如果能够改善非正式风险资本市场中天使投资人与风险企业的相互搜寻过程，将会导致更多的项目融资成功。而信息服务中介机构的出现，改善了市场的信息状况，从而使投融资双方的交易费用下降，交易效率得以提高。

这样，由外部环境、多层次的风险资本市场以及完善的中介机构，构成了美国高科技企业的融资制度安排。如图 9 – 5 所示。

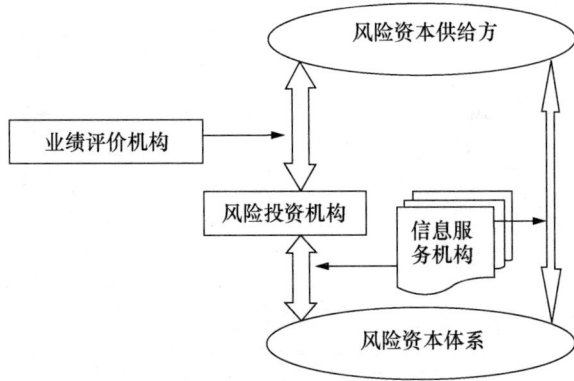

图 9 - 5　风险资本市场交易组织作用关系

第四节　中国现行高科技企业融资制度分析

对于一个国家或地区来说，一个理想的融资制度安排是有一个完善的资本市场和货币市场。国民收入经过初次分配和再分配，形成政府、企业、个人（家庭）的可支配收入，除去用于消费的部分，形成了广义的国民储蓄，即投资的最终源泉，因此，社会资本供给主体是存在资金盈余部门的政府、企业和个人（家庭），他们可以通过完善的资本市场以直接和间接的方式向资本短缺部门的企业提供资本。如图 9 - 6 所示。

广义上的资本市场是企业进行长期资本融通的市场，理论上，一个理想的资本市场应该能够满足不同类型的资本短缺主体不同形式的长期资本需求，即它能将具有不同风险——收益水平的资本短缺主体具有不同风险——收益偏好的资本盈余主体通过多样化的金融中介和金融工具实现高效的对接，从而实现长期资本的最优配置。

当然，一个理想的资本市场需要许多假设条件，比如，市场拥有完全信息，市场不存在交易费用以及干扰资产供求的障碍；资本盈余主体的风险——收益偏好特征以及资本短缺主体的风险——收益水平是连续分布的；投资者均是完全理性的，能准确无误地鉴别不同资本短缺主体的风险收益水

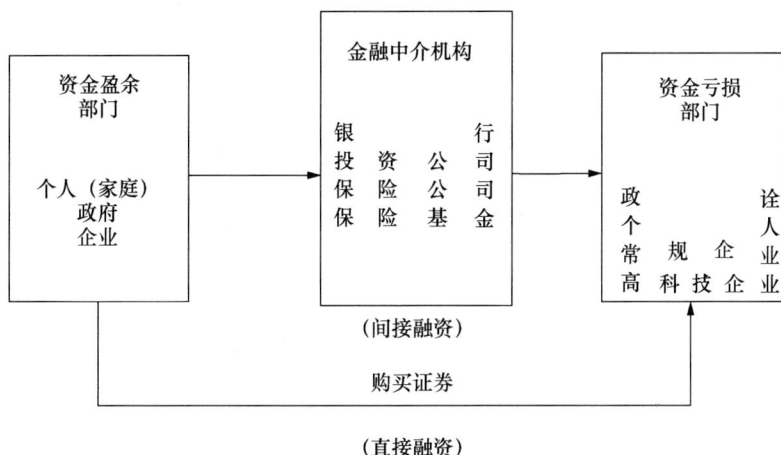

图 9 – 6　资金流向

平，并作出相应的投资决定。

　　然而，在现实中，上述假设条件并不能得到充分的满足，因此，理想的资本市场在现实中不存在。因此，一个相对完善的融资制度是在现实中使得融资成本尽可能的低，资金的配置尽可能的有效以及优化配置。

　　经过 30 多年的经济改革，我国融资制度经历了很大的发展，传统经济体制下的财政政策供给制度已经得到了根本性改变，社会主义市场经济体制下的融资适度框架初步建立起来。同改革前相比，我国的融资体制改革已经取得了阶段性成果，最重要的是形成了多元化、竞争性的融资体系。但我们也应该看到还存在着许多不足之处，还没有完全实现市场化与效率化，我国的融资制度仍存在着一定程度的扭曲，这种扭曲主要表现为金融资源不是完全按照市场化原则进行配置，而是在所有制原则倾向下明显向国有企业倾斜，融资体制继续通过计划手段维持国有经济在投资领域的主体地位，"以国有经济为导向的计划手段与干预性必然会导致资金更多地流现国有企业，将非国有企业排斥在正规的市场之外"。

一、政策支持分析

　　1982 年中央进一步明确提出了"经济建设必须依靠科学技术，科学技术工作必须面向经济建设"的战略思想。1985 年《关于科学技术体系决定》正式出台并实施，着手对科技管理运行机制、科技拨款制度、国家重点项目管理、科研机构的组织结构、人事制度等方面进行了改革。同时为了促进高科技企业的快速发展，国家从 1991 年开始相继出台了一系列的政策法规。在资金支持方面，国家也制定了相应的政策，疏通与拓宽高科技企业融资渠道，以便利高科技企业的融资。具体内容见表 9-3。

表 9-3 我国高科技产业创业融资主要政策

创业基金	基金名称	支持对象
1991 年	火炬基金	主要面向高新区内的风险企业
1999 年	中小企业技术创新基金	重点支持拥有自主知识产权、技术含量高、市场前景好的高技术产品；支持科技成果转化，产学研联合项目的产业化；支持科研院所整体转制科技型企业的产业化项目；支持科技人员携带具有较好产业化前景的高新技术成果创办企业等
风险投资	文件名称	内容
1991 年	《国家高新技术产业开发区若干政策的暂行规定》	有关部门可以在高新技术产业开发区建立创业投资基金，用于风险较大的高新技术产业开发、条件成熟的高新技术产业开发区可创办创业投资公司
1995 年	《关于加速科技进步的决定》	发展科技风险投资事业，建立科技风险投资机制
1995 年	《科学技术白皮书》	要逐步探索建立支持科技成果转化的风险投资机制
1996 年	《关于"九五"期间深化科学技术体制改革的决定》	积极探索科技发展风险投资机制，促进科技成果转化
2002 年	《投资公司管理办法》	完善我国风险投资公司的管理方法，加强我国风险投资公司的规范化管理与市场化运作
2003 年	《外商投资创业投资企业管理规定》	为鼓励外国公司、企业和其他经济组织或个人来华从事创业投资，建立和完善中国的创业投资机制
信用担保	文件名称	主要内容
1999 年	《关于建立中小企业信用担保体系试点的指导意见》	加快建立中小企业信用担保体系
2000 年	《关于鼓励和促进中小企业发展的若干政策意见》	各级政府要加快建立以中小企业特别是科技型中小企业为主要服务对象的中央、省、地信用担保体系；建立和完善担保机构的准入制度、资金资助制度等

资料来源：根据有关资料整理。

虽然国家决策层的领导人很早就认识到高科技发展对经济、国防等的重要作用，但是，在改革开放初期，我国只是注重在实验室里对高新技术的研究，因此导致科技成果转换率低下，对提高劳动生产率、促进经济发展起到的作用很微弱。这和我国高科技企业发展滞后不无关系。起初，高科技企业的发展受制于我国经济体制，但随着经济体制改革的进行，我国于1985年颁布了《中共中央、国务院关于科技体制改革的决定》，消除了体制束缚；但近几年来，随着经济体制改革的深入，制约我国高科技企业发展的主要瓶颈是资金问题，高科技企业的融资不足，严重阻碍了其进一步发展，与此相对应，国家颁布了一系列改善高科技企业融资的政策与措施，这对我国高科技企业的发展起到了一定的推动作用，但单纯依靠国家的政策性投资是远远不够的。国家的政策性投资因其资金来源有限，而且需要其支出的用途广泛，所以除了公用领域的投资外，能够进入各个产业的资金必然少。一般来说，取得国家政策投资难度较大，特别是那些不付利息，也不需偿还的财政拨款，由于供给稀少而获得难度将更大，只有一些公共项目和国家重点企业才能获得。

二、法律环境分析

法律环境是指影响企业融资活动的法律、法规，包括所得税法、企业法、公司法、银行法、证券法、财务通则等。这些法律、法规从不同方面规范和制约着企业的融资活动。比如，只有国有企业才能利用国家资金，只有外商投资企业才能直接利用外资。法律、法规的建立，从宏观上可以维护整个国家的经济金融秩序，稳定金融市场，促进我国高科技企业的发展。从微观上可以维护资金供应者、需求者、中介人等各方面的经济利益，使高科技企业的融资活动有章可循、有法可依，有效地杜绝一切违反法规的融资行为。而在我国，高科技企业特别是民营高科技企业才刚刚起步，而与之相关的法律法规还不够完善，这就使得现行的许多法律法规不适合我国高科技企业的规范发展，对高科技企业发展起促进作用的风险投资业也受到了一定程度的阻碍。

三、金融环境分析

金融环境是企业融资的外部环境，对企业的融资活动有着十分重要的影响。在市场经济环境条件下，企业通过各种渠道筹集资金就需要利用金融市场。金融市场是指资金的供需双方通过金融工具进行交易实现资金融通的场所：一方面，金融市场为企业融资活动提供场所，使企业经营活动能够顺利进行；另一方面，通过金融市场的资金融通活动，促进社会资金的合理流动，调节企业筹资以及投资的方向与规模，促使企业合理使用资金，提高社会资金效率。

（一）直接融资工具少

在众多的融资方式中，许多中小高科技企业由于其自身的弱点，在使用中较传统产业的企业和成熟大中型企业相对困难，而有些融资工具则是由于法律政策的壁垒使其无法采用，这使得高科技中小企业的融资工具较少，特别是直接融资的工具种类很少。

我国目前企业直接融资的工具种类少，主要是股票和为数不多的企业债券及少量的风险投资基金。我国直接融资的比重约占社会融资总规模的25%，扣除国债直接融资部分，直接融资在企业外部融资来源中仅占10%左右。而在美国，企业通过发行股票、债券等直接方式的融资占企业外部融资的比重高达50%以上，在日本也占30%左右。

在股票融资方面，我国的高科技企业已开始涉足。极少量的大中型高科技企业通过股份制改造，直接进入深、沪上市融资；有的通过收购股权，控股上市公司，达到买"壳"上市，还有的采用逆向借壳方式上市（通过被上市公司收购的方式上市），有的则到国外"二板市场"上市，等等。但从我国高科技企业的总体情况来看，能够上市的企业，大多是规模较大的、技术或产品较成熟、经营管理较好、经济规模较佳、发展前景较好的高科技大中型企业，而大部分中小企业离我国对企业上市的政策法律要求还很遥远，上市的可能性极小，不能如愿地通过股权融资的方式获得发展所需要的资金。由于政策法规的壁垒使高科技中小企业难以及时筹集到所需要资金，严重制约其进一步发展。

在债券融资方面，目前我国企业债券市场的发育远远落后于股票市场和银行信贷市场的发育。其直接原因是企业债券的发行主体普遍缺乏信用，往往不能及时偿还债务及本息。另外，就是目前我国对债券发行的条件、程序、规模都有严格的法律和政策限制，相对这些规定来说，即使是那些效益良好、活力充沛的大中型企业，也难以通过发行债券的方式来筹集资金，更不用说高科技中小企业了。

（二）国有商业银行贷款难

国有商业银行发放贷款偏向于国有企业和大中型企业，一般不愿意向民营的高科技企业提供贷款。主要原因在于：

1. 高科技企业贷款风险大。相对于传统大企业而言，高科技企业绝大多数是从中小企业起步的，规模小，自有资金不足，产品技术、市场风险高，抗击市场风险的能力弱，经营前途存在很大的不确定性，高科技中小企业的倒闭率很高，而且一些企业相对说来经营管理素质不高，随意性大，财务制度不够规范，企业资信也较弱，还贷意识薄弱，逃债现象时有发生。另外，很关键的一点是，由于高科技中小企业自身资产有限，在贷款时很难提供抵押品，也很难找到保证人，这使商业银行对其贷款时承担了过大的风险，而不敢向他们放贷。

2. 高科技企业贷款运作成本高。国有商业银行偏向于传统产业和大中型企业的另一个原因是熟悉这些产业的发展情况，比较容易评估。而对高科技企业而言，尤其是中小高科技企业，由于历史短，产业新，可供评估的记录、资料有限，评估较难。此外，银行提供贷款之前，需要收集企业的有关信息，包括财务状况、经营现状及前景，经研究决定后才能决策。在放贷以后，银行还要监控企业是否按照合同办事。大企业的贷款一般金额较大，银行付出的运作成本与收益相比显然要低得多；而高科技中小企业为数众多，而且单笔贷款金额很小，银行要对中小企业的资信情况进行全面深入的了解，明显成本太高。

3. 高科技中小企业贷款利差小。高科技中小企业贷款笔数多，单笔贷款金额小，资金需求急，多为短期贷款；而运作成本又很高，与大企业的长期巨额贷款比较起来，如同"零售"与"批发"，难以收到金融资产规模经营的效果。而我国目前商业银行贷款利率的浮动又非常有限，这决定了商业银行难以动用利率对其高成本进行弥补，这都使得高成本、利差小成为商业银行对高科技中小企业贷款中一个不可否认的事实。

4. 国有商业银行改革滞后。由于各种因素，目前国有商业银行还没有真正成为市场竞争的主体，银行之间缺乏竞争。导致的结果是银行追求利润的要求不迫切，得过且过，只愿意将资金放给风险有限、成本低、金额大的贷款对象，否则宁愿减少放贷，也不愿意冒风险贷给小企业。而在完全的市场竞争状况下的银行，为了追求高利润，也敢冒高风险贷款给高科技中小企业。

（三）面向高科技企业融资的金融机构建设滞后

目前，我国面向高科技企业融资的金融机构很少，绝大多数高科技企业仍然等同于中小企业，由面向中小企业的金融服务机构来服务。这些金融机构包括：城市信用合作社、城市商业银行、股份制的商业银行、信托投资公司和其他一些非银行金融机构。目前，国家政策重点扶持的还是国有商业银行，对中小金融机构的业务范围多加限定，这使得中小金融机构的服务对象越来越少，服务手段越来越少，金融风险越来越严重。目前，有相当一部分中小金融机构面临亏损，部分中小金融机构甚至出现支付危机。

1. 城市商业银行。现有的城市商业银行的股权结构有待进一步改善；在由过去两级或多级法人制向一级法人制过渡中，失去部分信贷约束，造成亏损；汇兑职能没有从根本上解决，造成银行功能不全，直接影响经营效率；在主营业务相对萎缩的同时，多元化经营又受到诸多政府限制，导致银行整体经营效率下降。

2. 区域性股份制商业银行、信托投资公司和其他非银行金融机构。从目前情况看，信托投资公司的问题较为严重，不良资产比例过高，风险大，管理混乱，严重影响了金融稳定性，进一步发挥作用的空间很小。而区域性股份制银行，由于起步晚，并存在着明显的区域性限制和规模有限的弱点，不可能将资金过多地投放在高风险的高科技行业，因此发挥作用不大。此外，从整体上讲，我国中小金融机构在信贷市场上所占份额，比国有银行还是少很多的，资本实力也要弱很多，对高科技企业的扶持力度更弱。

（四）风险资本在我国的发展滞后

国际风险资本基本上是 1992 年以后开始进入我国。互联网在我国发展迅猛，诱发出新一轮的外国风险投资热潮。目前在我国活动的国际风险基金公司约有30家，比较活跃的有IDG、中经合集团、日本软银、英特尔和高盛集团等。中美就中国加入世界贸易组织签署协议后，令外国尤其是西方发达国家风险投资商的信心倍增。国内一些实力雄厚的高科技企业也开始加入风险投资的行列，如四通、实达、联想、清华同方、海尔、宝钢、希望等公司，都独自或联合其他机构成立风险投资公司，进行战略投资。

据不完全统计，我国83%的风险投资机构是1999年建立的，这些风险投资机构大多具有政府背景，政府拥有股权的风险投资机构占90%，纯私营风险投资机构占2%，外资占8%。因此，我国风险投资来源仍以政府资本为主，民间风险资本仍不活跃。风险投资已开始对发展高科技产业产生推动作用。来自科技部火炬高科技开发中心的一份调查报告的不完全统计表明；所调查的风险投资机构已投项目398项，待投项目123项。这些项目主要集中于电子信息（30%）、机电一体化（20.2%）、生物医药（25%）、新材料（14%）、环保（8%）、新能源（2.8%）等产业。

从所投资的企业来看，获得风险投资的企业28%是种子期企业，53.6%是成长期企业，18.4%是成熟期企业。

企业在风险投资的推动下，迅速发展起来，一些企业已经上市，但所有权不同的风险投资公司呈现不同的投资特点。一般来说，国外风险投资公司、高科技公司都是投资种子期企业，而有政府性质的风险投资公司却投资于成熟期的企业。

从地区发展看，风险投资机构主要集中在东部地区，投资业务又相对集中于高科技产业区的高新技术项目。外国风险投资已开始涉足中国，数量虽少，仅占统计的8%，但影响极大，在某种程度上起着示范和带头作用。

但从总体上看，我国风险投资资金来源有限，资本结构单一。资金缺口仍非常之大，远远不能满足我国科技产业发展的需要，而且投资公司的资金来源大多有政府背景，这一方面限制了我国风险投资资金规模，另一方面也使风险得不到有效分散。

目前西方各主要国家的创业资本中，来自公积金的占24%，银行占21.6%，公司占16.9%，私人投资占11.6%，股市投资者占2.3%，大学及研究机构占 0.3%，其他来源占 3.9%，来源于官方的只占一小部分，约 8.3%。我国居民储蓄有 6 万亿，形成了人数不少的富有阶层，但他们很少把资金投资于高科技企业，少量的投资额中又基本没有进入风险投资的领域。保险、养老等各种基金尚未开展风险投资业务，也缺少私营资本进入风险投资领域的渠道和运作保障机制。

（五）创业板制度有待完善

根据 5 月 17 日发布的《深圳证券交易所设立中小企业板块实施方案》中的两个不变和四个独立，两个不变，即中小企业板块运行所遵循的法律、法规和部门规章，与主板市场相同；中小企业板块的上市公司符合主板市场的发行上市条件和信息披露要求。四个独立，即中小企业板块是主板市场的组成部分，同时实行运行独立、监察独立、代码独立、指数独立。可见，中小企业板块只是主板市场中的一部分，并未形成与主板分离，独立的创业板市场，其高科技企业的上市的规则在某种程度上来说比国有企业在主板上市还难。由于我国的中小企业板刚刚成立，而且其严格的上市制度，对高科技企业的上市融资可以说是杯水车薪，不能从根本上解决我国高科技企业融资的问题。

四、高科技企业融资难题：信息经济学和产权经济学角度的诠释

国内外对中小型企业融资难问题的研究很多，概括起来，主要有不对称信息障碍的理论和产权制度歧视理论两种观点。

（一）高科技中小企业与金融机构间不对称信息障碍的理论模型解释

第一，银企之间信息不对称是产生高科技中小企业信贷融资困境的主要原因。理论模型简要阐释如下：

假设有 n 个高科技中小企业，每个高科技中小企业利用贷款进行投资只有两种可能的结果：成功或失败；成功则获得 R 的收益，其中 R 大于零，失败则收益为零。进一步，假定给定的贷款种类中的所有高科技中小企业的投资收益具有相同的均值 T，并且银行知道 T。那么，如果 $p(R)$ 是给定的项目成功概率，则 $p(R)R = T$，即成功时期望收益 R 越高，则风险越大，成功的概率 $p(R)$ 越低。假定每个高科技中小企业需要的资金都为 1，且没有自有资金，银行是唯一的资金提供者，贷款的利率为 i。如果高科技中小企业得到贷款，成功时其利润率为 $[R-(1+i)]$，失败时为 0；由此可得到高科技中小企业的期望利润为：

$$y = p(R)[R-(1+i)] + [1-p(R)] = p(R)[R-(1+i)] \quad (9.1)$$

如果高科技中小企业不贷款则期望利润为 0。因此存在一个临界值 R^* $=1+i$，只有在 $R \geqslant R^*$ 时，高科技中小企业才会去利用贷款进行投资。因为 $p(R)R = T$，上述结论意味着存在一个临界成功概率 p^*，当且仅当 $p \leqslant p^*$ 时，高科技中小企业才会申请贷款。

假定 $p(R)$ 在 $[0,1]$ 区间上密度函数为 $f(p)$，分布函数为 $F(p)$，那么高科技中小企业申请贷款的平均成功率为：

$$p(i) = \frac{\int_0^{p^*} pf(p)\,dp}{\int_0^{p^*} f(p)\,dp} = \frac{\int_0^{p^*} pf(p)\,dp}{F(p^*)}$$

推导得出：

$$\frac{\partial p}{\partial i} = \frac{f(p^*)}{F^2(p^*)} \times \frac{\partial p^*}{\partial i} \left[p^* F(p^*) - \int_0^{p^*} pf(p)\,dp \right]$$

$$= \frac{f(p^*)}{F^2(p^*)} \times \frac{-T}{(1+i)^2} \left[p^* F(p^*) - \int_0^{p^*} pf(p)\,dp \right] < 0$$

从上述推导中可以看出，利率越高，高科技中小企业的平均质量越低，违约概率越大。直观上讲，在有限责任制下，借款人的收入不可能小于零，这就是说，借款人享受成功的好处，但可以不承担失败的损失。给定高科技中小企业的收益，较高的利率意味着成功时较低的利润，只有那些成功时收益较高的高科技中小企业才会申请贷款；但是，给定的高期望收益意味着较低的成功概率。较高的利率意味着较大的违约风险，高风险的企业驱逐了低风险的高科技中小企业、较差的企业驱逐了较好的企业，这就是信贷市场上的逆向选择。

由于银行的期望收益不仅取决于贷款的利率，而且还取决于借款人的还贷概率，利率的增加对银行期望收益的影响一般来说不可能是单调的。如果银行满足所有借款人——高科技中小企业的贷款需求，则每单位贷款的期望收益为：

$$\bar{R}(i) = \frac{\int_0^{p*}(1+i)pf(p)dp}{\int_0^{p*}f(p)dp} = \frac{(1+i)\int_0^{p*}pf(p)dp}{F(p^*)} = (1+i)\bar{p}(i) \quad (9.2)$$

即银行的期望收益等于高科技中小企业没有违约时的收益（$1+i$）乘以高科技中小企业不违约的平均概率，对上式求导可得

$$\frac{\partial \bar{R}}{\partial i} = \bar{p}(i) + (1+i)\frac{\partial \bar{p}}{\partial i} \qquad (9.3)$$

等式右边的第一项为正，代表提高利率的收入效应：利率每提高一个单位，期望收益增加 $\bar{p}$（i）个单位；第二项为提高利率的风险效应，利率每提高一个单位，高科技中小企业违约的概率上升$\frac{\partial \bar{p}}{\partial i}$个单位，而银行的收益下降 $(1+i)$ $\frac{\partial \bar{p}}{\partial i}$个单位。如果收入效应大于风险效应，那么$\frac{\partial \bar{R}}{\partial i}>0$；反之，则$\frac{\partial \bar{R}}{\partial i}<0$。这样，必定存在一个 i^* 值，使得 $i \leqslant i^*$ 时，$\frac{\partial \bar{R}}{\partial i} \geqslant 0$；当 $i \geqslant i^*$ 时，$\frac{\partial \bar{R}}{\partial i} \leqslant 0$。

因此，银行提高利率并不一定会增加银行的期望收益，从而提高利润水平。所以，实行信贷配给是银行在存在信息不对称、逆向选择下的一项最优决策。也正因为如此，使得大多数高科技中小企业难以通过银行获得其发展所需要的资金。显然，银企之间的信息不对称是形成高科技中小企业融资困境的一个重要原因。

第二，信息不对称条件下高科技中小企业融资信号传递模型。在模型中，我们假设融资方知道企业的利润真实分布函数，投资者不知道。企业利润分布函数是根据一阶随机占优排序的，融资方的效用是融资后实现利润最大化，企业经营得好，融资者就能获得较好的收益，如果经营失败，高科技中小企业就会受到市场的惩罚，甚至会破产。

一般来说，如果企业制度比较规范、经营管理比较科学、企业领导人素质比较高，则企业取得成功的可能性比较大，或者说企业征信行为与企业效益是正相关关系，反过来那些不愿意进行征信的企业，它们的经济效益往往很难得到保证，这已被市场所证明。

我们假设在两个时期（T_1，T_2）内，有两个参与人（融资方和投资方），令 π 为高科技中小企业第二时期利润，π 在区间（0，θ）上分布，融资者知道 θ，而投资者只知道 θ 的概率分布 ρ（θ）。在时期 T_1 中，高科技中小企业选择了信号 X（包括公司素质、财务质量、发展前景、经济效益预测、偿债能力预测等指标），投资者根据观察到信号 X 判断企业融资后盈利能力状况，在时期 T_2 企业利润实现。假定投资者的目标是最大化企业在时期 T_1 的利润水平和时期 T_2 的期望利润水平的加权平均值，即

$$\mu(\chi, \nu_0(\chi), \theta) = (1 - \gamma)\nu_0(\chi) + \gamma\left(\frac{\theta}{2} - L\left(\frac{X}{\theta}\right)\right) \qquad (9.4)$$

这里，$\nu_0(\chi)$ 是给定企业信号时，企业在 T_1 时期的盈利水平；$\frac{\theta}{2}$ 是企业在 T_2 时期的期望价值；$\frac{X}{\theta} \leqslant 1$，表示高科技中小企业在 $T_1 \sim T_2$ 时期内失败的概率；L 是高科技中小企业失败受市场惩罚；γ 是权数。这个目标函数隐含地反映了这样一个假设，融资者的福利随着企业盈利水平的增加而增加，随着企业经营失败的概率上升而减少。

当融资方选择信号 X 时，他预测投资方将从 X 推断 θ，从而选择 $\nu_0(\chi)$，如果融资方选择 X 时，投资者认为，企业属于利润 θ 的期望值是 $\overline{\theta}(\chi)$，那么企业的利润为 $\nu_0(\chi) = \dfrac{\overline{\theta}(\chi)}{2}$。

信号博弈传递有三种类型的均衡，即分离均衡、混同均衡和准分离均衡。分离均衡是指高科技中小企业传递的信号能反映出它的真实类型，能够给金融机构的判断提供充分的信息和依据，分离均衡是金融机构所期望的均衡状态。这里我们只考虑分离均衡，它需要满足斯宾塞—莫里斯分离条件。

我们注意到，$\dfrac{\partial^2\mu(\chi, \nu_0(\chi), \theta)}{\partial X \partial \theta} = \dfrac{\gamma L}{\theta^2} > 0$，即利润越高的企业，往往都是花较大的精力去建立信用的企业，这符合分离条件。

将 $\nu_0(\chi)$ 代入融资方效用函数并对 X 求一阶导数得

$$\frac{\partial\mu}{\partial\theta} = \frac{1}{2}(1 - \gamma)\frac{\partial\overline{\theta}(\chi)}{\partial\chi} - \frac{\gamma L}{\theta} = 0 \qquad (9.5)$$

在均衡的情况下，投资者从 X 正确地推断出 θ，也就是说，如果 $\chi(\theta)$ 是属于 θ 类型的企业最优选择，那么，$\bar\theta(\chi(\theta)) = \theta$，因此 $\dfrac{\partial\bar\theta}{\partial X} = (\dfrac{\partial X}{\partial\theta})^{-1}$，将此等式代入一阶条件得微分方程为

$$2\gamma L\frac{\partial X}{\partial\theta} - (1-\gamma)\theta = 0 \tag{9.6}$$

解上述微分方程得 $\chi(\theta) = (\dfrac{1-\gamma}{4\gamma L})\,\theta + C$，$C$ 为常数。这就是高科技中小企业的均衡战略，逆转上式并将 θ 代入 $v_0(\chi) = \dfrac{\bar\theta(\chi)}{2}$，得高科技中小企业利润水平为：

$$v_0(\chi) = \left[(X-C)\frac{\gamma C}{1-\gamma}\right]^{\frac{1}{2}} \tag{9.7}$$

上述均衡意味着，信用程度越高的企业质量越高，因此尽管投资者不能直接观察高科技中小企业的预期盈利水平，但通过对高科技中小企业信用状况的考察，可以判断企业未来的盈利情况，而作出投资决策。

所以，信息不对称是导致高科技中小企业信贷融资困难的主要原因，解决的途径之一可以通过对高科技中小企业信用状况的考察来克服这种信息不对称。

（二）高科技中小企业的信贷融资的产权制度歧视

在我国，以国有银行为主体的银行体系的国有垄断程度非常高，国有银行与国有企业保持高度的产权同源性，作为国有产权的委托人，国有企业的经营者使用包括寻租在内的一切手段获得信贷资金，提高企业信贷融资的"准入门槛"。这样在银行信贷市场交易过程中，伴随着私有产权的逆向选择直接导致高科技中小企业的经营成本增加。道德风险的存在使银行提高了对企业信息披露的规范性、全面性和及时性要求。国有银行、国有企业和国家财政在产权归属上的三位一体，国有银行对国有企业放贷时无需考虑国有企业的道德风险和经营风险，而在贷款给产权私有的高科技中小企业时，银行无法将风险转嫁给政府，大大提高了对高科技中小企业信息披露的规范性、全面性和及时性要求。

为了说明这个问题，假设银行信贷市场属于竞争性市场，无风险利率为 r，市场所有投资者都是风险中性的；某项目要求的投资额为 I，企业自身股权资本为 W，$W < I$，故需从银行融资 $I - W$，已知该项目的预期利润为 π，企业的实际利润在区间 $[0, 2\pi]$ 内服从均匀分布；银行与企业在项目的实际利润方而存在着信息不对称，即企业能够无成本地观察自己的利润，但银行观察企业实际利润却要花费成本 c。

在我国现行的银行体系以及同等生产规模下，c 的大小取决于产权的公有程度，国有产权所占比例 p 越大，则 c 值越小，否则越大。用函数表示即为 $c = C(p)$，且有 $C' < 0$。该假设的基本依据是现有制度安排下国有银行与国有企业产权的同源性以及国有企业与国有企业经营者之间的委托代理关系，这些均是高科技中小企业所不具备的。

设债务合同企业对银行的最优支付为 D，则银行预期净收入 $R(D)$ 为：

$$R(D) = \begin{cases} D^*(2\pi - D)/2\pi + (\pi - C)D/2\pi & D \leq 2\pi \\ \pi - C & D > 2\pi \end{cases}$$

在非对称信息下，c 是一个变量，其大小取决于企业产权的国有产权比例 p。假设国有企业中国有产权比重为 P_1，对应证实成本 c_1；高科技中小企业中国有产权比重为 P_2，对应证实成本 c_2，显然 $c_1 < c_2$，推导得出银行预期净收入 $R(D)$ 与最优支付 D 之间关系的不同曲线，如图 9-7 所示。

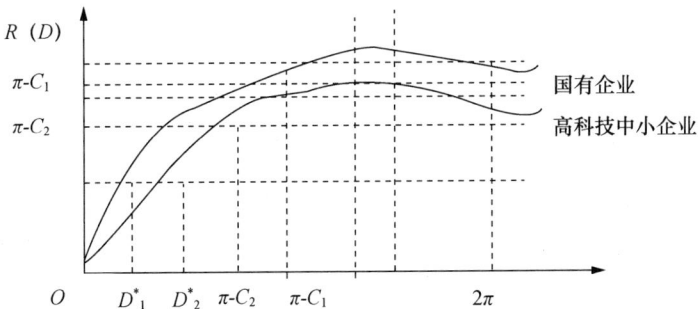

图 9-7 不同产权特征下银行预期收入与最优支付之间的关系

$\partial R/\partial D = (3\pi - C - 2D)/2\pi$，由于 $c_1 < c_2$，且 c_1、c_2 与 D 无关，$\partial R_1/\partial D > \partial R_2/\partial D$，即对于高科技中小企业而言，与国有企业签订债务合同的银行的净收入曲线较为陡峭。

$\partial^2 R/\partial D^2 = -1 < 0$，说明两条银行净收入曲线均存在极大值。

对于两条曲线，银行的某一预期净收入都对应着唯一的最优均衡支付。但是，不同产权特征下的均衡值却不相同，从图形上我们可以很直观地看到，高科技中小企业最优支付的均衡值 D_2^* 要大于国有企业的均衡值 D_1^*。

该模型阐明了在非对称信息下，私有产权成为高科技中小企业在银行信贷市场融资障碍的内在机理，即在现有制度下，产权特征将通过影响银行对企业的证实成本进而影响债务合同最优支付。由于具有较大的均衡债务合同最优支付，高科技中小企业在信贷市场融资竞争中始终处于弱势。

五、高科技中小企业信贷融资约束实证分析

从前面的分析来看，影响高科技中小企业信贷约束的影响因素很多，本小节力求将前面有关定性的因素予以量化，在此基础上，运用模型进行回归分析，真正找到最核心最本质的高科技中小企业信贷融资约束影响因素。

（一）研究设计

为获得高科技中小企业融资约束这一指标，在参考国外经验，考虑了一般市场经济条件下影响高科技中小企业贷款的基本因素的基础上，同时也兼顾了我国的具体国情。这里假设，高科技中小企业融资约束与企业对银行债务融资（贷款）的需求程度、企业在银行贷款的申请成功率、企业贷款是否缺乏足够的抵押和担保、企业提供的财务报表是否能达到银行要求、贷款利率和其他成本是否过高、贷款申请手续是否烦琐、贷款审批时间是否很长、贷款政策是否公开和透明等因素有关。采用对以上问题逐项打分并加总的方法来量化企业受到贷款约束的程度，并将其作为因变量。各项指标取值区间和定义如表 9-4 所示。

（二）模型设定

本书研究认为，高科技中小企业贷款过程中产生的约束主要与三方面的影响因素有关：

表 9 - 4　　　　　　　　　融资约束相关指标取值说明

指标	取值范围	取值说明
贷款约束程度	(0, 16)	取值越大，贷款约束程度越高
企业对债务融资（贷款）需求程度	(0, 5)	0（希望资产负债率=0）、1（0<希望资产负债率≤10）、2（10<希望资产负债率≤20）、3（20<希望资产负债率≤50）、4（50<希望资产负债率<100）、5（希望资产负债率=100）
企业贷款申请成功率	(0, 5)	0（成功率为100%）、1（50%<成功率<100%）、2（30%<成功率≤50%）、3（15%<成功率≤30%）、4（0<成功率≤15%）、5（成功率为0）
是否缺乏足够的抵押品和合格的担保人	(0, 1)	否取0，是取为1
财务报表是否难以达到银行要求	(0, 1)	否取0，是取为1
贷款利率和其他成本是否过高	(0, 1)	否取0，是取为1
贷款申请手续是否烦琐	(0, 1)	否取0，是取为1
贷款审批时间是否很长	(0, 1)	否取0，是取为1
贷款政策是否公开透明	(0, 1)	否取0，是取为1

第一，银企关系的紧密程度。包括向企业提供贷款的银行数目、企业与贷款银行保持业务的时间、银行贷款方式和提供的贷款利率等。其中，提供贷款的银行数目（banknum）反映银行对企业贷款需求的满足程度，如果银企关系十分紧密，则企业的贷款需求在为数不多的一两家银行即能得到满足，企业受到的约束程度较小；反之，企业必须从多家银行贷款才能满足其融资需求，表明企业受到的约束程度较大。企业与银行保持贷款关系的时间（relation）与银企关系的紧密程度成正比，与贷款约束成反比。银企之间业务交往的时间越长，银行对企业的信息越了解，越有利于企业获得较优惠的关系型贷款。贷款形式（guaranty）反映企业是以抵押和担保的方式还是以信用形式获得贷款，当企业贷款主要是以资产保证的形式获得时，企业受到的贷款约束较强。贷款利率上浮水平（uprate）反映企业的融资成本，利率

上浮水平与企业的贷款约束成正比。

第二，贷款企业的基本特征。如企业成立时间的长短、资本金规模、财务状况、商业信用占用时间、信用等级等。其中，企业成立的时间（age）越长，越有可能与银行建立长期交易的关系，减少银企之间的信息不对称，缓解企业的贷款约束。同时，企业的资产规模较大也有助于缓解贷款约束，但由于资产规模的数据缺乏可得性，这里采用企业的注册资本（capital）来代替。企业的财务状况与企业能否获得银行贷款密切相关，其中，企业的资产负债率（debtr）、资产收益率（yield）和银行贷款占总负债的比率（loan）最为重要。商业信用是企业间的相互融资行为（arrearagetime），占用其他企业到期未付款这种方式有助于暂时缓解企业的融资约束。企业的信用水平反映银行对企业的还款信心，这里用企业在银行获得的资信评级来反映企业的信用状况。

第三，企业的产业特征。如产品的市场占有率、产品出口比率、行业特征等。产品的市场占有率（share）和产品的出口比率（export）反映企业产品的竞争力，企业产品的市场竞争力强，贷款约束程度就弱。

第四，贷款效率（efficiency）的约束。高科技中小企业贷款具有频率高、时效性强的特点，如果银行贷款审批手续烦琐，无法及时满足高科技中小企业的资金需求，也将给高科技中小企业贷款带来严重约束。

根据上述分析，得到如下基本方程：

$$CON_{i,t} = \alpha_{i,t} + \beta_{1,i,t}B_{i,t} + \beta_{2,i,t}R_{i,t} + \beta_{3,i,t}G_{i,t} + \beta_{4,i,t}U_{i,t} + \beta_{5,i,t}A_{i,t} + \beta_{6,i,t}CA_{i,t} + \beta_{7,i,t}D_{i,t} + \beta_{8,i,t}Y_{i,t} + \beta_{9,i,t}L_{i,t} + \beta_{10,i,t}T_{i,t} + \beta_{11,i,t}CR_{i,t} + \beta_{12,i,t}S_{i,t} + \beta_{13,i,t}EX_{i,t} + \beta_{14,i,t}EF_{i,t} + \Phi_{i,t} + \varepsilon_{i,t}$$

其中，$CON_{i,t}$代表企业的贷款约束程度，α、β是估计参数；$\Phi_{i,t}$代表未观察到的个别企业的特殊效应；$\varepsilon_{i,t}$是误差项，i代表企业（$i=1$，2，3，$\cdots$，n）。表9-5对模型中各个解释变量的含义进行了定义。为了使模型的讨论简化，对模型设定如下假设：

$$\Phi_{i,t} \sim N(0,\sigma_\Phi^2), \sigma_\Phi^2 \geqslant 0$$
$$\varepsilon_{i,t} \sim N(0,\sigma_\Phi^2), \sigma_\Phi^2 \geqslant 0$$
$$E\varepsilon_{i,t}\varepsilon_{j,t} = 0, i \neq j, \forall_{i,j}$$
$$E\Phi_{i,t}\Phi_{j,t} = 0, i \neq j, \forall_{i,j}$$

表 9 – 5   解释变量的定义

解释变量	含义
B	提供贷款的银行数目（＋）
R	企业与贷款银行保持贷款业务的时间（－）
G	贷款形式：抵押和担保定义为1，其他贷款定义为0（＋）
U	贷款利率上浮水平（＋）
A	企业的成立时间（－）
CA	企业的注册资本（－）
D	企业的资产负债率（＋）
Y	企业的资产收益率（－）
L	企业负债中银行贷款的比率（＋）
T	企业占用其他企业到期末付款（商业信用）的平均时间（－）
CR	企业的资信评级，AA级定义为10，B级定义为1，依次类推（－）
S	企业产品市场占有率（－）
EX	企业产品出口比率（－）
EF	银行的贷款效率：高定义为1，低定义为0（－）

注：括号内的符号表示解释变量对因变量（贷款约束程度）的影响方向。

$\Phi_{i,t} \sim N(0, \sigma_\Phi^2)$，$\sigma_\Phi^2 \geq 0$ 和 $\varepsilon_{i,t} \sim N(0, \sigma_\Phi^2)$，$\sigma_\Phi^2 \geq 0$ 的正态分布假设是出于估计上方便的考虑。假设条件 $E\varepsilon_{i,t}\varepsilon_{j,t} = 0$，$i \neq j$，$\forall_{i,j}$ 表明误差项互不相关，且观察到的非齐次性具有极强的外生性。假设条件 $E\Phi_{i,t}\Phi_{j,t} = 0$，$i \neq j$，$\forall_{i,j}$ 表明没有观察到的个别企业的特殊效应间是互不相关的。

（三）实证分析及基本结论

1. 模型回归结果。根据上述模型，笔者在广州市某银行小企业贷款数据库中选取了50家小企业作为样本，以其2005年度的有关数据为依据，采用最小二乘法（OLS）对样本数据进行逐步回归分型，表 9 – 6 列出了回归结果。回归结果与模型设定基本吻合，其中银企关系的紧密程度以及企业的基本特征对高科技中小企业的贷款约束影响较为显著。

表 9 - 6   回归结果

	回归方程 1		回归方程 2		回归方程 3		回归方程 4	
	回归系数	t 值	回归系数	t 值	回归系数	t 值	回归系数	t 值
常数项	3.085	3.29*	3.105	3.57*	3.118	3.675*	3.019	3.673*
贷款银行数目（B）	0.292	1.959	0.291	2.025*	0.302	2.183*	0.227	1.939
业务保持时间（R）	-0.038	-0.899	-0.041	-1.05	-0.045	-1.185		
贷款形式（G）	0.416	1.767	0.417	1.832	0.423	1.925	0.444	2.249*
利率上浮水平（U）	13.014	4.822*	13.127	5.098*	12.878	5.308*	13.592	6.093*
企业成立年限（A）	-0.006	-0.265						
企业注册资本（CA）	-0.00007	-0.133						
资产负债率（D）	3.909	3.481*	3.862	3.576*	3.941	3.936*	3.974	4.198*
资产收益率（Y）	-0.308	-0.353	-0.307	-0.368				
贷款占负债比率（L）	2.166	2.631*	2.128	2.695*	0.181	2.898*	2.297	3.082*
其他商业信用时间（T）	0.001	0.379	0.001	0.445				
企业资信评级（CR）	-0.213	-2.373*	-0.218	-2.598*	-0.215	-2.671*	-0.239	-3.147*
企业产品市场占有率（S）	-0.594	-0.432	-0.553	-0.418	0.409	0.325		
企业产品出口比率（E）	-1.261	-0.422	-1.437	-0.507	-1.693	-0.631		
银行贷款效率（EF）	0.649	2.656*	0.636	2.81*	0.645	2.962*	0.616	2.856*
R^2	0.974		0.974		0.973		0.971	
F 值	92.287		113.522		142.668		204.247	
观测值个数	50		50		50		50	

注：* 表示在 5% 的水平下显著。

　　首先，从银企关系来看，较为紧密的银企关系对于缓解高科技中小企业的融资约束有着重要的作用。当企业与数目较少的银行保持信贷关系时，企业的贷款约束会有较大幅度的降低。同时，银企关系对于企业的贷款条件也有很大影响。不紧密的银企关系会导致企业只能获得抵押和担保贷款，并且贷款利率上浮的可能性也将增加。而紧密的银企关系则有利于高科技中小企业获得较优惠的贷款条件，缓解企业的贷款约束。在回归方程4中，贷款形式和贷款利率上浮水平在模型中与因变量的回归系数分别为0.444和13.592，其对应的t值也较大，说明贷款形式和贷款利率水平对高科技中小企业贷款的约束程度影响很大。

其次，从企业的基本特征来看，具有较好财务状况的高科技中小企业获得银行贷款的能力较强。其中，资产负债率和银行贷款占负债比率这两项指标对银行贷款决策的影响很大，在方程4中的回归系数分别达3.974和2.297。这反映出在高科技中小企业经营风险较大、逃废银行债务现象较多的情况下，银行十分重视企业的负债情况。一般来说，高负债比率的高科技中小企业即使盈利能力强，银行也不愿给予较多资金上的支持。从回归结果看，企业成立年限、注册资本和资产收益率三个因素对企业贷款约束的实际影响较小。说明银行在对高科技中小企业进行贷款时，企业成立时间的长短不是一个重要因素。而注册资本由于是企业的登记资本，其信息真实性较低，该项指标可能难以如实地反映企业的资本规模，所以不被银行所重视。资产收益率指标对高科技中小企业的贷款约束影响不显著，说明相对于企业的获利能力，银行可能更加关注企业的负债状况和企业逃废债可能产生的道德风险。此外，企业信用水平对高科技中小企业贷款约束程度影响的假设在回归模型中也得到了一定程度的验证。

此外，这里的回归结果还表明，企业的产业特征对高科技中小企业融资约束的相关性不大，这可能与银行对这方面真实性数据的取得较难有很大关系。银行贷款效率对融资约束的影响比较显著。

2. 基本结论。总体上看，回归结果显示样本企业的平均贷款约束程度为8.66（满分为16），表明高科技中小企业在获得银行贷款上的约束程度比较严重。通过以上实证分析，本书认为，高科技中小企业的贷款约束主要来自以下几方面：一是贷款条件的硬约束。商业银行没有专门针对高科技中小企业的贷款技术，抵押、担保和利率上浮成为对高科技中小企业贷款的主要形式，从而严重影响高科技中小企业贷款的可得性和融资成本。二是企业财务指标的硬约束。在信用环境尚不健全的情况下，银行十分重视高科技中小企业的负债水平，这导致一些具有较强盈利能力但负债率偏高的高科技中小企业难以获得银行贷款。三是银行贷款效率的约束。由于存在银行对高科技中小企业信息不对称的问题，银行在对高科技中小企业进行贷款时需要一个较长的贷前调查时间，再加上信贷授信审批的时间，银行对高科技中小企业贷款相对于企业需求存在一定的时滞，银行贷款效率在较大程度上成为影响高科技中小企业信贷约束程度的一个原因。此外，实证分析还表明，建立长期的密切的银企关系有助于缓解高科技中小企业的融资信贷约束。

（四）实证分析结论的应用

上述实证分析表明，高科技中小企业的信贷融资约束主要来自严格的贷款条件、企业的财务指标和贷款的发放效率三个方面。但商业银行出于流动性过剩和信贷市场的投放压力，仍积极采取一些积极有效的措施，以加强对高科技中小企业的信贷融资。

1. 在针对贷款条件的硬约束方面。通常，银行发放给企业的贷款需要不动产作抵押物，或者由担保公司提供贷款担保，而多数高科技中小企业因缺乏不动产抵押很难从银行获得贷款。为此，银行根据高科技中小企业的实际情况和其特定的行业特征，创新出许多适合高科技中小企业的担保方式。

对于存货较大的小企业，银行采用以存货仓单质押担保方式延伸的其他金融业务产品，包括仓单质押担保、动产抵押（质押）贷款业务和商品融资等。

对于应收账款较大的高科技中小企业，则采用了应收账款转让、发票融资等创新产品。目前，应收账款质押贷款是许多高科技中小企业广泛使用的短期信贷融资产品，该产品特别适用于大型企业的上下游的供应商和经销商，由于其规模小、信用程度低，所以很难从银行直接贷款，对银行而言，这些大型企业的应收账款的信用程度较高，风险较低，因此，其上下游的高科技中小企业可以此为质押物从银行贷款。

使用"供应链金融"的概念，我们可以把中小企业纳入整个供应链来探讨解决融资问题。一般来说，一个特定商品的供应链从原材料采购，到制成中间及最终产品，最后由销售网络把产品送到消费者手中，将供应商、制造商、分销商、零售商，直到最终用户连成一个整体。在这个供应链中，竞争力较强、规模较大的核心企业因其强势地位，往往在交货、价格、账期等贸易条件方面对上下游配套企业要求苛刻，从而给这些企业造成了巨大的压力。而上下游配套企业恰恰多数是高科技中小企业，难以从银行融资，最后造成资金链十分紧张，整个供应链出现失衡。"供应链金融"的最大特点就是在供应链中寻找出一个大的核心企业，以核心企业为出发点，为供应链提供金融支持。一方面，将资金有效地注入处于相对弱势的上下游配套高科技中小企业，解决高科技中小企业融资难和供应链失衡的问题；另一方面，将银行信用融入上下游企业的购销行为，增强其商业信用，促进高科技中小企业与核心企业建立长期战略协同关系，提升供应链的竞争能力。"供应链金融"则把供应链上的相关企业作为一个整体，根据交易中构成的链条关系和行业特点设定融资方案，将资金有效注入处于相对弱势的高科技中小企业，并为大型企业提供资金理财服务。

另外，还可采用将高科技中小企业担保方式与法人或者实际控制人自然人担保结合起来的方式。高科技中小企业由于经营不规范，财务不清晰，其发展往往由法人或者实际控制人个人的决策来决定，更甚者，其收入也通过法人或者实际控制人个人的账户往来。因此，商业银行为规避风险，通常将高科技中小企业担保方式与法人或者实际控制人自然人担保结合起来共同约束高科技中小企业信用风险。

2. 针对企业财务指标的硬约束方面。由于高科技中小企业具有生命周期短、变迁速度快以及管理不规范等特点，从小企业提供的财务报表无法或者很难把握它们的财务状况及经营状况。为此，银行通常采取这样一些措施加以解决。

（1）指派专人，采取与针对大企业截然不同的考察办法，将注意力集中到小企业一些细节问题上。比如，着重调查小企业的水电费、缴纳流转税、消费税、所得税、银行结算的变化状况，关注管理者的信用状况和管理能力等，对企业提供的财务报表则并不看重。通过对这些细节问题考察，银行对该企业的发展潜力和实际情况有了较为准确的掌握，可大大减少解决银企间的信息不对称问题。

（2）关注高科技中小企业与其关联企业的"关系"，从高科技中小企业与其上下游供应销售的关系和信誉来考察企业的信用、经营状况。具体来说，就是考察与高科技中小企业有着业务往来的企业状况，通过侧面了解，达到掌握高科技中小企业运营状况的目的。

（3）调整高科技中小企业信用评级体系。针对小企业通常不采用与大型企业相同的信用等级评定体系，而是针对高科技中小企业的行业特征，侧重以高科技中小企业信誉、结算现金、缴纳税等情况来设定小企业信用等级评定体系。

3. 在银行贷款效率约束方面。针对高科技中小企业贷款量小、时间紧的特点，商业银行通常为高科技中小企业贷款设立审批"绿色通道"，进一步简化手续和程序，缩短审批和回复时间，为高科技中小企业发展赢得商机。

六、高科技企业融资制度创新

制度创新，归根结底就是制度创新者为获取追加利益对现存制度进行变革，打破原有制度均衡实现新制度均衡的帕累托改进过程。而高科技企业的融资制度创新就是打破原有的制度均衡的束缚，实现新的制度均衡，从而获取原有制度下未能获取的外部收益。而高科技企业融资制度创新的综合性目标，就是通过选择能够促进高科技企业发展，同时中国又能够与中国融资环境相适应即适合中国经济发展的融资制度模式，有效率地积聚资本、分配资本和使用资本，解决高科技企业发展过程中的资金短缺问题，不断地提高资本的配置效率，为中国高科技企业的发展提供动力支持。

（一）创新动力分析

在诺思与戴维斯（Douglass C. North and Lance E. Davis，1971）合著的《制度变迁与美国经济增长》中，构建了一个比较成型的制度变迁理论框架。诺思等人根据自己早期对美国经济多方面的定量分析研究，认为制度变迁与技术进步的行为主体都是追求受益最大化的。当然，不同的行为主体（如个人、团体和政府）推动制度变迁的动机、行为方式及其产生的结果可能是不同的，可他们都有服从制度变迁的一般原则和过程。制度变迁的成本与收益之比对于促进或推迟制度变迁起着关键作用，一项制度安排只有创新的预期收益大于预期成本时，行为主体才会去推动直至最终实现制度的变迁，这便是制度创新的原则。收益最大化，是制度创新的内在动力。

从马克思主义哲学的角度出发，事物的发展是由其内部矛盾的变化所引起的。一项制度的发展是由于旧的制度已经不适合事物发展的需要，由其内部矛盾的变化与斗争，但一开始只是处于量的变化，矛盾双方并未出现质的飞跃，而保持着动态均衡，这样制度便处于相对稳定的状态；当双方的运动打破了这种均衡，产生了质的飞跃，这样，旧制度将被新的制度所取代。但是，什么是推动制度创新的内部矛盾呢？这将取决于行为主体的力量对比。例如，在高度集中的计划经济时代，制度规则的制定由中央决策者制定，制度便朝着决策者认为好的方面发展。但在市场经济中，这将由整个社会的公共意志与个人既得利益团体的力量对比所决定。当制度创新的预期收益将大于创新成本时，即资源的配置与利用还未达到帕累托最优，存在帕累托改进，社会的行为主体在衡量了潜在收益与成本后，经过个行为主体的协调与斗争，以此推动社会制度的创新。同样，在这里，预期收益与成本将是推动制度创新的最基本动力。

高科技企业的融资制度的创新也同样遵循以上的规则。当前的融资制度已经远不能适应高科技企业发展对资金的需求，据 2002 年度技术创新基金年报披露：2002 年度创新基金共收到项目申请 4816 项（其中当年申请项目4215 项，上年度结转项目 601 项），已完成评审、评估 3344 项，经科技部、财政部批准立项 780 项，安排资金 54024 万元（含上年度预算结余 4024 万元）。受资金限制，尚有 1472 个项目在完成评审、评估后，需用 2003 年度预算安排。就算是在通过评审的项目中，就有 31% 未达资金项目，高科技企业的融资缺口之大不言而喻。这就有必要为高科技企业的融资开辟新的通道。而制度的创建将有利于减少协调成本，使融资能够更好地将储蓄转化为对高科技企业的投资，并通过制度的甄别机制，使资金配置达到最优化。

（二）制度创新的方式

高科技融资制度的创新，具有较大的外部性与潜在收益：改善高科技企业的融资制度，能够改善高科技企业的融资难题，使高科技企业能够达到规模化、产业化发展，而高科技企业的发展对提高经济整体创新能力、创新技术，改善人们的生活水平，解决就业问题，以及由此带来的社会福利的改进，将引领我国经济的腾飞。如 IT 行业的发展给我们带来的种种好处。从理论上讲，融资制度是"一种节约交易费用与增进资源配置效率的制度安排"，融资制度的发展与变迁，不是一种随意性安排的制度框架，而是一系列相互关联关系演进过程的结构。在融资制度的创新过程中，分析制度创新的主导力量，直接关系到融资制度的创新类型。那么，究竟将由谁来推动高科技融资制度的创新呢？谁又能分割巨大的潜在收益呢？是企业还是政府？

从制度经济学的角度出发，制度的变迁与创新，可分为诱致性变迁和强制性变迁两种类型。诱致性变迁是指一群（个）人在响应制度不均衡引致的获利机会时所进行的自发性变迁；而强制性变迁是由政府法令引致的变迁。那么制度安排的创新到底会选择哪一种方式，这取决于每一形式的成本与收益，以及受影响团体的相对市场和非市场力量决定。一般来说，个人的安排不需要支付组织成本，也不需要支付强制成本。其中，诱致性制度变迁又可以分为正式的制度安排与非正式的制度安排。在正式的制度安排中，规则的变动和修改，需要得到受它所管束的一群（个）人的准许，因此，它的变迁需要创新者花时间与精力去与其他人谈判以达成一致意见。非正式制度安排中的规则的变动与修改完全由个人完成，如价值观、论理规范、道德、习惯、意识形态，等等。由于制度安排不能获得专利，诱致性制度变迁会碰到外部性和"搭便车"问题。

由于外部性的存在，使市场无法产生最有效的结果，因为如果有一新的制度，允许计算（包括）所有成本与收益（无论是私人的还是外部的，即社会的），将使社会总的收益得以提高。由此，诱致性制度变迁不能满足一个社会中制度安排的最优供给。国家干预可以补救制度的创新不足。但是，创新会降低统治者可获得的效用，或威胁到统治者的生存，国家也就有可能维持一种无效率的制度不均衡。

我国高科技企业融资制度创新究竟应该采取哪种方式呢？首先，由于我国的民间组织力量薄弱，比如，工会的虚设和行会制度及相应中介机构的缺乏，我国经济的运行目前还未达到完全市场化，单纯依靠市场自发的推动的诱致性制度创新将变得很困难。由于我国利率由央行制定，因此，资金的配置存在一定程度的扭曲。因为利率是资本的价格，而当资本的价格——利率不能由市场自行决定，而是由央行确定，由于知识的有限性、信息的不完备性与时滞性，导致了标准利率与市场的实际利率存在一定的偏差，这将降低资本的配置效果。而且，所有比现行规定的利率高的私人融资利率都被视为不合法的，不受法律的保护，而且还要受到国家的清查。这样，就严重打击了私人组织进行制度创新的积极性，大量的闲散私人资本未能得到有效的配置。根据制度变迁的路径依赖，对于一个市场不发达的国家来说，强制性变迁将起主要作用。我国改革开放以来，权力中心是改革的倡导者和组织者，权力中心的制度创新能力和意愿是决定制度变迁的主导因素。许多制度变迁都只有由中央统一组织才能实施。因此，目前我国高科技企业制度创新的方式仍然主要是一种强制性制度变迁，即政府主导型的制度创新。虽然政府在制度创新中有着组织成本低、不存在"搭便车"问题，但也有其必然的局限性：一是政府行为目标与社会公共利益之间存在差异；二是政府机构效率低下；三是信息不完全与经济政策的局限；四是政府行为派生的外部负效应。

因此，我国在高科技企业融资制度创新问题中，既要充分利用政府制度创新的优势，又要利用诱致性创新机制对强制性制度创新模式的补充。由于制度创新是以市场经济体制改革为基础的，在中国市场化过程中，经济体制采取的是一种自上而下渐进式改革模式，改革方式决定了经济制度变迁是一种政府推动的制度变迁。由于社会主义市场经济体制改革过程本身也是市场化的过程，也就是说，融资制度创新是由政府外在推动与市场内在力量共同推进的结果。根据路径依赖原则，我国目前的高科技企业的融资制度创新也应该采取政府外在推动与市场内在力量共同推进的创新模式。

第五节　风险投资与区域创新——基于中国省际面板数据的实证研究

一、风险投资与区域创新关系的国际研究比较

本节主要讨论风险投资与区域创新的关系。由于风险投资在美国互联网企业的崛起中发挥了重要的作用，长久以来，实业界一直推崇风险投资可以促进企业创新这一观点。我国学术界和实业界也对此有过讨论，本节正是针

对这个问题，采取实证研究的方法，来判断在我国国内风险投资与区域创新的关系。

风险投资对于创新是否有促进作用，目前学术界的实证研究大多在三个维度上进行，分别是产业维度上、国家/区域维度上以及企业维度上。而这三个维度中，企业维度是微观层面的，而产业维度和国家/区域维度是相对宏观的。

在实证方法上，对企业维度的研究是立足于企业层面进行的。研究主要有两种方法，一个是采用调查问卷的方法，从企业家、风险投资家等处获得风险投资与企业运营、表现的相关信息，以分析风险投资对于促进创新有无影响；另一个方法则是采用两组数据对比处理的方式，将某一区域某一时间内的有风险投资支持的企业与相应的无风险投资支持的同类型企业进行全面对比，考察两类企业的经营状况、创新能力等，以分析风险投资在创新过程中的作用。

产业维度、国家/区域维度对于创新与风险投资的研究是基于宏观层面的研究，他们所采用的实证方法也相对有一定相似性，唯一不同之处只是在于一个是针对不同行业，而另一个是针对不同区域。一般来说，实证研究的主要做法是选择一些能够代表该产业、区域创新能力的指标，如专利、高科技产品产出、全要素生产率等，结合各行业或各国家的不同情况，选择特定的产出函数，然后将风险投资数量或者金额作为产出函数的要素之一，进行线性回归，从而以此判断风险投资对于创新的作用。相对于其他学术研究而言，在研究风险投资与创新关系时，实证研究所采用的回归模型与方法比较简单，而实证的主要难点通常在于数据的获得上。

Kortum 和 Lerner（1998）是学术界最早对风险投资与创新之间关系进行系统检验的，他们的实证分析是立足于行业层面的。他们对美国 30 年来20 个行业内 1965—1992 年的专利获得情况与风险投资情况进行了研究，认为风险投资会显著增加行业内的专利增长。除了 Kortum 和 Lerner 在 1998 年的研究外，还有很多其他的实证研究也支持风险投资与创新正相关这一结论。Tykvova（2000）采用与 Kortum 和 Lerner 类似的研究方法，把关注对象转向德国，对德国 1991—1997 年的 58 个观测值进行检验，同样得出了风险投资与专利申请量之间的正相关关系。同时，Tykvova 在研究中也使用了高科技产品产出情况这一指标作为创新能力的一个指标，最终的实证检验也同样得出了风险投资与创新之间的正相关关系。

　　然而，风险投资与创新关系的行业维度的研究中，并不是所有的实证结论都支持风险投资与创新正相关这一结论。Ueda 和 Hirukawa（2008）使用与 Kortum 和 Lerner 类似的方法，但是延长了样本数据的时间，同时也将创新检验指标扩大为专利、全要素生产率和劳动生产率三个指标，结果显示风险投资与专利正相关，但对于后两个指标影响并不显著，从而在一定程度上对风险投资支持创新的观点提出了质疑。上述的几篇实证研究都是从产业层面上对于风险投资与创新关系的研究，研究方法上也基本保持一致，基本沿用 Kortum 和 Lerner1998 年时采用的方法，所不同之处只是在于研究对象在时间、地域上的一定差异。同时，值得注意的是，当选择不同的指标作为创新的检验指标时，同一地区同一时间段的情况可能不尽相同，如何解读这一现象，要结合各地区不同时间的具体情况来进行具体分析。

　　基于国家/区域维度的实证研究也通常采用类似的方法，但是这个维度上的研究要比产业维度的研究更进一步，其具体的体现就在于控制变量的添加上。通过添加一定的控制变量，在对区域创新能力进行研究时，可以消除经济发展、科研实力这些可能造成偏差的因素，从而真正地反映风险投资与创新的关系。Tang 和 Chyi（2008）研究了中国台湾地区 1985—2001 年风险投资与 TFP 增长的动态关系，结果显示，风险投资行业提高了台湾制造业的全要素生产率，因此得出了中国台湾风险投资促进了创新行为的结论。Romain 和 Potterie（2004）对风险投资的宏观效应进行了研究。他们对 1999—2001 年 16 个 OECD 国家的情况进行了研究，结果也证明风险投资对于创新能力有一定的促进作用。Meyer（2008）的研究再进一步，他把美国和欧盟的情况放在一起研究，对 1993—2006 年 15 个西欧国家以及美国的情况进行了研究，采用全要素生产率作为创新的代表，得出了风险投资对于创新有一定促进作用的结论。Meyer 的创新之处还在于，他考虑到风险投资与研究与开发投资并不是影响创新的唯一因素，在回归模型中加入了人均 GDP 等指标作为控制变量，消除了不同地区的差异，使得模型更加具有解释力。

表 9 – 7　　　　　　　　　　　风险投资与创新实证研究

代表性研究	数据对象	研究维度	使用创新指标	研究方法、创新点	实证结论
Kortum and Lerner (1998)	美国 1965—1992 年 20 个行业	产业、宏观	专利	首次运用专利产出函数	风险投资与专利数正相关
Tykvova (2000)	德国 1991—1997 年的 58 个观测值	产业、宏观	专利、高科技产品产出	方法同上，添加高科技产出作为创新的代表指标	风险投资与专利数正相关，也能促进高科技产品产出
Ueda and Hirukawa (2008a)	美国 1965—2001 20 个行业	产业、宏观	专利、全要素生产率	方法同上，添加了全要素生产率作为创新的代表指标	风险投资与专利数正相关，但并不显著促进全要素生产率的提高
Romain and Potterie (2004)	1999 到 2001 年间 16 个 OECD 国家	区域、宏观	专利、全要素生产率	将研究由产业维度扩展到区域/国家层面上	风险投资显著提高了专利、全要素生产率
Tang and Chyi (2008)	中国台湾 1985—2001 年	区域、宏观	全要素生产率	回归模型中考虑了法律等制度变量	风险投资提供了全要素生产率
Meyer (2008)	1993—2006 年 15 个西欧国家及美国	区域、宏观	全要素生产率	在回归模型中添加了人均 GDP 等控制变量	风险投资提供了全要素生产率
Caselli and Gatti (2008)	1995—2004 年意大利风险资本支持上市公司与其对照组	企业、微观	专利	对照组的选择	风险投资支持的企业专利申请数更多

从表 9 – 7 可以看出，在宏观层面上，目前学术界对于风险投资与创新关系的实证研究大多支持风险投资能够促进创新这一结论，这也与目前的实证研究主要集中在欧美等经济状况、风险投资行业、创新能力都较为成熟的地区有一定关系。这些实证研究，综合起来，还是可以得出，在经济成熟、风险投资发达、创新能力也较强的发达国家中，风险投资的存在确实能够在一定程度上促进企业申请专利数、企业高科技出口额、地区的全要素生产率等指标的改善，从而可以认为风险投资促进了创新的发展。

然而，比较遗憾的是，在中国，针对风险投资与创新关系的研究目前还主要停留在理论研究上，缺乏相关的实证检验，并未有全面的实证检验的论著出现。理论研究方面，已经有不少学者结合国外的研究情况，综合国内的国情，提出了一些很有见解的解释；但是实证方面，由于风险投资分省份数据的缺失，国内这块的研究基本上处于空白状态。

因此，这个国外已经基本得到验证的结论在中国特殊的经济发展环境、创新体制下是否成立，还有待于针对中国的实证研究来解释。本书也试图在这方面对中国的情况进行检验和分析，以期能够初步了解和认知风险投资与创新在中国的关系。

本书计划采用 AVCJ 数据库和 CVSource 数据库的风险投资数据，结合创新的代表指标，进行区域维度的实证研究。

二、实证模型与假设提出

从本质上来说，风险投资对于创新的作用，主要就体现在风险投资家通过自己对企业的投资，来弥补企业各方面的缺陷，从而促进企业的发展，进而促进创新行为。这个缺陷，在上文中的资源互补角度中，就是企业缺乏的资金、管理；在预算约束角度中，就是企业选择银行、资本市场融资时面临的预算软约束，具体说就是资金的应用；而机制适应性角度中，企业面临的则是自身企业组织的缺陷，进一步来讲，就是企业管理机制的缺失。至于一般均衡角度的研究，其实作者的前提就在于风险投资家可以促进创新行为，而通过构建成熟的风险投资市场，可以提高在均衡状态下企业的创新效率。综上，风险投资对于创新的作用，主要就体现在风险投资家通过自己对企业的投资，来弥补企业各方面的缺陷，这个逻辑关系也可以从下图中看出。

如图 9 - 8 所示，如果在高科技企业的发展环境中，有着丰富的资金来源、丰富的管理人才，那么企业不需要风险投资的支持也可以实现自身的发展，从而促进创新，这种情况下，风险投资对于创新的作用就会相对不明显。然而，在中国的现实环境中，高科技企业在发展过程中，特别是中小企业，必然面临资金、管理方面的缺陷，从而制约自身的创新能力，那么风险投资的作用就可以体现。这种情况下，如果风险投资家能够带来企业发展所需的因素，如提供充足的资金、管理人才、理念等，那么就会最终促进创新行为；而如果风险资本家不能发挥自身应有的作用，那么风险投资对于创新行为的作用就会不明显。因此，要判断风险投资是否能够促进创新行为，就

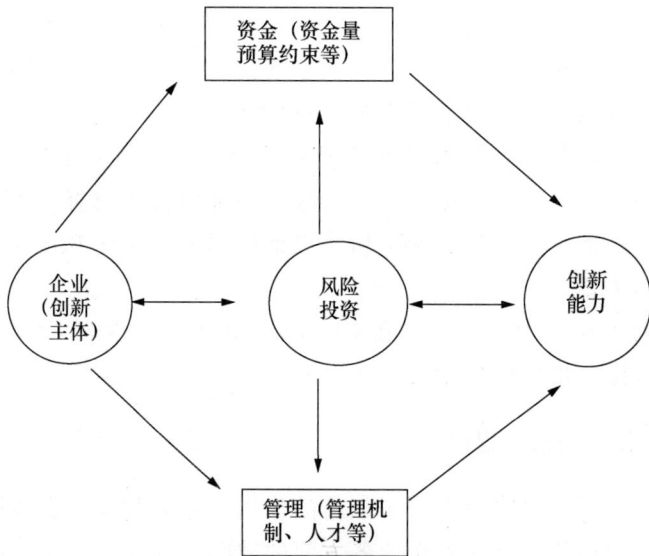

图 9 – 8   风险投资如何促进企业创新

需要研究风险投资是否能为企业带来其发展所必需的资金、管理等方面的帮助，以促进企业自身的发展。

也正是基于这样的逻辑，本文通过对风险投资与创新之间的关系进行实证研究，以判断风险投资对于创新的真正影响。

（一）实证模型

本节中所采用的回归是多元线性回归，采用的数据为我国内地 31 个省、自治区和直辖市 2001—2008 年的省际面板数据。

本节所采用的回归模型，与国外针对风险投资与创新关系的研究有一定共同之处，但也存在不同之处。详细介绍如下。

前文文献综述中曾经提到，最初研究风险投资与创新关系的研究是 Kortum 和 Lerner（1998）采用的专利产出函数，他采取的方法是使用专利作为创新的代表，使用研究与开发投资以及风险投资情况作为自变量，进行多元线性回归来判断风险投资与创新的关系。他们的研究采用的专利产出函数如下：

$$P_{it} = \left(RD_{it}^{\rho} + bVC_{it}^{\rho} \right)^{\frac{\alpha}{\rho}} u_{it} \tag{9.8}$$

在假设 $\rho = 1$，研究与开发投资与风险投资情况存在替代关系，则产出函数演变为：

$$P_{it} = (RD_{it} + bVC_{it})^{\alpha} u_{it} \qquad (9.9)$$

再作取对数处理，函数即演变为：

$$\ln(P_{it}) = aRD + bVC \qquad (9.10)$$

对于上面这个公式，就可以使用多元线性回归来判断风险投资对于创新的影响了。Tykvova（2000）、Ueda 和 Hirukawa（2008a）在之后的实证研究中也采用了同样的方法，并且在创新的代表性指标上也扩展到高科技产品产出、全要素生产率等等。

这个方法的好处在于其简明扼要，一目了然，可以直接抓住风险投资与创新的影响。但是，这个方法也存在其解释不全面的一面。比如，在进行跨区域比较时，影响专利的指标肯定不只有风险投资与研究与开发投资这两个指标，不同区域的人均 GDP、GDP 增速、受教育程度等等都会对专利的申请、获批有影响，这时候，如果再简单地套用这个公式，就会导致解释力不强。

国外学者在后来的实证研究中，也逐渐认识到了这个问题，在一些实证研究中，也对这个基础的模型作出了一定改进。其中，最常用的做法是，在自变量中增加一些控制变量，如 Tang 和 Chyi（2008）在自己的模型中加入了法律制度这一控制变量，Meyer（2008）则加入了人均 GDP、GDP 增速等控制变量。当然，控制变量的选择要结合实证目标的具体情况来选择，例如，在研究不同国家时，那么法律制度、国情方面的不同就必须得考虑到，而当研究对象是一国内某几个省的比较时，这一部分可能影响就不太大。

本节中选择了人均 GDP 以及受教育程度作为控制变量。由于我国东西部地区发展不平衡，东部发达地区在创新产出方面，肯定会相对西部地区丰富，如果不考虑人均 GDP 以及受教育程度，得出的实证结果肯定不会有说服力。而法律制度方面的变量等在本实证中则不那么重要，因为大陆各省市在这方面的差异程度并不太大，引入类似的变量并不会起到太大的作用。

综上，本节实证研究的主要模型如下：

$$\ln(I_{it}) = aRD_{it} + bVC_{it} + cGDP_{it} + dEdu_{it} \qquad (9.11)$$

其中：I 代表创新能力，选取的指标有专利、高科技产品产出、技术市场成交状况以及科技部编制的关于创新的指数。

RD 代表研究与开发投资情况，VC 代表风险投资情况。

GDP、Edu 为控制变量，分别代表人均 GDP 以及受教育程度。

i、t 代表不同的省份及年份。

（二）假设提出

本节实证研究的目的是研究风险投资对于创新的影响，为了将实证研究落到实处，本书选择了三类指标作为不同阶段创新的代表，以风险投资对于这些指标的影响来判断风险投资对于创新的影响。具体指标选择的解释及数据来源将在下一部分详细展开。

假设检验 1：风险投资能够促进发明专利数的增加。

发明专利是创新的初级产物，是创新成果实物化的最初形态，因此，发明专利可以代表企业的创新能力。如果风险投资能够促进发明专利数的增加，那么可以表明，风险投资可以促进创新。

假设检验 2：风险投资能够促进高科技产品出口。

假设检验 3：风险投资能够增加技术市场的成交状况。

高科技产品的产出、技术市场的成交状况，可以用来代表创新的最终产品。无论是高科技产品，还是技术市场成交的各种技术商品，都是创新得到应用，大规模生产而来的产物。如果风险投资对于这两个指标有正面作用，那么可以说风险投资可以促进创新。

假设检验 4：风险投资可以促进科技活动产出指数、综合科技进步水平指数的提高。

这两个指数系科技部编制，应该可以相对全面地代表一个区域的创新能力。如果风险投资能够促进该指标的提高，那么风险投资促进创新的结论是肯定成立的。

通过对这三类指标的检验，我们可以对风险投资对于创新的不同阶段的影响有一个清晰而全面的认识。

三、变量设计与数据来源

（一）创新指标的选取

本节的实证研究选取的指标有发明专利、高科技产品产出、技术市场成交状况以及科技部编制的关于创新的两个指数：科技活动产出指数、综合科技进步水平指数。下面逐一对指标详细进行介绍其选用的依据及其数据来源。

发明专利获批情况是本实证采用的第一个创新的代表指标。在国内外的实证研究中，学者通常会选择专利作为自己的第一选择。因此，本节也首先使用专利作为衡量创新的指标。同时，在使用专利作为创新的代表指标时，还面对选择专利申请还是专利获批的问题。专利申请相比于专利获批，时间上与投资（风险投资、研究与开发投资）的联系更为紧密；反过来，申请专利相比获得专利更有信号意义。本文考虑国内的独特情况，选择专利获批这一指标。这样选择的主要原因在于，在国内的大环境下，如果使用专利申请情况，虽然和投资时点较为接近，但其对创新的代表意义不大，因为国内的专利获批率并不算高，很多的专利申请本身根本不能代表创新能力，而只是企业试图扩大自己影响的一种方法。同时，国内的专利分为发明专利、实用新型专利以及外观专利，后两者都偏向于产品外观等方面的设计，如果用来代表创新能力，就不太合适。综合上面的各种因素，本文最后的选择是发明专利申请授权情况作为创新的指标，同时，在回归中，通过与科技活动人员相比，得出人均专利的情况，这样，实证的结果也可以更有说服力。发明专利数据来自于国家统计数据库。

创新产品的产出是本实证采用的第二类创新的代表指标。前文部分对此也已经有过论述，创新产品的产出代表着创新的最终成果，可以用来直接衡量创新能力。本文选取高科技产品的产出情况和技术市场的成交情况来代表。高科技产品方面，本论文采用高科技产品的出口，这是因为，对于中国而言，能够出口的高科技产品，才能够真正的代表企业的创新精神。只简单地选择高科技产品的产出，可能会不太精确，因为国内企业的创新能力可能相对较低，能够出口的产品才能够真正的代表创新能力。高科技产品产出指标的具体选择是高技术产品出口额/万元 GDP，以去除不同地区经济总量不同的影响；技术市场成交状况指标的具体选择是技术市场成交合同数/10000科技活动人员。选择这两个方面的数据，来解释创新，一方面，在于其本身作为创新的最终产品，是一个合适的匹配，可以在一定程度上解释国内的创新能力；另一方面，还因为我国在如何界定高技术产品上有着统一的标准，在技术市场的成交状况上也有着口径一致的统计数据。高技术产品的数据来自中国科技统计数据库、中国高技术产业数据库，其中关于高技术产品的定义如下：根据科技部和商务部（原外经贸部）确定的中国高技术产品统计目录，包括计算机与通信技术、生命科学技术、电子技术、计算机集成制造技术、航空航天技术、光电技术、生物技术、材料技术和其他共 9 个领域。该目录参照了美国的先进技术产品（ATP – Advanced Technology Product）出口目录和进口目录。技术市场成交合同数的数据来自于国家统计数据库，其中分地区归类时采用的是卖方所在的地区归类。

本节实证研究还采用了中国科技部编制的关于区域创新的两个指数：科技活动产出指数、综合科技进步水平指数作为衡量创新的一个指标。由于这两个指数是国内编制，在国外的研究中并无学者使用，而之前国内的实证研究中也均未涉及。这两个指数的来源是我国科学技术部技术发展司编制的年度科技统计公告（2002—2008），科技活动产出指数主要衡量科技产出情况，其具体涵盖科技活动产出水平、技术成果市场化两个方面；综合科技进步水平则从总体衡量一个地区的创新能力，其具体涵盖范围为科技进步环境、科技活动投入、科技活动产出、高新技术产业化以及科技促进经济社会发展等方面。两个指数所包含的指标见附录 1。具体的计算公式、各指标的详细介绍可以参考各年度的科技统计公告，中国科技统计（http：//www. sts. org. cn/）网站统计报告部分有公开信息可供查询。

综合上面的分析和解释，本文的实证研究选取的指标有发明专利、高科技产品产出、技术市场成交状况以及科技部编制的关于创新的两个指数：科技活动产出指数、综合科技进步水平指数。

判断风险投资对这三类指标的影响，应该可以相对全面地看待风险投资对于创新的影响情况。发明专利是企业创新的初级产物，是创新由想法转化为实际应用阶段的产物；创新产品的产出是企业创新的最终产物，是创新得到大规模应用阶段的产物；而科技部编制的两个指标，可以作为一个地区整体创新能力的体现，是整个区域内企业创新力的集合。

分别探讨风险投资对于这三类指标的影响，可以更准确地判断风险投资对企业创新的影响，也能够更准确地定位风险投资作用于企业发展的阶段，更好地诠释风险投资与创新的关系。

（二）风险投资的数据来源

风险投资相关的实证研究，在国内最主要的问题就是数据的不完整性。正是省际数据的缺失，长期以来我国国内对于风险投资的研究只能主要集中在理论水平上，采取的实证研究也只能进行整体层面上的研究，影响了国内风险投资研究体系的构建。这两个数据库，都包含了一定数量的风险投资项目的详细信息，对 AVCJ 和 CVSource 两个数据库进行整理和总结，能够在一定程度上，弥补国内这方面研究的缺憾。这两个数据库各有其优缺点。AVCJ 的数据库包含范围更广，不仅对近几年的数据有记录，连 2000 年以前国内发生的投资案例也有涉及，可以说这些早期的数据对于中国风险投资行业起步期的研究十分重要。CVSource 涵盖的数据范围相对而言较小，只有2001 年之后的数据，但是这个数据库中包含的投资项目更加丰富。

本节实证研究中所采用的全部数据见表 9-8。

表 9-8　　　　　　　　　　　　实证中所用指标总结

指标类型	指标名称	数据来源	选取的数据范围	指标解释
创新代表指标	发明专利授权	国家统计数据库	2001—2008 年	
	高科技产品	中国科技统计数据库、中国高技术产业数据库	2001—2008 年	根据科技部和商务部（原外经贸部）确定的中国高技术产品统计目录
	技术市场成交	国家统计数据库	2001—2008 年	按卖方所在地区划分，资料来源为科技部
	科技活动产出指数综合科技进步水平	科学技术部技术发展司编制的科技统计公告	2004—2008 年 2002—2008 年	具体指标解释参见上文及中国科技统计网站
风险投资数据	VC 投资项目数、项目金额；PE 投资项目数、投资金额	AVCJ 数据库 CVSource 数据库	2001—2008 年 2001—2008 年	按各年度发生投资的被投资方所在地确定区域，加总而得
控制变量	研究与开发投资	全国科技经费投入统计公告	2001—2008 年	指统计年度内各执行单位实际用于基础研究、应用研究和实验发展的经费支出
	人均 GDP	国家统计数据库	2001—2008 年	
	受教育程度	国家统计数据库	2001—2008 年	各地区大专及以上教育程度人口与各地区 6 岁及以上人口相比较

　　首先对实证研究所用的数据进行统计分析以及相关性分析。这些分析可以帮助我们更好地了解所使用的数据情况。

　　表9-9列出了本次实证研究所采用的全部数据的均值、标准差、最小值、最大值以及样本数等信息，这些信息可以帮助我们更好地理解本次实证所选取数据的相关特点。

表9-9　　　　　　　　　　指标数据统计信息

	均值	标准差	最小值	最大值	样本数
ln（高技术产品出口额/万元 GDP）	3.83	2.29	-4.61	8.17	248
ln（发明专利申请授权/10000 科技活动人员）	3.37	0.84	-4.61	5.25	248
ln（技术市场成交合同数/10000 科技活动人员）	5.55	2.05	-4.61	7.90	248
综合科技进步水平指数	38.66	13.10	18.79	79.18	217
科技活动产出指数	33.27	17.69	6.96	91.53	155
VC 投资项目数（AVCJ）	7.21	18.76	0.00	144.00	248
PE 投资项目数（AVCJ）	1.32	3.33	0.00	27.00	248
VC 投资金额/万元 GDP（AVCJ）	6.15	19.37	0.00	197.70	248
PE 投资金额/万元 GDP（AVCJ）	9.11	51.71	0.00	763.33	248
ln（地区人均 GDP）	0.25	0.63	-1.21	1.98	248
研究与开发经费/GDP	1.04	0.95	0.14	5.55	248
高等教育比例	0.07	0.05	0.00	0.30	248
VC 投资项目数（CVSource）	10.33	27.73	0.00	216.00	248
PE 投资项目数（CVSource）	2.61	4.92	0.00	37.00	248
VC 投资金额/万元 GDP（CVSource）	5.70	19.18	0.00	172.17	248
PE 投资金额/万元 GDP（CVSource）	15.89	72.25	0.00	982.02	248

四、实证结果分析

(一) 风险投资与专利

表 9 – 10　　　　　　　　中国风险投资与专利之间的回归

	因变量：ln (专利申请授权/10000 科技活动人员)			
	1	2	3	4
常数项	2.931***	2.885***	2.873***	2.892***
	(30.803)	(32.219)	(26.957)	(30.687)
VC 项目数	0.050*			
(AVCJ)	(2.053)			
PE 项目数	− 0.006			
(AVCJ)	(− 1.160)			
VC 金额		0.008***		
(AVCJ)		(2.640)		
PE 金额		0.000		
(AVCJ)		(0.149)		
VC 项目数			0.046**	
(CVSource)			(2.135)	
PE 项目数			− 0.006	
(CVSource)			(− 1.421)	
VC 金额				0.007**
(CVSource)				(2.287)
PE 金额				0.000
(CVSource)				(0.383)
人均 GDP	0.442***	0.501***	0.371***	0.504***
	(4.285)	(5.132)	(3.204)	(5.151)
R&D 经费	− 0.078	− 0.031	− 0.064	− 0.041
	(− 0.945)	(− 0.374)	(− 0.777)	(− 0.504)
教育程度	5.889***	6.661***	6.283***	6.558***
	(2.848)	(3.326)	(2.961)	(3.212)
样本数	248	248	248	248
R^2	0.340	0.347	0.341	0.342
调整 R^2	0.327	0.334	0.328	0.329
F 值	24.959	25.726	25.087	25.201
F 值 sig	0.000	0.000	0.000	0.000

无论是根据投资项目数还是投资项目金额,无论是 AVCJ 数据库还是 CVSource 数据库,实证回归结果都显示,风险投资中的 VC 投资与专利呈显著正相关,PE 投资则与专利并不显著相关。控制变量方面,专利与人均 GDP、受教育程度显著正相关。

根据实证回归结果,可以得出结论,风险投资中的 VC 投资与专利呈显著正相关,而 PE 投资则与专利并无显著相关性。

区分 VC 投资与 PE 投资,主要参考标准是风险投资对象所处的企业发展周期,如果企业处于种子期、初创期,则一项投资就被界定为 VC 投资;与此对应,如果企业处于成熟期、扩张期,则一项投资就被界定为 PE 投资。为什么 VC 投资会对企业的专利获批情况有促进作用,而 PE 投资没有这种作用?这其中,最主要的原因,应该是 PE 投资中,被投资企业已经较为成熟,因此并不存在资金、管理方面的制约,企业现有的创新能力已经能够得到充分的发挥和利用,PE 投资发生之后,并不会从本质上提升企业的创新能力。VC 投资则不一样。VC 投资发生时,被投资企业一般处于种子期、初创期,有很大可能受到资金、管理等方面的制约,缺乏对研发、创新行为的支持,在得到 VC 投资支持之后,企业这方面的缺陷得到了适当的补充,从而能够在资金、经验上向企业发展所必需的创新行为倾斜,最终促进企业创新行为,因此,企业得以获得更多的专利获批。

前文已有所论证,专利申请获批,被广泛地用来衡量创新能力,一个地区的专利申请水平,可以在一定程度上衡量该地区的创新能力。因此,根据本实证的结论,可以推出,风险投资中的 VC 投资可以促进区域创新,而 PE 投资并不能显著地促进区域创新。

(二) 风险投资与创新

风险投资与创新的实证回归结果见表 9 – 11 和表 9 – 12。

表 9 – 11 为风险投资与高科技产品出口之间的回归。从控制变量上来看,高科技产品出口与人均 GDP、研究与开发投资、受教育程度都有较大相关性。风险投资方面,无论是 AVCJ 数据库,还是 CVSource 数据库,从风险投资项目数来看,VC 投资项目数与高科技产品出口呈显著正相关,而 PE 投资项目数与高科技产品出口并无显著相关性。从风险投资项目金额来看,无论是 VC 投资项目金额还是 PE 投资项目金额,都与高科技产品出口无显著相关性。

表 9 – 11   风险投资与高科技产品出口之间的回归

	因变量：ln（高技术产品出口额/万元 GDP）			
	1	2	3	4
常数项	3.513***	3.265***	3.591***	3.131***
	(16.447)	(15.554)	(14.983)	(15.570)
VC 项目数	0.025**			
(AVCJ)	(2.319)			
PE 项目数	−0.079			
(AVCJ)	(−1.449)			
VC 金额		0.002		
(AVCJ)		(0.338)		
PE 金额		−0.002		
(AVCJ)		(−1.077)		
VC 项目数			0.019**	
(CVSource)			(1.993)	
PE 项目数			−0.073	
(CVSource)			(−1.525)	
VC 金额				0.008
(CVSource)				(0.007)
PE 金额				−0.002
(CVSource)				(0.002)
人均 GDP	2.551***	2.510***	2.677***	2.508***
	(11.017)	(11.332)	(10.284)	(11.343)
研究与开发经费	1.174***	1.233***	1.156***	1.233***
	(6.308)	(6.648)	(6.240)	(6.684)
教育程度	24.633***	20.380***	24.924***	21.395***
	(5.308)	(4.480)	(5.223)	(4.642)
样本数	248	248	248	248
R^2	0.552	0.546	0.551	0.548
调整 R^2	0.543	0.536	0.542	0.539
F 值	59.624	58.173	59.366	58.700
F 值 sig	0.000	0.000	0.000	0.000

表 9 – 12   **风险投资与技术市场成交之间的回归**

	因变量: ln（技术市场成交合同数/10000 科技活动人员）			
	1	2	3	4
常数项	4.251***	4.292***	4.122***	4.236***
	(16.276)	(16.771)	(14.102)	(16.335)
VC 项目数	0.025*			
(AVCJ)	(1.781)			
PE 项目数	0.012			
(AVCJ)	(0.179)			
VC 金额		– 0.011		
(AVCJ)		(– 1.310)		
PE 金额		– 0.004		
(AVCJ)		(– 1.444)		
VC 项目数			0.024**	
(CVSource)			(2.132)	
PE 项目数			0.054	
(CVSource)			(0.925)	
VC 金额				– 0.012
(CVSource)				(– 1.413)
PE 金额				– 0.003
(CVSource)				(– 1.547)
人均 GDP	0.186	0.067	0.044	0.062
	(0.655)	(0.250)	(0.139)	(0.230)
研究与开发经费	0.111	0.088	0.115	0.090
	(0.487)	(0.391)	(0.510)	(0.401)
教育程度	19.957***	19.114***	21.541***	20.243***
	(3.517)	(3.446)	(3.702)	(3.604)
样本数	248	248	248	248
R^2	0.165	0.159	0.168	0.164
调整 R^2	0.148	0.142	0.151	0.147
F 值	9.597	9.151	9.787	9.484
F 值 sig	0.000	0.000	0.000	0.000

　　表 9 - 12 为风险投资与技术市场成交之间的回归。从控制变量上来看，技术市场的成交状况只与受教育程度有显著正相关性，而与人均 GDP、R&D 投资并无显著关系。风险投资方面，与高科技产品出口类似，无论是 AVCJ 数据库，还是 CVSource 数据库，从风险投资项目数来看，VC 投资项目数与技术市场成交状况呈显著正相关，而 PE 投资项目数与技术市场成交状况并无显著相关性。从风险投资项目金额来看，无论是 VC 投资项目金额还是 PE 投资项目金额，都与技术市场成交状况无显著相关性。

　　可以说，这两个回归考察的都是类似的指标，都代表着企业创新的最终产物，从回归结果来看，两个回归模型得到的结论也是一致的。

　　首先，从风险投资项目数来看，VC 投资显示出了与创新最终产品的显著正相关性，而 PE 投资则并无显著关系。这个结论与上一部分得出的结论有一定的相似之处，可以用 PE 投资与 VC 投资不同的性质来解释。对于处于种子期、初创期的企业，企业由于受限于资金等，可能并无能力大规模生产高科技产品，或者生产出有技术含量的设计、图纸等，在技术市场上进行出售。VC 投资的介入，会改善企业的资本状况，从而使企业有资本来支持此类生产活动，企业由此可以有更多的高科技产品产出，也有更多的产品可以在技术市场上出售。而对于已经处于成熟期、扩张期的企业，它们的资金、管理、运营等各方面都已经颇为成熟，已经有了稳定的高科技产品的生产，或者有了技术市场的商品生产，这时候，PE 投资再介入企业，虽然可以进一步促进企业的管理、资金状况等，但是这些因素已经不是这类企业发展的主要瓶颈，因此，PE 投资的出现并不会对企业的创新改善有很大作用，也正是如此，PE 投资并不能促进企业创新最终产品的增加。

　　使用风险投资金额的实证结果显示，VC 投资金额、PE 投资金额与高科技产品出口、技术市场成交状况都不显著相关。这一结论，与本书提出的假设并不一致，与风险投资项目数得出的结论也并不一致。VC 风险投资项目数与高科技产品出口、技术市场成交等因素正相关，而 VC 风险投资金额则并不显著相关，这种矛盾应该可以从两个方面来看待：第一，风险投资金额数据的不完整性导致实证结果不显著。本书使用的风险投资数据是从 AVCJ 数据库和 CVSource 数据库中导出，经逐条加和而得出的，在统计过程中，有些风险投资项目由于投资双方都没有公布风险投资具体的金额，在系统中就是以 0 统计的，如此，使用风险投资金额来衡量一个地区的风险投资情况，在本书的研究中可能出现低估，这种低估可能导致了数据的不精确性，从而影响了实证检验的准确性。如果排除风险投资金额数据的不准确性，有什么原因可以导致 VC 投资项目数与创新最终产物显著正相关，而 VC 投资金额与其并无显著关系呢？一个相对合理的解释是，具体到一项风险投资，无论是 VC 投资还是 PE 投资，其影响企业创新产品产出的作用是补充企业的资金、管理经验，使得企业能够投资于创新行为，最终生产出高科技产品用来出口，生产出可以在技术市场上成交的商品。如果这样的话，对于增强企业创新能力，其实并不在于一项投资的金额有多大，而只是在于这项投资的发生。也就是说，对于一个初创期企业，对其进行一笔相对数额较少的 VC 投资，已经足以促进其创新最终产品的产出，如果投资金额增大，当然可以更进一步促进企业发展，但其作用在企业创新行为上的作用已经很小，因此，风险投资金额的增加，对于企业创新产物的增加只起到非常小的边际作用。所以，当我们从宏观层面上来观察时，就会得出风险投资金额与企业的创新产物并不相关的结论。当然，到底是由于数据的不完善性，还是上面提到的风险投资的作用机制造成了使用 VC 投资金额时的不相关性，还有待于之后的研究继续验证。

前文已经有所论述，高科技产品出口、技术市场成交状况作为企业创新的最终产物，可以用来代表企业的创新能力。本部分的实证研究中，使用风险投资项目数的回归结果显示，VC 投资项目数与这两个产出因素都呈显著正相关，同时，PE 投资项目数并不与这两个因素显著相关，因此，我们可以认为，VC 投资项目数的增加，可以促进创新；而 PE 投资项目数增加，对于创新的促进并不明显。

使用风险投资金额数据的回归结果显示，VC 投资金额与 PE 投资金额都不与这两个因素显著相关。这个结果可能是由数据上的缺陷造成的，也有可能表明，风险投资的金额多少对企业的创新能力推动并不强，增加的风险投资金额，对企业创新的边际作用非常小，以至于宏观层面上而言并无显著性。

（三）风险投资与区域创新指数

科技活动产出指数、综合科技进步水平指数是科技部编制的两个指标，来源是我国科学技术部技术发展司编制的年度科技统计公告（2002—2008）。科技活动产出指数，包含活动人员科技论文数、国家级科技成果奖、发明专利授权量、科技活动直接产出等指标。综合科技进步水平指数，涵盖了科技进步环境、科技活动投入、科技活动产出、高新技术产业化以及科技促进经济社会发展等方面。总的来看，这两个指标可以全面地代表一个地区的创新水平。

表 9-13 为科技活动产出指数与风险投资之间的回归。从回归结果上来看，科技活动产出指数与人均 GDP、研究与开发投资以及受教育程度等控制变量都呈显著相关，但是，其与风险投资相关数据均无显著相关关系。

表 9-14 为综合科技进步水平指数与风险投资之间的回归。从回归结果上来看，综合科技进步水平指数与人均 GDP、研究与开发投资显著正相关，与受教育程度部分弱显著相关。与上一回归相同，其与风险投资相关数据均无显著相关关系。

由于科技活动产出指数的数据自 2004 年以后才有记录，而综合科技进步水平指数则从 2002 年以来才有记录。单纯从数据层面考虑，风险投资与这两个指标的不显著性可能与数据量的不足有关。

如果排除数据量不足这一因素，两个回归的结论显示，至少从这几年的情况来看，风险投资对于科技活动产出指数、综合科技进步水平指数而言，并无促进作用。为了解释这个现象，有必要重新来考察这两个指标的构成。

上表是科技活动产出指数的主要构成部分，我们之前的实证研究已经表明，风险投资，至少是 VC 投资，会对专利授权以及科技活动的直接产出起到促进作用。然而，风险投资对于研究与开发活动人员科技论文数、或国家级科技成果奖系数这两个因素，应该说是毫不相关的，毕竟，这两个指标偏向于学术界的理论成果，而风险投资行为则更侧重于企业界。因此，对于综合这四个指标的科技活动产出指数，风险投资只能影响其中的两个因素，而对其中的另外两个因素并无影响，综合来看，很可能就造成了目前这种回归结果。

在分析了风险投资与科技活动产出指数的不相关性之后，再来解释综合科技进步水平的不显著性就相对容易了。

表 9 – 13 风险投资与科技活动产出指数之间的回归

	因变量：科技活动产出指数			
	1	2	3	4
常数项	13. 759*** (8. 723)	11. 938*** (7. 212)	14. 644*** (8. 266)	12. 455*** (7. 006)
VC 项目数 (AVCJ)	0. 084 (1. 106)			
PE 项目数 (AVCJ)	– 0. 315 (– 0. 894)			
VC 金额 (AVCJ)		– 0. 093 (– 1. 016)		
PE 金额 (AVCJ)		0. 000 (0. 010)		
VC 项目数 (CVSource)			0. 094 (1. 511)	
PE 项目数 (CVSource)			– 0. 445 (– 1. 418)	
VC 金额 (CVSource)				– 0. 019 (– 0. 215)
PE 金额 (CVSource)				– 0. 004 (– 0. 357)
人均 GDP	3. 606* (1. 743)	3. 006 (1. 527)	4. 700** (2. 056)	3. 174 (1. 603)
研究与开发经费	3. 535** (2. 251)	3. 900* (2. 505)	3. 398*** (2. 199)	3. 848** (2. 397)
教育程度	190. 261*** (5. 438)	225. 526*** (6. 167)	181. 147*** (5. 066)	212. 636*** (5. 814)
样本数	155	155	155	155
R^2	0. 728	0. 727	0. 730	0. 726
调整 R^2	0. 719	0. 718	0. 721	0. 717
F 值	79. 704	79. 536	80. 547	78. 934
F 值 sig	0. 000	0. 000	0. 000	0. 000

表 9-14		风险投资与综合科技进步水平指数之间的回归		
	因变量：综合科技进步水平指数			
	1	2	3	4
常数项	28.321***	27.322***	28.374	27.408***
	(48.425)	(46.123)	(43.273)	(45.620)
VC 项目数	0.027			
(AVCJ)	(0.871)			
PE 项目数	0.000			
(AVCJ)	(0.001)			
VC 金额		-0.043		
(AVCJ)		(-1.463)		
PE 金额		-0.011		
(AVCJ)		(-0.881)		
VC 项目数			0.021	
(CVSource)			(0.839)	
PE 项目数			-0.022	
(CVSource)			(-0.136)	
VC 金额				-0.015
(CVSource)				(-0.579)
PE 金额				-0.010
(CVSource)				(-0.420)
人均 GDP	13.720***	13.757***	13.796***	13.740***
	(20.604)	(22.072)	(18.580)	(22.067)
研究与开发经费	5.021***	5.456***	5.024***	5.481***
	(9.729)	(10.813)	(9.799)	(10.865)
教育程度	5.489	21.377*	4.917	18.631*
	(0.433)	(1.669)	(0.377)	(1.764)
样本数	217	217	217	217
R^2	0.909	0.911	0.909	0.911
调整 R^2	0.907	0.909	0.907	0.909
F 值	420.137	430.125	419.880	432.120
F 值 sig	0.000	0.000	0.000	0.000

表 9 – 15　　　　　　　　　　科技活动产出指数构成

科技活动产出指数			
万名研究与开发活动人员科技论文数	获国家级科技成果奖系数	万名就业人员发明专利授权量	科技活动直接产出综合评价

表 9 – 16　　　　　　　　　　综合科技进步水平

一级指标	二级指标	三级指标
综合科技进步水平	科技进步环境	科技人力资源
		科研物质条件
		科研意识
	科技活动投入	科技活动人力投入
		科技活动财力投入
	科技活动产出	科技活动产出水平
		技术成果市场化
	高新技术产业化	高新技术产业化水平
		高新技术产业化效益
	科技促进经济社会发展	经济增长方式改变
		环境改善
		社会生活信息化

　　首先，科技活动产出指数本身就是综合科技进步水平的构成因素。其次，细细观察综合科技进步水平的构成，可以发现，确实有很多因素，是不太可能与风险投资扯上关系的。举例来看，科技进步环境中，科技人力资源、科研物质条件、科技意识等因素，都是偏向于学术界的指标，这些指标与风险投资之间的相关性必定微乎其微。综合这些因素，就很好解释风险投资与综合科技进步水平的不显著性了。

　　综合上面的讨论，科技活动产出指数、综合科技进步水平指数确实可以代表一个地区一定的创新能力，但是这种创新能力是对企业创新能力与科研创新能力的一种综合考量，这两个指数的高水平，不光表明该区域企业具有较强的创新能力，也表示当地的科研机构、高校等具有较强的科研能力。在对这两个指数有了这样的认识之后，我们就可以很容易地解释二者并不显著相关的结论。

五、政策建议

本节通过对省际风险投资与不同创新代表指标进行面板数据分析，对国内风险投资与创新的关系进行了一定的研究，得出了一定的结论。这些结论，对于国家促进创新方面的政策制定，可能有一定的参考意义。自主创新能力和创新型国家宏伟目标的实现，离不开国家相关政策的大力支持。对于风险投资这一被广泛认为具有促进创新作用的行业，国家对于风险投资行业的政策扶持，很大程度上取决于决策层是如何看待风险投资与创新之间的关系，因此，这里依据本节实证研究得出的结论，尝试给出一些关于风险投资行业、创新的政策建议，以供学术界和实业界进行参考。

第一，大力发展风险投资行业。本节的实证结果表明，广义的风险投资中，主要针对种子期、初创期企业进行投资的 VC 投资，对于企业的专利申请获批、高科技产品出口、技术市场成交都呈显著正相关。这说明，VC 投资确实能在一定程度上提升企业的创新能力，国家在制定相关政策时一定要对 VC 投资行业给予一定的政策支持力度，以促进其发展，从而起到推进创新的作用。同时，目前火爆异常的 PE 行业，也即主要针对成熟期、扩张期的企业进行投资的风险投资，从实证检验的结果来看，对本文选取的创新指标并无明显显著关系。因此，如果单单考虑对创新的促进，依照本论文的研究结果，国家在制定政策时并无必要对 PE 行业进行太多的倾斜。

第二，应该加大对中小企业的支持。本节的结论虽然并未直接涉及中小企业的发展与创新问题，但是实证结论背后隐含的逻辑是支持这一结论的。本节实证结论得出风险投资可以促进企业创新，其逻辑在于，中小企业在发展时，会面临着资金、管理经验等各方面的限制，影响其创新能力的发挥；在风险投资介入后（由于是中小企业，则投资一般应为 VC 投资），其各方面的瓶颈会得到突破，企业会在此前基础上得到发展，从而发挥出了其之前被限制的创新能力。如果这个逻辑成立的话，政府在制定政策时，除了要支持 VC 投资行业的发展之外，还需要给予创新主体的中小企业直接的支持。对中小企业，具体的支持措施可以有很多种，例如，资金面上对中小企业给予一定的倾斜，使中小企业在申请贷款等时更便利；对中小企业给予税收上相应的减免措施，以减轻企业的税负压力等等。通过这些支持中小企业发展的政策措施，中小企业能够更加顺利的成长，因此也可以作为创新的中坚力量，为我国打造创新型国家作出更大的贡献。

第三，要全面地促进创新发展。一个地区的区域创新能力，并不仅仅包含该区域企业创新能力，科研机构的创新能力也是至关重要的。在制定政策时，既要关注实业界的情况，对企业创新进行一定的支持；与此同时，对于教育、科研方面的倾斜也必不可少。唯有两方面都加强支持力度，才能真正提升我国的创新能力，实现到 2020 年建设成创新型国家的宏伟目标。

第六节　风险投资机制建立所需的契约结构

一、有限合伙制

风险投资过程的特殊性在于其面临一个两难困境：一是对于技术创新项目的投资，融资效率取决于能否避免软预算约束问题。一个不知情的投资者虽然面临信息劣势，但却可以提供一个硬预算约束，从而可以减少企业家的机会主义行为。二是创新型企业从创业阶段进入成熟后，公司的治理结构应有一个转变过程，需要具备不同知识结构的人来管理。而这又需要一个知情的投资者对企业采取积极干预的监控措施。在风险资本市场中，有限合伙制这一种新的金融中介的产生则有效地解决了这一困境。

在有限合伙制的制度安排中，作为有限合伙人的投资者一方面不参与投资决策过程和对风险企业的管理；另一方面事先为风险投资基金设定了固定的生命期限，这些措施为在风险投资过程中采取硬预算约束提供了可信的承诺。而作为普通合伙人的风险投资家则一方面利用自身广泛的知识基础和丰富的管理经验，根据专家型企业家的素质和行为倾向对其进行培育；另一方面，风险投资家将硬预算约束有效地传递给被投资企业，从而保证了融资效率的实现。

然而，风险投资家的价值取向是以整个投资组合为目标，而不仅仅顾及单一项目的利益。与此同时，企业家的价值取向也不是以整个企业的利益为出发点，他所关心的是其在企业所占权益份额和价值的变化。这样，在企业家和风险投资家之间就潜伏着利益冲突，其根源就在于双方利益目标的不一致。通过分析，我们发现有限合伙制风险投资机构对项目事后淘汰的有效性，使得其比较适合对那些前期投入小、技术不确定性高、风险大的行业进行投资。

二、分阶段投资

我们还认为，风险投资在促进高科技企业成长中所起的作用并不在于风险投资家具有超乎寻常的能力和专业知识，而是因为风险投资契约结构所决定的投资模式符合了高科技企业创新的特点。在风险资本的协调下，信息封闭模式的信息效率就可以通过在开发期间适应不断出现的系统信息而大大提高，并促进事实界面标准化的演进。然而，更为重要的是，风险投资家可以有效地对高科技企业进行筛选，这是表现在风险投资家采取分阶段的投入方式。这一方面对创新企业家形成了有效约束；另一方面，在不确定的技术环境中，风险投资者可以利用这一阶段时间收集更多的有关于技术、行业和产品的信息，从而对这个行业中各个企业的最终地位和价值有了一个更明确的认识和估计。对此，我们通过对美国50个州数据的实证分析发现，创业活跃因子对风险投资发展最为显著，这一方面是由于风险投资加速了对失败企业和技术的淘汰过程；另一方面表明，社会对失败的宽容和企业家的风险承担态度是风险投资发展的前提。

通过引入适当的时间变量，建立数学模型分析了风险投资基金规模的变动和新风险投资家的进入对投资行为变化，结果发现基于风险投资的契约结构和融资模式，风险资本规模的变化、新风险投资家的加入等市场结构的变化将内生地影响风险投资家的行为和风险投资制度的效率，并使风险资本市场呈现出周期效应。其中，对于风险投资规模与企业估价水平关系的协整检验和回归分析发现，两者之间存在显著的正相关关系，这表明如果风险投资家扩大其投资规模，为了使企业家的激励相容条件得以满足，风险投资家将不得不向企业家出让更多的权益份额，这也就是说，在投资前风险投资家对企业的评估价值上升，这将降低风险投资家的利润率。

通过对 25 个国家风险投资发展的回归分析和德国的案例研究，我们认为，科技产业本身发展、活跃的创业活动以及规范的创业环境是诱致风险投资制度创新最重要的原因，民间力量始终是制度和技术创新的主体。毫无疑问，"新经济"就是这些制度和技术创新的结果，但这个创新过程不是政府组织和规划的结果，而是民间活动的产物。

三、创业企业价值的确定

风险投资的本质特征就是在投融资双方之间存在着高度的信息不对称的问题，结果是相对于创业者而言，投资者始终处于一种不利的地位，从而挫伤了后者进行风险投资的积极性。

在风险投资时，在投资者和创业者之间存在着信息不对称问题，往往会出现下列两种情况：

第一，由于创业企业处于发展前景极不明确的时期，因此对企业价值的准确评估亦即风险投资的定价，是一件非常困难的事情。实践中常用的方法是先对创业企业可能达到的长期目标进行预测，并在此基础上估计出未来某一时刻创业企业的可能价值，再将其折为现值，最后再按所需投资额除以现值来计算投资者应得的股权比例。然而，创新本质决定了创业企业的风险和收益是不确定的，因此实际上也就很难估计出创业企业的可能价值，结果是在投融资双方之间很难就各自的股份比例达成共识。我国的风险投资的实践也证明了这一点。

第二，如果投资者的股权在创业企业失败时没有任何优先权，那么随着创业企业流动负债的上升，投资者往往需要一个更大份额的股份作为补偿，这就是所谓的"底侧保护"。然而，投资者要求较大的股份份额可能产生两个问题：一是创业者的股份所产生的预期收入将低于他在整个创业企业存续期间内所获得的总的工资收入，使他觉得与其创办企业还不如给别人打工更实惠，从而失去接受投资的意愿。二是创业者拥有的股份过低会使其失去对企业的控制权，而创业者拥有控制权又是创业企业得以发展的重要前提。这两种情况都会使风险投资的交易双方难以达成转让协议。而可转换优先股则可以解决这一难题。

现值一般被视为股票的一种，它兼有股票和债权的双重特性。其特点有四：一是投资人投资后获得了预先确定年累计分红数量的优先股，但只有当企业有净利润时，持股人才有权分得股利。二是在企业经营失败时，可转换优先股持股人有权在普通股持股人之前获得企业剩余财产的受偿权。也就是说，只有在可转换优先股持股人已取回自己的所有投资与累计分红之后，普通股持股人才可以获得企业剩余财产的受偿权。三是可转换优先股的持股人有权选举一定数量的人进入公司董事会。四是在特定情况下，持股人有权将可转换优先股按购买时约定的价格转为普通股，或要求创业者按约定的价格回购该优先股。

　　从国际上看，风险投资使用的金融工具有纯债务投资和普通的股权融资两类。纯粹的债务融资的优点是有固定的利息收入，在创业企业清算时有优先权、在它破产时有权参加债权人会议，缺点是投资者不能分享创业企业未来的增长潜力。故当前除美国的 SBIC 出于其资金来源的考虑还倾向于采用纯债务融资外，其他投资者都不愿采用这种方式。普通的股权投资的优点是股东能够分享企业价值上升的好处，缺点是当企业清算时，普通股对企业资产只有最低级别的剩余求偿权。理论研究和风险投资的实践都表明，最优的投融资工具应是当且仅当创业企业成功时，创业者才可以获得回报，从而将一部分风险从投资者转移给创业者，实现在投资人和创业者之间公平分担风险的目的。

　　因此，最优投融资工具应该是综合了债权和普通股权的特点，并隐含了选择权在内的被称为混合工具的投资方式，其中最适合风险投资所采用的是可转换优先股。可转换优先股既可以较好地解决在投资初期交易双方对创业企业价值和风险投资定价上的争议，又可以起到让投资者将较差的创业者分拣出来、不让好的创业者冒更多风险的作用。这是因为，在风险投资时，交易双方可以通过把可转换优先股的转换比例与企业的业绩联系起来的方法，来较好地解决他们在创业企业价值评估方面的矛盾。如果企业经营出色，转换价格会相应提高，对管理层股权的稀释作用也就会相对小一些；反之，当盈利低于预定目标时，转换比例将大大提高，对管理层股权的稀释作用也就会大得多。这样，灵活的转换条件将改变风险和收益的分配，这既会减少创业者在开始时对企业价值增长预期的高估倾向和投资者的低估倾向，还会使投资者放弃"底侧保护"① 条件，从而解决了创业企业价值评估和风险投资的定价问题。这将大大提高风险投资双方达成交易协定的可能性。

第七节　影响中国风险投资发展的因素

通过上述研究以及对西安高新区风险投资公司的实证分析（见附录4），本书认为，影响我国风险投资发展的最重要因素包括：

第一，我国风险投资业缺乏一个完整的体系，风险投资机构短期行为比较严重。由于不同规模的风险投资机构的投资理念和投资对象的选择有很大差异。这样，在整个风险投资业中就形成了一个投资的链条，不同规模的投资机构之间也形成了紧密的合作关系。而在我国风险投资业，进入这一领域的资本有相当大的部分是怀着短期运作目的的。

第二，我国风险投资机构虽然具有退出的意识，但缺乏主动退出的压力，这主要是指我国的风险投资机构往往过于强调退出的方式，而没有退出的时间要求。如上所述，我国绝大多数风险投资机构以 IPO 为主要退出途径，所以创业板市场便成为业内关注的焦点。然而，我们认为目前摆在我国风险投资机构面前最重要的问题不是如何迅速将所投资企业推向资本市场，而是怎样对短期无法上市，尤其是经营困难的已投资企业进行管理和退出。根据我们的分析，有限合伙制这一形式的效率在于对风险投资家业绩显示的硬约束。为了达到这一要求，风险投资家对经营不善的企业发出可信的威胁以中止投资或进行清算，这也是风险投资制度效率的体现。而我国风险投资机构组织形式主要是公司制，投资经理人没有面临这样的压力来清算和经营一般企业，尤其是那些尚存在盈利前景或可以维持的企业。据调查，2001年以来，由于退出渠道不畅，国内已经成立的风险投资机构对科技企业的投资力度有所放缓。

第三，我国风险投资业发展的法律环境不健全。有限合伙制是国际风险

---

① 随着创业企业流动负债的上升，投资者往往需要一个更大份额的股份作为补偿，这就是所谓的"底侧保护"。

投资界公认的效率最高的组织形式。1997 年通过并开始实施的《中华人民共和国合伙企业法》，为普通合伙制建立了完善的法律框架，但没有考虑到有限合伙制这种组织形式。因此，从全国来讲，有限合伙制企业首先面临的是法律障碍，虽然一些地方立法已走在了前面，但这些地方性法规的法律效力不够。2001 年 1 月 1 日，《中关村科技园区条例》颁布实施，为有限合伙制开辟了政策通道，随后，《有限合伙管理办法》出台，国内首家有限合伙制投资机构——天绿创业投资中心宣布成立。然而，2002 年 5 月，天绿创业投资中心由于国内法律法规限制即将被解散。

第四，我国中小科技企业的创业意识和行为存在偏差，不利于高新技术产业发展。近年来，随着风险投资热的兴起，我国各地的创业热情日益高涨。然而，为了迎合风险投资者的需要，许多中小企业，包括初创企业也以两三年内上市为发展目标。为此，企业在产品发展和市场定位上以全国甚至世界的最终用户为目标市场，并将融来的资金大量用于市场推广，而忽视了对自身产品研究与开发投入，从而丧失了技术核心竞争能力。而且同行企业之间没有形成相互协作的关系，产品开发走的都是"大而全"的道路，这样就无法形成一个不断演进的、不断创新的产品体系。

针对这个问题，笔者曾对国内软件产业进行了深入的调研和分析。目前，国内软件企业为了向投资者展示一个巨大市场，大多定位于通用商务软件和行业管理软件市场。以网络安全软件市场为例，我国潜在的市场规模在 1000 亿元人民币左右。这吸引了国内外许多软件开发商和投资者的兴趣。获得公安部网络安全产品认证的企业已超过百家，上海和成都也建立了网络安全产品示范基地。虽然这几年国家对于网络安全产品开发给予高度重视和扶持，如通过国家应急"863"计划予以支持，但国内网络安全企业经营却大多举步维艰。在竞争上，国内企业尽管根据国家经济安全要求受到政策保护，但仍面临着国外网络安全企业巨头，如 NAI、ISS、CHECKPOINT 和 CA 公司的强有力挑战。虽然在技术上国内企业在设计思想和核心算法上并不输于国外竞争对手。但在产品开发上，国内企业之间由于产品之间兼容性差，采购国外软件模块的成本太高，不得不自行开发多个功能模块，如防火墙、入侵检测系统、安全审计等，这大大增加了企业的开发成本和风险，尤其是产品性能、稳定性和可靠性问题更为突出。在市场开拓上，最大的市场为行业市场，如电信、银行市场，但行业用户的采购模式使得纯软件企业很难进入这一市场。这就迫使网络安全软件开发企业不得不成为系统集成商，从而使企业资源大量用于市场销售，进一步减少了对研究与开发的投入，并突出了对研究与开发的压力。长此以往，国内网络安全企业与国外企业的差距越来越大。究其原因，本书认为，我国网络安全产业缺乏一个体系，不能充分利用各方的资源和优势，尤其在产品开发方面。虽然国内一些企业也曾发起网络安全产品联盟，但由于缺乏实质性的合作和互补而无法产生真正的作用。

因此，本书认为，我国风险投资发展首先解决的不是风险资本来源的问题，而是风险资本的有效需求问题，即如何鼓励和引导企业家的创业行为，构建一个良好的高新技术产业发展环境。其次，在法律法规方面，根据风险投资发展规律，保障投资者的权益，并放宽对投资者的限制，尤其是对外商投资企业和股份制企业的限制。最后，政府减少对风险投资行业不必要的行政干预和政策优惠，更多地用市场手段来进行调节。具体来讲，当务之急是完善有限合伙和可转让优先股等法律制度，并将我国已存的技术产权交易机构改建为为已投资企业进行管理和退出的场所。

第八节　本章小结

（1）解决高科技企业融资问题的关键，一是尽量降低高科技企业发展初期的信息不对称程度；二是寻找或者培育能够承担高科技企业巨大的资金运作风险的资金供给主体。

（2）高科技中小企业的贷款约束主要来自以下几方面：一是贷款条件的硬约束。商业银行没有专门针对高科技中小企业的贷款技术，抵押、担保和利率上浮成为对高科技中小企业贷款的主要形式，从而严重影响到高科技中小企业贷款的可得性和融资成本。二是企业财务指标的硬约束。在信用环境尚不健全的情况下，银行十分重视高科技中小企业的负债水平，这导致一些具有较强盈利能力但负债率偏高的高科技中小企业难以获得银行贷款。三是银行贷款效率的约束。我国如能在高科技企业融资制度方面进行创新，将有助于该问题的解决，我国高科技企业的融资制度创新应该采取政府外在推动与市场内在力量共同推进的创新模式。

（3）风险投资中的 VC 投资可以促进区域创新，实证回归结果都显示，风险投资中的 VC 投资与专利呈显著正相关。控制变量方面，专利与人均 GDP、受教育程度显著正相关。从控制变量上来看，高科技产品出口与人均 GDP、研究与开发投资、受教育程度都有较大相关性。风险投资方面，从风险投资项目数来看，VC 投资项目数与高科技产品出口呈显著正相关，从控制变量上来看，技术市场的成交状况只与受教育程度有显著正相关性，而与人均 GDP、研究与开发投资并无显著关系。风险投资方面，与高科技产品出口类似，从风险投资项目数来看，VC 投资项目数与技术市场成交状况呈显著正相关，

（4）科技产业本身发展、活跃的创业活动以及规范的创业环境是诱致风险投资制度创新最重要的原因，民间力量始终是制度和技术创新的主体。风险投资的快速发展不仅仅是政府组织和规划的结果，更是民间活动的产物。在风险资本市场中，有限合伙制这一种新的金融中介的产生则有助于解决这一困境。因此，有限合伙制是发展风险投资业的最主要的法律制度。

（5）通过研究和调查发现影响我国风险投资发展的因素主要有：我国风险投资业缺乏一个完整的体系，风险投资机构短期行为比较严重；我国风险投资机构虽然具有退出的意识，但缺乏主动退出的压力；我国风险投资业发展的法律环境不健全；我国中小科技企业的创业意识和行为存在偏差，不利于高新技术产业发展。

第 十 章

高科技企业成长中的治理机制

高科技企业的效率状况取决于诸多因素，既有企业创新能力、物质资本和人力资本的数量与质量以及企业管理水平等非制度因素，也有企业治理结构、企业生产组织结构及运行环境等制度因素。人们易于理解和认同非制度因素的重要作用，但却常常忽视制度因素，尤其是企业治理结构对高科技企业效率水平的决定性影响。

第一节　高科技企业治理结构创新

一、高科技企业的主要产权特征

相对于资本密集的传统工商企业而言，高技术企业是人力资本密集型企业。尽管现代高技术企业普遍采用现代公司制的企业组织形式，但与传统工商企业相比，高技术企业的产权特征十分明显，主要体现在：

（一）人力资本日益成为影响高技术企业收益创造能力的核心要素

在西方国家工业化过程中，物质资本的积累与扩展一直扮演着十分重要的角色；因为传统工商企业的成长与发展主要依赖于物质资本的规模与积聚速度。然而，现代企业两权分离特征及新经济时代高技术企业的涌现彻底改变了企业合约双方在企业收益创造中的相对地位，即在现代高技术企业中，人力资本的稀缺程度和重要性远远超过了物质资本。物质资本的保值和增值完全依赖于经营管理型人力资本投入者的风险决策和日常管理活动；而知识技术型人力资本则日益成为高技术企业收益的直接创造者。

（二）人力资本投入者日益成为高技术企业生产经营风险的主要承担者

传统主流企业理论认为，由于物质资本与其所有者在自然形态上的不可分离性，物质资本一旦被投入企业，便成为一种人质性的担保品，其所有者就难以退出企业，从而成为天生的企业风险承担者；而人力资本与其所有者的不可分离性，使得人力资本所有者易于退出企业，从而逃避企业风险。然而，进一步的分析和研究表明，现代企业，尤其是现代高技术企业中物质资本与人力资本各自的风险状态均已发生了质的变化。这是物质资本退出人力资本专用性和团队化趋势的必然结果，即人力资本对于特定企业技术条件、经营方式以及特定分工协作体系的高度依赖性构成人力资本退出或进入企业的巨大障碍。人力资本不仅日益成为高技术企业收益的主要创造者，而且更逐步成为高技术企业生产和经营风险的主要承担者。

（三）人力资本具有两个独特的产权特征

其一，人力资本的支出过程与效率水平难以准确观察和计量。

其二，与物质资本相比，人力资本最显著的产权特征是其人身依附性，即以人的健康、生产知识和管理才能等形式存在的精神性力量的所有权不可分割地归属于特定自然生命体。

人力资本的上述两个产权特征对于理解高技术企业治理结构的创新至关重要，即来自外部的监督与强制不仅是低效率的，且只能导致人力资本投入者"出工不出力"，而确认人力资本产权地位将对其所有者产生持久而强大的激励。

二、高科技企业治理结构创新

高科技企业是以人力资本为主体的企业，这种企业的治理结构必然受人力资本特征的决定性影响。由于人力资本的不确定性和人力资本团队价值的变化，高科技企业与一般企业在权力结构与治理形式方面确实存在差别。对应于不同的生命周期的高科技企业中，不同治理主体的权力竞争力不同，这就决定了企业治理结构的差异性。人力资本的各种特征所内含的不确定性对公司治理和企业成长起着核心作用，现有的治理机制无法应对这些企业内生的不确定性，导致企业成长的不稳定性。要协调高新技术企业的成长和经济体系的稳定，必须创新其治理机制。

　　高科技企业作为一种更加不完备的合约，相比于传统企业的不确定性更高，更大的不确定性决定了其对企业家精神的不懈追求，尤其是处于创业期和成长期的高科技企业，其组织租金的创造更为依赖企业家精神的激发程度。在高科技企业中，有形资产对企业价值驱动的作用相对下降，而以人力资本和研究与开发能力、品牌和营销服务网络等组织资产为主的无形资产在企业，特别是高科技企业发展和价值增长中的贡献迅速上升。企业经营和创新往往由具体人员、团队承担和负责。例如，市场营销人员在市场开发过程中掌握了客户资源，研究与开发人员掌握了产品技术诀窍。但高科技企业内部增长机会的所有权并不明确，而且很少受到法律的有效保护。人力资本所掌握的关键技能和战略资源（如声誉、客户关系资源）也难以通过法律合约，确定地由企业法人和股东所拥有和控制。另外，由于人才的竞争日趋激烈，人才流动性大大增强。因此，高科技企业的资本投资者即使处于控股地位也难以实际控制驱动公司价值的无形资产。在这种情况下，资本所有者法律控制权与企业价值驱动因素实际控制权相分离，客观上要求高科技企业治理结构进行创新。我们通过建立一个数学模型，分析了高科技企业中产权结构的变化，并认为，当高科技企业契约是由非人力资本所有者和人力资本所有者共同签订、两者都是风险中性，高科技企业人力资本所有者的努力程度是高科技企业价值创造的驱动因素的时候，对人力资本的激励强度就决定着高科技企业的总产出，人力资本所有者所占企业剩余索取权份额改变可以改变企业的总剩余和分配比例，当满足一定的边界条件时，剩余索取权的重新分配会是对人力资本所有者和非人力资本所有者效用水平的帕累托改进，将驱动着高科技企业产权结构的变化。

第二节　高科技企业成长中人力资本激励机制的建立

　　我国现阶段高科技企业成长中人力资本激励机制存在的问题主要有：一是高级人力资本激励不足，产权激励机制没有建立起来；二是激励机制过于单一；三是激励缺乏针对性等。

一、我国高科技企业成长与全方位人力资本激励机制

（一）组织结构激励

工业经济时代的商业规则和科层制管理模式已不适应知识经济时代企业的成长与发展，甚至成为企业生存与发展的严重桎梏。组织结构的重新设计成为知识经济时代的必然选择，知识经济时代的组织结构设计将改变传统的依据功能来组织生产、市场与销售、研究与开发、财务等业务部门的做法，而是实行组织结构方面的扁平化。

（二）建立员工绩效考评体系并按绩效付酬

对高科技企业来说，如果能有效地考核评价员工的绩效，则不仅能掌握个别员工对公司的贡献与不足，更能在整体上为人力资源管理提供决定性的考评资料。由于绩效考评体系并非是孤立的、完全固定不变的，而是受各种因素的影响，与多种因素相互作用，因此被称为绩效考评系统。通过绩效考评，可以为高科技企业的人力资源管理提供一个客观而公平的标准，使企业能根据这个标准进行优化组合，对人员进行合理调配，提高人事决策的准确性，最终实现高科技企业的成长与发展。

（三）实行员工持股制度

在员工持股制度下，员工（包括普通职工与管理人员）既是劳动者、人力资本的所有者，又是财产所有者，通过劳动和资本的双重结合组成利益共同体。

我国目前员工持股制度所面临的主要障碍有：员工持股的不可转让性制约了市场对资源的配置效率、配套措施不到位、操作不规范等。

我们认为，完善我国高科技企业员工持股制度实施的措施主要有：第一，探索员工持股的适度比例。第二，完善相关法规和制度。第三，将经营者股票期权与员工持股结合起来。

（四）实行股票期权计划

股票期权计划具有长期激励的特点，它能引导公司的管理层将公司经营的目标定位于中长期，这是和其他的报酬激励机制相比较为优越之处。

（五）采取经理股票期权

经理股票期权是一种激励企业高层领导者的制度安排，作为一种长期激

励方案与工资、福利、津贴等短期激励方案共同组成使经理人员利益与股东利益一致的经理人员报酬一体化方案，直到目前为止，可以说它是激励企业经理的最好的方式。

（六）企业文化激励

企业文化是指导与约束企业整体行为和员工个人行为的价值理念。要真正激发知识型员工的心灵，除了上述方面外，还要构建一种催人奋发的高科技企业文化。一旦员工意识到这样的企业文化是他乐于接受和遵循的，他便会产生强烈的归属感，奉献自己的忠诚、效率、责任心和创造力。在具体的激励形式上，可以采取人本管理、宽松的工作环境、开放式沟通、员工授权、知识共享的形式。

（七）培训和职业发展规划激励

为员工提供学习、培训机会，重视员工的个体成长和事业发展，也是激励机制的一个重要组成部分。因此，企业除为员工提供一份与贡献相称的报酬外，还应健全人才培养机制，为知识型员工提供受教育和不断提高自身技能的学习机会，使其具备一种终身就业的能力。

二、高科技企业治理制度选择

现代企业理论最重要的发现是把企业看做是利益相关者之间的契约集合，这意味着所谓企业的权威只不过是一种契约选择的结果。企业治理形式分为单边治理与共同治理，在现代企业中，随着人力资本的重要性上升，要求企业治理结构也发生适应性调整。

发达国家公司权力中心定位经历了股东会中心主义，董事会中心主义和经理中心主义的历史嬗变。股东会中心主义是指董事会不拥有独立于股东大会的法定权力，其执行公司业务决策须完全依照章程授权和股东大会决议。股东会中心主义是以"资本中心主义"为理论基础并以公司"幼年时期"规模小、股东人数少为实践基础的。

但是，随着科技和生产力水平不断提高，公司规模朝着巨型化发展，股权高度分散，公司管理业务也越来越专业化，每个股东都参与决策既非必须也做不到，而董事会恰恰克服了这种弊端，对复杂多变的市场情况作出及时而灵活的反应。在理论上，"委任理论"日渐衰落，让位于"有机体理论"。

该理论将公司看成一个有机整体，主张公司组织机构的权力是国家法律直接授予并非来自股东大会委托。这样董事会就从对股东大会的依附中解脱出来。

自从董事会中心主义确立以后，其规模越来越庞大，由于又是会议体制，效率难免受到影响。基于此，在董事会下逐渐产生了另一个权力中心——经理。公司的经营权控制在经理手里，是为经理中心主义。CEO 就是经理中心主义的代表。CEO 制度是要解决由于公司规模过大、董事会决策效率不高、决策层与管理层脱节等弊端而产生的。CEO 的出现代表着将原来一部分董事会决策的权力过渡到经理层，是对传统的"董事会决策、经理层执行"的公司体制的一种变革，它意味着公司治理结构的变革和公司机关权力的重新配置。CEO 作为企业的最高负责人，拥有企业日常的生产、销售、雇用等"决策管理权"等权限。他是在以前总裁、总经理的基础上发展起来的。

由于人力资本日益成为影响高技术企业收益创造能力的核心要素，因此我国现有公司法所确定的股东会中心主义，并不适合高科技企业的公司治理，我国应允许高科技企业根据公司的具体情况，选择采用董事会中心主义或经理中心主义。

我国公司法并没有 officer 的概念，公司设立 CEO，从尊重企业自由的角度出发，法律似没有必要干涉。但问题在于，由于公司法没有 officer 的规定，会造成 CEO 法律适用上的困难。况且 CEO 既然已经为公司所采用，解决的办法应是合理解释公司法或者对公司法进行相应的修改。在现行《公司法》下，如果 CEO 由公司董事会聘任并作为公司经营管理的最高负责人，则 CEO 相当于《公司法》中的经理，应适用《公司法》中关于经理的规定，否则会使 CEO 逃避法律的规定。至于 CEO 的职权，公司章程或者董事会可以自行作出规定，不必与公司法中经理职权的规定完全相符。笔者认为，为了从根本上解决问题，我国《公司法》应作出适当的修改，尤其是经理和董事会的相关制度需要调整，以适应公司治理结构的时代变迁和我国公司治理实践的需要。

（一）改革《公司法》中的经理制度

我国《公司法》可借鉴中国台湾地区的立法，将"经理"或者"经理人"作为由董事会直接聘任的公司高级管理人员的泛称，而不仅仅是一种职称；经理可以是一人也可以是数人；同时，《公司法》应对"经理"进行实质性的定义，对经理的产生方式和权力来源作出一般性的规定；至于经理的具体职称则由公司自行决定，公司法不作规定。在实践中，允许公司使用各种职称或者头衔于公司的高级管理人员，同时判断公司的雇员是否属于公司的经理应根据其产生方式、地位和职权，从而适用相应的法律规定；而不仅仅看其头衔。如果经理仅仅作为一种职称加以规定，会出现《公司法》中仅有"经理"的概念，而现实中公司的日常管理最高负责人则以 CEO、总裁、总监或者其他职务名称出现，造成适用法律的困难。在公司热衷于不断对公司高级管理人员赋予新颖的头衔且公司乐于标新立异的年代，法律强制规定经理人员的职称或者头衔实在不合时宜。将"经理"作为董事会直接任命的公司高级管理人员的统称，设定经理的产生方式、权利、义务和责任，并将经理的职称留给企业自主决定既可以尊重企业对经理人员的头衔和具体职责进行安排的自由和创新，又便于法律的适用。

（二）完善董事会制度

当前，在世界各国的公司法改革中，董事会被作为核心内容。随着 CEO 的设置，董事会进行必要的改革显得更为重要。CEO 体制下的董事会改革应当顺应时代的潮流，把董事会的职能主要集中在重大决策和监督管理层上。在《公司法》的修改中应当参考国际组织以及外国公司治理的指导原则，对董事会作决议的事项进行适当的调整，董事会只承担重大的经营决策，一般的事项则由 CEO 或者经理作出决定。此外，应当加强董事会监督的职能，尤其是董事会对 CEO 或者经理的监督职能。建议我国的公司法明确规定董事会监督董事和公司经理执行职务的职权。

第三节　高科技企业治理与风险投资

一、风险投资中公司治理机制的效率分析

风险投资是这样一种融资形式，风险投资者在一系列事先未明确的情况

下，视创新型企业开发的项目收益稳定状况，逐步向其提供资本，风险投资者从中可能获得的好处是企业成功后退出资本获得的资本收益。由于中小型创新企业的逆向选择和道德风险行为发生的概率较高，因此风险投资者不但要对企业家进行事后监督，以确定是否应当提供下一阶段融资，而且有动机收集项目信息和企业家个人信息，以减少信息不对称可能产生的成本（事前监督）。此外，为了把在不确定情况下履行承诺的成本降到最小，他们还在融资后仔细监督企业家的行为。这样，风险投资者对企业全面起到了事前、事中和事后监控的作用。事前和事中监控需要工程方面的专业知识，而事后监控则需要金融技术。风险投资者能满足这种要求并倾向于将业务集中于特定的领域。

（1）在风险投资机制下，企业的股权不是由分散的股东所有，而是由具有投资专长的风险投资机构持有，这就克服了保持距离型融资模式中所有权对经营权控制弱化的问题。

（2）在风险投资过程中，资产的产权和剩余控制权的安排在企业家和投资家之间签订的持股和就业契约中得到更明确的规定。

（3）利用分段投资机制控制风险。风险投资家不是一次性提供项目所需的全部资金，而是根据企业的财务状况分阶段提供，借此向企业施加影响并规避融资风险。

（4）对企业员工进行有效的激励。如股权、期权，使企业员工的个人利益与企业长期竞争力和股东利益相结合。

（5）对企业提供信誉支持。风险投资家还充当了信誉中介，这一点同投资银行在股票承销中的作用相类似。

（6）根据企业发展的具体情况采取相应的措施。风险投资家对企业生产经营活动的重要环节（如生产、经营、融资、决策等）进行全过程监测。

（7）风险资本的退出。随着企业日益成长壮大，企业占领了一定的市场份额并积累了相当的经验后，企业将不再需要出资者在管理、监督、信誉、中介方面提供的一系列服务，这时保持距离型的融资方式更适合企业发展。

风险投资是一种市场化程度更高的关系型融资制度。具体而言，风险投资这种关系型融资模式的效率体现在以下几个方面：

（1）与主银行制度相比，风险投资者对企业的投资不是从一而终的，不是以依赖性的关系为准则，而完全是以企业的业绩为投资标准。

（2）在风险投资过程中，"双优先"原则保障了风险投资者的利益。

（3）与主银行制度相比，风险投资家具有积极监控企业的动机和压力。

二、风险投资与高科技企业生命周期阶段的治理问题

如果动态来考察高科技企业的治理问题，我们会发现，高科技企业租金创造主体的谈判力在高科技企业生命周期的不同阶段会有所不同，相应的治理机制也应该随之变化，创业家拥有的针对企业的某些特定信息会随着企业成长和发展而逐步增强。

（1）种子期。风险资本家常常成为有较高谈判力的一方，因而在企业剩余索取（租金分配）中占有相对优势。

（2）创建期。此阶段随着创业家对企业注入人力资本的相应增多，其资产专用性与重要程度较种子期有所上升。同时风险资本的专用性和退出成本也随之下降，企业家所拥有的控制权呈上升趋势。

（3）成长期。此阶段创业家的人力资本的专用性、退出成本和专用性继续上升，对控制权和索取权的要求继续增强。

（4）成熟期。此阶段人力资本的专用性继续上升，其自身价值已非常明朗，要求从风险资本家手中重新收回控制权。而风险资本家此时的退出渠道也已经十分明晰，也希望通过退出实现资本的增值，此时治理模式也呈现多种可能性。

（5）衰落期。原创业家的认知刚性和旧的经营模式在某种程度上还可能阻碍企业新租金的创造。此时企业面临的治理问题主要是如何使企业家精神得以再生。

三、我国高科技企业生命周期与治理分析

将风险投资和企业的契约理论结合起来，放在我国背景下，就可以发现在非契约自由条件下，制度环境将影响到高科技企业的企业家团队构成及谈判力大小，从而最终影响高科技企业的租金分配及治理效率。具体表现在两个方面：

（一）所有制的影响

所有制对高科技企业治理的影响主要表现在两方面：一是我国高科技企业的团队企业家构成中，政府部门应作为一个重要因素考虑进来。二是作为高科技产业的大力扶持者和制度设计者，政府、尤其是地方政府在高科技企业发展初期发挥了制度企业家的功能，在企业租金创造中起到了不可替代的作用。

（二）市场发育程度的影响

我国企业家市场尚不健全，缺乏一个对企业家才能合理定价的机制，使得企业家人力资本流动受阻，退出成本上升，一定程度上弱化了企业家的谈判力。当然，市场的缺乏也使得替代企业家的成本上升，某种程度上又强化了企业家的谈判力。这两者相权所得结果要视具体情况而定。

第四节 基于小股东利益保护的高科技企业的公司治理

一、问题的提出

在最近几年里，公司治理研究者关注的焦点由分散的股东与经理人之间的冲突转移到了保护小股东不被大控股股东所侵害。当中小股东没有被保护好的时候，控股大股东就有可能利用公司的资源来追求他们个人的利益。约翰逊（Johnson）等人认为，侵害小股东的利益或"隧道行为"是一个全世界普遍的现象，它可以采取不同的形式。例如，控股股东可能利用出售资产、转移价格、稀释股份以及债务担保来侵害小股东的利益。在这个领域的研究经验之一是，由于其行为的隐秘性，很难清晰地察觉"侵害者"。为了解决这个困难，近来的研究试图提供发现侵害行为的直接证据。例如，伯特兰（Bertrand）等人提供了印度公司金字塔结构财富转移不利于小股东的例子。La Porta 发现墨西哥银行倾向于给予银行股东更多优惠的公司贷款。Bae 等人的研究则显示了在韩国控股股东如何利用内部获利来侵害小股东的财富。

使用我国 1999 年的公司年报，我们确认有 88 家上市公司的控股股东有不明形式的隧道行为。在大多数发达国家的证券市场上，监管者禁止这类"关联担保"。但在我国的新《公司法》实施前却是允许的，这种做法在 20 世纪 90 年代中期曾被很多上市公司所采用。

关联担保是指由一个企业对其关联企业的债务所作的担保，用来保证对第三方债务的偿还（在通常情况下是向银行担保）。在本书中的案例里，这个进行关联担保的企业是上市公司，关联企业是该上市公司的主要股东。在本书中，上市公司往往用其资产进行担保。关联担保在两个方面有利于大股东：第一，它使大股东相比其他方式能在更低的利率上获得资金；第二，它使得大股东具有违约激励，而将债务负担留给上市公司。举例来说，在 2000 年结束的时候，猴王股份公司的母公司被清算。直到 1999 年，猴王股份公司对母公司惊人的债务额达到了总共 8.9 亿元。它为母公司提供的债务担保也超过了 2.44 亿元。可是，在年终的时候猴王股份公司总资产仅有 9.34 亿元！

在本书中，我们假定大股东侵害小股东的可能性和一系列可观察到的公司特性有关。第一，我们猜测非国有股东有比国有股东更强的侵害动机。非国有股东能够直接地从侵害小股东中获益，而国有股东从侵害小股东中直接获益则要少。更进一步来说，私人股东比国有股东更有可能需要担保，以从银行获得资金。因此，我们假定上市公司的主要股东是非国有时更有可能进行关联担保。第二，推测公司大股东有一个比现金流大得多的控制权时，更有可能进行关联担保。例如，一个单个股东可能只持有 30% 的股份，但可能对董事会有充分的控制权。在这种情况下，控制权和现金流权之间的差异，给予大股东侵害小股东的极强的激励。另外，假如当最大的股东拥有 80% 的股份时，现金流权和控制权就大致相符，使控股股东侵害小股东的激励变得较少。

一些最近的研究文献也认为，多个大股东可以作为一个有效的机制来降低这种侵害行为。根据理论模型，多个大股东之间相互监管，甚至在股东之间合谋的时候，小股东也能从大股东之间的妥协中获得好处。因为协调潜在地增加了隧道行为的成本。因此，我们假定公司有多个大股东时，进行相关担保的可能性就会降低。

一般而言，在正常情况下，进行关联担保的公司一般比没有关联担保的公司规模要大，因为大的公司更有侵害的价值而容易成为侵害的目标。此外，国有银行也更倾向于批准大公司承担担保责任的贷款，因为我国的银行缺乏信用分析和风险管理的专门技术，因此将注意力放在会计数字上。所以，我们假定公司的规模与通过关联担保侵害小股东利益的行为呈正相关关系。

二、数据及其来源

本书研究的样本包括上海股市和深圳股市 1999 年年底的 900 个上市公司，样本中不包括在海外上市的公司，因为这些公司与在国内上市的公司在监管上存在着显著的不同。根据上市公司的年报，在这 900 家公司之中，有 88 家公司有关联担保的行为。上市公司的财务和股权数据从 www.cninfo.com.cn 网上获取，日常的股价信息从 DataStream 获取。

我们采用两组变量来进行经验检验。第一组是关联担保公司特征变量。定义"非国有"作为一个哑元变量，当最大的股东是国有的时候它等于 1，在其他情况下，令其等于 0。大股东也是一个哑元变量，当公司至少有另外一个股东所持有的股份超过 5% 时等于 1，否则等于 0。公司规模是公司在 1999 年年底账面价值的自然对数。最后，为了度量最大控股股东现金流权利，我们采用了最大股东拥有的股份在总股份中的百分比（最大股权比）。

第二组变量用来度量关联担保对公司绩效的影响。托宾 Q 值是公司的总股份乘以股票价格，再除以 1999 年年底公司的总资产的账面价值。ROA 是公司的净收入除以公司 1999 年年底总资产的账面价值。红利所得是 1999 年中公司所付总红利除以 1999 年年底的股票价格。财务杠杆是债务的账面总价值除以总资产的账面价值。买卖差价是在 1999 年 12 月 22 个交易日里买卖差价的平均数。在初步计算出托宾 Q 值、ROA、红利和财务杠杆之后，接下来计算了工业调整后的指标。

三、结果及其分析

表 10-1 为整个样本提供了描述性的数据。进行关联担保有 88 个公司，

没有关联担保的有 812 个公司。表 10 - 1 提供了样本公司的平均数和中位数（在括号里）。最后一栏提供了有与没有进行关联担保的方差（括号里是 t 统计量）。非国有是一个哑元变量，当最大股东是非国有时等于 1，在其他情况下等于 0。大股东是一个哑元变量，当至少有另外一个股东所拥有股份达到 5% 时等于 1，否则等于 0。公司规模是公司在 1999 年年底的自然对数。大股份是最大股东所拥有的股份比例。

表 10 - 1　　　　　　　　　　　　样本的描述性的数据

	总样本	具有关联担保的公司	没有关联担保的公司	差异
非国有	0.20 (0.00)	0.27 (0.00)	0.20 (0.00)	0.08[c] (1.70)
最大持股份额	0.45 (0.44)	0.45 (0.43)	0.45 (0.44)	-0.01 (-0.23)
大股东	0.51 (1.00)	0.45 (0.00)	0.52 (1.00)	-0.06 (-1.10)
债务比率	0.43 (0.42)	0.52 (0.53)	0.43 (0.41)	0.09[a] (4.27)
公司规模	11.52 (11.45)	11.73 (11.67)	11.49 (11.42)	0.24[b] (2.43)

注：a、b 和 c 分别显示了在 1%、5% 和 10% 水平上统计上的显著性。

表 10 - 2 显示了在我们的样本公司之间的斯皮尔曼（Spearman）关联。关联担保也可以看成是一个哑元变量，在进行关联担保时等于 1，在其他情况下等于 0。对于明显的关联担保，可以看出公司规模与债务杠杆、最大股东的所有权和关联担保哑元都呈现正相关关系。在公司规模、非国有股东和多个大股东之间有负相关关系。最大股东是非国有股东或有其他大股东时其所有权比重相对较低，债务杠杆减少。这个结果也显示了被非国有股东控制时，公司的规模相对较小，也容易出现其他大股东。

表 10 - 2 　　　　　　　　　　　　　样本公司之间的斯皮尔曼关联

	关联担保	非国有	最大股份数	大股东	债务比率	公司规模
关联担保	1.00 (0.00)					
非国有	0.06[c] (0.09)	1.00 (0.00)				
最大股份数	0.01 (0.77)	-0.28[a] (0.00)	1.00 (0.00)			
大股东	-0.04 (0.27)	0.24[a] (0.00)	-0.57[a] (0.00)	1.00 (0.00)		
债务比率	0.14[a] (0.00)	0.01 (0.81)	-0.14[a] (0.00)	0.04 (0.21)	1.00 (0.00)	
公司规模	0.10[a] (0.00)	-0.80[a] (0.01)	0.20[a] (0.00)	-0.19[a] (0.00)	0.16[a] (0.00)	1.00 (0.00)

注：a、b 和 c 分别显示了在 1%、5% 和 10% 水平上统计上的显著性。

当公司进行关联担保时，关联担保等于 1，否则等于 0。非国有是一个哑元变量，当非国有股东是大股东的时候等于 1，在其他情况下等于 0。大股东是一个哑元变量，当至少有另外一个股东拥有 5% 的股份时等于 1，在其他情况下等于 0。公司规模是公司在 1999 年年底总资产账面价值的自然对数。大股份是最大的股东所拥有的股份比例。工业部门被定义为在 SIC 编码上的 2 - digit 水平上。公司代码来源于 CSRC。

为了控制解释变量同时发生影响，考虑到公司特征以及通过关联担保侵害小股东权益的可能性，本书用严格的对数回归来检验假说。在对数回归里，关联变量是一个哑元变量，在公司有关联担保的时候等于 1，在其他情况下等于 0。表 10 - 3 提供了这个分析的结果。

表 10 – 3　　　　　　　　　　　　　　　分析的结果

变量	关联担保
截距	– 15. 09
	(0. 90)
非国有	0. 71[a]
	(0. 01)
最大股权数	– 1. 55[c]
	(0. 07)
大股东	– 0. 57[b]
	(0. 05)
公司规模	0. 60[a]
	(0. 00)
工业	是
Pseudo – R^2	0. 14

注：a、b 和 c 分别显示了在 1%、5% 和 10% 水平上统计上的显著性。

　　从表 10 – 3 可以看到，非国有的系数是正的，在 1% 的显著性水平上也是显著的。这个结论支持了前面的推测：私人控股股东比国有股东更有可能使用关联担保。这个结果似乎与国有企业可能对公司价值有负面影响的一般性结论相矛盾。可是，私人大股东更有可能侵害小股东的结论，与俄罗斯和捷克大规模私有化后对小股东的广泛侵害的证据是一致的。最大股东的股份是负面，以及在 10% 的水平上显著的结论，也支持了关联担保的隧道行为随着最大股东现金流权的增加而增加这一猜测。

　　大股东之间的关联系数具有预期的负信号，显示了具有多个大股东的公司，较不可能进行关联担保。统计上，在 5% 的水平上显著。有趣的是，尽管有多个大股东，一些公司也向最大的股东进行关联担保，这个观察暗含着主要股东之间存在着相互勾结的可能。

　　最后，我们发现最佳公司规模和最有意义的是 1% 的水平，这个结论支持了这样一个猜测：大公司更容易成为侵害的目标，因为它们更有侵害的价值。我们的研究检查了对小股东的侵害，并暗示低质量的公司治理增加了隧道行为的可能性，反过来它又对财务变量有负面影响。例如，一个更低比例的现金流权增大了隧道行为发生的可能性，这反过来又导致更低的 Q 值。

　　这项研究检验了以下两个假设的有效性：一是前文部分显示了多个大股东现金流权与控制权之间一个较低差异可以减少侵害的可能性。二是如果下面假设隧道行为的可能性反方向影响财务变量是正确的话，那么我们推测可以发现进行关联担保和托宾 Q、ROA 和红利之间的负相关关系，而在进行关联担保和买卖差价以及财务杠杆之间有正相关关系。在解释这个部分结果的时候有两个支持性前提：一是进行相关担保有可能在一定程度上侵害小股东（支持性的证据在后面陈述）。二是侵害小股东是中国股市一个普遍的问题，并不仅仅局限于进行关联担保的公司。

　　表 10-4 提供了样本公司里的平均和中位（在括号里）值。最后一栏提供了进行或不进行相关担保的区别（t 统计量）。托宾 Q 被计算为公司的总显著股份乘以股票价格，加上公司债务的账面价值。除以总资产的账面价值（都是 1999 年年底的数据）。ROA 是公司净收入除以 1999 年年底总资产的账面价值。红利是 1999 年的总红利除以 1999 年年底的股票价值。债务杠杆是债务的总价值除以总资产的账面价值。买卖差价是 1999 年 12 月 22 个交易日的平均买卖差价。在计算完初步的托宾 Q、ROA、红利和债务杠杆以后，接着工业调整后的指标，通过减去在相同工业的平均价值。工业部门被定义为在 SIC 编码 2-digit 水平上。工业代码来源于是 CSRC。

表 10-4　　　　　　描述性的统计量：Q、TOA、红利以及买卖差价

	总样本	有关联担保的公司	没有关联担保的公司	方差
Q（adj）	0.42	-0.28	0.50	-0.77[a]
	(0.00)	(-0.38)	(0.02)	(-3.66)
ROA（adj）	-0.01	-0.03	-0.01	-0.02[a]
	(0.00)	(-0.01)	(0.00)	(-3.18)
DIV（adj）	0.01	0.00	0.01	-0.01
	(0.00)	(0.00)	(0.00)	(-0.95)
BAS	0.02	0.02	0.03	-0.01[c]
	(0.02)	(0.02)	(-0.02)	(-1.77)
LEV（adj）	0.01	0.10	0.01	0.09[a]
	(0.00)	(0.09)	(0.00)	(4.45)

注：a、b 和 c 分别显示了在 1%、5% 和 10% 水平上统计上的显著性。

表 10 - 4 提供了这 5 个侵害指标的描述性的统计数据：产业调整后的 Q，产业调整后的 ROA，产业调整后的红利（DIV）以及产业调整后的债务杠杆（LEV）以及买卖差价（BAS）。涵盖所有的样本公司，包括进行或不进行关联担保的公司。最后一栏代表了进行与不进行相关担保公司之间的方差。

与预期相一致，这些结果显示了产业调整后的托宾 Q 和 ROA 显著地低于没有进行相关担保的公司。产业调整后的债务杠杆显著地高于这些公司。对于进行债务担保的公司来说，红利和买卖差价更小。或者平均说来，比没有进行相关担保的公司更小。不过，这些红利的差异并不重要，在买卖差价上的差异也仅仅在 10% 的水平上才重要。

表 10 - 5 提供了这 5 个不同的侵害财务指标。为了检验关联担保对托宾 Q、ROA、债务杠杆和红利的影响，我们将总公司资产的自然对数、非国有哑元和产业哑元在回归模型中作为控制变量。在买卖差价回归中，价格、数量和回归标准差被包括在控制变量之内。

表 10 - 5   不同的侵害财务指标

变量	Q（adj）	ROA（adj）	DIV（adj）	LEV（adj）	BAS
截距	12.42ᵃ	- 0.14ᵃ	- 0.03a	- 0.41ᵃ	- 2.72ᵃ
	(13.58)	(- 4.12)	(- 5.85)	(- 4.05)	(- 8.25)
关联	- 0.57ᵃ	- 0.03ᵃ	- 0.002ᶜ	0.08ᵃ	- 0.04
担保	(- 2.87)	(- 3.64)	(- 1.84)	(3.82)	(- 1.00)
公司规模	- 1.08ᵃ	0.01ᵃ	0.003ᵃ	0.04ᵃ	- 0.09ᵃ
	(- 14.42)	(2.85)	(7.39)	(4.55)	(- 4.71)
非国有	0.26ᶜ	- 0.01ᶜ	0.003	- 0.00	0.00
	(1.77)	(- 2.14)	(1.57)	(- 0.12)	(0.85)
价格					0.83ᵃ
					(22.48)
容量					- 0.15ᵃ
					(- 8.61)
STDEV					0.25ᵃ
					(4.61)
产业	Yes	Yes	Yes	Yes	Yes
调整后的 R^2	0.20	0.02	0.10	0.02	0.52

注：a、b 和 c 分别显示了在 1% 、5% 和 10% 水平上统计上的显著性。

托宾 Q 值是用显性股份减去其总债务的账面价值，除以总资产的账面价值（都是 1999 年年底的度量）。ROA 是公司的净收入除以 1999 年年底的公司账面总资产。红利是公司在 1999 年的总红利除以 1999 年年底的股票价格。债务杠杆是债务的账面总价值，除以总资产的账面价值。买卖差价是在 1999 年 12 月 22 个交易日里的买卖差价的平均值。在计算完初步的托宾 Q、ROA、红利和债务杠杆以后，我们通过减去同样产业的中位数以后，计算出产业调整后的指标。产业部门被定义为 SIC 代码上的 2 - digit 水平上。产业代码是从 CSRC 来的。关联担保是哑元变量，在非国有股东是最大股东时等于 1，在其他情况下等于 0。公司规模是公司在 1999 年年底总资产的自然对数。

表 10 - 5 显示，关联担保在 5 个回归模型里具有预期的作用。除了买卖差价以外，公司进行相关担保具有显著低的产业调整后的托宾 Q 值、ROA 和红利，也具有显著高的财务杠杆。对关联担保的公司来说，调整后的托宾 Q 值要低 0.57，这说明了采取关联担保来实施隧道行为的公司在市场上有一个大的价值折扣。就像前面所讨论的，这个价值折扣可能不仅仅是由隧道行为所造成的，就算这里有一定程度的财富侵害没有通过关联担保的形式来进行，差距也仍然是相当的大。在 ROA 中的差距是每年 3%，也显示出相当大的侵害程度。关联担保公司调整后的红利是要低 0.2%，财务杠杆要高 8%，买卖差价回归在每个控制变量上显示了预期的回归。但是，这里没有证据表明关联担保的公司具有更高的买卖差价。

在表 10 - 5 中最重要的结论，可能是托宾 Q 值、ROA、杠杆以及红利对度量侵害行为的有效性，支持使用这些指标来度量对小股东侵害的程度（在适当的控制之后）。不过，买卖差价相对其他财务变量来说度量侵害的有效性要小得多。我们推测在同样的监管环境中，进行关联担保和公司运作的信息不对称之间的关系可能太弱而难以察觉。这项研究确认了一个向最大股东进行债务担保的上市公司的样本，用这个公司的样本来分析隧道行为的决定性因素，以及证实隧道行为和财务指标，例如托宾 Q 值、红利、财务杠杆和利润率之间的假定关系。结论显示了，当公司有大的私人股东、公司规模比较大、现金流权与公司控制权不匹配时进行关联担保的可能性比较大。

结果也显示，当公司进行关联担保被证明是隧道行为时将有显著更低的（产业调整后）的托宾 Q 值、红利、利润率，同时也有更高的财务杠杆比率。没有证据显示更高的买卖差价可以说明公司关联担保。因此，本书通过证实托宾 Q 值、红利、财务杠杆和利润率和隧道行为之间的关系而对文献作出了贡献。

第五节　大股东在公司治理中的作用

一、大股东的作用和问题

所有权的集中经常被看做代理人和管理者之间冲突的一条解决渠道。因为大股东有动机来监管管理者，也具有替换管理者的能力。但是，在法律保护较弱的国家，集中的所有权却有可能又带来控股股东侵害小股东的问题。例如，Claessens 等人和 Joh 的研究显示，现金流权和控制权之间的差额越大，小股东被侵害的可能性越高。一些最近的研究认为，当公司存在多个大股东时，控股股东侵害小股东的能力有可能减少，这是由于在股东之间会形成相互监督。与这些理论相一致，Lins 根据其对 18 个新兴国家的股票市场的研究，证明了没有控股权大股东与公司价值是正相关的。根据 Lins 的研究，在所有者保护弱的国家里，大的非控股股东可以作为缺位的政府监管的部分替代品。与大股东监管相一致的结论是 Faccio 等人的发现，在欧洲，当公司有多个大股东时，容易产生更高的红利派送；然而在亚洲，红利派送的多寡却与多个大股东的存在呈反比关系。Faccio 等人将这个归因于亚洲国家更低的投资者保护环境。

本节研究的焦点是我国大股东在监管方面的作用。我国上市公司被公认是股权集中的典型，同时控股股东往往控制了公司的经营管理。本节研究使用了大股东之间相互勾结可能性的两个表征指标：一是将前三大股东的最终身份区分为私人和国有大股东。假定私人大股东和国有大股东之间发生冲突时，小股东可能会从一个国有大股东那里获得收益。二是股东之间勾结的表征指标是上市公司向主要股东进行担保。

二、假定：大股东的勾结

大量的例子证明，我国上市公司中大股东的勾结——例如，根据上海证券时报 2003 年 7 月的报道，SDG 信息的两个最大的股东"深圳特区发展集团"和"深圳电讯公司"，在 2000—2001 年这段时间里，从 SDG 信息转移了 2 亿元用在他们自己的投资项目上而没有归还。另一个例子与湖北生物制药有关系，大股东之间相互勾结来操纵两个上市公司二级市场的股票价格。

由于国有股和法人股在股票市场上不能自由出售，非控股大股东（国有或私有）面临着两个选择：一是消极地持股和监管控股股东；二是选择与控股股东勾结。如果非控股股东选择消极态度，他们将成为股票流动性不强、用脚投票机制不能发挥这一现象的受害者。我们推测他们监管或与控股股东勾结的选择，要视这些股东的目标而定，这反过来又与最终所有者的身份相联系。

大股东之间在类型上的主要区别是，有些大股东的最终身份是国有，有些最终身份是私有。我们假定由于私人控股股东能够通过隧道行为获取直接的利益，因此，当控股股东为私人时更有动机和可能发生侵害行为。另外，国有股最终由公众所有，从侵害中获取的直接利益较少。不过，国有控股股东的相关利益建立在牺牲小股东利益之上。由于国资委具有充分的控制权与有限的现金流权，它们监管管理者的激励有限，从而增加了代理成本。更进一步地讲，这些国有股东也有可能为了获得政治利益而利用这些资源来追求其他目标而非利益最大化。

我们假定私人和国有所有者的冲突对于小股东间接有益，在混合所有权下，管理者转移资产和控股股东转移资产的现象都会减少。这个推测与西方经济的经验证据完全相反，在那里，混合企业被证明比纯私有或纯国有企业业绩都要差。但在部分上支持 Qian 的结论——在弱法律监管的环境里，国有所有权可以使投资者受益。

三、数据及其来源

整个样本包括 872 个 1999 年年底上海股市和深圳股市的上市公司。公司特征和所有权结构的信息从 www. cninfo. com. cn 网站获取，这是一个由中国证监会建立的股票信息的官方网站。股票价格信息则从 DataStream 获取。

研究中使用产业调整后的托宾 Q 作为度量公司价值的工具。托宾 Q 被定义为 1999 年年底所有显著股份的总数量乘以股票价格。加上股票的账面总价格，再除以 1999 年年底公司总资产的账面价值。通过计算每个产业的中位 Q 值，然后从每个公司的 Q 里减去适当的产业中位值来控制不同产业中的 Q。产业部门被定义为 SIC 编码上 2 – digit 的水平上，这些编码源于中国证监会。

表 10 – 6 为样本公司提供了一个描述性的变量。表 10 – 6 显示，产业调整后的 Q 的平均值为 0. 02 和最小值为 – 3. 76，最大值为 15. 51。在去掉最下面和最顶上的 1% 以后，最后，样本里有 854 家公司，产业调整后的 Q 值为 – 2. 58—7. 99。表 10 – 6 同时也显示了我国上市公司的股权比较集中，最大的股东拥有的最大股份平均是 45%，最少是 6%，最大是 89%。第二大股东拥有平均 8% 的股份，中间值是 5%，第三大股东拥有的股份平均为 3%，中间值是 2% 。

使用一个 50% 的股权为控股的界限，样本中 52% 的公司没有实际控股股东，29% 的公司的非控股大股东与最终的大股东是不同所有制的。考虑到国有股东和非国有股东之间激励的不同，推测当最终的大股东是不同的所有制类型时，他们之间有更广泛的相互监督，也具有更高的公司价值。23% 的样本公司的非控股股东与控股股东同为国有或同为私有。

第二个表征大股东之间勾结的变量是为了股东之一而进行关联担保。为了大股东之一而进行关联担保很明显不符合上市公司小股东的利益。如果一个有多个大股东的公司进行关联担保就显示了大股东之间的勾结。在样本中，84 个公司为了它们的大股东而进行关联担保。44 个公司只有一个大股东，22 个公司有多个不同身份的大股东，18 个公司拥有多个相同身份的大股东。

在研究中也引入了一些控制性变量。国有是一个哑元变量，当最大股东是国有时它等于 1，其他情况下为零。从表 10 – 6 来看是很清晰的，国有是 1999 年中国公司的明显特征。国有股控制着 80% 的样本公司。用 Top3 代表前三大股东拥有股份的总比例。平均债务杠杆是 43%，变动范围为 1%—

2%。最后，我们用公司在 1999 年年底的总资产账面价值的自然对数来度量公司规模。

表 10 - 6　　　　　　　　　　样本的描述性统计量

	样本公司	平均	Std	中位	最小	最大
Q（adj）	872	0.02	1.90	-0.36	-3.76	15.51
Q（adj）	854	-0.07	1.51	-0.36	-2.58	7.99
S1	854	0.45	0.18	0.44	0.06	0.89
S2	854	0.08	0.08	0.05	0.00	0.37
S3	854	0.03	0.04	0.02	0.00	0.25
Block	854	0.52	0.50	1.00	0.00	1.00
Block Diff	854	0.29	0.45	0.00	0.00	1.00
Block Same	854	0.23	0.42	0.00	0.00	1.00
Relgar	854	0.10	0.30	0.10	0.00	1.00
Relgar No Block	854	0.05	0.22	0.00	0.00	1.00
Relgar Diff Block	854	0.02	0.15	0.20	0.00	1.00
Relgar Same Block	854	0.03	0.15	0.20	0.00	1.00
State	854	0.80	0.40	1.00	0.00	1.00
Top3	854	0.56	0.15	0.56	0.07	0.96
Leverage	854	0.43	0.19	0.42	0.02	1.00
Lnassets	854	11.53	0.80	11.45	9.41	15.34

　　表 10 - 7 提供了几个子样本的平均产业调整后的 Q 值。在 A 组里面，样本根据大股东数量而被分开。样本产业调整后的 Q 平均值为 - 0.26。440 个具有多个大股东的公司平均产业调整后的 Q 为 0.11。在两个子样本之间产业调整后的 Q 是 0.38，在显著性水平为 1% 时在统计上是显著的。在 440 个有多个大股东的公司里，247 个公司的最终的所有者在所有制上是不同的。其余 193 个公司最终的主要所有者同为国有或同为私有。这些样本平均的产业调整后的 Q 并没有显著的不同（分别为 0.08 和 0.16）。

表 10 - 7 子样本产业调整后 Q 的描述性统计量

A 组			
	一个大股东	多个大股东	差异值
No. Firms	414	440	
平均	- 0.26	0.11	0.38[a]
中位	- 0.46	- 0.24	
		Block Diff	Block Same	
No. Firms		247	193	
平均		0.08	0.16	0.08
中位		- 0.28	- 0.23	

B 组			
	The rest of market	Relgar	Difference
No. Firms	770	84	
平均值	0.00	- 0.65	- 0.66[a]
中位值	- 0.30	- 0.71	
		Relgar No Block	Relgar Block	
No. Firms		44	40	
Mean		- 0.64	- 0.66	- 0.01
Median		- 0.68	- 0.75	

注：a、b 和 c 分别显示了在 1% 、5% 和 10% 水平上统计上的显著性是一致的。

　　表 10 - 8 中的第二个模型，更直接地分析了一个非控股大股东的出现对公司价值的影响。这个模型包括前三大股东的总现金流权，以及一个代表非控股股东存在或不存在的哑元变量。研究结果显示公司价值随着股东所有权的增加而增加，也随着另外一个非控股股东的出现而增加。这个结果与 Bennedsen 和 Wolfenzon、Gomes 和 Novaes 以及 Bloch 和 Hege 的结论是一致的。

表 10 - 8　　　　　　　　　　　跨组的回归结果

Model	(1)	(2)	(3)
Variables	Q（adj）	Q（adj）	Q（adj）
Intercept	9.93[a]	10.06[a]	10.12[a]
	(12.78)	(12.97)	(12.98)
S1	1.00[a]		
	(2.93)		
S2	1.38[c]		
	(1.84)		
S3	4.40[a]		
	(2.96)		
Block		0.21[b]	
		(2.19)	
Block Diff			0.25[b]
			(2.26)
Block Same			0.16
			(1.21)
Top3		1.06[a]	1.06[a]
		(3.13)	(3.13)
State	-0.18	-0.21[c]	-0.24[c]
	(-1.51)	(-1.75)	(-1.87)
Leverage	-1.29[a]	-1.28[a]	-1.27[a]
	(-5.15)	(-5.08)	(-5.03)
Lnassets	-0.88[a]	-0.89[a]	-0.89[a]
	(-13.86)	(-14.11)	(-14.12)
Industry	Yes	Yes	Yes
Adjusted R^2	0.25	0.25	0.24

　　考虑到国有大股东与私人大股东在激励上的差异，我们推测当主要股东属于不同的所有制类型时，股东之间会有更广泛的监管以及具有更高的公司价值。当主要股东具有接近的身份（如全为国有或全为私有），相互之间的

监管收益可能比较小。与这个假定相一致，表 10 - 8 的最后一栏也显示了不同身份的大股东的存在导致显著高的公司价值。当非控股大股东与控股股东的身份一致的时候，其存在对公司价值也有正面影响，但这个相关系数并不显著。

　　绝大多数理论文献假定在一个竞争性的环境下，股票持有者为争夺公司控制权而竞争，或外部股票持有者会作为公司控股股东的重要监控者。而在一个法律保护较弱的环境中，股票持有者可能合谋去剥夺中小股东的利益。或者他们可能不愿意或不能有效地监控公司的控制者。在表 10 - 6 的 84 家公司中有 40 家没有明显的控股股东，我们认为这是无效监管的一个信号。

　　在表 10 - 9 中的模型（1）显示了在包含控制变量之后，进行关联担保的公司调整后的 Q 值比其他公司低 0.35。

　　在表 10 - 9 中的模型（2）介绍了三个哑元变量，Relgar No Block 代表一个企业具有关联担保以及多个股票持有者，其所有者根据国有和私有分类，Relgar No Block 等于一个公司具有关联担保和多个股东，其最终所有者是私营或国有，0 是其他。

　　在表 10 - 9 中的第二个模型显示进行关联担保以及拥有多个不同所有制的大股东的公司，产业调整后的 Q 值要低 0.85（在 1% 水平上显著）。进行关联担保且其他大股东或多个大股东不同为国有或私有的公司，其价值减少量分别为 - 0.11 和 - 0.41，但是这些相关系数并不显著。总之，这个结果隐含着中国大股东之间的勾结并不少见；在市场上有大股东侵害的强烈信号的情况下确实存在公司价值的大的折扣。

　　这项研究涉及了所有权对公司价值影响的几个重要的问题，样本中包括中国 854 家上市公司。作为世界上最大的新兴市场，中国提供了一个研究所有权结构对价值影响的实验室。因为上市公司一般特征是所有权集中，弱投资者保护和相对稳定的所有权结构。可以用流通股票的价格来度量托宾 Q 值。研究发现没有控股的大股东仅当其最终的身份不同于控股的大股东的时候，才对公司的价值有贡献。例如可以提高监管水平和减少剥夺的机会。我们将这个归因于控股股东与非控股股东潜在的利益冲突。研究结果也显示，当有清晰的信号显示股东之间存在合谋的时候，可以导致公司真实的价值减少。

表 10 - 9 模型

Model	(1)	(2)
Variables	Q（adj）	Q（adj）
Intercept	9.97[a]	9.98[a]
	(12.77)	(12.79)
Block Diff	0.24[b]	0.31[a]
	(2.20)	(2.67)
Block Same	0.16	0.18
	(1.23)	(1.35)
Relgar	-0.35[b]	
	(-2.24)	
Relgar No Block		-0.11
		(-0.49)
Relgar Block Same		-0.41
		(-1.32)
Relgar Block Diff		-0.85[a]
		(-2.63)
State	-0.26[b]	-0.28[b]
	(-2.02)	(-2.20)
Top3	1.08[a]	1.12[a]
	(3.20)	(3.30)
Leverage	-1.19[a]	-1.17[a]
	(-4.72)	(-4.62)
Lnassets	-0.88[a]	-0.88[a]
	(-13.93)	(-14.00)
Industry	Yes	Yes
Adjusted R^2	0.25	0.25

表 10 – 10   **变量的定义说明**

Q（adj）	产业调整后的 Q，等于公司的 Q 减去公司所属产业的中位值。Q 被定义为公司在 1999 年年底的总股份乘以公司在 1999 年年底的股票总价值加上其总债务的账面。除以在 1999 年年底总资产的账面价值
S1	最大股东在公司中所占的总股份
S2	第二大股东在公司中所占的总股份
S3	第三大股东在公司中所占的总股份
Block	一个哑元变量，在公司的第二大股东超过 5% 的股份时等于 1
Block Diff	一个哑元变量，在公司有多个大股东，并且这些大股东具有不同的身份（公共/私有）时等于 1，其他情况下等于 0
Block Same	一个哑元变量，在公司有多个大股东，并且这些大股东具有相同的身份（公共/私有）时等于 1，其他情况下等于 0
Relgar	一个哑元变量当公司对其主要公司进行关联担保时等于 1，其他情况下等于 0
Relgar No Block	一个哑元变量，当公司第二大股东股份不超过 5%，且向最大股东进行关联担保时等于 1，在其他情况下等于 0
Relgar Block	一个哑元变量，当公司第二大股东股份超过 5%，且向最大股东进行关联担保时等于 1，在其他情况下等于 0
Relgar Block Diff	一个哑元变量，当公司第二大股东股份超过 5%，这些大股东具有不同的身份（公共/私有），且公司向最大股东进行关联担保时等于 1，其他情况下等于 0
Relgar Block Same	一个哑元变量，当公司第二大股东股份超过 5%，这些大股东具有相同的身份（公共/私有），且公司向最大股东进行关联担保时等于 1，其他情况下等于 0
Top3	公司前三大股东所占比例
State	一个哑元变量当最大股东是国有时等于 1，其他情况下等于 0
Leverage	公司 1999 年年底总债务的账面价值除以总资产的账面价值
Lnassets	公司 1999 年年底总资产账面价值的自然对数
Industry	根据 CSRC 分类的 2 – digit 确定了 47 个产业

第六节　本章小结

（1）当高科技企业契约是由非人力资本所有者和人力资本所有者共同签订、二者都是风险中性，高科技企业人力资本所有者的努力程度是高科技企业价值创造的驱动因素的时候，对人力资本的激励强度就决定着高科技企业的总产出。人力资本所有者所占企业剩余索取权份额改变可以改变企业的总剩余和分配比例，当满足一定的边界条件时，剩余索取权的重新分配会是对人力资本所有者和非人力资本所有者效用水平的帕累托改进，将驱动着高科技企业产权结构的变化。

（2）高科技企业人力资本激励机制应该包括组织结构激励、建立员工绩效考评体系并按绩效付酬、实行员工持股制度、实行股票期权计划、采取经理股票期权、企业文化激励和培训和职业发展规划激励等内容。

（3）风险投资是一种更为专业的融资来源，风险投资在高科技企业发展过程中，采用相机治理模式，风险投资家时刻关注着高科技企业的发展。根据企业的不同状态对企业的融资力度、接管或破产清算的时机等都有不同。从某种程度上讲，这接近日本的主银行制度的相机治理模式。此外，由于产权清晰是契约自由的基础，而我国所有制构成比较特殊，高科技企业内企业家的谈判力以及剩余索取权的分配结果将有别于自由竞争市场经济下交易的均衡结果。这是我国的一个特殊情况。

（4）在最近几年里，公司治理研究者关注的焦点由分散股东与经理人之间的冲突转移到了保护小股东不被大控股股东侵害。本书是国际上第一个从实证的角度分析了公司特征与大股东侵害小股东的可能性之间的关系，发现当公司有其他大股东时，大股东侵害小股东的可能性会大大降低，同时我们还发现，私人控股股东比国有股东更有可能利用关联的担保来从小股东处侵害财富。

（5）所有权的集中经常被看做代理人和管理者之间冲突的一条解决渠道。因为大股东有激励来监管管理者，也具有替换管理者的能力。但是，在法律保护较弱的国家，集中的所有权却有可能又带来控股股东侵害小股东的问题。本书分析了监管缺位时，大股东之间的相互监管对于公司价值的影响。通过研究还发现，非控股股东可以在一定程度上作为监管控股股东的替代者。

第 十 一 章

中国高科技企业成长的国际化

由于高科技产业是 21 世纪世界经济竞争的焦点，是世界各国竞相争夺的战略制高点，所以鼓励高科技企业参与国际竞争，走国际化的发展道路，对于我国未来社会和科技发展，经济、国防建设与社会进步，都具有至关重要的战略意义，并将为奠定中华民族自强于世界民族之林的基础作出贡献。推进高科技企业走向世界、实现其生产经营的国际化，是中国高科技企业成长的必然趋势和重要阶段，也是中国高科技企业在新世纪所面临的新课题。本章将就中国高科技企业国际化的动机和路径选择、国际化模式、国际化战略的路径选择、高科技企业国际化程度评价，以及高科技企业国际化经营绩效评价等问题进行分析和讨论。

第一节 中国高科技企业国际化的动机和路径选择

一、中国高科技企业国际化动机

中国加入世界贸易组织，使得中国经济不可避免地成为全球开放市场的一个重要组成部分，也使得中国企业开始以一种新的方式面对来自全球范围的竞争。

所谓高科技企业国际化，实质就是在高科技企业成长的要素投入（资金、人才、信息、管理、其他资源等）和进程环节（研究与开发、生产、销售与服务等）两个方面，充分利用国内外资源进行跨越国界的科技与经济一体化活动。国际化的本质是开放性资源的双向流动，其目的是通过国际合作，实现国内外资源的双向互通和优化组合，增强自身的国际竞争力。国际化是高科技企业成长必不可少的手段和必要条件，代表了一定的资源配置方式，从而使高科技企业能以较低的成本投入获得较高的经济收益。国际化已成为衡量高科技企业成长状况的重要指标。

（一）客观必然性

20 世纪 80 年代以来，世界经济进入了全球性结构演变的重要时期，其特点是世界经济结构的变化逐步建立在高科技发展基础上。高科技及其产业的发展，不仅促进了整个社会生产力的提高，而且使传统产业相对衰落、新兴产业不断涌现，并使世界经济结构中的产业结构发生了重大变化。在这一过程中，高科技的发展，一方面促进了高科技产业的形成，极大地促进了国际分工的进一步深化，使社会分工极大地突破了国家、民族的界限，并按各国原有专业化基础和科技发展差异，形成新的国际分工；另一方面，高科技产业的成长又是以高科技产业国际化为目标和进一步发展的条件，两者之间相互依赖、相互促进。作为高科技产业的主体，高科技企业必须依赖世界市场，走国际化道路，方能获得生机和前途，除此之外，别无选择。

（二）主体选择性

中国高科技企业是一支在世界经济一体化宏观环境中、在世界新技术革命浪潮的冲击下诞生的新兴生力军。因此，高科技企业只有随着世界经济一体化和新技术革命的进程而调整自身的发展战略。如果说高科技成果商品化、高科技商品产业化是高科技企业创业的主导战略，那么，国际化则是高科技企业成长的主导战略。高科技企业发展越迅速、越健康，它的国际化程度就会越高。如果离开了国际化方向，高科技企业成长的动力就会减弱、速度就会减慢、方向就会不正，从而导致资源的极大浪费，高科技成果商品化和高科技商品产业化的努力就有可能前功尽弃。高科技企业的国际化有利于在更大范围、更大规模和更高层次上实现高科技商品化、高科技商品产业化，为它们注入新的活力，形成新的动力，促成高科技企业的成长进入良性循环。

高科技企业为什么必须走国际化道路？这可以从科技、经济等方面探究其选择的依据或动因。

第一，高科技企业成长需要灵活的国际科技合作的支持。国际经济理论和世界经济现实都表明，关起门来发展高科技企业不仅代价高昂，而且不可避免地要落后于时代。当今世界已经成了一个紧密的网络，高科技发展的连锁效应，使得任何高科技企业都不可能置身于这个网络之外，在封闭的孤立环境中独立发展。因此，高科技企业应当而且必须比传统企业更自觉地利用世界高科技资源，积极参与国际竞争和国际分工，加强和扩大国际高科技研究和开发的合作与交流，才能求得自身的迅速成长。而坚持进口替代之类的发展战略，势必与世界高科技发展潮流的差距越来越大，这是因为它忽略了国际分工和比较优势这一最基本的国际经济原理。作为从事高科技研究与开发、生产与服务的高科技企业，如果不进入国际市场的"圈子"，就不能了解和跟踪世界高科技的发展和变化，当然也就根本不可能保证本企业技术在世界范围内的先进性，并获取应当得到的最大利益。因此，走国际化道路是事关高科技企业生存和发展的最佳选择。

第二，高科技企业成长需要雄厚的国际资本支撑。由于高科技具有高投资、高风险等特点，致使高科技企业较之传统企业需要多得多的资金投入，才能生存和成长。这对于任何国家或地区来说都是力不从心的巨大负担。特别是像我国这样一个发展中国家，经济基础较薄弱，资金本来就比较短缺，加上处于经济起飞阶段的资金需求旺盛与资金短缺严重的矛盾，客观上很难在短期内增大对高科技企业的投入，尽管国家为鼓励和支持高科技的发展，给予一定程度的扶持，但绝大多数高科技企业仍然有不同程度的资金不足的困难。与此同时，一些发达国家或新兴工业化国家的资金相对充裕，不少财团手执资金寻找投资项目和领域。因此，高科技企业要想改善资金不足的状况，只有走国际化道路。中国高科技企业一方面可以按照政府提供的优惠政策积极扩大引进外资；另一方面也可以利用国外资金打出去，在投资国办研究与发展中心或生产基地，力争在国际范围内实现生产要素的优化组合，使产品、技术指标及性能价格比在国际市场上具有较强的竞争优势。

第三，高科技企业成长需要广大的国际销售市场的促进。由于高科技企业的专业技术水平较高，所以生产中间产品的企业居多，其客户往往分布在世界各地。即使是最终产品，由于最后投入所造成的产品价格上扬，在经济不发达的国家往往造成国内市场需求不足，因而只能在国际市场上找出路。

更为重要的是，只有通过国际市场的销售，高科技企业才有可能真正回收其投资成本，才有可能真正获得巨额回报。此外，高科技企业是现代科技革命的产物，是走向 21 世纪的带头企业，是先进生产力的代表，所以必须采用最先进的经营管理手段与形式。走国际化道路则是达到此目的的一种途径。

（三）现实可行性

如果说宏观背景环境与主体发展动因使中国高科技企业具有走国际化道路的必然性与必要性，那么，是否有可能的和可行的现实条件，允许中国高科技企业走国际化道路呢？这需要从两个方面来分析。

尽管我国高科技企业的起步较之发达国家、新兴工业化国家或地区要晚一些，但却已经初步基本具有走向国际化的条件和潜力。一些产品和产业在国际市场上占有一席之地，同时也培养和造就了一大批高科技研究与开发的优秀人才。我国已建立并正在形成具有一定规模的高科技企业和企业集团，其产值和出口额在全国工业总产值和出口总额中分别占有不可忽视的份额，在国民经济建设中显示出生命力，并取得了可观的经济效益。

但是，中国高科技企业走向世界，还必须经受相当严峻的挑战。从国际方面看，中国高科技企业走国际化道路将面临更为激烈的竞争。一方面由于当前世界经济增长速度放慢，因而国际贸易增长率降低，导致扩大出口的困难。在世界贸易市场容量有限的条件下，我们的竞争对手不仅包括发达国家和新兴工业化国家或地区，而且也包括一些发展中国家。我们的竞争对手越来越多，争夺出口市场也越来越激烈。另一方面，贸易保护主义盛行，关税壁垒、非关税壁垒等，给高科技企业国际化设置了种种障碍。同时，某些经济发达国家利用法律等手段在某些方面限制高科技流向中国，这些都严重阻碍着中国高科技企业的国际化发展。

从国内情况来看，中国高科技企业的国际化也存一些问题。首先，许多高科技企业普遍缺乏国际化生产经营和国际市场意识，缺乏有走向世界参与全球竞争的良好心理准备和经验积累。其次，信息闭塞，进出口渠道狭窄，高科技企业海外研究与发展机构和生产销售机构也较少，故而对国际市场了解甚少，既无法有效跟踪世界高科技的发展和变化，也无法直接接触国际市场的客户和消费者，常常处于被动、盲目局面。最后，缺乏灵活、有效的风险投资机制。现行的投资、信贷体制，基本上只支持风险小而且有担保的传统企业，有不少是国内市场紧缩，"复制古董"式的产品；而对于风险大、目前无明显效益，而且无人担保的高科技企业，较大的投资、信贷都几乎与它们无缘。

总之，在中国高科技企业国际化进程中，机会与挑战、优势与劣势、可能与是否可行等因素交织在一起。为了更好地推进中国高科技企业国际化进程，需要我们对高科技企业国际化机理作深入研究，给予中国高科技企业强有力的理论支持。然而，目前尚缺乏中国高科技企业国际化的机理与模式的系统研究，还没有深入研究高科技企业开展国际化所遇的一系列理论与实践问题，尤其是关于高科技企业国际化有别于传统企业国际化的特殊问题。西方的企业国际化理论基本上属于先行市场经济国家的私人企业的对外扩张理论，这一理论本身还有待完善，如何借鉴到中国这样的发展中后进市场经济国家中来，还需要我们做一番艰苦的整理、加工、改造。此外，还需要借鉴美、欧、日和新兴工业化国家或地区高科技企业国际化的历史经验，系统总结中国某些高科技企业国际化的成绩教训，构建有别于一般企业国际化的理论模式。

在中国企业国际化的进程中，传统大型国有企业首先扮演了主力军的角色，他们在国际市场的积极行动已经引起了世界的关注。同时我们通过仔细观察可以发现，中国的高科技企业国际化发展仍然处于初级阶段，管理方面的不成熟和不规范成为他们发展中必须突破的瓶颈问题。尤其在国际化的战略思想和发展方向的把握上，与发达国家和地区的高科技企业还有很大差距。而目前国内比较系统的指导性成果还不是很多，现实的需要则是越来越迫切。通过对我国高科技企业国际化问题的分析研究，借鉴国内外的有关研究成果和实践经验，探索和总结一些具有前瞻性、趋势性和战略性的意见，为高科技企业发展提供参考。

中国高科技企业国际化的宏观动机为：（1）期望参与到国际分工体系中去；（2）深化对外开放，在全球范围内进行资本最优配置；（3）带动经济增长；（4）带动外贸增长。中国高科技企业国际化的微观动机为：（1）保护出口市场；（2）降低成本；（3）管理者的推动；（4）获取技术；（5）建立企业品牌形象；（6）利用海外的营销渠道。

二、中国高科技企业国际化的背景分析

中国高科技企业国际化与其他国家企业的国际化相比，是在两个特殊条件下展开的：（1）作为发展中国家企业，属于后发展型跨国公司，在竞争优势、外国市场的进入方式和所有权方式等方面与先发展型跨国公司有明显不同；（2）中国是一种过渡经济体制，在由计划经济向市场经济转变过程中，政府和企业都面临逐渐转变职能，以适应市场经济发展的要求的问题。中国企业面临市场化和国际化的双重任务，因此，中国高科技企业的国际化有它不同的特征和路径选择。在中国企业国际化的发展过程中，内向国际化是其外向国际化的必要基础和条件。

按照国际经验，"引进来"与"走出去"是一国建立开放经济体系不可或缺的相互关联的两个方面。迄今为止，中国的对外开放基本停留在对外开放国内市场和引进外资为主的阶段，"引进来"是这一阶段的主要特点。几十年的"引进来"为中国经济发展和制度创新奠定了坚实的基础。同时，也为高科技企业"走出去"和开展对外直接投资创造了重要的物质技术基础和必要的制度条件。中国高科技企业已经具备一定的"走出去"的能力。加快高科技中国企业"走出去"的步伐，引导高科技企业积极稳妥地开展国际直接投资，并在这一过程中培育中国的跨国公司，将成为提升中国对外开放战略层次的重要契机，也是完善市场经济体制不可缺少的环节。

随着中国对外开放战略的调整，中国高科技企业对外直接投资逐步兴起将是一个不可逆转的发展趋势。有必要从理论上深入研究中国高科技企业对外直接投资的规律。兴起于20世纪50年代末60年代初的西方国际直接投资理论，是以发达国家为研究对象的。国际学术界对发展中国家跨国直接投资理论的研究，则仍处于起步阶段。因此，从中国企业国际化的实践出发，深入探讨中国企业对外直接投资的基本规律，不仅具有重要的理论价值，而且也是进一步完善中国对外直接投资政策体系不可缺少的环节。

三、对高科技企业"走出去"战略意图的理解

任何一个企业的成长与国际化道路都应遵循一定的路径，但由于高科技企业拥有高科技含量、高速发展和高风险的特点，决定了高科技企业的国际

化道路有别于其他一般传统产业的企业。

（一）市场战略与非市场战略

对高科技企业"走出去"战略的理解，不仅仅是一个市场战略，还包括非市场战略，因为企业要面临的不仅仅是市场因素层面的因素，还包括诸如法律、制度和公共政策这些非市场因素。而管理者要使企业受益最大化，必须同时采取市场和非市场战略。从政府角度来看，政府作用主要是战略性服务层面的，特别体现在非市场战略方面。现代经济条件下企业走出去不是单打独斗，需要从政府到银行、税务，从国内到国外一系列的支持体系和服务网络。作为一个发展中的大国，企业走出去之时并不是政府的战略角色就此完成之日，而是战略执行的开始，政府特别是在公共政策、法律和制度上的作用是难以替代的。如果国家将企业一推出去了事，其后果是可想而知的。还有一个待质疑的问题是：本土企业赖以成功的经验能否帮助国内企业打败世界级的企业？中国企业的成功在很大程度上是依靠中国市场高速发展的机会，中国企业家的管理思想和成功经验能否去和世界级企业对抗。在他们的实践中也遇到了这样那样的问题。问题是中国企业在学习西方企业时往往只看见器具层面（技术/工具/概念），看不见背后的制度层面（产权或组织或激励），更不见精神层面（价值观或预设或信仰）的倾向。因此仅作为一个亦步亦趋的优秀追赶者不大可能和西方企业平起平坐，更不用说超越。所以，中国高科技企业必须结合中国优秀的文化根基创造出具有中国特色的管理方式，才能真正走向世界。

（二）预期和非预期风险

我们必须看到中国高科技企业的海外扩张战略正在面临的一些重大的风险，对我国企业走出去形成巨大的挑战。例如，知识产权和标准、劳工权益和工会、市场风险、政治风险等。因为缺乏自主知识产权，中国高科技企业大都处于产业链的中低端。面对核心技术的短缺，中国企业往往通过直接付费应用国外企业的技术，或者通过购买包括专利技术的产品的方式来开拓市场。最明显的就是DVD，直到现在，中国每出口一台DVD还要向国外企业交纳20美元左右的专利费用，在国内销售一台DVD也要交纳十几美元的专利费。以至于国内DVD企业的利润近乎于零，许多企业纷纷倒闭。是否一个从未在海外有运营经验的公司可以成功整合一个著名的外国公司业务？是否全球的精明消费者会选择一个非知名公司的产品？这些都是需要从战略上考虑的问题。再如，在一些高风险地区的投资和贸易对我不利影响极大。在这些高风险国家和地区还要提防"政府违约"性质的国家风险。所谓"政府违约"是指政府非法解除与投资项目相关的协议。中国企业在国外经营过程中面临较大的不可预期的风险就是"政治风险"。这种风险一般是指与东道国政府行为有关或者政策和法律变化有关的风险，此外，还包括内战、叛乱、暴乱、恐怖活动等政治性暴力事件。一些发展中国家政局不稳、政权更迭，宗教、民族冲突此起彼伏，甚至爆发内战等。所以，从国际视野的角度来衡量，中国企业在资金运作、人力资本运作和企业管理上的能力还尚待提高。企业的国际化不是简单的地理意义上的扩张，任何企业在走出去之前都要仔细想一想，要不要走出去？去哪里？以什么样的方式走出去？走出去后怎么管理等。这些都必须理性地作战略成本—收益分析和进行风险管理。如何建立我国企业规避海外风险的风险防范与风险预警应变控制系统也是值得重视的问题。

虽然近年来我国高新技术企业发展速度很快，但在实践中，中国高科技企业国际化发展仍存在许多问题，如整体效益出现下滑趋势、科技创新能力不足、企业发展及出口能力与发达国家还有不小差距等，考虑到跨国公司仍然在高新技术企业国际化中占主导地位这一现象。中国高科技企业国际化可以根据企业的实际发展情况选择与国际上大的跨国公司共生、与国内的大企业共生；或是建立企业簇群、吸引跨国公司的直接投资、复制产业链、网络联合等方式进入国际市场。

四、我国高科技企业国际化进程和阶段

高科技企业的国际化是一个循序渐进和可跨越性并存的过程。纵观我国高科技企业的国际化进程，可以大致概括为进口主导阶段、海外跨国公司主导阶段、民族工业崛起阶段和民族工业主导阶段四个阶段。我国高新技术企业在全球产业分工中的地位和作用，决定了其国际化所选择的发展阶段。

（一）进口主导阶段

目前我国仍处于进口主导阶段的主要是在核心技术和关键设备方面依赖于进口的技术、资本密集型的产业和科技企业。在我国，这种产业还处于发展的初级阶段，典型的产品是集成电路。尽管我国集成电路产业保持了高速

增长，而且是我国重要的高新技术出口产品，但是，从整个产业发展来看，仍处于进口主导阶段。2002 年，我国进口集成电路 342.2 亿块，占国内市场需求总量 350.4 亿块的 97.6%。

（二）海外跨国公司主导阶段

我国高新技术产业中处于跨国公司主导阶段的产业主要是硬盘驱动器、软盘驱动器、显示器、打印机等产业。跨国公司把中国作为其全球的重要生产基地，整个产业的出口和国内市场基本被跨国公司所控制。由于这类产业存在较高的进入壁垒，国内企业的发展仍处于起步阶段，无论是国际市场还是国内市场都无法与跨国公司展开竞争。如硬盘驱动器，仅希捷一家生产和出口就占到全国的 80% 以上，显示器生产企业的冠捷、三星等跨国公司的产量和出口占到全国的 90%，佳能、爱普生、惠普为主的打印机产业和出口占全国的 80% 以上。

（三）民族产业崛起阶段

随着产业的发展，国内企业充分利用政府的支持和庞大市场，不断延伸产业链，培育民族企业成长，形成和跨国公司共同主导本国市场，并展开全面竞争。但是在开拓国际市场方面仍没有多大的进展，整个产业的出口仍以跨国公司为导，民族工业则处于高速发展阶段。典型的产业如计算机和手机产业。手机产业是我国近年来发展最快的高新技术产业之一，在手机产业发展初期，生产和出口都以诺基亚、摩托罗拉等跨国公司为主体，到 1998 年，国内品牌手机市场占有率为零。但是，近几年来，在我国手机产业高速发展的过程中，以 TCL、波导等为代表一批民营或国有企业迅速发展壮大，在国内市场上展开与跨国公司的竞争，到 2003 年 6 月末，国产手机的国内市场占有率已超过 50%。但是在开拓国际市场方向，出口方面，跨国公司手机出口占全国手机出口的 96%。

（四）民族产业主导阶段

在经历了多年的激烈市场竞争，在国家宏观政策的支持下，在部分产业一批民族工业不仅仅在国内市场处于主导地位，而且成为出口的主体。典型产品如 DVD、彩电、LED、太阳能光伏和中药等。这种产品在核心技术上我国拥有的自主知识产权明显多于前三个阶段，所以无论在国内市场还是出口市场，都占有很大比例。

第二节 中国高科技企业国际化的市场选择

按照国家对高新技术企业的认定标准，我们从截至 2005 年 4 月，深沪两地 1382 家上市公司中选择了 43 家高新技术企业，然后剔除没有国际业务（包括出口贸易或/和国外投资）、信息披露不全的样本，最后选择样本企业 31 家。

一、中国高新技术企业国际化市场选择优先权指数

基于乔纳森和瓦尔尼（1977）的国际化阶段理论和区位理论，采用同样的方法，计算中国高新技术企业国际化市场选择优先权指数，并对高新技术企业的国际化市场选择优先权与各国对中国的地理距离、文化距离、心理距离进行相关分析，并对知识经验的影响进行验证，结果见表 11-1、表 11-2、表 11-3、表 11-4 和表 11-5。

表 11-1　　　　　中国高新技术企业国际化市场选择优先权序列

国家或地区	选择优先权
英国	23.5
印度	12.9
意大利	18.1
以色列	8.2
新加坡	17.43
中国香港	14.18
土耳其	12.50
沙特	3.33
日本	19.30
美国	10.43
芬兰	24
法国	16.2
德国	1.3
比利时	20.50
澳大利亚	22.3

二、中国高新技术企业与各国市场地理距离

表 11-2 各国与中国地理距离由近及远排序 单位：度、海里

顺序	国家或地区	首都或者城市	经度	纬度	与北京距离
1	中国	北京	东经 118	北纬 40	0
2	中国台湾	台北	东经 122	北纬 25	916
3	日本	东京	东经 140	北纬 36	1064
4	中国香港	香港	东经 114	北纬 22	1099
5	印度	新德里	东经 82	北纬 28	1870
6	新加坡	新加坡	东经 104	北纬 1	2390
7	法国	巴黎	东经 2	北纬 48	2556
8	芬兰	赫尔辛基	东经 25	北纬 60	3347
9	瑞典	斯德哥尔摩	东经 18	北纬 59	3510
10	土耳其	安卡拉	东经 35	北纬 36	3594
11	挪威	奥斯陆	东经 11	北纬 60	3628
12	希腊	雅典	东经 30	北纬 40	3658
13	以色列	耶路撒冷	东经 34	北纬 32	3746
14	德国	柏林	东经 13	北纬 52	3824
15	奥地利	维也纳	东经 16	北纬 48	3846
16	丹麦	哥本哈根	东经 12	北纬 45	4084
17	比利时	布鲁塞尔	东经 9	北纬 45	4133
18	沙特	利雅得	东经 46	北纬 24	4139
19	瑞士	伯尔尼	东经 7	北纬 46	4140
20	意大利	罗马	东经 12	北纬 42	4156
21	爱尔兰	都柏林	西经 6	北纬 53	4179
22	美国	华盛顿	西经 122	北纬 48	4313
23	西班牙	马德里	西经 4	北纬 41	4571
24	英国	伦敦	东经 0	北纬 25	5013
25	加拿大	渥太华	西经 75	北纬 45	5071
26	墨西哥	墨西哥城	西经 99	北纬 19	5713
27	澳大利亚	堪培拉	东经 149	南纬 35	5859

三、中国高新技术企业与各国文化地理距离

表 11 - 3　　　　　　　各国或地区与中国文化距离由近及远排序

顺序	国家或地区	文化距离	顺序	国家/地区名称	文化距离
1	中国	0	17	以色列	0.96
2	沙特阿拉伯	0.06	18	加拿大	1.08
3	巴西	0.15	19	瑞士	1.20
4	中国台湾	0.33	20	芬兰	1.21
5	土耳其	0.35	21	希腊	1.22
6	爱尔兰	0.36	22	澳大利亚	1.25
7	印度	0.38	23	意大利	1.29
8	中国香港	0.51	24	比利时	1.30
9	哥伦比亚	0.56	25	日本	1.39
10	墨西哥	0.61	26	奥地利	1.50
11	新加坡	0.63	27	美国	1.65
12	阿根廷	0.75	28	挪威	1.66
13	委内瑞拉	0.84	29	英国	1.71
14	西班牙	0.86	30	瑞典	2.16
15	法国	0.9	31	丹麦	2.8
16	德国	0.95			

四、中国高新技术企业与各国心理地理距离

表 11 - 4　　　　　　　各国或地区与中国心理距离及排序

国家或地区	因子1	因子2	综合得分	相对距离	距离排序
中国	- 1.710	- 0.145	- 1.054	—	—
土耳其	- 1.541	- 0.438	- 1.025	0.029	1
沙特	1.767	- 0.283	- 1.122	0.068	2
以色列	0.115	- 0.343	- 0.12	0.902	3
印度	2.859	- 1.247	- 2.008	0.954	4

续表

国家或地区	因子 1	因子 2	综合得分	相对距离	距离排序
日本	0.341	- 0.775	0.013	1.068	5
意大利	0.217	- 0.427	0.025	1.080	6
法国	0.208	- 0.248	0.063	1.118	7
德国	0.166	- 0.093	0.076	1.131	8
英国	0.504	- 0.686	0.132	1.187	9
瑞典	0.428	- 0.501	0.133	1.187	10
澳大利亚	0.498	- 0.550	0.162	1.217	11
加拿大	0.455	- 0.065	0.255	1.309	12
中国台湾	- 0.507	2.386	0.281	1.335	13
奥地利	0.565	- 0.199	0.288	1.343	14
芬兰	0.710	- 0.461	0.311	1.365	15
瑞士	0.729	- 0.293	0.363	1.417	16
美国	1.007	- 0.748	0.417	1.471	17
丹麦	1.031	- 0.789	0.422	1.476	18
中国香港	- 0.194	2.208	0.424	1.478	19
爱尔兰	0.386	0.946	0.461	1.516	20
新加坡	- 0.146	2.279	0.470	1.524	21
挪威	1.017	- 0.419	0.504	1.558	22
比利时	0.576	0.894	0.562	1.616	23

表 11 – 5 高新技术企业国际化市场选择优先权与国家心理距离相关性分析

			心理距离	高新技术企业国际化市场优先权
Spearman 'rho	心理距离	Correlation Coefficient	1.000	0.454 *
		Sig. (1 – tailed)		0.045
		N	15	15
	高新技术企业国际化市场优先权	Correlation Coefficient	0.454 *	1.000
		Sig. (1 – tailed)	0.045	
		N	15	15

* Correlation is significant at the 0.05 level (1 – tailed).

表 11 - 6　高新技术企业国际化市场选择优先权与国家文化距离相关性分析

			心理距离	高新技术企业国际化市场优先权
Spearman 'rho	文化距离	Correlation Coefficient	1.000	0.539 *
		Sig.（1 - tailed）		0.019
		N	15	15
	高新技术企业国际化市场优先权	Correlation Coefficient	0.539 *	1.000
		Sig.（1 - tailed）	0.019	
		N	15	15

* Correlation is significant at the 0.05 level（1 - tailed）.

表 11 - 7　高新技术企业国际化市场选择优先权与国家地理距离相关性分析

		地理距离	高新技术企业国际化市场优先权
地理距离	Pearson Correlation	1	0.079
	Sig.（1 - tailed）		0.390
	N	15	15
高新技术企业国际化市场优先权	Pearson Correlation	0.079	1
	Sig.（1 - tailed）	0.390	
	N	15	15

从表中我们看出，文化距离、心理距离是高新技术企业国际化市场选择优先权的影响因素，相关系数分别为 0.539、0.454，特定市场经验对高新技术企业国际化市场选择优先权也具有重要的影响，地理距离与高新技术企业国际化市场选择优先权的相关系数是 0.079，说明地理距离对高新技术企业国际化市场选择优先权没有影响。

第三节　中国高科技产业发展的国际化现状与比较

一、我国高科技产品国际化发展

（一）高科技产品进出口持续快速增长

自 1998 年以来，我国高科技产品进出口持续增长，并自 2004 年开始从贸易逆差走向贸易顺差。具体数据见表 11 - 8 和图 11 - 1。

表 11 - 8　　　　　　　　中国高科技产品进口、出口与贸易差额　　　　　单位：亿美元

年份	1998	1999	2000	2001	2002	2003	2004	2005
出口额	202.5	247.0	370.4	464.5	678.6	1103.2	1653.6	2182.5
进口额	292.0	376.0	525.1	641.1	828.4	1193.0	1613.4	1977.1
进出口总额	494.5	623.0	895.5	1105.6	1506.9	2296.2	3267.1	4159.7
差额	- 89.5	- 128.9	- 154.6	- 176.6	- 149.8	- 89.8	40.2	205.4

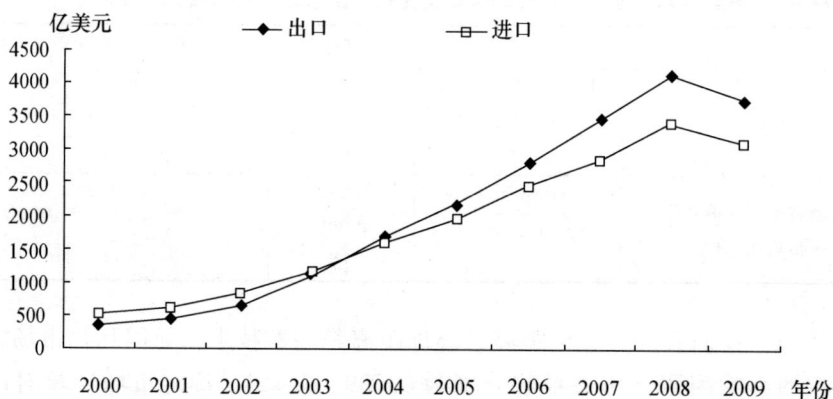

图 11 - 1　我国高技术产品进出口额（2000—2009 年）

在经历 2005 年之后三年连续增长后，因受到国际金融危机影响，2009 年我国高技术产品进出口额均出现明显下降，这是 20 年来出口额、进口额和进出口总额首次同时出现下降。当年高技术产品进出口总额共计 6867.8 亿美元，较 2008 年下降 9.3%。其中出口额为 3769.3 亿美元，较 2008 年下降 9.3%；进口额为 3098.5 亿美元，较 2008 年下降 9.4%。但是，高技术产品出口和进口的降幅均低于海关进出口商品的平均降幅。

（二）高科技产品在外贸进出口中的比重不断上升

从 1991 年开始，我国高科技产品在外贸进出口中的比重不断上升。其中，高科技产品进口占外贸进口比重从 1991 年的 14.8%，上升到 1998 年的

20.8%，2004年上升到28.3%；高科技产品出口占外贸出口比重由1999年的13%提高到2004年的27.7%，表现出良好的增长态势。

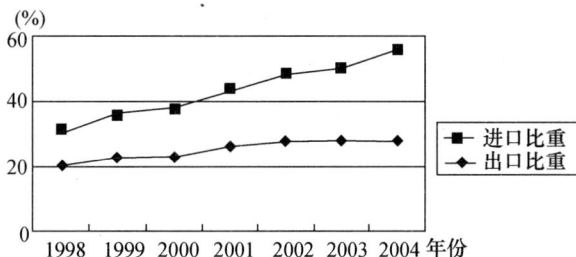

图11-2 中国高科技产品在对外贸易中的比重

资料来源：中国商务部网站。

（三）出口主要集中在计算机等电子技术类产品

从高科技产品进出口的技术领域来看，主要集中在计算机与通信技术和电子技术两个领域。2005年两个领域的出口额所占比重达到92.4%，其中计算机与通信技术类产品的出口比重高达81.1%；在进口方面两个领域的比重分别达到30.5%和51.0%。计算机与通信技术类产品一直是我国出口海外市场最主要的高科技产品，其中计算机类产品2005年占全部高科技产品出口的比重达到48.0%，这主要是由于自动数据处理设备、显示器、打印机和驱动器等产品的大量出口所致。而电子技术类产品是我国市场对外需求量最高的高科技产品，这类产品主要包括集成电路和印刷电路，2005年集成电路的进口额占高科技产品进口总额的比重达到41.1%。近年来光电技术、生命科学技术和计算机与通信技术、电子技术一起成为我国高技术产品出口最多的4个技术领域。2009年这4类技术领域的出口总额占高技术产品出口总额的比重高达96.97%。

（四）加工贸易是出口的主要方式

从贸易方式看，高技术产品进出口的主要贸易方式包括进料加工贸易、来料加工贸易和一般贸易三类。从近十年来的情况看，在我国高新技术产业高速发展的过程中，加工贸易所占的比重呈不断上升的趋势，由1993年的

70.2%上升到 2002 年的 89.6%，而同期一般贸易所占的比重却由 27.6%下降到 7.4%。2008 年进料加工贸易仍居主导地位，在出口额中所占比重为71.66%，比上年减少 3.42 个百分点；在进口额中所占比重为 43.03%，比上年下降 2.96 个百分点。一般贸易的进口额比重相对稳定，"十一五"的前三年一直在 20%上下波动，2008 年为 19.55%。来料加工贸易在 2008 年的出口额比重有所下降，由 2007 年的 14.16%降为 10.77%，低于一般贸易出口额比重 2.7 个百分点。来料加工贸易的进口额比重继续上升，2008 年为 13.44%，比 2007 年上升 1.73 个百分点。以加工贸易方式出口占我国高新技术产品出口总额比重过大，从一个侧面表明我国高新技术产业的生产方式以加工装备为主要形式，缺乏自主知识产权和自主品牌竞争力。

（五）外资企业成为高科技产品进出口的主导力量

加入世界贸易组织以后，我国的投资环境不断优化，成为全球最具吸引力的投资国家，2004 年我国吸收利用的外资居全球之首。跨国公司纷纷将高新技术产业的加工制造转移到我国，成为推动我国高新技术产品出口的主要力量。外资企业在我国高新技术产品出口中具有重要作用，2004 年"三资"企业所占的我国高新技术产品比重达到 77.6%，特别是外商独资企业所占的比重首次超过 50%，达到 55.4%。2008 年其占高技术产品出口与进口的比重为 67.59%和 62.57%。国有企业进出口额在我国高技术产品进出口中的份额继续下滑，"十一五"头三年国有企业出口占高技术产品出口总额的比重逐步提升，2008 年为 7.41%，比 2006 年提高 0.51 个百分点；进口所占比重则一路下滑，由"十五"末期的 14.27%降至 2008 年的 11.86%。私营企业在高技术产品进出口中的表现良好，出口额和进口额在高技术产品出口和进口的比重一路攀升，从 1996 年的万分之一，到 2001 年的不足百分之一，跃居到 2008 年的 5.16%和 6.84%。

从 2009 年我国高技术产品各技术领域出口的企业类型分布来看，不同技术领域的企业类型也有着不同的分布特点。外商独资企业主要集中在计算机与通信技术、电子技术、材料技术和光电技术四大领域，与进料加工贸易的技术领域分布基本一致，说明外商独资企业基本是通过进料加工作为高技术产品的主要生产形式。国有企业主要集中在生物技术和航空航天技术领域，所占比重在 50%以上。国有企业与私营企业在生物技术领域所占比重分别为 63.9% 和 26.1%，说明国有企业和私营企业已经成为我国生物技术领域的主要出口企业。

（六）高科技产品出口的国内区域分布

多年来，我国高技术产品出口额的地区分布主要集中于东部，特别是广东、江苏和上海三地，2008 年，广东、江苏和上海依然位居全国高科技产品出口额的前三位，分别占出口总额的 36.55%、25.36% 和 17.09%。

从高技术产品各技术领域出口的地区分布来看，2008 年计算机与通信技术、计算机集成电路技术和电子技术领域的产品出口主要集中在上海、江苏和广东，这三个地区的总出口额在三类技术领域所占比重均超过 60%。生物技术和生命科学技术领域的产品出口主要分布在上海、江苏和浙江；福建和陕西在航空航天技术领域的产品出口中占有较大份额，分别为 22.48% 和 12.22%；江西在材料技术领域产品出口中所占份额最大，为 34.27%。

（七）高科技产品进出口的主要市场

中国香港、欧盟和美国是我国内地高技术产品最大的出口市场，三个地区进口中国内地高技术产品占高技术产品出口总额的比重均在 20% 以上。与出口市场高度集中不同，我国高技术产品进口来源更加多元化和分散化。20 世纪 90 年代初期我国高技术产品进口主要被美欧等发达国家所垄断，但 90 年代中期开始，由于亚洲国家和地区在电子技术领域高技术产品竞争力的提升，欧美等发达国家在我国高技术产品进口额中的份额逐步下降，中国台湾、日本和韩国逐步成为我国内地高技术产品最大的进口市场，但美国和欧盟在航空航天技术、生物技术和生命科学上仍然具有较大的优势。2008 年，从中国台湾、日本和韩国进口的高技术产品均超过 450 亿美元，三地占高技术产品进口总额的比重为 46%。

二、中国高科技企业海外投资状况

（一）高科技研究与开发项目取得突破性进展

为了加快我国高科技产业的发展，跟踪并直接吸收国外的先进技术，我国一些高科技企业纷纷到欧美发达国家设立技术研究与开发中心，充分利用国外信息资源丰富和技术力量雄厚的特点，提升技术和产品开发能力。2000—2001 年，外经贸部批准海外研究开发机构 22 个，协议投资金额 5003

万美元，其中中方投资 2697 万美元，主要集中在美国、日本、英国、新加坡、澳大利亚、韩国。主要类型有光电技术、通信技术、软件开发、家电产品的研究开发。

（二）境外加工装配企业进一步增加

进入 21 世纪以来，一些具有比较优势的高科技企业通过到东南亚、拉美、中东和非洲、独联体和东欧等国家和地区投资办厂，开展境外加工贸易，带动了国产设备、零部件和技术的出口。截至 2001 年，我国境外加工装配企业已达 327 家，中方协议投资 8.7 亿美元，每年可带动国内设备、原材料出口 17 亿美元，对外工程承包项目带动出口 59 亿美元。

（三）IT 类高科技企业通过国际化建立国际营销网络

一批以通信网络、应用软件等高科技产品开发为主的国内高科技企业，通过在中国香港、美国等地设立公司，加快了建立国际营销网络的步伐。

（四）大型高科技企业成为海外投资的骨干

东风集团把企业"走出去"战略分成两个层次：第一个层次是商品输出层次，主要涉及货物贸易、服务贸易、技术贸易以及承包劳务等；第二个层次是资本输出层次，即对外直接投资，主要涉及海外投资办厂。宝钢集团提出"六个渐进"，即用户跟踪、市场联盟、资源开发、要素输出、技术贸易和间接投资。晨鸣集团 2001 年在中国香港成立分公司，作为走向世界的跳板，2002 年 7 月又在韩国设立办事处，8 月在日本、欧洲设立办事处。此外，像中海油、中石油、中石化、海尔、华源、万向、远大空调、华为等积极开拓国际市场，逐步具备跨国经营的能力，成为中国海外投资的重要力量。

三、境外跨国公司对我国高科技企业的直接投资状况

引进外资是我国发展高新技术产业的重要途径，特别是引进具有全球战略的跨国公司，其先进技术、管理经验的溢出效应会使我国企业受益，通过学习、吸收达到缩小与发达国家差距，实现我国高新技术产业的跨越式发展。

20 世纪 90 年代末，IBM、微软、英特尔、摩托罗拉、朗讯、索尼、松下等跨国公司纷纷在我国开设研究机构。据商务部统计，到目前为止，外国公司在我国开设的研究机构已达 100 多个，其中 30 多个已形成相当规模。未来 5 年，跨国公司在中国投资的研究机构还会比现在增长一倍多。这些跨国公司的研究与开发中心除了做本地化产品的研究与开发之外，一部分已开始为公司的全球市场服务，比如微软最近就把微软中国技术研究与开发中心升级为微软亚洲技术中心，使服务对象不再局限于中国。海外跨国公司对我国的投资也在从原来的以新建投资为主向兼并收购转变，并购开始成为跨国公司对外投资的主要形式。

四、中国高科技企业国际化发展中存在的问题

近年来我国高新技术企业国际化发展速度很快，但实践中也还存在科技创新能力不足和出口能力较弱的问题。

（一）科技创新能力不足的问题日益突出

随着全社会发展高新技术产业的热情不断高涨，科技成果不受重视的情况有了根本改变，社会对科技成果的渴求日益强烈。但目前在国际化过程中，科技成果需求和供应的矛盾十分突出，技术水平较高、市场前景较好、拥有自主知识产权的项目十分难求，大量风险资金由于找不到好项目而闲置。而且，部分发达国家开始利用知识产权手段来压制中国高新技术产业的发展。科技持续创新能力不强、技术后劲不足已经成为影响我国高科技企业国际化发展的重大问题。

（二）出口能力与发达国家还有不小差距

第一，从高科技产业出口在世界上的地位来看，我国所占比重还很小。

2000 年，我国高科技产品出口占世界高科技产品出口的 4.1%，居韩国之后，列世界第 8 位，仅为美国的 1/5，不到日本的 1/3。另外，从高科技产品出口占本国制造业出口比重来看，2000 年，我国高科技产品出口占制造业出口的比重为 18.6%，低于同期世界 20% 的平均水平。我国高科技产业有许多是以加工贸易为主发展起来的，在国际高科技产业链中处于较低的位置。而组装加工环节也决定了我国高科技产业在国际贸易中只赚取微薄的组装加工费，增加值率很低，而高利润部分都被拥有核心技术的跨国公司赚取。

2003 年，我国规模以上高科技产业增加值达到 5034 亿元，突破 5000亿元大关，比上年增长了 34.0%，是近五年来增长最快的一年。高新技术产品出口额增长更为显著，总量超过 1100 亿美元，比上年增长了 63%，占商品出口额的比重由上年的 20.8% 提高到 25.2% 。

图 11 - 3、表 11 - 9 显示，从纵向看，我国高科技产业发展非常迅速，高科技产业增加值占制造业增加值的比重从 1996 年的 6.5% 增加到 2002 年的 9.9%，高科技产业增加值占 GDP 的比重由 1998 年的 2.9% 增加到 2002 年的 3.6%。如表 11 - 10 所示，高科技产品出口占世界市场的份额从 1980 年的 0.92% 增加到 2001 年的 8.68%。但通过表 11 - 10 横向比较可以发现，我国高科技产业的发展仍然明显落后于美、日等发达国家。

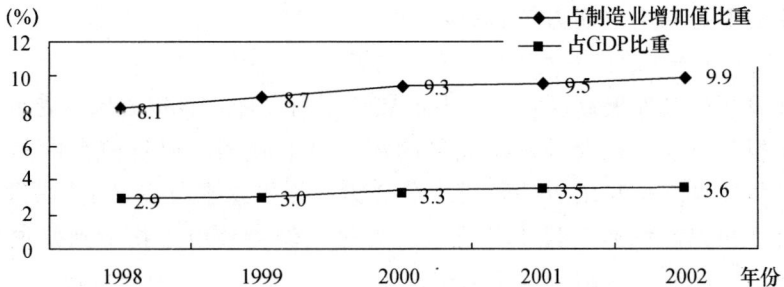

资料来源：根据中国科技部和商务部网站整理。

图 11 - 3　1998—2002 年中国高科技产业增加值占制造业增加值及 GDP 的比重

表 11 - 9　1996—2001 年部分国家高科技产业增加值占制造业增加值的比重　　单位：%

国家	1996	1997	1998	1999	2000	2001
中国	6.5	6.9	8.1	8.7	9.3	9.5
美国	21.1	21.6	21.8	22.1	23.0	—
日本	16.5	16.7	16.8	17.8	18.7	16.7
德国	9.2	9.6	9.5	10.3	11.0	10.4
法国	12.5	13.9	13.7	14.0	14.0	14.1
英国	14.3	15.0	15.5	16.3	17.1	—
加拿大	9.3	9.6	9.0	10.4	10.8	—
意大利	8.7	8.5	8.6	9.0	9.8	9.8
韩国	17.2	17.2	17.5	19.3	20.9	17.2

资料来源：根据中国科技部和商务部网站整理。

表 11-10　　　　1980—2001 年高科技产品世界市场份额的国际比较　　　单位:%

年份	美国	欧盟	日本	中国	韩国	德国
1980	31.61	29.24	17.56	0.92	0.94	10.91
1985	32.95	27.65	20.87	1.62	1.18	8.55
1989	30.95	25.83	21.31	2.21	2.07	6.86
1990	30.74	25.64	21.86	2.13	2.29	6.73
1991	29.39	25.59	22.89	2.34	2.37	7.12
1992	30.29	25.81	21.31	2.79	2.43	6.97
1993	30.09	25.12	20.37	3.43	2.73	6.11
1994	29.87	25.34	19.36	3.89	3.24	6.05
1995	30.70	24.49	19.47	3.41	3.40	5.36
1996	30.86	23.35	19.97	4.39	3.49	4.96
1997	31.38	22.14	20.21	4.80	3.87	4.70
1998	33.06	22.44	17.25	5.58	4.41	4.56
1999	33.09	22.27	15.11	6.84	5.53	4.46
2000	32.56	22.20	13.65	7.52	6.66	4.66
2001	31.80	22.83	12.87	8.68	7.05	5.00

资料来源:美国《科学与工程指标》(2004 年版)。

　　1996 年,中国高科技产业的总产值占全部制造业总产值的比重仅为
6.5%,2001 年接近 10%。美国和日本的这一指标分别于 1982 年和 1984 年
首次超过 10%,英国和韩国也于 1986 年首次达到 10%,我国则于 2001 年
才接近 10%。同时由于我国制造业整体规模与发达国家比差距甚远,因而
高科技产业在全球高科技产业的比重还很低,1998 年大约仅占全球高科技
产业总产值的 3%(根据美国《科学与工程指标》2002 年版所列的世界上
68 个国家和地区计算),而美国、日本高达 36% 和 20%。

　　同时,我国高科技产业的发展对外资依赖程度较高。随着我国投资环境
的不断优化,外商与我国港澳台商在大陆投资尤其在高科技产业领域投资的

力度不断加大，其在我国高科技产业中的地位迅速提高。2001 年，在我国高科技产业企业中，外商与我国港澳台商资本金占全部企业资本金的 49%，比 1996 年提高了 11 个百分点；外商与我国港澳台商投资企业营业收入占全部营业收入的 47.7%，比 1996 年提高了 18.2 个百分点。从结构上讲，我们强大的高科技产业出口量主要是靠"三资"企业推进的，如图 11 - 4 所示。无论从资本金、营业收入还是对外出口来看，我国的高科技产业对外资与我国港澳台资本的依赖程度已经达到了相当高的水平，且呈进一步上升趋势。

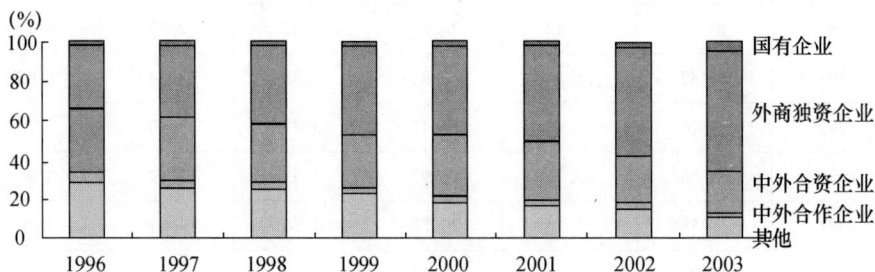

资料来源：根据中国科技部和商务部网站整理。

图 11 - 4 1996—2003 年高新技术产品出口按企业类型分布

第二，我国高科技产品出口中，绝大部分以来料加工和进料加工的贸易方式进行，如图 11 - 5 所示。

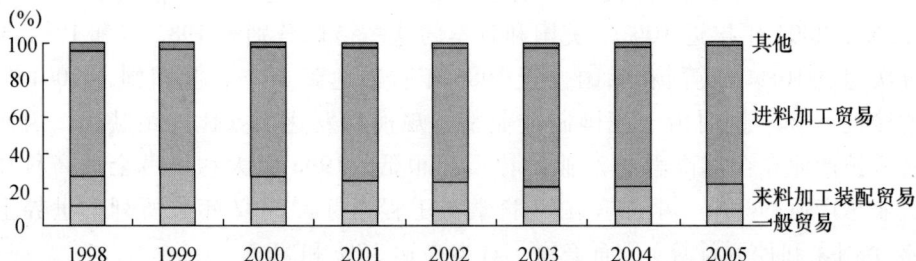

图 11 - 5 1996—2005 年高新技术产品出口按贸易方式分布

从图 11-5 中可以看到，自 1998 年以来在我国高科技产品出口中，来料加工和进料加工所占的比重为 85% 以上，并逐年呈稳定上升趋势。这表明我国高科技产业的生产方式主要以加工形式为主，高科技产业缺乏具有自主知识产权的产品，或自主知识产权的产品在国际上不具备竞争力，许多高科技产业产品生产的关键技术或零部件依赖于进口。有些高科技产业虽然在统计上认定为高科技产业，但实际从事的只是一些劳动密集型的加工组装工作，而不是严格意义上的高科技产业。这种情况必然造成了一些高科技产业同其他产业关联效应较差，难以实现通过高科技产业装备、改造传统产业，从而带动整个国民经济发展。

第三，我国高科技产业在技术密集程度方面与发达国家之间存在巨大差距。产业研究与开发经费强度是衡量产业技术密集度和技术先进性的重要指标。这里采用研究与开发经费占工业增加值的比重来分析我国高科技产业的技术密集程度。2002 年，我国 5 个高科技产业部门的研究与开发经费占高科技产业增加值的比重为 5.0%，明显高于全部制造业的平均研究与开发强度（约 3.4%）。这表明，在我国产业总体科技含量较低的条件下，高科技产业的科技含量明显高于一般产业。

表 11-11　　　　部分国家制造业和高科技产业的研究与开发强度　　　　单位:%

	中国	美国	日本	德国	法国	英国	加拿大	意大利	韩国
	2002 年	2000 年	2001 年	2001 年	2001 年	2000 年	2000 年	2001 年	2001 年
制造业	3.4	8.2	9.4	7.6	7.0	6.0	4.1	2.2	6.0
高科技产业	5.0	22.5	26.3	23.8	25.8	21.2	29.3	11.2	21.8
医药制造业	2.6	20.2	22.9	22.3	24.8	54.1	23.9	6.5	4.8
航空航天器制造业	15.0	20.8	22.3	23.8	29.2	20.8	14.0	20.4	—
电子及通信设备制造业	5.8	18.6	18.5	44.1	40.4	13.5	36.4	16.5	29.0
计算机及办公设备制造业	4.1	30.7	59.4	19.8	12.5	3.9	38.1	7.8	21.5
医疗设备及仪器仪表制造业	2.5	30.2	28.8	14.8	15.9	9.1	—	7.5	4.9

表 11 - 11 显示，我国高科技产业在技术密集程度方面与发达国家之间存在巨大差距。90 年代大部分 OECD 成员国高科技产业研究与开发投入强度超过 20%，我国的高科技产业 2002 年仅为 5.0%，各个领域均比发达国家落后很多。一个行业的研究与开发强度指标反映了一个国家在该行业自主研究与开发能力的高低。一般来说，高科技产业属于研究与开发强度高的行业。然而由于经济发展水平和技术发展阶段的不同，在行业内部会出现全球性垂直分工。发达国家一般处于垂直分工的上游，对关键技术和部件投巨资进行研究与开发，该行业的直接研究与开发强度较高。在垂直分工的下游行业，采用委托加工方式配套生产外部设备或进行整机的组装等，不需要进行高强度的研究与开发，技术密集度低。发达国家一般将这种下游行业转移到劳动力相对低廉的发展中国家进行生产。因此，我国高科技产业表现出技术密集度较低的特征。

第四，我国高科技产业在国际分工地位和竞争力方面都还比较低，与发达国家之间存在较大差距。从高科技产业贸易收支来看，从 1998—2003 年，我国高科技产品进口都大于出口，贸易收支呈逆差；只是从 2004 年开始出现顺差。从贸易特化系数 TSC 看，我国高新技术产品的国际分工地位和竞争力处于由低到高的提升阶段。20 世纪 90 年代初期高新技术产品的贸易特化系数在 - 0.5 左右，从 1995 年后有较大幅度提高，1998 年和 1999 年虽然略有下降，但 2000 年起又步入上升的轨道，2001 年已经达到 - 0.10。自 2004 年以来，随着贸易差额由逆差转变为顺差，2005 年该系数已达到 0.01，但总体上还处于比较劣势。

第五，高科技产业的投资结构仍不合理。据调查，我国高科技产业科研、中试与批量生产的投资比例为 1∶0.7∶100，而发达国家这三个环节的比例为 1∶10∶100。中试阶段主要产品的开发研究，在实验室成功基础上，挑选产业化前景明朗的项目进行中试小批量生产，在一定范围内试销。而在我国由于投资结构不合理，研究与开发经费投入不足，造成"中试空白"，使得高科技产业上、中、下游脱节，这也是我国高科技成果转化率低的重要原因。

企业作为技术创新主体的地位尚未建立，这使我国科技成果转化率远低于发达国家。一是我国研究经费主要投向科研院所及高校，企业研究经费少，

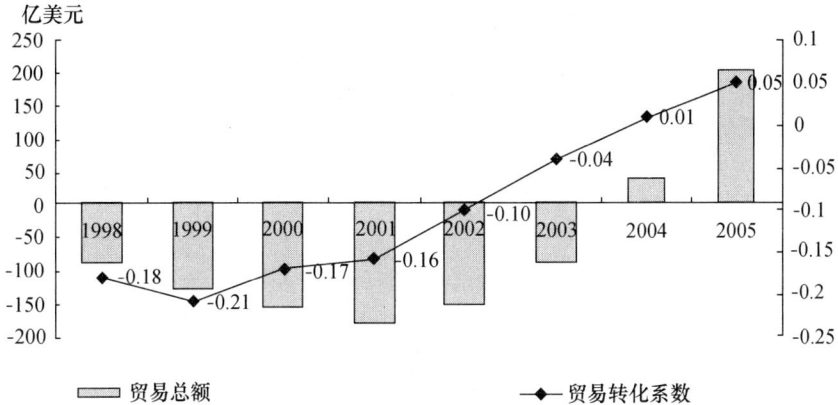

图 11-6 1996—2005 年高新技术产品贸易差额和贸易特化系数

设备老化，研究人员不足。其次我国技术创新主体原理市场，不能对市场需求和新技术的进展做出积极反应，许多科技成果脱离市场需求或缺乏可行性。二是科研院所与企业之间缺乏有效中介机构，技术市场的建立也并不完善，这使科研机构与企业间产生了"信息不对称"现象：一方面是大量的科研成果，一方面却是企业急需技术对产品进行升级换代。再加上科技成果交易成本很高，使得科技成果向企业转移困难重重。三是中国有不少高科技企业脱胎于高等院校、科研院所，在生产管理、质量保证资金筹措、市场开拓等方面都缺乏经验和实力，很难形成规模生产。

第二次全国基本单位普查资料显示，目前在我国 1 万余家科学研究机构中，3000 多家实行了企业化，占全部的 33%，绝大部分非基础性研究的科研开发机构还游离于市场需求之外，难以开发出市场所需的科研成果；在我国研究与开发经费支出中，企业经费支出约占 60%，而美国、日本、德国均在 70% 以上，表明我国企业科研开发的主体地位不强，政府研究机构和高等院校仍占相当高的比重，科研与生产脱节的现象仍然存在。

第六，科技成果转化能力弱。在科技成果转化为现实生产力，转化为社会财富方面，中国不仅远落后于工业发达国家，也落后于一些新兴工业化国家和地区。中国目前科技进步对经济增长的贡献为 20%—30%，大大低于发达国家的 50%—60% 的水平。2002 年国家公布的调查成果表明，一般成果转化商品率为 45.8%，高科技成果转化率只有 25%，鼓励从事高新技术的政策缺乏配套性。

第七，高科技产品开发基金短缺，缺少创业投资基金的支持。中国高科技研究拨款有限，没有足够的高科技产品开发基金，融资渠道狭窄，以银行为贷款主体的融资渠道限制了高新技术的发展。同时，社会风险资本也严重短缺，致使高科技研究成果难以转化为高科技产品。从其他投资方式看，我国二板市场尚未建立，风险投资体系尚没有健全，高科技企业发展的创业投资来源问题远未得以解决。因此，大批技术水平高、市场前景好的项目难以产业化，从而制约了高科技产业的发展。

第八，科技管理体制还需要深化改革，人才市场体系和人才流动机制还需进一步完善，对外开放的制度保障还需健全和强化。

第四节　中国高科技企业成长的国际化模式

一、高科技企业的内外向国际化模式

（一）高科技企业国际化的双向过程

企业国际化这个概念具有两个重要的核心特质：（1）企业国际化是一种国家间（两个或两个以上）的商业活动（或过程）；（2）企业国际化是一种双向度的交流活动（或过程），即国际化是一个"引进"产品、资源、资本、技术和"输出"产品、资源、资本、科技的双向过程。对企业而言，不管是内向还是外向，只要参与了国际分工，就应该承认该企业进入了国际分工为中心的价值链体系。

我国高科技企业国际化实际是一个双向过程，它包括内向国际化和外向国际化两个方面。所谓内向国际化，就是指以"引进来"的方式参与国际资源转换和国际经济循环，即通过引进外国企业的产品、服务、资本、技术和人才等要素导致国内市场国际化，不断学习和积累国际经营知识与经验，逐步实现企业的国际化。

我国高科技企业具有典型而深刻的内向国际化特征。随着世界经济一体化进程的加快以及中国对外开放的进一步深入，国外企业已经意识到中国市场的巨大潜力。因此，各国或地区的企业纷纷前来"抢滩"，全球 500 强企业中已有 400 多家挺进中国，几百亿美元的外资投放中国市场，在中国直接或者间接从事生产经营活动。这既给中国经济带来了巨大的活力，也给技术和管理相对落后的中国本土企业造成了巨大压力。2008 年我国高技术产业企业数共计 25817 家，比 2007 年增加 4300 家。其中，国有及国有控股企业数量 1743 家，继 2007 年比 2006 年下降 143 家后，2008 年继续下降 74 家；"三资"企业数则继续较快增加，达到 9296 家，比 2007 年增加了 1268 家，占全部高技术产业企业数的 36%。尽管高技术产业中"三资"企业的数量仅占 36%，但是从一些主要经济指标来看，三资企业在我国的高技术产业中占据着主导地位。2008 年，"三资"企业总产值占全国高技术产业总产值的比重已达到 70.3%，从业人员比重为 60.2%，出口交货值占 89.9%，利税占 54.6%。显然"三资"企业在我国高技术产业中仍处于明显的主导地位。

而外向国际化就是指采取"走出去"的方式参与国际竞争与国际经济循环，即通过本国企业产品、服务、资本、技术和人才等优质要素走向国际市场导致国内市场向国际市场延伸，进一步学习和积累国际经营知识与经验，最终实现企业的国际化。另外，还有一些内向和外向兼备的国际化活动，如战略联盟、对销贸易、合作生产等。

表 11 - 12　　　　　　　高科技企业的内向国际化和外向国际化

	外向	内向
贸易活动	产品出口	产品进口
技术转让	出售专利技术和技术援助	购买技术专利
合同安排	许可贸易、特许经营、管理合同、交钥匙工程、国际分包	补偿贸易、加工装配
合资企业	国外合资	国内合资
独资企业	国外子公司或分公司	成为外国公司的子公司

（二）高科技企业内向国际化与外向国际化的联系机理

1. 关系网络效应。内向国际化对企业的国际化进程的影响在国际化的开始阶段尤为显著。许多高科技企业的国际化进程是从内向国际化开始的。在这些高科技企业的国际化早期阶段，如果高科技企业在引资、进口、合作等内向国际化中得到了外向分工与国际化的启示，或者企业认识到在内向国际化的经营中得到的经验可以应用于国内市场之外的其他市场，而这些启示和经验与企业自身其他一些条件结合在一起而最终形成了企业进入国外市场的推动力时，企业的外向国际化行为有可能被触发。在高科技企业开始外向国际化后，其在之前的内向国际化经营中所形成的关系网络会起到非常重要的作用。例如，从国外购买原料或设备的进口商，进行的是内向国际化。在其内向国际化中与国外供应商形成的关系网络可以成为一个重要的资源，应用到其外向国际化进程中。关系网络的重要作用之一是其可以成为联系潜在客户的桥梁。

2. 学习效应。国际化进程是一个以知识的持续积累和根据反馈进行调整为核心的动态的、多维的过程。在制定关于国际化经营的决策时，知识和组织学习是一个重要的因素。乔纳森和瓦尔尼等人发展的企业国际化模型在很长时间内是国际化的主流理论之一，该模型集中讨论了企业在国际化进程中的逐步演变。在上述的研究中，不断地获取和应用关于国外的市场和经营方法的知识被认为是国际化进程的核心，也是企业进行国际化的基础。

企业在内向国际化的过程中，无论是进口原材料、设备或是技术，还是与跨国公司进行合资合作，都有机会增加对国际化经营的学习，增进对海外市场的了解，建立未来进行外向国际化的知识基础。也就是说，内向国际化通过知识的获取与利用对外向国际化起到推动作用。缺乏对当地市场的特定条件、结构特征，以及市场参与者（包括顾客、竞争者、供应商）特点的了解往往是一个公司在海外市场经营失败的重要原因之一。无疑，企业在内向国际化过程中获取和积累的知识可以给企业的外向国际化带来很大的优势。

3. 资金效应。作为内向国际化的引进外资，无论对于一个企业还是整个行业来说，从资金角度可以推动这个企业或行业的发展，进而对中国企业走出去产生影响。这里所说的资金角度，一方面，从数量的方面来讲，即对于资金短缺的发展中国家来说，外商投资作为外部资金来源，是外商对东道国经济增长所作出的最主要、直接的贡献之一。我国长期以来是资金短缺国家，20世纪70年代末期以来，外商自接投资作为外来资金来源，在我国固定资产投资额中所占的比重总体上呈现较大幅度上升的趋势。另一方面，外资还可以改善我国总体的投资质量，提高资金的配置效率和促进资产质量的改善。这是因为，提升资产质量所需的创造性资源如人力资本、技术水平、技术开发与使用能力、国际市场开拓能力、管理能力、对客户需求的理解能力等，都会随着跨国公司的投资一同进入国内。

4. 技术溢出效应。内向国际化，尤其是引进外商投资，可以通过技术外溢，提高中国企业的技术水平，进而推动中国企业更好地"走出去"。

FDI技术外溢是外商直接投资在东道国的生产经营活动的副产品。FDI技术外溢的途径通常包括：逆向设计、技术人员流动、示范效应和供应商—客户关系。逆向设计是指通过对进口制成品或中间品的研究、学习和模仿，可以启发东道国企业的创新意识，甚至开发出具有竞争性的相似产品；技术人员流动是指外资企业对员工的培训力度通常大于内资企业，从而造就一大批熟练工人和高级管理人才，一旦他们跳槽到东道国内资企业或自主创业，就会产生由于"员工流动"带来的技术外溢；示范效应是指FDI在给内资企业带来更大的竞争压力的同时也为其树立了学习的标杆；供应商—客户关系是指作为跨国公司的供应商，为了满足客户的质量需求，国内企业会迫使自己改善产品性能、提高产品质量，出现"向客户学习"效应，而作为跨国公司的客户，为了保证产品质量，外资方通常会演示和说明其新产品的质量、特点、功能、使用方法，提供安装及售后服务，同样有助于实现技术外溢。

5. 单向度国际化和多向度国际化的结合。由于发展模式不同，高科技企业国际化采取的具体策略和措施也不同，其结果也不尽相同。但是，不管是外向型还是内向型国际化，都是一种单向度的发展模式。外向型发展模式，从表面看是一种开放的发展模式，从本质上来看也是一种单向度的国际化。

国内外学术研究将国际化视为输出导向（Export–led）造成的结果。输出现象可广义地涵盖授权及国外制造等活动，这是一种外向的观点。然而，实际上国际化不只是一种外向驱动（Outward–driven）的行动，公司也会因从事输入导向（Import–led）活动；或是战略联盟、合作制造及反向贸易等因素而迈向国际化。理查德·弗莱切（Richard Fletchew，2000）的研究实证结果显示，大部分的公司都会同时从事内向、外向及联结的国际性活动，且许多预测外向国际化的因素也可用来预测内向国际化，故应以整体观来探讨国际化，以捕捉内向、外向及连接的国际性活动之间的交互影响作用。

二、国际化共生模式

（一）共生跨越理论

在此，我们把国际化中的共生模式定义为中国高科技企业与国外大的跨国公司之间的一种新的合作安排，这种合作安排是以相互依赖的关系为特征的，彼此之间以可持续进行的方式相互补充、相互依赖。对国外大企业来说，通过与中国高科技企业的整合得到了日益增加的弹性和效率，同时又向中国高科技企业提供了网络内的缝隙机会；而通过为国外大企业提供更高的需求，中国高科技企业可以更专业化，达到它们自己生产的规模经济。在一个真实的共生关系中，没有任何一方能够在不向对方做出贡献的情况下独立有效率的完成。例如，浙江民营科技企业的一条有效的国际化道路就是通过与大的跨国公司合作来增强全球竞争能力，这种合作可以使中小型的民营科技企业以整合进大企业价值链的方式接近全球市场，取得规模经济。同时，全球化环境下的竞争压力迫使大企业通过更强的专业化来缩减成本，而他们又常常以外包或价值链分工等方式使高科技企业获得专业化，这样就获得了共生关系。这种共生关系使得浙江民营科技企业能够比单独依靠自己的力量更快和更有效率的达到与国际化相联系的扩展区域和效率。

（二）中国高科技企业国际化成长过程中的共生模式

一种是与国际上大的跨国公司共生，如与跨国公司结成战略联盟，为跨国公司贴牌或者参与跨国公司价值链分工等。例如，专业生产机油散热器和中冷器的浙江天台银轮机械公司，通过共生，已经成为美国"康明斯"和英国"帕金斯"等位列世界500强的大跨国公司的配套厂。

另一种是与国内的大企业共生，那些中小型的科技企业可以加入以大型企业为核心的大型企业集团，一方面，可以获得大企业的资本与技术支持，同时也可以为大企业生产配套的产品和零部件，成为大企业生产配套体系中的一次或二次分包企业，形成协作化关系，发挥其高科技企业灵活的优势；

另一方面，企业采取追随战略，挂靠那些已经成功取得国际化成长的企业，借助于它们已经建立的国外销售渠道和经营能力进入国际市场。在国际化过程中，浙江一批"小巨人型"的民营科技企业就是通过共生关系，依靠"分蘖"辐射，拉长了产业链，使行业内部的专业化分工越来越明确，社会化大生产态势初显。同时，也加快了整个产业的技术创新和产品的升级换代。

在高科技企业中，实施共生模式比较典型的当属新中大软件。杭州新中大软件股份有限公司（以下简称新中大）创立于 1993 年，目前已是中国最大的最具竞争力的企业管理软件开发商、供应商及电子商务时代解决方案供应商，是中国软件产业的杰出代表和领导厂商之一。自成立以来，公司先后通过与实力比较强大的中国轻纺城集团股份有限公司、21 世纪科技投资有限公司及深圳创新科技投资有限公司进行资本上的战略合作与扩张，并在技术上和市场上与 IBM、微软、Sybase、甲骨文、惠普等国际知名公司建立战略联盟合作关系，从而形成了新中大产业化、规模化和国际化发展的道路，成为中国软件产业中一支举足轻重的力量。

三、国际化成长的群居模式

群居是指相同种属的企业之间聚集行为，体现的是一个种群内企业之间的相互依存与支持关系。在生命系统中，种群是个体之上的一个组织水平。从个体到种群存在一个质的飞跃。虽然种群是由不同个体组成的，但它不是个体的简单和松散的组合，它是由不同的个体，通过相互的作用而构成的一个有组织和一定结构的系统。

企业簇群，块状经济迅猛发展是高科技经济的一大特色。以北京、苏州、绵阳、西安高新技术开发区等为代表，2003 年 53 个国家级高科技产品开发区实现工业总产值 17307 亿元，工业增加值 4272 亿元，分别比上年增长 30% 以上；出口创汇 570 亿美元，同比增长 73%。2003 年全国高科技产品出口同比增长 62.7%，增幅高出同期外贸出口 28.1 个百分点，占全国外贸出口比重已达 25.1%。相当一批国家级高新区成为所在城市新的经济增长点，高新区工业增加值占所在城市工业增加值的比重已超过 30%，显示出蓬勃的生机与活力。

纵观高科技企业的群居现象，我们认为，密集分布的企业容易形成相互依存的关系，即使是竞争性的新企业，通常也立足于原有企业的附近，利用已有的资源和其他企业的人才。另一个造成企业群居的理由是信息流动。由于企业群居，信息流动快，相互支持性也高，对外界的回应也快，甚至在企业间产生相互学习的效果，加速彼此能力的成长。因此，群居的企业往往同质化现象比较突出。

应该看到，国内产业集群的优势往往只体现在总量和产品价格上，即使在国内，在单体规模和竞争能力上也不一定具有优势。国内产业集群的国际化大多仅限于出口，还没有开始国际化分工，单体的国际竞争能力也不强。但是，群居的一个优势就是易于联合，能够抵抗国际竞争的大风大浪。而群居群出，互帮互结，正是中国南方，尤其是浙江民营企业的一大特点，它们以"连体"的形式走出家乡，在最恶劣的生存环境中，有的跨越也有的跌倒，跨越的企业伸出血脉相连的手臂扶助跌倒的企业。强强联合可以说是浙江科技企业走向国际化的重要步骤，而且已经有不少企业迈出了这一步。通过在一定区域内的群居，科技企业往往能有效地弥补自身经济规模上的不足；而通过相关企业之间的联合，企业也可以增强创新能力和国际竞争能力。

（一）吸引跨国公司的直接投资

虽然目前集聚的高科技企业发展态势比较好，但如果这种集群区是一个封闭的系统，那么它就很难适应外部环境的变化，最终仍会走向衰落。因此，集群只有成为动态、开放的系统，只有实现外生型的创新，才能保持长盛不衰的生命力。高科技企业集群可以凭借齐全的生产—销售—服务—信息网络吸引跨国公司前来投资。跨国公司价值链所产生的前向、后向联动又会提高与之相关的集群上下游企业的技术水平，这反过来会促使跨国公司采购与投资力度的加大，这就形成了一种良性互动的发展局面。依靠这种动态、开放的系统及其实现的外生型创新，中国高科技企业的国际竞争力会得到长足的提高。

跨国资本在全球化的流动空间里搜索资源和组织经济活动，哪里的生产要素发达，资本就会粘在哪里，这种粘力蕴藏在本地产业群之中。在本地建立真正的产业群后，不仅吸引来的工厂会根植于本地，还会有很多新企业在本地繁殖和成长，从而黏住流动着的财富。如果集群内成员企业尤其是核心企业与国外先进企业合资合作，也有利于企业集群在经验技能方面的整体优化，这种"拉动力"可能带动一大批高科技企业走向国际化。可见，跨国公司不仅会参与集群中的创新网络，而且能够通过自身的全球网络组织为集群与区域外界的联系架起一座桥梁，成为联系经济全球化与集群区域的纽带。

（二）复制产业链

所谓复制群居链，是指一些有着产业联系的上下游生产企业"一窝蜂"地相继到海外投资，以维持原来的生产联系。集群中的高科技企业有着天然的联系，企业之间往往通过分包、各种合同安排以及战略联盟等紧密地联系在一起，形成十分发达的企业网络。

在这种背景下，对于缺乏国际直接投资经验的浙江民营科技企业来说，以捆绑式、组团式的投资形式进入海外市场，不失为一个明智的选择。企业依靠在海外复制群居链，可以形成新的规模优势与完整产业链，减少对东道国当地供应商的依赖，使企业可以在一个相对熟悉的商业环境下运作。利用合理的组团式投资，还可以起到配套生产、降低企业生产成本、缩短进入国际市场的时间等作用。例如，新加坡的裕廊工业园，就是依靠整体网络，合理利用资源，通过集群不断升级，以此进入海外市场，从而保持可持续发展。不仅如此，通过群居群出，高科技企业将在国际化过程中获得更多的资源支持。典型的情况是由行业的关键企业带头，协调组织有关的银行、供货商或服务企业齐头并进，同时在政府的大力支持下，在目标国市场进行全方位的"立体投资"。

在这方面，中国高科技企业可以参照日本企业的做法。日本在发展中国家的投资往往呈现"一窝蜂"现象，这样，投资企业可以共同分担海外经营附加成本，并加强市场地位。此外，日本贸易公司、银行以及政府对对外投资企业的支持，可以帮助改善其竞争地位，并且日本企业的下承包制度使得海外投资企业或在自己企业内部或在相互联系的日本企业中实现中间产品的市场内部化，形成内部化优势。

（三）网络联合

在本报告中，网络联合是指从"企业集群"发展到"集群企业"，往往是由在集群中处于相互关联的网络中的企业以一两个企业为核心结成一个新的企业集团，通过统一对外促销、规范品质标准、认同专项技术、推广共同商标、共享集群信誉等"集群效应"来谋取单个高科技企业很难具有的差异化优势。例如，推行品牌战略时，单个小企业往往因为资金不足和有限的产品设计能力，不能够独立完成，而使用共同品牌，拥有统一销售机构的"集群企业"就可以弥补这方面的缺陷。

现代组织理论认为，当公司需要对迅速变化的外部环境作出反应时，企业内部部门之间的界限以及企业之间的界限就会变得模糊不清和灵活不定。传统的企业竞争理论都把企业当作独立的决策单位来分析，但是，网络理论认为，任何企业都只有在一定的社会关系中才能生存，一个行业就是企业间的社会关系网络。网络是一种既不同于市场形式又在等级组织以外的新的组织形式，它比市场稳定，却又比等级组织灵活，是一种"有组织的市场"。在迈向国际化的集群网络中，中国高科技企业应当是对环境开放的组织，为了创新和取得竞争优势，它需要向网络中的其他企业开放，并与之联合，共享技术、信息等资源。靠单个企业单打独斗很难在激烈的国际竞争中站稳脚，这一点在硅谷已有前车之鉴。20 世纪 80 年代中期，硅谷的半导体存储器市场之所以被日本公司夺去，其中一个原因就是集群中不重视企业网络的建设。

被国内经济理论界专家学者誉之为"新温州模式"的德力西集团可以说就是一个"集群企业"。它由最初的 20 多家温州柳市同行的加盟发展成为企业 70 多家、协作企业 700 多家、跨地区、跨国界、跨所有制的大型现代经济综合实体，是我国目前工业电器行业规模最大、产量最多、品种最全的企业之一，并在市场上拥有驰名商标、驰名品牌。以分工协作为基础、以品牌为纽带，德力西集团实现国际化发展。世纪交替之际，面对世界贸易组织的挑战，德力西集团凭借作为中国驰名商标、著名品牌的价值，在美国成立了世纪德兰投资有限公司，在德国成立了研究与开发中心，在中国香港成立了贸易有限公司。以本土化的运作，参与全球化经营，使得德力西集团在世纪之初，构架起以美国世纪德兰投资公司为核心，形成德国研究与开发中心、香港贸易中心等多元产业的国际"金三角"产业框架。随着德力西集团三个"金三角"框架的构成，品牌也在不断地得以提升，并努力从行业的中国名牌向大众的品牌转移，朝着由中国名牌向世界名牌跨越迈进。

四、独立进入国际市场

所谓独居也即是独立开拓型，这种模式适用于具有一定的国际化经营经验、具有较强的创新能力和经营实力的高科技企业。企业以独居的方式可以取得海外投资的绝对控制权以及投资的全部收益。进入发展中国家市场时，实力较强的民营科技企业往往采取独居的方式，以此来充分发挥母公司的资金与技术优势。尤其是在知识产权比较突出的直接投资中，如自建的研究与开发中心、销售网等，采用独居的形式，更易于加强母公司对自己的知识产权的控制，避免先进的生产技术或管理技术的泄漏。

独居模式的采用对企业能力的要求比较高，具有一定实力的民营科技企业，可以尝试采用三外联动式进行国际化发展。所谓三外联动式企业即一个企业既搞外贸生产，又办合资企业，还到国外办厂的生产和经营方式。这较之单一外向型企业更为顺利地接通走向国际市场轨道，国际化程度高，市场信息广泛、灵敏，既可以利用外贸出口销售，又可以利用外商的销售渠道，更可利用自己了解的市场信息，生产出口产品。先行者的市场领先优势比较明显，但是，所遇到的风险是非常大的，往往独居也不能完全的是由一个企业独立的在境外直接投资办厂，可以采用当地化的方式，与当地的企业合资和合作，可以降低进入壁垒。一般而言，独居国际化中，企业以新建、购并以及相应的资本运作等方式实施创牌战略。

一旦一个企业决定进入一个外国市场，它通常面临两个决定：首先，企业必须决定他们希望在外国公司中占有多少份额，这就是所谓的"进入方式决定"：企业要决定的第二个问题是，如果企业决定拥有一个完全属于自己的工厂，它必须决定是采用兼并已有的企业还是另外建立一个新的企业（绿地投资）。这在学术文献中被称之为"多元化投资方式选择"（Barkema and Vermewlen，1998；Hennart and Park，1993）。关于"多元化投资方式选择"，享纳特和帕克（Hennart and Park）认为"在进入外国市场时，绿地投资和兼并可以作为相互替代的方式，但在如何选择上，尚没有发展的很好的理论"。Harzing（2002）将影响企业国际市场进入方式选择的变量总结为：研究与开发强度、多元化水平、国外的经历水平、文化差异、国外直接投资相对于投资公司的规模。结合交易成本理论、制度理论以及文化因素等方面的研究，我们认为，中国高科技企业以独居的方式进入国际市场可以考虑以下几个因素：

企业的技术集约度越强，拥有的国际化经验越多，而进入的又是一个文化不确定性高的市场，企业倾向于采用新建的方式；而企业投资规模比较大，多元化程度比较高，进入的又是一个高速增长的市场，企业倾向于采用购并的方式。

高科技企业是知识密集型企业，国际化成长不仅要追求产品的市场份额与利润，更要注重技术进步与知识学习。因此，国际市场的进入可以被理解为一种利用现有知识库或通过探索获得额外知识的一种行为。由此，进入方式的选择不仅是出于成本最小化问题，它还反映了寻找利用和开发知识库的强烈愿望。随着企业国际化经验的增多，它对知识的创造和转移也可能发生变化，在早期最适合的进入方式到后来也可能变得不太适合。早期的进入者，经常被开发母国竞争优势的愿望所激励，企业倾向于采用新建的方式；而随着跨国经营经验的增多，企业往往又被探索东道国特有优势的愿望所激励，经常冒险生产一种新产品或开始一种新生意，此时它们更偏好于购并或合资。

虽然独立开拓型国际化成长方式更有利于中国高科技企业发现市场机会，获得更大的发展，但是在实践应用中仍要慎重。由于中国高科技企业普遍实力不强，抗风险能力差，对外直接投资的成败与其生存发展具有很大的相关性，一个项目的失败就可以导致整个企业的毁灭。而企业实施研究与开发国际化战略时，由于产品生命周期日益缩短以及技术的日益复杂使得研究与开发的费用也日趋庞大，对这种研究与开发能力的要求已经超过了大多数单个企业能力的范围。在这种背景下，企业往往需要通过联盟来利用共享资源，提高学习能力和提升创新技能，从而适应复杂的技术创新的要求。蒂斯（1986）也指出处于高速成长期产业的企业需要组建联盟实现能力互补以确保适时产品的推广及整体能力的配置。不仅如此，从组织形式的角度来看，走向国际化的企业面对的是一个市场环境、技术、管理不停变化的世界，企业面临的各种不确定性对他们的战略和能力提出了不同的要求，从而也要求企业采取不同的组织形式（Bttis and Hitt，1995）。高科技部门以及企业面临环境的高不确定性要求企业要有较强的学习能力、较快的组织调整能力以及快速的战略反应能力，而这些都要求有一个灵活的组织形式。根据劳伦斯和洛尔施（Lawrence and Lorsch，1967）以及普费弗和萨兰克（Pfeffer and Salanchk，1978）等人提出的组织理论，松散的组织结构（如像联盟一样灵活的组织）在应付环境不确定性方面比等级制的组织结构（如购并或新建）更有效。

五、中国高科技企业国际市场进入的进化博弈

（一）高科技先行国与赶超国的国际市场竞争

相对于经典博弈论而言，进化博弈论作为一种新的分析方法，在博弈参与方的理性假设、分析的动态性、参与人的信息获取来源和信息处理能力、均衡解的获得等方面都更为符合现实、更有说服力。进化博弈的一个基本理论前提是博弈参与方具有有限理性。这意味着博弈方往往不会一开始就找到最优策略，但会在博弈过程中学习博弈，通过试错来寻找较好的策略；有限理性也意味着一般至少有部分博弈方不会采用完全理性博弈的均衡策略，意味着均衡是不断调整和改进而不是一次性选择的结果，而且即使达到了均衡也有可能再次偏离。这个前提假设与完全理性相比更为接近现实情况。按照所研究的群体数目不同，进化博弈可分为两类：单群体对称动态博弈与多群体非对称动态博弈。多群体动态博弈所考察的对象中有多个群体，不同群体中的个体有不同的纯策略集、不同的群体平均收益及不同的演化速度。对于本书研究的问题来讲，应当归属于两群体非对称博弈。对此可以利用两群体非对称博弈的复制动态方程来展开分析。

高科技先行国与赶超国在科技水平上存在较大差异，一个重要的体现就集中在专利数量、水平及其布局和保护利用方面。一般而言，先行国作为发达国家，整体科技水平要高于赶超国，因此，对专利而言，先行国企业往往已有多年积累，而且是处在核心的基础专利地位，其专利布局也做了比较充分的战略安排，在专利保护维护权益方面也是行家里手。而对于赶超国而言，处于追随阶段，其专利处于次核心乃至边缘的外围专利；对于专利布局的战略安排，对专利保护维权也缺乏经验。因此当赶超国家进入国际市场，必将遇到先行国家的战略抑制、威慑甚至阻击。从高科技产品的国际市场特点而言，这种战略抑制、威慑和阻击主要是通过专利诉讼进行的。以下结合

谢识予（2002）和张维迎（1996）等的工作基础上进行分析。

（二）市场进入阻止博弈框架

本书试运用进化博弈理论中的市场进入阻止博弈的框架进行分析。市场进入博弈是一个常见的动态经济博弈分析框架。首先，参加博弈的两方，一方的选择范围是选择是否进入国际市场参与竞争，这也可以被看做是一种国际市场生态位的竞争。对方则选择是否对这种进入行为予以打击，在本书中就是主要讨论是否对新进入方采取专利诉讼打击。

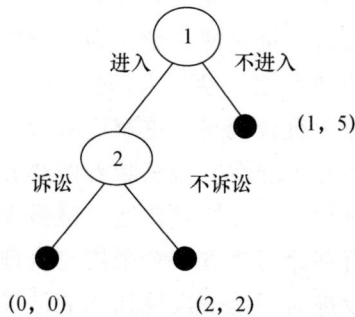

图 11－7 高科技产品进入国际市场博弈

1. 中国高科技产品企业进入国际市场博弈收益矩阵。选择反复从市场进入方为博弈方 1，即中方高科技产品出口企业（以下简称中方）和市场阻入方为博弈方 2，即可能采取打击措施包括诉讼在内的先行国企业（以下简称外方）。博弈双方的得益矩阵也做了相应调整如图 10－8 所示。

		博弈方2	
		诉讼	不诉讼
博弈方1	进入	0, M	L, N
	不进入	D, F	D, F

图 11－8 高科技企业进入国际市场博弈收益矩阵

其中，D、F 表示当中方选择"不进入"策略、外方选择"不诉讼"策略时，中方和外方的收益。由于专利存在属地管辖权问题，假定中方选择不进入国际市场时，外方不会采取诉讼措施，故出现了 2 组相同的得益情况。再假定当中方选择进入时，如果外方采取诉讼打击措施，而中方选择退出，得益为 0，外方得益为 M；而外方不打击中方时，双方得益分别为 L 和 N。

在完全理性条件下，博弈双方的子博弈完美纳什均衡应当是（进入，不诉讼）。但事实上，博弈方应当是有限理性的，这意味着他们没有追求子博弈完美纳什均衡策略的能力和坚持这种策略的决心，因此结果往往不是上述的均衡结果。

2. 博弈双方的策略博弈收益及其复制动态方程。假定在博弈方 1（中方）参与这个博弈的群体中，采取"进入"策略的比例为 x，那么采用"不进入"策略的比例则为 $1-x$；又假定博弈方 2（外方）群体中采用"诉讼"策略的比例为 y，那么采用"不诉讼"策略的比例就为 $1-y$。于是中方群体中采取"进入"、"不进入" 2 类博弈方的期望得益 u_{1e}、u_{1n} 和群体平均得益 $\overline{u_1}$ 分别为

$$u_{1e} = y \times 0 + (1-y) \times L = L(1-y)$$
$$u_{1n} = y \times D + (1-y) \times D = D$$
$$\overline{u_1} = x \times u_{1e} + (1-x) u_{1n} = Lx(1-y) + (1-x) D$$

中方群体中的博弈方类型比例的复制动态方程为

$$\frac{\mathrm{d}x}{\mathrm{d}t} = x (u_{1e} - \overline{u_1}) = x(1-x) [(L-D) - Ly]$$

由上式可知，如果 $y = \dfrac{L-D}{L}$，则 $\dfrac{\mathrm{d}x}{\mathrm{d}t} = 0$，这意味着所有的 x 水平都将处于稳定状态；如果 $y \neq \dfrac{L-D}{L}$，则 $x^* = 0$ 和 $x^* = 1$ 是 2 个稳定状态，其中当 $y > \dfrac{L-D}{L}$ 时，$x^* = 0$ 是 ESS；$y < \dfrac{L-D}{L}$ 时，$x^* = 1$ 是 ESS。

图 11-9 的三个相位图给出了在三种情况下的动态趋势及稳定性。

而外方群体中"诉讼"、"不诉讼" 2 类博弈方的期望得益 u_{2s}、u_{2n} 和群体平均得益 $\overline{u_2}$ 分别为

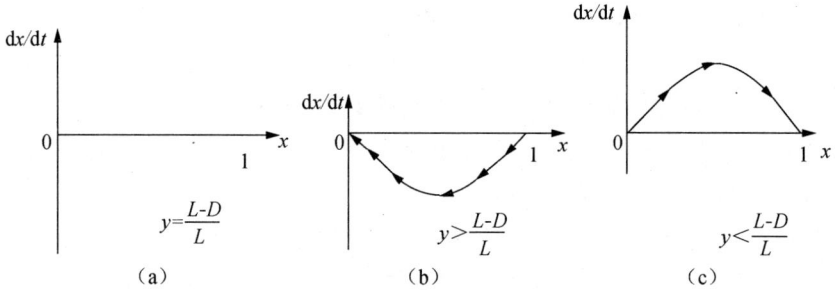

图 11-9 中方位置博弈群体复制动态相位图

$$u_{2s} = x \times M + (1 - x) \times F = F + (M - F)x$$

$$u_{2n} = x \times N + (1 - x) \times F = F + (N - F)x$$

$$\overline{u_2} = y \times u_{2s} + (1 - y)u_{2n} = F + (M - N)xy + (N - F)x$$

外方群体中的博弈方类型比例的复制动态方程为

$$\frac{\mathrm{d}y}{\mathrm{d}t} = y \ (u_{2s} - \overline{u_2}) \ = y \ (1 - y) \ (M - N) \ x$$

根据该动态方程，当 $x = 0$ 时，dy/dt 始终为 0，即所有 y 都是稳定状态；当 $x \neq 0$ 时（此时必然 $x > 0$），$y^* = 0$ 和 $y^* = 1$ 是 2 个稳定状态，其中谁是 ESS 取决于 M 和 N 的大小。如果 $M < N$，则 $dy/dt < 0$，$y^* = 0$ 是 ESS；如果 $M > N$，则 $dy/dt > 0$，$y^* = 1$ 是 ESS。

图 11-10 中的三个相位图给出了在三种情况下的动态趋势及稳定性。

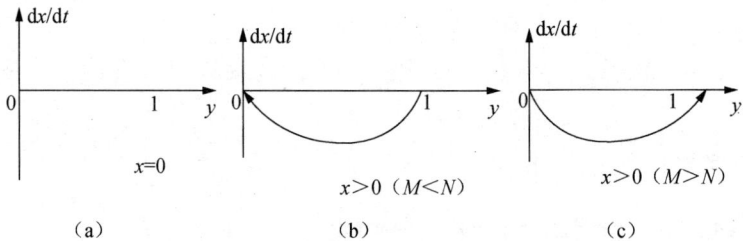

图 11-10 外方位置博弈群体复制动态相位图

进一步将上述两个群体类型比例变化复制动态关系的相位图放在一个图形里表示，则得到图 11-11。

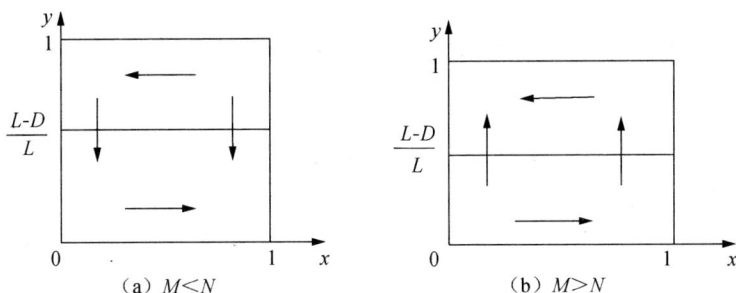

图 11 - 11　市场进入非对称博弈两群体复制动态的关系和稳定性

由图 11 - 11 可知，当 $M < N$ 时，（1，0）是进化稳定均衡点；$M > N$ 时，（0，1）是进化稳定均衡点。这说明博弈最终结果如何，取决于外方在中方选择进入时，采取诉讼打击与不打击的收益比较如何。具体展开，也就是说当中方选择进入时，若外方诉讼打击取得的收益低于不诉讼的收益，则不论中方是否真正进入，最终的均衡是 $x = 1$，$y = 0$，即中方群体所有成员都选择进入，而外方选择不诉讼，博弈利益结果为（L，N），显然这是对中方有利的结果。若中方选择进入时，外方打击取得的收益大于不打击的收益，则不论中方是否真正进入，最终的均衡是 $x = 0$，$y = 1$，即中方群体所有成员都选择不进入，而外方将保持对中方进行诉讼打击的威胁。博弈利益结果为（D，F）。显然这不是双赢的结果。根据上述结论，虽然短期内，中方和外方可能作出的博弈决策并不是完全理性的，但是最终的博弈结果还是取决于外方在对中方出口产品诉讼打击的成本和收益上，如果收益大于成本（$M > L$），最终结果自然是打击；但如果收益小于成本（$M < L$），则外方收敛其打击行为，中方顺利进入国际市场将成为最终结果。因此，所有能使得其诉讼打击带来的收益减少和（或）成本增加的措施都是有利于中方的措施。

从 $\dfrac{dy}{dt} = y [u_{2s} - \overline{u_2}] = y (1 - y)(M - N) x$，可知，$M$ 减少和 N 增加的幅度越大，y 向 1 增加的速度越慢，或者向 0 减少的速度越快。

六、中国高科技企业双向国际化的进化博弈

以上讨论的是中国高科技企业进入国际市场，特别是发达国家市场可能遇到的市场阻力以及相关利益方之间的进化博弈问题。但是由于中国高科技企业的成长国际化是一个双向的进程。既然如此，中国高科技企业就必须学会应对这种双向国际化的挑战。这里我们引入非对称的鹰鸽博弈进行讨论。

在“鹰鸽博弈”模型系统中，假设有两个理性个体（或群体），它们都有两个策略：鹰策略简记为 H，鸽策略简记为 D，对于两个个体（或种群），由这两个策略可以组成 4 个策略组合：（HH）、（HD）、（DH）和（DD）。

设博弈方为了获得某一收益 v，若两博弈方都选择鹰策略，双方付出冲突的成本为 c，则双方的纯收益均为（$v-c$）/2；若博弈方采取的策略不同，则采取鹰策略的纯收益为 v，而采取鸽策略的纯收益为 0；若博弈方都采取鸽策略，则双方的收益均为 $v/2$。事实上“鹰鸽博弈”的博弈双方实力时常不对等，在实力不对等的条件下，博弈双方的生态位重叠收益显然要受双方实力对比的影响。而在此条件下，当博弈双方发生冲突时，受到的伤害程度是不同的，实力大的一方受到的伤害比实力小的一方要小得多，尤其从长期考察，这种伤害的程度对双方来说都要比实际显现得大；当双方选择合作时，对收益的分配也应是实力大的一方得到的高。设鹰鸽博弈所争夺的目标对博弈方 1 生态位的博弈方价值为 v_1，对博弈方 2 生态位的博弈方价值为 v_2，且设 $v_1>v_2>0$。则可获得图 11－12。

		博弈方 2	
		鹰	鸽
博弈方 1	鹰	$\frac{v_1-c_1}{2k}$，$\frac{v_2-c_2}{2(1-k)}$	v_1，0
	鸽	0，v_2	kv_1，$(1-k)v_2$

图 11－12　双向国际化过程中的非对称鹰鸽博弈收益矩阵

这里直接给出图 11 - 13 的实例，以便下面简化分析。

		博弈方2 鹰	博弈方2 鸽
博弈方1	鹰	-1，-5	10，0
博弈方1	鸽	0，2	5，1

图 11 - 13　双向国际化过程中的非对称鹰鸽博弈数值

设博弈方 1，2 采取鸽策略的频率分别为 x，y，则相应采取鹰策略的频率为 $1-x$，$1-y$，由此可计算出 1，2 双方选择不同策略时对应的期望收益以及平均期望收益。对于博弈方 1 来说，选取鹰、鸽策略时的期望收益分 u_{1h}、u_{1d}和群体平均得益$\overline{u_1}$分别为

$$u_{1h}=y\times(-1)+(1-y)\times 10=10-11y$$

$$u_{1d}=y\times 0+(1-y)\times 5=5-5y$$

$$\overline{u_1}=x\times u_{1h}+(1-x)\times u_{1d}=5+5x-5y-6xy$$

博弈方 1 生态位群体中的复制动态方程为

$$\frac{\mathrm{d}x}{\mathrm{d}t}=x\left[u_{1e}-\overline{u_1}\right]=x(1-x)(5-6y)$$

可知当 $y=5/6$ 时，$\frac{\mathrm{d}x}{\mathrm{d}t}=0$，即所有的 x 都处于稳定状态；当 $y>5/6$ 时，$x^*=0$ 和 $x^*=1$ 是两个稳定状态，其中 $x^*=1$ 是进化稳定战略；当 $y<5/6$ 时，$x^*=0$ 和 $x^*=1$ 是两个稳定状态，而 $x^*=0$ 是进化稳定战略。

图 11 - 15 的三个相位图给出了在三种情况下的动态趋势及稳定性。

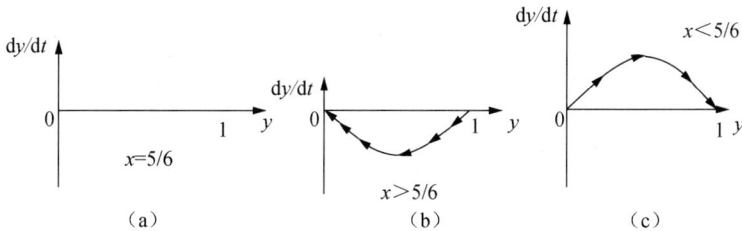

图 11 - 15　非对称鹰鸽博弈方 1 群体复制动态相位图

对于博弈方 2 来说，选取鹰、鸽策略时的期望收益分 u_{2e}、u_{2n} 和群体平均得益 $\overline{u_1}$ 分别为

$$u_{2h} = x \times (-5) + (1-x) \times 2 = 2 - 7x$$

$$u_{2d} = x \times 0 + (1-x) \times 5 = 1 - x$$

$$\overline{u_2} = y \times u_{2h} + (1-y) u_{2d} = 1 - x + y - 6xy$$

博弈方 2 生态位群体中的复制动态方程为

$$\frac{dy}{dt} = y \left[u_{2e} - \overline{u_2} \right] = y (1-y)(1-6x)$$

可知当 $x = 1/6$ 时，$\dfrac{dy}{dt} = 0$，即所有的 y 都处于稳定状态；当 $x > 1/6$ 时，$y^* = 0$ 和 $y^* = 1$ 是两个稳定状态，其中 $y^* = 1$ 是进化稳定战略；当 $y < \dfrac{1}{6}$ 时，$y^* = 0$ 和 $y^* = 1$ 是两个稳定状态，而 $y^* = 0$ 是进化稳定战略。

图 11-16 的三个相位图给出了在三种情况下的动态趋势及稳定性。

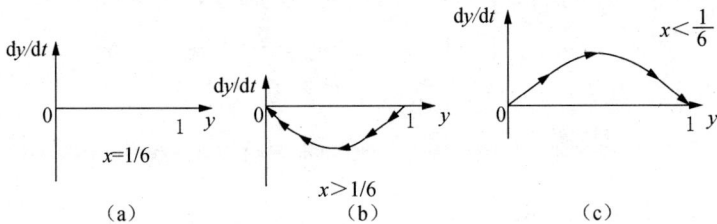

图 11-16　非对称鹰鸽博弈方 2 群体复制动态相位图

进一步把上述两个非对称群体类型比例变化复制动态的关系用一个坐标平面图表示出来，则如图 11-17 所示。

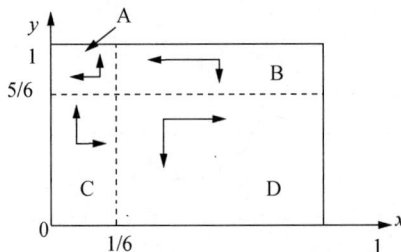

图 11-17　双向国际化过程中的非对称鹰鸽博弈双方群体复制动态和稳定性

根据图 11 - 17，可知 $x^* = 1$、$y^* = 0$ 和 $x^* = 0$、$y^* = 1$ 是两个稳定状态，其中 $y^* = 1$ 是进化稳定战略；当初始情况落在 A 区域时会收敛到进化稳定策略 $x^* = 0$、$y^* = 1$，此时博弈方 1 生态位群体都采用"鸽"策略，而博弈方 2 生态位群体都采用"鹰"策略；当初始情况落在 D 区域时会收敛到进化稳定策略 $x^* = 1$、$y^* = 0$，此时博弈方 1 生态位群体都采用"鹰"策略，而博弈方 2 生态位群体都采用"鸽"策略；当初始情况落在区域 B 和 C 时，大部分可能性会最终收敛到进化稳定策略 $x^* = 1$、$y^* = 0$。因此，在本博弈中，有限理性的博弈方通过学习和调整，大部分情况都会最终收敛于博弈方 1 生态位群体都采用"鹰"策略，而博弈方 2 生态位群体都采用"鸽"策略；但在少数情形下，也不排除相反的结果。当然这是以双方力量对比悬殊为前提的，一旦双方力量对比发生了重大变化，双方博弈策略也必然会因此发生相应的调整。

上述分析对于双向国际化的中国中小高科技企业而言，有着重要的启示意义。首先，必须看到国外跨国公司到中国抢占既有的生态位是不争的事实，作为相对弱小的一方，在维护基本权益的同时，更多地应当向对手学习，在这种学习中成长，尽量减小非对称冲突带来的损失，当然这种学习是有一定代价的。其次，要在学习中成长，就不能甘于人后，要能够实现从模仿创新到自主创新的转变，这才能实现后来者居上的目标。并且真正走出去，到国际市场寻找新的生态位。

第五节　中国高科技企业国际化战略的路线图及其分析

一、高科技企业国际化战略的路线图

实施企业国际化战略的路线图问题一般包括两个方面的内容：一是国际业务进入路径；二是国家或地区的进入路径。

（一）业务进入路径

即以哪种业务方式进入国际市场。从国际化的业务角度来界定的，传统国际化的业务包括以下几种：国际贸易、国际化的供应链管理、生产、研究与开发、跨国购并。其中国际贸易和供应链管理相对容易控制,风险较低;而在海外投资建厂的投入最大,风险也最大。在组织形式上,可以从简单到复杂,依次是设立办事处、建立合资公司、建立子公司。高科技企业与传统企业的业务方式有相似之处也有不同。高科技企业可以被划分为技术类企业和资本类企业,通过建立高科技企业国际化路径的等级模型,把高科技企业的国际化路径归纳为:出口→合同安排→合资经营→独资经营,并对每一路径下不同发展阶段的企业进行了等级划分,说明高科技企业在选择国际化时,可以先把不同的业务方式进入路径划分为多层次的等级结构,对于每一层次分别规定一系列的衡量标准,确定企业在国际化中拥有的是技术优势还是资本优势,从而决定选择资产性或技术性投资,进而对企业国际化的资产型模式或技术型模式的进入路径进行选择。

目前我国高科技企业国际化发展总体并不平衡。对于绝大多数中小型高科技企业,其仍处在国际化的较低阶段,主要是开展出口加工贸易,其特点为:出口方面持续快速增长,产品主要集中在计算机等电子技术类产品,但加工贸易是出口的主要方式。而只有少数资金技术实力雄厚的大型高科技企业才在国际化的较高阶段(即海外投资方面)有所发展,其特点为:高科技研究与开发项目取得突破性进展,境外加工装配企业进一步增加,IT类高科技企业通过国际化建立国际营销网络,大型高科技企业成为海外投资的骨干。

(二) 国家或地区的进入路径

即进入世界某一地区(自由贸易区或经济体)如欧盟、东盟或北美,以及各国的先后顺序;是先进入欧美发达国家呢?还是先进入发展中国家?如果是后者,那应该选择哪些国家作为进入的首站?这就是国际化道路中的"国家路线"。以我国高科技企业的实践作为参照,国家路线主要有两条:第一条路径是先进入欧美国家市场,就是所谓"先大城市后中小城市然后农村",获得品牌势能,然后再高屋建瓴地辐射到其他发达国家和发展中国家。第二条路径是先进入发展中国家,获取经验,培养人才,积蓄力量,然后再向欧美市场发起进攻,这就是所谓"农村包围城市"的路线。

综合起来,从区域上看,企业的国际化战略路线图可以理解为企业市场范围扩大的地理顺序,即按照"本地市场→地区市场→全国市场→海外相邻市场→全球市场"的顺序开展国际化战略。另一方面，从企业跨国经营方式的演变看，企业的国际化道路常常表现为：通过"中间商间接出口→直接出口→设立海外销售分部→海外生产"。当然，如果是先进入发展中国家，则由于具体情况的不同，可能无需间接出口阶段，而直接进入直接出口阶段乃至于直接进入海外生产阶段。具体的路线图如图 11－18 所示。

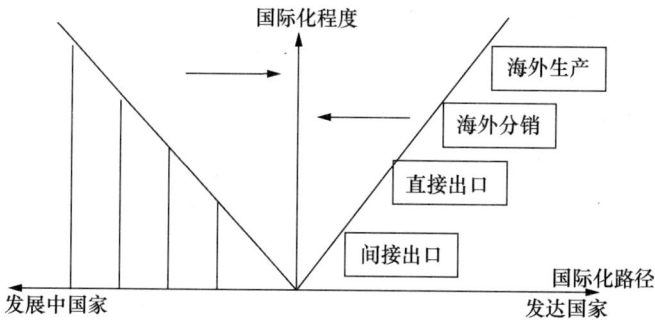

图 11－18　中国企业国际化国家—区域市场进入环绕业务方式路线

　　任何一个企业的成长与国际化道路都应遵循一定的路径，即任何一个企业的成长与国际化都有自己的路线图。但由于高科技企业拥有高科技含量、高速发展和高风险的特点就决定了高科技企业的国际化路线图往往有别于其他一般产业的企业。为了说明中国高科技企业以何种路线图实施其国际化战略，我们集中突出技术和资本国际化战略，建立了有针对性的高科技企业国际化路线图，具体如图 11－19 所示，而对图 11－19 的解释见表 11－13。

　　本书所建立的中国高科技企业国际化路线图的意义在于，高科技企业的管理者可以先把不同的进入路径划分为多层次的等级结构，对于每一层次分别规定一系列的衡量标准。也就是说，企业的管理者在等级结构的每一个层次只需要考虑与本层次相关的少量重要因素，而各层次之间所需要考虑的因素是不相同的。处于等级结构第一层的是技术型和资产型模式的选择。在选择技术型或者资产型模式之后，管理者再考虑在其模式内部选择某一具体的模式。这一模型的重点在于企业是否选择资产性投资，即企业国际化的进入路径可以分为资产型模式（全资经营和合资企业）和技术型模式（合同安排和出口）两大类。

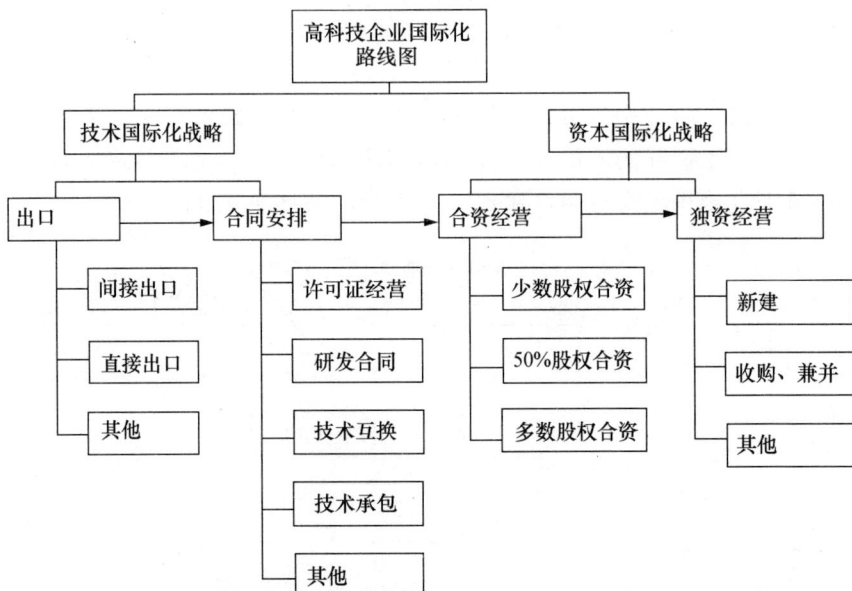

图 11-19 高科技企业国际化路线

二、对高科技企业国际化战略路线图的解释及分析

在高科技企业国际化路线图的实证检验中，我们选取几个有代表性的不同产业类型的中国高科技企业，通过分析这些企业国际化发展的进程，来检验其是否符合高科技企业的国际化路线图的描述。

（一）技术型企业国际化（出口→合同安排）

如中国众多的 DVD 企业，凭借着低廉的劳动力和原料成本，中国 DVD 企业出口迅猛增长。2003 年中国 DVD 生产量超过 6000 万台，占全球制造总量的 85% 以上。但在国际上，竞争对手欧美企业对中国 DVD 机每台加收 12—20 美元的所谓知识产权保护专利费，国外这样的技术标准与知识产权保护的技术垄断联盟严重阻碍了中国 DVD 企业的国际化。面对技术垄断，中国 DVD 企业则可以进一步通过合同安排来继续其国际化的道路，即与其他同样受到技术垄断的国家和地区的 DVD 企业，或其他技术商，进行合作研究与开发，进而组成专利联盟或专利池。如中国台湾的 DVD 产业也发展

表 11 – 13　　　　　　　　对高科技企业国际化路线图的解释

中国高科技企业国际化战略类别与路线图	中国高科技企业国际化战略类别与路线图
一、市场国际化战略的基本模式及其路线图	二、技术国际化战略的基本模式及其路线图
1. 国内名牌自建海外销售网络	11. 高新技术企业通过跨国并购获得技术进入新领域（如 TCL 跨国并购模式）
2. 收购企业获得海外销售渠道	12. 传统企业通过跨国并购获得技术提高本国市场竞争力
3. 国内优势企业先建销售网络、再建生产基地，开拓国际市场（如海尔通过在海外建立制造中心实现国际化）	13. 技术型企业境外建立研究与开发机构不断引进技术和新产品
4. 自建研究与开发基地开发适合当地市场产品	14. 高新技术优势企业境外建立研究与开发机构，实行研究与开发业务的全球化运作（如华为全球研究与开发网络模式）
5. 国内领先企业并购重组跨国公司业务全球资源整合，成为跨国公司	15. 专利战略进入
6. 全球专业化的 OEM 制造商（格兰仕通过贴牌生产开始创业，通过贴牌生产走向海外市场）	三、资源国际化战略的基本模式
7. 工程承包和劳务输出	16. 国内优势资源型企业利用海外资源开拓资源所在国市场
8. 跨境服务	17. 国内优势企业利用海外资源和国内生产能力满足国际需求
9. 全球采购与销售	18. 资源服务外包
10. 境外设厂	四、资本国际化战略的基本模式
	19. 大型国企海外上市融资（如中国移动、中国电信、网通、联通方式）
	20. 民营企业绕道海外上市融资（美国纳斯达克、伦敦交易所 AIM 市场）
	21. 新技术公司海外融资和吸引风险投资（如搜狐、新浪、网易等搜索引擎公司）

迅速，光碟机及光碟片的总产值也在全球居于前三位，但同样难以承受巨额的专利费。所以两岸业界通过合作研究与开发，加快制定自己的 DVD 规格并使其产能化，希望从而逐渐由付出高额专利费转成收取专利费。

（二）资本型企业国际化（合资经营→独资经营）

如中国的家电企业，拥有较雄厚的资金实力和技术实力，面对国内较饱和的市场和国际市场的壁垒，中国家电企业选择了合资经营的形式来跨越这些壁垒。例如，2003 年中国的 TCL 集团与法国汤姆逊组建电视机生产合资公司，通过利用汤姆逊这个著名的品牌及其分销网络，将使 TCL 向其于 2006 年前成为世界五大电视机制造商之一的目标迈进。可以预见，随着 TCL 此目标的实现与在国际市场上知名度的提高，独资组建 TCL 自有品牌的生产企业会成为 TCL 国际化发展的必然之路。

与 TCL 不同，海尔出于品牌战略的考虑，在国际化方面一直走的是独资经营的路线。坚持创建自己的国际知名品牌是海尔国际化的最大特点，所以海尔通过在欧美地区独资建厂，提升企业形象和品牌价值。到 2004 年，海尔集团已在全球建立 13 个工厂，18 个贸易中心，在全球白色家电市场竞争力中排名第五。

（三）技术型向资本型转化互动的国际化

如家电企业中的春兰，其产品自 20 世纪 90 年代初开始对欧洲市场出口空调、摩托车、彩电、冰箱、洗衣机等家电产品，由于春兰在国内外有着良好的品牌美誉，其层出不穷的个性化高科技产品满足了不同国家、不同层次、不同消费者的各种需求，产品也十分符合欧美人的"节能、环保"观念，所以春兰产品已走进欧洲各大商场、走进千家万户，一些产品已在名牌林立的欧洲市场独占鳌头，在意大利，春兰空调的市场份额超过了 25%，名列意大利市场榜首；在英国，春兰冰箱的销售超过了美日等国的老品牌；在德国，春兰无氟空调大举登陆。在积累了国际市场经验和资本后，春兰还加大了对欧洲地区直接投资的步伐，分别在西班牙、挪威、荷兰等地，根据当地市场需求建立了独资生产企业，实现了国际化的跨越发展。

三、中国高科技企业国际化战略中的专利和技术标准路线图

专利战略与科技、经济发展和国际市场竞争密切相关。在面临国际市场激烈竞争的严峻形势下，我国企业要在国际市场中求生存、图发展，积极开展国际专利战略研究和实施具有十分重要的现实意义。

（一）专利路线图

基本专利是我国高科技企业实施进攻型专利战略的基础。由于基本专利中的核心技术具有难以模仿性和难以替代性的特征，这使得基本专利战略能给高科技企业带来独特的竞争优势。但是，基本专利的实施也具有一定的风

险，研究与开发失败和技术预测失误都将给企业造成损失。

我国高科技企业采用基本专利战略需要具备一定的条件：（1）具有较强的技术研究和开发能力；（2）能够预测和把握高新技术领域的发展方向；（3）基本专利的开发需要较大的经济投入，因此，我国的高科技企业实施基本专利战略需要具有一定的经济实力，能够支撑企业的研究与开发活动，并能承受可能造成的损失。

（二）专利池路线图

专利池是指企业围绕基本专利进行与其配套的技术开发，并申请专利，使企业在基本专利的周围构筑起由多项或众多外围专利组成的专利池。专利池是专利的集合，最初是两个或两个以上的专利所有者达成的协议。通过该协议，将一个或多个专利许可给一方或者第三方，后来发展成为"把作为交叉许可客体的多个知识产权（主要是专利权）放入一揽子许可中所形成的知识产权集合体"。

在国际竞争中，一国企业专利池战略不仅可以使本国企业的知识产权获得最大限度的保护，同时也使外国侵权者的侵权成本大幅度提高。在实际实施中，一些大的跨国公司往往将周边专利、防御性专利加到核心专利上，形成重重壁垒，使外国对手企业难以越雷池一步。

为了冲破国外设置的专利池，我国高科技企业应当首先制定自己的专利池保护战略。要知道将哪些专利作为实施专利，哪些作为外围专利，哪些申请储备专利，哪些申请防卫专利。已拥有基本专利的国内企业，在自己的基本专利周围设置许多原理相同的小专利，形成一个由基本技术和外围相关专利构成的专利池，进而形成本企业或本国企业战略联盟专利壁垒，使竞争对手无法攻破或是无法突围。

进入专利池的参加本国联盟的公司可以继续用池中的全部专利从事研究和商业活动，而不需要就池中的每个专利寻求单独的许可，甚至池中参与联盟的公司彼此间不需互相支付许可费。池外的公司可以通过一个统一的许可证自由进入池中的全部知识产权。例如，2006 年 9 月 20 日长虹、康佳、TCL 等 13 家中国本土彩电企业共同签署合作协议，共建数字电视专利池，并共同出资成立第三方专业公司开展知识产权研究，建立知识产权集体谈判及协调机制，在国际市场拓展中，加强中国彩电企业海外合作，共享海外市场信息，在物流、售后服务、联合采购等方面展开合作，提升中国企业在国际市场中的整体实力。就是一个良好的开端。

同时，我国高科技企业应当制定自己的专利池进攻战略。要结合专利路线图，对国内外在同一专利领域的前沿申请布局有清醒的了解和把握，未雨绸缪，要对国外对手的专利和专利池竞争策略进行深入细致的研究，防患于未然。

（三）专利战略路线图

高科技企业成长国际化中的专利战略路线图见图 11 - 20。

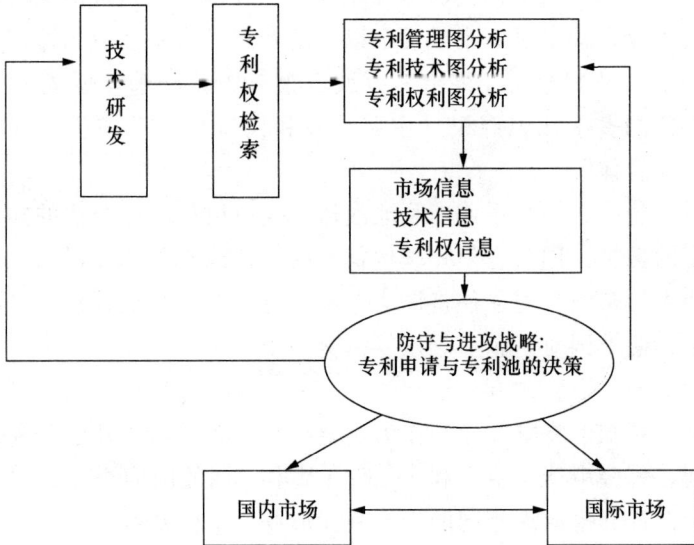

图 11 - 20　高科技企业国际化的专利与专利池路线

下面我们结合内外向国际化，来阐述高科技企业国际化的专利与专利池攻防战略路线图。具体如图 11 - 21 所示。

中国高科技企业在实施内向国际化时，会面对国际大的跨国公司的激烈竞争。为应对这种竞争，中国的高科技企业就必须在其产业领域内坚守一个防区，在该防守区内需要采取一系列的防守对策，其中最重要的就是形成专利与专利池防守战略。在该防守区内，中国的高科技企业可以采用文献公开战略、异议干扰战略、外围专利战略等各种专利战略，建立自己的专利势力

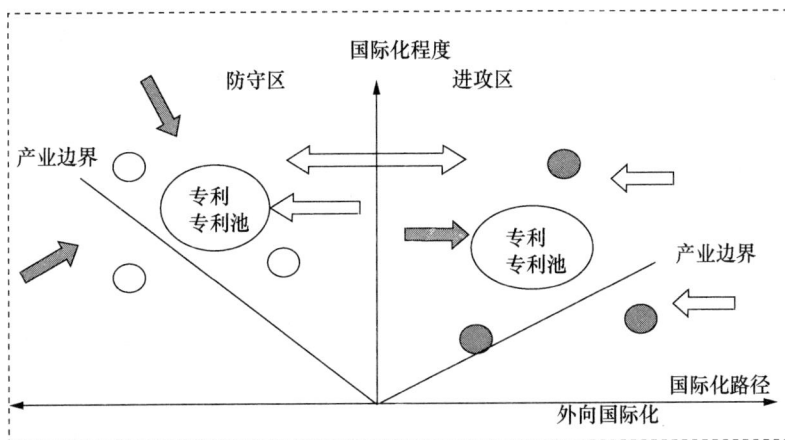

图 11 - 21　中国高科技企业国际化的专利与专利池攻防战略路线

范围，一是可以防止国外的跨国公司抢先在国内申请专利进行先发制人的专利布局；二是可以提高国外跨国公司的进入门槛，迫使其或者放弃与中国的高科技企业在该专利的范围内与中国的高科技企业进行竞争，或者向中国的高科技企业缴纳专利费，或者同意中国的高科技企业的专利加入国外跨国公司的专利池从而为该高科技企业今后的外向国际化奠定基础。双向箭头则表示在内外向国际化中也存在中外企业合作的可能与空间。

中国高科技企业在实施外向国际化时，国外的企业同样会在其产业领域内设立和坚守一个防区，在该防守区内建立自己的专利势力范围。这时中国的高科技企业就需要对外国企业的专利防区发起进攻。使用诸如专利投资战略、专利协作战略、专利收买战略等专利战略，并采取措施加入到对方的专利池中。总之，中国的高科技企业的国际化过程中，专利与专利池攻防战略路线图是非常重要的一个路线图。

（四）中国高科技企业国际化的技术标准路线图

发达国家和垄断企业往往通过国家战略、企业战略、国际标准组织和规则，将知识产权和标准体系糅合在一起，占据高科技各个领域的发言权，制定有利于自己的标准，维护有利于自己的标准秩序。高科技领域的技术标准已经成为用于协调产业分工和产业秩序的技术规范，这些技术规范是公共选择和私人选择、公共利益和私人利益、产业秩序和私人商品的结合物。技术标准是公共利益和私有利益结合的典型表现是允许专利技术进入标准，并且强调专利权拥有者的权利。

随着经济全球化和贸易自由化进程的加快，国内市场和国际市场的迅速接轨，技术标准在国际贸易中的作用日益凸显。世界贸易组织成员以技术法规、标准、合格评定程序为主要内容的技术壁垒代替关税壁垒，并成为合理、有效的贸易保护措施，国际市场的竞争在很大程度上已经演变为技术标准的竞争。但是，目前我国技术标准整体水平落后，特别是在高新技术领域受制于人的现状严重影响了我国产品在国际市场的竞争能力，标准化工作滞后所导致的合理保护五个正当目标的措施迟迟不能到位，严重威胁了我国的经济安全，制约了我国经济和社会的可持续发展。技术标准是技术（和产品）进入市场的重要载体（二者是纲目的关系）。如果专利技术纳入技术标准，尤其是纳入国家标准化机构制定的正式的技术标准中，往往能够获得极大的利益和产业控制力。

技术标准作为全球产业分工和国际化竞争的制高点，备受关注。中国政府和产业界已经深刻认识到，制定中国自主知识产权标准已上升到能否促进国际竞争力的提升和民族产业发展的国家战略层面。

为了能在国际竞争中有一席之地，高科技企业可以根据自身成长阶段和国际化确立国际标准化战略由低到高的"四阶段"路线图，如图 11 -22 所示。

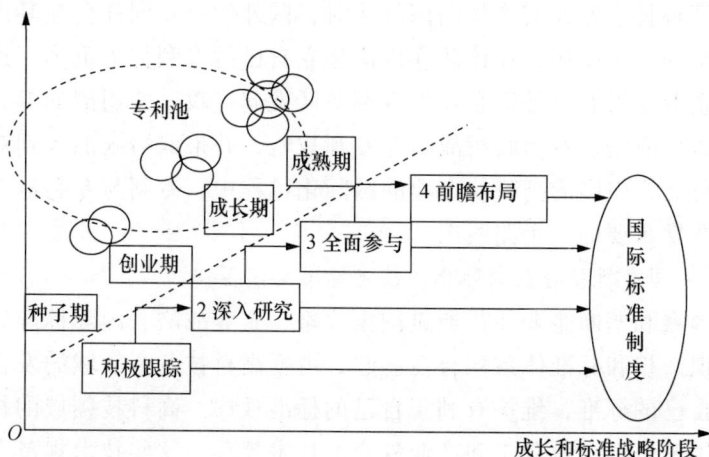

图 11 -22　高科技企业成长中基于专利的国际标准战略阶段路线

第一阶段或层次是积极跟踪和适当参与国际标准的制定，保证产品开发与国际标准的制定过程同步，避免产品推出市场的时间落后国外竞争对手过多而形成市场被动。

第二阶段或层次是深入研究和参与国际标准的制定，发掘出一些周边改进点，并以此为契机在国际标准中加入具有自主产权的专利，形成与国外大公司之间的专利交叉许可定位，避免在前沿技术上的全面竞争劣势。

第三阶段或层次是全面研究和积极参与国际标准的制定，在某些直接影响市场竞争格局的重大问题上形成突破，通过联合国内企业和部分具有相同利益的国外公司，争取主导或影响国际标准，使由国际标准规定的竞争格局向有利于国内企业的方向倾斜。

第四阶段或层次是根据对国际相关市场的前瞻性研究分析，在国际范围内组织有实力的企业成立标准论坛，取得在某个市场区段内的全面技术领先地位，通过形成系列化的国际标准和相应的专利体系，开拓出新的规模市场并占据领导地位。

四、中国高科技企业的资本成本国际化路线图

目前，我国的高科技产业正处于高速发展阶段，国内资本市场难以提供如此大量的资金需求。由于缺乏可靠的融资渠道，不仅高科技产品的开发立项受到制约，而且大批技术含量高、市场前景好的项目也难以实现商品化、产业化。所以本书通过研究中国高科技企业的资本成本国际化的现状和国外的经验，对中国高科技企业的海外融资渠道进行了分析。认为企业是否采取和如何采取资本成本国际化战略，应当依据企业自身和国内国外资本市场的实际情况，通过严密周详的分析比较优劣得失。并建议在股权融资方面，可以首先选择对高科技企业上市有鼓励政策或上市条件较低的二板市场及其预备市场入手，成长壮大后再向主板市场进军。而在债权融资方面，可以开拓欧洲或美国的债券市场。

我国目前的资本市场正处于成长、完善时期，开放力度有待加强。应该说，我国高科技企业若实行资本成本国际化战略，是可以达到以上预期效果的。这是因为：

（1）我国是发展中国家，与美国等西方国家经济的相关性较小，因此

对国外投资者来说，将我国公司发行的证券纳入投资组合，可以很好地分散系统风险。

（2）目前海外投资者对我国经济普遍看好，对华投资兴趣浓厚，因而我们不能只是等待来自国外的直接投资，而是应抓住有利时机，采取海外直接融资的方式吸引海外小投资者手中的闲余资金。

（3）我国蓬勃发展的高科技产业较其他行业而言，在资本成本国际化中有其自身的优势。海外投资有利于提高企业品牌的知名度，有利于海外市场的开拓，因而海外投资者对高科技股票的热度有增无减。他们在选股时很看重企业未来的成长性和研究与开发投入。美国学者格雷格·贾雷尔（Greg Jarrell）等人对美国股市的研究结果表明，当公众知道某公司提高了其研究与开发投入时，这家公司的股价一般会上升1%—2%。

（一）中国高科技企业的资本国际化对品牌和产业结构的要求

中国高科技企业的资本国际化需要提高企业品牌的知名度，利于海外市场的开拓。目前，国际高科技企业的竞争趋势已十分明显，小企业单枪匹马的竞争已逐渐转变为大企业集团之间的国际对抗。当今世界有名的大公司，从通信业的美国电报电话公司、摩托罗拉贝尔南方公司，到计算机硬件的IBM、苹果、惠普，从软件业的微软、莲花到家用电器业的夏普、卡西欧、Tandy和Amsfrad，无不选择跨国经营和国际企业集团化的道路，并采取与之相配套的资本成本国际化战略。可以说，这些公司在作出以上资本决策时，不仅考虑到了成本和风险的因素，还考虑到了证券上市的广告效应。

20世纪80年代初，苹果电脑公司的投资者关系部经理曾说过："我们在东京证券交易所上市的主要目的就是推动苹果在日本的销售。"的确，对于我国已从事跨国经营或准备进军海外市场的高科技企业来说，在国外股票市场中挂牌交易可以帮助企业树立国际品牌形象，起到推动市场扩张和销售拓展的作用。

中国高科技企业的资本国际化需要优化产业结构，保持民族企业自主性。国内市场的迅速国际化，造成了目前我国高科技产业中存在着的产业结构倒置现象："三资"企业占据主导地位、本国企业反而居其次。拿电信产业为例，在移动通信设备方面，我国企业远远落后于国外同行。而且，世界各大通信公司纷纷来华举办合资或独资企业，截至 1995 年，世界排名前 7 位的交换机厂商都已在中国合资办厂。目前，我国程控交换机市场的 50%，移动和光纤传输市场的 85% 都被国外产品占领。

外国资本以收购、兼并、合资等方式，将一些民族企业转变为外资（或外商控股）企业，以雄厚的资本实力为依托，与我们的民族企业争夺市场份额。而我国的高科技产业正处于成长壮大阶段，底子薄、资金少，引进外资仿佛又是在所难免的。

我们认为，"引进外资"的方法多种多样，引进外商的直接投资只是其中的一种。面临严峻的竞争局面，我国高科技企业应当勇敢地走出国门，到国外的债市和股市去融资，直接吸纳国外小投资者手中的闲散资金。只要操作得当、规划合理，在国际证券市场上被国外竞争者控股、收购的风险是可以避免的。可以说，资本国际化是我国高科技产业优化产业结构、保持自主性的一个很好的途径。

（二）中国高科技企业的资本国际化可采取的融资渠道

企业是否采取和如何采取资本成本国际化战略，应当依据企业自身和国内国外资本市场的实际情况，通过严密周详的分析比较优劣得失，力争达到收益与成本的平衡。在这样一个决策过程中，企业可以走如图 11 - 23 所示的路径。

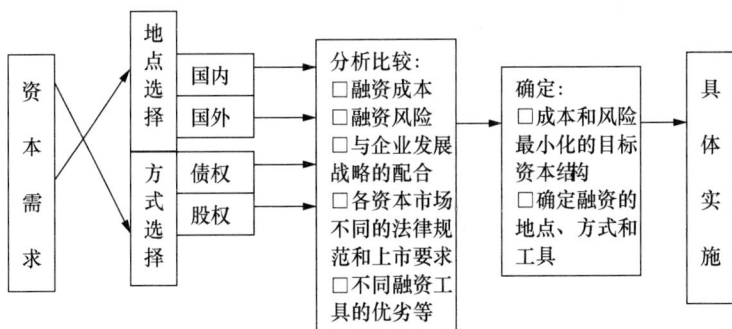

图 11 - 23　高科技企业资本国际化路线图

随着国际金融市场的发展，企业可选用的融资渠道和工具也越来越丰富。在实际运作中，企业在实施资本成本国际化战略时并无固定模式可循。

我们就股权融资和债权融资提出以下两点建议：

在股权融资方面，可以首先选择对高科技企业上市有鼓励政策或上市条件较低的二板市场及其预备市场入手，成长壮大后再向主板市场进军。

在债权融资方面，欧洲或美国的债市值得开拓。企业除了在海外资本市场上发行股票外，还可以通过债券、信贷安排及项目融资等方式进行筹资。

第六节　高科技企业国际化程度评价与国际比较

一、高科技企业国际化程度指标体系的设计

综合已有研究，各国学者分别从企业的国际经营、人力资源、组织结构、研究与开发、财务与融资等方面，根据研究的需要选取不同的指标衡量企业国际化程度。高科技企业生存和成长的关键在于其研究与开发的能力、科技人员的数量等，而相应的高科技企业国际化则应该是包括研究与开发能力的国际化、科技人员的国际化和企业经营的国际化等方面。此外，资本是企业生存的血液，高科技企业的高投入高风险特征增加了高科技企业融资难度，高科技企业海外获得资金的能力反映了企业在国际市场的竞争力。在此我们选择各国海外研究与开发以及直接投资发展状况来表征企业融资国际化的发展程度（见表 11 - 12）。

根据高科技企业国际化的内涵、已有研究成果及中国高科技企业国际化发展的现状，我们从高科技企业经营国际化程度、企业研究与开发国际化程度、企业专利国际化程度、企业人力资源国际化程度和企业融资国际化程度五个方面提出衡量高科技企业国际化程度的指标体系（见表 11 - 13）。

二、数据处理

首先将各国高科技企业国际化程度的数据指由 SPSS 11.0 进行标准化处理，巴特利特（Bartlett）球度检验的相伴概率为 0.000，小于 0.05，因此拒绝巴特利特球度检验的零假设，说明样本适合主成分分析，然后进行主成分分析。进行正交方差旋转的特征值大于 1 的因子有 3 个，特征值分别为 4.225、

表 11 – 12　　　　　　　　　　高科技企业国际化程度衡量指标

一级指标	二级指标	说明
高科技企业经营国际化程度	企业海外销售比重（X_1）	国际收支中科技收入占该国 GDP 的比重，说明一国高科技企业在国际化经营中的能力
高科技企业研究与开发国际化程度	研究与开发投入产出比重（X_2）	研究与开发投入和该国 GDP 之比表明一国的科技创新能力
	海外研究与开发产出比重（X_3）	包括海外和外资投入的研究与开发的产出与总研究与开发的产出比，说明一国高科技企业的产出中海外和外资研究与开发的作用
	海外研究与开发费用比重（X_4）	包括海外和外资投入的研究与开发费用与总研究与开发费用比，说明海外和外资投入在一国高科技企业研究与开发费用的作用
高科技企业专利国际化程度	海外合作专利比重（X_5）	本国拥有的在与国外研究与开发部门合作的专利与本国专利的比重，说明一国高科技企业与国际合作的情况
	海外专利比重（X_6）	本国拥有的在国外研究与开发的专利与本国专利的比重，说明一国高科技企业国际研究与开发的能力
高科技企业人力资源国际化程度	研究与开发人员比重（每万人）（X_7）	包括直接进行研究与开发活动和相关的技术人员及支持人员占全部员工比重。说明该国的研究与开发能力
	研究人员比重（每万人）（X_8）	直接进行研究与开发活动的技术人员占全部员工比重，进行的是新知识、新产品、新工艺等的发明创造及项目管理
高科技企业融资国际化程度	海外研究与开发融资比重（X_9）	国外研究与开发投资与该国科技研究与开发总投资的比重
	海外 FDI 比重（X_{10}）	高科技企业对外直接投资与该国 GDP 的比重

2.46 和 1.584，这三个主成分的特征值贡献率分别为 42.251%、24.597% 和 15.835%，累计贡献率为 82.683%。所选主成分因子包含了约 83% 的原始指标信息，因而确定这三个因子为第一、二、三主成分。

表 11 – 13 各国高科技企业国际化程度比较

国家	企业经营情况	研究与开发情况			专利情况		人力资源		融资实力	
	出口占总出口比重（%）	研究与开发投入占GDP的比重（%）	研究与开发的产出比（%）	海外研究与开发费用比（%）	海外合作专利比（%）	国内拥有的海外专利比（%）	研究与开发人员占全部员工比重（每万人）	研究人员占全部员工比重（每万人）	海外研究与开发融资比	海外FDI比
中国	27.1	1.23	50.26	7.4	32.7	21	1.3	1	7.4	0.05
意大利	7.9	1.62	22.3	37.3	9.6	5.9	7.0	3	6.2	1.3
英国	25.8	1.87	36.1	31.5	21.5	18.4	7.1	5.5	24.8	6.2
加拿大	14	1.91	51.0	37.9	30.4	30.4	11.0	7.1	18.0	4.3
荷兰	30.9	2.58	35.2	22.2	14.9	30.5	105.0	5.3	12.9	11.2
法国	19.5	2.26	35.9	22.3	15.0	17.9	14.0	7.5	9.5	6.6
美国	30.8	2.6	20.3	17.7	11.6	17.4	16	9.3	5.7	1.3
瑞典	15.4	2.45	39.3	41.2	16.4	27.5	17.0	10.6	11.6	7.3
德国	16.4	2.53	8.3	25.6	11.3	12.0	13.0	6.9	2.7	1.4
韩国	32	2.91	2.1	3.3	6.0	5.7	8.0	6.8	2.1	0.6
日本	24	3.31	2.6	3.8	2.9	3.7	14.0	10.3	7.8	0.9

资料来源："OECD Science, Technology and Industry Scoreboard 2005"；"OECD Main Indicator"；"European Report on Science and Technology Indicators"；"APEC ISTI Database"；"World Investment Report 2002"；"World Development indicators 2005"以及中国商务部网站统计数据。

从表 11 – 14 的因子载荷矩阵可以看出，第一因子与海外研究与开发产出比重（X_3）、海外研究与开发费用比重（X_4）、海外合作专利比重（X_5），海外专利比重（X_6）和海外研究与开发融资比重（X_9）有大于 0.7 的负荷系数绝对值，即主要说明高科技企业研究与开发的国际化情况。第二因子与研究与开发人员比重（X_7）、研究人员比重（X_8）、海外 FDI 比重（X_{10}）有大于 0.6 的负荷系数绝对值，即说明高科技企业的人力资源和资金国际化情况。第三因子与企业海外销售比重（X_1）有大于 0.7 的负荷系数绝对值，说明高科技企业经营国际化的情况。

表 11 - 14 因子载荷矩阵

指标	主成分 1	主成分 2	主成分 3
企业海外销售比重（X_1）	-0.296	0.499	-0.0742
研究与开发投入产出比重（X_2）	-0.584	0.733	$9.92E-02$
海外研究与开发产出比重（X_3）	0.941	$-6.89E-02$	-0.172
海外研究与开发费用比重（X_4）	0.685	$-7.71E-02$	0.671
海外合作专利比重（X_5）	0.818	-0.257	-0.347
海外专利比重（X_6）	0.838	0.408	$-9.20E-02$
研究与开发人员比重（每万人）（X_7）	0.216	0.755	-0.211
研究人员比重（每万人）（X_8）	-0.342	0.561	0.585
海外研究与开发融资比重（X_9）	0.735	0.225	$8.69E-02$
海外 FDI 比重（X_{10}）	0.605	0.704	0.138

三、各国高科技企业国际化程度排序及分析

计算各国家的因子值，并以因子贡献率为权重，计算每个国家的高科技企业国际化程度得到表 11 - 15。

表 11 - 15 各国高科技企业国际化程度因子与综合得分

国家	公因子 1		公因子 2		公因子 3		综合得分	
	分值	名次	分值	名次	分值	名次	分值	名次
中国	0.59652	5	-1.37698	10	-2.2	8	-0.517441	9
意大利	0.0249	7	-1.74449	11	0.0129	6	-0.503769	8
英国	0.88416	2	0.03854	7	-0.1	7	0.4483614	4
加拿大	1.38476	1	-0.25272	8	0.52466	3	0.732912	3
荷兰	0.76114	3	2.0253	1	-0.96823	11	0.8060104	1
法国	0.18495	6	0.17942	5	0.30186	5	0.2056951	5
美国	-0.66441	8	0.36345	4	-0.23231	9	-0.275883	6
瑞典	0.67755	4	0.61172	2	1.44535	1	0.8050124	2
德国	-0.71156	9	-0.36981	9	0.64899	2	-0.349329	7
韩国	-1.55521	10	0.0626	6	-0.73429	10	-0.916717	11
日本	-1.58278	11	0.46296	3	0.3335	4	-0.607206	10

从公因子1来看，此项的构成指标主要反映高科技企业研究与开发国际化和专利国际化的程度，其排序为加拿大、英国、荷兰、瑞典、中国、法国、意大利、美国、德国、韩国和日本。中国位居第五。其中，中国在研究与开发的产出比（X_3）和高科技企业海外合作专利比（X_5）均有很高的比重。原因是这两个指标不仅包括海外同时还包含外资投入的研究与开发的产出或合作专利。中国在此项的相对高分说明，跨国公司在中国的研究与开发机构投资不断增加，越来越多研究与开发机构正在被纳入跨国公司全球研究与开发网络当中，开始承担起更多的基础研究的职能，提供面向全球市场的研究成果，如微软、英特尔和贝尔实验室在中国建立研究与开发中心的目标就是如此。因而形成了中国在高科技企业研究与开发国际化的程度较高这样一种局面。说明中国的研究与开发正在不断地融入世界研究与开发的体系之中，并发挥着重要的作用。但是，也应清醒地认识到，在这其中发挥主要作用的是跨国公司而非中国的本土研究与开发机构，从而对中国本土的高科技企业的研究与开发实力是一种挑战，而研究与开发实力更是决定了中国本土高科技企业的研究与开发国际化能力。

从公因子2来看，此项的构成指标主要反映高科技企业人力资源和资金国际化程度，由高到低的排序为荷兰、瑞典、日本、美国、法国、韩国、英国、德国、加拿大、中国和意大利。其中，人力资源国际化程度从研究人员来看，瑞典和日本每千名员工的研究人员达到了10人以上，而中国的研究人员每千名才仅有1人。说明中国高科技企业人力资源的国际化程度比较低，而程度高的则是一些开放性更高、人员流动性更强的国家，如日本。资金国际化程度方面，荷兰、法国、瑞典和英国的高科技企业相对本国的经济实力而言对海外的投资更多，而中国在11个国家中排名最后，这主要是由于中国国内市场的广阔与繁荣使得本土的高科技企业不需要开拓海外市场就可以获得较高的经济效益，导致中国高科技企业的人力资源和资金国际化情况都处于比较低的水平。

从公因子3来看，此项的构成指标主要反映高科技企业经营国际化程度，排序为瑞典、德国、加拿大、日本、法国、意大利、英国、中国、美国、韩国和荷兰。中国仍然处于较低的程度。国际化经营的程度由低到高可以分为销售的国际化、生产的国际化、管理的标准化、经营与管理的全球化，中国高科技企业国际化主要集中在销售国际化阶段，即仍以出口尤其是加工贸易方式为主，缺乏自主知识产权和自主品牌，只有华为、中兴等少数高科技企业实现生产的国际化，但其竞争力与国际跨国公司依然具有一定差距。

最后，对各国高科技企业国际化综合程度进行分析，综合得分由高到低分别为荷兰、加拿大、瑞典、英国、法国、美国、德国、意大利、中国、日本和韩国。荷兰居第一，主要是公因子1和公因子2的负载很大，但公因子3只位列11个国家中最后一位，说明荷兰高科技企业的国际化经营程度虽然不高，但更多的是依靠在海外设立研究与开发机构和吸引海外研究与开发人员发展而来。美国居第六，是由于公因子1、公因子2的负载都不大，说明美国的高科技企业发展的资金充足，科技实力强劲，不依赖和其他国家进行合作就可以取得企业的国际化发展。中国居第九，因为虽然公因子1的负载较大，但公因子2和公因子3的负载小，说明中国虽然吸引了大量的跨国公司在中国建立研究与开发中心，使中国高科技企业融入世界研究与开发的体系之中，但本土的高科技企业研究与开发实力不足、科技人员流失和缺乏国际化经营能力的情况，决定了中国高科技企业的国际化程度还处于较低的水平。

另外，某些国家的综合评价指标得分为负，这是因为在进行主成分分析时，对原始数据进行标准化处理，把各个评价指标的平均水平当作零来处理的缘故。中国除公因子1以外，其他指标均为负，说明中国高科技企业的国际化综合水平在全体被考察对象的平均水平之下。

通过主成分分析表明，中国与其他国家相比在高科技企业国际化程度的发展中，存在跨国公司占主导地位，本土高科技企业国际化实力不足；科技创新能力不足；出口能力和出口方式与发达国家还有不小差距；缺乏国际化经营能力等问题。首先，目前在国际化过程中，科技成果需求和供应的矛盾十分突出，技术水平较高、市场前景较好、拥有自主知识产权的项目十分难求，大量风险资金由于找不到好项目而闲置。而且，部分发达国家开始利用知识产权手段来压制中国高新技术产业的发展。科技持续创新能力不强、技术后劲不足已经成为影响我国高科技企业国际化发展的重大问题。其次，从高科技产业出口在世界上的地位来看，我国在所占比重还较低，我国高科技产业有许多是以加工贸易为主发展起来的，在国际高科技产业链中处于较低的位置。而组装加工环节也决定了我国高科技产业在国际贸易中只赚取微薄的组装加工费，增加值率很低，而高利润部分都被拥有核心技术的跨国公司赚取。

第七节　高科技企业国际化经营绩效评价

一、高科技企业国际化经营绩效指标体系的构建

关于绩效指标的衡量方式，一般可分为客观性及主观性绩效，而在厂商国际化程度与绩效关系实证研究中，多数学者皆以客观性财务指标为衡量方式，资产报酬率（Return on Asset，ROA）、纯益率（Return on Sales，ROS）及股东权益报酬率（Return on Equity，ROE）三项会计衡量方式常被作为厂商绩效的指标，然而 ROE 对于资本结构的改变较敏感（Hitt，Hoskisson and Kim，1997），较不适用。Geringer、Beamish 和 daCosta（1989）认为，在国际领域的研究中，以销售为基础之衡量为一较佳的方式，因其可避免不同之资产评价衡量所造成的影响，在其推论中指出，折旧在调整资产价值时，会因投资日期及所使用的会计原则而颇具差异性，尤其是国际化程度高的公司，因其所面对的会计原则更为相对的复杂，故其有可能利用历史汇率来操纵资产价值；相对的，销售额以及利润皆以当今的汇率加以报导，并反映了目前的营运状况，因此本书选择 ROS 为绩效指标，通过税后净利/总销售额来衡量高新技术企业的国际化经营绩效。

在过去的相关研究中，关于国际化程度的衡量上已应用了许多的操作性定义，最常使用的衡量为海外营运销售额占总销售额的比例（Geringer，Beamish and daCosta，1989；Geringer，Tallman and Olsen，2000；Grant，1987；Grant，1988；Tallman and Li，1996）、海外资产占总资产的比例（Daniels and Bracker，1989；Ramaswany，1995）以及厂商于国外所拥有的子公司数（Tallman and Li，1996），亦有学者以海外员工比率（Kim，Hwang and Burgers，1989）、海外直接投资之件数（Delios and Beamish，1999）以及以加权

表 11 - 16　　　　　　　　高科技企业国际化经营绩效指标

符号	指标	说明
ROS	高新技术企业经营绩效 = 各省高新技术企业利润/销售收入 ×100%	一省高新技术企业的平均经营状况
DOI	高新技术企业国际化程度 = 各省高新技术企业出口/销售收入 ×100%	一省高新技术企业的平均国际化水平
OIP	高新技术企业专利水平 = 各省高新技术企业拥有的专利数/该省高新技术企业总数	一省高新技术企业平均拥有的专利数
RDEXP	高新技术企业研究与开发投入水平 = 各省高新技术企业研究与开发投入总费用/该省高新技术企业总数	一省高新技术企业平均的研究与开发费用投入情况
RDPER	高新技术企业研究与开发人员水平 = 各省高新技术企业研究与开发人员数/该省高新技术企业从业人员总数 ×100%	一省高新技术企业平均的研究与开发人员情况

海外销售额为基础的 Entropy 指标予以衡量（Kim, Hwang and Burgers, 1993；Hitt, Hoskisson and Kim, 1997；Wan, 1998）。而根据巴特利特和戈沙尔（Bartlett and Ghoshal, 1989）的观点，厂商在迈向国际化经营早期时，以出口销售额占总销售的比例来衡量国际化程度，相较于欧美厂商以海外子公司销售额占总销售比例来衡量要来的贴切。由于中国高新技术企业相对于欧美企业的国际化程度较低，即处于国际化早期阶段，故在本书中将以出口销售额占总销售额之比例当作国际化程度的衡量指标。

同时，鉴于本研究的对象为高科技企业，所以高科技企业的绩效还受到企业自身特点的影响，如企业的技术水平、专利拥有量、科研人员的水平都成为影响高新技术企业国际化经营的因素之一。

二、数据来源与分析处理

（一）数据来源

本书使用数据均来自《中国高新技术企业统计年鉴》（2005），选取我国 31 个省（自治区、直辖市）作为分析样本及其相关数据，经计算得到高新技术企业国际化经营绩效的指标数据，具体数据统计值见表 11 - 17。

表 11 – 17 各地区高新技术企业国际化绩效指标统计值

样本 = 31	ROS	DOI	OIP	RDEXP	RDPER
均值	5.85	20.7274	0.231	1.2477	61.4755
均值标准误差	1.9644	3.74185	0.0323	0.2354	3.24183
中位数	5.83	11	0.16	1.07	61.85
标准差	10.93775	20.83375	0.17986	1.31066	18.04977
方差	119.6343	434.0453	0.03235	1.71782	325.7941
最小值	– 41.96	0	0	0.04	0
最大值	27.27	68.62	0.62	5.64	94.69

其中，高新技术企业国际化经营程度最高的是江苏，专利水平最高的是天津企业；平均研究与开发投入最多的是陕西，企业平均研究与开发人员最多的为海南，以上几项指标西藏均为最低。而宁夏高新技术企业的经营绩效更是远远低于全国平均水平，达到 – 41.96%。

（二）聚类方法的选择

本书采用了在实际应用中使用比较广泛的系统聚类法。该方法是先把每个样本各看成一类，然后根据样本间距离及类间距离的定义，逐步合并类，减小类的数目，达到聚类分析的目标。

在聚类分析中，距离用来衡量样本间的亲疏程度。定义距离的方式有很多种，本书采用较常用的欧氏距离平方。在类间距离的选择上，通过比较，选用了类间平均距离（between – groups linkage），类间平均距离的定义是两类中的样本两两之间平方距离的平均作为类之间的距离，比较符合本样本分析的要求。

在聚类个数的选择上，通过观察表 11 – 18 发现，31 个省、市、自治区的数据中，西藏有 3 个数据值（DOI，OIP，RDPER）为 0，明显低于其他省、市、自治区的水平。所以，为保证分析过程中的准确性，首先需要剔除西藏的数据来进行聚类分析。分析结果如表 11 – 18 所示。

在分三类聚类过程中，发现剔除西藏后，将宁夏单独分成一类，说明宁夏的数据对整体也有较大的影响，因而又分别进行剔除宁夏分三类、剔除西藏分四类、剔除西藏、宁夏分五类的聚类。从结果上看，其他 29 个省、市、

表 11 – 18　　　　　　　各地区高新技术企业国际化发展聚类情况

省份	三类(不含西藏)	三类(不含西藏、宁夏)	四类(不含西藏)	四类(含西藏)	五类(含西藏)
北京	1	1	1	1	1
天津	2	2	2	2	2
河北	1	1	1	1	1
山西	1	1	1	1	1
内蒙古	1	3	3	1	3
辽宁	1	2	2	2	2
吉林	1	1	1	1	1
黑龙江	1	1	1	1	1
上海	2	2	2	2	2
江苏	2	2	2	2	2
浙江	1	1	1	1	1
安徽	1	1	1	1	1
福建	2	2	2	2	2
江西	1	1	1	1	1
山东	1	1	1	1	1
河南	1	1	1	1	1
湖北	1	1	1	1	1
湖南	1	1	1	1	1
广东	2	2	2	2	2
广西	1	1	1	1	1
海南	1	3	3	1	3
重庆	1	1	1	1	1
四川	1	1	1	1	1
贵州	1	1	1	1	1
云南	1	3	3	1	3
西藏	/	/	/	3	4
陕西	1	1	1	1	1
甘肃	1	1	1	1	1
青海	1	1	3	1	3
宁夏	3	0	4	4	5
新疆	1	1	3	1	3

自治区的聚类都未发生任何变化，说明聚类较为稳定。对于西藏和宁夏两省，因其在国际化程度和绩效上分别较差，故将其归为一类，但两者在国际化中的问题并不完全相同。

三、结果和原因分析

我国 31 个省、市、自治区高新技术企业国际化发展的聚类结果是：

表 11 - 19　　　　　　　各地区高科技企业国际化发展聚类类别

第一类	天津、辽宁、上海、江苏、福建、广东
第二类	北京、河北、山西、吉林、黑龙江、浙江、安徽、江西、山东、河南、湖北、湖南、广西、重庆、四川、贵州、陕西、甘肃
第三类	内蒙古、海南、云南、青海、新疆
第四类	宁夏、西藏

从聚类的结果来看，天津、辽宁、上海、江苏、福建、广东六省在高新技术企业的国际化发展中处于中国的前茅，其国际化发展程度在全国来看为最高，如上海和广东分别达到 68.62% 和 68.51%。从其他指标来看，该六省处于全国平均水平之上。第二类的省份有 18 个，属于中等发展水平，而第三、四类的省份则属于在高新技术企业国际化发展中较为落后的省份。

第八节　本章小结

（1）任何一个企业的成长与国际化道路都应遵循一定的路径，但由于高科技企业拥有高科技含量、高速发展和高风险的特点就决定了高科技企业的国际化道路有别于其他一般传统产业的企业。高科技企业的国际化不仅是一个市场战略，而且还包括非市场战略。

（2）中国高科技企业国际化动机可以表现为客观必然性、主体选择性和现实可行性。高科技企业的国际化是一个循序渐进和突变、可跨越性并存的过程。从高科技企业的模式而言，表现出内外向国际化模式，同时也有共存、群居和独立进入等模式。中国高科技企业国际化有技术、资本、市场和资源国际化战略和相应的路径选择；而技术和资本类型的国际化是今后高科技企业的主要特征。

（3）国际化是中国高科技企业成长的必然过程，其重要特征是双向国际化。本章通过非对称进化博弈模型讨论了在双向国际化过程中，中国企业作为后起者应采取何种策略向国际对手学习、竞争并进行合作。

（4）本章建立了相关数学模型，对我国高科技企业的国际化的有关内容进行验证。实证表明，我国高新技术企业国际化发展速度很快，但实践中也还存在科技创新能力不足和出口能力较弱等问题。通过建立高科技企业国际化程度指标体系并测度比较相关国家的高科技企业国际化程度，可发现中国与其他国家相比在高科技企业国际化程度的发展中，存在跨国公司占主导地位，本土高科技企业国际化实力不足；科技创新能力不足；出口能力和出口方式与发达国家还有不小差距；及缺乏国际化经营能力等问题。

全国各地区高科技企业国际化发展很不平衡。从聚类的结果来看，沿海地区天津、辽宁、上海、江苏、福建、广东六省在高新技术企业的国际化发展中处于中国的前茅，其国际化发展程度在全国来看为最高，第二类的省份有 18 个，属于中等发展水平，而第三、四类的省份则属于在高新技术企业国际化发展中较为落后的省份。

（5）本章还结合技术路线图、专利路线图、成长路线图建立了高科技企业国际化的路线图。它的意义在于，高科技企业的管理者可以先把不同的进入路径划分为多层次的等级结构，对于每一层次分别规定一系列的衡量标准。也就是说企业的管理者在等级结构的每一个层次只需要考虑与本层次相关的少量重要因素，而各层次之间所需要考虑的因素是不相同的。在选择等级结构的某一个层次型模式之后，管理者再考虑在其模式内部选择某一具体的模式。它大大简化了管理者选择国际化路径的难度并提高了其成功率。

第十二章
促进中国高科技企业成长的政策建议

第一节 基本指导原则

高科技企业的健康成长，需要建立以企业为主体、市场为导向、产学研相结合的技术创新体系，形成自主创新的基本体制架构，以自主创新提升产业技术水平。[①] 这是中国高科技企业成长的重要前提。这就需要政府制定一系列政策来实现这一目的。我们认为，促进高科技企业的成长政策应该体现以下指导原则：

一、坚持创新原则

创新是高科技企业发展的内核，是保证高科技企业长久不衰的关键。一方面要树立高科技企业的创新思想，既要积极引进尖端技术，又要大力进行二次技术创新，快速开发、生产，使企业得到快速成长。另一方面要构建科技创新体制，政府为高科技企业制定贷款和税收优惠等政策，采用政府订单的形式支持企业发展。同时，政府还应积极拓宽技术创新的资金来源，给予大学和科研机构充足的科研经费，保证科研工作的顺利进行。

二、坚持以产业结构调整为主线的原则

必须坚持以产业结构调整为主线，通过技术创新和高技术产业化，形成

---

① 《中共中央关于制定国民经济和社会发展第十一个五年规划的建议》，2005 年。

新的经济增长点，提高产业竞争力，开拓投资空间，拉动消费增长。一方面要集中科技资源，重点突破，加快发展新兴高技术产业，适应市场需求，扩大产业规模，提高其在国民经济中的比重；另一方面要加强高技术的渗透、扩散、催化高技术产业新门类的形成，提升传统产业的技术水平和市场竞争能力，全面推进国民经济和社会信息化，以信息化带动工业化，使高新技术产业成为结构优化升级的重要推动因素。

三、坚持发挥动态比较优势原则

在高科技企业成长中，要充分发挥我国的比较优势，坚持"有所为、有所不为"，进一步解放思想、更新观念，在产业政策导向和资金投入上要重点选择具有动态比较优势和特色、有较大产业化潜力与带动作用的高新技术领域和传统产业高科技化领域，以及具有国内外市场竞争力的产业和产品。

四、坚持内外开放和国际化发展的原则

我国加入世界贸易组织，经济发展将进一步融入世界经济体系中，信息技术的快速发展与应用、国际经济全球化与一体化步伐的加快，将进一步促进知识在世界范围内的流动，这为吸收国外先进技术创造了更加有利的条件。国际化战略意味着要加大引进创新的力度，加强技术集成，把引进技术和消化吸收作为提高自主创新能力的一个有效手段；进一步提高开放质量与水平，积极利用国外的技术和市场资源，积极引进、吸收高新技术产业中的劳动技能密集型工序和非核心技术零部件（包括劳动知识密集型工序），通过加工贸易逐步提高企业的创新能力和市场竞争力；广泛开展与各国在高科技领域的联合研究、联合开发、联合生产，加强与国外科技界、高科技企业的联系，加大引进跨国公司来华兴办高新技术企业和设立研究与开发机构的力度，吸引海外留学人员回国创业和发展；实施"走出去"战略，积极鼓励大学、科研单位与有实力的大型企业（集团）到国外发达国家设立研究开发机构，提高赶超国际水平的能力；进一步提高利用外资的质量，吸引外资投资高新技术产业，引进需要的先进技术，实现关键技术本地化；进一步提高出口产品的技术含量与附加值。总之，通过国际化战略的实施，以大开放实现世界高新技术的大引进、大创新，充分利用世界科技资源，迅速提高

高科技企业的技术水平和创新能力，尽快缩小与发达国家的技术差距，推进高新技术产业发展的国际化。

五、坚持市场机制与政府协调相结合的原则

高科技企业成长应以市场化为导向。通过体制改革促进企业成为创新主体，增强市场竞争机制对高技术产业发展要素的配置作用。同时，高科技企业成长又应与政府协调相结合，在一些战略性、公益性领域，要注意发挥政府在组织协调方面的作用。

第二节　对中国高科技企业的风险投资制度与融资支持的政策建议

通过对我国风险投资发展情况的分析，我们发现，我国风险投资发展首先解决的不是风险资本的来源问题，而是风险资本的有效需求问题，即政府如何鼓励和引导企业家的创业行为，当务之急是构建一个良好的高新技术产业发展环境。在立法方面，应顺应风险投资发展的规律，切实保障投资者的权益，并放宽对投资者的限制，尤其是对外商投资企业和股份制企业的限制。政府应减少对风险投资行业不必要的行政干预和政策优惠，更多地用市场手段来进行调节。具体讲就是：

一、大力发展风险投资行业

本书的实证结果表明，在广义的创业风险投资中，主要针对种子期、初创期企业进行投资的创业投资，对于企业的专利申请获批、高科技产品出口、技术市场成交都呈显著正相关。这说明，创业投资确实能在一定程度上提升企业的创新能力，国家在制定相关政策时一定要对创业投资行业给予一定的政策支持力度，以促进其发展，从而起到推进创新的作用。

二、尽快颁布规范可转换优先股的法规

从我国现行法律和政策的规定来看，找不到任何禁止设置优先股的内

容。相反，在1992年5月15日国家体改委发布的《股份有限公司规范意见》第二十三条规定，"公司设置普通股，并可设置优先股"。虽然在后来正式颁布的《公司法》中只规定了普通股的设置，但该法通过授权性条款，仍为必要时增设优先股留下了足够的法律空间。《公司法》第一百三十二条规定，"国务院可以对公司发行本法规定的股票以外的其他种类的股票，另行作出规定"。2005年我国十部委联合颁布了《创业投资企业管理暂行办法》，该《办法》第十五条规定，经与被投资企业签订投资协议，创业投资企业可以以股权和优先股、可转换优先股等准股权方式对未上市企业进行投资。因此，在风险投资所使用可转换优先股这种新型的交易工具，自然也不存在法律上的障碍，可以操作的空间很大。

但从法律角度来看，十部委联合颁布的《创业投资企业管理暂行办法》属于部门规章，法律效力过低。鉴于我国的法治传统，国务院有必要尽快颁布专门规范优先股、可转换优先股等准股权的法规。

三、发挥技术产权交易机构在风险投资退出中的作用

建立风险投资的退出渠道，是建立风险投资机制的重要内容。风险投资的退出，需要有一个比二板市场更低层次的证券交易市场，使得风险投资能够从那些短期无法上市，尤其是经营困难的已投资企业里进行管理和退出。

我国《公司法》规定，"股东转让其股份，应当在依法设立的证券交易场所进行或者按照国务院规定的其他方式进行"。《证券法》也规定，"依法公开发行的股票、公司债券及其他证券，应当在依法设立的证券交易所上市交易或者在国务院批准的其他证券交易场所转让"，而"公开发行"是指向不特定对象发行证券或向累计超过二百人的特定对象发行证券。这就要求政府必须为风险投资的退出建立起一个合法的场所。所以从制度层面来看，也只有建立起这样一个依法设立的证券市场，非上市公司的股票才能合法交易，风险投资的内部循环也才能合法进行。从技术层面来看，信息技术的迅猛发展，使得电子交易系统的建设成本变得非常低，这也使建立专门为风险投资退出服务的内部循环市场成为了可能。我国有必要、也有可能建立起这样一个为那些短期无法上市的风险投资退出服务的机构。

2000年以来，为了贯彻《中共中央、国务院关于加强技术创新，发展

高科技，实现产业化的决定》，全国许多省市开始了对建立风险投资退出渠道的探索和实践，许多省市的地方政府建立了 30 多家专门服务于风险投资退出的技术产权交易机构，对我国风险投资的发展起到了一定的作用。但成效却不大。其重要原因就是该市场缺乏流动性和信息不对称的程度较大。因此，我们提出以下建议：

（1）技术产权交易机构应选择报价驱动型的交易制度。

（2）技术产权交易机构需要制定做市商的资格认证制度、做市商行为的评估制度和做市商联合做市制度，并允许做市商进行自营业务和开展代理业务。

（3）技术产权交易机构要建立信息披露制度和挂牌公司的综合评价信息披露制度。

（4）建立规范的全国技术产权交易市场体系的管理办法。我们建议采用上海的经验和国家监管证券市场的办法，由科技部牵头，联合国有资产管理机构和证监会设立"全国技术产权交易协调指导领导小组"，下设技术产权交易管理办公室。这个办公室设在科技部，可以和现有的但是形同虚设的技术市场管理办公室合并设立。"技术产权交易管理办公室"的监管对象包括技术产权交易、技术市场，以及与技术产权交易相关的专业市场等。主要职能是管理、监督和指导技术产权交易市场、技术市场及与之相关的专业市场的交易业务；协助政府制订和实施技术产权交易管理的管理办法和实施细则；制订技术产权交易市场及相关专业市场的交易规则和法规；审批技术产权交易经纪机构的资质和技术产权交易方式；调解交易纠纷；查处交易中违反交易规则的行为；统计技术产权交易市场的交易情况；研究技术产权交易中遇到的问题和对策；培训交易专业人员等。

（5）加强法制建设和政策扶植。我国技术产权交易市场现处于开创时期，还需要政府给予关注和支持，特别是在相关政策上予以扶植。首先，国家给予技术市场的一些优惠政策，技术产权交易应该可以参照执行。比如"单位和个人开展技术转让、技术开发以及与之相关的技术咨询、技术服务的收入免交营业税"的规定，技术产（股）权交易合同应视同技术转让合同，享受免营业税的规定。其次，国家扶植高新技术产业发展的一些政策措施，也应适用于技术产权交易。再次，技术产权交易机构是科技中介机构，国家正在制定的一些扶植科技中介机构的政策规定，当然也应一视同仁。最后，国家应针对技术产权交易的特点，对技术产权交易机构在融资中作出的贡献，适当地给予一些政策的鼓励，等等。总之，我国的技术产权交易市场还有待于国家及方方面面的关注，才能发展壮大，在开创中国特色社会主义事业新局面作出应有的贡献。

（6）制定政策，鼓励技术产权交易所进行交易工具创新。从发达国家的经验来看，相对于规范和监管严格的全国性市场而言，区域性资本市场的一个重要特点，就是可以为在投资者与被投资者之间公平地分担风险和分享收益而创新出一些具有个性化特征的交易工具。作为区域性资本市场的一个重要组成部分，技术产权交易所有条件突破传统的产权交易、技术交易和股权交易模式，创建具有个性化特征的交易工具，例如，在投资回报的比率和方式、股票与债券的互相转换、投资者管理权限的设定等方面，进行独特而灵活的设计。技术产权交易所应该充分利用自身的优势，构建规范化操作、网络化服务的市场平台，优化科技、产业、信息和资金等资源的配置和结合，促进技术产权交易的迅速发展。所以政府应该出台有关政策，允许各技术产权交易所进行试点，允许其交易股票期权和可转换优先股等新型的交易工具。

四、发挥银行对高科技企业融资的作用

在中国现行的金融体制下，高科技企业要获得国有商业银行的信贷支持非常困难。特别是对于大多数创业者创办的企业而言，由于企业新创，根本没有信用记录，这也就意味着没有可能获得银行贷款。但是，在中国金融市场上，商业银行具有强大的力量，几乎垄断了中国企业的融资来源，而在现有的以间接融资为主的结构下，信贷形式仍将在一个较长时期内发挥重要作用。因此，对于高科技企业的创业来说，仍然不能忽视商业银行贷款的重要性。要继续推动银行通过创新实现信贷对高科技企业的融资支持。建立起有效的、能起到良好的激励与约束作用的融资机制，来减少银行和高科技企业之间的信息不对称问题，是解决这个问题的一个重要方法。为此，我们提出以下建议：

（一）采取措施，缩减高科技企业和各种资金出借方的信息不对称

1. 由政府推动建立覆盖全社会的个人和企业信用数据库系统。这个系统应该是个人和企业进行社会和经济活动信息的同步储存库。通过数据的准确、权威、全面特征形成公众和资源分配系统对其的依赖。该系统除了包含个人和企业与金融体系发生的关系信息之外，还应该包括身份特征、司法关系、个人生物特征、社会活动等多方面信息，是对现有的分布在各政府机关、各金融机构、各社会团体的关于个人和企业的信息资源的整合和扩充。虽然该工程十分浩大，但具有空前的社会基础意义，一旦建立，会很快形成对社会的信用约束力。高科技企业及其企业管理者的相关信息应该作为其中的一个逻辑子系统，其中收集和管理高科技企业的基本面信息，包括产品信息、技术含量信息、专利权信息、财务数据、抵押贷款数据、银行记录、管理层信息、经营能力、竞争能力、人员素质结构等各类信息资源。在此基础上，建立有效的评估体系对高科技企业进行分类评级，并提供给各融资方关于高科技企业的准确评价和分析供其参考。这些信息可以随时由系统自动检索调配并整合输出。

2. 加强社会征信系统建设，建立一套有别于大中企业的高科技企业信贷登记咨询系统，建立个人消费信用信息系统，实现信用信息共享。据世界银行专家的有关研究认为，良好的社会征信系统能促使贷款成本降低 20 个百分点。

（二）建立支持高科技企业成长的资金链和信息链

应该加大对中小企业的支持。本书的结论虽然并未直接涉及到中小企业的发展与创新问题，但是实证结论背后隐含的逻辑是支持这一结论的。本书实证结论得出风险投资可以促进企业创新，其逻辑在于，中小企业在发展时，会面临着资金、管理经验等各方面的限制，影响其创新能力的发挥；在风险投资介入后（由于是中小企业，则投资一般应为创业投资），其各方面的瓶颈会得到突破，企业会在此前基础上得到发展，从而发挥出其之前被限制的创新能力。如果这个逻辑成立的话，政府在制定政策时，除了要支持创业投资行业的发展之外，还需要给予创新主体的中小企业直接的支持。对中小企业，具体的支持措施可以有很多种，例如，资金面上对中小企业给予一定的倾斜，使中小企业在申请贷款等时更便利；对中小企业给予税收上相应

的减免措施，以减轻企业的税负压力等等。通过这些支持中小企业发展的政策措施，中小企业能够更加顺利地成长，因此也可以作为创新的中坚力量，为我国打造创新型国家作出更大的贡献。

从最初的孵化器、天使投资模式，到创新基金、风险投资、直接融资和间接融资模式，有必要形成一个信息系统，或者是一个信息交换平台，通过该系统平台，一个企业从最初的创意或者项目一直到成为具有明确组织构架的企业的成熟期，都能获得足够多的资金出借方的关注和相应的支持。该系统应该具备以下特征：一是具有足够的影响力以吸引更多的投资者和资金出借方的关注和参与；二是以高科技企业的发展周期为主要线索形成相应的信息系统；三是各资金出借方和投资者形成共享企业发展信息的契约；四是公平竞争；五是形成逻辑上的逐步推荐信息链和资金链；六是会员制。

在实践中，该系统的参与者应包括不同发展时期有融资需求的高科技企业以及天使投资者、风险投资基金、产权交易所，证券交易所、金融机构等组织，系统维护者不一定是政府机构，但最初的组织推动和协调最好由政府机构来做。我们以为，国家发展和改革委员会的中小企业职能管理部门可以凭借其网站形成一个信息平台，推动该系统形成有效的高科技企业支持资金链和信息链。

（三）进一步开放金融市场，改革银行组织结构，加速利率市场化改革，强化银行业竞争，促使大银行逐步关注高科技企业，为高科技企业提供服务

（1）建立有利于高科技企业融资发展的金融监管框架。了解掌握高科技企业贷款的特点，建立高科技企业贷款监管体系，增设高科技企业监管部门，实行不同于大企业金融业务的监管；在合法与合理的范围内鼓励商业银行调整战略，根据自己的核心竞争力积极开展高科技企业融资业务，增强高科技企业融资服务。

（2）完善商业银行，特别是四大国有商业银行的组织结构，改变目前以行政区域划分总分行关系的组织模式，以价值链为核心，按不同客户对象进行划分，建立专门的高科技企业贷款机构，实现银行结构扁平化，使商业银行的服务更加贴近高科技企业。

（3）成立专门服务于高科技企业融资的小额信贷机构，打破四大国有商业银行垄断的银行业格局，促使股份制商业银行以及城市商业银行等中小

银行调整市场定位，增加金融市场的竞争压力，强化金融机构向高科技企业提供服务的能力，促进高科技企业金融服务的改善。

（4）建立银企之间稳定的合作关系，实现金融机构信息共享，较好地解决金融机构与高科技企业之间的信息不对称问题，对企业实行较好的监控。

（四）构建以高科技企业政策性银行为核心，包括政策性担保机构、风险投资基金和证券市场在内的高科技企业政策性金融体系

（1）成立高科技企业政策性银行，在完成政府任务和目标的前提下，保证资产的流动性、安全性和效益性最大化。政策性银行的稳健发展是有效实现为高科技企业提供融资服务这一目的的前提条件。

（2）加快关于高科技企业信用担保机构的立法进程，认定信用担保机构的性质，确定信用担保机构的监管部门，规范信用担保机构的市场准入、业务开展、信息共享、税收优惠、风险控制、危机救助、市场退出等事项，有效防范行业风险，使之真正为扩大高科技企业融资提供服务；建立全国性再担保机构，对政策性高科技企业担保中心和民营担保公司提供再担保支持，降低地方各类担保机构的风险，促进高科技企业信用担保业的健康有序发展。

（五）引导和支持民间股权和债权融资

可以出台相应的法律法规，规范民间融资行为。具有可行性的方法是利用民间自律来约束小额融资行为。南非的高利贷豁免法具有一定的参考价值。该法律规定，21%以上利率的放贷为高利贷。但是，如果发放5000美元以下的贷款，不管是由金融组织、企业还是个人发放，不管利率有多高，只要到小额信贷协会进行登记，上缴一定的费用，就是合法的行为。通过登记，建立了信息收集和行业约束系统。

（六）进一步建立和完善高科技企业风险担保体系

在现有的中小企业担保体系建设的基础上，一方面吸收社会资本投入到担保公司中，真正使政府资金起到引导作用；另一方面建立担保公司的风险分散和补偿机制，通过建立再担保机制来分散担保风险。并引导保险公司开展对再担保的保险业务，对再担保进行保险。鼓励有条件的地方建立中小企业信用担保基金，建立和完善信用担保的行业准入、风险控制和损失补偿机

制。加强对中小企业信用担保机构的监管，建立担保业自律性组织。

（七）加强政府的协调和引导作用

要改变现存的政府事必躬亲、事事无成的尴尬局面，首先要改变用行政手段解决市场问题的陈旧观念。将精力集中在培养合格市场主体，规范市场参与主体行为，建立和完善相关法律法规，在法规层面形成有序的市场运作管理逻辑关系。尽量减少那些一次性投资，然后不管不问的应急性的短期行为，通过政府资金来引导社会资金流动，以市场方式整合金融资源。

第三节　关于高科技企业成长的知识创造与知识转化机制的政策建议

一、实施能促进高科技企业成长的亲专利政策

我国在有关专利申请、授予以及专利纠纷的司法活动中，应实施亲专利的知识产权制度。具体来讲，有以下几个方面：

（一）我国应实行亲专利政策

第一，要扩大可专利性的范围。应该将基因工程细胞、转基因动物、特殊基因序列、医疗方法、计算机软件、金融产品、电子商务方法等也列入可以被授予专利的范围。

第二，要增加专利保护的宽度。专利保护宽度越大，专利产品被非侵权产品替代的概率就越低。因此，笔者建议，将《专利法》中的利权保护范围的原则由折中原则改为中心限定原则。同时，由于在具体的司法实践中，专利保护宽度的确定和实施是一个非常复杂且有相当灵活性的过程，其中法院对于等同原则的运用扮演着重要的作用。故建议法院在使用等价原则审理专利诉讼案件时能从宽采用等同原则。

（二）应该允许和鼓励创业企业之间结成专利池，但要禁止专利池的共同防卫协定

由于禁止专利池比允许专利池有更大的社会福利的情况并不太多，而且专利管理机关也无法确定每一个专利的专利强度的大小，以及每一个企业的

专利诉讼成本的大小，故由专利管理机关来确定是否应该允许某一专利池的存在是不可能的。故建议政府，一方面要允许和鼓励创业企业之间结成专利池；另一方面又要制定政策，鼓励第三人向低质专利提起专利无效诉讼，具体办法可以是授予第一个专利诉讼人对于所提诉讼的一个限制时间制造和销售这种专利产品的排他性的权利。同时，考虑到专利池中共同防卫协定的负面作用，也必须立法禁止专利池协议中的共同防卫协定。

符合当前我国企业现状的构建专利池的方法应该是"政府引导，行业协会协调，企业联盟的方式"。因此，政府应通过制定亲专利的行业知识产权政策，优先发展对经济影响较大的产业，强化行业协会的作用，发挥行业协会的"桥梁"作用。只有建立"企业、专利协会、政府部门"三位一体、良性互动的关系，才能组织起有效的专利策略联盟。同时，我国的高科技企业应借鉴发达国家的经验，注重建立与自己产品有关的知识产权，加强平等对话的筹码。专利可以为企业带来多方面的竞争优势。除了赚取专利许可费、吸引外方投资、利于产品宣传等。更为重要的是，一旦遇到不可避免的知识产权纠纷，它可以兼做盾牌、利器。企业可通过与对方互相提供专利许可，以平息专利纠纷及减少专利许可费，或是用自己的专利来封杀对方在中国的市场，以促成和解。

（三）改革我国的专利司法审判制度

由于对专利池问题的审理，需要具有法学、经济学、工学等多学科的渊博知识，这就对司法审判人员的水平提出了更高的要求。鉴于我国基层法院的实际情况，本书提出两条建议：一是统一专利诉讼的司法尺度，提高专利诉讼案件的审讯级别，是采取亲专利政策的必要条件。由于专利诉讼对技术性、专业性的要求很强，不宜由一般的法庭来审理，而应该由专门的专利法院来审理。首先要建立专门审理专利诉讼案件的专业法院——知识产权高级人民法院，它可独立设立，也可半独立地存在于全国各高级法院内。由知识产权高级人民法院来审理所有涉及专利诉讼的一审案件，该法院的人员构成也要正式引入国外的技术法官、技术调查官制度。其次要由最高人民法院内所设立的专门的专利法庭来审理所有的专利上诉案件。二是在我国政法类大学的教学中，尽快全面开设有关法经济学课程，并对法院现有的知识产权审判人员进行有关法经济学的培训，以培养相关的司法审判人员。

（四）技术标准制定和专利池政策最好同步进行

当前国际上最为严重的一种与知识产权滥用有关的垄断形式发展趋势表现为技术专利化、专利标准化、标准市场垄断化。标准不仅是企业利益的表现，更是一个国家的主权在经济领域中的延伸，是一个国家实施非关税贸易壁垒的重要手段，对保护和发展民族工业至关重要。建议我国在制定技术标准时，应要求标准含有自主创新的技术成果的最低比例，以及企业创新成果形成专利，进而形成企业技术标准或通过专利池的形式形成联盟标准，最终实现产业化的比例明显提高。能够产业化的国家科研成果及时地、有效地转化为技术标准的比例显著提高。对于依附于标准的专利池来说，专利池政策和技术标准制定最好同步进行。

二、制定促进产、学、研结合的自主创新体系建设政策

自主创新活动离不开国家技术创新体系的支持。国家技术创新体系是国家创新体系的重要组成部分，其核心是"技术创新"，其本质特征是技术与经济的结合。国家技术创新体系主要由企业、高等院校、科研机构、政府部门、中介机构等构成。各个主体在实现该体系的各功能中发挥着各自的作用，并存在着合理的相互联系机制。其中，企业是该系统的核心部分，而高等院校、科研机构在科研、成果、育人、信息等方面有着明显优势，所以，三者之间相互结合的创新模式正日益促进着科技与经济的发展，应给予高度重视。

（1）对政府而言，首先，要加快市场化进程。包括降低各类针对企业生产的项目计划在国家管制中的比重，真正做到政企分开。其次，要从项目管理向政策管理转变，为企业创造一个良好的创新环境。再次，要使政府各部门在推动技术创新上有一个密切的配合关系。最后，为技术创新提供财政、税收、金融和产业政策的支持。

（2）政府部门及时调整科技政策，鼓励产、学、研的结合，要使科技人员愿意走出校门与企业联合，解决生产实际问题。例如，高校的纵向课题的申请和研究工作，应尽量与企业结为合作伙伴，高校自选项目经费可以周转金的形式，只支持已与企业签订合同并由企业提供部门经费的项目等。

（3）产、学、研的合作体制由合同制向承包制、股份制、集团化方向

发展，逐步形成利益共同体。利益共同体的形成标志着产、学、研合作的进一步规范化、市场化。在产、学、研合作中，合作双方均把对方的发展当做自身发展的前提，真正实现了"平等互利、优势互补、利益共享、风险共担"这一符合社会主义市场经济规律的合作原则。

（4）鼓励高校、科研机构研究人员与企业的领导、工程技术人员相互交叉任职，建立长期合作伙伴关系，相互支持，互通信息，共同发展。

（5）加强技术创新服务体系的建设。要建立更多的生产力促进中心、科技服务中心，做好技术开发项目的技术评估工作，面向企业的技术培训、咨询工作。建立新技术创新信息中心，定期发布新技术、新产品、新投资机会的信息；建立地区、企业的信息网，加强政府、部门、企业和科研机构高校的沟通，形成区域创新网络。建立技术孵化中心、技术创新接力中心，促进科研成果向现实生产力的转化。

（6）人才评价标准应突出"专利权"标准。专利在国际上享有很高的地位。一个国家申请专利的数量和质量，常常被作为衡量这个国家创新能力的标志。我们的人才标准不能无视专利权的存在。因为专利权，特别是发明专利在新颖性要求上属于文献全球性和实物全国性，在审查形式上经过国际联机的文献检索，在权利形式上具有国家法律效力，并且具有严密的反垄断机制（只要专利权授予不公，就会有用户抵制），所以专利权与其他形式的成果相比较，创新分量是最高的。我国现阶段的科技人才，主要集中在高校和科研机构，除了基础研究和人文社会科学研究人才之外，有50%以上的科技人才是可以进行专利创新的。但是，如果在职称评审上忽视专利权的垄断地位，像现在这样实行选择完成制（可申请专利，也可以不申请），而不是强迫完成制，专业技术人员就会避重就轻，选择形式简单的成果鉴定等形式，绕过专利权的创新性，那么专利战略的实施就会被架空。这就要求我们在课题验收、科技评价和人才政策上做大的调整，应建立中国特色的专业技术人才评价体系。要拓展人才评价内涵，从重学历、重资历逐步向重能力、重业绩转变，例如，可以改革我国的专业技术职称的评审方法，规定凡是国家、省部级自然科学奖、科技进步奖、发明奖、优秀设计奖获奖项目的主要完成人，获得国家发明专利、实用新型专利的主要完成人，可以在评定职称等方面享受一定的优惠政策。

（7）充分认识到我国所处的经济发展阶段和不同地区存在的差异，从我国改革开放的实际出发，当前的自主创新应以消化吸收创新和集成创新为主。原始创新成本高、成功概率低，对处于全面建设小康社会的发展中国家，从战略储备出发，可适当部署，但不宜把发展机会主要寄托于原始创新。国际经验表明，即使一些进入发达国家行列的国家（如日本、德国、意大利、韩国、新加坡）的竞争能力，在很大程度上也是来自善用集成创新。

三、制定促进高科技企业制定和实施企业专利战略的政策建议

（一）国家应制定政策，使高科技企业成为技术创新源和技术创新成果的主要吸纳者

作为高新技术产业化的主要行为者，高科技企业应该既是科技成果的买方，也是科技成果的卖方。也就是说，它不仅要有条件和能力购买和使用别人的科技成果来促进自身的进步和发展，而且还要有自主研究与开发能力。能研究出新技术、新设备供同行推广应用，从而带动行业的共同进步。

（二）采取措施，帮助高科技企业加强以专利为核心的企业战略性基础建设

为了提高中国高科技企业的自主创新能力，在专利等知识产权的取得、经营秘密的管理、防止技术的流失等方面，必须采取战略性对策。对此，政府可以采取以下措施，帮助各高科技企业制定本企业的战略目标：

（1）定期公布知识产权价值评价的信息，并根据评价结果来判断其收益性及企业的价值，便于高科技企业资金的筹集及企业经营队伍的稳定，最终有助于企业竞争力的增强。

（2）为了有效地提高审查能力，对申请及审核体制进行必要的改革。现阶段首先应缩短专利审查周期，应在保证审查质量的同时，将审查周期缩短到 2 年之内。

（3）为应对内外的竞争日趋激烈、有关知识产权的纠纷时有发生的情况，应制定更加快捷的知识产权纠纷的处理方法，降低处理成本。

（4）在现有政策的基础上，制定出有利于知识产权作为资产利用的制度，如专利权证券化制度、专利信托制度等。

（5）由于企业网络已成为高科技企业知识创造的重要形式，因此，对

专利在互联网上如何保护也应制定相应的政策措施。

（6）为了适应用户对多样专利活动的具体要求，必须建立有助于专利政策制定的有关专利的日常统计制度。

（三）在全球配置资源，是经济全球化为高科技企业带来的重大机遇

政府也应该制定相应政策，鼓励我国的高科技企业充分利用这个机遇，促进中国高科技企业的自主创新活动。笔者认为，政府近期应该制定以下政策：

（1）鼓励高科技企业在海外建立研究与开发机构，这是取得国际先进水平研究与开发成果的一条捷径。

（2）鼓励高科技企业收购海外研究与开发机构。如 TCL 收购法国汤姆逊彩电部门，获得其在法国、美国和新加坡的三个研究与开发中心，大大增强了研究与开发能力，其同时收购阿尔卡特手机部门，获得其移动通信研究与开发中心；京东方收购韩国现代液晶显示部门，获得液晶研究与开发能力；联想收购 IBM 个人电脑部门也获取相应研究与开发机构。

（3）鼓励高科技企业引进海外专业人才。奇瑞汽车公司从国外跨国公司引入专业人才，与本土低成本研究与开发资源相结合，迅速形成较强的研究与开发能力，不断推出新车型，成为自主创新和自主知识产权的一面旗帜。大量华人留学生在海外从事高级科研工作是我国一个独特优势，应充分发挥这一优势。

（4）鼓励高科技企业国际合作研究。对一些重大科研课题进行国际合作研究，可降低研究与开发成本，取得规模优势，也是科技创新的新途径。合作方不仅分享科技创新带来的知识产权，对培育本土研究与开发能力也有实效。

（5）鼓励高科技企业从事国际委托研究。在本土研究与开发能力不足以完成某些研究与开发任务时，将研究与开发课题全部或部分委托给国外企业或研究与开发机构，也是迅速形成自主知识产权的捷径。但要善于及时将单纯的国际委托逐渐演变成合作研究，通过"引进来"和"派出去"，培育本土研究与开发能力。

（四）中国高科技企业专利战略类型的选择

中国高科技企业专利战略类型的选择，可以从以下几个方面入手：

（1）将企业的核心技术申请基本专利。基本专利是指将某项技术或某件产品的核心技术申请专利并取得专利权。基本专利是企业实施专利战略的基础，一个企业拥有的基本专利越多，这个企业在市场的竞争力也就越强。

（2）围绕基本专利构筑严密的外围专利网。拥有基本专利的专利权人，通常围绕该基本专利不断进行研究开发，并且申请众多的外围专利，利用这些外围专利进一步覆盖该技术领域。中国企业在技术上与欧美国家还有一定差距，基本专利不多，但可借鉴第二次世界大战后日本的专利战略，采取"农村包围城市"的方式，通过技术引进掌握国外的先进技术，再全力围绕这些技术主动进行应用性的开发研究，构筑外围专利网，突破欧美企业的技术垄断，变被动为主动。

（3）开展专利的有偿转让和许可。世界知识产权组织（WIPO）的统计资料表明，1965 年，各国之间通过以专利技术为主的许可证贸易额为 20 亿美元，1975 年贸易额达到 110 亿美元。到 1995 年，许可证贸易额进一步增长至 2500 亿美元，同期的技术贸易发展速度大大超过了一般商品贸易的增长速度。目前，我国处于技术引进阶段，很多企业与国外企业的项目合作是在引进国外企业先进技术和管理方式的基础上进行的，如何在最短的时间内消化吸收国外先进的技术是中国企业亟须解决的问题。

（4）专利交叉许可成为企业交往的重要手段。交叉许可是指企业以专利技术、专有技术的输出换取对另一个企业的专利技术、专有技术的使用。一个企业不可能开发所有的技术，也不能保证所有开发的技术都能获得专利权。如果企业拥有一些自主专利权，而竞争对手的专利对本企业技术实施构成障碍，就可以采取交叉许可战略。

（5）技术引进是发展中国家主要的专利战略。虽然企业引进技术的方式多种多样，但从法律角度看，大部分采用的是获取专利实施许可权的形式，而不是通过购买所有权的形式。一些资金雄厚但研究与开发能力不足又亟待进入市场的企业，通常采取全盘引进的方式。但是单纯地全盘引进会限制自己的技术创新与进步。所以，创新型的专利引进战略应是中国企业的首选。

（6）将专利申请和国际投资活动有效结合。通常外国企业计划在中国大陆地区生产投资或开办分厂或代理销售其产品之前两三年，就有计划地向中国国家知识产权局提交相应的专利申请，这样，当它的产品和技术投放中国市场的时候，它的专利申请或已经进入实质审查程序待审，或已经被授予专利权。我国企业的产品出口也应注意在国外申请有关的专利。

（7）运用专利诉讼战略，巩固市场地位。企业一方面可以充分运用专利制度的保护功能，主动跟踪和搜集竞争对手的专利侵权证据，及时向竞争对手提出侵权警告或向司法机关提起诉讼；另一方面可按照法定程序，及时向专利复审委员会就可能威胁其生产的专利技术申请宣告无效，打破竞争对手的垄断，确保自己的市场地位。

四、未雨绸缪，高科技企业还应建立企业专利预警机制

企业专利保护应急和预警机制至少应包括下列各项工作：

（1）企业制定技术开发项目之前，针对项目立项进行专利查新检索，了解现有技术状况和发展动态，并在借鉴现有技术的基础上，开展自主研究开发，避免低层次重复研究；专利信息分析对专利预警机制的建立起着相当重要的作用。业内人士认为，通过全面而严密的专利信息分析，企业可以由此找到技术的空白点和技术的发展趋势，发现已有的和潜在的竞争对手，在此基础上建立企业的专利战略，可以以最小的代价获得最大的收益；

（2）项目开发研究过程中，跟踪相关技术的发展状况，必要时更新专利检索信息。

（3）项目完成后，与项目开发人员研究共同制订专利保护方案。

（4）专利侵权诉讼发生之时，制定专利侵权技术判定报告，必要时，提出规避侵权的技术方案。

（5）研究企业所属行业技术发展现状，跟踪竞争对手专利技术发展情况，制定对策方案，提前发布警告。主要内容包括：发现在哪些重要的产业领域，国外有哪些企业提交了专利申请、所占比例多大？以及这些专利申请涉及哪些重要的技术，这些技术所处水平如何？当上述对比的结果达到了预先设定的报警水平时，国家可以通过适当的机制发布预警信息，以提醒相关领域的企业、行业协会以及政府机构、研究机构，迅速采取应对措施。

（6）制订企业专利申请、专利技术利用、专利权许可与转让方案。

第四节　建立适宜于高科技企业成长的公司治理机制的政策建议

我国现阶段高科技企业成长中人力资本激励机制存在的问题主要是高级人力资本激励不足、产权激励机制没有建立起来，以及激励机制过于单一、激励缺乏针对性。针对这种情况，我们提出以下建议：

一、建立高科技企业的全方位人力资本激励机制。其主要内容有：

（一）组织结构激励

工业经济时代的商业规则和科层制管理模式已不适应知识经济时代企业的成长与发展，甚至成为企业生存与发展的严重桎梏。组织结构的重新设计成为知识经济时代的必然选择。知识经济时代的组织结构设计将改变传统的依据功能来组织生产、市场与销售、研究与开发、财务等业务部门的做法，而是实行组织结构方面的扁平化。

（二）建立员工绩效考评体系并按绩效付酬

对高科技企业来说，如果能有效地考核评价员工的绩效，就能掌握个别员工对公司的贡献与不足，并在整体上为人力资源管理提供决定性的考评资料。由于绩效考评体系并非是孤立的、完全固定不变的，而是受各种因素的影响，与多种因素相互作用，因此被称为绩效考评系统。通过绩效考评，可以为高科技企业的人力资源管理提供一个客观而公平的标准，使企业能根据这个标准进行优化组合，对人员进行合理调配，提高人事决策的准确性，最终实现高科技企业的成长与发展。

（三）鼓励企业实行员工持股制度

目前，政府应完善相关法规和制度，探索员工持股的适度比例，将经营者股票期权与员工持股结合起来。

（四）企业文化激励

企业文化是指导与约束企业整体行为和员工个人行为的价值理念。要真正激发知识型员工的心灵，除了上述几个方面外，还要构建一种催人奋发的高科技企业文化。一旦员工意识到这样的企业文化是他乐于接受和遵循的，他便会产生强烈的归属感，奉献自己的忠诚、效率、责任心和创造力。在具体的激励形式上，可以采取人本管理、宽松的工作环境、开放式沟通、员工授权、知识共享的形式等。

（五）培训和职业发展规划激励

为员工提供学习、培训机会，重视员工的个体成长和事业发展，也是激励机制的一个重要组成部分。因此，企业除为员工提供一份与贡献相称的报酬外，还应健全人才培养机制，为知识型员工提供受教育和不断提高自身技能的学习机会，使其具备一种终身就业的能力。

二、允许高科技企业根据公司的具体情况，选择采用董事会中心主义或经理中心主义

现代企业理论最重要的发现是把企业看做利益相关者之间的契约集合，这意味着所谓企业的权威只不过是一种契约选择的结果。企业治理形式分为单边治理与共同治理，在现代企业中，随着人力资本的重要性上升，要求企业治理结构也发生适应性调整。外国公司权力中心定位经历了股东会中心主义、董事会中心主义和经理中心主义的历史嬗变。

由于人力资本日益成为影响高科技企业收益创造能力的核心要素，因此，我国现有《公司法》所确定的股东会中心主义，并不适合高科技企业的公司治理，我国应允许高科技企业根据公司的具体情况，自由选择采用董事会中心主义或经理中心主义。

三、在法治环境不完善的情况下要注意发挥高科技公司大股东的公司治理替代物作用

本书通过上海和深圳两个证券交易所上市公司的实证研究发现，在样本公司中，大股东的股权变化将产生30%以上的高层管理人员的变化，这个变化也可以用新的控股股东的特征来解释，证明了控股股东的身份是决定企业价值的重要因素的结论。同时，还从小股东的观点，调查了若干公开发行股票对公司所有权结构的影响的重要问题。样本包括854个上市公司。研究发现，仅仅当非控股股东与控股股东的所有制不同时，非控股股东才对公司

的价值有贡献，笔者把这归因于控股股东与非控股股东的潜在的利益冲突，这种冲突能减少利益输送的机会，增加对管理层的监控。研究还发现，如果有清晰的证据表明在控股股东之间存在共谋，公司的价值就必然大打折扣。这进一步证明了大股东在法治环境不完善的情况下的重要作用。

第五节　关于建立完善高科技企业成长的全方位人力资本激励机制的政策建议

一、在制定对经营者进行股票期权激励方案时，出发点应放在提高对经营者士气以及对经营者与所有者目标一致性上

在对经营者进行股票期权激励时，不应单纯以企业业绩作为进行股票期权激励的依据，为了提高激励效率，应着重提高对经营者士气的影响，以及对经营者与所有者目标一致性的影响，士气和目标一致性对企业长期业绩有着密切的正相关性。

二、经营者在股票期权实施过程中容易产生一系列道德风险行为，应加强对这些道德风险的防范

具体有：（1）在确定股票期权股份数量环节，为了避免经营者操作股票价格获得更多的股份，可以采取两种预防措施：一是用于计算股份数量的股票价格采取更长期间的股票价格平均值代替授予日股票价格或授予日前5日价格的公允值，把时间跨度拉长，不利消息的影响将被股市消化，将使经营者操作股票价格的难度增大。二是采取固定股份数量的办法，切断股份数量与实际股票价格的联系，具体数量可以通过谈判解决，彻底杜绝操纵的动机。关于红利分配，可以由董事会确定刚性分配方案，由股东大会通过后，在每年度决算后严格实施，如果调整分配方案，必须经过董事会以及股东大会批准，防止经营班子为了提升股票价格而削减红利分配。

（2）实施窗口期制度，有效地压缩行权的时间范围，把窗口期设置在重大事件披露前后一定期限之外，则可以有效地避免经营者操纵信息发布，

趁机获取超额利益的风险。另外，引入中介机构监督机制，由第三方对财务数据等重大信息进行严格监督，可以有效地约束经营者操作利润的行为。

（3）从根本上讲，防范经营者在股票期权计划中的道德风险，充分发挥股票期权的激励作用，需要在企业内部建立起完善的公司治理结构，有效制衡经营者的权力，同时建立起良好的业绩评价体系，对经营者的业绩能够公正评价；企业外部需要具有发达的资本市场和经理人才市场支持。

（4）在企业制定相应防范措施的同时需要改善公司治理结构，加强外部市场约束方法的配合，建立起有效的公司治理结构和声誉激励机制，使经营者既受到企业内部道德风险约束条款的制约，又受到保持良好职业道德的外部激励。

三、对修改和完善我国相关法律制度的建议

关于股票来源方面，我们应修正相关的法律。目前，我们可以采取大股东转让的方法，同时制定出一定的约束条件，如授予经理人员适当的股份比例范围，以避免威胁大股东的控股地位，或者约定经理股票期权的强制持有期限，等等。

在股票期权的流通方面，我们应修正相关法律，在保障对经理人员有一定约束力的条件下，适当放松对股票流通的限制。

在会计计量、账务处理以及财务报告信息披露方面，也应及时对《会计法》、《税法》等相关法律加以调整，作出相应的规定。

第六节　促进高科技企业成长的国际化政策建议

促进高科技企业国际化发展，要顺其自然，符合经济发展规律。但在当前世界经济全球化和国际竞争日趋激烈的大趋势下，政府应该积极为中国企业国际化发展创造良好的外部环境。

一、业务管理上的支持

政府要定期向中小科技企业发布技术研究与开发和实施招标项目；建立或组织中小科技企业联合建立国内外技术供求的信息系统，为它们获得合作

者、技术资料、市场需求及与技术出口相关的政策法规等信息开辟渠道；为中小科技企业技术和管理人员的培训提供服务，以不断地更新技术人员和管理人员的知识，提高他们国际化经营的内在素质；建立面向中小科技企业的管理和服务机构，办理或代理对外邀请客商、科技人员出国、技术或技术产品进出口的手续，等等。

二、经济管理上的支持

政府要特别注意对技术创新项目的支持，重视科技进步和参与技术市场以及国际竞争能力的结合。支持的方式尽量采取间接的经济手段，辅之以必不可少的直接经济手段，要尊重和借助于市场机制的力量，既要对中小科技企业给予必要的经济支持，又要发挥和培育它们在国际竞争中的竞争实力和应变能力，以及自我生存、发展能力。

直接的经济支持有：设立高科技企业国际化发展基金，基金的投放基本上是无偿的，部分可采用低息或无息贷款予以支持；设立科技企业专项技术开发和实施的贷款，这种贷款有一定的风险性，所以政府对因发放贷款而受到损失的单位可予以一定的补偿；直接向科技企业发放财政补贴，这种补贴是弥补它们在实现国际化过程中的亏损，但不全额发放，只发放亏损中的一部分，以减少科技企业对政府的依赖。

间接的经济支持手段主要是通过税收方面实行减免等优惠政策和财政方面采取加速折旧等措施来促进和扶植科技企业实现国际化。

三、对高科技企业国际化成果管理上的支持

这主要是指政府对科技企业引进、输出技术和技术产品后的业绩管理。它包括经济效益，各方当事人履行合同的情况，项目引进、输出后（含后续改进）再向第三国输出情况的管理。据此采取相应的措施支持国际化，并将成果管理的内容输入信息库，供政府各部门和企业利用。此外，政府还可根据科技企业的业绩给予奖励。

四、严格执行法律、法规，支持高科技企业国际化

政府要依法履行在支持高科技企业国际化过程中的职责。一是要规范对

高科技企业税收方面的措施，特别在纳税额的计算方面要规范化。二是要按照法律的规定进行管理。凡符合规定而申请开办科技企业的，要从速给予登记，准予开业。不能擅自提高要求，不予登记，也不能采取官僚主义态度，拖而不办。三是围绕国际化服务。比如，为科技企业讲解法律、法规，资助科技项目的拨款和贷款，调整与出口有关的税收，组织专业金融机构支持高科技企业，在风险资金募集、使用和管理，技术出口的申报和登记，海关检查等方面都要认真执法，方便高科技企业的活动。同时，还要依法监督检查高科技企业在经营活动中的守法情况，并及时提供帮助。

五、财税方面的措施

充分借鉴国外利用税收这一经济杠杆来促进科技企业，特别是中小科技企业实施国际化经营的经验。美国 1985 年将研究与开发的人员和材料费列在项目折旧费内，仅此一项在财政上就少收入 22 亿美元，从而增强了科技企业的国际竞争力。日本用减免税收的办法来促进尖端技术的开发。从法国对出口技术和技术密集型商品实行"零税收"政策，即在技术和商品出口时一次性把商品生产、流通过程中所征税款全部还给企业。新加坡则给予科技开发的厂商和科研机构财政补贴。

因此，在完善科技企业税收制度方面，对出口技术和技术产品或以技术在境外投资所获得的利润，可实行产品税、增值税的优惠制度。特别是增值税，可采取退税为零的办法。这种优惠不仅是给科技企业，还包括一系列为科技企业提供原料、初级产品的一般服务企业。在财政会计制度，特别是成本核算、资产折旧方面要实施区别对待的政策。如加速折旧的办法不仅适用于固定资产，还可适用于包括专利、专有技术、商标等工业产权。

六、金融方面的措施

尽快建立并完善支持高科技产业，尤其是中小科技企业国际化经营的金融机制。将高、新、特技术及其产品推向国际市场，形成规模优势。

第 十 三 章

结 束 语

第一节 主要结论

一、高科技企业成长的生态系统环境研究

本书将高科技企业的成长视为一个系统的生态进化过程，它是一系列因素共同作用的结果而不是其离散作用的结果。从高科技企业的生态特性出发，结合生态学理论，分析高科技企业在成长中面临的特定生态系统环境，以及相关机制等。并从生态位和企业成长空间场角度进一步说明高科技企业成长的规律和特征。从企业生态的视角来看，与生物的进化需要一定的条件一样，高科技企业成长也有诸如以下一些必不可少的条件，比如，知识创造、转化和竞争机制，融资制度与融资支持机制，人力资本供给，公司治理机制，正确的政策制度等。

二、高科技企业成长模式和机制分析

本书分析总结了国外高科技企业成长的三种模式，并运用技术路线图的原理，结合高科技企业的复杂性特征，根据不同成长阶段企业内外部资源及外部环境的状况，从高科技企业成长生命周期的角度，用高科技企业的动态成长路线图的形式，从渐进和突变的不同条件出发，动态地对我国高科技企业的模式选择进行分析，并提出相应的成长模式建议。

此外，还找出了我国高科技企业国际化发展中存在的主要问题。指出在我国高科技企业国际化过程中，要根据企业的实际发展情况选择与国际上大的跨国公司共生、与国内的大企业共生；或是建立企业族群、吸引跨国公司的直接投资、复制产业链、网络联合、独居进入国际市场等方式，进入国际市场。

本书还综合企业生态、熊彼特的创新经济思想和技术路线图原理，结合高科技企业的复杂性特征，根据不同成长阶段企业内外部资源及外部环境的状况，从高科技企业成长生命周期的角度，用高科技企业的成长路线图的形式，对我国高科技企业的模式选择进行战略分析。

三、高技术企业成长影响因素及其国际比较研究

构建了高科技企业的成长与高技术产业的国际竞争力形成模型，并运用交叉回归方法，对影响企业成长和风险资本国别差异的因素进行研究。本书发现，高技术产业竞争力与该国的研究与开发规模具有显著的正相关关系，研究与开发结构因素对高技术产业国际竞争力带来的影响、企业和政府以及其他相关部门在执行研究与开发活动中的行动效果也存在差异，人力资源、融资环境因素和创新机制都对高科技企业的成长具有重要的作用。此外，高技术企业的成长问题，除了从高技术企业内部以及微观层面考虑，还要从高技术产业发展环境的建设方面来考虑。

四、高科技企业成长中的知识创造、转化和竞争机制

企业的竞争能力不仅依赖自己的知识，也依赖于网络成员的知识，而且也依赖于网络成员合作和协调的规则，从而丰富和发展了基于知识的企业理论。企业网络中知识流动的效率源泉在于网络内企业基于劳动分工基础上的知识专业化分工所带来的报酬递增效应，网络中企业知识外部性的作用和网络中企业知识投资的网络效应。网络内累积的社会资本有效地降低了企业与合作者之间的协调成本，同时导致分工在范围和深度上的扩展。企业网络中由于知识外部性的作用，企业可以获得知识溢出的好处。同时企业与其他行动者之间的合作会产生系统性的网络效应，网络效应的一个重要方面是系统性的集体学习效应。在网络中，企业理解外部知识的能力、企业消化外部知

识的能力和企业将所吸收和消化的知识应用在商业上的能力的强弱决定着网络中企业基于知识的核心竞争力的强弱。企业的网络能力可以使企业通过对外部网络关系的战略识别，发现有利于自身发展的机遇、资源，通过参加网络系统的活动来获得企业发展所需要的资源和信息。知识在网络中传播和转移，企业通过组织学习来掌握知识，从而提高自己的竞争优势。

创新是网络中企业竞争优势的最主要的源泉。而创新资源是企业通过其在长期发展过程中累积的社会资本而调动和利用网络中的互补性资源。企业通过社会资本利用多种方式调动对企业的创新和发展而言的互补性资产和其他关键资源。

五、高科技企业成长中的专利制度和专利政策

指出专利制度影响高科技企业创新和成长的机理，在于专利制度可以通过技术创新和高科技企业的成长各方之间的博弈活动，对高科技企业的成长活动发生作用。本书的研究发现，专利制度既有促进高科技企业的成长的一面，又有妨碍高科技企业的成长的一面，专利制度的负面作用主要是可能导致专利诉讼量剧增和导致发生高科技企业高昂许可费以及反公共品悲剧发生。而专利池既可以减少专利诉讼，又可以避免"反公共品悲剧"的发生，从而保证了专利制度对高科技企业成长促进作用的发挥。

自主创新成果是高科技企业成长的关键因素，国际知识产权保护制度要求高科技企业必须制定自己的专利战略，在此基础上，本书描绘了高科技企业的专利路线图。而高科技企业在确定自己的专利战略时，应充分利用专利文献制成专利路线图，必须有应对目前跨国公司频频使用的"专利池"战略的对策。

六、高科技企业成长中的人力资本定价机制

本书提出了研究激励效率的"士气、目标一致性和企业业绩关系"模型，分析了影响股票期权激励作用的内部制度和外部制度约束框架，将影响因素归纳为四个方面：股票期权方案设计的不完备契约性导致激励效率损失、股票市场弱势效率影响股票期权激励效率、经理层经理人才市场发育程度影响股票期权的激励效率和法律制度环境影响股票期权的激励效率。

根据士气的特点，确立了测量士气的原则，提出了测度士气的核心要素。将士气分解为经理层积极性、员工满意度、经理层创新能力与客户满意度四个指标。每个指标进一步分解为可量化的或可测度的若干元素，提出各个指标的测度方法和途径。构建了士气度量模型并对模型进行了实证研究。结果表明，股票期权对经理层士气有正的影响，但士气激励效率较低，尚有较大的提升空间。

建立了道德风险防范分析框架。经理层道德风险是职务权力与资本市场效率不足相结合的产物，可以发生在股票期权计划的各个环节。

定量研究发现，企业绩效与经理层累计获得的股票期权数量存在一定的正相关性。股票期权对企业业绩起到了比较显著的激励作用，特别是利润增量与股票期权之间存在显著正相关性，因而可以得出结论——股票期权激励关于企业业绩改善是有效的。实证表明，董事会结构未达到有效状态，不能形成股票期权激励机制的监督约束平衡力量，影响了股票期权激励作用的发挥。提出外部经理人才市场发育程度影响股票期权激励效率，提高经理人才市场成熟度是股票期权激励机制成功运行的外部制度保证。

七、高科技企业成长中的风险投资制度与融资支持

分析了美国高科技企业融资制度、风险投资的作用，比较了中美两国的高科技企业成长中的风险投资环境，厘清了两国之间的文化、制度差异和实践中的区别。

针对中国高科技企业融资困境，应用不对称信息障碍的理论和产权制度歧视理论，通过信号传递博弈模型和产权模型阐明了在信息非对称条件下，在现有制度下，产权特征将通过影响银行对企业的证实成本进而影响债务合同最优支付。由于具有较大的均衡债务合同最优支付，高科技中小企业在信贷市场融资竞争中相对处于弱势。而高科技企业融资制度创新的综合性目标，就是通过选择能够促进高科技企业发展，同时又能够与中国融资环境相适应，适合中国经济发展的融资制度模式，有效率地积聚资本、分配资本和使用资本，解决高科技企业发展过程中的资金短缺问题，不断提高资本的配置效率，为中国高科技企业的发展提供动力支持。

在对风险投资契约结构分析的基础上，提出了在风险资本市场中，应当建立有限合伙制，这一种新的金融中介的产生可以有效地解决这一困境，此外应当科学合理地进行分阶段投资，以及科学地评估创业企业的价值。

通过问卷调查和实地调研，对我国西安市风险投资公司的行为特征和动因进行了实证分析，现今我国风险投资机构虽然具有退出的意识，但缺乏真正的退出压力，其根源在于我国风险投资公司组织形式无法解决"预算软约束"问题，认为我国风险投资发展首先解决的不是风险资本来源的问题，而是风险资本的有效需求问题，即如何鼓励和引导企业家的创业行为，构建一个良好的高新技术产业发展环境。

八、高科技企业成长中的治理机制

人力资本的激励强度就决定着高科技企业的总产出。当满足一定的边界条件时，剩余索取权的重新分配会是对人力资本所有者和非人力资本所有者效用水平的帕累托改进，将驱动着高科技企业产权结构的变化。所有权的集中经常被看做代理人和管理者之间冲突的一条解决渠道。但在法律保护较弱的国家，集中的所有权却有可能又带来控股股东侵害小股东的问题。本书分析了监管缺位时，大股东之间的相互监管对于公司价值的影响。还通过研究发现，非控股股东可以在一定程度上作为监管控股股东的替代者。

九、我国高科技企业成长的国际化

由于高技术及其产业是 21 世纪世界经济竞争的焦点，是世界各国竞相争夺的战略制高点，所以，鼓励高技术企业参与国际竞争，走国际化的发展道路，对于我国未来社会和科技发展、经济、国防建设与社会进步具有至关重要的战略意义；并将为奠定中华民族自强于世界民族之林的基础作出贡献。推进高技术企业走向世界，实现其生产经营的国际化，这是中国高技术企业成长的必然趋势和重要阶段，也是中国高科技企业在 21 世纪成长中所面临的新课题。本书就中国高科技企业国际化的动机和路径选择、中国高科技产业发展的国际化现状与比较、中国高科技企业成长的国际化模式、中国高科技企业国际化战略的路径选择、高科技企业国际化程度评价及其比较，以及高科技企业国际化经营绩效评价等问题进行分析和讨论，提出了中国高科技企业成长的国际化是一个循序渐进和突变、可跨越性并存的过程。提出中国高科技企业的模式表现出内外向国际化模式和国际化的双向互动过程。中国高科技企业国际化有技术、资本、市场和资源国际化战略和相应的路径选择；而技术和资本类型的国际化是今后高科技企业的主要特征。还对高科技企业国际化战略路径等级模型的类型进行了分析，提出和构建了高科技企业国际化程度评价指标体系和高科技企业国际化经营绩效评价指标体系，这对于高科技企业制定其国际化战略及其路线图，无疑具有重要意义。

第二节　尚需进一步研究的问题

第一，本书对中国高科技企业成长的研究，建立了一个系统分析框架，形成了基于生态进化理论的逻辑基础，包括生态位、空间场、企业成长路线图以及进化博弈等；并对其中的若干主要影响机制和因素，例如企业网络知识流动、专利制度和政策、股票期权激励机制、风险投资融资机制以及高科技企业国际化等进行了定性与定量结合的重点讨论，形成了本书的特色。今后的研究可以从几个系统组成部分进行更加深入的分析和讨论。

第二，对高科技企业成长的生态位、生命周期与空间场以及资源、产业和信息网络的关系，可以做更深入的数理分析和样本调查，以厘清其中的演变机理。

第三，对企业网络中知识流动的研究目前主要侧重于规范性的理论研究和分析，定量的实证应用研究还有待今后的深入。

第四，本书在股票期权士气激励效率研究方面，由于资料和时间限制，无法对样本企业经理层士气进行纵向比较研究。当前可以结合国家在这方面的进一步开放和试点，重点加强对外部监管和内部约束激励效率诸因素的研究。

第五，在风险投资和创新方面，有必要深入分析风险投资在各产业技术创新中的贡献度，尤其是中国高新技术产业发展对风险投资的依赖度。

第六，关注我国高科技企业国际化的新趋势，以及国际化中遇到的贸易、投资和技术壁垒，并提出应对风险的策略和政策建议。

第七，深入研究基于生命周期的高科技企业成长路线图，并将其与技术路线图、专利路线图、企业国际化路线图等相互结合，探索高科技企业成长的机理和推动高科技企业成长的机制和战略。

附　件　1

对企业网络中知识流动的经验检验

　　本书的基本目的在于验证：（1）企业与合作者交流知识和信息的路径和方式；（2）社会资本在企业与合作者间互动学习，对企业的知识获取、创新等方面的影响；（3）社会资本在构建企业核心竞争力时的作用。主要内容包括假设、变量设计与定义、样本的采集过程描述、样本可靠性和有效性分析、方法和结果、对分析结果的讨论和结论以及研究的局限性等方面。

一、假设

　　综合本书第六章中的相关的理论分析，提出的假设为：

　　假设1：企业的各种知识间存在着互补性。

　　假设2：企业与其他经济行动者之间交流信息和知识的主要方式为建立社会资本基础上的网络关系嵌入性和网络结构嵌入性。

　　假设3：信任是网络中企业与合作者一种重要的治理机制和协调机制。

　　假设4：如果企业要获取的知识的隐性程度越高，企业与网络中合作伙伴的沟通程度也越高。

　　假设5：企业与合作伙伴间的沟通程度越高，企业所获取的知识便越多。

　　假设6：网络中企业与合作伙伴间的沟通交流程度越高，企业所累积的社会资本越多，企业与合作伙伴间的信任程度也越高。

　　假设7：信任程度越高，则企业所获取的知识尤其是隐性知识便越多。

　　假设8：企业从合作伙伴那里获得的知识对企业的绩效如技术创新、管理创新有着比较显著的影响。

假设9：企业的技术能力和企业的网络能力呈互补关系，企业的网络能力越强，企业所获取的经济租金越多。

对于假设1、假设2、假设3、假设9根据对被调查对象的访谈来验证。

对于假设4、假设5、假设6、假设7和假设8，我们建立的概念性分析框架如附图 1 – 1 所示，同时也根据访谈的内容给予佐证。

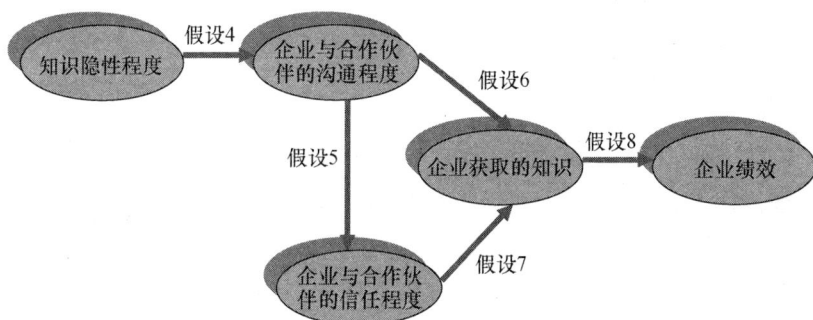

附图 1 – 1　本书的概念性框架

二、样本

我们所使用的样本来自对西安国家级软件园和西安高新技术开发区 111 家从事软件开发与销售的企业的调查。选择西安高新技术开发区和西安国家级软件园是因为西安高新技术开发区和西安国家级软件园在中国国家级高新技术开发区和国家级软件园中是做得比较好的，在国内外具有一定的影响力。选择软件行业是因为软件行业被公认为是知识密集型和技术密集型高技术行业，而且由于这个行业技术和市场的快速变化，企业必须清楚地意识到其他成员在做什么，因而通过从合作者伙伴那里获取有关知识和信息，洞悉技术变化的方向并抓住变化所带来的机会，因而从企业网络关系中获取知识变得非常重要。

我们对样本的选择有三个标准，即这些企业：（1）至少成立 1 年，但不超过 10 年；（2）是一家独立运作的企业，而不是某一家大公司的分公司；（3）从事软件的开发、生产和销售。

　　我们将目光集中于建立时间不太长的新企业是因为这些企业被认为是最容易受外部主要关系影响的。我们将成立时间在 1 年以下的企业排除在外，是因为这些企业尚未与主要合作者建立和累计足够的社会资本。10 年的上限是与其他研究一致的。而且，社会资本和学习、创新能力需要很长一段时间才能建立和发展。我们的调查时间前后持续 10 个月。我们将大公司的分公司排除在外可以确保企业主要合作者对企业学习和创新能力的影响不受母公司的影响，因为子公司可能会吸收和利用母公司的知识，这有可能弱化我们对所研究的问题的检验。

　　为了确保所选择的企业是从事技术创新和管理创新的企业，我们翻阅了这些企业的业务说明和产品说明。那些从事销售和分销但不进行研究和发展的企业被排除在外，因为这些企业仅仅提供非技术性的服务。我们发现有 489 家企业符合选择标准。因为收集正确的信息对本书的研究至关重要，选择正确的信息提供者也十分重要，而对有关活动方面所提供的信息的可靠性依赖于所选择的信息提供者有这方面的知识，所以，在西安高新技术开发区和西安国家级软件园一些负责人的帮助下，我们于 2001 年 10 月向这些企业的负责人亲自发放了问卷。这些负责人大多为产品开发主管，有经理或总经理或研究与开发总经理的头衔。所以，他们在提供有关信息方面处于一个比较有利的地位。而且，这些问卷在发放前已经做了测试，并在与 20 家企业的主管或有关负责人和西安两所"985"重点大学管理学院的部分博士生讨论后进行了修改：我们逐个访谈了这些企业的负责人，并且就有关问题和上述两个大学管理学院的博士生进行了讨论，以确保我们所设计的问卷没有释义或术语、用词方面的问题和错误。我们逐个访谈了这 20 家企业的主管以发现企业与合作者进行知识共享与交流的方式。访问超过 100 个小时。我们将注意力集中于发现和理解企业与合作者进行知识共享和交流路径的双边和多边关系。同时也探索了对这些路径的探索、创造和保持过程。我们详细地对样本企业进行选择以保证样本企业符合选择标准，结果将 76 家企业排除在外。

　　最后，我们从 489 家企业中收到了 137 份问卷。问卷的回收率为 28.02%。在这 137 份问卷中，有 26 分问卷由于所提供的信息不全而属于无效问卷被排除在外，最后剩下 111 份可用问卷。关于问卷未收回的原因，经过我们对被调查企业通过电话、面对面调查后得出的结论为：部分因为被调查企业的主管出差而延误；另一部分因为企业的事务繁杂，而将问卷弄丢；还有部分企业是因为主管太忙，所以顾不上回答问卷所提出的问题。

三、可靠性和有效性

笔者采取了下面几个步骤以保证数据的有效性和可靠性。首先，在正式发放问卷前，将问卷发给 20 个企业的主管或相关负责人，要求他们仔细地阅读对问卷所涉及的问题、所存在的问题和漏洞进行开诚布公的说明，并指出其中的错误和不当之处。然后修改了可能引起歧义的问题。随后，又将问卷发放给另外 20 个企业主管，让他们看是否存在模糊和定义不清的问题，结果没有发现什么问题。

因为对所研究的一些主要变量如知识流动、创新，社会资本如信任、学习没有相应的替代用语并且没有对这些活动进行度量的工具（如新产品的发展是有意地与合作者进行合作的结果），所以只能依赖于管理者的估计。同时我们在收回问卷后的第四个月，又对以前的问卷进行了简化，并将这些问卷发放给同样的企业，这次我们收回了 124 份问卷，但这次回收的问卷与第一次回收的问卷的结果基本一样。而且，我们又查阅了与这些企业有关的官方统计资料，结果没有发现什么大的问题。

四、变量设计

我们采用利克特（Likert）的七点尺度量表对各相关变量进行度量，并参考前人的研究设计了问卷。研究变量定义如附表 1 - 1 所示，其中变量 2 是对变量 1 的细化［说明：本表中的合作伙伴主要包括：（1）大学和研究机构；（2）相类似的其他企业；（3）政府部门］。除表中所列的问题设计外，我们还设计了一些用来衡量知识流动方式的问题。

五、方法和结果

关于知识流动的方式，我们对调查问卷进行整理所得的结果如附图 1 - 2 所示。

企业与其他相类似的企业的联系和交流方式：

附表 1 - 1　　　　　　　　　　　　　研究变量设计

变量设计 1	变量设计 2	问题设计
知识的隐性程度	1. 接触性	1. 企业必须通过与合作者进行面对面接触才能获取合作者的知识
		2. 网络中企业通过干中学获取合作伙伴的知识
	2. 难以表达性	3. 所获得的知识可以通过语言如以指示、公式等方式明确表示出来（反向衡量）
		4. 所获得的知识难以用语言明确表达或解释
企业与合作者的沟通（互动）程度（联系的紧密程度）	1. 沟通频率	1. 我们与合作伙伴愿意投入时间和资源经常进行各项交流并共享知识和信息
	2. 沟通质量	2. 我们与合作伙伴彼此间会提前通知可能会影响双方利益的事件
		3. 对于对合作双方不利的事件，我们也互相告知
		4. 我们与合作伙伴间非常重视意见的沟通和共识的达成
		5. 我们与合作者保持亲密的关系
		6. 我们与合作者彼此之间尽量避免损害对方利益的要求
		7. 我们与合作者的成员之间的了解建立在个人层次上
		8. 当我们与合作伙伴间有分歧时，我们愿意共同解决冲突
企业与合作者间彼此信任程度	1. 合作伙伴的可信任性	1. 合作伙伴会遵守有关合同规定
		2. 合作伙伴进行重大决策时会考虑我们的利益
		3. 合作伙伴会尽力遵守各项承诺，我们认为他们是值得信赖的合作伙伴
		4. 合作伙伴所提供的知识和信息是真实的有价值的
		5. 合作伙伴不会利用我们的弱点而采取机会主义行为
		6. 合作双方会尽最大的努力来维持彼此间的关系
		7. 即使环境发生很大变化，合作伙伴仍然会帮助我们
		8. 通过我们的主要合作伙伴，我们可以与这些合作者的合作伙伴建立联系
获取的知识对企业绩效的影响	1. 能力绩效	1. 我们从合作者那里学习到了很多技术性知识
		2. 我们从合作者那里获取了大量的管理性知识
		3. 我们从合作者那里学习到了大量的容易说出来的知识
		4. 我们从合作者那里获取了大量的只能意会不能言传的知识
		5. 我们从合作者那里所获取的知识对我们技术创新（新技术、新方法）的贡献很大
		6. 我们从合作者那里所获取的知识对我们管理创新（管理思想、管理模式、管理制度等）的贡献很大

获取的知识对企业绩效的影响	1. 能力绩效	7. 我们吸收了从合作者那里所获得的知识,这些知识对我们所从事的工作有很大贡献
		8. 我们可以利用合作者的资源生产产品和提供服务
		9. 获取的知识提高了我们所提供的产品的独特性(相对于竞争者而言,我们提供的产品更具有差异性)
	2. 采用绩效	10. 从合作者那里吸收的知识有助于提升我方市场竞争力(成本降低、销售额增加等)
		11. 通过合作伙伴,我们对所获的得知识有更充分深入的理解
		12. 我们可以将所获得的知识应用在其他领域

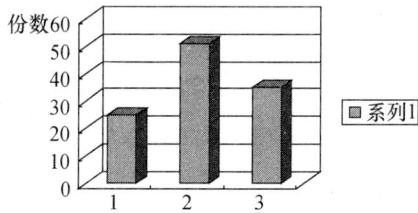

附图 1－2　企业与其他相类似的企业的联系和交流方式

其中,1表示打电话、发电子邮件、写信;2表示企业员工与合作企业员工的面对面自由交流和接触;3表示企业通过第三方介绍而与合作者接触。

企业与大学的联系和交流方式如附图 1－3 所示。

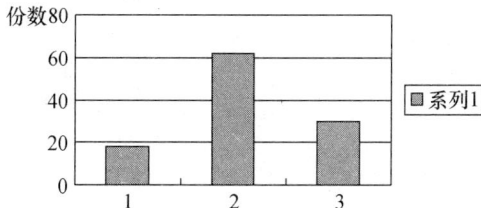

附图 1－3　企业与大学的联系和交流方式

其中，1、2、3 表示的意义与上图相同。

企业与研究机构的联系和交流方式如附图 1 - 4 所示。

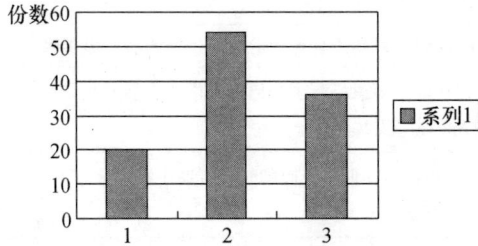

附图 1 - 4　企业与研究机构的联系和交流方式

其中，1、2、3 表示的意义与上图相同。

企业与消费者的联系和交流方式如附图 1 - 5 所示。

其中，1 表示正式访问；2 表示消费者投诉；3 表示消费者与企业员工面对面自由交流。

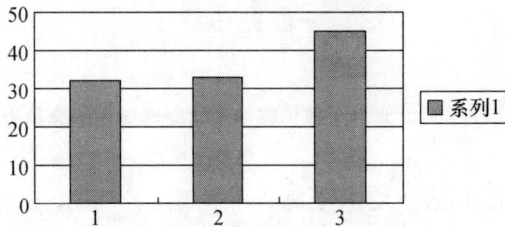

附图 1 - 5　企业与消费者的联系和交流方式

企业与政府机构的联系和交流如附图 1 - 6 所示。

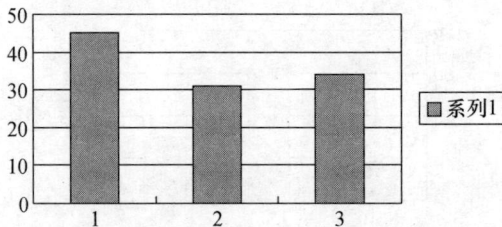

附图 1 - 6　企业与政府机构的联系和交流方式

其中，1 表示被动进行，不得已而为之；2 表示企业工作人员与政府工作人员的个人交流和沟通；3 表示通过第三方介绍而与对方接触。

我们的调查结果表明：大多数企业认为企业员工与合作者之间的自由面对面交流与合作对企业吸收、利用和获取知识的贡献最大，还有一部分企业认为通过第三方的介绍而与合作者进行接触对企业吸收和获取新知识的贡献最大，如附图 1 - 7 所示。

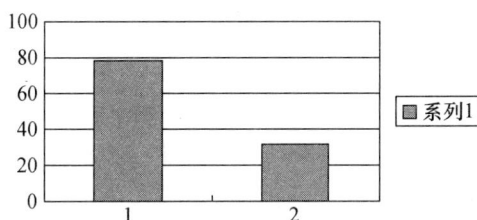

附图 1 - 7　企业与合作者的联系和交流方式对企业获取知识的贡献

其中，1 表示企业员工与合作者员工之间的面对面自由交流和沟通；2 表示通过第三方的介绍而与合作者进行交流和沟通。

有 95% 以上的被调查企业认为，企业员工与合作伙伴员工之间的面对面自由交流和沟通对企业获取、吸收隐性知识和显性知识的贡献最大。有 90% 以上的被访者认为，他们对合作伙伴有比较高的信任度，因为有高度信任，所以合作者和他们一起交流时，可以谈论与技术和管理相关的一系列话题，通过这些谈话，他们获取了很多以前所没有的信息和知识，或加深了对以前所获得的知识的理解。同时，由于信任的存在，也减少了与合作者合作的一些有形或无形的障碍，降低了交易成本。而且，90% 以上的被访企业回答，他们不愿意利用合作者的弱点而采取损人利己的行为。这是因为，一方面，这样做在短期内虽然可以带来一点好处，但在长期自己也会失去这个特定的合作伙伴；另一方面，因为有关自己的做事方式和行为模式在有关参与合作的各方传播得非常快。如果自己采取了机会主义行为，则合作者对自己不信任，这样会失去更多的合作伙伴，而且未来的合作成本会提高许多。

有 90% 以上的被访企业认为，由于有合作伙伴的合作，所以，它们可以专心从事自己所擅长的工作，而从合作者那里购买自己所需要的东西。这种合作，大大提高了生产和工作效率。有 90% 的企业认为，它们在与合作者合作的过程中获取信息的渠道基本有两个：一个是与直接打交道的企业直接进行交流和沟通，另一个是通过自己合作伙伴的介绍而与合作伙伴的合作者进行交流与合作。通过与合作伙伴的合作和交流，企业可以利用合作伙伴的资源来为客户提供服务和产品。大约有 98% 的被访企业表示，企业所建立的关系对企业获取有关知识和信息、获取有关资源起着非常大的作用，在一定意义上，企业的成功可以说是企业关系网络的成功。

正如一个被访者所说："由于我们和合作者有比较好的合作关系，而且由于我们与合作者建立关系的能力很强，通过这些关系，我们获取了大量的信息与相关的知识。同时，我们常常利用合作者的资源为客户提供服务和产品。如在某些情况下我们意识到仅仅依靠我们自己的技术和能力，我们是无法满足我们客户的要求或某些项目的要求，但我们的合作者会向我们推荐以前我们并不熟悉的企业或合作伙伴。由于我们信任我们的合作者，所以对合作伙伴推荐的合作者，我们认为也比较可信。所以，如果与我们长期合作的合作者向我们推荐了他的合作伙伴，我们会认真地考虑与这个合作伙伴的合作者进行合作的。"

企业与合作者找到了有关交流知识和共享知识的路径。首先，企业鼓励员工与合作者的员工参与和共享知识。许多被访问的企业表示通过这种方法，它们获取了许多它们所没有的知识和信息。企业鼓励员工与合作者的员工进行面对面的交流是因为它们发现员工与其他企业的集体学习过程优于它们将自己封闭起来。其次，被访问企业表示它们和合作者发展出了共同的目标，它们与合作者在长期互动过程中对彼此有了比较深刻的认识，同时与合作者互信可以解决与合作者交流时知识共享的两难问题。我们的访谈表明：企业与合作者建立了一些知识共享的规则以确保合作者：（1）保护和隐藏有用的知识；（2）"搭便车"问题。

我们访谈的一家企业负责人这样说："我们与合作者建立了互惠的知识共享规则，即他们互相提供免费的技术支持并且合作双方可以利用对方的有关知识存量。合作者可以参观我们公司除设计工作室以外的任何地方。我们不保留任何东西。但是，如果我们有需要，我们的合作者也必须能让我们参观他们的工厂并能与他们的有关人员进行充分的交流。这是一个基本要求，因为我们向对方转移和交流技术知识需要花费时间和精力，所以我们也希望能利用合作者的相关知识和有关资源向我们的客户提供服务。同时，我们鼓励我们的员工和合作伙伴的员工进行有关信息和知识方面的交流，虽然我们有有关保护商业秘密方面的要求，但是由于核心商业机密只有一小部分人员知道，所以我们的员工和其他合作者伙伴员工的交流没有什么危险。相反，我们自己的员工与其他合作伙伴的员工的交流合作者首先可以部分地将我们所掌握的相关知识和信息部分地传递给我们的合作者，这一方面可以加强合作者对我们的了解和合作者对我们的信息，另一方面通过与合作者的交流，我们也获取了大量的对我们非常有用的信息和知识。"

通过这种互惠合作关系，该企业的负责人表示：（1）这为他们提供了一个与合作者进行有价值的集体学习的实验室；（2）使得合作者之间可以互相利用对方的相关知识和其他资源。同时这也有效地最小化了"搭便车"问题，因为这种知识共享和使用对方的资源是互惠性的，共享和进入别人的知识库是以开放自己的知识库并与合作伙伴共享知识作为代价的。所以在网络中与合作者成员通过互惠合作共享有价值的知识解决了知识共享过程中的"搭便车"问题。正如我们访问的一家企业主管所说的："我们帮助你，但作为回报，你必须帮助与我有合作关系的其他合作者成员，这样合作者成员作为一个整体才会互惠合作。"

我们访问的许多企业表示：与合作者之间的合作是互惠的。当我们问及如果有合作者从你们这里得到了重要的有价值的知识和信息，但如果他们拒绝与你们共享他们拥有的有价值的知识和信息时怎么办，一个企业主管这样说："这是对信任的严重破坏，因为有关合作者的背叛行为很快会在合作者圈内流传开来，因而这种行为使得这个违背信任的合作者很难进一步得到其他合作者的信任，进而这个特定的合作者会失去的更多。"圈内的合作者似乎大都意识到这个问题，因为合作者成员作为一个整体，有能力对个别不遵守规则的合作者成员进行制裁。这种信任已经由人际间的关系上升为普遍的、正式的信任。所以，信任提供了一种创造性空间。在信任的基础上，又产生出对合作者成员可靠性的认可。这种信任和可靠性为企业与合作伙伴间的合作提供了保护带，降低了与合作者合作过程中所伴生的不确定性。这种通过行动者间互动所形成的信任具有监督投机的作用。合作者间长期互动形成的制度性信任对合作者间的信息和知识流动有很大影响，同时这种信任也会影响合作者间的合作效率和工作方式。因为机会主义行为会破坏网络中共同的价值观、基本原则和行为规范，并最终导致网络破坏。合作者成员间的合作具有一定的路径依赖性。合作者成员似乎都意识到了这个问题。所以通过建立互动，合作者双方可以进入彼此的知识库，不但可以获得合作伙伴的显性知识，而且可以获取合作者的隐性知识和能力，这不仅提高了个体的能力，而且也增强了网络作为一个整体的价值。合作者间长期互动所形成的信任具有自组织、自我实现和自我强化的作用。

另一个我们访谈的一家企业的一个很重要的合作者这样说："合作者对我们有特定的期望，那些能够理解和有效满足这些期望的合作者将会取得很多利益，而那些不能满足其他合作者要求的合作者或对合作者不诚信的合作者将会有一个艰难的时刻。就我们与合作者的关系而言，我们不能告诉合作者我们要做什么而我们又没有履行诺言。如果这样，我们会损失很多。"还有一位主管告诉我们："通过与合作者共享有关知识和信息，我们改善了我们的业务流程，提高了我们对管理重要性的认识，改进了我们对技术的理解，并且我们抓住了许多经济机会，这为我们节约了大量的时间和金钱。"

通过访谈我们认识到：企业与合作者共享知识和信息通常涉及这样几个过程：

其一，企业与合作者发展弱联系，这主要是说企业与合作者之间通过共同的合作者刚刚建立新关系，而且交流和互动的频率不是很高。这个阶段企业与合作者之间主要进行显性知识的交换。但这是企业与合作者之间建立知识共享的非常关键的一步，因为这种交流关系通常是没有威胁性的，不会涉及核心关键知识的丢失。

我们访问的一个企业的主管这样说："与合作者刚开始合作时，我们真的不知道该如何与合作者共享知识，我们也不知道与我的合作者谈些什么。我们与合作者之间进行信息和有关知识的交流也不那么自然，而且不是很舒服。但随着时间的推移，随着我们与合作者关系的深化，我们感觉到这种状况改变了。我们与合作者之间的了解增多了，关系也深化了，所以我们可以与合作者一起讨论有关问题，但对一些敏感的问题我们尽量不讨论。因为这有时候会使我们双方感到很尴尬。"所以，企业通过共同的合作者与合作者之间建立和创造弱联系，为企业提供了共享有关知识与信息的通道和路径。企业与合作者之间的互动没有威胁性，因为企业与合作者之间不需要共享一些具有敏感性的有价值的知识和信息或共享重要的资源。

其二，企业与合作者之间发展强联系。这主要是指企业与合作者之间通过长期互动合作已经发展出了高度联系的社会联系、互惠式的知识共享与合作关系。例如，企业与合作者之间最大化其共享有价值的知识与信息的意愿，增强与合作者之间进行共同学习的能力，从合作者那里得到多样化的知识和信息。通过与合作者之间发展强联系，合作者成员之间可以共享更多的隐性知识。

我们访谈的一个企业主管这样说："通过几年的互动，我们从合作者那里获取了许多。我们与合作者间共享我们所知道的是很自然的事。我们与合作者彼此间了解很深。只要我们有能力，我们就愿意帮助我们的合作者。通过与合作者进行深层次的合作，我们从合作者那里获取了对我们而言一些非常重要的有价值的知识和启示。这些知识大大地缩短了我们进行研究与开发的时间，为我们节约了大量的金钱和精力。同时，利用从合作者那里获取的知识，我们改进我们的生产流程并改善了我们的组织构架。因此，与合作者进行有价值的知识与信息的交流和共享是具有生产性的。同时，这也使我们充分意识到合作者的成功也是我们的成功，我们的成功依赖于合作者的成功。合作者的成功给我们带来许多启示，我们与合作者相互依存。"

在访问中我们发现，企业与合作者间常常举行一些规模不大的非正式讨论。许多企业的负责人表示，通过这些非正式的互动为他们创造了一种轻松自由地、毫无拘束地讨论有关专业性问题的情境。因为合作者间已经建立了信任关系，这样他们可以自由地进行讨论、交流经验、交换思想和对问题的看法。随着社会互动机会的增多，成员之间的关系深化。一些企业的负责人告诉我们：通过参加诸如此类的活动：（1）克服了企业与合作者间守口如瓶的封闭现象；（2）他们对当地的商业环境和劳动力市场状况有了更深入的了解；（3）他们学到了管理领域的一些新知识和新实践，特别是有关质量控制、别的企业的好经验。总之，这些互动对他们的帮助很大。通过访谈，我们还发现，许多企业对其所参与的网络有很强的从属感和认同感。这种企业与合作者间开放的、自由无拘束的讨论为企业提供了获取有关知识和信息、经验的机会。

企业与合作者成员之间的网络结构，企业和合作者成员参与网络结构的动机，以及合作者之间交流的知识有一个演化的过程。在开始阶段，合作者成员之间的联系大多是双边关系，合作者之间发展出的主要是弱联系，合作者之间交流的知识主要是显性知识。但是，在这个阶段，通过持续的合作，合作者成员开始发展出一个共同的身份意识，不过共同的目标意识还不是很强烈。随着时间的推移和合作者互动关系的深化，合作者成员通过相互的知识交流和共享活动意识到知识共享和交流活动的重要价值，合作者成员之间开始发展出强联系。这个强联系使得合作者之间发展出很强的共同身份意识和共同的目标，这又使得合作者成员可以从互动合作中获得深层次的知识。合作者成员之间相互会慢慢地产生一种义务感，并开始认同合作者网络作为一个整体的价值：

（1）合作者成员认识到通过网络快速获取知识的好处；

（2）互惠合作的重要性。这个阶段，合作者成员之间通过双边和多边关系，促进隐性知识的共享。合作者成员此时已经经历和感受到了知识共享的价值，即合作者成员之间通过有价值的知识共享，他们可以进行快速学习、创新与持续改进业务流程和工作方式。而且，合作者成员意识到，如果不进行相互学习和知识共享活动，他们的利润创造活动会因为缺乏对生产方式和工作方式的持续改进而大大降低。这样，参与合作的合作者成员网络作为一个整体和个体认识到通过知识共享活动而进行的快速学习对技术创新和管理创新活动的重要性。这为合作者成员通过共同学习活动而进行知识共享和持续改进工作方式创造了很强的激励。这时，网络作为一个整体的价值得到了合作者成员的认可，而且，合作者成员之间也发展出了与其他合作者成员共享有价值的知识的互惠义务感。合作者成员在这个阶段的知识共享也有多个路径：不但共享显性知识，也共享隐性知识；不但共享个人知识，也共享共有知识；不但共享技术性知识，也共享管理性知识和制度性知识。合作者成员通过参与网络活动得到了很多好处，更为重要的是，合作者成员通过参与网络活动可以得到更多的隐性知识，如我们在前文中所论述的隐性知识对企业的成功来说非常重要。网络成为一个制度化的知识共享的渠道。

　　本书还测算了研究问卷各项变量的信度与效度值。

　　信度指测量问卷反映被调查对象特征的可靠程度，它是衡量测量问卷可靠性和一致性的指标。我们采用内部一致性信度检验了问卷的信度。内部一致性信度是运用整个测量问卷评价指标的内部结构对测量信度作出评定。本书运用克龙巴赫 α 系数来评定测量问卷内部一致性信度，α 系数的计算公式如下：

$$R_\alpha = \frac{K}{K-1}\left(1 - \frac{\sum S_i^2}{S^2}\right)$$

　　其中，K 为测量问卷所包含的评价指标数量，S_i 为第 i 个评价指标的标准差；S_i^2 即为第 i 个评价指标的方差；S 是整个测量总得分的标准差；S^2 是整个测量总得分的方差。结果表明，本研究所使用的测量问卷的 α 系数都达到了 0.85 以上的水平，说明同一评价因素的内容结构是基本一致的，达到了心理测量学的要求。由于测量问卷是由不同评价因素组成的，从理论上讲，它们是相对独立的，即不同评价因素间的 α 系数不应该太高。从测量问卷的系数来看，结果是比较理想的。

　　效度是指测量问卷究竟在多大程度上测量到了真正想要测量的特质（或）东西，即测量的有效程度。从结果来看，测量问卷的理论构思是严谨的，即具有良好的构思效度。此外，还采用了内容效度来评定测量问卷的效度，计算公式为：

$$CV = \frac{n_e - n/2}{n/2}$$

　　式中，n_e 为评判中认为某项目很好地表示了测量内容范畴的评判者人数；n 为评判者总人数。具体办法是让 30 位熟悉该测量问卷的人员来做判断，确定测量问卷的评价指标与本研究所需测量的内容之间关系的密切程度。结果 30 位评判人员中有 28 位认为测量问卷的指标很好地反映了所需测量的内容。计算得出内容效度为 0.8667，这说明研究使用的测量问卷所获得的结果是有效的。

　　本书测算了各变量之间的相关关系，结果如附表 1－2 所示。

　　从附表 1－2 可以看出，变量之间有着比较强的多重共线性，所以本书采用偏最小二乘回归来分析各因素对企业合作网络、社会资本、知识获取、

附表 1-2

描述统计和变量相关系数矩阵

变量	均值	标准差	1	2	3	4	5	6	7	8	9	10	11	12	13	14
1. 接触性	6.0232	0.375	1.00													
2. 难以表达性	5.473	0.479	0.357	1.00												
3. 信任程度	6.7631	0.2597	0.729	0.425	1.00											
4. 与其他企业的联系紧密程度	5.8829	0.408	0.641	0.3931	0.782*	1.00										
5. 与大学和研究机构的联系紧密程度	6.5910	0.4022	0.354	0.457	0.953*	0.220*	1.00									
6. 与政府机构联系的紧密程度	3.5676	17989	0.107	0.249	0.209	0.250	0.102	1.00								
7. 获取的显性知识	6.8829	0.2265	0.341***	0.427	0.715**	0.895***	0.750*	0.251	1.00							
8. 获取的隐性知识	5.5766	0.5739	0.423**	0.753*	0.557*	0.610*	0.573*	0.217	0.782**	1.00						
9. 获取的技术性知识	6.3991	0.4574	0.805*	0.769**	0.715**	0.750*	0.744*	0.012	0.631*	0.759*	1.00					
10. 获取的管理性知识	6.2018	0.8435	0.397*	0.478*	0.534*	0.680*	0.786*	0.104	0.783*	0.960*	0.637**	1.00				
11. 获取的有形资源	5.1171	0.5657	0.359*	0.377***	0.805***	0.731***	0.213	0.735**	0.539*	0.103	0.083	0.783**	1.00			
12. 管理创新	6.0432	0.4453	0.438*	0.572*	0.626**	0.778*	0.720*	0.024	0.735***	0.585**	0.539*	0.759**	0.501**	1.00		
13. 技术创新	6.1459	0.7928	0.675**	0.785**	0.735*	0.673*	0.590*	0.193	0.801***	0.495*	0.904***	0.581*	0.207	0.887***	1.00	
14. 销售增长率	35.7658	7.3977	0.584**	0.579*	0.437*	0.513*	0.132	0.404*	0.715**	0.782*	0.584*	0.941***	0.593**	0.744***	0.581**	1.00

注:*p<0.1,**p<0.05,***p<0.05。

绩效的影响作用，以便预测和评价不同因素的要素组合状态下企业的合作网络、社会资本、知识获取、绩效。偏最小二乘回归主要用于建立多因变量与多自变量的统计关系。在回归分析中，当自变量与因变量的个数都很多，并且在自变量之间以及因变量之间都存在较严重的多重共线性时，如果采用一般的多元回归方法，其分析结果的可靠性极低，因而本书采用偏最小二乘回归分析的建模方法，来解决各因素组合对企业合作网络、社会资本以及绩效的预测问题。其基本原理为：为了研究因变量 $y = [y_1, y_2, \cdots, y_p]$ 与自变量 $x = [x_1, x_2, \cdots, x_m]$ 之间的统计关系，偏最小二乘回归分析借用了主成分分析的工作手段。它首先在自变量系统 x 中，提取主成分 t_1（t_1 是 x_1，x_2，$\cdots$，x_m 的线性组合）。偏最小二乘回归分析在提取主成分时，有下列两个要求。（1）t 应尽可能大地提取它们各自原变量系统中的变异信息。（2）t 与 y 的相关程度能够达到最大。这两个要求表明，t 应尽可能好地综合它们各自的原变量系统，同时，自变量主成分 t 对因变量 y 解释性又能达到最大。

本书采用偏最小二乘法回归结果如附表 1 - 3 和附表 1 - 4 所示。

附表 1 - 3　　　　　　偏最小二乘法对各因变量的主成分构成

		接触性	难以表达性	沟通频率	沟通质量	信任程度	与其他企业的联系	与大学和研究机构的联系	与政府机构的联系
获取的显性知识	T1	- 0. 251	- 0. 243	0	0	0	0. 566	0	0
	T2	0	0	0. 568	0. 661	0	0. 632	0	0
	T3	0	0	0	0	0. 460	0. 341	0. 189	0. 167
获取的隐性知识	T1	- 0. 558	- 0. 694	0	0	0. 881	0. 562	0	0
	T2	0	0	0. 753	0. 774	0	0. 851	0	0. 098
	T3	0	0	0	0	0. 826	0. 782	0. 127	0
获取的技术性知识	T1	- 0. 012	- 0. 0321	0	0	0	0. 263	0	0
	T2	0	0	0. 786	0. 658	0. 887	0. 763	0. 152	0. 012
获取的管理性知识	T1	- 0. 367	- 0. 465	0	0	0. 423	0	0	0
	T2	0	0	0. 462	0. 876	0. 682	0. 869	0	0
获取的有形资源	T1	- 0. 0221	- 0. 0235	0	0	0	0. 553	0	0
	T2	0	0	0. 576	0. 685	0. 742	0. 691	0	0

续表

		接触性	难以表达性	沟通频率	沟通质量	信任程度	与其他企业的联系	与大学和研究机构的联系	与政府机构的联系
管理创新	T1	0.268	0.186	0	0	0	0.243		
	T2	0	0	0	0	0.546	0.768	0.015	0.068
	T3	0	0	0.324	0.795				
技术创新	T1	0.364	0.682	0	0	0.793	0	0	0
	T2	0	0	0.861	0.783	0.267	0.569	0.109	0.087
销售增长率	T1	0	0	0.342	0.468	0.165	0.589	0	0
	T2	0.089	0.071	0	0	0.864	0.731	0	0
	T3	0	0	0	0	0.135	0.561	0.120	0.096

注：表中 0 值表明该因素不进入所在列的主成分构成。

附表 1-4　　　　　　　　　　偏最小二乘回归结果

自变量	因变量							
	获取的显性知识	获取的隐性知识	获取的技术性知识	获取的管理性知识	获取的有形资源	管理创新	技术创新	销售增长率
常数项	1.776	2.276	0.923	3.605	1.504	2.636	1.09	8.723
接触性	-0.023	-0.358	0.059	0.335	0.015	0.237	0.372	-0.087
难以表达性	-0.102	-0.119	0.107	0.215	0.012	0.173	0.025	-0.101
沟通频率	0.125	0.387	0.257	0.218	0.203	0.278	0.371	0.425
沟通质量	0.431	0.431	0.381	0.731	0.172	0.547	0.429	0.372
信任程度	0.135	0.736	0.6801	0.2935	0.619	0.612	0.411	0.369
与其他企业的联系	0.810	0.452	0.5317	0.5601	0.610	0.304	0.303	0.63
与大学和研究机构的联系	0.511	0.165	0.289	0.305	0.010	0.366	0.285	0.066
与政府机构的联系	0.0154	0.0632	0.113	0.0469	0.0497	0.0204	0.015	0.154
r^2	0.7865	0.8182	0.7153	0.7360	0.7859	0.8517	0.7993	0.7489
F 检验	42.471	9.1828	38.6262	19.744	42.4386	15.9918	27.1622	40.4406

　　所以，本书验证了社会资本在企业知识获取、企业与合作者之间知识流动和企业核心竞争力进而竞争优势构建方面的作用的结论。

附　件　2

股票期权激励效率衡量的实证研究

一、经理层士气效率验证

（一）研究思路

根据士气的特点和测度指标体系的要求，对每一个样本企业进行长期追踪研究，剖析每一个指标在股票期权实施前后变化的规律，从而判断股票期权激励的士气效率，是比较理想的实证方法。但这种方法比较适合由企业内部的研究部门采用，它们具有收集相关数据、信息的组织优势和时间的连续性优势。但作为一项专题研究，限于时间和收集数据的困难，很难实现对样本企业进行长期追踪研究的愿望，只能撷取部分企业作为研究样本，并采取访谈和调查的办法对指标进行研究。

实证研究思路是：选择部分企业作为样本，将士气的 11 个指标制作成 11 个问题，形成调查问卷，对样本企业中持有股票期权的管理人员和骨干员工进行调查。由于这些企业已经实施了股票期权计划，被调查者能够感受到经理层积极性、员工满意度、客户满意度等的变化，他们的回答结果表明了股票期权对各项指标实际产生的影响。如果某项指标变化较大，反映股票期权对之影响作用比较灵敏；如果该指标没有改变，则表明股票期权对它的影响不灵；如果某指标向不利于企业的方向变化，则表明股票期权在该方面发挥了负面作用。这样，根据调查结果，就可以发现股票期权对士气各指标的影响趋势，判断股票期权对士气激励的效率。

（二）样本数据

调查时间从 2002 年 12 月 1 日开始，2003 年 2 月 14 日结束。接受调查的企业共 12 家，发放问卷 142 份，回收 94 份，总体回收率为 66%。问卷发放回收情况见附表 2-1，调查问卷内容设计见附表 2-2。

附表 2-1 样本企业问卷发放情况一览表

企业名称	上市情况	调查对象	发放问卷	收回问卷
联想（西安）公司	香港	经理层和骨干员工	35	24
西安神州数码公司	香港	经理层和骨干员工	30	20
中国移动陕西分公司	香港	经理层和骨干员工	50	32
西安百事通投资集团	未上市	子公司总经理	27	18

注：百事通投资集团实施了高级管理人员持股计划。

为了保证问卷调查的有效性，便于对过程进行监控，我们把调查对象限定在西安地区，采取上门发放及回收的方式。在样本选择时优先选择已实施股票期权计划的企业，在本地区内，已经实施股票期权的企业有：联想（西安）公司（简称西安联想）、西安神州数码公司（简称西安神州）、中国移动陕西分公司（简称陕西移动），它们均属于计算机和通信类高科技公司。为了弥补调查对象性质的单一，调查了西安百事通投资集团下属 9 家子公司（西安信联科技公司、西安神奇药业公司、西安通源天然气公司、西安天地飞豹公司、西安网际科技公司、西安好世界娱乐公司、西安教育投资中心、西安振华商贸公司），这些企业以传统产业项目为主。西安联想、西安神州、陕西移动授予股票期权的包括经营管理人员和部分骨干员工，调查对象包含了部分非经理层人员。西安百事通投资集团下属子公司均为独立注册法人，集团为了激励子公司经理层的积极性，于 2002 年下半年实施了模拟期权计划，授予对象是总经理、副总经理等高级管理人员，调查对象相应限定在高级管理人员。

关于调查数据的可靠性，我们认为良好的组织过程及企业的积极配合是获得可靠数据的关键因素。本次调查以西安市人才服务中心的名义进行，并通知样本企业人力资源部认真完成任务。样本企业西安联想、西安神州、陕西移动、百事通投资集团是由西安人才服务中心代理人事关系的企业，对政府人事部门安排的调查，企业配合态度比较积极。这对锁定被调查者范围以

附表 2 - 2 　　　　　　　　　　　　　股票期权调查问卷

序号	指标	问题描述	评分
1	士气	股票期权有利于鼓舞经理层的士气	
2	积极性	股票期权可以提高经理层工作积极性	
3		经理层将自动增加工作投入时间	
4		股票期权促使经理层给予下属更多工作指导	
5		股票期权促使经理层形成团队合作意识	
6		股票期权促使经理层在管理上更加谨小慎微	
7	员工满意度	股票期权有利于形成良好的企业文化	
8		股票期权有助于提高员工满意度	
9		股票期权有利于提高企业的凝聚力	
10		股票期权有助于降低员工离职率	
11	创新意识和能力	股票期权促使企业进行管理模式创新	
12		股票期权有利于企业进行技术产品创新	
13	客户满意度	股票期权有助于提高客户满意度	
14	风险决策	股票期权导致管理层进行高风险的投资决策	
15		股票期权有利于抵制被其他公司收购兼并	
16		股票期权将使经理人更加关注企业的长期发展	
17	期权数量与收入水平	股票期权使个人收入与企业盈利水平紧密相连	
18		实施股票期权将增加个人收入的风险性	
19		您愿意提高持股的比例而降低您的货币工资	
20		您认为股权收入占总收入的合适比例为多少	
21	其他问题	股票期权使经理层从打工者变为企业的股东之一	
22		经理层将会自觉控制职位消费和浪费现象	
23		个人积极性大小取决于获得的股份数量多少	
24		股票期权引导员工自觉提高工作的效率和效益	
25		股票期权促进企业产量和合格率的提高	
26		股票期权有利于企业形成核心竞争力	

注：7分表示最强同意，1分表示最弱同意。

及回收问卷有积极的作用，有利于提高数据的有效性。另外，在进入每个企业调查之前，与企业人力资源经理就问卷的内容进行沟通，消除理解偏差导致的结果偏差。

（三）验证结果

根据调查数据的特点和研究目标选择合适的统计方法。本次调查共设计了 26 个问题，其中 11 个问题体现了士气指标体系的 11 个指标，另外设计了诸如决策风险性、股票期权收入的比例、道德风险以及影响核心竞争力等方面的 15 个问题，这些数据在其他章节内使用。

对数据的处理分三个步骤：第一步，对各指标进行描述性统计，比较 4 家公司调查结果的异同点，研究股票期权对士气指标的影响是否显著。第二步，以士气激励效率公式计算激励效率。第三步，对士气的各变量进行回归分析，分析影响士气的关键指标以及影响的方向性，验证士气度量模型的可靠性。第四步，对数据进行主成分分析，模型设计的指标较多，意图是把相关因素考虑得更全面，以便于获取尽可能多的调查信息，使调查结论更有效。但由于指标太多，也会引起一定的混乱，很难区分哪些指标对士气的贡献更大，加上设计指标时思考的局限性，部分指标之间可能具有一定相关性，我们希望用尽可能少的指标代替原来较多的指标，并且反映原有的全部信息，这就需要对数据进行主成分分析。

1. 描述性统计。根据回收的问卷结果，分别统计各样本企业相关指标的得分结果，并计算出每个指标的平均得分，最后计算所有样本每个指标的平均值，数据见附表 2 - 3。数据最大值为 7，最小值为 1，中值为 4，评分大于中值表明被调查者对该指标持认可态度，评分小于中值表明被调查者对该指标持否定态度，其大小反映了被调查人员对相关指标的认可程度。从总体样本各指标的平均值来看，最小值为 4.0，最大值为 4.97，均大于中值，说明被调查者认为股票期权总体上对士气起到了积极的作用，但是这种积极作用还有很大提升空间。下面对统计数据进行概要分析。

（1）经理层积极性指标。关于股票期权对经理层投入工作的时间指标，各企业的分歧比较大。

百事通投资集团的被调查者认为股票期权可以促使经理层投入更多的工作时间，综合评分为 6.22 分；而西安联想的被调查者总体持否定的态度，

附表 2－3　　　　　　　　　　　样本企业各指标统计结果汇总表

指标	经理层积极性				员工满意度				经理层创新性		客户满意度
	工作投入时间	决策谨慎程度	指导下属	团队合作	企业文化	企业凝聚力	工作满意度	员工离职率	管理创新能力	技术产品创新	
序号	1	2	3	4	5	6	7	8	9	10	11
Legend	2.75	3.92	3.83	4.50	4.00	4.42	4.25	5.08	4.33	4.00	3.42
Baist	6.22	4.00	5.22	4.89	4.00	4.11	4.89	4.89	4.89	4.44	5.11
Digital	3.70	4.05	4.00	4.55	4.75	4.55	4.40	4.75	4.85	4.60	4.10
Mobile	3.69	4.03	4.59	4.72	4.41	4.78	4.34	5.16	4.38	4.25	3.59
Average	4.09	4.00	4.41	4.66	4.29	4.46	4.47	4.97	4.61	4.32	4.06

注：Legend 表示联想（西安）公司，Baist 表示百事通投资集团，Digital 代表西安神州数码公司，Mobile 代表陕西移动通信公司，Average 代表总体平均值。

评分最低为 1 分，最高为 5 分，均值为 2.75。出现评价结果差异的原因可能在于非经理层被调查者对经理层的工作时间了解不够。百事通集团的被调查者全部是子公司总经理人员，西安联想的被调查者中包含了持股的非经理层人员，经理层的工作内容极为复杂，许多工作是在办公室之外及八小时之外进行的，这部分时间投入其他人很难观察到，只有自己最清楚，因此双方评价差异较大。

"决策谨慎程度"的评价结果为 4.0，最大值为 4.05，最小值为 3.92，差异为 0.13，表明被调查者对这一观点的看法一致，即股票期权将促使经理层增加决策行为的谨慎程度。

"指导下属"指标的最低分为西安联想的 3.83，表明西安联想的员工期望上级给予更多的指导，指导量还有较大的提升空间。最高分是百事通投资集团的 5.22，双方的差距为 1.39，表明认识上存在一些分歧。

被调查者一致认为股票期权对"团队合作"有着积极的影响，可以促使经理层更好地形成团队合作意识。最低分为 4.50，最高分为 4.89，平均分为 4.66。

（2）员工满意度指标。员工满意度的 4 个指标评价得分差别不大，最高分为 4.97，最低分为 4.29，表明股票期权对 4 个员工满意度指标产生了大体相当的影响。针对每个指标，被调查者的评价结果也没有出现较大的分歧。按照总体平均得分高低顺序排列，最高分者为"员工离职率"，分数的最高值为5.08，最低值为4.75，差距只有0.33，说明被调查者一直支持股票期权的留人作用。其次是"工作满意度"和"企业凝聚力"，这两个指标平均得分基本相同，分别为4.47和4.46，前者的最高值与最低值的差异为0.64，后者最高值与最低值的差异为0.67。"股票期权对企业文化的影响"得分相对较低，为4.29，表明被调查者仍然肯定股票期权对形成良好企业文化所起的作用。

（3）经理层创新性。被调查者认为股票期权可以促使企业进行管理创新和技术产品创新。对"股票期权促使企业进行管理模式创新"的评分为4.61，最高值为4.89，最低值为4.33，差异为0.56，表明被调查者的意见基本一致。股票期权对技术创新的影响得分为4.32，稍微小一些，最高值与最低值的差异为0.60。

（4）客户满意度。"股票期权有助于提高客户满意度"平均得分为4.06，对该问题的认识，企业间分歧很大，被调查者的认识针锋相对。企业评分均值最高者为百事通投资集团的5.11，他们持积极的支持观点，认为股票期权可以提高客户满意度；陕西移动的评分为3.59，认为股票期权对客户满意度有一些负面影响；西安联想的评分为3.42，与最高分差异高达1.69，他们认为股票期权对改善客户满意度有负面影响。西安联想和陕西移动内部被调查者观点分歧也很大，呈两极分化状态，最高评分为7，最低评分为1。

为便于直观研究各样本对指标评价结果的差异，绘制分值数据点折线图，见附图2-1。从图中可以清晰看到，4条折线大体围绕总平均线分布，集中分布在纵坐标（4.00，5.00）之间的区域，曲线的重合程度较高。差异较大者有三个点，第1点"工作投入时间"的分歧最大，其次是第11点"客户满意度"和第3点"指导下属"，这3个点的最高值出自百事通投资集团被调查者，最低值出自西安联想的被调查者。前面已经谈到，百事通投资集团的被调查者均为总经理级别的经理层，而西安联想的被调查者中包含了一些非经理层人员，这两类人员的职业角色、工作性质和掌握的信息存在很大差异，对问题的理解和判断不同，因而导致评价结果的分歧。

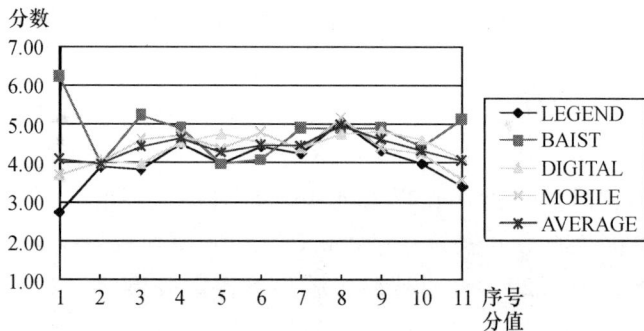

附图 2-1 样本企业各指标结果分布曲线

根据描述性统计结果，可以得出两点结论：一是本指标体系是可行的。调查数据的分布特征显示，被调查企业对士气各个指标认识基本一致，采用本指标体系度量股票期权对士气的影响，企业可以得出比较稳定的结论。二是实证结果表明被调查者认为股票期权有利于提高经理层士气，股票期权对士气激励是有效的。但是各个指标集中在（4.00，5.00）区域，略高于中值线，在（5.00，7.00）区域内很少分布，表明被调查者认为股票期权对士气的激励作用还有很大提升空间。

2. 士气激励效率计算。计算士气效率，首先要计算士气产出增量 ΔP_m，并确定预期产出增量 ΔP_m。由于我们对实施股票期权后的士气进行了调查统计，缺乏实施股票期权之前的士气数据，因而只能模拟计算。

我们假设，实施股票期权之前经理层的士气不好也不坏，这是因为样本均属于运行健康的企业，经理层士气低下的企业难以取得如此成绩；但是经理层士气也不会很高，否则，股票期权就失去了意义。由于调查问卷设计得分区间为 [1，7]，那么，实施股票期权之前，样本企业经理层士气平均值应为4。如果把调查统计的数据视为 p_i，那么，p_{i-1} 即为4。

为简化计算，我们认为，各指标对士气的贡献率相同，把加权系数视为1，因此有：

$$p_i = \frac{1}{\sum\limits_{i=0}^{n} k_i} \left[k_1 x_1 + k_2 x_2 + k_3 x_3 + k_4 x_4 + k_5 x_5 + \cdots + k_{11} x_{11} \right]$$

$$= \frac{1}{11} \left[x_1 + x_2 + x_3 + x_4 + x_5 + \cdots + x_{11} \right]$$

这样，计算 Δp_m 的公式就变形为：

$$\Delta p_m = \frac{1}{11} \left[x_1 + x_2 + x_3 + x_4 + x_5 + \cdots + x_{11} \right] - 4$$

在分值区间 $[1, 7]$ 内，我们假设，企业所有者期望经理层获得股票期权后士气达到最高值，即期望值为 7，那么，期望值 7 与平均值 4 的差值即为经理层士气的期望产出增量，即 p_m 为 3。

可以计算全部样本的 Δp_m 为：

$$\Delta p_m = \frac{1}{11} \left[4.09 + 4.00 + 4.41 + 4.66 + 4.29 + 4.46 + 4.47 + 4.97 \right.$$
$$\left. + 4.61 + 4.32 + 4.06 \right] - 4 = 0.40$$

计算全部样本的总体士气效率为：

$$e_m = \frac{\Delta p_m}{p_m} \times 100\%$$
$$= 13.3\%$$

采用同样的方法可以计算出，联想集团经理层士气激励效率为 1.5%；神州数码的激励效率为 13%；陕西移动的激励效率为 13.2%；百事通投资集团的激励效率为 26%。

结果表明，股票期权对经理层士气有激励效率，但效率很低，总体上只有 13.3%；不同企业的经理层士气效率存在差异，最低的是联想集团，只有 1.5%，最高的为百事通投资集团，达到 26%。效率低的原因可能有两个：一是经理层得到的股票期权数量不足，所受到的激励力不足，这很容易由佛罗姆的激励力理论作出解释。二是计算上的误差造成的，在计算中我们做了两个假定，把实施股票期权前的士气默认为均值 4，把企业所有者的期望值定为最高值 7，显然，如果把期望值设定得低一些，计算出的士气效率将得到提高。如果把期望值设定为 6，则士气效率将上升为 20%。这也再次验证了激励效率的相对性特征。

3. 回归统计分析。士气指标通过 11 个细分指标来体现，每一个指标都对士气产生一定影响，我们期望建立士气与这些指标的定量关系模型。假设士气与 11 个细分指标存在线性相关关系，以 11 个指标为自变量，士气指标为因变量，进行多元回归分析，就可以建立士气评价的数量模型。

$$Y = a + b_1 x_1 + b_2 x_2 + b_3 x_3 + b_4 x_4 + b_5 x_5 + b_6 x_6 + b_7 x_7 + b_8 x_8 + b_9 x_9 + b_{10} x_{10} + b_{11} x_{11}$$

式中，Y 为士气因变量，a 为截距项，x_1，x_2，$\cdots$，x_{11} 为各细分指标变量，b_1，b_2，$\cdots$，b_{11} 为自变量回归系数，变量的序号与附表 2 - 3 中相同。

附表 2 - 4　　　　　　　　　第 6 次回归方程的系数及检验结果表

		非标准系数		标准系数	t	Sig.
		B	Std. Error	Beta		
模型 6	常数	1.087	0.837		1.298	0.251
	x_1	0.557	0.127	0.493	4.371	0.007
	x_4	-0.790	0.221	-0.619	-3.576	0.016
	x_6	1.263	0.279	1.087	4.520	0.006
	x_7	-0.888	0.278	-0.719	-3.193	0.024
	x_8	0.842	0.130	0.814	6.459	0.001
	x_{11}	-0.359	0.125	-0.423	-2.863	0.035

需要注意的是，方程中变量的回归系数为正不代表该变量与士气呈正相关性，系数为负也不代表与士气呈负相关性。方程仅表示在给定的数据范围内，士气与其他指标之间的数量关系，而没有经济学上的意义。我们不能根据方程得出士气与"团队合作"、"工作满意度"、"客户满意度"负相关的结论，从指标体系的分析中知道，这些指标的上升表明士气是增加的。

为什么出现这种情况？我们知道，用于回归分析的数据之间应该存在相关关系，即因变量与自变量必须存在一定的关系，自变量的变化引起因变量发生变化，回归分析的目的是去揭示其中的相关性。虽然理论上士气是由其他 11 个指标决定的，但是，限于获取数据的困难，我们采取了问卷调查方法，士气变量直接由被调查者打分得出，切断了与其他指标的关系，且打分结果有很大的主观性，致使回归方程中很多指标被删除，回归系数出现正负的结果。这表明测度士气存量是很困难的。

对西安神州数码的数据进行回归的结果见附表 2 - 5，最后的回归方程共剔除 6 个变量。

附表 2 - 5   自变量进入回归方程的系数表

		非标准系数		标准系数	t	Sig.
		B	Std. Error	Beta		
模型 7	常数	- 0. 263	0. 855		- 0. 307	0. 763
	x_1	- 0. 294	0. 167	- 0. 292	- 1. 764	0. 099
	x_5	0. 871	0. 193	0. 796	4. 519	0. 000
	x_7	0. 626	0. 197	0. 655	3. 179	0. 007
	x_9	- 0. 587	0. 204	- 0. 496	- 2. 871	0. 012
	x_{10}	0. 414	0. 199	0. 460	2. 081	0. 056

（四）结论

从实证研究结果来看，股票期权实施后，经理层的士气得到提高，这个结论与 Loraine B. Holsinger、Rajiv（2000）和 Geoffrey（2000）的研究成果相似。只是 Loraine. B. Holsinger 的研究对象是职工，本书研究结论补充了他的不足，把两个研究成果结合起来，可以得出股票期权将提高经理层和员工士气的结论。而 Hamner 所持的物质报酬使人对工作漠不关心的担忧并没有得到佐证。

但是我们也应该看到，士气的各项指标得分都不高，绝大多数刚超过中值，在（4.00，5.00）之间，股票期权的士气激励效率只有 13.3%。这可能存在两个原因：一是股票期权对士气的激励作用不足，主要原因是经理层获得的股票期权数量有限；二是计算方法与数据的局限性使结果偏低。

本书还存在一些局限性。一是方法局限性，研究士气变化需要对样本企业经理层士气进行纵向比较研究，分析实施股票期权前后士气变化规律，从而得出客观的结论。由于时间限制，我们无法对企业进行长期追踪研究，而是采取了问卷调查的方式，这种方法得到的是横截面数据，损失很多信息。二是样本局限性。参加调查的样本企业较少，被调查者人数有限，由于地域和资源限制，我们无法进行更大范围、更大规模的调查，得出的结论是否能够反映全貌值得进一步研究。三是指标体系的局限性。虽然实证研究表明指标体系具有稳定性，得到各样本企业的认可，但这不代表该指标体系是唯一的，它不具有排他性，我们可以对指标体系进一步调整和完善。

二、股票期权激励的目标一致性效率的实证研究

为证实"经理层可以通过操纵信息披露时机以操纵股票价格"这一假设，我们研究了中国移动、中国联通、神州数码和上海实业控股4家公司的执行价格和当月股票价格平均值，这4家公司均为香港上市企业，见附表2-6。

附表 2-6　　中国移动、中国联通、神州数码和上海实业执行价格汇总表

企业名称	上海实业	上海实业	上海实业	中国移动	中国联通	神州数码
时间	2000 年 9 月	2001 年 3 月	2000 年 7 月	2001 年 6 月	2001 年 6 月	2001 年 8 月
股票价格月平均值	16.36	13.3	13.25	39.68	12.9	2.71
执行价格	15.9	10.49	10.32	32.1	15.42	2.47
（执行价－股票价格）	－0.46	－2.81	－2.93	－7.58	2.52	－0.24
股份数量	50000000	7630000	8000000	76773000	6724000	29572000

在 2000 年和 2001 年共向经理层授予股票期权 6 次，有 5 次执行价格低于当月市场股票价格平均值。神州数码 2001 年 8 月 31 日以 2.47 元的价格授予 29572000 股，当月股票价格最高为 3.125 元，最低只有 2.3 元，显然，执行价格比较接近最低值。从数量上看，共涉及 178699000 股，执行价格高于股票价格月平均值的只有 6724000 股，仅占总量的 3.7%，即共有 96.3% 的股份是以低于月平均值的价格被授予经理层及骨干员工的，显然，这种结果是人为操纵的。根据股市弱效率理论，股票价格无法根据历史信息进行判断，只有掌握了内部信息又能够利用这些信息进行股票价格操纵，否则，不可能出现一边倒的局面。如果中国移动、神州数码和上海实业以经理层报酬为基础确定股票期权数量，经理层是有利的，可以增加获得股票期权的数量。即使公司不采取基于报酬法，压低执行价格也是有利于经理层的，因为可以增加股票期权的内在价值，中国联通的执行价格高于股票价格，可以排除操纵股票价格的嫌疑。

　　根据现有数据可知，经理层决策数量为 6，即期望产出数量为 6 次，道德风险数量为 5 次，则目标一致性的实际产出为 1 次，计算出目标一致性的效率为 16.7%。这一数字略高于士气激励效率 13.3%。

（一）行权期间时目标一致性效率

　　股票期权持有人行权以后，以执行价格从企业得到相应数量的股票，如果此时股票价格上升则增加持有人获利数量，因此，经理层为获得最大个人收益，必然设法抬高股票价格。

　　由于投资存在风险，规避风险是投资者普遍存在的心理状态，投资者将选择往往宁可尽快收到股息，而不愿意将来通过出售股票来获取现金。而股票期权的持有人没有股息的分配权，分配股息将减少经理层的收益。因此，经理层和投资者在股利分配决策上的选择是对立的。那么，经理层必将利用职权影响股息分配决策。Larnbert、Lanen 和 Larcker 在 1989 年的实证研究中表明，公司实施股票期权之后向股东反派现金股利的频率明显降低。

　　为证实这一假设，我们选择了在香港上市且实施股票期权计划的 6 家知名企业，分别是联想集团、上海实业控股公司、华润创业有限公司、中国石油天然气股份公司、中国移动通信股份公司和中国联通股份公司。这些企业的特点是业绩良好、盈利能力较强，不需要通过留利扩充自有资本，完全具有派发股息的能力。对比每股盈利和每股股息两个指标，股息是年中股息和年终股息之和，考察股息占每股盈利的百分比，以此反映它们最近连续三年派发股息情况。详细数据见附表 2-7。

　　从表中数据特点来看，大体可以分为三类：一是两家企业连续三年派发股息为 0。中国移动和中国联通是国内通信行业的领头羊，具有很强的盈利能力，不发股息是对经理层股票期权取得收益最为有利的。二是股息占每股盈利的比例下降。联想集团从 1999 年的 61% 下降为 44%，随着股息发放下降，经理层的股票期权越来越有利。中国石油 1999 年没有派发股息，但 2000 年和 2001 年连续两年股息占每股盈利的比例为 44%，与联想集团保持了一致水平。三是两家企业股息占每股盈利的比例逐年上升，但总体比例不高。华润创业每年递升 5%，上海实业控股每年递增 3%，尽管呈上升态势，但它们的比例最高也只有 36%，值得注意的是，这种上升势头并不一定继续保持，上海实业控股 2002 年上半年就开始走下坡路，上半年每股盈利 0.54

附表 2 - 7　　　　　　　　　股票期权企业股息派发数量表

公司	指标	2001 年	2000 年	1999 年
联想集团	每股盈利（元）	0.115	0.068	0.04
	派发股息（元）	0.05	0.035	0.024
	股息占盈利比例（%）	44	51	61
上海实业	每股盈利（元）	1.34	1.27	1.14
	派发股息（元）	0.48	0.41	0.33
	股息占盈利比例（%）	36	32	29
华润创业	每股盈利（元）	0.6	0.83	0.79
	派发股息（元）	0.18	0.21	0.12
	股息占盈利比例（%）	30	25	15
中国石油	每股盈利（元）	0.27	0.32	0.17
	派发股息（元）	0.12	0.14	0
	股息占盈利比例（%）	44	44	0
中国移动	每股盈利（元）	1.5	1.25	0.4
	派发股息（元）	0	0	0
中国联通	每股盈利（元）	0.36	0.29	0.09
	派发股息（元）	0	0	0

　资料来源：各公司年报及财务报告。

元，派发股息为 0.15 元，股息占每股盈利的比例只有 27.5%，低于 1999 年的 28%（见附图 2 - 2）。

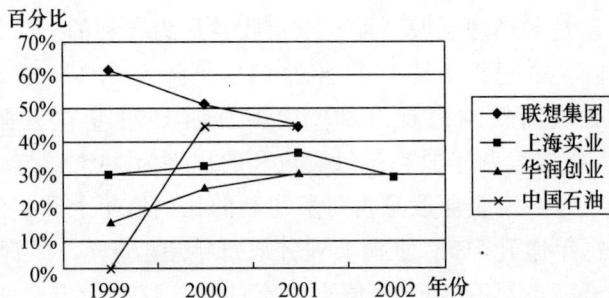

附图 2 - 2　股息占每股盈利的比例

　　实证结果表明，股票期权导致企业在股息分配政策上趋于保守，经理层利用职权影响股利的发放比例。这与 Larnbert、Lanen 和 Larcker 的研究结论是相似的。

　　（二）关于股票来源问题的目标一致性效率

　　企业是否采取回购股票的办法受到多方面因素的影响，回购股票的资金主要来源于公司的利润，借贷回购股票的方式不容易被股东接受。因此公司业务的稳定性、资金充裕状况、股东的态度都会对经理层的决策产生影响。如果经理层发现把资金投入到其他项目，会促使股票价格更快上升，那么，经理层可能会调整决策。

　　我们研究目标企业近三年为实施股票期权计划采取的增发股票和回购股票的决策。联想集团 1994 年、上海实业 1996 年采用股票期权计划，2001年、2002 年，联想集团为股票期权计划分 5 次发行了 66302000 股，其发行数目分别为 32000000 股、7910000 股、174000 股、25712000 股、506000 股，相应的发行价格分别为 0.459 元、2.876 元、2.904 元、4.038 元、4.312元。另外，联想集团以 26376 万元的代价分四次购回 72226000 股，回购数量超过了增发数量，联想称"回购目的是提高公司股本回报"。上海实业控股公司偏好采取回购的方式，两年内三次出资回购股票用于股票期权计划。具体见附表 2 - 8。

附表 2 - 8　　　　　联想集团、上海实业回购股票一览表

公司	回购时间	购回股份（股）	最高价格（元）	最低价（元）	金额（千元）
联想集团	2001 年 8 月	30882000	4.225	3.400	122686
	2001 年 9 月	19422000	3.375	2.575	57123
	2001 年 12 月	20220000	3.975	3.525	77083
	2002 年 1 月	1702000	4.050	3.975	6869
上海实业	2000 年 5 月	1594000	12.95	12.75	20513
	2001 年 3 月	1571000	12.95	12.60	20218
	2001 年 7 月	1568000	13.00	12.80	20307

　　华润创业偏好选择增发股份的途径解决股票来源问题，2000 年、2001 年分别配发 2153000 股、14263000 股，合计 16416000 股，这两年行权的股票期权数额分别是 2898000 股、12502000 股，合计 15400000 股，配发的总数量略大于股票期权行使的数量。中国移动采取了发行股票的方式，2000 年、2001 年分别增发 3974000 股、93000 股，合计 4067000 股。中远集团 2000 年增发 23504000 股。中国联通近三年既没有增发股份也没有回购股票，这是由于中国联通上市及股票期权计划实施时间比较短，2000 年 6 月 1 日通过股票期权计划，行权期于授予日后两年开始，因此，在我们研究期内，公司没有解决股票来源的压力，没有采取具体的行动。

　　在上面 6 家公司中，2 家选择市场回购股票行动，3 家选择了增发股票办法，这是与其业务的稳定性以及资金的充裕程度有关的。联想集团的主业是电脑制造、销售，自 1996 年以来一直是国内市场的第一名，市场占有率稳定在 30% 左右，按照行业惯例，联想集团已经处于垄断地位，其业务的稳定性较强，获利水平也比较稳定。2000 年 5 月，联想集团的股票价格达到 60—70 元，公司抛售部分股票从市场融资 20 亿元，为公司的发展打下了坚实的资金基础，采取回购行动耗费 26376 万元，公司完全有财务支付能力。上海实业的主业是上海的市政基建项目，该项目属于国有控股企业垄断项目，没有市场的竞争，获利性、稳定性均有保证，公司有能力采取回购股票的方式解决股票期权问题。

　　采取增发股票的 3 家企业的业务特点及资金的充裕程度大不相同。华润创业于 2000 年、2001 年进行了大规模的业务重组和兼并、收购，涉及资金 100 多亿元，对资金的需求极大。中国移动于 2000 年开始对移动通信网络进行升级换代，在 GSM 网络运行的同时，扩建 GPRS 网络，2001 年 GPRS 网络全面投入运营，中国联通为了与中国移动竞争，同期搭建 CDMA 网络平台，这两家公司均需投入上百亿元的资金。中远集团的主要业务是海洋运输及物流，近年来，全球海洋运输业不景气，竞争比较激烈，企业的获利能力较低，资金相对来讲不充足，采纳回购股票的办法存在资金困难。

　　从实证结果来看，企业没有全部选择市场回购方式，也没有单纯采取增发新股方式，不同企业有不同的选择。这可能存在两个原因：一是经理层不愿意为获取个人利益而采取回购政策，经理层更注重企业发展带来的心理满足和职业经理人的人力资本增值效应，注重企业稳定发展为股票期权带来的长期收益。这种选择表明，经理层与股东的目标是一致的。二是由于资金紧缺，经理层缺乏采取回购方式的经济基础，只能采取增发股票的方式。但是，当资金障碍扫除以后，经理层是否采取回购方法，我们并不能得出武断的结论。因此，经理层在解决股票来源问题中不一定采取道德风险行为，这个结论与栾祖盛关于美国企业的相关研究有所出入。

（三）投资决策的目标一致性效率

我们研究样本企业 2000 年、2001 年和 2002 年的投资行为，附表 2－9 是企业主要投资项目。从表中可以看出，联想集团和华润创业跨行业投资的项目最多，分别有 9 项和 7 项。

在联想的 9 项投资中，领域跨度大，业务群分散，新业务与集团主业之间缺乏相关性，集团多年积累下的经营管理经验难以移植借鉴，在资本到位后，项目所需人力资本的问题极为突出，为投资后的管理工作带来严峻挑战。有些项目明显论证不足，是在盲目扩张、急于求成的心理下仓促决策的。教育项目是联想集团完全陌生的领域，集团虽然有资金支持，但缺乏相应的管理经验，教育的市场发育也欠成熟，1 年后，联想集团减少了对新东方网上学校和北大附中联想远程教育在线的股份，标志着该项目的投资失败。FM365 门户网站是在 2000 年网络经济大潮最红火的情况下诞生的，虽然网站业务与计算机产品业务有一些的相关性，但网站的盈利模式与计算机产品截然不同，FM365 项目运营 1 年烧掉 1 个多亿的资金，距盈利还遥遥无期，成为集团的包袱，2002 年上半年，联想集团决定与美国在线 AOL 合作，实际宣告该项目失败。在联想实施的 9 个项目中，有些项目获得成功。2002 年 6 月，联想集团收购厦华电子公司，更名联想移动通信有限公司，利用厦华电子公司持有的移动电话生产许可证，参与中、高档移动电话的生产与销售业务。进军移动电话业务是联想集团几年前就梦寐以求的目标，由于国家对移动电话采取严格的生产许可证制度，联想集团没有得到生产准入许可证，收购厦华电子公司意图在于"借证入市"。收购整合后，公司短期经营业绩良好，但是联想集团错过了移动电话业务的黄金发展时期，2002 年 6 月底，中国移动电话市场保有量已达 1.8 亿部，市场趋于饱和，移动电话品牌之间已经开展价格战，利润空间逐渐变小，可以预计彩电行业的今天就是

附表 2－9　　　　　　　　实施股票期权后经理层风险投资行为

公司	主业	投资时间	涉足领域
联想集团	电脑及相关产品生产销售	2000 年	教育：新东方网上学校 证券：控股赢时通 网络：成立 FM365 门户网站 软件：收购金山软件 30% 股权
		2001 年	房地产：建造中关村融科大厦 咨询：控股汉普咨询公司 教育：北大附中联想远程教育在线
		2002 年	通信：收购厦华电子公司（移动电话生产） 电子商务：控股卓越网
创业华润	进出口贸易	2000 年	石油：收购母公司石油业务 纺织：收购母公司纺织经销业务
		2001 年	电力：12 亿元投资湖南鲤鱼江电厂 制药：15 亿元控股东北制药； 零售：从万科手中买下万佳百货 房地产：收购万科、华远两大房地产巨头 酒业：并购蓝剑啤酒、安徽啤酒、鞍山啤酒
中国移动	移动通信	2000 年 2001 年	投资三代移动通信 GPRS 网络业务
中国联通	移动通信 无线寻呼	2000 年 2001 年	投资三代移动通信 CDMA 网络业务
中国石油	石油天然气勘探开发、炼油	2002 年	"西气东输" 工程
上海实业	市政基建	2001 年	集成电路：14.48 亿元购入中芯国际集成电路制造公司 17% 股本 国际运输：5200 万元收购大通国际运输公司 25% 股本，将来增资至 1.96 亿控股该公司
		2002 年	医药：5300 万元收购张江生物医药公司 9% 股份

移动电话行业的明天。更为遗憾的是，联想移动通信有限公司没有借助计算机销售平台，重新投巨资建立了庞大的销售网络，极大地浪费了渠道资源。

从这个意义上讲，联想集团收购后的整合是失败的。所以，尽管联想集团投资扩张，但由于产出不理想，股票市场反应不佳，2001 年股票价格一直在4—6 元波动，仅相当于 2000 年 8 月股票价格的 1/3，参见附图 2 - 3。

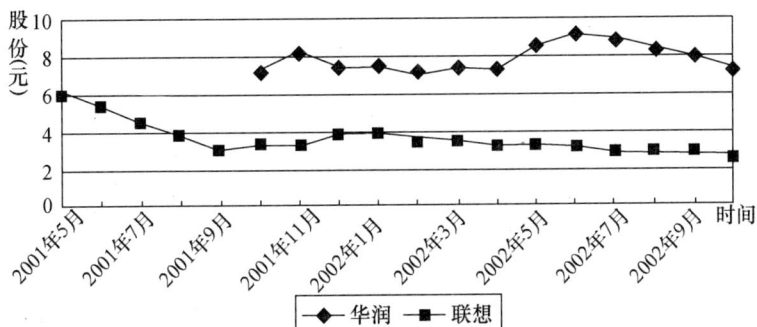

附图 2 - 3　联想、华润月均股价走势图

华润集团自 2000 年开始至 2001 年 10 月结束的购并投资行动，行业跨度大、地理区域分散、涉及资金规模大，涉及资金近 100 亿元。以啤酒业收购为例，近年来华润集团已在国内拥有 28 家啤酒生产企业，分布于辽宁、吉林、黑龙江、天津、安徽、四川、湖北等省市，生产能力超过 350 万吨，年产销量超过 200 万吨，这个没有自己啤酒品牌的企业生产能力却位居中国啤酒行业前列。新收购的企业都要有一个比较艰苦的整合期，整合能否成功主要取决于两个方面：一是企业所处的市场环境，二是要看华润能否在当地发现人才或派出管理人才，这也正是华润目前的瓶颈。华润购并了大批企业后，人才短缺问题异常突出，集团派不出优秀的管理团队，被并购的企业仅仅在股权结构上发生了变化，但经营管理水平不能得到快速提高，企业业绩没有太大的改观。以致于华润啤酒集团决策层降低了被购企业的业绩评价标准，他们认为，经过 2—3 年整合后如能摆脱原来亏损局面，就可以说是成功的，当然企业成功与否不能单纯看自身盈利状况，而要考虑诸如市场影响力等多种因素。华润这种"先吃后消化"的策略，为企业背上了沉重的包袱，成为企业的"夹生饭"。在庞大的收购活动结束后，公司盈利水平一度下降，2000 年每股盈利 0.83 元，2001 年每股盈利 0.6 元，下降幅度为 27.7%。

总的来看，股票期权实施后，案例涉及的几个企业，风险投资项目数量大大增加，投资领域呈现跨行业、跨区域性的特征，这种跨行业投资项目比本企业主业相关领域项目的经营难度大得多，潜在失败的风险也大得多，这种冒险与传统报酬体制下经理层稳健经营的共性特征是不符合的。表明经理层的风险特性已经从风险厌恶或风险中性转变为风险偏好，符合威廉姆斯·梅利莎和韦恩·R. 瓜伊（Williams. Melissa and Wayne R. Guay，1999）的研究结论，表明股票期权对中外企业经理层风险偏好的影响是一致的。从风险项目的数量来看，联想集团和华润创业公司处于竞争性很强的行业，其投资项目跨度大，风险性更大。中国移动、中国联通、中国石油和上海实业在本行业基本处于垄断地位，行业风险较小，其投资跨度和风险性相对也小一些。

三、股票期权激励的企业业绩效率

（一）数据

我们选择在香港上市的内地企业作为实证研究对象。原因有三：一是在沪市、深市交易的公司没有实施真正的股票期权，企业采取的各种股权激励手段不具备标准股票期权的构成要素，与本文探讨的股票期权概念稍有区别。香港股市有比较完备的股票期权管理法规，企业已经有实施股票期权激励手段的较长时间的历史，选择该股市交易的企业作为研究对象，可以使研究结果更能准确反映股票期权激励的真实面目。二是样本企业的控股公司总部均在内地，主要业务在内地，经理层主要来自内地经理人才市场或上级指派。企业选择在香港上市只表明该企业融通了香港的资金，融合香港的资本并不能从根本上决定经理层的决策行为与其他内地企业经理层的决策行为有什么不同，这些企业的经营管理行为与内地上市企业没有根本的区别。三是根据霍恩的研究结果，香港的股市依然处于弱有效性阶段，与内地证券市场同处于弱势有效范围。深圳和上海股市的运行规则基本上从香港克隆的。因此，选择在香港上市的内地企业作为研究对象，取得的研究结论可以推广到上海、深圳交易所的公司，对这些公司的股票期权计划有一定的借鉴意义。

样本数据选择范围是：

（1）年度利润与股票期权数量选择 1996 年 1 月 1 日至 2001 年 12 月 31

日区间的数据，按照企业年报公布的数字，统计各年度利润数值和授予股票期权的数量。1997 年以后成立的企业，以实际数据为准。中国石化虽然实施了股票期权计划，但没有公布授予经理层股票期权的具体数字，在研究股票期权激励作用时剔除中国石化，但该样本在研究报酬激励作用时依然有效。

附表 2－10　　　　　　　　　企业年度净利润一览表　　　　　　单位：千元

企业	2001 年	2000 年	1999 年	1998 年	1997 年	1996 年
联想集团	860031	480889	275267	73265	－48642	
中国石油	46808000	55231000	27001000	15275000	29848000	31456000
上海实业	1202534	1134669	1011252	1153798	748365	360420
中国联通	4456761	3234000	839000	372000	599000	
中国移动	28015000	18027000	4797000	6901000	4955000	4509000
华润创业	1204807	1656733	1442839	1268428	1560122	596669
中国石化	14018000	19004000	4672000	－302000	5961000	
海洋石油	7957636	10297	4111	1549	4900	
中远太平洋	7957636	10297	4111	1549	4900	
神州数码	171391	141721	1156651	98349	30583	

资料来源：各企业历年年报。

附表 2－11　　　　　　　　　企业每股净利润一览表　　　　　　单位：元

企业	2001 年	2000 年	1999 年	1998 年	1997 年	1996 年
联想集团	0.115	0.068	0.04	0.072		
中国石油	0.27	0.32	0.17	0.10	0.19	0.20
上海实业	1.34	1.27	1.14	1.37	0.94	0.75
中国联通	0.36	0.29	0.09	0.04	0.06	
中国移动	1.50	1.25	0.4	0.59		
华润创业	0.60	0.83	0.79	0.81	1.03	0.49
中国石化	0.165	0.227	0.082	0	0.09	
海洋石油	1.00	1.63				
中远太平洋	0.0721	0.0666	0.0636	0.063	0.0608	0.0438
神州数码	0.2	0.165				

资料来源：各企业历年年报。

附表 2 - 12　　　　　　　　　　企业授予股票期权股份数量　　　　　　单位：千股

企业	2001 年	2000 年	1999 年	1998 年	1997 年	1996 年	6 年合计
联想集团		130084					700000
中国石油		122000					122000
上海实业	15630	93740		24240	11900	11000	156510
中国联通	6724	27116					94356
中国移动	76773	31590	8200	12000			128563
华润创业	10840	44220	1850	4910	5300	11664	78784
海洋石油	4620						4620
中远太平洋		15470			21250	16450	53170
神州数码	73183						73183

数据来源：各企业历年年报。

（2）鉴于收集资料的实际困难，报酬数据取自 1998—2001 年之间的数据。经理层的年度报酬一般取企业前 5 位最高年薪者的报酬总量。中国石油、上海实业和华润创业 3 家企业没有公布最高 5 人报酬，其公布的报酬数字包含了董事会所有成员和部分高级管理人员，人数范围在 12—19 人，无法从中区分出最高 5 人的报酬总量，故 3 家企业以实际公布的团队成员报酬数量作为经理层报酬数量。

附表 2 - 13　　　　　　　　　　经理层年度报酬一览表　　　　　　　单位：千元

企业	2001 年	2000 年	1999 年	1998 年
联想集团	32060	20210		
中国石油	1297（12 人）	1139（12 人）	760（12 人）	
上海实业	45412（16 人）	42795（16 人）	36591（14 人）	
中国联通	20369	3099	554	
中国移动	4000	4000	3000	1000
华润创业	34707（19 人）	20633（16 人）	29200（13 人）	
中国石化	1413	1611		
海洋石油		2500	3208	
中远太平洋	14258	10830	11320	
神州数码	10980	6018		

数据来源：各企业历年年报。

（二）处理结果及分析

H1 企业业绩 POS 与经理层当年 MSR 存在显著的正相关关系。

根据企业实际公布的数字和模型验证需要，汇总 9 家企业 24 组数据样本。由于企业规模不同，无法横向比较绝对利润值，本文采用相对业绩指标每股净利润 POS，经理层股票期权数量指标采用 MSR，数据见附表 2 – 14。

附表 2 – 14　　　　　　　　　　POS 与 MSR 数据表

序号	POS	MSR	序号	POS	MSR	序号	POS	MSR
1	1. 34	0. 0174	9	1. 27	0. 1044	17	0. 59	0. 001
2	0. 36	0. 0027	10	0. 29	0. 0017	18	0. 81	0. 0028
3	1. 5	0. 0041	11	1. 25	0. 0222	19	0. 94	0. 0135
4	0. 6	0. 0054	12	0. 83	0. 0072	20	1. 03	0. 0031
5	1	0. 0007	13	0. 0666	0. 0072	21	0. 0608	0. 0099
6	0. 2	0. 0850	14	0. 4	0. 0006	22	0. 75	0. 0125
7	0. 0680	0. 0173	15	0. 79	0. 0009	23	0. 49	0. 0067
8	0. 32	0. 0007	16	1. 37	0. 0275	24	0. 0438	0. 0077

注：POS 表示每股净利润；MSR 表示经理层股票期权股份数量占总股本比例。

在进行回归分析之前，利用 SPSS 软件包绘制 POS 与 MSR 回归散点图，观察是否具有线性分布趋势，见附图 2 – 4。

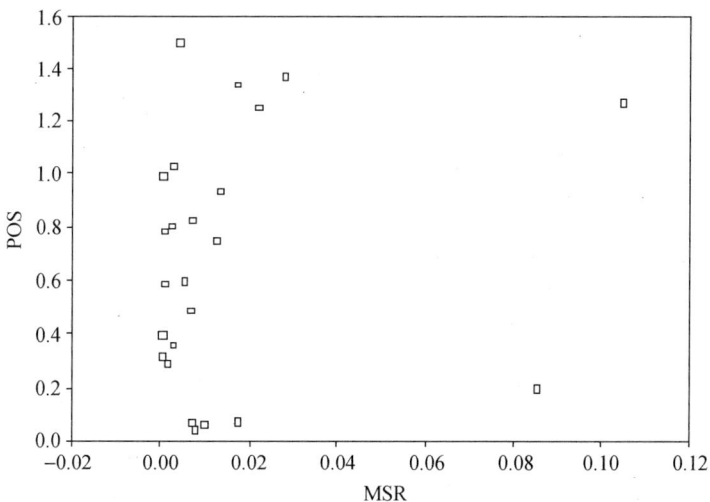

附图 2 – 4　企业业绩与当年度股票期权数量回归散点图

从生成的回归散点图直观看到，点的分布具有线性趋势，可以推测 POS 与 MSR 之间存在线性相关性，可以进一步做线性相关统计分析。但图中也有两个点分布较远，即序号第 6、9 两点。第 6 点为神州数码 2001 年相关数据，基于两个原因该数据应予以剔除，一是神州数码 2001 年年初从联想集团拆分出来独立运作，母公司和子公司在资产和负债方面的划分存在很多人为因素，这可能影响利润数据的客观性；二是神州数码公司 2001 年 7 月、8 月两批授予经理层和骨干员工的股票期权股份数量达到总股本的 8.51%，基本接近香港联交所规定的股票期权授予总量 10% 的上限，神州数码公司采取了集中授予的方式，其授予的数量相当于其他公司几个年度授予的总和，故在与其他公司进行年度授予股票期权数量比较时缺乏可比性。第 9 点为上海实业 2000 年盈利水平与股票期权数量占总股本的比例数据，该年度上海实业授予的股票期权数量是其他 4 年平均授予数量的 6 倍，这种数量激增显然不是业绩提升的结果，而是带有很大的偶然因素，故在进一步分析时予以剔除。

对于模型 1，利用其余 22 组数据进行线性回归分析，回归结果如下：

$$POS = 0.519 + 20.094MSR + \varepsilon$$
$$(3.832) \qquad (1.603)$$

括号内数字为 t 统计量，常数值的标准误差为 0.136，$R^2 = 0.114$，显著性水平值为 0.001，MSR 显著水平值为 0.125。$F = 2.569$。回归结果见附表 2 – 15。

附表 2 – 15　　　　　　　　H1 回归结果（因变量：每股利润）

自变量	回归系数	标准差	t 统计量	显著水平
截距项	0.519	0.136	3.832	0.001
MSR	20.094	12.537	1.603	0.125

从方程可以看出，每股净利润与经理层股票期权股份数量成正相关关系，它表示经理层持有股票期权数量占总股本的比例每发生 1 个单位的变化，企业的每股净利润将发生 20.094 个单位的变化。常数项表示当 MSR 为 0 时，企业每股净利润为 0.519，即如果企业不实施股票期权激励手段，企

业的 POS 可以保持在 0.519 的水平。但是这种相关性是否很强，需要进行统计量检验。查 t 分布、F 分布表知道，显著水平为 0.05 自由度为 20 的 t 分布临界值为 2.086，$F_{1,20}$ 临界值为 4.35，方程中相应值分别为 1.603、2.569，均小于临界值，且 R^2 也比较小，应以 5% 的显著水平接纳回归系数 $\beta=0$ 假设，也就是说，在 5% 显著水平上相关性是不成立的。但结合散点图分布规律，我们可以确认 POS 与 MSR 之间存在一定的相关性，为了验证这种认识，把置信区间设置为 80%，概率为 0.2、自由度为 20 的 t 分布临界值为 1.325，实证方程回归系数 t 统计量 1.603 大于临界值，因此，可以 20% 的显著水平拒绝斜率系数 $\beta=0$ 假设。即在 20% 显著水平上 POS 与 MSR 之间存在正相关关系。表明我国上市公司实施股票期权后产生了激励作用，企业的业绩与经理层得到的股票期权数量存在一定的正相关关系，但这种相关性的稳定性还比较脆弱。

H2 业绩增量与经理层当年 MSR 存在显著的正相关关系。

根据假设要求，整理出相关数据 21 组，见附表 3-7，数据中剔除了神州数码 2001 年和上海实业 2000 年的数据。从数据附表 3-7 中可以看出，每股净利润增量大于 0 的有 17 个样本，占总样本的 81%，也就是说，9 家企业实施股票期权后，81% 的年度净利润指标保持增长。只有 4 个 ΔPOS 数据出现负值，占总样本的 19%，表明企业本年度每股净利润低于上年度每股净利润，所以增量为负，但不表示企业发生亏损。由于大多数样本 ΔPOS 为正增长，可以初步认为，股票期权对企业业绩起到了促进作用。

附表 2-16　　利润增量 ΔPOS 与经理层当年度 MSR 数据汇总表

序号	ΔPOS	MSR	序号	ΔPOS	MSR	序号	ΔPOS	MSR
1	0.07	0.0174	8	0.85	0.0222	15	-0.22	0.0028
2	0.07	0.0027	9	0.04	0.0072	16	0.19	0.0135
3	0.25	0.0041	10	0.003	0.0072	17	0.54	0.0031
4	-0.23	0.0054	11	-0.19	0.0006	18	0.017	0.0099
5	0.028	0.0173	12	-0.02	0.0009	19	0.75	0.0125
6	0.15	0.0007	13	0.43	0.0275	20	0.49	0.0067
7	0.2	0.0017	14	0.59	0.001	21	0.0438	0.0077

为了观察 ΔPOS 与当年 MSR 之间的关系，绘制二者回归散点如附图 2 - 5 所示。

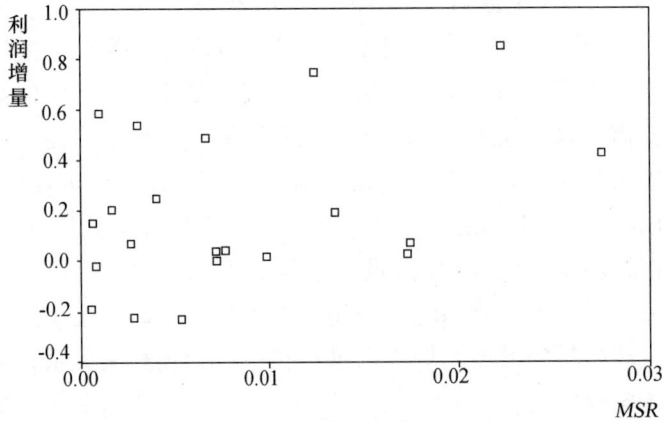

附图 2 - 5　利润增量与 MSR 散点图

　　附图 2 - 5 展示的数据点比较分散，但仍然可以看出呈现一个方向为右上方的分布趋势。对以上数据进行线性回归分析，结果如下：

$$\Delta POS = 0.07183 + 14.778MSR + \varepsilon$$

$$(0.756)\quad(1.721)\qquad R^2 = 0.135,\ F = 2.961$$

方程表明利润的增量与经理层股票期权数量占总股本比例之间存在正相关性，股票期权占总股本的比例增加 1 个单位，每股利润的增量就增加 14.778 个单位。当 MSR 为 0 时，ΔPOS 为 0.07183，即在未授予经理层股票期权的年度，企业利润增量仍然可以达到 0.07183。但这个关系仍然存在显著性不强的问题。5% 显著水平的 t 统计量临界值为 2.093，F 统计量为 4.38，方程的 t 统计量为 1.721，F 为 2.91，都小于临界值，所以在 5% 显著水平上不能拒绝系数为 0 的假设。但在 10% 的显著水平上 t 统计量临界值为 1.729，这和我们方程的结果是一致的，因此可以认为在 10% 的显著水平上方程是有效的。

　　H3 企业业绩增量与经理层上年度 MSR 存在显著的正相关关系。

　　由于研究时间截至 2001 年年底，符合假设要求的 MSR 数据必须截至

附表 2 - 17　　　　　　　　假设 2 回归结果（因变量：每股利润增量）

自变量	回归系数	标准差	t 统计量	显著水平
截距项	7.183E - 02	0.095	0.756	0.459
MSR	14.778	8.588	1.721	0.102

2000 年年底，这样样本有所减少，汇总符合条件的数据共有 17 组，见附表 2 - 18。其中增量为负值的有 5 个数据，接近总样本的 1/3，这表明，企业实施股票期权激励 1 年后，企业的业绩不一定增加，还有可能下降，次年度每股净利润下降的企业约占 1/3。从散点图（见附图 2 - 6）可以清楚地看到数据点的分布没有线性规律。

附表 2 - 18　　　　　　　　ΔPOS 与上年 MSR 数据汇总表

序号	ΔPOS	上年 MSR	序号	ΔPOS	上年 MSR	序号	ΔPOS	上年 MSR
1	0.05	0.0173	7	0.01	0.0072	13	- 0.22	0.0031
2	- 0.05	0.0007	8	0.04	0.0009	14	0.0022	0.0099
3	0.07	0.1044	9	- 0.23	0.0275	15	0.19	0.0125
4	0.07	0.0017	10	- 0.19	0.001	16	0.54	0.0067
5	0.25	0.0222	11	- 0.02	0.0028	17	0.017	0.0077
6	- 0.23	0.0072	12	0.43	0.0135			

企业利润的增量与上年度的股票期权授予数量缺乏相关性可能的解释有两个：一是股票期权并没有促使经理层采取长期决策行为，所以，股票期权数量与 1 年后的利润增量之间没有联系。二是长期投资项目或长期决策行为产生效益的周期较长，需要大于 1 年以上的时间才能在财务报表中体现出来，比如 2 年后才能产生利润上的变化，故上下年度之间的利润增量与 MSR 之间没有联系。

为验证后一个假设，研究利润增量 ΔPOS 与前一年 MSR 之间的关系。相关数据见附表 2 - 19。

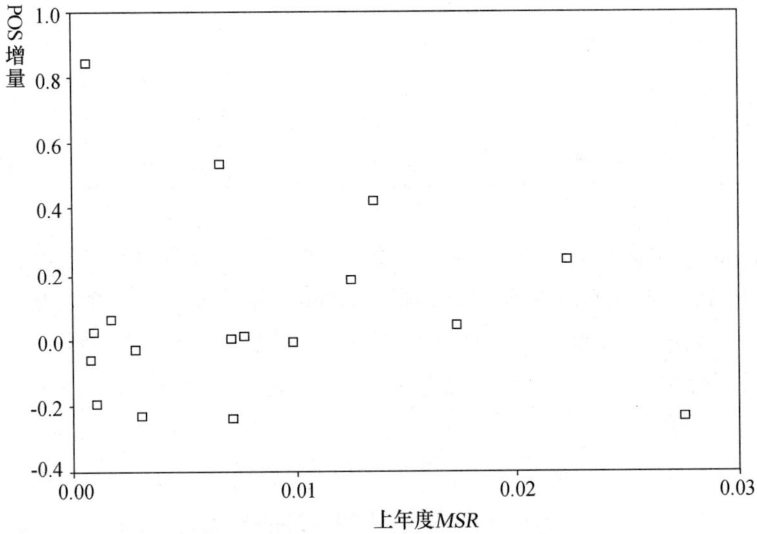

附图 2−6　利润增量与上年度 *MSR* 回归散点图

附表 2−19　　　　　　　　　　*ΔPOS* 与前年 *MSR* 数据汇总表

序号	*ΔPOS*	前年 MSR	序号	*ΔPOS*	前年 MSR	序号	*ΔPOS*	前年 MSR
1	0.25	0.0006	5	0.04	0.0028	9	0.43	0.0125
2	− 0.23	0.0009	6	− 0.23	0.0135	10	− 0.22	0.0067
3	0.13	0.0275	7	− 0.02	0.0031	11	0.0022	0.0077
4	0.85	0.001	8	0.0006	0.0099			

　　从 *ΔPOS* 与前年 *MSR* 的回归散点图来看，二者点的分布较为分散，没有明显的线性分布趋势。利用上面 11 个数据进行回归分析发现，*ΔPOS* 与前年 MSR 之间呈负相关性，但 *t* 统计量不显著。

　　为什么每股净利润的增量不与去年、前年的股票期权授予数量之间存在相关性。推测原因可能有三个：一是经理层采取的风险投资行为没有获得成功。比如联想集团的风险投资项目大部分是失败的，个别项目虽然没有宣告失败，但短期内没有为集团的利润作出贡献。二是长期决策及风险投资行为收益的周期要比假设时间长。如华润创业大规模收购各类企业后，并没有及时对经营管理体系、企业文化以及产品进行整合，机制的再造需要一个很长的时间，而绝不是资金注入后就迎刃而解了。限于研究样本的局限性，无法进行长期的追踪对比研究，暂时还无法对这一假设进行验证。三是企业的经理层没有采取长期风险投资行为，由于多方面的原因，经理层坚持了原来的投资策略，把企业的发展定位于短平快项目的经营上。

H4　企业业绩与经理层累计获得的股票期权数量显著正相关。

企业 2001 年每股净利润 POS 与 2001 年年底累计授予股票期权的股份数量 MSR 数据共 9 组。从回归散点图观察，数据点的分布没有明显的线性规律。回归结果为：

$$POS = 0.312 + 5.007 \sum MSR + \varepsilon$$
$$(1.534)(1.646) \qquad F = 2.709 \quad R^2 = 0.279$$

利润指标 POS 与累计 MSR 呈正相关关系，但是 t 统计量只有 1.646，在 5% 检验水平下不能拒绝回归系数为 0 的假设。但在 20% 的检验水平上，t 统计量临界值为 1.415，回归方程的统计量大于临界值，因此，在 20% 的检验水平上可以拒绝回归系数为 0 的假设，回归方程是成立的。这表明，企业 2001 年的每股净利润指标与累计授予的股票期权数量之间存在脆弱的正相关性。回归结果见附表 2 - 20。

附表 2 - 20　　　　H4 回归结果（因变量：每股利润）

自变量	回归系数	标准差	t 统计量	显著水平
截距项	0.312	0.204	1.534	0.169
累计 MSR	5.007	3.042	1.646	0.144

H5　经理层的年度报酬与公司的业绩存在显著正相关关系。

样本企业规模不同，其净利润绝对差别很大，加之所有制结构不同，经理层报酬水平差距很大。中国石油 2000 年的净利润最高为 552 亿元，但经理层的报酬只有 113.9 万元，净利润最小值为神州数码 2000 年的 1.4 亿元，但经理层报酬高达 601.8 万元；净利润中值为 41.1 亿元。从经理层的报酬差别角度来看，上海实业 2001 年报酬最高为 4541.2 万元，但企业净利润只有 12 亿元；所有样本中报酬最低者为中国石油 1999 年的 76 万元，但该企业年度净利润却高达 270 亿元；中值 601.8 万元。净利润最高值是最低值的 390 倍，报酬最高值是最低值的 60 倍。

根据假设检验的需要，整理出符合条件的数据共 23 组，详见附表2-21。

附表 2-21 　　　　　　企业每股净利润与经理层报酬数据表　　　　　单位：百万元

序号	POS	报酬	序号	POS	报酬	序号	POS	报酬
1	0.115	32.06	9	0.068	20.21	17	0.17	0.76
2	0.27	1.297	10	0.32	1.139	18	1.14	36.591
3	1.34	45.412	11	1.27	42.795	19	0.09	0.554
4	0.36	20.369	12	0.29	3.099	20	0.4	3.0
5	0.6	34.707	13	0.83	20.633	21	0.79	29.2
6	0.165	1.413	14	0.227	1.611	22	0.0636	11.32
7	0.0721	14.258	15	0.0666	10.83	23	0.59	1.0
8	0.2	10.98	16	0.165	6.018			

为保证研究的客观公正性，企业业绩选择每股净利润指标 POS，而经理层报酬使用绝对数量指标，以该企业经理层的实际年薪为准。由于报酬数量与每股净利润数量级差别较大，为描述方便，报酬的单位以百万元计算，这不影响回归分析的结果。根据以上数据制作回归散点图。从附图2-7中可以看出数据分布呈现一定的线性关系。

回归分析后得出下面的回归方程：

$$POS = 0.125 + 0.01927AC + \varepsilon$$
$$(1.474) \quad (4.788) \qquad R^2 = 0.522, \quad F = 22.921$$

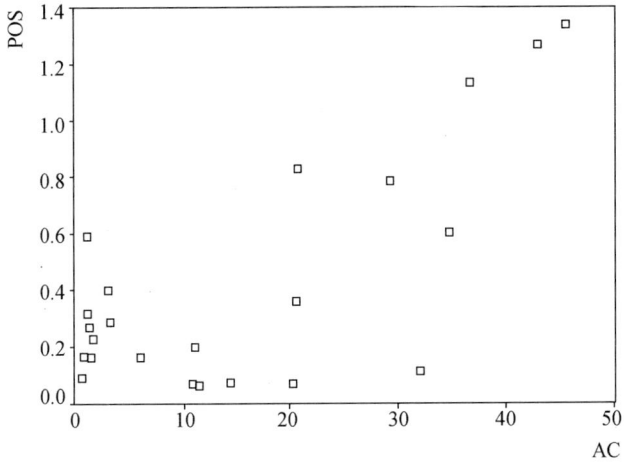

附图 2 - 7 企业 POS 与经营者薪酬散点图

这个方程说明，在给定的数据范围内，企业净利润与经理层报酬之间存在一个显著的正相关关系，方程表明经理层报酬每增加 100 万元，企业每股净利润就增加 0.01927 元。自由度为 21，显著水平 5% 的 t 统计量临界值为 2.08，F 分布临界值为 4.32，AC 回归系数的 t 统计量为 4.788，F 分布值为 22.921，均大于 5% 显著水平的临界值；AC 回归系数为 0 的假设检验的显著水平为 0。这表明，回归系数是显著有效的。

附表 2 - 22   假设 5 回归结果（因变量：每股利润）

自变量	回归系数	标准差	t 统计量	显著水平
截距项	0.125	0.085	1.474	0.155
AC	1.927E - 05	0.000	4.788	0.000

H6 公司业绩与经理层上年度报酬存在显著正相关关系。

以每股净利润表示企业业绩，符合假设条件的样本数据共 15 个，见附表 2 - 23。

附表 2 – 23			企业净利润与经理层上年度报酬数据表				单位：百万元	
序号	净利润	上年报酬	序号	净利润	上年报酬	序号	净利润	上年报酬
1	0.1150	20.210	6	0.1650	1.611	11	1.2700	36.591
2	0.2700	1.139	7	1.0000	2.500	12	0.2900	0.554
3	1.3400	42.795	8	0.0721	10.830	13	0.83	29.200
4	0.3600	3.099	9	0.2000	6.018	14	0.0666	11.320
5	0.6000	20.633	10	0.3200	0.760	15	0.4	1.000

以这些数据制作回归散点图，观察点的分布情况。从附图 2 – 8 可看出，数据点分布具有一定的线性趋势，表明 POS 与上年 AC 之间可能存在正相关性。

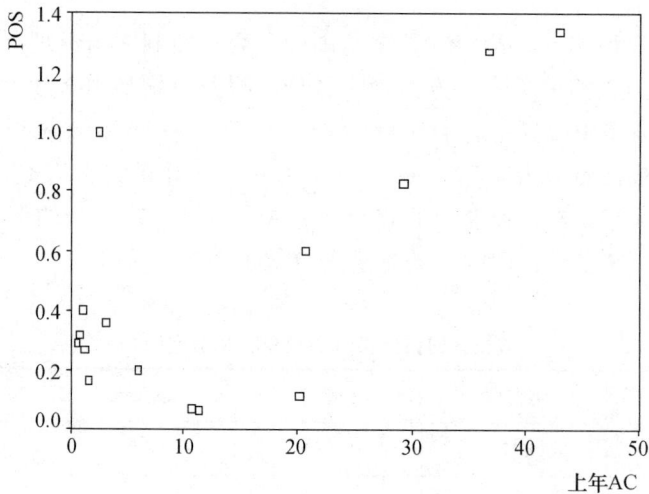

附图 2 – 8　企业 POS 与经营者上年 AC 散点图

回归分析结果如下：

$$POS = 0.222 + 0.02105AC + \varepsilon$$
$$(2.001) \quad (3.513)$$

方程表明，企业净利润与经理层上年报酬呈正相关关系，上年度经理层报酬每增加 100 万，则下年度每股净利润增加 0.02105 元。AC 的回归系数 t 统计量为 3.513，大于 5% 显著水平的临界值 2.16。AC 系数为 0 的假设检验的显著水平值为 0.004，常数项为 0 的假设检验的显著水平为 0.067，都不是显著的，因此，接受回归方程。这表明假设 6 成立。

附表 2 − 24　　　　　　　假设 6 回归结果（因变量：每股利润）

自变量	回归系数	标准差	t 统计量	显著水平
截距项	0.222	0.111	2.001	0.067
上年 AC	2.105E − 05	0.000	3.513	0.004

比较当年与上年度经理层报酬的激励作用可以发现，上年度报酬的激励作用大于当年度的激励作用。当年度经理层报酬每增加 100 万元，企业每股净利润增加 0.01927 元；上年度经理层报酬每增加 100 万元，则下年度每股净利润增加 0.02105 元。上年度的激励效果比当年激励效果增加 8.5%。这表明，报酬激励的作用可以持续到下一年度，报酬作用如果发挥得好，可以对下一年度企业的业绩提高起到积极的作用。

H7 经理层股票期权数量与公司规模呈正相关关系。

公司规模以发行的股本总量表示，经理层薪酬以企业实际支出的报酬表示。在研究期内，部分样本企业数据不全，经理层获得的股票期权数量与公司规模数据同时匹配的共有 14 组，见附表 2 − 25。由于这两个数据数量级差距较大，为方便后面的研究，我们同时给出了它们的对数值，表中右边三列为对应数据的自然对数值。

以经理层股票期权 M 为因变量，公司规模总股本数量为自变量，进行回归分析。

$$M = 33040.592 + 0.0005124 SIZE + \varepsilon$$
$$(2.899) \quad\quad (2.15) \quad\quad F = 4.621$$

回归结果来看，经理层股票期权持有量与企业规模呈正相关关系。企业规模每增加 1000 股，则经理层的股票期权持有量增加 0.512 股。SIZE 系数

附表 2 – 25　　　　　　**持股数量、公司规模和经理层报酬数据表**

序号	M（千股）	SIZE（千股）	AC（千元）	ln（M）	ln（SIZE）	ln（AC）
1	15630	898057	45412	9.66	13.71	10.72
2	6724	2459127	20369	8.81	14.72	9.92
3	76773	18605405	4000	11.25	16.74	8.29
4	10840	2015550	34707	9.29	14.52	10.45
5	130084	7513962	20210	11.78	15.83	9.91
6	122000	175824176	1139	11.71	18.98	7.04
7	93740	897856	42795	11.45	13.71	10.66
8	27116	2459127	3099	10.21	14.72	8.04
9	31590	18605405	4000	10.36	16.74	8.29
10	44220	1988785	20633	10.70	14.50	9.93
11	15470	2139228	10830	9.65	14.58	9.29
12	8200	13707287	3000	9.01	16.43	8.01
13	1850	1983734	29200	7.52	14.50	10.28
14	12000	11780788	1000	9.39	16.28	6.91

的 t 统计量 2.15，接近 5% 显著水平 t 统计量临界值为 2.17；F 值为 4.621，接近 F 分布临界值 4.75。由于回归数据没有大于检验临界值的绝对优势，所以不能完全回归系数为 0 的假设。但从 Sig. 检验值来看，回归系数为 0 的假设检验的显著水平值仅为 0.053，该值比较低，因此，综合 F、t 统计量和 Sig. 结果，可以认为 SIZE 系数是可靠的。假设 7 成立。

附表 2 – 26　　　　　　**假设 7 回归结果（因变量：股票期权持有量）**

自变量	回归系数	标准差	t 统计量	显著水平
截距项	33040.592	11398.593	2.899	0.013
SIZE	5.124E – 04	0.000	2.150	0.053

H8 经理层的报酬与公司规模呈正相关关系。

利用附表 2 – 25 中经理层报酬 AC 的自然对数与企业规模 SIZE 的自然对数值，绘制回归散点图，从附图 2 – 9 数据点的分布特征可以推测，薪酬与企业规模大体具有负相关性，这与假设 8 相反。

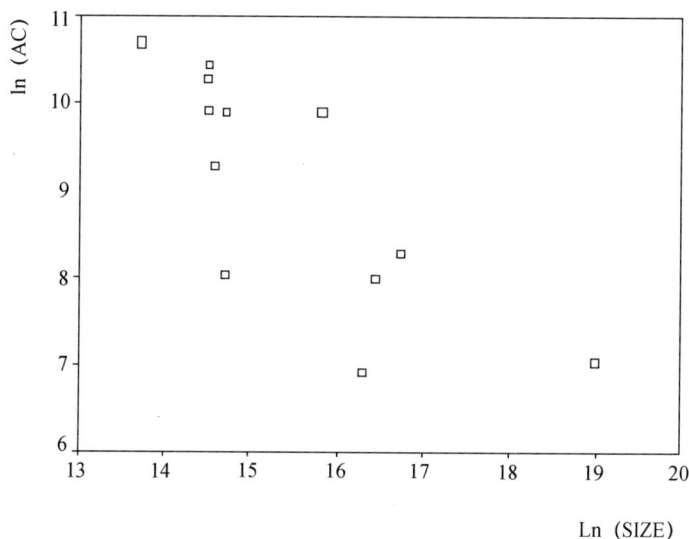

附图 2 – 9　经营者薪酬与企业规模散点图

线性回归的结果如下：

$$\ln (AC) = 20.435 - 0.733\ln (SIZE) + \varepsilon$$
$$(8.642) \quad (-4.803) \qquad R^2 = 0.658 \ F = 23.073$$

回归方程来中变量 ln (SIZE) 的系数为负，表明公司规模与经理层报酬呈负相关关系，企业规模越大，经理层的报酬水平越低。ln (SIZE) 每增加 1 个单位，ln (AC) 将减少 0.733 个单位，因而否定经理层的报酬与公司规模呈正相关关系的假设。ln (SIZE) 系数的 t 统计量为 – 4.803、F 值为 23.073，二者均大于临界值，表明回归系数在 5% 置信水平上显著，Sig. 值为 0 表明回归系数为 0 的假设检验的显著水平为 0，因此，方程是成立的。

附表 2 - 27   假设 8 回归结果 (因变量：ln（AC）)

自变量	回归系数	标准差	t 统计量	显著水平
截距项	20.435	2.365	8.642	0.000
ln（SIZE）	-0.733	0.153	-4.803	0.000

（三）实证研究结论与局限性

通过对 10 家企业实施股票期权后的相关数据定量研究，可以得出以下结论：

（1）企业的业绩与经理层得到的股票期权数量存在不显著的正相关性，这种相关关系的稳定性还比较脆弱，在 20% 显著水平才有效，即在 20% 显著水平企业每股净利润与经理层股票期权数量占总股本的比例之间存在正相关关系。

（2）企业业绩增量与经理层当年获得的股票期权数量存在相对显著的正相关关系，在 10% 的检验水平上这种关系是显著的。经理层股票期权数量占总股本的比例每增加 1 个单位，每股利润的增量就增加 14.778 个单位

（3）企业业绩增量与经理层上年度获得的股票期权数量之间不存在显著的相关性，与前年度获得的股票期权数量之间也不存在显著的相关性。

（4）企业业绩与经理层累计获得的股票期权数量存在一定的正相关性，由于业绩增量与上年度、前年度股票期权数量之间无正相关性，因此，业绩与累计股票期权数量的相关性主要是当年股票期权数量的贡献，这种相关性很脆弱。在 20% 的检验水平上才可以拒绝回归系数为 0 的假设。

（5）企业净利润与经理层报酬之间存在一个显著的正相关关系，经理层报酬每增加 100 万元，企业每股净利润就增加 0.01927 元。

（6）企业净利润与经理层上年报酬呈显著正相关关系，上年度经理层报酬每增加 100 万元，则下年度每股净利润增加 0.02105 元。

（7）经理层获得股票期权的数量与公司规模呈显著正相关关系，企业规模每增加 1000 股，经理层的股票期权持有量将增加 0.512 股。

（8）研究样本中经理层报酬与公司规模呈显著负相关关系，企业规模的自然对数 ln（SIZE）每增加 1 个单位，经理层报酬的对数 ln（AC）将减少 0.733 个单位。其原因是样本企业的性质和行业不同，国有控股企业的经

理层报酬受到政府制约，但经理层在报酬之外得到了行政待遇激励的补偿。

四、股票期权定价方案与激励效率约束

在弱效率股市环境中，股价波动的幅度往往比较大。牛市期间，如 1999 年，全球股市处于牛市时期，经营业绩差的企业股价也大幅上升，本应受到处罚的经理层反而获得巨额股票期权收益。在熊市期间，如 2000 年下半年，网络股泡沫的破灭导致股市指数急剧下挫，经理层努力工作且业绩良好的企业股价也随之下降，企业原来确定的执行价格大大高于实际股票价格，企业经理层无法通过执行股票期权获利，其付出的努力将得不到市场的回报，那么，经理层很可能把股票期权搁置一旁，而把关注点重新放在职务消费等隐形收入上，这样，股票期权就失去了激励作用。

弱势股市环境是研究股票期权激励效率无法回避的问题。如何继续发挥股票期权的激励作用，提高激励效率，迫切需要解决。我们知道，弱势环境中激励作用失效的主要原因有两个：一是弱势效率股市造成的股价急剧变化；二是股票期权执行价格的固定化。显然，企业无法改变股市的运行效率，不能控制股价的大幅震荡。但是，企业可以控制执行价格，通过对执行价格的调整，削弱股价畸形变化对股票期权价值的扭曲，最大限度地发挥股票期权的激励作用。

目前，重新定价的做法在高科技公司和高增长率的公司中较多一些，因为这些公司往往缺乏足够的现金，股票期权既是对经理层和员工的激励措施，也是报酬的一部分，股价变化无常，如果股价低于执行价格，那么，经理层不但得不到激励，连基本报酬收入也要受到影响，在这种情况下，公司很担心重要的经理层和骨干员工被挖走，就会同意调整执行价格。但是反对意见认为，执行价格的调整使股票期权失去了激励特性，而这种特性是在期权授予当初就确定好的，持有股票期权的内部员工可以重新调整执行价格，而外部持有公司股票的股东却不能调整股票的购买价格，这显然有失公平。如果股票业绩不佳的原因不在于市场驱动因素或行业驱动因素，而在于经理层的能力和努力因素，那么，重新调整经理层股票期权的执行价格等于奖励业绩落后的管理者，这些所谓的人才是否值得挽留令人怀疑。当然，支持者认为，股票价格的下降并不总是公司高层经理的责任；相反，如果公司失去

了这些优秀的经理层，最终遭受损失的将是全体股东。特别是领导地位非常稳定的经理层支持调整做法，他们有能力说服董事会，把股票业绩不佳的原因归结为外部市场因素，重新定价后获得个人最大利益。

　　在我们研究的中国 8 家企业中，中国石油、中国石化、华润创业、上海实业和海洋石油的股价变化幅度相对较小，股价变化较大的是中国移动、联想集团和中国联通，其中重新定价的只有中国移动 1 家企业。中国移动2000 年 9 月 1 日股价为 60 元左右，2001 年 9 月股价跌至 21 元，与 2000 年 9月股价相比下降 62%，之后一年内股价大体在 23—25 元之间徘徊。公司于1999 年 11 月 26 日以执行价格 33.91 元授予股票期权 7000000 股，其中3500000 股授予后即可执行，另 3500000 股自 2002 年 11 月 26 日起可以执行。2000 年 4 月 25 日授予经理层股票期权 15608000 股，执行价格为 45.04元，自 2002 年 4 月起可以执行。显然，股票市场价格已经远低于执行价格，股票期权无法使经理层得到收益，不能对经理层起到激励作用。2002 年 6月 24 日，公司董事会宣布 1997 年实施的股票期权计划废止，对执行价格重新定价后推出新的计划。

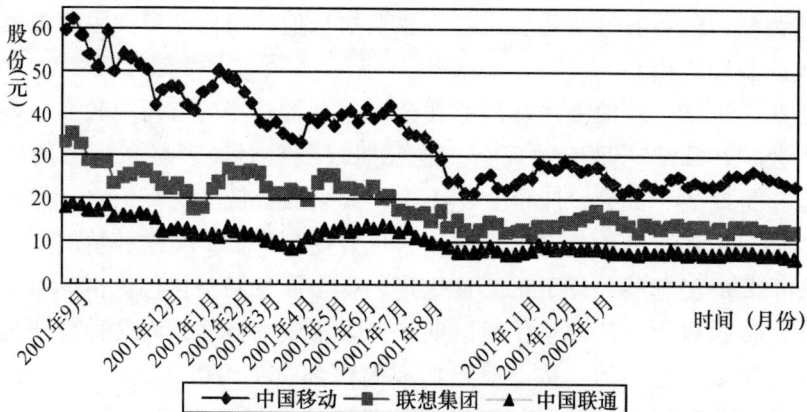

附图 2－10　中国移动、联想集团、中国联通 2000 年 9 月 1 日至 2002 年 6 月 24 日股价走势

　　联想集团股票 2000 年 5 月每股价格达到 65 元，公司随即将股份拆细，每股拆为 4 股，网络概念泡沫破碎后，联想集团股价大幅度降低，2000 年年底每股只有 20—22 元（为对比方便，把拆细后的 4 股股价之和视为 1 股股价），2002 年 6 月每股为 12 元左右，与 2000 年 5 月股价相比下降 82%。联想集团每财务年度初即每年 4、5 月向部分经理层和骨干员工授予股票期权，价格为授予日前 5 个交易日价格的平均值。2000 年 5 月授出的股票期权在 2001 年成为很深的虚值期权，经理层无法行权获利。中国联通的股价由 2000 年 9 月的 18 元下降为 2002 年的 5 元，下降幅度为 72%。尽管联想集团和中国联通股价比中国移动股价下降幅度更大，但这两家公司并没有对股票期权计划做出调整。可见，股价下降幅度与公司是否采取重新定价的决策之间没有相关性。在 7 家研究对象中，只有 1 家重新定价，占总企业数的 12%。

（一）模型验证结果

2000 年 4 月 25 日授予经理层股票期权 15608000 股，执行价格为 45.04 元，2 年后可以执行，2002 年 4 月 25 日股价为 25.45 元。

中国联通 2000 年 6 月 1 日授权高级管理人员包括董事和其他人员共计 27116600 份期权，价格为 15.42 元，授予日 2 年后可以行权，2002 年 6 月 3 日股价为 6.1 元。

上海实业控股 2001 年 3 月授予 7630000 股，价格 10.496 元，9 月 1 日起可以行权，9 月实际为 12 元；2001 年 7 月授予 8000000 股，价格为 10.432 元，2002 年 1 月 1 日起可以行权，实际市场股价为 14.25 元。

显然，中国移动和中国联通的执行价格大于到期日股票市场价格，持有人无法执行期权，此时股票期权价值为 0。下面我们引入修正因子，把上述 3 家公司的执行价格进行调整，分析调整后的股票期权价值变化。我们假设上海股市能够反映外部的政治经济因素和投机因素对股票市场的干扰，I_t 和 I_0 采用上海股市综合指数。股票期权涉及的关键时间点收盘指数见附图 2 - 11。

综合指数最高点 2001 年 7 月达到 2206 点，而最低点 2002 年 6 月 3 日为 1515，不足一年之内降幅达到 30%，股市的变化比较剧烈。假设经理层到期的股票期权全部执行，如果到期日为节假日，股市停止交易，则将执行日顺延至节假日后的第一个交易日。

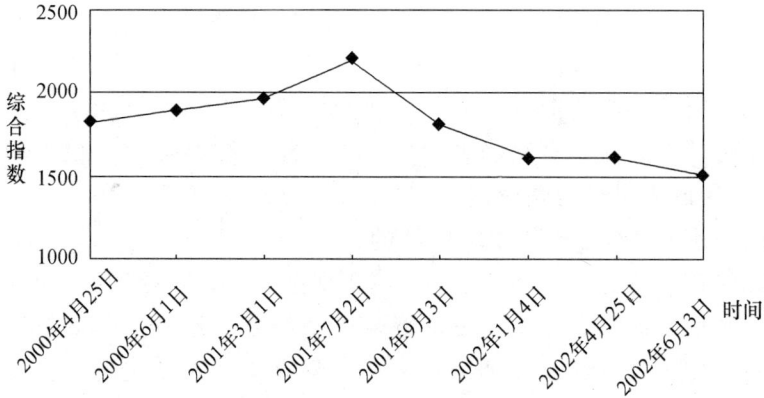

附图 2 - 11　上海股市综合指数变化走势图

　　根据前述模型，第一步，根据相应时间点的综合指数，计算出各次授予的股票期权的修正因子 k；第二步，计算修正后的执行价格 X_t；第三步，与执行日股票价格比较，计算出售股份的收益。第四步，比较引入修正因子前后股票期权的价值变化。各计算所得数据详见附表 2 - 28。

附表 2 - 28　　　　　　执行价格修正后股票期权价值变化　　　　　　单位：元

公司	授予时间	X	S_t	$(S_t - X)$	k	X_t	$(S_t - X)$	每股收益变化
中国移动	2000 年 4 月 25 日	45.04	25.45	- 19.59	0.87	39.34	- 13.89	+ 5.7
中国联通	2000 年 6 月 1 日	15.42	6.1	- 9.32	0.80	12.33	- 6.23	+ 3.09
上海实业	2001 年 3 月 1 日	10.50	12	1.50	0.82	8.61	3.39	+ 1.89
	2001 年 7 月 1 日	10.43	14.25	3.82	0.73	7.62	6.63	+ 2.81

　　（二）结果分析

　　3 家公司 4 次授予的股票期权执行时间均在 2002 年，从附图 2 - 11 可以看出，2002 年股市综合指数一直呈下降趋势，可以认为暂时进入熊市。根据修正因子的假设，在股市低迷阶段，业绩表现良好的企业及其经理层应该得到客观公正的评价，股票期权执行价格修正后，可以使经理层获得一定的收益。

从附表 2 – 28 来看，上海实业的经理层股票期权价值得到了增加。2001年 3 月授予的股票期权，每股收益从 1.5 元增加到 3.39 元；7 月授予的股票期权，每股收益从 3.82 元增加为 6.63 元。

中国移动和中国联通股票期权虽然经过执行价格调整，仍处于虚值状态，不过，虚值深度均有所减少，中国移动股票期权价值从 – 19.59 元减少为 – 13.89 元，中国联通股票期权价值从 – 9.32 元减少为 – 6.23 元。换言之，经过执行价格的调整，有利于股票期权价值增加。

可见，执行价格修正因子是过滤非企业影响因素的一个调节器。在熊市时期，可以降低执行价格，有利于经理层从股票期权获得收益，为维护经理层的利益起着积极的作用，有利于提高经理层对股票期权的信心。在股市暴涨时，将提高执行价格，使经理层股票期权收益降低，防止经理层搭便车获利，也有效避免对股东权益的稀释，起到了平衡股东和经理层利益分配的作用，保证了股票期权在弱效率股市环境下的相对有效性。

为什么经过调整后，中国移动和中国联通的股票期权仍然没有价值？我们分析认为，可能存在两个原因：一是授予股票期权时股价的泡沫成分太多，从中国移动来看，这种泡沫更明显一些，2000 年公司的盈利水平每股只有 1.25 元，股价高居 50 元左右，2001 年公司业绩上升 20%，每股盈利达到 1.5 元，股市大盘也稳中有升，但中国移动的股价不升反跌。2002 上半年每股盈利 0.82 元，比 2001 年同期上升 10%，良好的业绩没有遏制股价下滑的趋势。二是与企业的业绩有关，中国联通 2000 年的每股盈利只有 0.29 元，授予股票期权期间的市盈率高达 53%，2001 年盈利水平虽有所增加，但每股盈利也只有 0.36 元。而同期上海实业 2000 年每股盈利为 1.27元，2001 年每股盈利为 1.34 元，授予股票期权期间的市盈率只有 8.26%。对比可以看出，中国联通较上海实业的盈利能力与业绩水平存在较大的差距。股票期权是激励业绩优秀的经理层的手段，既然中国联通的业绩欠佳，股票期权无价值也就顺理成章了。

但股市下跌严重时，这种修正后的执行价格仍有可能高于股价，经理层不能从股票期权中获得收益。为在股市低迷时期树立起经理层对股票期权的信心，可以设置最低报酬机制，当执行股票期权无法获利时，企业按照绩效和持有股票期权的数量给予经理层一定数量的补偿报酬，保证经理层的最低收益。前提是必须完成净资产收益率等指标，比如在中国移动和中国联通股票期权计划中规定，当经理层完成业绩指标后，如果股价低于修正后的执行价格，则企业支付经理层 100 万元的激励报酬。最低报酬机制可以视作稳定器，有了稳定器，经理层就能够将精力投入到经营管理上，避免为了追求自身利益而采取哄抬股价的短期行为，或者利用对企业的控制权获取其他消费收益等，危及股东的长期利益。

（三）指数化股票期权定价模型的检验

1. 数据及其处理。上海实业 2001 年 10 月 3 日股票价格为 10.9 元，以此价格授予经理层股票期权，期权的有效期为 1 年，2002 年 10 月 3 日股价为 11.5 元，根据连续 90 日收盘价计算其波动率为 5.7%，无风险利率为 5%，假设连续红利 3% 分配，计算股票期权到期时的价值。

采用布莱克—斯科尔斯股价模型计算公司股票期权的价值为：

$$c = SN(d_1) - Xe^{-rt}N(d_2)$$

$$= 10.9N\left[\frac{(0.05 + 0.057^2/2)}{0.057}\right] - 10.9e^{-0.08}N\left(\frac{0.05 + 0.057^2/2}{0.057} - 0.057\right)$$

$$= 10.9[N(0.906) - e^{-0.05}N(0.849)]$$

$$= 0.606 \text{ 元}$$

2. 采用指数化股票期权模型。

第一步，选择合适的指数。长江实业公司是香港联交所上市公司，公司在建筑、地产领域享有很高的声誉，是一家业绩稳定的企业，在联交所上市公司中编号第一。选择长江实业为上海实业的比较公司，充当上海实业的对比指数。该公司 2001 年 10 月 3 日股价为 61.25 元，2002 年 10 月 3 日股价为 46.7 元。根据连续 90 个交易日收盘价格计算，其波动率为 6.2%，为了计算简化，假设该公司连续红利 3%。

第二步，计算上海实业股价 S 与长江实业股价 I 的协方差 $COV(S, I)$ 以及相关系数 ρ，之后计算构造的执行价格 H_t。

$$协方差\ COV(X, Y) = \frac{\sum(X - \bar{X})(Y - \bar{Y})}{n}$$

$$= 554.8/90 = 6.16$$

股价的相关系数 $\rho\ (X,\ Y)\ =\dfrac{COV\ (X,\ Y)}{\sigma_X\sigma_Y}$

$$= 6.16/1.21 \times 6.57 = 0.775$$

即两公司股价的相关性为 0.775。

$\beta = \rho\ (\sigma_S/\sigma_I)$

　$= 0.775\ (0.057/0.062)\ = 0.84$

$\eta = (r - q_S) - \beta(r - q_I) + \dfrac{1}{2}\rho\sigma_S\sigma_I(1 - \beta)$

　$= (0.05 - 0.03) - 0.84(0.05 - 0.03) + 0.5 \times 0.775 \times 0.057 \times 0.062(1$

　　$- 0.84)$

　$= 0.0034$

$H_t = DS_0\ (I_t/I_0)^\beta e^{\eta t}$

　　$= 10.9\ (46.7/61.25)^{0.84}e^{0.0034}$

　　$= 8.56$

第三步，计算 d_1、d_2：

$\sigma_\alpha = \sigma_s\sqrt{1 - \rho^2} = 0.036$

$d_1 = \dfrac{\ln(S_t/H_t) + \sigma_\alpha{}^2 \cdot \tau/2}{\sigma_\alpha\sqrt{\tau}}$

　　$= \dfrac{\ln(11.5/8.56) + 0.036^2/2}{0.036} = 8.15$

$d_2 = d_1 - \sigma_\alpha\sqrt{\tau}$

　　$= 8.15 - 0.038 = 8.11$

第四步，查概率分布表，计算出价值 C。

$C = e^{-q_s t}\left[S_t N(d_1) - H_t N(d_2)\right]$

　　$= 0.9704\left[11.5N(8.15) - 8.56N(8.11)\right]$

　　$= 2.85$

3. 结果讨论。股票期权的固定执行价格按 10.9 元来计算，执行日股价为 11.5 元，经理层执行期权将获利 0.6 元，按照布莱克—斯科尔斯股价模型计算的每股获利为 0.606 元，二者是吻合的。采用指数化股票期权的模型结果为每股盈利 2.85 元，显然，比前面的两种计算结果要大。其原因在于，指数化股票期权是一种基于相对业绩评价的报酬方式，股票期权的价值仅仅与企业特定业绩有关，它有效地消除了系统不确定性对股票期权价值的扭曲，能够较准确地反映企业经理层的业绩。有效地过滤了非企业因素导致的股价下跌影响，执行价格得到修正，计算结果更趋于客观，因而也就会产生比较有效的激励效果。特别在弱有效的股市环境下，对经理层实施股票期权的一大障碍就是股市不能准确地反映企业的业绩，采用指数化股票期权可以从很大程度上消除弱有效性的干扰，使股票期权的价值回归到真实的业绩水平上来。

但是，采用指数化股票期权模型后，并不能解决所有问题，这是由于以下几个原因：一是股市中客观存在着股价涨跌现象，股票期权的价值必然存在一定范围的波动，正是这种波动性使股票期权充满魅力，获利的不确定性促使经理层努力超越自我，实现自身价值；二是理想化的参照基数股票是不存在的，每一种股票都会受到股市波动的影响，我们只能假设某些实力雄厚、业绩稳定的企业得到投资者的理性评价，其股票价格在股市中涨跌相对稳定，因此选择这类股票作为指数。由于认识的主观性，我们很难挑选出符合条件的股票。所以，虽然指数化股票期权模型与修正因子模型解决了弱有效性股市的部分问题，但它们解决不了所有问题，要从根本上解决股票期权激励机制的应用环境，保证股票期权激励效率，最终需要依赖股市的不断完善和配套政策措施的建立和健全。

附 件 3

风险投资制度环境的国际比较研究

一、基本假设

为了保护和刺激金融家和公司之间的联系链环和扩散所产生的知识，系统的发展能力是一个能够支持技术创新的国家金融系统的实质特征。不同系统和环境产生和使用这样的学习过程的能力是有差异的。附图 3-1 表明了风险投资制度的基本框架和影响因素。

这里，我们可以进一步提出风险投资制度与不同制度体间的"耦合"和"非耦合"的概念。所谓"耦合"，是指某种风险投资制度形式与其特定的其他制度体达到最佳匹配，或者说，在这种匹配条件下，能够实现最高的风险投资制度效率。除了这种最佳配置以外的其他组合，我们称之为风险投资制度体与其他制度体"不耦合"。不难理解，这里所说的"耦合"是在比较和选择的意义上提出的，强调的是经过比较和选择是特定的风险投资制度与相对最有效率的外在制度体结构相匹配。从这个意义上说，所谓风险投资制度的创新或变革实际上是寻求制度体间的"耦合"。

风险投资制度结构的演进与高新技术产业发展之间究竟是什么关系？总结前面几章理论研究结论，我们认为，这种关系是：高新技术产业发展是风险投资制度结构演进的根本动力，而一旦风险投资制度结构发生重大变革又会反过来给高新技术产业以巨大的推动。风险投资制度结构与高新技术产业就是这样在动态中相互影响、相互促进而不断发展的。

从附图 3-1 中，可以知道影响风险投资制度发展的因素很多，包括国家经济制度、资本市场发展、社会文化制度、教育制度，等等。而我们把这

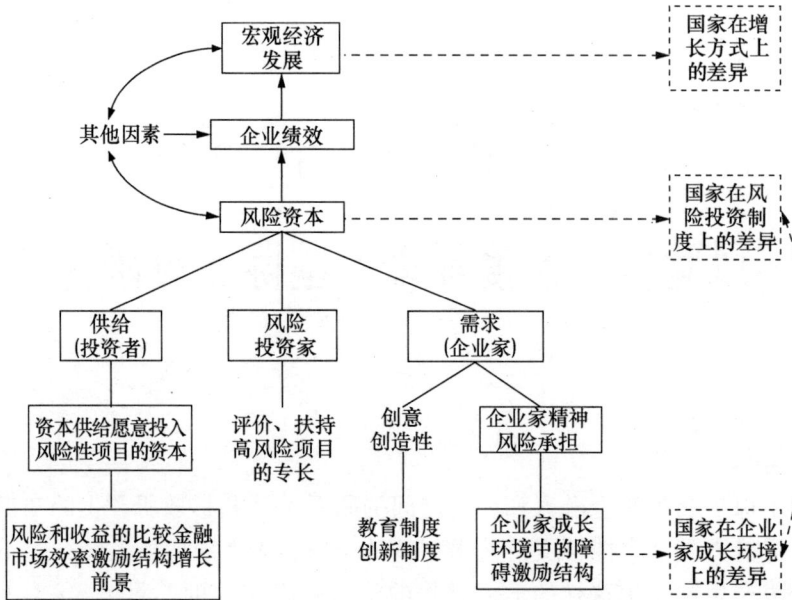

附图 3 - 1　风险资本市场结构

些因素基本上都可以归结为对风险资本供给和需求的影响。那么，究竟是风险资本的供给因素还是需求因素是促进风险投资发展的最重要因素。我们在前面研究的基础上可以做出以下假设：

假设 1：风险制度效率依赖于其契约结构和融资模式，并不需要政府的强制力。相反，政府不适当的介入会阻碍风险投资的发展。

就促进风险投资制度的形成来说，兼具自发演进与人为设计的特点。如果仅仅从最初的形成来看，风险投资制度基本上是市场经济活动中自发演进的结果。不过，风险投资制度的发展和完善显然离不开各国政府的制度设计。

根据本书第九章的研究结论，我们知道，同主银行制度相比，风险投资是一种市场化程度更高的关系型融资制度。风险投资者进行关系型融资的根本目的不是为了获得赫尔曼等人所说的金融约束和政策设定的相机性租金。诚然，在美国风险投资业发展之初，政府优惠政策及对 SBIC 的扶植是推动

风险投资业发展的主要动力，但这种模式的弊端也很快显露了出来：其一是
SBIC 在从政府获取低息贷款后没有投入高新技术企业获得高回报的压力；
其二是 SBIC 由于受到政府行为的影响，管理混乱而没有吸引到经验丰富、
训练有素的职业投资经理人。结果，自 20 世纪 60 年代后期，SBIC 不论从
数目上还是从规模上都逐渐减少，取而代之的是私人资本有限合伙公司。

　　风险投资在美国的发展清楚地说明了政府在风险投资中的能动性作用相
当明显。一方面，政府支持能对风险投资方向进行有效引导。勒纳（1999）
的实证研究也表明获得政府资助的企业较其他企业更容易获得风险资本。另
一方面，如果不能正确认识政府在风险投资发展过程中应有的作用，可能会
阻碍甚至极大地损害风险投资业的发展。

　　假设 2：风险投资的盈利模式决定其对资本市场的依赖性，因此发达的
股权交易市场对风险投资的影响更多体现在对风险投资家，而不是企业家的
激励作用上。

　　假设 3：IPO 市场是风险投资重要的退出渠道，但并不是风险投资制度
发展的前提条件。

　　风险投资赖以生存的根本就在于与高风险相对应的高度资本周期流动，
流动性的存在构筑起了资本释放退出的有效渠道，使资本在不断循环中实现
增值。美国风险投资成功的一个关键因素是发达的资本市场。其中，对风险
投资发展影响最大的便是纳斯达克股票市场（NASDAQ，全称为"全国证券
交易商协会自动报价系统"）。NASDAQ 的存在，使得美国公众资本市场对
高新技术风险投资和常规投资的开放程度及资金供给规模大体相当，为高新
技术风险投资开辟了一个良好的出口。具体数据见图 3 - 2。

　　然而，关于 IPO 在风险投资发展中的作用，却有很多不同的解释。其
中，最有影响的是布莱克和吉尔森（1998）的论点。他们认为 IPO 方式对
创业者形成了有效的激励。在风险投资契约中，风险投资家与创业者在投入
第一笔资本时就密切关注退出方式的影响。当创业者将企业的部分权益卖给
风险投资家，风险投资家在获得股份的同时获取了重要的控制权，包括显性
（撤换 CEO）和隐性（决定是否给企业提供下一阶段融资）的权力。作为回
报，企业家获得企业发展所必需的资金、信息、管理帮助以及信用等级的
提高。

除此之外，企业家还获得一份以控制权为内容的隐含的激励合同，这取决于采取 IPO 方式退出的可能性。企业家倾向于 IPO 方式而不是被大公司收购说明对其创建的企业进行控制能给企业家带来很大的私有收益。在企业初创时期，企业家愿意以控制权换取风险资本的注入，若企业获得成功，企业家往往希望在风险投资家退出时可以重新获得对企业的控制。在解释资本结构激励性质的模型中（Holmstrom and Tirole，1989；Grossman and Hart，1988；Harris and Raviv，1988），研究人员全面分析了控制权所带来的私有利益。对于企业家而言，这种推断是合理的。初创企业的失败率很高，没有控制权的私有利益，许多创业者就不会离开一个稳定工作去独自创业。

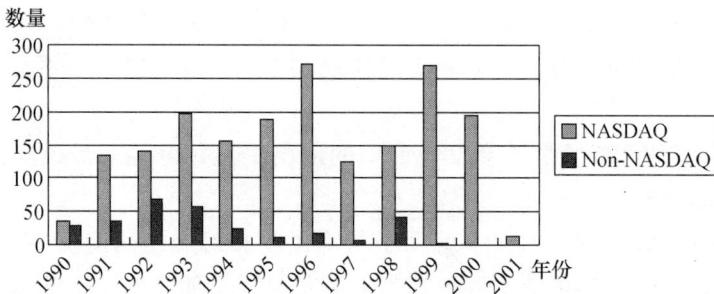

附图 3-2　1990—2001 年美国风险资本支持的企业上市市场选择

进而人们认为德国、日本等以信贷为基础的金融系统由于缺少活跃的股票市场，使得风险资本相对缺乏。反过来，股票市场的发展缓慢，又归因于风险资本的规模小。于是，欧洲和亚洲的一些国家相继开设了新的股票市场以方便风险资本退出。然而，EVCA2001 年报告指出，过去 5 年，欧洲私有权益资本通过 IPO 退出的只有 18%，其余都是通过出售、清算和其他方式退出的。美国风险投资协会报告也表明，出售与 IPO 的比率在 1997 年为1.22，2001 年为 8.24。具体数据见附表 3-1。

结合前面几章的研究结论，我们认为 IPO 这种退出方式对风险投资发展的影响主要体现在对风险投资家的激励上，而不是对企业家的激励。因为风险投资家必须每隔几年筹集一次新基金，这同时也是其向投资者显示业绩的

附表 3 - 1　　　　　　　　1996—2001 年美国风险资本退出方式比较

年份	M&A 数量	价值（$ M）	IPO 数量	价值（$ M）	总数量（S）	价值（$ M）
1996	114	8466.13	268	11065.60	382	19531.73
1997	160	7389.57	131	4704.50	291	12094.07
1998	202	8998.24	75	3623.90	277	12622.14
1999	235	36506.16	233	17804.70	468	54310.86
2000	290	66747.94	226	21077.10	516	87825.04
2001	305	14754.51	37	3230.60	342	17985.11
Total	1306	142862.55	970	61506.40	2276	204368.95

资料来源：NVCA，2001 年。

过程，所以一个活跃的股权交易市场对风险投资家来说是至关重要的，这不但包括公开上市，也包括并购、出售等股权转让方式。进入 20 世纪 90 年代以来，美国 NASDAQ 市场的崛起与其说是风险资本迅猛发展的结果，不如说是其促进了风险投资业的发展，因为这给风险投资家显示业绩提供了一个舞台。

假设 4：由于利益目标的差异，风险投资家可能会采取损害企业家利益的行为，这主要体现在退出方式和时机选择方面。

退出决策就是利润分配决策。即投资盈利应在什么时候，以什么方式首先是在风险投资公司与企业之间，然后是在普通投资者与风险投资家之间分配。这里最重要的时间与方式。本书第九章研究结果还表明，风险投资家的价值取向是以整个投资组合为目标，而不仅仅顾及单一项目的利益。与此同时，企业家的价值取向也不是以整个企业的利益为出发点，他所关心的是其在企业所占权益份额和价值的变化。这样在企业家和风险投资家之间就潜伏着利益冲突，其根源就在于双方利益目标的不一致。由于风险投资主要通过退出实现资本收益，因而风险投资家在做出退出决策时可能会损害企业家的利益。

假设 5：企业家精神和创业活动是吸引风险投资的重要因素。

假设6：宽松、规范的创业环境是风险资本发展的前提因素。

假设7：新技术产业的发展对风险投资具有重要的影响。

在新技术产业、新的技术进入市场时会有一个准入的过程。一旦这种技术被认为是可行的，则原先怀疑、压制新技术的各种力量会土崩瓦解并转而支持新的技术标准，一大群创新型企业在一夜之间涌现了出来。这些企业倾向专注于某一特定领域，在产品创新上相互竞争，以设计初适合于不断演进的行业产品体系的产品模块。而对每个产品模块都又很多企业在竞争。其中胜出的企业可能在市场上形成垄断地位，其他竞争厂商的选择只有退出这个主流市场或面临失败。但与此同时，一群新的创新型企业又诞生了，它们运用新技术，另辟蹊径，设计出市场新的产品模块。这样，新的产品体系在重新组合不同企业的产品模块的基础上又演化出来。这种竞争与合作的混合体加强了整个工业结构，刺激了技术创新。虽然在此过程中，许多公司难逃破产的命运，但这会带动整个产业繁荣起来。

而风险投资这种制度并不是比起其他融资制度而言在创新投资回报方面有更好的预见性，其效率主要体现为以下几点：（1）风险投资家促进了产品模块之间界面标准的演进；（2）对失败的技术和企业的及时淘汰。因此企业家的创业热情和承受风险的能力便成为风险投资能否发挥应有作用的一个重要因素。而新技术产业的崛起是风险投资发展的前提条件，保证投资者风险共担、利润共享的市场机制和创业环境，则是调动经济主体从事风险投资的必要条件。

二、数据分析与方法论

这里，我们选取了OECD国家数据库中25个国家风险投资业发展以及欧洲风险投资协会2000年年鉴的数据进行了分析。从风险资本绝对数额来看，美国无疑是风险投资业最发达的国家。据统计，仅1999年美国的风险资本总额就是欧洲全部私有权益资本的2.29倍。然而，从风险资本占GDP的比例来看，英国风险资本占GDP的比例是世界上最高的国家，具体数据见附图3-3。

我们知道，英国的高科技产业发展远远落后于美国，也滞后于德国、爱尔兰等一些欧洲国家，这使我们必须深入研究风险资本在各国所起的作用。

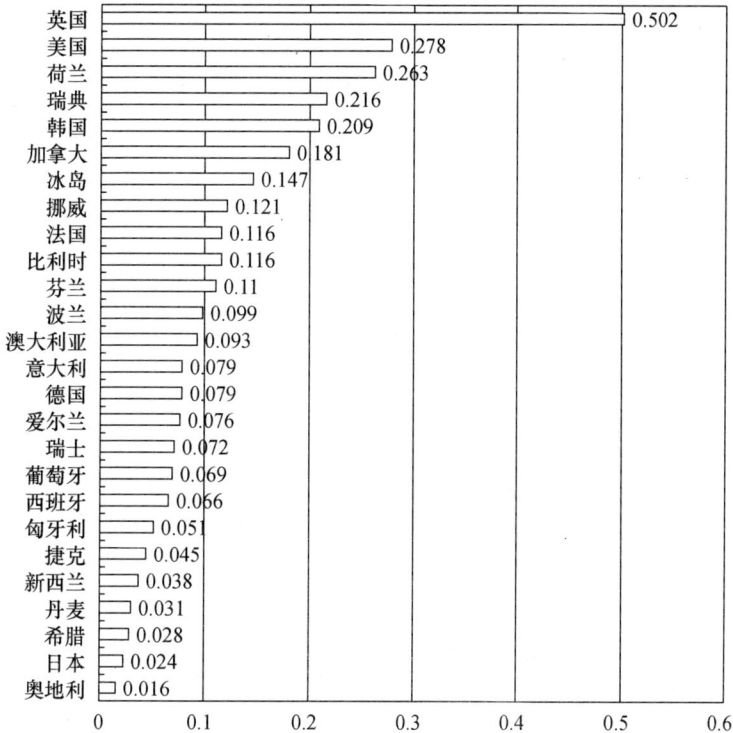

附图 3 – 3　1995—1999 年各国风险资本占 GDP 平均比重（%）

通过对欧洲风险资本协会各年数据的对比研究，我们发现一个显著的现象，即风险资本的国际流动。一些小国，如爱尔兰、丹麦等国由于经济总量规模小，本国的风险资本规模也较小，但在实际中却吸引了大量外国风险资本投入该国高科技产业。另外一些国家的金融系统较发达，私有权益资本规模较大，但却大量外流。这里，我们以国家"管理基金数额"和"吸纳基金数额"之间的差异来表示这样一种流动（见附表 3 – 2）。

　　从上我们可以计算出欧洲国家风险资本流动率（见附表 3 – 3）。这可以看出，如果仅从风险资本供给一方理解各国风险投资发展的差异是远远不够的。因此，我们必须考虑各种影响风险资本供给和需求的因素，尤其是往往被忽略的需求因素。

附表 3-2　　1999 年欧洲各国"管理风险资本数额"和"吸纳风险资本数额"

	本国管理的基金	- 本国管理基金投资于其他欧洲国家	- 本国管理基金投资于非欧洲国家	= 本国管理基金投资本国企业	+ 其他国家管理基金投资本国企业	= 本国吸纳基金
欧洲国家	26764	4748	1331	20685	4749	25434
英国	12256	2519	522	9215	419	9633
德国	3366	226	269	2871	630	3502
法国	3002	400	205	2396	525	2921
意大利	1896	84	6	1806	228	2034
荷兰	1823	519	86	1218	458	1675
瑞典	1361	472	1	887	419	1305
西班牙	770	53	5	712	234	946
比利时	718	156	94	467	190	658
丹麦	124	3	1	120	421	541
爱尔兰	112	10	0	102	380	482
瑞士	469	120	115	234	171	405
芬兰	265	27	10	228	173	401
挪威	282	104	11	167	59	226
葡萄牙	126	8	1	117	40	157
奥地利	95	12	0	83	27	110
希腊	76	30	0	46	0	46
冰岛	25	4	4	17	0	17
非欧洲国家						1332
美国						772
亚洲国家						102
以色列						28
加拿大						23
其他						407
总计	26764					26764

资料来源：EVCA，2000 年年鉴。

附表 3 – 3　　　　　　　　　　　欧洲国家风险资本流动率（％）

	流出率					流入率	流动率	净流入
	1995 年	1996 年	1997 年	1998 年	1999 年	1999 年	1999 年	1999 年
爱尔兰	0	13	4	8	10	372	382	362
丹麦	8	5	28	32	3	351	353	348
芬兰	9	10	36	18	16	76	92	60
葡萄牙	0	2	14	6	8	34	43	26
西班牙	2	1	3	1	8	33	41	25
奥地利	373	44	6	3	15	33	48	18
意大利	2	26	22	0	5	13	18	8
德国	16	10	8	11	17	22	39	5
法国	4	5	7	51	25	22	47	– 3
瑞典	3	36	26	2	53	47	101	– 6
荷兰	24	33	42	47	50	38	87	– 12
比利时	6	17	17	123	54	41	94	– 13
瑞士	74	73	44	289	100	73	174	– 27
英国	18	18	35	35	33	5	38	– 28
挪威	16	4	29	24	69	35	104	– 34
冰岛	0	0	2	40	52	0	52	– 52
希腊	0	126	407	60	66	0	66	– 66

　　根据前面的研究结果，我们认为，风险资本的供给受以下因素影响：风险投资收益率、国家宏观经济因素、金融市场因素、创业环境因素、市场管制因素以及新技术产业发展指标。所以，风险资本供给等于下式：

　　风险资本供给 $= \alpha_0 + \alpha_1$ 收益率 $+ \alpha_2$ 国家宏观经济因素 $+ \alpha_3$ 金融市场因素 $+ \alpha_4$ 创业环境因素 $+ \alpha_5$ 市场管制因素 $+ \alpha_6$ 新技术产业发展

　　同样，风险资本需求由下式确定：

　　风险资本需求 $= \beta_0 + \beta_1$ 收益率 $+ \beta_2$ 国家宏观经济因素 $+ \beta_3$ 金融市场因素 $+ \beta_4$ 创业环境因素 $+ \beta_5$ 市场管制因素 $+ \beta_6$ 新技术产业发展

　　我们知道，在均衡状态下，风险资本供给与需求相同。消去收益率，可得：

　　风险资本 $= \pi_0 + \pi_1$ 国家宏观经济因素 $+ \pi_2$ 金融市场因素 $+ \pi_3$ 创业环境

因素 $+\pi_4$ 市场管制因素 $+\pi_5$ 新技术产业发展

这里，我们主要采取交叉回归方法，对影响风险资本国别差异的因素进行研究。在对因变量的选取上，我们主要采用风险资本占 GDP 的比重、早期风险资本（包括种子期和扩展期）占 GDP 的比重和高技术风险投资占 GDP 的比重这三个指标，并分别按照"管理基金数额"和"吸纳基金数额"两种方法进行测算。

三、实证检验

在进行回归分析之前，我们首先对各类因素与风险投资之间的关系进行了相关分析，结果见附图 3 – 4 至附图 3 – 9。

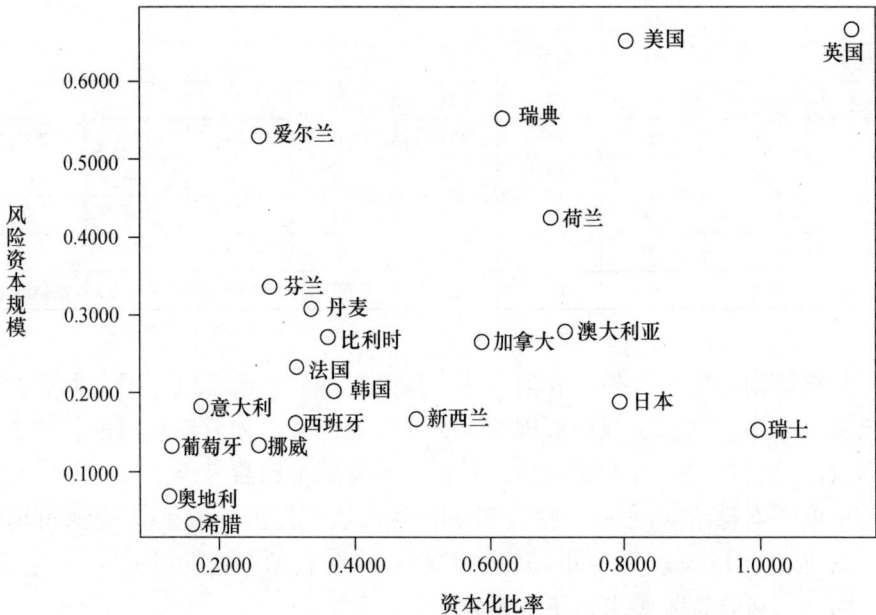

附图 3 – 4 风险投资规模与资本市场发达程度的关系

从以上图形我们可以看出，金融市场的发达程度、企业家精神以及各国对股东权益的保护程度对风险投资发展有促进作用，而国家对经济的干预、创业环境的不完善则阻碍着风险投资发展。

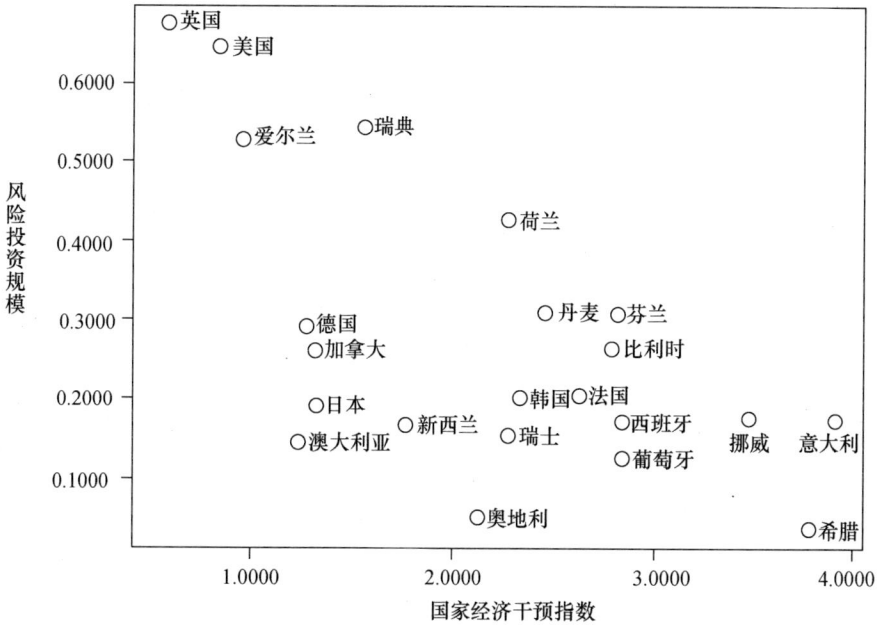

附图 3 - 5 风险投资规模与国家经济干预程度的关系

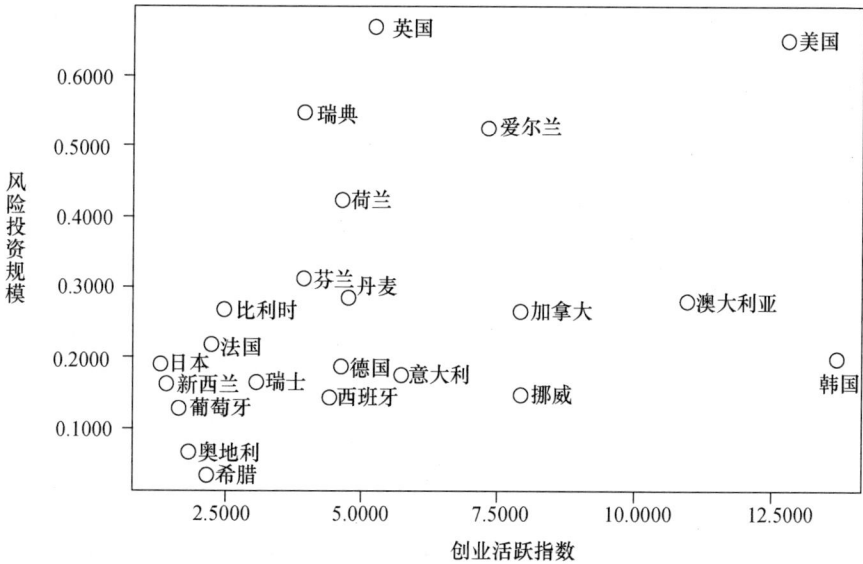

附图 3 - 6 风险投资规模与企业家精神的关系

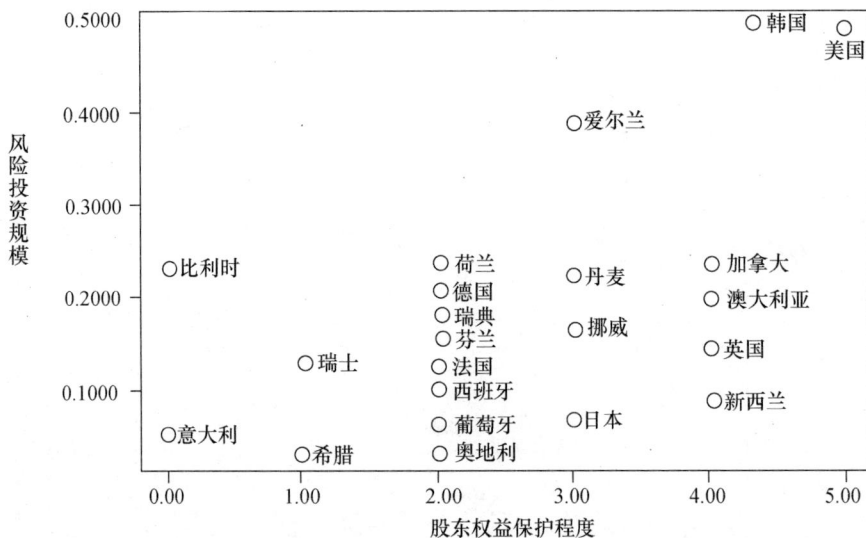

附图 3 - 7　早期风险投资规模与股东权益保护程度的关系

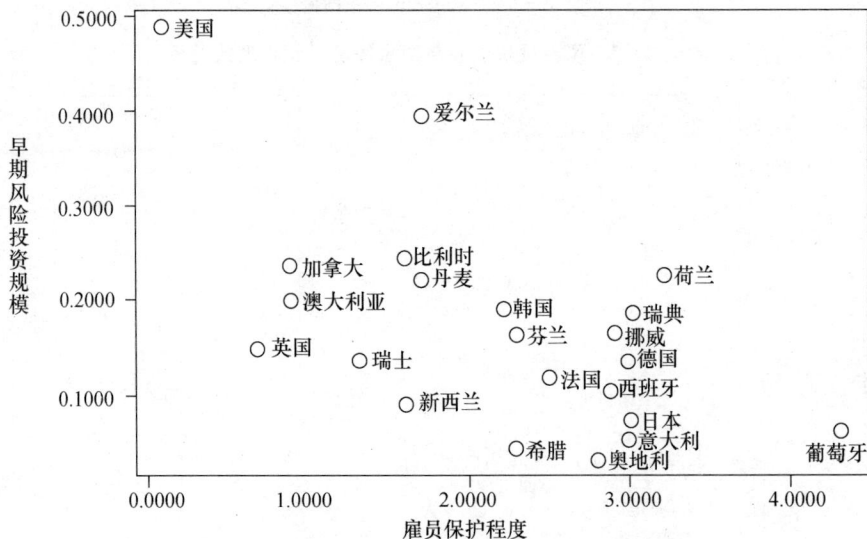

附图 3 - 8　早期风险投资规模与雇员保护程度的关系

　　为了进一步分析这种影响，我们进行了回归分析。在对自变量指标的选取上，我们在上述五类影响风险资本的因素中选取了最具有代表性的指标，选取的方法是计算与风险资本比较具有相关性的指标，包括：GDP 增长率、失业率、法律环境、市场资本化比率、股票市场重要性、IPO、创业指数、国家经济干预指数、企业负担指数、雇员保护程度以及新技术产业发展指标，等等。回归结果见附表 3 - 4 至附表 3 - 8。

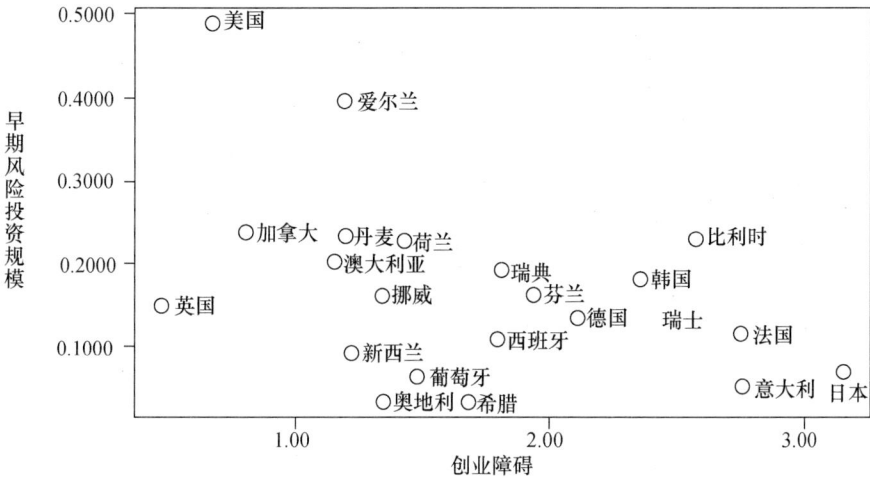

附图 3 - 9　早期风险投资规模与创业环境的关系

附表 3 - 4　　　　　　　　　　　　回归结果

自变量	因变量：风险资本占 GDP 比重（国家管理基金数额）						
	模型 1	模型 2	模型 3	模型 4	模型 5	模型 6	模型 7
国家宏观经济因素							
GDP 增长率	0.017 (0.925)						
失业率							
法律环境		0.036 (1.135)					
金融体系							
资本化比率	0.547 (5.078)						

续表

自变量	因变量：风险资本占 GDP 比重（国家管理基金数额）						
	模型 1	模型 2	模型 3	模型 4	模型 5	模型 6	模型 7
股票市场相对银行重要性			0.457 (4.422)				
IPO							0.0482 (1.606)
投资者保护程度				0.056 (1.218)			
会计制度		0.009 (2.140)			0.011 (2.868)		
创业环境							
创业活跃指数				0.006 (0.456)			
雇员保护程度指数				−0.057 (−1.18)			
股东权益保护							
债权人权益保护							
市场管制							
国家经济控制						−0.104 (−2.154)	
贸易投资障碍						−0.025 (−0.329)	
创业障碍						−0.055 (−0.890)	
其他经济管制							
常量	−0.046 (−0.526)	−0.420 (−1.63)	0.003 (0.053)	0.352 (2.356)	−0.468 (−1.83)	0.596 (4.673)	0.199 (3.569)
R^2	0.531	0.336	0.494	0.273	0.291	0.248	0.114
F 值	12.901	4.816	19.533	2.249	8.224	3.309	2.578

附表 3 – 5 　　　　　　　　　　　回归结果

自变量	因变量：风险资本占 GDP 比重（国家管理基金数额）						
	模型 1	模型 2	模型 3	模型 4	模型 5	模型 6	模型 7
国家宏观经济因素							
GDP 增长率	0.013 （1.045）						
失业率							
法律环境					0.008 （0.423）		
金融体系							
资本化比率	0.192 （2.612）						
股票市场相对银行重要性		0.185 （2.902）		0.156 （2.045）			
IPO				0.012 （0.718）		0.011 （0.540）	
投资者保护程度					0.006 （0.185）		
会计制度							
创业环境							
创业活跃指数			0.010 （1.756）			0.013 （1.996）	
雇员保护程度指数			-0.041 （-1.95）				
股东权益保护					-0.054 （-2.42）		
债权人权益保护							
市场管制							
国家经济控制							

续表

自变量	因变量：风险资本占 GDP 比重（国家管理基金数额）						
	模型 1	模型 2	模型 3	模型 4	模型 5	模型 6	模型 7
贸易投资障碍							-0.037 (-1.338)
创业障碍						-0.016 (-0.398)	0.33 (0.756)
其他经济管制							-0.032 (-0.892)
常量	0.007 (0.108)	0.033 (0.816)	0.172 (2.510)	0.0344 (0.841)	0.174 (0.918)	0.083 (0.896)	0.239 (3.260)
R^2	0.272	0.296	0.406	0.315	0.33	0.328	0.219
F 值	3.544	8.424	6.495	4.368	2.949	2.933	1.685

附表 3-6　　　　　　　回归结果

自变量	因变量：风险资本占 GDP 比重（国家管理基金数额）						
	模型 1	模型 2	模型 3	模型 4	模型 5	模型 6	模型 7
国家宏观经济 因素							
GDP 增长率	0.060 (3.992)						
失业率							
法律环境							
金融体系							
资本化比率	0.431 (4.870)	0.0179 (0.135)					
股票市场相对 银行重要性		0.472 (3.404)					
IPO		-0.017 (-0.751)					

续表

自变量	因变量：风险资本占 GDP 比重（国家管理基金数额）						
	模型 1	模型 2	模型 3	模型 4	模型 5	模型 6	模型 7
投资者保护程度							
会计制度			0.010 (2.998)				
创业环境							
创业活跃指数							
雇员保护程度指数					−0.088 (−2.551)		
股东权益保护				0.064 (2.523)			
债权人权益保护							
市场管制							
国家经济控制					−0.129 (−3.908)		
贸易投资障碍							
创业障碍						−0.127 (−2.567)	
其他经济管制							
常量	−0.11 (−1.522)	0.0248 −0.448	−0.387 (−1.734)	0.118 −1.667	0.468 −5.652	0.55 −7.215	0.491 −5.41
R²	0.635	0.607	0.31	0.241	0.245	0.433	0.248
F 值	16.519	9.262	8.987	6.364			

附表 3-7　　　　　　　　　　回归结果

自变量	因变量：风险资本占 GDP 比重（国家管理基金数额）						
	模型 1	模型 2	模型 3	模型 4	模型 5	模型 6	模型 7
国家宏观经济因素							

续表

自变量	因变量：风险资本占 GDP 比重（国家管理基金数额）						
	模型 1	模型 2	模型 3	模型 4	模型 5	模型 6	模型 7
GDP 增长率	0.071 (4.056)	0.031 (3.140)					
失业率							
法律环境	0.125 (3.227)						
金融体系							
资本化比率	0.213 (1.925)	0.181 (3.387)					
股票市场相对银行重要性	0.914 (2.210)						
IPO					0.012 (0.063)		
投资者保护程度	-0.082 (-1.99)						
会计制度	-0.009 (-2.90)						
创业环境							
创业活跃指数	0.028 (3.571)		0.014 (2.438)		0.016 (2.693)		
雇员保护程度指数	-0.052 (-2.65)		-0.043 (-2.19)				
股东权益保护				0.046 (3.026)			
债权人权益保护				-0.046 (-2.27)			
市场管制							
国家经济控制	0.357 (2.326)					-0.063 (-2.721)	

续表

自变量	因变量：风险资本占 GDP 比重（国家管理基金数额）						
	模型 1	模型 2	模型 3	模型 4	模型 5	模型 6	模型 7
贸易投资障碍	−0.393 （−2.29）						
创业障碍	−1.31 （−3.19）				−0.039 （−1.048）		−0.071 （−2.284）
其他经济管制							
常量	−1.21 （−2.51）	−0.031 （−0.743）	0.191 （2.969）	0.144 （2.833）	0.147 （1.679）	0.300 （5.639）	0.288 （5.018）
R^2	0.906	0.588	0.516	0.391	0.45	0.27	0.207
F 值	7.245	13.542	10.142	5.829	4.91	7.404	5.215

对比以上的回归结果，我们可以对前面的基本假设加以检验：

首先，从回归结果可以看出，国家对经济的干预程度对风险投资的发展有显著的负相关关系，而法律环境完善程度则与早期风险投资的投向呈显著的正相关关系。这在很大程度上支持了假设 1 的论点，即风险投资并不需要政府的强制力。许多国家都认为，资金是创新的一个关键障碍，创新系统的效率取决于金融系统对创新活动的投资能力。政府关心的主要问题是，怎样减轻对创新的资金限制，采取的措施往往是通过行政和财政力量加大对创新企业的投入力度，以希望能引导私人资本进入。然而我们认为，在现实中风险资本的需求因素较之供给因素可能更为重要。这是因为，私人资本是趋利性的，只要风险投资可以为投资者产生高回报，私人资本进入这个领域并不需要政府的强制力和引导。并且，风险投资制度的效率并不是人为确定的，而是在制度演进过程中形成了符合新技术产业创新特点的契约结构。但如果政府介入或干预方式不适当，则可能会对私人投资产生"挤出"效应。正如钱颖一所指出的，在市场经济条件下，许多投资的实现是靠一系列制度、法律来保障和实施的。所以，政府只需要做好一件事：规划、引导、创造好的环境和服务。首先要做的是建立一套保证投资者风险共担、利润共享的市场机制，以调动经济主体从事风险投资的热情，而不是去投入，去寻找项目，去融资。

其次，从回归结果中可以看出，一国金融体系的发达程度和完善程度是影响风险投资发展的最重要因素之一，这包括资本化比率、股票市场相对于银行重要性和会计制度完善程度，但是 IPO 对风险投资发展的影响并不显著。这是由于风险投资主要是通过股权交易来实现进入和退出的，IPO 只是其中的一种退出方式，但吸引风险投资者进入的因素首先是盈利前景。在一个发达的金融系统中，投资者可以灵活地运用多种金融工具调整其投资组合，风险投资也是其中的一种投资方式。只要投资者可以认同风险投资的收益与风险的配比，是愿意投资于这一领域的，而且这并不需要任何强制力量，完全是市场选择的结果。这就支持了假设 2 和假设 3 的论点。

然而，我们通过对 1980—2000 年美国风险资本筹资额和风险资本支持企业的 IPO 规模、数量进行了回归分析（见附表 3 - 8），却发现风险投资支持企业的 IPO 规模确实与下一年度风险资本的筹资规模有显著的正相关关系。

附表 3 - 8　　　　　　　1980—2000 年风险投资筹资额与 IPO 回归结果

因变量	自变量				R^2	样本数
	截距	X 年风险资本支持企业 IPO 规模	X 年风险资本支持企业 IPO 数量	年份		
X + 1 年风险资本规模	- 2659. 660 ($t = - 0. 533$)	3. 180 ($t = 4. 719$)			0. 553	20
X + 1 年风险资本规模	741. 695 ($t = 0. 065$)		83. 325 ($t = 1. 248$)		0. 080	20
X + 1 年风险资本规模	- 1440179. 56 ($t = - 0. 823$)	2. 647 ($t = 2. 815$)		723. 910 ($t = 0. 82$)	0. 570	20
X + 1 年风险资本规模	18027. 623 ($t = 2. 825$)	5. 608 ($t = 7. 110$)	- 216. 552 ($t = - 3. 975$)		0. 768	20

为了探明 IPO 对风险投资真正的影响，我们又对 1986—2000 年美国 NASDAQ 指数的季度收益率和风险投资有限合伙制的季度收益率进行了分析，发现两者之间也存在显著的正相关关系（见附图 3 - 10 和附表 3 - 9）。

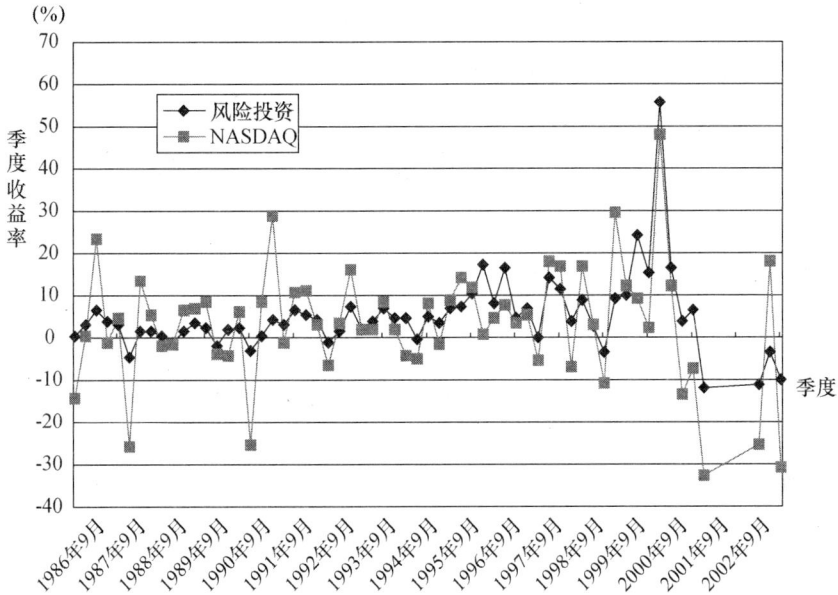

附图 3 – 10　1986—2000 年风险投资收益率和 NASDAQ 收益率

附表 3 – 9　　风险投资收益率和 NASDAQ 收益率约翰森（Johansen）协整检验和回归结果

Date：08/22/02　Time：08：12

Sample：1986：12001：4

Includedobservations：58

Test assumption：Linear deterministic trend in the data

Series：VC NASDAQ

Lags interval：1 to 2

Eigenvalue	Likelihood Ratio	5 Percent Critical Value	1 Percent Critical Value	Hypothesized No. of CE（s）
0.281074	29.32877	15.41	20.04	None **
0.161107	10.18898	3.76	6.65	At most 1 **

* （**）denotes rejection of the hypothesis at 5％（1％）significance level

L. R. test indicates 2 cointegrating equation（s）at 5％ significance level

续表

Unnormalized Cointegrating Coefficients:		
VC	NASDAQ	
− 0. 019061	0. 027289	
0. 020508	− 0. 001886	

Normalized Cointegrating Coefficients: 1 Cointegrating Equation（s）		
VC	NASDAQ	C
1. 000000	− 1. 431691	0. 542949
	（0. 30271）	
Log likelihood	− 413. 9395	

Dependent Variable：VC

Method：Least Squares

Date：08/22/02Time：08：14

Sample（adjusted）：1986：3 2001：3

Included observations：61 after adjusting endpoints

Variable	Coefficient	Std. Error	t − Statistic	Prob.
C	3. 523950	0. 880162	4. 003750	0. 0002
NASDAQ	0. 456435	0. 061133	7. 466264	0. 0000
R − squared	0. 485817	Mean dependent var		4. 972131
Adjusted R − squared	0. 477102	S. D. dependent var		9. 272758
S. E. of regression	6. 705289	Akaike info criterion		6. 675908
Sum squared resid	2652. 693	Schwarz criterion		6. 745117
Log likelihood	− 201. 6152	F − statistic		55. 74510
Durbin − Watson stat	1. 167274	Prob（F − statistic）		0. 000000

　　从回归结果中可以看出，NASDAQ 收益率与风险投资收益率呈现显著的正相关关系，而 NASDAQ 收益率则代表了美国资本市场对新技术企业发展前景和盈利模式的认同，这表明吸引风险投资者最重要的因素在于实际投资回报，IPO 市场的蓬勃发展对潜在的企业家而言，更大的影响是财富示范效应。英国 AIM 市场、日本 NASDAQ 市场、新加坡和中国香港创业板市场

的萧条也说明了仅有一个创新资本市场是不足以使风险投资业真正发展起来的，所投资产业的创新特点和发展模式是否能满足风险投资家的回报要求才是最关键的因素。

　　而且，从美国企业 IPO 的情况来看，风险投资家在股票市场繁荣时期，为了显示其业绩以筹集新的基金，往往会过早推动企业的上市（见附图 3 - 11）。这就支持了假设 4 的论点。

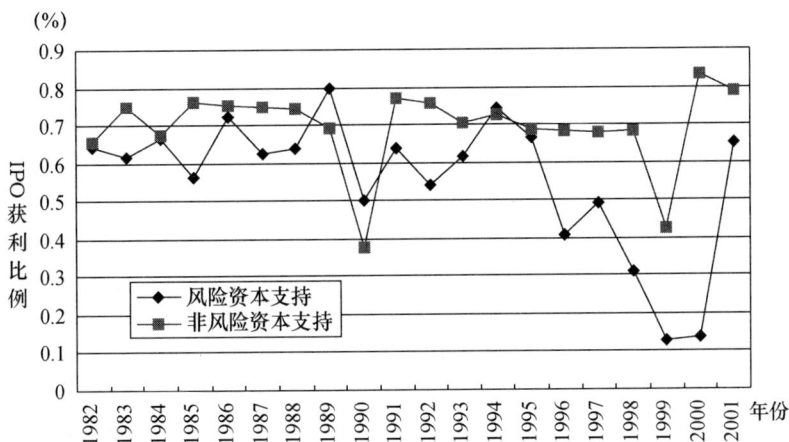

附图 3 - 11　美国企业股票发行时 IPO 获利比例

　　究其原因，我们认为风险投资家是出于自己的利益而采取了机会主义行为。通过前面的研究，我们认为风险投资家可能出于以下几个动机来推动企业提前上市：

　　（1）风险投资家在管理多个投资项目的同时，仍然积极寻找新的投资项目，一旦他发现更好的投资机会，他便会考虑及早从现有投资企业撤资。

　　（2）风险投资家为了美化其投资业绩，往往在绩效考核前期（如每季度末或每年末）筹划成功企业上市；在美国，风险投资基金有续期一般不超过十年，风险投资家要不停地去筹集资金来建立新基金，而这与风险投资家的声誉、投资业绩等历史记录密切相关，因此绝大多数风险投资家，尤其是那些不太出名的风险投资家，在筹建新基金时总是要将手中一些成功的企业上市退出以显示其投资业绩。

（3）决定风险投资投向，尤其是早期风险资本投向的最重要因素是投资收益实现的环境和方式，这包括企业家精神、股东权益保护程度、创业障碍等因素，这支持了假设 5 和假设 6 的论点。因为风险投资收益实现的前提是创新型企业的发展，投资者和风险投资家都是趋利的，只有在他们明确获利的方式和途径的情况下才会进行投资，这也是市场选择的结果。因此，对于国家而言，鼓励风险投资业的发展并不仅仅增加风险资本的供给，最关键的是创造一个高新技术产业发展的良好环境。关于这一点，我们从对英国和爱尔兰的对比中可以清楚地认识到这个问题。而这也使我们认识到，风险投资家并不是具有特殊偏好的投资者，从价值取向上来看，其与一般的投资者并没有本质差别，其投资行为与投资于垃圾证券的投资者也没有本质差别。在影响风险资本投向的因素中，我们还看到雇员保护程度却与其呈显著的负相关关系。通过深入分析和前几章的研究成果，我们不难理解在一个保守、稳定的环境中，人们的创业意识比较薄弱，而在一个活跃、激进的环境中，由于缺乏稳定感，人们的创业意识较强，这可以从美国和法国、日本的比较，硅谷和 128 公路地区的比较中得出这样的观点。

（4）我们对近年来风险资本主要投向——IT 产业和生物技术产业的发展与风险资本之间的关系进行研究因变量主要选择的是早期风险资本占 GDP 比例、投资于高技术风险资本的比例、投资于相关产业（包括 IT 产业和生物技术产业）风险资本的比例。自变量选取的是相关产业的发展指标，包括研究成果数量、雇员和企业数量、工业增加值等。结果表明，在对高科技产业投资方面，技术和产业发展状况是一个重要的影响因素，尤其是在 IT 产业更是如此，这支持了假设 7 的论点。然而，究竟是风险投资促进了产业的发展，还是发达的产业吸引了投资者进入，这有待于今后进行更加深入的研究。

附　件　4

中国风险投资制度的创新与实证分析

一、中国风险投资制度的创新与发展

我国风险投资的探索始于 20 世纪 80 年代中叶。1998 年在国家宏观政策的引导下，中国风险投资业进入了快速发展的时期（见附图 4－1）。风险投资机构数量和风险资本的数额开始大幅度增加，民间资金正逐步成为风险资本的主要来源。风险投资机构的运作日益规范，风险投资的重要作用正逐步显现出来。

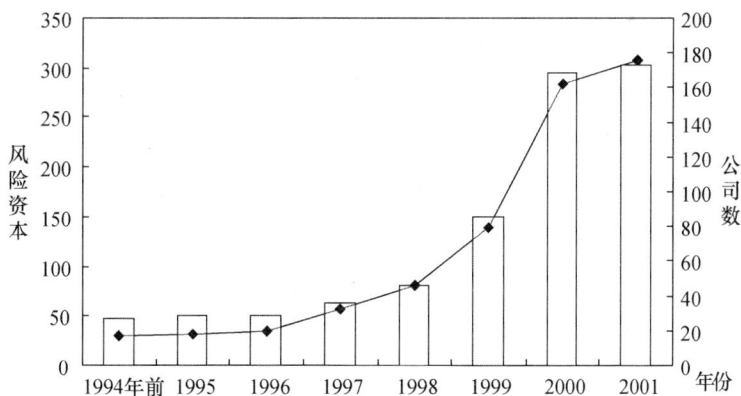

附图 4－1　中国风险投资业发展

这里，我们用风险投资发展指数（VCDI）来衡量中国风险投资业的发展水平。VCDI 包括融资指数（FI）和技术指数（TI）两个指标。融资指数是指一国风险资本投入早期阶段（包括种子期和创建期）的比例。技术指数是指一国风险资本投入高科技产业（主要指计算机、通信和生物医药产业）的比例。

$$VCDI_i = \frac{w_i FI + w_i TI}{2}$$

其中，w 代表一国风险资本占当年风险资本总额的比例。通过计算亚洲风险投资期刊（AVCJ）2000 年统计年鉴的数据，可以得到 1999 年主要国家和地区风险投资发展指数（见附图 4 – 2）。

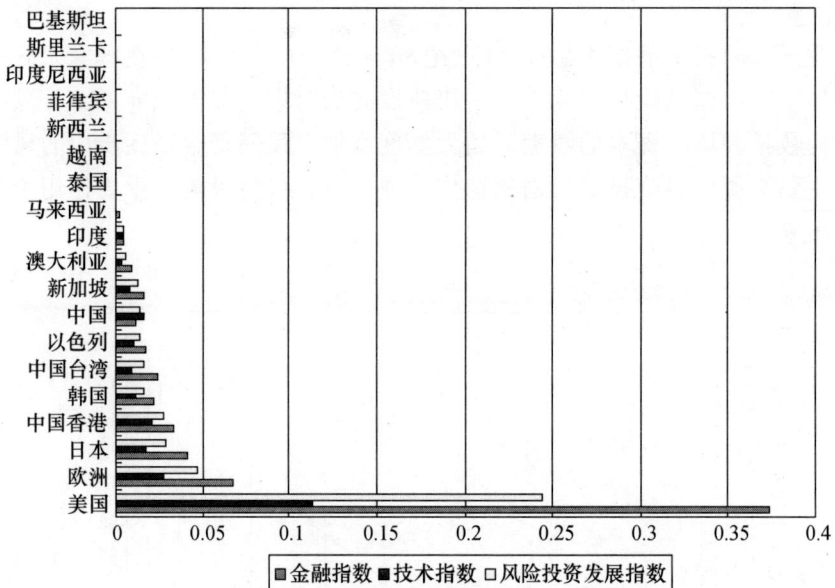

附图 4 – 2　1999 年风险投资发展指数

从图中我们可以看到中国风险投资业的发展总体上与韩国、新加坡、中国台湾处于同一发展水平。这也说明我国自 1998 年以来，风险投资业在政府的大力扶持下得到了迅速发展，已基本赶上了亚洲新兴工业化国家或地区的水平。

附表 4 - 1

各变量相关系数

	公司数量	资本总量	2001年投资	创新基金支持企业数量	万人工程师数量	科研物质条件	吸纳技术成果	研究与开发占GDP比例	政府科技拨款	专利批准	技术成果交易	高新技术产业发展	人均GDP
公司数量	1.000	0.918	0.917	0.388	0.508	-0.572	0.581	0.488	0.780	0.503	0.552	-0.581	0.521
资本总量	0.918	1.000	0.843	0.451	0.663	-0.586	0.712	0.525	0.570	0.565	0.673	-0.585	0.747
2001年投资	0.917	0.843	1.000	0.415	0.450	-0.636	0.521	0.456	0.787	0.464	0.495	-0.539	0.461
创新基金支持企业数量	0.388	0.451	0.415	1.000	0.430	-0.764	0.450	0.455	0.283	0.429	0.443	-0.564	0.512
万人工程师数量	0.508	0.663	0.450	0.430	1.000	-0.400	0.964	0.799	0.038	0.921	0.953	-0.516	0.756
科研物质条件	-0.572	-0.586	-0.636	-0.764	-0.400	1.000	-0.437	-0.470	-0.532	-0.386	-0.419	0.724	-0.514
吸纳技术成果	0.581	0.712	0.521	0.450	0.964	-0.437	1.000	0.819	0.101	0.956	0.996	-0.540	0.734
研究与开发占GDP比例	0.488	0.525	0.456	0.455	0.799	-0.470	0.819	1.000	0.038	0.873	0.839	-0.483	0.387
政府科技拨款	0.780	0.570	0.787	0.283	0.038	-0.532	0.101	0.038	1.000	0.060	0.065	-0.473	0.251
专利批准	0.503	0.565	0.464	0.429	0.921	-0.386	0.956	0.873	0.060	1.000	0.970	-0.443	0.542
技术成果交易	0.552	0.673	0.495	0.443	0.953	-0.419	0.996	0.839	0.065	0.970	1.000	-0.524	0.680
高新技术产业发展	-0.581	-0.585	-0.539	-0.564	-0.516	0.724	-0.540	-0.483	-0.473	-0.443	-0.524	1.000	-0.625
人均GDP	0.521	0.747	0.461	0.512	0.756	-0.514	0.734	0.387	0.251	0.542	0.680	-0.625	1.000

然而在宏观数据的背后，我们也看到中国风险投资业还存在很大的问题。中国风险资本的实际利用率不到20%。举例来说，深圳创新投资公司作为国内风险投资业的龙头之一，管理着50亿元人民币左右的资金，在2001年度被评为国内最活跃的投资公司，截至2001年年底，其投资总量也只有5.37亿人民币。其原因何在，我们认为，这首先是国内对风险投资的认识存在偏差。

对此，我们选取我国22个省份（包括北京、天津、上海、广东、江苏、山东、浙江、陕西、河北、黑龙江、湖北、湖南、辽宁、四川、安徽、重庆、吉林、福建、河南、海南、江西和内蒙古）2001年风险投资发展和科技进步指标数据进行了多元回归分析。数据来源于北京清科公司《中国创业投资报告》（2001）和科技部《全国及各地区科技进步统计监测报告》（2001）。为了选取对因变量影响最大的自变量进入回归方程，我们采取了逐步回归法（Stepwise），回归结果如附表4-1和附表4-2所示。

附表4-2　　　　　　　22个省市风险投资发展影响因素回归结果

	风险资本规模		风险投资公司数量		2001年风险投资金额	
	方程一	方程二	方程三	方程四	方程五	方程六
截距	-57.167 (-2.135)	-219.473 (-3.721)	-2.678 (-2.291)	-5.693 (-2.249)	-4.723 (-1.539)	-10.354 (-1.700)
创新基金支持企业数量						
万人科学家工程师数						
科研物质条件						
吸纳技术成果金额	2.498 (6.077)		3.117E-02 (5.952)			
研究与开发占GDP比例						
政府科技拨款	8.132 (5.385)	7.198 (3.221)	0.559 (8.550)	0.532 (5.542)	1.331 (7.684)	1.258 (5.451)
技术成果成交额					4.678E-02 (4.516)	

续表

	风险资本规模		风险投资公司数量		2001 年风险投资金额	
	方程一	方程二	方程三	方程四	方程五	方程六
专利批准数	-16.947 (-3.977)					
高新技术产业化指数						
人均 GDP		$2.866E-02(5.085)$		$6.721E-04(2.778)$		$1.245E-03(2.139)$
R^2	0.871	0.714	0.863	0.722	0.816	0.693
F 值	40.614	23.705	59.997	24.618	42.157	21.413

从回归结果中可以看出，虽然科技意识、科技成果产出以及经济发达程度与各省市风险资本规模、投资金额呈现显著的正相关关系，但政府对风险投资的介入程度很深，政府科技拨款是影响中国各省市风险投资发展的最重要因素，这表明中国风险投资发展的主要动力是政府支持。

诺贝尔经济学奖得主布坎南曾经说，一项重要国策首先是由精英经济学家倡导，然后到为一般经济学家理解，最后到为政治家所接受。布坎南所描述的也许是美国政策的出台传导过程。在中国，有些政策的出台过程与此相似，有些则与此有所不同。

中国风险投资体系实施方案的研究乃至于一些早期政策雏形的出台过程，实际上与布坎南的上述描述就大不相同。其主要差异在于：中国风险投资体系建设问题从一开始就与决策层和有关政府部门的积极支持有很大关系，而这种支持从一开始就是以为解决中小科技企业融资缺口为目的的。因此，在我国风险投资体系建设过程中，如何开辟风险资金的来源，扩大风险投资的规模成为了最重要的问题。主要观点是：鉴于我国风险投资尚处于起步阶段。许多配套条件不完善，因而政府的推动作用非常重要。政府投入的资金为引入民间资本和境外投资基金的启动部分，并创造宽松的条件增强投资人的信心。

不可否认，政府支持为促进中小科技企业发展起到了重要的推动作用。然而在引导民间资金进入高新技术产业投资领域方面却收效甚微。

一方面，我国风险投资机构大多愿意投资到处于成熟期的企业，尤其是进行股份制改造准备上市的企业。这种投资选择使得我国的许多科技成果还是无法转化为能进入市场的商品和服务，减弱了发展风险投资的意义和作用，不利于我国高新技术的发展，从前面回归结果中我们也可以看出，高新技术产业发展甚至与各省市风险投资业发展呈负相关关系。

另一方面，许多风险投资机构近年来热衷于把大笔资金投入股市一级市场申购新股，并且这已成为风险投资机构的主要获利方式。以浙江省为例，自 1994 年成立第一家风险投资机构后，浙江省风险投资的发展一直十分缓慢，但 2000 年却涌现了十余家风险投资机构，全省的风险资金目前约有 20 亿元。据一位风险投资公司的负责人估计，仅杭州一地，至少有 12 亿元的风险资金进入股市一级市场。据浙江省政府企业上市工作办公室的有关人士反映，许多风险投资机构，一般是拿 1/4 的资金去搞风险投资，余下的资金基本上是在一级市场"打新股"。而一些新近成立的风险投资机构，目前基本上还处于寻找项目阶段，风险资金一分也没投出去。对此，我们认为，不能一概冠以"制度不规范"或"缺乏专业人才"。这种现象在很大程度上反映了资本逐利的天性，是当前市场经济环境下的必然选择。下面，我们对西安市风险投资机构的行为特征和动因进行分析。

二、中国高新产业区风险投资业发展的实证研究——以西安市为例

（一）研究背景

西安市拥有良好的区位优势、科技优势、人才优势和较强的金融辐射力。西安高新区注册各类科技企业 3000 多家，其中高新技术企业 703 家。已经引入银行机构 20 多家，风险投资和其他投资公司 140 多家，会计、审计、律师等中介服务机构 80 多家。

从宏观层面上来看，西安高新技术产业与风险投资业完全可以形成良好的互动和相互促进关系。但是自 2001 年以来，各类投资机构纷纷放缓了投资步伐，中小科技企业的融资困境日益突出，甚至国内一些著名的投资机构和证券公司也逐渐地淡出西安。因此，我们有必要对西安风险投资行业进行深入的调查和研究，从风险投资的经营角度，分析西安风险投资公司的组织特性、内部运作机理与其和陕西省高新技术产业的协同作用。

　　在陕西省科技厅和西安高新区管委会的大力协助下，我们对在陕注册成立的专业投资机构（不包括专业的证券投资咨询公司）和外地在陕派驻的风险（创业）投资机构进行了调查，调查采取电话调查、问卷调查和直接走访的方式。本次调查向投资机构发放问卷230份，回收128份问卷，回收率达55.65%，有效问卷118份，占回收问卷的92.19%。

　　（二）西安风险投资行业结构与发展现状

　　截至2002年6月底，西安高新区共有投资机构119家，居全国前列，资金规模22亿元人民币。其中，注册资本上亿元的有7家，占总数的6.78%；5000万—1亿元的有5家，占总数的4.24%；1000万—5000万元的有28家，占总数的23.73%；500万—1000万元的有29家，占总数的23.73%；100万—500万元的有29家，占总数的24.57%；100万元以下的有21家，占总数的17.80%。2001年，西安高新区管委会为了充分调动、集聚民间资本，为高新技术企业服务，出台了一系列鼓励投资的政策，如在高新区注册资金达到50万元人民币就可成立投资公司，短短5个月时间，投资机构就从40多家增加到102家，增幅达到230%。调查发现，1999年以来成立的风险投资机构达107家，占全部被调查机构的89.9%。1999年以来新增风险资本达18.5亿元人民币，占全部资本的84%。

　　按照股东背景，可以将这119家投资机构分为以下几个类型：

　　类型一：政府背景的投资公司。如陕西高新技术产业投资有限公司、西安高新技术产业风险投资公司、西安创新投资有限公司以及西安科技投资公司。作为政府的投资公司，这类公司要根据政府的发展规划，扶持一定的产业发展，既要有盈利，又要有一定的方向，如陕西高新技术产业投资有限公司主要扶持陕西省重大科技产业化项目，西安创新投资主要对种子期项目进行投资。由于这类公司业务上受科技主管部门的指导，并掌握了较为丰富的科技资源信息，相比之下投资比较活跃。例如，西安高新技术产业风险投资有限责任公司截至目前已投资27个项目，累计投资额1.9亿元，其中3个项目已成功退出。而陕西高新技术产业投资有限公司在最近两年间已投资30个项目，累计投资金额超过1亿元人民币。

　　类型二：有行业背景的企业集团投资公司，如西安高科示范产业投资公司、陕西国投实业投资公司、陕西银河科技投资有限责任公司，等等。这类公司在投资战略上受母公司的影响较大，以银河科技投资公司为例，该公司是由陕西省电力公司、陕西电业工会、西北电力开发有限责任公司和西北电力实业发展总公司共同出资组建的高科技风险投资公司。公司成立于2000年10月，注册资本1.5亿元人民币。截至2002年6月，银河投资公司通过银河集团投入了8个项目，其中有两个项目参与了股份制改造，尚未实现退出。

类型三：民间设立的风险投资机构。这类机构的资金不含地方财政或国有独资公司提供的资金，1999年以后，这类机构迅速壮大，正逐步成为行业中的主流，在当年全部机构中所占的比重正日趋增加。在此次调查中，这类机构约占74%。

类型四：合资背景的投资公司。如汉世纪开发金融公司。汉世纪不同于其他风险投资公司和创业投资管理公司的特别之处是汉世纪在做风险投资时，同时还有投资银行的纵深支持。选择与具有当地政府背景的投资公司，如陕高投、西高投合作，本地的机构就成为境外公司投资了解中国的桥梁。

类型五：科技企业股改时成立的投资机构。如西安通大智能投资公司、天泽投资公司。为了激励公司核心人员，很多科技企业借鉴国外的做法推行员工持股计划，但由于法律法规的制约，企业只能通过设立一个投资公司代替员工持股会。这类投资机构唯一的作用就是持有原有企业的股权。

近几年来，西安市已成为国内风险投资最活跃、最集中的地区之一。但也不可否认，无论是从规模、发展速度，还是从质量、效果上，西安风险投资都与实际需要有相当大的差距。对此，许多学者认为，这主要是由于风险资本退出渠道的制约，但通过我们的研究，发现还有更深层次的原因。

（三）西安风险投资机构的行为特征与动因

由于目前西安市风险投资机构规模普遍不大，平均每个机构管理的资金只有1000万元人民币左右。因此对一个企业的投资力度相对来讲不可能很高。调查显示，风险投资机构的平均投资强度为300万元左右。与国内外机构相比，投资规模明显偏小。目前我国高新技术产业对小规模的投资需求却更加迫切，这是因为，目前我国高新技术企业的规模也普遍偏小，多数处于起步阶段和成长阶段，迫切需要与之相对应的资金扶植。而调查显示，西安市风险投资机构的投资阶段偏好主要集中于成长阶段和扩展阶段，投资于这两个阶段的资金占全部被调查资金的比例超过了70%，这与西安市高新技术企业的需求有一定的偏差。

调查表明，西安市风险投资机构在投资决策时主要考虑的因素，按照重要性排序为：技术独特性和先进性，管理团队，市场前景，未来现金流量等。这一排序表明西安的风险投资机构关注重点的是成长性好的科技企业。具体见附图4－3。

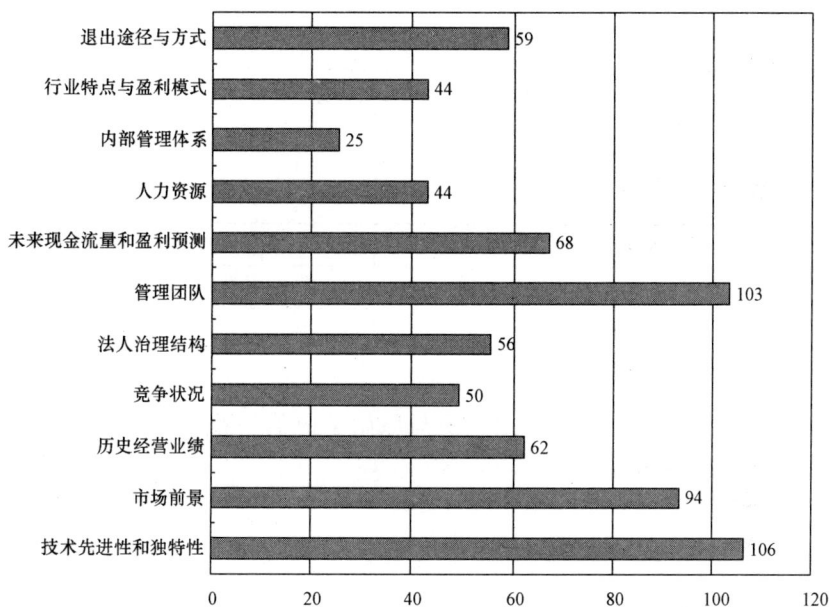

附图4－3　投资决策要素分析（选择数）

针对这个情况，我们通过西安高新区经济发展局、发展研究室对2000年1月至2002年6月对外发布融资需求的科技企业资料进行了统计分析。这里，我们设置了四个虚拟变量，分别为是否获得风险投资（1表示"是"，0表示"否"）、是否获得创新基金（1表示"是"，0表示"否"）、融资时是否进行了股份制改造（1表示"是"，0表示"否"）、融资时间是否在2001年以前（1表示"是"，0表示"否"）。这里，我们选择 Logistic 回归模型作为基本分析模型，回归结果见表4－3。

附表 4 - 3 　　　　　　　　　企业融资情况 Logistic 回归分析

观测量信息

UNWEIGHTED CASES		N	PERCENT
Selected Cases	Included in Analysis	115	100. 0
	Missing Cases	0	. 0
	Total	115	100. 0
Unselected Cases		0	. 0
Total		115	100. 0

注：选择了全部 115 个未加权的观测量进行分析，缺失值为 0。

因变量的源编码值和内部编码值

ORIGINAL VALUE	INTERNAL VALUE
0. 00	0
1. 00	1

因变量为二分变量，内部编码值与原始编码值一致。

因变量初始预测分类信息

			PREDICTED		
			融资状况		Percentage Correct
	Observed		0. 00	1. 00	
Step 0	融资状况	0. 00	79	0	100. 0
		1. 00	36	0	0. 0
	Overall Percentage				68. 7

注：a　Constant is included in the model；

b　The cut value is 500。

Step 0 时方程中的变量

		B	S. E.	WALD	DF	SIG.	EXP（B）
Step 0	Constant	- 0. 786	0. 201	15. 276	1	0. 000	0. 456

Step 0 时方程中未包含的变量

			SCORE	DF	SIG.
Step 0	Variables	创新基金	6.834	1	0.009
		股改	29.448	1	0.000
		2001 年以前	42.059	1	0.000
	Overall Statistics		54.993	3	0.000

模型系数检验

		CHI – SQUARE	DF	SIG.
Step 1	Step	63.278	3	0.000
	Block	63.278	3	0.000
	Model	63.278	3	0.000

表中列出了每步迭代过程中，模型系数的检验值，这里只迭代了一次。

模型综述

STEP	– 2 LOG LIKELIHOOD	COX & SNELL R SQUARE	NAGELKERKE R SQUARE
1	79.671	0.423	0.595

模型的预测分类表

			PREDICTED		
			融资状况		Percentage Correct
	Observed		0.00	1.00	
Step 1	融资状况	0.00	67	12	84.8
		1.00	5	31	86.1
	Overall Percentage				85.2

注：a　The cut value is 500.

从表中可以看出，Step 1 时因变量等于 0 的预测正确率为 84.8%，因变量等于 1 的预测正确率为 86.1%，总体预测正确率为 85.2%。

最终方程中的变量

		B	S. E.	WALD	DF	SIG.	EXP（B）
Step 1	创新基金	2.196	0.860	6.512	1	0.011	8.985
	股改	1.473	0.746	3.897	1	0.048	4.361
	2001 年以前	3.202	0.712	20.202	1	0.000	24.587
	Constant	−4.964	1.020	23.706	1	0.000	0.007

注：a Variable（s）entered on step 1：创新基金、股改，2001 年以前。

运用 SPSS 软件进行 Logistic 回归不提供标准化的回归系数，给自变量相对作用比较带来了不便，这里我们计算标准化 Logistic 回归系数的公式如下：

$$\beta_i = \frac{b_i \times s_i}{\pi / \sqrt{3}}$$

其中，β_i 为第 i 个自变量的标准化回归系数；b_i 为第 i 个自变量的非标准化回归系数；s_i 为第 i 个自变量的标准差。创新基金、股改和 2001 年以前这三个自变量的标准差分别为 0.4018、0.3880、0.5013，由此计算出的标准化 Logistic 回归系数分别为 0.4865、0.3151 和 0.8850。

从回归结果来看，西安风险投资机构多是在 2001 年以前对进行股份制改造的企业进行投资，则表明了投资机构强烈的利益驱动和一定的盲目性。这是因为，在 2001 年以前，风险投资机构对国内创业板的开设抱有良好的憧憬，许多科技企业借此时机进行了股份制改造，2000 年以来为上创业板进行股份制改造的陕西科技企业共有 42 家，西安的风险投资机构多在这个时候成立并大规模参与了企业的股改，创业板搁浅后，这股投资热潮迅速降温，投资机构和企业都不同程度地陷入困境。此外，获得国家中小企业创新基金的西安科技企业更容易获得风险资本，这表明国家对科技企业的支持有效地引导了社会资本的进入。然而，从深层次原因来看，风险投资机构对高新技术企业强烈的偏好源于创业板市场对企业技术先进性和创新性的要求。

　　而从投资公司的活跃程度来看，可以发现不同规模、不同背景的投资公司有很大的差异。这里，我们以 2000 年以来投资项目数量为因变量，投资公司注册资本、公司背景、投资经理人数为自变量进行了回归分析。关于公司背景，我们设置了两个虚拟变量：（1）政府背景（1 表示"是"，0 表示"否"）；（2）行业背景（1 表示"是"，0 表示"否"）。回归结果如附表 4 -4 所示。

附表 4 – 4　　　　　　　　　　回归结果

Model Summary

MODEL	R	R SQUARE	ADJUSTED R SQUARE	STD. ERROR OF THE ESTIMATE
1	0.950	0.902	0.898	1.4811

注：a　Predictors：(Constant)，投资经理人数、行业背景、政府背景、注册资本。

ANOVA

MODEL		SUM OF SQUARES	DF	MEAN SQUARE	F	SIG.
1	Regression	2292.784	4	573.196	261.284	0.000
	Residual	250.090	114	2.194		
	Total	2542.874	118			

注：a　Predictors：(Constant)，投资经理人数、行业背景、政府背景、注册资本。
　　b　Dependent Variable：投资项目数量。

Coefficients

Model		UNSTANDARDIZED COEFFICIENTS		STANDARDIZED COEFFICIENTS	T	SIG.
		B	Std. Error	Beta		
1	(Constant)	-0.189	0.154		-1.230	0.221
	注册资本	4.811E-04	0.000	0.421	7.687	0.000
	政府背景	9.203	0.760	0.399	12.113	0.000
	行业背景	-1.264	0.511	-0.082	-2.475	0.015
	投资经理人数	0.473	0.072	0.354	6.564	0.000

注：a　Dependent Variable：投资项目数量。

从上表中，我们可以看出规模大、具有政府背景投资公司的投资比较活跃，而具有行业背景的投资机构则较为谨慎。其中原因包括以下几个方面：

（1）资本雄厚的投资公司往往处于分散风险和管理幅度的考虑，确定投资组合的数量，而规模小的投资公司主营业务往往以投资咨询、融资顾问和管理咨询为主，直接对企业进行股权投资的可能性很小。在我们调查的119家投资公司中，注册资本在500万元以下的投资公司基本不具有投资能力。

（2）政府背景投资公司在运作上有一定的政策倾向性，在选择投资项目时最为看重技术的独特性和先进性，投资额度一般控制在被投资企业资本规模的10%—40%。由于大多数创新企业正处于发展期，因此单个项目投资规模相对较小，投资组合数量较多。以陕高投为例，在其投资的30个项目中，所占权益份额在4.23%—40%之间。除投资汉世纪创业投资管理公司、西安市新城区兴庆农村信用社，以及西安交大科技园有限公司外，陕高投投资的项目均为陕西省重大产业化项目，这体现了科技主管部门对本地科技企业的扶持和政策倾向。

（3）具有行业背景的投资公司在业务开展上要与母公司的经营战略保持一致，对于母公司主营业务以外的科技项目通常抱着极其谨慎的态度，因此投资项目的数量总体偏少。

而从西安高新技术产业的总体发展来看，西安高新区现有上交年度报表的1275家企业中，平均技工贸收入1582万元，平均产值1117万元。年收入1000万元以下的企业占企业总数的86%，100万元以下的企业占50%以上。出口产品也只有不足100种，支柱产业还没有形成足够的规模，在国内外市场竞争中不具有优势。这也说明了为什么西安风险投资业总是停滞不前的原因，而仅靠鼓励风险投资政策出台，降低风险投资门槛是不足以带动整体产业发展的。

参考文献

1. Acharya, Viral V. Kose & John, Rangarajan K. Sundaram, On the Opti-mality of Resetting Executive Stock Options. *Journal of Financial Economics*, Vol. 57, 2000, 65 – 101.

2. Admati, R. , and Paul Pfleiderer, Robust Financial Contracting and the Role of Venture Capitalists. *Journal of Finance* 49 (1994): 371 – 402.

3. Amit, Raphael, Brander James &Zott, Christoph, Why do Venture Capital Firms Exist? Theory and Canadian Evidence. *Journal of Business Venturing* 13 (1998): 441 – 466.

4. Anderew L. Zacharakis, A Lack of Insights: Do Venture Capitalists Really Understand Their Own Decision Process? *Journal of Business Venturing*, 13 (1998): 57 – 76.

5. Anderson, Mark C. , Executive Compensation In the Information Technolo-gy Industry. *Management Science*, Vol. 46, 2000, 530 – 546.

6. Ang, J. , Cole, R. , and Lin, J. , Agency Costs and Ownership Structure, *The Journal of Finance*, 2000, 55, 81 – 106.

7. Angelo, De H. and Rice, E. , Antitakeover Amendments and Stockholder Wealth. *Journal of Financial Economics*, 1983, 11, 329 – 360.

8. Antle R. , Smith A. , An Empirical Investigation of the Relative Perform-ance Evaluation of Corporate Executives. *Journal of Accounting Research*, Vol. 24, 1985, 1 – 39.

9. Anton, James J. , and Dennis A. Yao, *The Sale of Intellectual Property: Strategic Disclosure, Property Rights, and Incomplete Contracts*, The Wharton School, University of Pennsylvania: Working Paper. 1998.

10. Argote, L. , Organizational Learning: Creating, Retaining and Transferring Knowledge, *Kluer Academic*: Boston, MA, 1999.

11. Arrow, K. , Economic Welfare and the Allocation of Resources for Invention [A] . Nelson, R. *The Rate and Direction of Economic Activities*: *Economic and Social Factors* [C] . Princeton: Princeton University Press, 1983, 382 – 385.

12. Armin Schwinenbacher, Innovation and Venture Capital Exits. Working Paper, University of Namur, 2001.

13. Arrow, Kenneth, The Economic Implications of Learning by Doing. *Review of Economic Studies*. 1962, 29 (3): 155 – 173.

14. Bae, K. , Kang, J. , and Kim, J. , Tunneling or Value Added? Evidence from Mergers by Korean Business Groups. *The Journal of Finance*, 2002, 57, 2695 – 2740.

15. Baker, M. , and P. A. Gompers, *An Analysis of Executive Compensation, Ownership, and Control in Closely Held Firms*. Working Paper, Harvard Business School, Boston, MA, 1999.

16. Banker, Rajiv D. , An Empirical Investigation of Incentive Plan that Includes Nonfinancial Performance Measures. *The Accounting Review*, Vol. 75, 2000, 65 – 92.

17. Barber, Decting Abnormal Operating Performance: The Empirical Power and Specification of Test Statistics. *Journal of financial Economics*, Vol. 41, 359 – 399.

18. Barclay, M. and Holderness, C. , Negotiated Block Trades and Corporate Control. *The Journal of Finance*, 1991, 46, 861 – 878.

19. Barclay, M. and Holderness, C. , The Law and Large – block Trades. *Journal of Law and Economics*, 1992, 35, 265 – 294.

20. Barry, C. , New Directions in Research on Venture Capital Finance. *Journal of the Financial Management Association* 23 (3), 1994: 3 – 15.

21. Bennedsen, M. and Wolfenzon, D. , The Balance of Power in Closely Held Corporations. *Journal of Financial Economics*, 2000, 58, 113 – 139.

22. Bergemann, Dirk, and Ulrich Hege, Venture Capital Financing, Moral Hazard, and Learning. *Journal of Banking and Finance* 22 (1998): 703 – 735.

23. Berger, Udell, The Economics of Small Business Finance: The Role of Private Equity and Debt Markets in the Financial Growth Cycle. *Journal of Banking and Finance*, 22 (1998): 613 – 673.

24. Berglof and Von Thadden, Short – term Versus Long – term Interests: Capital Structure with Multiple Investors. *Quarterly Journal of Economics*, 109, 1994, 1055 – 1084.

25. Berglof, Erik, A Control Theory of Venture Capital Finance. *Journal of Law, Economics, and Organization* 10 (1994): 247 – 267.

26. Berglof, E. and Perotti, E. , The Governance Structure of the Japanese Financial Keiretsu. *Journal of Financial Economics*, 1994, 36, 259 – 284.

27. Bernstein, Aaron, Stock Options: Fuel for United's Revival? *Business Week Online*, 2002. 11. 11.

28. Bertrand, M. , Mehta, P. , and Mullainathan, S. , Ferreting Out Tunnelling: An Application to Indian Business Groups. *Quarterly Journal of Economics*, 2000, 117, 121 – 148.

29. Bertrand, Marianne & Mullainathan, Sendhil, Agent With and Without Principals. *American Economic Review*, 2000. 5, 203 – 208.

30. Bessen, James and Maskin, Eric Sequential Innovation, Patents, and Imitation [R], Working Paper Series, 2002.

31. Bethel, J. , Leibeskind, J. , and Opler, T. , Block Share Purchases and Corporate Performance. *The Journal of Finance*, 1998, 53, 605 – 634.

32. Black, B. , Kraakman, R. , and Tarassova, A. , Russian Privatization and Corporate Governance: What Went Wrong? *Stanford Law Review*, 2000, 52, 1731 – 1808.

33. Black, Bernard S. , Ronald J. Gilson, Venture Capital and the Structure of Capital Markets: Banks versus Stock Markets. *Journal of Financial Economics* 47 (1998): 243 – 277.

34. Blair, Margard, *Ownership and Control: Thinking Corporate Governance*

for the 21 *Century.* Washington: The Brookings Institution, 1990.

35. Boardman, A. and Vining, A. , Ownership and Performance in Competitive Environments: A Comparison of the Performance of Private, Mixed, and State – owned Enterprises. *Journal of Law and Economics*, 1989, 32, 1 – 33.

36. Bolton, P. and Thadden, V. , Blocks, Liquidity, and Corporate Control. *The Journal of Finance*, 1998, 53, 1 – 25.

37. Bonin, J. and Huang, Y. , Dealing with the Bad Loans of the Chinese Banks. *Journal of Asian Economics*, 2000, 12, 197 – 214.

38. Borokhovich, K. , Parrino, R. , and Trapani, T. , Outside Directors and CEO Selection. *Journal of Financial and Quantitative Analysis*, 1996, 31, 337 – 355.

39. Boycko, M. , Shleifer, A. , and Vishny, R. , *Privatizing Russia*, MIT Press, Cambridge, MIT. 1995.

40. Boycko, M. , Shleifer, A. , and Vishny, R. , A Theory of Privatization. *Economic Journal*, 1996, 106, 309 – 319.

41. Brav, A. , and P. Gompers, Myth or Reality? The Long – Run Underperformance of Initial Public Offerings: Evidence from Venture and Non venture Capital – Backed Companies. *The Journal of Finance* 52 (5) , 1997: 1791 – 1821.

42. Brian J. Hall, What You Need to Know about Stick Options, *Harvard Business Review*, 2000. 3 – 4, 121 – 129.

43. Brickley, J. , Coles, J. , and Terry, R. , Outside Directors and the Adoption of Poison Pills. *Journal of Financial Economics*, 1994, 35, 371 – 390.

44. Brockman, P. and Chung, Y. , Investor Protection and Firm Liquidity. *The Journal of Finance*, 2003, 58, 921 – 938.

45. Brookfield, David, Executive Stock Options: Volatility, Managerial Decisions and Agency Costs. *Journal of Multinational Financial Management*, 2000 (10): 275 – 295.

46. Brown, J. and Warner, J. , Measuring Security Price Performance. *Journal of Financial Economics*, 1985, 8, 205 – 258.

47. Brown, S. H. , and Eisenhardt, K. M. , *Competing on the Edge*: *Strategy*

as *Structural Chaos*, Harvard Business School Press, Cambridge: MA, 1998.

48. Bruton, Gary D. , Resources of the Firm, Russian High – technology Startups, and Firm Growth [J] . *Journal of Business Venturing*, 2002 (17): 533 – 576.

49. Burt, R. S. , The Contingent Value of Social Capital. *Administrative Science Quarterly*, Vol. 42, pp. 339 – 365, 1997.

50. Burt, R. S. , and M. Knez, Kinds of Third Party Effects on Trust. *Rationality and Society*, Vol. 7, pp. 255 – 292, 1995.

51. Carl, S. , Navigating the Patent Thicket: Cross Licenses, Patent Pools, and Standard – Setting [A], Adam Jaffe, Joshua Lerner, and Scott Stern. *Innovation Policy and the Economy*, Volume I [C], Combridge: MITPress, 2001

52. Carpenter, Jennifer N. , The Exercise and Valuation of Executive Stock Options. *Journal of Financial Economics*, Vol. 48, 1998, 127 – 158.

53. Chance, Don M. Raman Kumar, and Rebecca B. Todd, The Reprising of Executive Stock Options. *Journal of Financial Economics*, 2000, Vol. 57, 129 – 154.

54. Chan, On the Positive Role of Financial Intermediation in Allocation of Venture Capital in a Market with Imperfect Information, Working Paper No. 127, 1983.

55. Chan, Y. , D. Siegel, and A. V. Thakor, Learning, Corporate Control and Performance Requirements in Venture Capital Contracts. *International Economic Review* 31 (2) , 1990, 365 – 381.

56. Chauvin, Keith W. & Catherine Shenoy, Stock Price Decreases Prior to Executive Stock Option Grants. *Journal of Corporate Finance*2001, 7, 53 – 76.

57. Claessens, S. , Djankov, S. , and Lang, L. , The Separation of Ownership and Control in East Asian Corporations. *Journal of Financial Economics*, 2000, 58, 81 – 112.

58. Claessens, S. , Djankov, S. , Fan, J. , and Lang, L. , Disentangling the Incentive and Entrenchment Effects of Large Shareholdings. *The Journal of Finance*, 2002, 57, 2741 – 2772.

59. Coffee, J. , The Future as History: The Prospects for Global Convergence

in Corporate Governance and Its Implications. *Northwestern Law Review*, 1999, 93, 631 – 707.

60. Cohen, Don, Toward a Knowledge Context: Report on the First Annual U. C Berkeley Forum on Knowledge and Firm. *California Management Review*, Vol. 40, pp. 22 – 39, 1998.

61. Cohen, W. M, and Levinthal, D. A., Apsorptive Capacity: A New Perspective on Learning and Innovation. *Administractive Science Quarterly*, Vol. 35, pp. 128 – 152, 1990.

62. Cohen, Stephen S. & Fields, Gary, Social Capital and Capital Gains in Silicon Valley. *California Management Review*, Vol. 41, Issue 2, pp. 56 – 78, 1999.

63. Comment, R. and Jarrell, G., Corporate Focus and Stock Returns. *Journal of Financial Economics*, 1995, 37, 67 – 87.

64. Community Regional Policy Science Parks and Innovation Centers. their Economic and Social Impact. Proceeding of the Conference Held in Berlin. ELSEVIER 1985: 74 – 75.

65. Core, John E., Performance Consequences of Mandatory Increases in Executive Stock Ownership. *Journal of Financial Economics*, Vol. 64, 2002, 317 – 340.

66. Core, John & Wayne Guay, The Use of Equity Grants to Manage Optimal Equity Incentive Levels. *Journal of Accounting and Economics*, Vol. 28, 1999, 151 – 184.

67. Cornelius, B., Covenants in Venture Capital. *The Middle East Business and Economic Review* 9 (1), 1997: 38 – 51.

68. Cornelli, F., and O. Yosha, Stage Financing and the Role of Convertible Debt. CEPR Discussion Paper 1735. Center for Economic Research, London, 1997.

69. Corrado, Charles J. Bradford D. Jordan, Repricing and Employee Stock Option Valuation. *Journal of Banking & Finance*, Vol. 25, 2001, 1059 – 1082.

70. Corrado, Charles J., Repricing and Employee Stock Option Valuation. *Journal of Banking & Finance*, Vol. 25, 2001, 1059 – 1082.

71. Corrado, C. and Zivney, T. , The Sepecification and Power of the Sign Test in Event Study Hypo Thesis Tests Using Daily Stock Returns. *Journal of Financial and Quantitative Analysis*, 1992, 27, 465 – 478.

72. Cotter, J. , Shivdasani, A. , and Zenner, M. , Do Independent Directors Enhance Targe Shareholder Wealth during Tender Offers? *Journal of Financial Economics* , 1997, 43, 195 – 218.

73. Cumming, D. J. , J. G. MacIntosh, Venture Capital Investment Duration in Canada and the United States. *Journal of Multinational Financial Management*2001 (11) : 445 – 463.

74. Darr, E. D. , Argote, L. , and Epple, D. , The Acquisition, Transfer and Depreciation of Knowledge in Service Organization: Productivity in Franchises. *Management Science*, 1995, Vol. 41, pp. 1422 – 1434.

75. David Aboody, Ron Kasznik, CEO Stock Option Awards and the Timing of Corporate Voluntary Disclosures. *Journal of Accounting & Economics*, Vol. 29, 2000, 73 – 100.

76. Davis Lance E. and North Douglass C. , *Institutional Change and American EconomicGrowth*, Cambridge University Press, 1971.

77. Debenham Tewson & Chinnocks, Science Parks and Innovation Centers – property, The UnconsidedElement, Science Parks and Innovation Centers: Their Economic and Social Impact. Proceeding of The Conference Held in Berlin. ELSEVIER 1985: 162 – 163.

78. Deeds, D. L. , and Hill, C. W. L. , Strategic Alliances and the Rate of the New Product Development: An Empirical Study of Entrepreneurial Biotechnology Firms. *Journal of Business Venturing*, 1996, Vol. 11 (1), pp. 41 – 56.

79. De Fusco R. , Johnson R. , Zorn T. , The Effect of Executive Stock Option Plans on Stockholders and Bondholders. *Journal of Finance*, 1990, Vol. 45, 617 – 627.

80. Dekker. D. J. , Industrial Redevelopment and Business Incubator and Innovation Centers in Daft, R. , *Organization Theory and Design*, Sixth Edition, Cincinnatti, Ohio: South-Western College Publishing, 1998.

81. Demirguc-Kunt, A. and Maksimovic, V. , Law, Finance and Firm Growth. *The Journal of Finance*, 1998, 53, 2107 – 2137.

82. Demsetz, H. and Lehn, K. , The Structure of Corporate Ownership: Causes and Consequences. *Journal of Political Economy*, 1985, 93, 1155 – 1177.

83. Denzauand, A. T. and D. C. , North, Shared Mental Model. Ideologies and Institutions, Kyklos, 1994, Vol. 47, pp. 3 – 31,

84. Don Delves, CPA. Underwater Stock Options. *Strategic Finance*, 2001, Vol. 82, 26 – 32.

85. Doney, M. P. , Canoy, J. P. , An Examination of Nature of Trust in Buyer – seller Relationships. *Journal of Marketing*, Vol. 61, (April), pp. 35 – 51, 1997.

86. Dosi, G. , The Nature of Innovation Process, In: Dosi, G. , Freeman, C. , and Nelson, R. R. , Silverberg, G. , Soete, L. L. G. (eds.), *Technical Change and Economic Theory*, Frances Pinter, London, 1988.

87. Dotzler, Fred, What do Venture Capitalists Really do, and Where do They Learn to Do It. *The Journal of Private Equity*, Winter, 2001: 6 – 12.

88. Doz, Y. L. , The Evolution of of Strtegic Alliances: Initil Conditions or Learning Process. *Strategic Management Journal*, Vol. 17, pp. 55 – 83, 1996.

89. Dyer, J. H. , and Singh, H. , The Relational Rivew: Cooperative Strategy and Interorganizational Competive Advantage, *Acdemy of Management Review*, Vol. 23, pp. 660 – 679, 1998.

90. Dyer, J. H. , Specialized Supplier Networks as a Source of Competitive Advantage: Evidence from the Auto Industry. *Strategic Management Journal*, Vol. 17, pp. 271 – 291, 1996.

91. Darr, E. D. , Argote, L. , and Epple, D. , The Acquisition, Transfer and Depreciation of Knowledge in Service Organization: Productivity in Franchises. *Management Science*, Vol. 41, pp. 1422 – 1434, 1995.

92. Dasgupta, P. and J. Stiglitz, Uncertainty, Industrial Structure and the Speed of R&D [J] . *Bell Journal of Economics*, 1980, 11: 1 – 28.

93. Davenport, T. H. , and Prusak, L. , Working Knowledge, Boston: *Har-*

vard Business Review, 1998.

94. Deardorff A. , Welfare Effects of Global Patent Protection [J] . *Economica*, 1992, 59: 35 – 51.

95. Debresson, K. , Amesse, B. , Winberg, M. , and Rappa, M. A. , Science and Industry: A Theory of Networks and Paradigms. *Technology Ananlysis and Strategic Management*, Vol. 6 (1), pp. 21 – 37, 1994.

96. Denicolo, Vincenzo, The optimal life of a patent when the timing of innovation is stochastic [J] . *International Journal of Industrial Organization*, 1999, 17: 827 – 846.

97. Eckel, C. and Vermaelen, T. , Internal Regulation: The Effects of Government Ownership on the Value of the Firm. *Journal of Law and Economics*, 1986, 29, 381 – 403.

98. Egehoff, W. G. , Information – processing Theory and the Multinational Enterprises. *Journal of International Business Studies*, Vol. 22, pp. 341 – 358, 1991.

99. Eisenberg, T. , Sundgren, S. , and Wells, M. , Larger Board Size and Decreasing Firm Value in Small Firms. *Journal of Financial Economics*, 1998, 48, 35 – 54.

100. Eisenhardt, K. M. , and Martin, J. A. , Dynamic Capabilities: What are They? *Strategic Management Journal*, Special Issue, Vol. 21, pp. 1105 – 1121, 2000.

101. Eng, Li Li, and Margaret Shackell, The Implications of Long Term Performance Plans and Institutional Ownership for Firms' Research and Development Investments. *Journal of Accounting, Auditing and Finance* 16 (2) 2001: 117 – 139.

102. Fama, E. , Agency Problems and the Theory of the Firm. *Journal of Political Economy*, 1980, 88, 288 – 307.

103. Fama, E. and Jensen, M. , Separation of Ownership and Control. *Journal of Law and Economics*, 1983a, 26, 301 – 325.

104. Fama, E. and Jensen, M. , Agency Problems and Residuals Claims. *Journal of Law and Economics*, 1983b, 26, 327 – 349.

105. Fenn, George W. , Nellie Liang, Corporate Payout Policy and Managerial Stock Incentives. *Journal of Financial Economics*, Vol. 60, 2001, 45 – 72.

106. Fiet, James Owen, *Managing Investments in Specific Information*: *A Comparison of Business Angles and Venture Capital Firm.* Dissertation for Ph. D Degree. Texas A&M University, 1991.

107. Fox, M. and Heller, M. , Corporate Governance Lessons From the Russian ent Erprise Fiascos, *New York University Law Review*, 2000, 75, 1720 – 1780.

108. Franks, J. and Mayer, C. , Ownership and Control of German Corporations. *Review of Financial Studies*, 2001, 14, 943 – 977.

109. Fudenberg D. andTirole, J. , Preemption and Rent Equalization in the Adoption of New Technology [J] . *Review of Economic Studies*, 1987, 52, 383 – 401.

110. Galbraith, J. , *Designing Complex Organizations*, Reading MA: Addison – Welsly, 1979.

111. Galbraith, J. , *Organizational Design*, Reading MA: Addison – Welsly, 1977.

112. Gilbert R. , Shapiro C. , Optimal Patent Length and Breadth [J], *Rand Journal Economics*, 1990, 21: 106 – 112.

113. Gallini N. , Patent Policy and Costly Imitation [J] . *Rand Journal of Economics*, 1992, 23: 52 – 63.

114. Gallini & Winter, TechnologyTransfer under Asymmetric Information [J] . *Rand Journal of Economics*, 1990, 21: 147 – 160.

115. Gans, Stern, When Does Funding Research by Smaller Firms Bear Fruit? Evidence from the SBIR Program. NBER Working Paper No. 7877. *National Bureau of Economic Research*, Cambridge, MA. 2000.

116. Gibbons, R. , Optimal Incentive Contracts in the Presence of Career Concerns: Theory and Evidence. *Journal of Political Economy*, 100 (1992): 468 – 505.

117. Gifford. Limited Attention and the Role of Venture Capitalist. *Journal of Business Venturing*, 12 (1997): 459 – 482.

118. Goes, J. , and Park, S. H. , Interorganizational Links and Innovation:

the Case of Hospital Services. *Academy of Management Journal*, 1997, Vol. 40, pp. 673 – 696.

119. Gompers & Lerner, An Analysis of Compensation in the U. S. Venture Capital Partnership. *Journal of Financial Economics* 51 (1999) . 3 – 44.

120. Gompers, P. , Lerner, J. , The Use of Covenants: An Analysis of Venture Partnership Agreements. *Journal of Law and Economics* 39 (1996), 463 – 498.

121. Gompers, Paul A, Optimal Investment, Monitoring, and the Staging of Venture Capital. *Journal of Finance* 50 (1995): 1461 – 1489.

122. Gompers, Paul A. , *The Theory, Structure, and Performance of Venture Capital*. Dissertation for Ph. D Degree. Harvard University, 1993.

123. Gratton, L. , *Implimenting a Strategic Vision: Key Factors for Success*, Long Range Planning, Vol. 29 (3), pp. 290 – 303, 1996.

124. Green, S. , Reforming *China's Economy: A Rough Guild*, A Report from the China Project, University of Cambridge, 2003.

125. Greenwood, Jeremy and Smith, Financial Markets in Development, and the Development of Financial Markets [J], *J. Econ. Dynamica and Control*, 1997 (1): 145 – 181.

126. Gresov, C. , & Stephens, C. , The Context of Inter – unit Influence Attempts. *Administrative Science Quarterly*, Vol. 35, pp. 252 – 276, 1993.

127. Grossman, S. and Hart, O. , The Costs and Benefits of Ownership: A Theory of Vertical and Lateral Integration. *Journal of Political Economy*, 1986, 94, 691 – 719.

128. Grossman, S. and Hart, O. , One – share, One – vote, and the Market for Corporate Control. *Journal of Financial Economics*, 1988, 20, 175 – 202.

129. Guay, W. , The Sensitivity of CEO Wealth to Equity Risk: An Analysis of the Magnitude and Determinants. *Journal of Financial Economics*, Vol. 53, 1999, 43 – 71.

130. Gulati, T. , and Nitin, Noria and Akbar Zaheer, Strategic Networks. *Strategic Management Journal*, 2000, Vol. 21, pp. 203 – 215.

131. Gup, A. K. , & Govindarajan, V. , Knowledge Flows and the Structure of Control Within Multinational Corporationsh. *Academy of Management Review*, 1991, Vol. 16, pp. 768 – 792.

132. Gupta, A. , and Govindarajan, V. , Knowledge Flows and the Structure of the Control Within Multinational Corporations. *Academy of Management Review*, 1991, Vol. 16, pp. 768 – 792.

133. Gupta, K. and Vijay Govindarajan, Knowledge Flows Within Multinational Corporations. *Strategic Management Journal*, 2000, Vol. 21, pp. 473 – 496.

134. Gilhert, R. and Shapiro, C. , Optimal latent Length and Breadth [J] . *Rand Journal of Economics*, 1990, 21: 106 – 112.

135. Garmaise, Informed Investors and the Financing of Entreprebeurial Projects Universtiy of Chicago, Working Paper, 2001.

136. Gibbons, R. , Optimal Incentive Contracts in the Presence of Career Concerns: Theory and Evidence. *Journal of Political Economy*, 100 (1992): 468 – 505.

137. Gifford, Limited Attention and the Role of Venture Capitalist. *Journal of Business Venturing*. 12 (1997): 459 – 482.

138. Gorman, M. , and W. Sahlman, What Do Venture Capitalists Do? *Journal of Business Venturing* 4 (1989): 231 – 248.

139. Gompers, Paul A. , Optimal Investment, Monitoring, and the Staging of Venture Capital. *Journal of Finance* 50 (1995): 1461 – 1489.

140. Gompers, The Theory, Structure, and Performance of Venture Capital. Dissertation for Ph. D Degree. Harvard University, 1993.

141. Gompers, Lerner, An analysis of compensation in the U. S. venture capital partnership. *Journal of Financial Economics* 51 (1999) . 3 – 44.

142. Gompers, Ownership and Control in Entrepreneurial Firms: An Examination of Convertible Securities in Venture Capital Investments. Working Paper. Harvard University, Cambridge, MA. 1997.

143. Gompers. The Theory, Structure, and Performance of Venture Capital [D] . Dissertationfor Ph. D Degree. Harvard University, 1993.

144. Green, J. and Scotchmer, S. , On the Division of Profit in Sequential

Innovation [J] . *Band Journal of Economics*, 1995, 26, 20 – 33.

145. Gresov, C. , & Stephens, C. , The Context of Inter – unit Influence Attempts. *Administrative Science Quarterly*, Vol. 35, pp. 252 – 276, 1993.

146. Grant, R. M. , Organizational Capabilities within a Knowledge-based View of the Firm, Paper Prenseted at the Annual Meeting of the Academy of Management, Atlanta, Georgia, 1993.

147. Grossman, Gene and Shaprio, Carl, Dynamic R&D Competition [J] . *Economic Journal*, 1987, 97: 372 – 387.

148. Gup, A. K. , & Govindarajan, V. , Knowledge Flows and the Structure of Control Within Multinational Corporations. *Academy of Management Review*, Vol. 16, pp. 768 – 792, 1991.

149. Hall, B. J. and K. J. Murphy, Optimal Exercise Prices for Executive Stock Options. *American Economic Review*, Vol. 90, 2000, 209 – 214.

150. Hall, Bronwyn H. , Jacques Mairesse, Lee Branstetter, and Bruno Crepon, Does Cash Flow Cause Investment and R&D: An Exploration Using Panel Data for French, Japanese, and United States Firms in the Scientific Sector, in Audretsch, D. , and A. R. Thurik (eds.), *Innovation, Industry Evolution and Employment*. Cambridge, UK: Cambridge University Press, 1999.

151. Hall, H. , The Financing of Research and Development. NBER Working Paper 8773 February 2002.

152. Hall, Edward, Beyond Culture. New York: Doubleday/Currency, 1976.

153. Hamel, G. , Competition for Competence and Interpartner Learning Within International Strategic Alliances. *Strategic Management Journal*, Summer Special Issue, Vol. 12, pp. 83 – 103, 1991.

154. Hamid Mehran, George E. Nogler, Kenneth B. Schwartz, CEO incentive Plans and Corporate Liquidation Policy. *Journal of Financial Economics*, Vol. 50, 1998, 319 – 349.

155. Hannan, M. T. , M. D. Burton, and J. N. Baron, Inertia and Change in the Early Years: Employment Relations in Young, High Technology Firms. *Industrial and Corporate Change* 5 (2) , 1996: 503 – 536.

156. Hansen, M. T. , Nohria, N. , and Tierney, T. , What is Your Strategy for Managing Knowledge. *Harvard Business Review*, Vol. 72, pp. 106 – 116, 1999.

157. Hansen, M. T. , The Search – transfer Problem: The Role of Weak – ties in Sharing Knowledge Across Organization Subunits. *Administrative Science Quarterly*, Vol. 44, pp. 82 – 111.

158. Harris, M. and Raviv, A. , Corporate Control Contests and Capital Structure. *Journal of Financial Economics*, 1988, 20, 321 – 349.

159. Hart, O. and Moore, J. , Debt and Seniority: An Analysis of the Role of Hard Claims in Constraining Management. *American Economic Review*, 1995, 85, 567 – 585.

160. Heeks, *Richard India's Software Industry* [M], Sage Publication, 2001. 10: 65 – 69.

161. Heinkel, R. , Stoughton, N. M. , The Dynamics of Porfolio Management Contracts. *Review of Financial Studies* 7 (1994) . 351 – 388.

162. Heller, M. and Eisenberg, R. , Can Patents Deter Innovation? The Anticommons in Biomedical Research [J] . *Science*, 1998, 280: 698 – 701.

163. Hellmann, Thomas, The Allocation of Control Rights in Venture Capital Contracts. *Rand Journal of Economics* 29 (1998): 57 – 76.

164. Hendoson, R. M. , and Cockborn, K. B. , Architectural Innovation: The Recongiguration of Existing Product Technologies and the Failure of Established Firms. *Administrative Science Quarterly*, Vol. 35 (1), pp. 9 – 30, 1994.

165. Henry, P. , Do Stock Market Liberalizations Cause Investment Booms? *Journal of Financial Economics*, 2000, 58, 301 – 334.

166. Hermalin, B. and Weisbach, M. , Board of Directors as An Endogenously Determined Institution: A Survey of the Economic Literature. *Economic Policy Review*, 2003, 9, 7 – 26.

167. Himmelberg, C. , Hubbard, R. , and Palia, D. , Understanding the Determinants of Managerial Ownership and the Link between Ownership and Performance. *Journal of Financial Economics*, 1999, 53, 353 – 384.

168. Hippel, E. V. , Cooperation for Competence and Interpartner Learning

within International Strategic Alliance [J] . *Strategic Management Journal*, 1987, 12 : 270 – 285.

169. Hitt, M. A. , Dacin, M. T. , Levitas, E. , Arregle, J. L. , Borza, A. , Partner Selection in Emerging and Development Market Context: Resource – base and Organizational Learning Perspectives. *Academy of Management Journal*, 2000, Vol. 43, pp. 449 – 467.

170. Hofstede. Geert, The Usefulness of the "Organizational Culture" Concept. *Journal of Management Studies*, 1986, 45 (3): 214 – 221.

171. Holderness, C. , A Survey of Blockholders and Corporate Control. *Economic Policy Review*, 2003, Apr. 51 – 64.

172. Holsinger, Loraine Bronson, The Relationship between Employee Participation In stock Option Plans and Organizational Commitment, Ph. D thesis, California School of Professional Psychology, Berkeley/Alameda, 2000.

173. Hossain, M. , Prevost, A. , and Rao, R. , Corporate Governance in New Zealand: The Effect of the 1993 Companies Act on the Relation between Board Composition an Firm Performance. *Pacific Basin Finance Journal*, 2001, 9, 119 – 145.

174. Huber, G. P. , Organizational Learning: the Contributing Process and the Literatures. *Organization Science*, Vol. 2, pp. 88 – 115, 1991.

175. Jacobs, Jane, *The Death and Life of Great American Cities*. Random House Inc. . New York. 1993: 198 – 200.

176. Jaffe A. B. , The U. S. Patent System in Transition: Policy Innovation and the Innovation Process [J] . *Research Policy*, 2000, 29: 531 – 557.

177. Jensen, M. and Murphy, K. , Performance Pay and Top Management Incentives. *Journal of Political Economy*, 1990, 98, 225 – 263.

178. Jensen, M. , The Modern Industrial Revolution, Exit, and The Failure of Internal Control Systems. *The Journal of Finance*, 1993, 48, 831 – 880.

179. Joh, S. , Corporate Governance and Firm Profitability: Evidence from Korea before the Crisis. *Journal of Financial Economics*, 2003, 68, 287 – 322.

180. Johnson, S. , Boone, P. , Breach, A. , and Friedman, E. , 2000a, Corporate Governance in the Asian Financial Crisis. *Journal of Financial Econom-*

ics 58, 141 – 186.

181. Johnson S. , La Porta, R. , Lopez – de – Silanes, F. , and Shleifer, A. 2000b, Tunnelling. *American Economic Review* 90, 22 – 27.

182. Josh, L. & Jean, T. , Efficient Patent Pools [R], NBER Working Paper No, 9175. 2002.

183. Kamien, M. I. and Tauman, Fees Versus Royalties and the Private Value of a Patent [J] . *QuarterlyJournal of Ecorrornics*, 1986, 101 (3): 471 – 491.

184. Kaplan, Steven, Stromberg, Financial Contracting Theory Meets the RealWorld: An Empircial Analysis of Venture Capital Contracts. University of Chicago Working Paper. 2001.

185. Katz, M. and Shapiro, C. , On the licensing of innovation [J] . *Rand Journal of Economics*. 1985, 16: 504 – 519.

186. Kedia, B. L. , and Bhagat, R. S. , Cultural Constraints on Transfer of Technology across Nations: Implications for Research in International and Comparative Management. *Academy of Management Review*, Vol. 13, pp. 559 – 571, 1988.

187. Keely, Robert H. , Valuation of Early – stage Ventures: Option Valuation models vs Traditional Approaches. *Journal of Entrepreneurial and Small Firm Management*, Vol. 5, Issue 2 (1996): 114 – 138.

188. Kenneth, L. Judd, Semedders, Karl, OptimalPoliciesfor Patent Races [J] . *Journal of Industrial Economics*, 2002, (33): 461 – 481.

189. K. Gupta and Vijay Govindarajan, Knowledge Flows Within Multinational Corporations. *Strategic Management Journal*, Vol. 21, pp. 473 – 496, 2000.

190. Kirilenko, Andrei, A Valuation and Control in Venture Finance. *The Journal of Finance*, Vol. LVI No. 2, April (2001): 565 – 586.

191. Kirznar, I. M. , Entrepreneurial Discovery and the Competitive Market Process: An Austrian Approach. *Journal of Economic Literature*, Vol. 35, pp. 60 – 85, 1997.

192. Kitch, E. W. , The Nature and Function of the Patent System [J] . *Journal of Law and Economics*, 1977, 20: 265 – 290.

193. Klein, A. , Firm Performance and Board Committee Structure. *Journal of Law and Economics*, 1998, 41, 275 – 299.

194. Klemperer P. , How Broad Should the Scope of a Patent Protection Be? [J], *Rand Journal of Economics*, 1990, 21: 113 – 130.

195. Kogut, B. and U. Zander, What Firms Do? Coodination, Identity and Learning. *Organizational Science*, 1996, Vol. 7 (5), pp. 502 – 518.

196. Kogut, B. , Joint Ventures: Theoretical and Empeircal Perspectives. *Strategic Management Journal* Vol. 9, pp. 319 – 332, 1988.

197. Kole, S. and Mulherin, J. , The Government as a Shareholder: A Case from the United States. *Journal of Law and Economics*, 1997, 40, 1 – 22.

198. Kortum, S. , and J. Lerner, Does Venture Capital Spur Innovation? NBER Working Paper 6846. National Bureau of Economic Research, Cambridge, MA. 1998.

199. Kris, K. L. , Inadas, Economy, War Jitters Dampen India's Software Industry [J] . *EET times*, 2002. 6. 19.

200. Krist. H. , Innovation Centers as An Element of Strategies for Endogenous Regional Development, Science Parks and Innovation Centers: Their Economic and Social Impact. Proceeding of the Conference Held in Berlin. ELSEVIER 1985: 178 – 182.

201. Kumar, The Power of Trust in Manufacturing – retailer Relationships. *Harvard Business Review*, 1997, November – December, pp. 92 – 106.

202. La Porta, R. , Lopez-De-Silanes, F. , and Shleifer, A. , Corporate Ownership Around the World. *The Journal of Finance*, 1999, 54, 471 – 517.

203. La Porta, R. , Lopez-de-Silanes, F. , and Shleifer, A. , 2002a, Government Ownership of Banks. *The Journal of Finance* 57, 265 – 301.

204. La Porta, R. , Lopez-de-Silanes, F. , Shleifer, A. , and Vishny, R. , 2000a, Agency Problems and Dividend Policies around the World. *The Journal of Finance*, 55, 1 – 33.

205. La Porta, R. , Lopez-De-Silanes, F. , Shleifer, A. , and Vishny, R. , 2000b, Investor Protection and Corporate Governance. *Journal of Financial Eco-*

nomics 58, 3 – 27.

206. La Porta, R. , Lopez-De-Silanes, F. , Shleifer, A. , and Vishny, R. , Law and Finance. *Journal of Political Economy*, 1998, 106, 1113 – 1155.

207. Lado, A. A. Boyd, N. G. , and Hanlon, S. C. , Competition, Cooperation and the Search for Economic Rents: A Syncretic Model. *Academy of Management Review*, 1997, Vol. 22 (1), pp. 110 – 141.

208. Lane, P. J. , and Lubatkin, M. , Relative Absorptive Capability and Inter – organizational Learning. *Strategic Management Journal*, 1998, Vol. 19 (5), pp. 461 – 477.

209. Lang, L. and Stulz, R. , Tobin's Q, Corporate Diversification, and Firm Performance. *Journal of Political Economy*, 1994, 102, 1248 – 1280.

210. Lanjouw, J. O. , Patent Protection in the Shadow of Infringement: Simulation Estimate of Patent Value [J] . *Review of Economic Studies*, 1998, 65 (4): 671 – 710.

211. Lanjouw J. Lerner J. , The Enforcement of Intellectual Property Rights: A Survey of the Empirical Literature [J] . *Annales Economie et de Statistique*, 1998, 49 /50: 223 – 246.

212. Lau, J. , Qian, Y. , and Roland, G. , Reform without Losers: An Interpretation of China's Dual – track Approach to Transition. *The Journal of Political Economy*, 2000, 108, 120 – 143.

213. Lee, T. and Wilde, L. , Market Structure and Innovation: A Reformulation [J] . *Quarterly Journal of Economics*, 1980, 94: 429 – 436.

214. Lei, D. , Hitt, M. A. , Bettis, R. , Dynamic Core Competencies and through Meta – learning and Strategic Context. *Journal of Management*, 1996, Vol. 22 (4), pp. 549 – 569.

215. Lemley, M. , The Economics of Improvement in Intellectual Property [J] . *Texas Law Review*. 1997, 75: 980 – 989.

216. Lemmon, M. and Lins, K. , Ownership Structure, Corporate Governance, and Firm Value: Evidence from the East Asian Financial Crisis. *The Journal of Finance*, 2003, 58, 1445 – 1468.

217. Leonard – Barton, D. , Core Capabilities and Core Rigidities: A Paradox in Managing New Product Development. *Strategic Management Journal*, Vol. 13, pp. 115 – 125, 1992.

218. Leonard, D. , *Wellsprings of Knowledge Building: Building and Sustaining the Source of Innovation*, Boston: Harvard Business School Press, 1995.

219. Leonard, Dorothy and Sensiper, Sylvia, The Role of Tacit Knowledge in Group Innovation. *California Management Review*, Vol. 40, pp. 112 – 132, 1998.

220. Lerner, J. Venture Capitalists and Oversight of Privately – Held Firms. *The Journal of Finance* 50 (1) , 1995: 301 – 318.

221. Lerner J. , Strojwas M. , and Tirole J. , The Structure and Performance of Patent Pools Empirical Evidence Mimeo [R] , Harvard University and University of Toulouse, 2002.

222. Lerner J. , The Importance of Patent Scope: An Empirical Analysis [J] . *Rand Journal of Economics*, 1994, 25: 319 – 333.

223. Liebeskind, J. P. , Amalya, L. O. , Zucker, L. , and Brewer, M. , Social Networks, Learning, and Flexibility: Sourcing Scientific Knowledge in New Biotechnology Firms. *Organizational Science*, Vol. 7 (4) , pp. 428 – 443, 1996.

224. Li, W. , The Impact of Economic Reform on the Performance of Chinese State Enterprises, 1980 – 1989. *Journal of Political Economy*, 1997, 105, 1080 – 1106.

225. Liebeskind, J. P. , Amalya, L. O. , Zucker, L. , and Brewer, M. , Social Networks, Learning, and Flexibility: Sourcing Scientific Knowledge in New Biotechnology Firms. *Organizational Science*, 1996, Vol. 7 (4) , pp. 428 – 443.

226. Lijin, CEO Compensation, Diversification and Incentive. *Journal of Financial Economics*, Vol. 66, 2002, 29 – 63.

227. Lincoln, James, R. , Ahmadjjan, Christin, L. , and Mason, Eliot, Organizational Learning and Purchase – supply Relations in Japan, Hitachi, Matasushita, and Toyota Compared. *Californian Management Review*, 1998, Vol. 40, pp. 241 – 264.

228. Lins, K. , Equity Ownership and Firm Value in Emerging Markets.

Journal of Financial and Quantitative Analysis, 2003, 38, 159 – 184.

229. Lippman, Rumelt, Uncertainty imitability: An Analysis of Interfirm differences in Efficiency under Competition, Bell Journal of Economics, 1982, 13, pp. 418 – 438.

230. Loasby, B. J., The Concept of Capabilities, in Foss, N. J., and Loasby, B. J., (eds.), *Economic Organization, Capabilities and Co – ordination*: Essays in Honour of G. B. Richardson, London: Routledge, 1998.

231. Loury, G., Market Structure and Innovation [J]. *Quarterly Journal of Economics*, 1979, 93: 395 – 410.

232. Lyles, M., and J. E. Salk, Knowledge Acquisition from Foreign Parents in International Joint Ventures: An Empirical Examination in Hungarian Context. *Journal of International Business Studies*, 1996, Vol. 27, Issue 5, pp. 877 – 903.

233. Madhok, A., Opportunism and Trust in Joint – venture Relationships: An Expletory Study and A Model. *Scandinavian Journal of Management*, 1995, Vol. 11, Vol. 11 (1), pp. 57 – 74.

234. Maher, M. and Anderson, T., *Corporate Governance: Effects on Firm Performance and Economic Growth*, Oxford University Press, 2000.

235. Mansfield, E., Composition of R&D Expenditures: Relationship to Size of Firm, Concentration, and Innovative Output [J]. *Review of Economic and Statistics*, 1981, 63: 610 – 615.

236. Marx, L. M., Efficient Venture Capital Financing Combining Debt and Equity. *Review of Economic Design* 3 (1998): 371 – 387.

237. Mascettili, Ronald, A Framework for Sustainable Advantage in Global High – tech Markets. *International Journal of Technology Management*, Vol. 17, pp. 240 – 258, 1999.

238. Matutes C., Regibeau, P. and Rockett, K., Optimal Patent Design and the Diffusion of Innovations [J]. *Rand Journal ofEconomics*, 1996, Springy (27): 60 – 83.

239. Marx, L. M., Efficient Venture Capital Financing Combining Debt and Equity. *Review of Economic Design* 3 (1998): 371 – 387.

240. Mazzoleni, R. and Nelson, R. , The Benefits and Costs of Strong Patent Protection: A Contribution to the Current Debate [J] . *Research Policy*, 1998, 27: 273 - 284.

241. Megginson, W. and Netter, J. , From State to Market: A Survey of Empirical Studies on Privatization. *Journal of Economic Literature*, 2001, 39, 321 - 389.

242. Mehran, H. , Executive Compensation Structure, Ownership, and Firm Performance. *Journal of Financial Economics*, Vol. 38, 1995, 163 - 184.

243. Menachem Brenner, Rangarajan K. Sundaram, David Yermack, Altering the Terms of Executive Stock Options. *Journal of Financial Economics*, Vol. 57, 2000, 103 - 128.

244. Merges R. P. , (1999), Institutions for IntellectualProperly Transactions: The Case of Patent Pools, Boalt Hall School of Law Working Paper University of California Berkeley.

245. Meyer, Venture Capital: Bridge between Idea and Innovation, Deutsche Bank Research 2008.

246. Michael, A. H. , The Boundaries of Private Property [J] . *Yale L. J.* 1999, 2: 1163.

247. Michael, A. H. & Rebecca, S. , Can Patents Deter Innovation? The Anticommons in Biomedical Research [J] . *Science*, 1998, 2: 698.

248. Michelman F. I. , Ethics, Economics, and the Law of Property [A] . J. Roland Pennock and John W. Chapman, Ethics, Economics, and the Law: Nomas XXIV [C], 1982.

249. M. T. Hannan, G. R. , *Carroll, Dynamics of Organizational Populations: Density, Legitimation and Competition*, Oxford University Press, 1992.

250. Mull, Towards a Positive Theory of Venture Capital. Dissertation for Ph. D Degree. Athens, 1990.

251. Murphy, Jensen M. , Performance Pay and Top - management Incentives. *Journal of Political Economy* 98, 225 - 264.

252. Nadler, D. A. , & Tushman, M. L. , *Competing by Design*, Oxford, England: Oxford University Press, 1997.

253. Neher, Darwin, Staged Financing: An Agency Perspective. *Review of Economic Studies* 66 (1999): 255 – 274.

254. Nelson, R. and S. Winter, *An Evolutionary Theory of Economic Change*, Cambridge, MA: Harvard University Press, 1982.

255. Nohria, N. , and Exxles, R. G. , *Networks and Organizations*, Havard Business Press, Cambridge, MA, 1992.

256. Nonaka Ikujiro, Creating Organizational Order Out of Chaos: Self – Renewal in Japanese Firm [J]. *California Management Review*, 1988 (3): 57 – 73.

257. Nonaka, Ikujiro and Konno, Noboru, The Concept of "Ba": Building a Foundation for Knowledge Creation. *California Management Review*, Vol. 40, pp. 40 – 54, 1998.

258. Nordhaus, W. , *Invention, Growth and Welfare: A Theoretical Treatment of Technological Change* [M], Cambridge: MIT Press, 1969.

259. Nordhaus W. D. , The Optimum Life ofa Patent: Reply [J] . *American Eonomic Review*, 1972, 62 (3): 428 – 431.

260. Norton, Edger, Tenenbaum, Bernard H. , Factors Affecting the Structure of US Venture Capital Deals. *Journal of Small Business Management*, Vol. 30, Issue 3, July 1996: 19 – 30.

261. Oliver, Determinants of Inter – organizational Relationships: Integration and Future Directions. *Academy of Management Review*, Vol. 15, pp. 241 – 265, 1990.

262. Ouchi, W. , A Conceptual Framework for the Design of Organizational Mechanisms. *Management Sciences*, 1977, Vol. 25, pp. 833 – 848.

263. Pakes A. , Patents as Options: Some Estimates of the Value of Holding European Patent Stocks [J] . *Econometrica*, 1986, 54: 755 – 784.

264. Paul, R. B. , Transaction Cost Economics and Technology Learning [A], Groenewegen, J. Transaction Cost Economics and Beyond, Boston, Dordrecht [C], London: Kluwer.

265. Pennings, J. M. , and Lee, K. , and Witteloostuijn, A. , Human Capital, Social Capital and Firm Dissolution. *Academy of Management Journal*,

Vol. 41, pp. 425 – 440, 1998.

266. Pfeffer, J., and Salancik, G. R., *The External Control of Organizations: A Resource Dependence Perspective*. Harper & Row: New York, 1978.

267. Powell, W. W. and K. Kuput and L. Smith – Doerr, Inter – organizational Collaboration and the Locus of Innovation: Networks of Learning in Bio – technology. *Administrative Science Quarterly*, 1996, Vol. 41, pp. 116 – 145.

268. Poyago – Theotoky, T., Equilibrium and Optimal Size of a Research Joint Venture in an Oligopolywith Spillovers [J]. *The Journal of Industrial Economics*, 1995, 43: 209 – 226.

269. Prahalad, Hemel, The Core Competence of the Corporation. *Harvard Business Review*, 1990, Vol. 66, pp. 79 – 91.

270. Pugh, William N., John S. Jahera, Jr., and Sharon Oswald, ESOPs, Takeover Protection, and Corporate Decision Making. *Journal of Economics and Finance* 23 (2) 1999: 170 – 183.

271. Prahalad, Hemel, The Core Competence of the Corporation. *Harvard Business Review*, Vol. 66, pp. 79 – 91, 1990.

272. Quinn, James Brian, Anderson Phillip, and Finkelstein Sydney, Managing Professional Intellect: Making the Most of the Best. *Harvard Business Review*, March – April, 1996.

273. Raphael Amit, Lamrence Glosten, Eitan Muller, Entrepreneurial Ability, Venture Investments and Risk Sharing. *Management Science*, Vol: 36, No. 10, October 1990, pp. 1232 – 1245.

274. Raphael Amit, James Brander and Christoph Zott, Why do Venture Capital Firms Exist? Theory and Canadian Evidence. *Journal of Business Venturing* 13 (1998): 441 – 466.

275. Repullo, Rafael, and Javier Suarez, Venture Capital Finance: A Security Design Approach. CEPR Working Paper 9804. 1999.

276. Richard, G., Antitrust for Patent Pools: A Century of Policy Evolution [R], Working Paper, 2002.

277. Richard, E., The Rationale for Patent Pools and Their Effect on Com-

petition [R], Faculty of Law University of Lund, 2003.

278. Robbie, Ken, The Monitoring of Venture Capital Firms. *Entrepreneurship: Theory & Practice*, Vol. 21 , Summer 1997: 231 – 245.

279. Robert, P. M. , Institutions for Intellectual Property Transactions: The Case of Patert Pools [R], Working Paper, 1999.

280. Rogers M. & Cote M. , Growing the Next Silicon Valley. D. C. Heath and Company Lexington. Massachusetts Toronto, 1987.

281. Romain, Astrid, and Bruno van Pottelsberghede la Potterie, The Economic Impact of Venture Capital, Working Paper WP – CEB: 04 – 014, UniversiteLibre de Bruxelles, 2004 April.

282. Romer, Paul, Increasing Returns and Long – run Growth. *Journal of Political Economy*, 1986, 94 (5): 1002 – 1037.

283. Ruhnka, J. C. , and J. E. Young, A Venture Capital Model of the Development Process for New Ventures. *Journal of Business Venturing* 2 (1987): 167 – 184.

284. Ruhnka, J. C. , and J. E. Young, Some Hypotheses about Risk in Venture Capital Investing. *Journal of Business Venturing* 6 (1991): 115 – 133.

285. Rustam Lalkaka & Jack Bishop, Business Incubator in Economic Development: An Initial Assessment in Industrializing Countries. UNDP. New York. 1996: 3.

286. Sahlman, William A. , The Structure and Governance of Venture-Capital Organizations. *Journal of Financial Economics* 27 (1990): 473 – 521.

287. Schankerman, M. and Scotchmer, S. , Damages and Injunctions in Protecting Intellectual Property [J] . *Rand Journal of Economics*, 2001, 32: 199 – 220.

288. Scherer F. M. , Norhaus' Theory of Optimal Patent Life: AGeometric Reinterpretations [J] . *The American Economic Review*, 1972, 3: 422 – 427.

289. Scherer, F. M. , *New Perspective on Economic Growth and Technological Innovation*, Princeton University Press, 1999.

290. Schmidt, K. M. , Convertible Securities and Venture Capital Finance.

CESifo Working Paper 217, Munich, 1999.

291. Scotchmer, S. , Standing on the Shoulders of Giants: Cumulative Research and the Patent Law [J] . *Journal of Economic Perspectives*, 1991, 5: 29 – 41.

292. Scotchmer, S. , Protecting Early Innovators: Should Second – Generation Products Be Patentable [J] . *Rand Journal of Economics*, 1996, 27: 322 – 331.

293. Shane A. John, Yisong S. Tian, The Value and Incentive Effects of Nontraditional Executive Stock Option Plan. *Journal of Financial Economics*, 2000, Vol. 57, 3 – 34.

294. Shapiro, C. , Navigating the Patent Thicket? Cross Licenses Patent Pools and Standard Setting [A] . Adam Jaffee and Scott Stein. *Innovation Policy and the Economy* [C], Combridge: MITPress, 2001.

295. Shenkar, O. , and Li, Knowledge Search in International Cooperative Ventures. *Organization Science*, 1999, Vol. 10, pp. 134 – 143.

296. Shivdasani, A. and Yermack, D. , CEO Involvement in the Selection of New Board Members: An Empirical Analysis. *The Journal of Finance*, 1999, 54, 1829 – 1854.

297. Shleifer, A. and Vishny, R. , Politicians and Firms. *Quarterly Journal of Economics*, 1994, 109, 995 – 1025.

298. Shleifer, A. and Vishny, R. , A Survey of Corporate Governance. *The Journal of Finance*, 1997, 52 737 – 783.

299. Siegel, R. , E. Siegel and I. MacMillan, Corporate Venture Capitalists: Autonomy, Obstacles, and Performance. *Journal of Business Venturing* 3 (1988), 233 – 247.

300. Simonin, Ambiguity and the Process of Knowledge Transfer in Strategic Alliances. *Strategic Management Journal*, 1999, Vol. 20, pp. 595 – 623.

301. Slovin, M. and Sushka, M. , Ownership Concentration, Corporate Control Activity, and Firm Value: Evidence from the Death of Inside Blockholders. *The Journal of Finance*, 1993, 48, 1293 – 1321.

302. Sorenson, Olav & Stuart, Toby E. , Syndication Networks and the Spa-tialDistribution of Venture Capital Investments, Anderson School of Management, University of California, Los Angeles December 15, 1999.

303. Sprinkle, GeoffreyB. , The Effect of Incentive Contracts on Learning and Performance. *The Accounting Review*, Vol. 75, 2000, 299 – 326.

304. Stalk, G. , Evans, P. , and Shulman, Competing on Capabilities: the New Rules of Corporate Strategy. *Harvard Business Review*, April – May, pp. 57 – 69, 1992.

305. Stuart, T. E. , Hoang, H. , Hybels, R. C. , Inter – organizational En-dorsements and the Performance of Entrepreneurial Ventures. *Administrative Science Quarterly*, 1999, Vol. 31, pp. 439 – 465.

306. Suchard, J. , Singh, M. , and Barr, R. , The Market Effects of CEO Turnover in Australian Firms. *Pacific Basin Finance Journal*, 2001, 9, 1 – 27.

307. Sun, Q. and Tong, W. , China Share Issue Privatization: The Extent of Its Success. *Journal of Financial Economics*, 2003, 70, 183 – 222.

308. Szulanski, G. , Exploring Internal Stickiness: Impediments to the Trans-fer of Best Practices Within the Firm. *Strategic Management Journal*, 1996, Vol. 17, pp. 27 – 43.

309. Takalo, T. , Kanniainen, V. , Do Patents Slow Down Technological Pro-gress? Real Options in Research, Patenting, and Market Introduction [J]. *International Journal of Industrial Organization*, 2000, 18 (7): 1105 – 1127.

310. Tang, M. – C. & Y. – L. Chyi, Legal Environments, Venture Capital, and Total Factor Productivity. *Contemporary Economic Policy* 26 (3): 468 – 481.

311. Tarun, Noria, The Dynamics of Learning Alliances: Completion, Coop-eration and Relative Scope. *Strategic Management Journal*, 1998, Vol. 19, 193 – 210.

312. Taylor, Christopher T. , and Aubrey Silberston, *The Economic Impact of the PatentSystem: AStudy of British Experience*. Cambridge: Cambridge university Press, 1973.

313. Thomas J. Chemmanur, Fulghieri, A Theory of Going – Public Deci-

sion. *The Review of Financial Studies*, Vol. 12, No. 2 (1999): 249 – 279.

314. Thomson, Richard Charles, The Influence of Venture Capital Funding on Firm Performance and Time to Initial Public Offering. Dissertation for Ph. D degree. University of Colorado, 1993.

315. Thorelli, H. B., Networks: Between Markets and Hierarchies. *Strategic Management Journal*, 1986, Vol. 7 (1), pp. 37 – 51.

316. Teece, D. J., The Market for Know – how and the Efficient International transfer of Technology, AAPSS, Vol. 458, pp. 81 – 96, 1981.

317. Timothy B. Bell, The Valuation Implications of Employee Stock Option Accounting For Profitable Computer Software Firms. *The Accounting Review*, 2002, Vol. 77, 971 – 996.

318. Uzzi, B., Embeddedness in the Making of Financial Capital: How Social Relations and Networks Benefit Firms Seeking Financing. *American Sociological Review*, 1999, Vol. 64, pp. 481 – 505.

319. Uzzi, B., Social Structure and Competition in Interfirm Networks: The Paradox of Embeddedness. *Administrative Science Quarterly*, 1997, Vol. 42, pp. 35 – 67.

320. Uzzi, B., The Sources and Consequences of Embeddedness for the Economic Performance of Organizations: The Network Effect. *The American Sociological Review*, 1996, Vol. 61, pp. 674 – 698.

321. Walker, G., B. Kogut, and W. Shan, Social Capital, Structural Holes and the Formation of Industry Networks. *Organization Science*, 1997, Vol. 8, pp. 109 – 125.

322. Wallace, James S., Adopting Residual Income – based Compensation Plans: Do You Get What You Pay for? *Journal of Accounting and Economics*, Vol. 24, 1997, 275 – 300.

323. Wang, X. H., Fee Versus Royalty Licensing in a Cournot Duopoly Model [J]. *Economics Letters*, 1998, 60: 55 – 62.

324. Waterson, M., The Economics of Product Patents [J]. *Amercan Economic Review*, 1990, 80: 860 – 869.

325. Williams, Melissa Ann, Do Executive Stock Options Reduce Agency Problems Between Managers and Stockholders? Ph. D Thesis, Texas Tech University, 1999.

326. Wright, Donald J., Optimal Patent Breadth and Length withCostly Imitation [J]. *International Journal of Industrial Organization*, 1999, (17): 419 –436.

327. Van De Ven, A. H., Delbecq, A. L., & Koenig, R., Determinants of Coodination Modes Within Organizations. *American Sociology Review*, Vol. 41, pp. 322 –338, 1976.

328. Yermack, D., Good Timing: CEO Stock Option Awards and Company News Announcements. *The Journal of Finance*, 1997, 52, 449 –476.

329. Zaheer, A., B. McEvily, and V. Perrone, Does Trust Matter? Exploring the Effects of Interorganization and Interpersonnel Trust on Performance. *Organization Science*, 1998, Vol. 9, pp. 1 –20.

330. Zahra, S. A., Ireland, R. D., and Hitt, M. A., International Expansion by New Venture Firms: International Diversity, Mode of Market Entry, Technological Learning and Performance. *Academy of Management Journal*, 2000, Vol. 43, pp. 925 –950.

331. Zantout, Zaher Z., A Test of the Debt Monitoring Hypothesis: The Case of Corporate R&D Expenditures. *Financial Review* 32 (1), 1997: 21 –48.

332. 边燕杰、丘海雄:《企业的社会资本及其功效》,《中国社会科学》2000 年第 2 期。

333. 冯文娜:《高新技术企业研发投入与创新产出的关系研究——基于山东省高新技术企业的实证》,《经济问题》2010 年第 9 期。

334. 葛亮、仲伟俊、梅姝娥:《民营科技企业的成长模式与环境分析》,《中国软科学》2004 年第 3 期。

335. 郭国庆:《民营高科技企业的成长模式与环境优化》,《经济理论与经济管理》2003 年第 5 期。

336. 胡成功:《生态位理论与我国知识经济发展方略》,《中国软科学》2000 年第 6 期。

337. 金详荣、叶建亮:《知识溢出与企业网络组织的集聚效应》,《数量经济技术经济研究》2001 年第 10 期。

338. 寇宗来：《专利制度的功能与绩效》，上海人民出版社 2005 年版。

339. 李先国、黄铁军：《论民营科技企业发展模式与机制的灵活性》，《工会论坛》2002 年第 6 期。

340. 刘海云：《跨国公司经营优势变迁理论》，中国发展出版社 2001 年版。

341. 刘翌、徐进发：《母子公司知识流动：一个理论分析框架》，《科研管理》2002 年第 1 期。

342. 陆正飞、施瑜：《从财务评价体系看上市公司价值决定——"双高"企业与传统企业的比较》，《会计研究》2002 年第 5 期。

343. 罗珉：《组织理论的新发展——种群生态理论的贡献》，《外国经济与管理》2001 年第 10 期。

344. 马金书：《企业网络与企业创新———一个社会资本的视角》，《云南行政学院学报》2003 年第 1 期。

345. 慕继丰、陈方丽、冯宗宪：《企业网络结构的效率》，《科研管理》2002 年第 9 期。

346. 慕继丰、冯宗宪、李国平：《基于企业网络的经济和区域发展理论（上、下）》，《外国经济与管理》2001 年第 3—4 期。

347. 乔治·巴萨拉：《技术发展简史》，周光发译，复旦大学出版社 2000 年版。

348. 史丹、李晓斌：《高技术产业发展的影响因素及其数据检验》，《中国工业经济》2004 年第 12 期。

349. 石勇进、颜光华：《风险投资公司的组织特性及业务流程体系分析》，《财经研究》2001 年第 11 期。

350. 宋阳、祝木伟：《企业生态理论对我国中小企业成长的企业》，《湖湘论坛》2004 年第 4 期。

351. 涂涤俊：《试论高新技术企业的创新环境》，《科技进步与对策》2000 年第 10 期。

352. 万伦来：《企业生态位及其评价方法研究》，《中国软科学》2004 年第 1 期。

353. 王丁宏：《"硅谷模式"及对建立我国科技创新体制的启迪》，《科学经济社会》2002 年第 3 期。

354. 王毅、吴贵生：《产学研合作中的粘滞知识的成因与转移机制研究》，《科研管理》2001 年第 6 期。

355. 王玉春、郭媛嫣：《上市公司 R&D 投入与产出效果的实证分析》，《产业经济研究》2008 年第 6 期。

356. 王信：《创业基金的关系型投资及其在公司治理结构中的作用》，《经济社会体制比较》1999 年第 2 期。

357. 汪少华、周景春：《浙江小企业与大市场对接及其绩效研究》，《浙江社会科学》2000 年第 4 期。

358. 吴三清：《中国中小企业国际化经营的组织环境和路径选择》，经济科学出版社 2005 年版。

359. 吴伟、陈功玉：《高技术产业化影响因素的结构研究》，《科技进步与对策》2000 年第 6 期。

360. 谢识予：《经济博弈论》，复旦大学出版社 2002 年版。

361. 谢守详、王雅芬：《企业生态特性初探》，《湖湘论坛》2004 年第 1 期。

362. 徐立清等：《中小企业国际化经营战略》，科学出版社 2005 年版。

363. 姚凤阁、周洪武：《日本风险投资的发展及其对我国的启示》，《经济瞭望》2002 年第 5 期。

364. 张其仔、李俊：《中小企业国际化经营：面对新经济的挑战》，民主与建设出版社 2001 年版。

365. 张树中：《美国创业资本市场的制度分析》，中国社会科学出版社 2001 年版。

366. 张涛、晏文胜：《高科技企业的"捕食"模型及资源瓶颈问题分析》，《科研管理》2003 年第 3 期。

367. 张孝德、秦世才：《失灵的日本市场经济模式及对中国经济发展的启示》，《经济研究参考》2002 年第 5 期。

368. 张帏、陈耀刚：《创业投资：所有权与控制权的博弈》，《中国经营报》2001 年 7 月 13 日。

369. 张炜：《企业核心竞争力辨析》，《经济管理》2002 年第 12 期。

370. 张维迎：《博弈论与信息经济学》，上海三联书店、上海人民出版社 1996 年版。

371. 郑风田、唐忠：《我国中小企业簇群成长的三维度原则分析》，《中国工业经济》2002 年第 11 期。

372. 周立、陈安国：《发展中国家的技术成长模式》，《中国科技论坛》2002 年第 5 期。

373. 朱春全：《生态位态势理论与扩充假说》，《生态学报》1997 年第 5 期。

374. 庄卫民：《产业发展与技术进步》，立信会计出版社 2003 年版。

后　记

　　本书是在完成国家社会科学基金重点项目资助项目"中国高科技企业成长问题研究"（批准号：03AJY006）的基础上修改完善形成的。在项目完成和最终报告形成过程中，在课题组负责人冯宗宪教授的领导下，课题组成员冯涛博士、谈毅博士、慕继丰博士、陈关聚博士等作出了重要贡献。薛伟贤、付江、赵江、刘春草、马若鹏、尚涛、宋雅楠博士等也为本书作出了不同程度的贡献。在此特做说明。

　　2010 年 11 月，本书入选《国家哲学社会科学成果文库》，根据专家提出的意见和建议，冯宗宪教授和冯涛博士、谈毅博士又对本书做了进一步的修改、补充和完善。在本书付梓出版之际，我们衷心地感谢国家社会科学基金的资助，感谢为本书出版作出贡献的各位学者，感谢为本书辛勤编辑的卢小生编审。

　　由于作者水平有限，修改的时间较紧，加之本书形成的过程较长，因此奉献给广大读者的这本书遗漏和失误在所难免，我们期待着读者们的批评指正。

作者

2010 年 12 月

图书在版编目（CIP）数据

中国高科技企业成长研究/冯宗宪等著 . —北京：中国
社会科学出版社，2011.3
ISBN 978 - 7 - 5004 - 9541 - 3

Ⅰ.①中⋯　Ⅱ.①冯⋯　Ⅲ.①高技术产业—企业管理
—研究—中国　Ⅳ.①F279.244.4

中国版本图书馆 CIP 数据核字（2011）第 024572 号

策划编辑　卢小生
责任编辑　卢小生
责任校对　王雪梅
封面设计　肖　辉　毛国宣
技术编辑　戴　宽

出版发行　中国社会科学出版社
社　　址　北京鼓楼西大街甲 158 号　　邮　编　100720
电　　话　010 - 84029450（邮购）
网　　址　http://www.csspw.cn
经　　销　新华书店
印　　刷　三河君旺印装厂　　　　　　装　订　北京盛天行健印刷有限公司
版　　次　2011 年 3 月第 1 版　　　　印　次　2011 年 3 月第 1 次印刷
开　　本　710×1000　1/16
印　　张　44.75
字　　数　700 千字
定　　价　98.00 元（精装）

凡购买中国社会科学出版社图书，如有质量问题请与本社发行部联系调换